Galo das trevas

A marca FSC® é a garantia de que a madeira utilizada na fabricação do papel deste livro provém de florestas que foram gerenciadas de maneira ambientalmente correta, socialmente justa e economicamente viável, além de outras fontes de origem controlada.

Galo das trevas

(As doze velas imperfeitas)

- - - - - - - - - - - - - - - - - - -

Pedro Nava

POEMAS
Gastão Castro Neto
Olavo Drummond

APRESENTAÇÃO
André Botelho

COMPANHIA DAS LETRAS

Copyright @ 2014 by Paulo Penido / Ateliê Editorial
Publicado sob licença de Ateliê Editorial.
Estrada da Aldeia de Carapicuíba, 897, Cotia, sp — 06709-300
Copyright da apresentação © André Botelho

Todos os direitos reservados

Grafia atualizada segundo o Acordo Ortográfico da Língua
Portuguesa de 1990, que entrou em vigor no Brasil em 2009.

Capa e projeto gráfico
Elisa von Randow

Imagem de capa
Obra sem título de Marina Rheingantz, lápis de cor sobre papel, 14,8 x 21 cm.

Imagem de quarta capa
Fundação Casa de Rui Barbosa/ Arquivo Museu de Literatura Brasileira.
Reprodução de Ailton Alexandre da Silva

Pesquisa iconográfica
André Botelho
André Bittencourt

Imagens do Acervo da Fundação Casa de Rui Barbosa / Arquivo Museu de Literatura Brasileira.
Reprodução de Ailton Alexandre da Silva

Preparação
Leny Cordeiro

Índice onomástico
Luciano Marchiori

Revisão
Jane Pessoa
Adriana Bairrada

Dados Internacionais de Catalogação na Publicação (CIP)
(Câmara Brasileira do Livro, sp, Brasil)

Nava, Pedro, 1903-1984.
Galo das trevas : (As doze velas imperfeitas) / Pedro Nava ;
poemas Gastão Castro Neto, Olavo Drummond ; apresentação
André Botelho. — 1ª ed. — São Paulo : Companhia das Letras, 2014.

ISBN 978-85-359-2385-8

1. Memórias autobiográficas 2. Nava, Pedro, 1903-1984
3. Poesia brasileira I. Castro Neto, Gastão II. Drummond, Olavo.
III. Botelho, André. IV. Título.

13-13886   CDD-869.9803

Índice para catálogo sistemático:
1. Memórias : Literatura brasileira   869.9803

[2014]
Todos os direitos desta edição reservados à
EDITORA SCHWARCZ S.A.
Rua Bandeira Paulista, 702, cj. 32
04532-002 — São Paulo — sp
Telefone: (11) 3707-3500
Fax: (11) 3707-3501
www.companhiadasletras.com.br
www.blogdacompanhia.com.br

O tempo recuperado e um narrador sob suspeita
por André Botelho 7

Cruz Vermelha
por Gastão Castro Neto 19

Canção a Pedro Nava
por Olavo Drummond 21

Galo das trevas (As doze velas imperfeitas)

PRIMEIRA PARTE: NEGRO
CAPÍTULO ÚNICO:
Jardim da Glória à beira-mar plantado 33

SEGUNDA PARTE: O BRANCO E O MARROM
Ballade de François Villon 139

CAPÍTULO I: Santo Antônio do Desterro 141
CAPÍTULO II: Belorizonte Belo 357

Anexo I — Residências no Rio 497
Anexo II — "Peixe vivo" 506

Índice onomástico 511

O tempo recuperado e um narrador sob suspeita

André Botelho

> — Nada menos de duas almas. Cada criatura humana traz duas almas consigo: uma que olha de dentro para fora, outra que olha de fora para dentro [...] A alma exterior pode ser um espírito, um fluido, um homem, muitos homens, um objeto, uma operação.
>
> MACHADO DE ASSIS,
> "O espelho: Esboço de uma nova teoria da alma humana", 1882

O VIDRO ME MANDA a cara espessa dum velho onde já não descubro o longo pescoço do adolescente e do moço que fui, nem seus cabelos tão densos que pareciam dois fios nascidos de cada bulbo. Castanho. Meu velho moreno corado. A beiçalhada sadia. Nunca fui bonito mas tinha olhos alegres e ria mostrando dentes dum marfim admirável. Hoje o pescoço encurtou, como se massa dos ombros tivesse subido por ele, como cheia em torno de pilastra de ponte. Cabelos brancos tão rarefeitos que o crânio aparece dentro da transparência que eles fazem. E afinaram. Meu moreno ficou fosco e baço. Olhos avermelhados escleróticas sujas. Sua expressão dentro do empapuçamento e sob o cenho fechado é de tristeza e tem um quê da máscara de choro do teatro. As sobrancelhas continuam escuras e isso me gratifica porque penso no que a sabedoria popular conota à conservação dessa pigmentação. Antes fosse. São duas sarças espessas que quando deixo de tesourar esticam-se em linha demoníaca. Par de sulcos fundos saem dos lados das ventas arreganhadas e seguem com as bochechas caídas até o contorno da cara. A boca também despenhou e tem mais ou menos a forma de um V muito aberto. Dolorosamente encaro o velho que tomou conta de mim e vejo que ele foi configurado à custa de uma espécie de desbarrancamento, avalanche, desmonte — queda dos traços e das partes moles deslizando sobre o esqueleto permanente. Erosão.

Retratista primoroso, experimentador das artes plásticas, uma das vocações da juventude que tanto concorreu para o tipo de narrador em que se transformaria na maturidade, Pedro Nava deixou imagens marcantes dos seus familiares, amigos, companheiros de geração ou simplesmente conhecidos. Foi mais contido, porém, em relação a si mesmo, do que é notável exceção esse impressionante autorretrato, citado acima, feito no quinto volume das suas *Memórias*, *Galo das trevas*. Surpreendido no espelho indiscreto do banheiro no meio de mais uma madrugada insone no apartamento da rua da Glória, Rio de Janeiro, quando se punha a escrever suas memórias, o retratista se mostra extremamente corajoso, ainda que irônico, e mesmo algo impiedoso, consigo mesmo. Não apenas porque se deixa surpreender sem rebuço pelo trabalho do tempo, mas sobretudo porque parece fazer recair sobre si a dúvida em relação ao esforço a que vinha se dedicando na escritura das suas *Memórias*: a busca do tempo perdido.

Terá sentido esse esforço? Difícil responder, mas é justamente esse o espaço da literatura, em que Pedro Nava soube se mover tão bem, lutando, como memorialista, contra a morte e o esquecimento, para ao mesmo tempo esquecer e fazer esquecer, e não apenas lembrar — esquecimento: esse segredo da memória. Ademais, o acesso a um mundo perdido implicará sempre certo anacronismo, já que a busca do tempo perdido é realizada no presente (da escritura) e só a partir dele. Anacronismo gostosamente consciente em Nava, aliás, que não hesita suspender a narrativa para expor ao leitor esse inevitável no procedimento de recuperação do passado. Como nesta passagem de *Galo das trevas*:

> Sem saber como, em vez de retomar estas memórias onde as tinha deixado, ou seja, na última linha do *Beira-mar* — neste capítulo de meu quinto volume, procedi a verdadeira subversão do Tempo e aqui estou falando de velho, nestes idos de 1978. Faz mal

não. Tem ocasião de voltar, retomar o fio da meada. Agora continuemos um pouco na minha época atual — porque o sucedido nela vai governar muito o modo de retomar contar o pretérito.

O que torna o retrato ainda mais interessante e seu papel neste livro ainda mais importante é o fato de já não sabermos bem de quem é o autorretrato: se do autor Pedro Nava em carne e osso, por assim dizer, ou se do narrador das *Memórias* a que dá vida, literária. A criação do narrador das *Memórias* é um dos seus elementos estéticos mais complexos e marcantes, e talvez não seja mero acaso que justo neste volume, após se deixar entrever em seu próprio processo de envelhecimento, pondo com isso em risco o equilíbrio sempre tão delicado da dualidade autor/narrador, a narração passe a se dar por meio de um narrador em terceira pessoa, e não mais em primeira, como nos quatro primeiros volumes.

Essa mudança de narrador tem sido interpretada como um artifício de proteção do escritor, versão divulgada ostensivamente pelo próprio Nava, uma vez que a temporalidade do eixo principal dos eventos narrados em *Galo das trevas* se aproximava — perigosamente — do tempo da própria escritura e de sua publicação, feita originalmente em 1981. Como teria dito Nava, em artigo de jornal da época:

> Ao passar as memórias da primeira para a terceira pessoa, pretendi que o personagem funcionasse como meu alter ego, mas no sentido de me resguardar. O objetivo do recurso era me disfarçar e me esconder como autor. Acabei não resistindo e assumi de uma vez a personalidade de Egon Barros da Cunha.

Acrescenta, porém, que os fatos narrados seriam "absolutamente verdadeiros" e que ele, Pedro Nava, responderia integralmente por eles: "Tudo que me impressionou e me marcou de uma forma ou de outra na vida, ou que eu vivi, é reconstituído com exatidão e fidelidade. A terceira pessoa sou eu, como personagens de minhas lembranças, mas isento de constrangimentos". Assim, da sua perspectiva, lança mão de recursos ficcionais não exatamente para ficcionalizar a narrativa das memórias, mas antes para lhe garantir certa objetividade: "me vali de um recurso de ficção para restaurar a realidade". Curioso que, para reforçar o compromisso com a verossimilhança realista, Nava ou o narrador em primeira pessoa, com o qual já estávamos habituados e que sai de cena na primeira parte de *Galo das trevas* quando presenciamos a criação de Egon, cheguem a afirmar que teriam recebido deste "primo" cinco pastas de cartolina com roteiro minucioso e documentado de sua vida e trajetória profissional, base para sua narração a partir daquele momento. Exatamente como fazia Nava, que acondicionava seus "bonecos" — os esboços e documentos de toda sorte que havia muito vinha produzindo e colecionando — em pastas de cartolina coloridas, em tons pastel, belamente evocadas na presente edição na sobrecapa solta que guarda cada um dos volumes das *Memórias*.

A mudança de narrador não foi, porém, recurso ficcional isolado na fatura de *Galo das trevas*. Nava teria também misturado eventos e pessoas, fundido alguns e dividido outros, acrescentando-lhes e, sobretudo, subtraindo-lhes traços mais característicos para deixá-los protegidos, sem possibilidade de identificação direta — recurso que, também admite, já teria mobilizado na recriação de algumas personagens em *Beira-mar*, o volume anterior das *Memórias*. Diz Nava: "Não tem um personagem ao menos que possa ser identificado. Quem quiser se reconhecer ou identificar outros, vai ter muito trabalho e será inútil. Baralhei tudo". Para despistar o leitor seu contemporâneo, Nava desloca, funde e apaga traços, o que para o caricaturista exímio que foi não terá sido tarefa em nada complicada. Juiz de Fora, cidade natal de Nava e para onde retorna a fim de trabalhar após se formar, é transmudada em "Desterro", para onde o Egon teria ido trabalhar, assim como seus topônimos, ruas, familiares, moradores, personagens quase anônimos, casas comerciais, lutas políticas, situações diversas. Como o próprio Nava exemplifica:

> Há no *Galo das trevas* um funeral minuciosamente descrito. Passa-se em Desterro, mas na verdade não é a descrição de um enterro a que eu tenha assistido. É a recriação de pelo menos meia dúzia de enterros a que assisti, inclusive em Belo Horizonte e até no Rio. É um enterro-síntese.

Como tradicionalmente os narradores em primeira pessoa tendem a tornar a "verdade" mais relativa, já que nós leitores vemos sempre da perspectiva deles, um narrador em terceira pessoa parecia assim trazer mais objetividade à narração dos "fatos" da vida profissional de Nava, campo aberto de disputas em que ele tinha acumulado conquistas e reconhecimento, mas também muitos dissabores e desafetos — tema ainda mais acirrado no último livro publicado em vida do autor e penúltimo das suas *Memórias, O círio perfeito*. O que explica também, do seu ponto de vista, a fusão ou divisão de personagens uns nos outros.

Galo das trevas está dividido em duas partes: a primeira, intitulada "Negro", contém apenas um capítulo, "Jardim da Glória à beira-mar plantado"; a segunda, "O branco e o marrom", compreende dois capítulos: "Santo Antônio do Desterro" e "Belorizonte belo". Na primeira parte encontram-se, sobretudo, as cenas de escrita das *Memórias*, e a meditação do autor/narrador sobre a passagem do tempo, seu envelhecimento e a busca do tempo perdido por meio da escrita. A metanarrativa e a reflexividade que dão forma a certa meditação sobre o tempo e sobre a escrita das memórias a ele relacionadas, presentes na primeira parte do livro, se não chegam a colocar contra a parede as possibilidades e os limites das *Memórias* como gênero narrativo, ao menos deixam à mostra, como vimos discutindo, essa dualidade autor/ narrador, cujo baralhamento é uma das forças da ficção.

Lembrei acima o anacronismo envolvido em toda busca (empreendida no presente) de um passado sabidamente perdido para sempre que forja a literatura memorialística. As cenas de escritura das *Memórias* que, latentes e mais episódicas no ciclo naviano em geral, ganham o primeiro plano da narrativa na primeira parte de *Galo das trevas* são emblemáticas a esse respeito. Elas mostram, num jogo intertextual fino com o paradigma da memória involuntária de Proust (e de Marcel, o narrador de *Em busca do tempo perdido*), como esse procedimento anacrônico tem por base os vestígios do passado que ganham materialidade nos objetos que agenciam a memória. O percurso em nada linear que vai da lembrança e do esquecimento à escritura das memórias passa e é em grande parte articulado por meio de objetos materiais, como casas, sua localização, divisões interiores, divisão social do espaço, mobílias, roupas, joias, retratos, atividades domésticas, experiências culinárias.

Não resisto, então, mesmo sabendo-a longa, a citar o início de uma bela cena de escritura das *Memórias*, onde, no meio de mais uma noite insone em seu apartamento, se explicita a agência dos objetos familiares sobre Pedro Nava, essas ruínas do passado sistematicamente colecionadas que o ajudam a se metamorfosear em narrador:

> Entro em minha sala de jantar com passos de veludo. À noite, só, tenho medo pânico do ruído de minha sola no chão. Respiro baixo — como ladrão. As coisas familiares tornam-se estranhas e fantasmais, mesmo luz acesa. O relógio armário vacarmiza com seus tic — estalos — tac a tempos iguais do pêndulo cá e já logo lá e a lua do mostrador me manda além das três e meia das horas, o sem-número de caras que as procuraram no tempo e que não procuram mais saber quantas são. Se fosse uma raridade de antiquário, não me diria nada. Mas é um de armário que bate as horas para minha gente há mais de cem anos. Pertenceu a Cândido José Pamplona, meu bisavô. Rodrigo Melo Franco de Andrade, que gostava de sua linha de velho móvel, sempre que vinha a minha casa ia vê-lo, acertava por ele os ponteiros do seu e explicava que aquele tipo era duns relógios ultraprecisos, de fabricação inglesa, entrados no país entre 1820 e 1840. Com sua autoridade de diretor do Patrimônio dava idade assim venerável ao meu antigo pêndulo. Da casa de meus bisavós ele passou para a de minha avó paterna e das mãos desta para as de minha tia Alice Salles. Dela me veio. Lembro do dia que fui tirá-lo num armazém do Cais do Porto, chegado do Ceará: máquina, pesos, um feixe de tábuas do que fora o armário. Fi-lo restaurar, pu-lo de pé, mandei regulá-lo, armá-lo. Dei a corda, impulsionei a báscula e o tique-taque começou a pulsar para mim os segundos que contara para os meus. Tio Salles, que bricolava, tinha passado sua caixa de pinho-de-riga a uma tinta marrom cujo óleo se impregnara de tal modo à madeira que foi impossível deixá-la visível e aos seus belos veios e nós. Tive de mandar repintá-la. Escolhi dourados, ramos de flores, tendo por campo aquela cor de sangue. Logo que ele começou a bater, devorou os silêncios e os demais ruídos de minha casa e a olhá-lo, leio no seu mostrador o testemunho da morte dos meus mais velhos — todos encantados no seu bojo tornado carne palpitante pelo grená que lhe dei. No princípio ele era uniforme. O tempo corrompendo oxidando mofando a tinta deu-lhe inesperada riqueza de tonalidades e aqui e ali apresentam-se agora as

várias gradações do rubro. Há quinas carmesins, superfícies purpurinas, cor de cereja, de rosa, de amora, cantos de coral, de carmim, de goles. Os quatro pés estão encarnados. Alto, tocando o teto, ereto, certo, preciso, seguro, implacável — meu relógio vermelho bem aguentaria (como o do Príncipe Próspero) confrontar também a Morte e vê-la pichelingue, despojar-me de madrugada minuto e mais minuto. Esvazia meu haver e aumenta o seu enquanto engrola na boca de sombra seca — Estch'era teu, agor'el' é meu, estch'era teu agor'el' é meu, estch'era teu...

Na segunda parte de *Galo das trevas*, acompanhamos os inícios da vida profissional do jovem dr. José Egon Barros da Cunha, alter ego de Nava e apresentado como seu primo, que passa a ser o protagonista da história, escondendo e também mostrando o que aquele desejava. O "branco" e o "marrom" codificam os dois tipos básicos de médicos que Nava afirma ter conhecido em sua longa carreira, o ético e o não ético. Metáfora que a partir daí organiza a narrativa das *Memórias*, compreendendo a continuidade de suas atividades profissionais e sua chegada à maturidade. É da maturidade que Pedro Nava/ narrador em primeira pessoa/ Egon busca seu passado e cria um sentido para as suas experiências de juventude. Toda rememoração será sempre, afinal, anacrônica.

A narrativa dos inícios da vida profissional será feita de uma perspectiva bastante crítica que trai justamente o olhar do médico aposentado, que, apesar de uma bem-sucedida carreira que lhe garantiu reconhecimento, respeito e renome, também envolveu dificuldades, dissabores e desafetos. Mas o olhar crítico lançado sobre a longa trajetória percorrida não é apenas o de uma subjetividade individual, mas demarca também, naturalmente sempre do ponto de vista naviano, processos e relações muito mais amplos sobre os sentidos assumidos pela medicina na sociedade e pelo seu exercício profissional, como de resto é procedimento nas *Memórias* como um todo, que nunca se deixam disciplinar ordeiramente pelo paradigma do indivíduo.

Assim, o leitor encontrará nessa segunda parte de *Galo das trevas* a narração das dificuldades enfrentadas pelo neófito num mundo marcado por interesses, vaidades, hierarquias e favorecimentos pessoais próprios da política oligárquica da Primeira República, aparentemente alheios ao ofício para o qual havia se preparado. Aparência que será desmentida a cada episódio, com alto custo subjetivo do protagonista, que, guiado pelo narrador, vai aprendendo com os ciúmes e as inimizades despertados pela força e pelo idealismo da sua juventude. Mais uma vez, o sentido da narrativa é mais abrangente, contendo sua própria sociologia, por assim dizer, já que o sofrimento individual é o meio para a descoberta das forças sociais mais amplas que organizam a medicina como campo profissional, e do delicado jogo entre a ortodoxia dos estabelecidos e a heterodoxia dos que acabam de chegar.

Como se sabe, a descoberta das estruturas que organizam os interesses e as vaidades num mundo aparentemente harmonioso é o mote crucial do melhor romance realista, que teve em Balzac um dos seus artífices, e que Pedro Nava conhecia tão bem. Afinal, não será mera coincidência que a narrativa dos inícios da vida profissional de José Egon Barros da Cunha possa ser lida como a do jornalista Lucien de Rubempré, o herói de *As ilusões perdidas*. Mas, embora ilusões perdidas pudesse ser um bom título dessa segunda parte de *Galo das trevas*, Nava preferiu "O branco e o marrom", que não deixa de remeter ao cromatismo moral do título de outro artífice do romance realista, *O vermelho e o negro*, de Stendhal. Aqui, trata-se também das tentativas de um jovem (Julien Sorel) de subir na vida, apesar do seu nascimento plebeu, através de uma combinação de talento, trabalho duro, mas também hipocrisia, para, ao fim e ao cabo, ser traído por suas próprias paixões. Seja como for, os primeiros anos de exercício da medicina no volume que o leitor tem em mãos, em que o narrador leva o herói às portas da maturidade, coincidindo com os primeiros disparos, em Belo Horizonte, da Revolução de 1930, são tratados de modo realista no sentido do gênero romance com tal habilidade que frequentemente nos perguntamos, durante a leitura, se estamos diante de memórias ou de uma novela.

No autorretrato do memorialista Pedro Nava — autor e narrador —, com o qual iniciamos esta apresentação, quando ele é surpreendido no espelho, a relação entre memória e velhice se consuma. Não por acaso, ele figura na primeira parte de *Galo das trevas*, que, considerando a economia interna de todo o ciclo memorialístico naviano, representa como que uma pausa metanarrativa e reflexiva em relação à escrita das memórias (gênero narrativo) e sua própria matéria-prima, as experiências vividas filtradas pela memória — suas lembranças e esquecimentos. E para o efeito expressionista alcançado no autorretrato destacado, terá concorrido também, ao lado do talento do desenhista e pintor que confere sentido plástico à narrativa, a habilidade naturalista do médico experiente. O anatomista tão detalhista, de que temos notícia nas belas páginas de *Beira-mar*, sobre o aprendizado dessa arte na faculdade de medicina de Minas Gerais. E que, quando chega a hora, não hesita em descrever seu próprio envelhecimento como decadência, fugacidade da juventude; ainda que quase se deixe levar, vaidoso, pelos sinais de virilidade entrevistos em alguns traços persistentes segundo a sabedoria popular — sabedoria que, aliás, tanto prezou e foi também importante para sua épica memorialística.

É certo que a passagem do tempo é um dos motivos principais de todas as *Memórias*, sem o qual evidentemente não existiria sequer esse gênero literário. E embora a prática desse gênero tenha muitos e variados sentidos em Pedro Nava, a consciência da passagem do tempo é sempre candente. Como, aliás, expressa tão bem a anotação feita pelo autor nos datiloscritos do primeiro volume do seu ciclo após a morte recente da tia: "Hoje sou o mais velho... o tempo urge". Não parece fortuito, porém, que o motivo, a passagem do tempo, ganhe assim mais espaço no presente volume, bem como a reflexividade do narrador em relação ao próprio gênero *Memórias*. Nava sabia estar chegando ao fim (relativamente planejado) da sua narrativa épica à medida que se aproximava de sua vida adulta e profissional, embora o curso de sua vida individual seja apenas um dos eixos da narrativa. Memória de velho, chama que se apaga, como, aliás, poderia sugerir o título algo esotérico escolhido para o livro. "Galo das trevas" é o candelabro de treze velas de uso ritual na Igreja Católica Apostólica Romana durante a Semana Santa, que se apagam, uma a uma, conforme vão sendo rezadas as orações e os salmos do ofício das trevas, que atualizam ritualmente a Paixão e morte de Jesus Cristo.

É verdade, por outro lado, que nem sempre a mudança de narrador parece tão bem-sucedida em *Galo das trevas*, o mesmo podendo ser notado em relação às dissimulações de personagens e situações rememoradas na narrativa. Mas também aqui podemos aprender com as aparentes fragilidades de fatura, cheias de consequências para a compreensão do sentido da narrativa como totalidade. Assim, por exemplo, em vários momentos Nava ou o narrador em primeira pessoa dos volumes anteriores das *Memórias* irrompe na narrativa. É o que acontece, entre outras vezes, na primeira viagem de Egon ao interior de Minas, até então narrada, como esperado, na terceira pessoa. Mas, quando a pequena comitiva chega à casa do major Jacinto, Pedro Nava toma inesperadamente o lugar do viajante: "Entrei com o Tãozinho e logo uma senhora se adiantou toda de negro, pálida, cabelos pretos apanhados numa trança de mandarim que lhe escorria pelas costas".

Todavia, não me parece suficiente considerar essas irrupções ou os efeitos aparentemente desencontrados de outros recursos empregados como defeitos estéticos ou contrabando espúrio das técnicas do romance para o relato memorialístico, até porque me parece inexistirem condições para identificar algo como um gênero literário "puro". O contrário, portanto, do que pareceu a Wilson Martins, que em resenha publicada no Caderno B do *Jornal do Brasil*, de 20 de fevereiro de 1982, compulsa essa e toda sorte de situações em que a voz do narrador em primeira pessoa ou a do próprio Nava autor irrompem inesperadamente em *Galo das trevas*, bem como outros recursos empregados na dissimulação de personagens e situações rememoradas, para assinalar as deficiências estéticas de Nava que corrompiam a "autenticidade" do seu relato.

A justaposição de temporalidades dispersas, dimensões de significado e relatos, já o sabemos, é característica crucial das *Memórias* de Pedro Nava, e as distanciam da forma canônica do gênero memorialístico até então praticado no Brasil, aproximando sua literatura do jogo intertextual nosso contemporâneo, tão marcado pelo baralhamento de vozes, diversidade, hibridismo, negociação de identidades. A força própria de *Galo das trevas* está a meu ver justamente no jogo entre a autoexposição do autor e do narrador feita na primeira parte, na qual Nava deixa entrever todo o tortuoso processo de escrita das *Memórias*, com sua personalidade errática, fraturada, consumida, e a segunda parte do livro, na qual põe em ação um alter ego e toda sorte de artifícios ficcionais mobilizados com maior ou menor êxito para dissimular os fragmentos das experiências vividas. Jogo de espelhos, de mostra e esconde, que, evidentemente, torna ainda mais complexas, dinâmicas e sedutoras as relações entre real e ficção, ou confissão e invenção, nas *Memórias* de Nava — em si mesmas terreno pouco aprazível para os que buscam fronteiras demarcadas, arestas aparadas, divisões reificadas, imaginação disciplinada, cada qual no seu quadrado. É claro que, em literatura, não há ingenuidade no que se mostra ou no que se esconde, ainda que tampouco os sentidos das palavras possam ser inteiramente reduzidos às intenções — boas ou más — do narrador. Então, como a décima terceira vela do candelabro ritualístico do catolicismo romano, a definição das *Memórias* de Nava permanece em fogo ardente, incomodando especialistas e — tão bom quanto isso — podendo deleitar leitores.

BIBLIOGRAFIA SELECIONADA

AGUIAR, Joaquim Alves de. *Espaços da memória. Um estudo sobre Pedro Nava*. São Paulo: Edusp/Fapesp, 1998.

CANÇADO, José Maria. *Memórias videntes do Brasil. A obra de Pedro Nava*. Belo Horizonte: Editora da UFMG, 2003.

FIGUEIREDO, Wilson. "Galo das trevas: Pedro Nava em terceira pessoa". *Jornal do Brasil — Caderno B*. Rio de Janeiro, 11 jul. 1981, p. 9.

GONÇALVES, José Reginaldo Santos. *Antropologia dos objetos: Coleções, museus e patrimônios*. Rio de Janeiro: IPHAN, 2007.

MARTINS, Wilson. "Em busca do tempo perdido". *Jornal do Brasil — Caderno B*. Rio de Janeiro, 20 fev. 1982, p. 11.

NAGEL, Alexander; WOOD, Christopher S. *Anachronic Renaissance*. Cambridge: MIT Press, 2010.

SCHWARZ, Roberto. "A poesia envenenada de Dom Casmurro". In: *Duas meninas*. São Paulo: Companhia das Letras, 1997.

Cruz Vermelha

Gastão Castro Neto

A Pedro Nava — este poema feito sob a influência da leitura de seus livros

O Cristo das igrejas suspende o ostensório
E levanta dos chãos os lamentos
Onde as mulheres choram como damas
De afortunado reinado e preciosa viuvez: o Cristo
Das igrejas lamenta pela barriga ganha, pelo jogo vencido,
Pela dança partida nos cogumelos das paredes,
Ondeia com as ondas de um mar que não volta mais,
Tremula diante dos céus prefigurados pela mão cheia
De nervos históricos e histriônicos que ainda assim
Carregam pelo ar as tintas da santidade, santidade antes
Apunhalada pelas mãos do singelo, pelos pés do caríssimo,
Pelo corpo que mói as culpas por dentro como majestade não vencida
De ondas de orvalho levadas ao lá dentro do mundo ou
O conhecimento secreto das ruas perdidas do amor,
Pois eu me amo, tu me amas, ele me ama...com sabor de vinho
Tomado nas noites preferidas pelos defuntos, noites onde o sal
E o gosto de veneno amargando as solitudes,

Noites onde querência de mais e mais sabor
Destrói de cada um o olhar insone, a culpa redimida...culpa
Antes minha que tua, antes tua que dos outros,
Antes destes mares carregados de fêmeas verdes
E levados pelo sem-fim dos sarrafos ao serralho das gotas miúdas,
O gosto angelical da culpa tremulando em cada casa
Erguida como igrejas esquecidas de contatos de tantos graus
Meus e de ninguém mais... mais o anjo, mais o diabo,
Mais a cruz tremulante de incrustações
Onde armam-se os nervos das velhas beatas debruadas em vermelho,
Ou o roxo das paixões... ou o desconhecimento.

O Cristo de mim suspende do fim
A lágrima circuncidada em pecados varonis,
O pé no engodo dos esgotos da cidade velha,
O corpo tremulando como a cabeça de João Batista
Transfigurada em caracóis nordestinos
Levando, devagar e sempre, o coração em serpentinas
Onde as veias prefiguram a aparição da lenda,
Lenda em cada mês, semana, tempo de mim
Suspender os diabos de suas atitudes sombrias
E dançando com eles proclamar a redenção final
Com os tecidos da pele se regozijando em películas
Da mais fina teimosia, ou o dia insone.

É aqui, ou lá dentro do mundo
O lugar onde encontro o ex-voto de minhas ladainhas
Ou eu mesmo pagando os aluguéis ao santíssimo,
Traduzindo o dizer em febres e cócegas,
Cego chegando ao outro (corpo) sem saber o final
Onde impera o orgasmo com seu gozo acre,
Seu sabor de quem sabe os gostos todos,
E sabe também da flagelação ante o fim dos fins
Que sempre será um fim de mim (dizendo e cantando)
Fim de mim no outro matutar a pele e o pelo meu.

Canção a Pedro Nava

Olavo Drummond

Pedro Nava
Doutor Pedro
Dos tempos bons das Gerais
Pedrinho de Juiz de Fora
Por que somente agora
Franqueaste os teus bornais?

Belorizontei, demais da conta,
Nas trilhas do teu viver
Bebi ciência, saudade
Felicidade, sofrer

Obrigado Pedro Nava
Pelo ofertório de Rei
Baú, balão, chão de ferro
Beira-mar — somente sei:
Quanto mortal revivendo

Com os olhos umedecidos
Um passado de poesia,
Céus, panoramas, ternuras
Bar do Ponto, Anatomia,
Fantasma da economia
Escravizando cruelmente
A gente fazendo a sorte
Morando ao lado da morte
A vida defronte a gente

    Dos teus cantares, meu Pedro,
    Cachoeiram sons infinitos
    Cascatas de água pura
    Nos turbilhões de uma foz
    Quando se agiganta a figura
    De Diva, Mulher Santa:
    Retrato da Mãe da gente
    Virou Mãe de todos nós

Astro tu és, Pedro Nava,
Em firmamento viveste
Libânio, Werneck, Balena
Lisboa, Júlio Soares,
Ventura melhor não há
Crescer brilhando, aprendendo,
Adolescer em civismo
Com Mílton, com JK!

    Emílio Moura, os Alphonsus
    Teixeirão, alma de santo,
    Borges da Costa, cirurgia,
    Os Machados, expoentes
    Poesia compondo a arte
    Medicina estancando o pranto
    Fabinho alegrando a gente

Abgar, cultura, grandeza,
Alkmin, Capanema, política
Drummond poema, beleza
Behrens, trabalho silêncio
Quem não curou escreveu
Quem não poetou ensinou
Quem não ensinou construiu
Tudo resume a mais bela
Geração que Minas viu

Obrigado, Pedro Nava,
Em nome de tudo mais
Das virgens belorizontinas,
Das Deusas belorizontais!...

À memória de Mário Menezes Braga

Galo das trevas
(As doze velas imperfeitas)

Nemo me impune lacessit.
DIVISA DA ORDEM DE SANTO ANDRÉ, na Escócia

> Il lui était tout à coup révélé que la vie n'était pas
> le seul mode de contact entre les êtres, qu'elle n'était
> même pas le meilleur; qu'il les connaissait, les aimait,
> les possédait plus dans la vengeance que dans la vie.
> ANDRÉ MALRAUX, *La condition humaine*

GALLO [...]
— *das trevas*, a vela do meio, a maior das do candieiro, que fica
acesa, e se leva por ultimo, acabado o officio das Trevas. — [...]
FARIA, *Novo diccionario da lingua portugueza*

GALLO [...]
§ *das trévas*; a véla do meio, e mais alta do candieiro,
que fica acesa, e se tira por ultimo, no fim do officio de trévas.
[...]
MORAES, *Diccionario da lingua portugueza*

GALO-DAS-TREVAS. S.m. Candelabro triangular, com 13 velas,
que vão sendo apagadas à medida que se cantam as várias partes
das matinas ou ofícios da semana santa. (Pl.: *galos-das-trevas*.)*
AURÉLIO, *Novo dicionário da língua portuguesa*

---

* Mantivemos aqui a grafia da época, com hifens. Ao longo do texto a expressão
é usada conforme o novo Acordo Ortográfico da Língua Portuguesa, em vigor no
Brasil desde 2009. [N. E.]

Primeira parte: Negro

Capítulo único

Jardim da Glória à beira-mar plantado

> et j'entreprenais mon ouvrage à la veille de mourir, sans rien savoir de mon métier.
>
> MARCEL PROUST, *Le temps retrouvé*

> First Lord: What time a day is't, Apemantus?
> Apemantus: Time to be honest.
>
> SHAKESPEARE, *Timon of Athens*

COMO TRADUZIR? mais corretamente *honest*. Por honesto, evidentemente, e por extensão, analogia, também por verdadeiro, autêntico, genuíno, natural, intrínseco, básico, fiel, direito, verossímil. Quem tem dessas qualidades é correto e puro. E se é assim, tem vergonha. Então é lícito verter o texto shakespeariano:

> — *Que horas são?*
> — *São horas de ter vergonha.*

É o que penso no dia em que completo setenta e cinco anos de vida e começo este meu quinto volume de memórias. E por que? a epígrafe. Para minha encucação durante o trabalho que empreendo, querendo ser sincero, veraz e probo. Usando brio e vergonha. Estou escrevendo no meu escritório, olhando lá fora o dia molhado, frio e gris que cobre o Aterro, a baía e, do outro lado, a linha de montanhas daqui visível — o horizonte que vai da ponta de Jurujuba à ilha da Boa Viagem. Namoro a paisagem áspera de outono que se Matisse tivesse visto traduziria com seus carvões mais compactos, seus cinza mais chumbo, seus brancos mais desérticos. E é de hoje? esse meu namoro com a paisagem natural, civil e humana do Rio. Por mais longe que olhe dentro em mim — vejo-o presente. Essa cidade, lembro-a de sempre. Mais particularmente em quadros que ficaram fixados pela memória — indeléveis fotografias instantâneos passados. Dentro da noite de veludo azul-marinho chego de Minas e contemplo, olhos ávidos, as ruas iluminadas a gás sem ouvir o tílburi que desliza rodas de borracha ao longo do Mangue de tinta negra, minhas mãos num joelho de meu pai, num joelho amigo do dr. Duarte. Na manhã de Visconde de Figueiredo a primavera toda úmida tem gosto ácido e cheira a flores de laranjeira, presa nas mãos de tia Eugênia Ennes — cujo vulto rosa e branco, na varanda tilintante, também se dissolve como a serralheira de prata dentro do banho de ouro do dia que chegou dos lados do Estácio. Na tarde açucarada de Aristides Lobo os bondes sobem e descem, derramando dos estribos pencas de baleiros tabuleiros multicores cheios do gosto verde da hortelã, claro das tangerinas, cortante dos abacaxis e pastoso dos nugás. Na treva de São Cristóvão, janela aberta sobre o Campo, inauguro luares argênteos e descubro o bólide ciclope do *Cascadura* (direto) cortando a escuridão me fazendo estremecer primeira vez à revelação repentina da eterna solidão.

Esse encanto pelo Rio, eu o encontro em cada bairro que morei. Infância em Visconde de Figueiredo e Aristides Lobo. Depois Haddock Lobo e São Cristóvão. Voltei a Minas para ficar meus anos de faculdade, meus anos de indecisão. Fui à aventura do Oeste Paulista. Reconquistei minha Beira-Mar definitivamente, quando para aqui voltei no dia 10 de março de 1933. Desde meu nascimento subindo e descendo o Caminho Novo — morei vinte anos em Minas. Dois, em São Paulo. Finalmente cinquenta e três nesta Muy Leal e Heroica. Sou mineiro dos que dizem — mineiro graças a Deus! Mas por minha mãe tenho origens paulistas, montanhesas, baianas e cearenses. Por meu pai, maranhenses e outra vez cearenses. Sou um brasileiro integrado na tricromia da raça. Com tantos sangues provincianos de que me orgulho tenho aspiração a mais: quero ser ainda — carioca amador. Ao mesmo jeito de meu amigo o pernambucano Luís Jardim. E o que é? o Rio para mim. São aquelas quatro paisagens que encheram minha infância e albores da adolescência e que têm cor azul-escuro noturno, ouro rosazul e prata dos seus dias gradis; som de ondas batendo, notas argentinas de vareta raspada contra serralherias e as sete da escala do siringe de tantos tubos dos doceiros passando. E seu velho perfume de frutas, flores, folhas, madeiras, resinas dos jardins suburbanos, da subida da Tijuca, das chácaras de São Clemente, das maresias da baía e dos ares salgados de Copacabana. A permanência dessa vida passada que me entrou pelos olhos ouvidos narizes é que ponho nesta minha Glória para onde mudei com o casamento, a 28 de junho de 1943. Antes eu tinha morado em Copacabana, Tijuca, Ipanema, Urca e Laranjeiras.* Sempre pondo nesses bairros minhas impressões meninas. As que trouxe para a Glória e que acompanham meus passeios a pé nas suas ruas.

Flanar nas ruas do Rio é prazer refinado. Exige amor e conhecimento. Não apenas o conhecimento local e o das conexões urbanas. É preciso um gênero de erudição. É preciso saber colocar os pés nos locais de Matacavalos onde pisou Osório, na calçada de São Clemente onde andou Tamandaré, nesta Glória onde perpassou o vulto de Capitu — na geografia citadina real e imaginária, no Rio velho de Manuel Antônio de Almeida, Alencar, Macedo, Artur e Aluísio — irmãos Azevedo; de Lima Barreto, João do Rio, Marques Rebelo, Drummond. Dos historiadores e cronistas — monsenhor Pizarro, outra vez Macedo, Moreira de Azevedo, Vieira Fazenda, Luís Edmundo, Noronha Santos, Alexandre Passos, Melo Barreto Filho, Hermeto Lima, Brasil Gérson, Vivaldo Coaraci. De Herculano Gomes Matias. Do meu Gastão Cruls. Tantos outros... É preciso saber corrigir os homens sem imaginação. Isto aqui, este espaço todo é a Fundação Getúlio Vargas. Não, senhor! Aqui era a casa do barão de Itambi, quando vizinho do dr. Torres Homem e mais para adiante a já derrubada onde Bidu Sayão aprendeu a cantar. Aqui é avenida Brasil. Também não. Aqui era o porto onde encostava a lancha de Oswaldo Cruz vindo para a Fazenda de Manguinhos. Mas aqui é a Igrejinha, adiante dela a praça de Santa Edwiges que dá na avenida Brasil. Sempre não. Só vejo mar praia de São Cristóvão e a ponte donde Rocca e Carleto saíram no *Fé-em-Deus* levando o menino Fuoco para lá de todas as águas... Para saber essas coisas é preciso ler muito, prestar atenção às conversas, perder dias inteiros indo verificar um número de casa, ou conseguir a façanha de consultar uma coleção de jornais na Biblioteca

---

* Ver Anexo i.

Nacional* que — neste país de analfabetos formados e analfabetos mesmo — em vez de ter um alto-falante na porta gritando — entrem para ler! — possui pessoal impedindo, o mais possível, acesso ao seu acervo. É preciso paciência e amor. O conhecimento puramente local do Rio eu o aprendi numa grande escola: o serviço de ambulâncias do velho Hospital de Pronto-Socorro. Dizem que quem mais entende de nossa cidade são os choferes de táxi e os médicos da Assistência. Pertenci ao grupo... E sei descobrir os segredos — a polpa de nossas ruas. Exemplo? Um belo dia verifiquei que o Rio era a cidade mais rica das que eu conhecia em matéria de serralheria. Aprendi a admirá-las. Também surpreendi variedade rara dos gradis das nossas casas. Os de canto redondo, cercando lados do prédio. Aparecem apenas em sobrados abrindo em cima, não por janelas mas portas dando em varanda sobre duas fachadas. Para encontrar essas grades era preciso que a casa fosse sobrado, de esquina, comportando certo luxo de construção. Passei num crivo a Tijuca, Catumbi, Centro, o Mangue, General Pedra, a Cidade Nova, Laranjeiras, transversais de Botafogo. Não encontrei nem vinte destas grades de museu. Descobri sua variante: as arnuvôs que aparecem nas janelas de canto de uns sobrados da belle époque. São bonitas, geralmente boleadas e lembram os estilos tênia, crisântemo e bunda das antigas estações do Metropolitano de Paris. À procura daquelas sacadas redondas descobri uma das minhas peripatetizações favoritas que deve ser degustada parte por parte, durante vários dias. Para saborear o que eu considero uma das espinhas dorsais do Rio velho a gente começa em Santa Teresa, no largo das Neves, que parece com Salvador da Bahia. Depois pega a claridade sertaneja de Diamantina, descendo Eduardo Santos e Paula Matos. Um pedacinho angulado e damos em Frei Caneca, frente à prodigiosa fachada de azulejos da Padaria Conde d'Eu que logo nos leva para São Luís do Maranhão. Vence-se a esquina de Doutor Lagden e entra-se na rua do Catumbi imperial, no largo do Catumbi imperial. Pode-se visitar um dos mais lindos cemitérios do mundo, os mármores e capelas onde repousam as cinzas dos grandes do Segundo Reinado. Depois Itapiru leva à rua da Estrela, largo do Rio Comprido com as opções: Aristides

---

* Esta página foi escrita antes da nomeação do sr. Plínio Doyle para o cargo de diretor da Biblioteca Nacional.

Lobo da infância ou Bispo com Barão de Itapagipe e Delgado de Carvalho da adolescência — dois caminhos que proclamam a República na rua Haddock Lobo. Todo esse Rio está morrendo...

Mas andando a pé em nossa cidade não são apenas épocas coloniais e imperiais que desvendamos. Tampouco fachadas pernambucanas, baianas ou mineiras que podemos ver. Viaja-se em todas as épocas e províncias do Brasil e pode-se sair também aí afora por esse mundo vasto mundo. Além das perspectivas do Pelourinho baiano, das ladeiras de Ouro Preto, das fachadas novas e simples do Oeste Paulista, além dos tempos dos vice-reis, de d. João, dos Pedros, dos conselheiros — a cidade pode mostrar a França, por exemplo. Havia tardes de chuva quando havia amuradas no Flamengo, que repetiam — sem *bouquins* — os cais pluviosos do Sena; diante das ruas Canapó e Medeiros Pássaro, olhando a montanha à direita, vejo a encosta de Rocamadour com suas casas penduradas que nem as do principado pênsil de Andorra; antes de depredada, sob o pretexto de tornar visíveis os Arcos, a nossa velha Lapa, ao cair da tarde, irmanava-se (ainda que mal comparando!) à place Pigalle; e aquele fim de Oswaldo Cruz que abre em Botafogo, à noite, na distância das luzes e no despencar de trevas — nessa alternância claro-escuro — nos dá um pouco do Rond-Point des Champs Elysées. E fazer compras na rua da Alfândega, às dez da manhã não é? o mesmo que marchandear roupas penduradas como bacalhaus na rue Mouffetard. Mas não é só França e Paris que o Rio suscita. Tomando os viadutos do caminho do Caju um cais aparece com navios, guindastes e a chapa de sua água blindada que lembra os *embankments* do pool de Londres. Se erramos nas imediações de Tiradentes e São Francisco, Luís de Camões nos mostra edificação requintada e cor de tijolo patinado onde funciona dependência do Conselho Nacional de Pesquisas e que parece um *palazzo* da Piazza Venezia ou o próprio Palazzo Madama. Mas é sobretudo Portugal expulso por Passos que insiste aqui e ali. O Bairro Alto surge para o passante ascendendo Ferreira Viana e que olha a colina lisboeta ao fundo. Coimbra sobre o morro de São Carlos, para quem o mira da Ponte dos Marinheiros, ou está em Machado Coelho e leva a vista além Mangue ladeira acima. O morro do Pinto, à tarde, desenha ângulos do Castelo de São Jorge; ao sol da manhã é cenografia de aldeia portuguesa — destas armadas para festas de São João. A subida machadiana do Livramento está cheia de casas de Viseu que vieram voando e ali pousaram na tarde limpa e batida do sol do verão. Assim Sintra, Leiria, Évora, Sezimbra, o Porto.

À medida que as obras do metrô e a insensibilidade dos procônsules nossos governantes vão demolindo de preferência o que há de sentimental, histórico e humano no Rio de Janeiro, multiplico meus passeios nas ruas malferidas — como quem se despede. Assim acompanhei, qual agonia de amigo, a depredação da Lapa. Esse "embelezamento" feito à picareta roubou ao bairro tradicional um dos seus encantos que era o ar de aconchego, de intimidade dos cafés, cervejarias, bares, cabarés e entradinhas suspeitas que se escondiam nas casas antigas e nas *dobras* de Mem de Sá, Maranguape, Mosqueira. Para abrir novas pistas dando solução rodoviária ao tráfego citadino, foram-se velhos quarteirões e em seu lugar ficou uma esplanada sem lógica, sem forma definida, sem harmonia nem simetria onde avultam a fachada monstruosa da Sala Cecília Meireles e um vasto paredão cego do Conservatório de Música. Ao fundo, mais visível, o conjunto dos Arcos, ai de nós! visível demais, como um desafio à sua demolição, quando acabarem as destruições em curso das casas do ladilá. Vão virar trambolho... Sua visão ao lado do cartucho da catedral-pirâmide de Gizé ganhou em insignificância grandiosa o mesmo que tinha sido conseguido, há mais tempo, quando se vizinhou o bolo confeitado do Palácio Tiradentes, o murundum de linhas retas da Secretaria de Administração — à dignidade despojada do Palácio da Rainha, à harmonia da casa dos vice-reis e à majestosa elegância de São José. Esses dois pontos são os conjuntos urbanos mais incongruentes que possuímos. Outro suplício a que assisti, lento como morte por empalamento, foi a execução do inocente Palácio Monroe. Não seria uma obra-prima de arquitetura. Longe disso. Não deviam tê-lo construído assim tão enfeitado, vá lá. A questão é que ele existiu e o Tempo se encarregou de inseri-lo na paisagem daquele fim de avenida, tão agudamente que até hoje quem passa naquele espaço sem explicação tem a impressão aflitiva de olhar cara sem nariz (nariz mesmo feio é insubstituível). Ficou um descampado feito para nada e, a meu ver, podemos acabar de cerimônias e instalar logo ali o estacionamento de automóveis que é inevitável. É tão mais lucrativo que ficar choramingando pela lembrança de Nabuco naquelas escadarias mortas, cercado dos membros da Conferência Pan-Americana... Um político deu entrevista dizendo que o Monroe não tinha importância histórica e que o melhor era derrubá-lo. Então? Como assim? meu caro senador. Discordo. Pois não tem importância? a casa onde se passaram décadas da história parlamentar brasileira. Mas não adianta mais carpir o nosso Monroe. Seu réquiem foi cantado em crônica que pode ser colocada ao lado da de Machado de Assis bordando tema análogo. Foi assinada por Otto Lara Resende e publicada em *O Globo* de 3 de fevereiro de 1976. Tem por título "O meu velho Senado".

E quando? os passeios de rua nos devolvem de repente nossos mortos — que nem sessão espírita. Pensando neles não. Andando despreocupado entre um endereço de casa comercial e outra. Apreçando. De repente a leitura do nome dum prédio. EDIFÍCIO ESTRELA BRILHANTE. Logo um canto cantou dentro de mim. *Estrela brilhante/ Láaaaa no alto-mar...* Voz de Jayme Ovalle e seu perfil judaico se recorta à minha frente, seus cabelos grisalhos esvoaçam no ar da tarde e seus olhos verdes se acendem feito as esmeraldas dos altos-mares. Recupero Ovalle, seu mundo também. Lá vem o Manuel dessa época, o Bandeira dos tempos da influência de Rodrigo e Graciema, José Cláudio e Magu, Joanita, Sacha, Guita, Sibley e Madame Blank. Sua grande fase, pois cada ciclo da vida de um homem é um homem diferente do que foi e do que está por vir. Fase azul de Picasso. Fase alumbramento de Manuel Bandeira. Ele era o cacto. Duro, belo, áspero, intratável... Basta-me entrar ou passar diante de estabelecimento bancário que logo penso em café e vejo águas calmas, céus azuis, figuras aladas, alegóricas e coroadas de flores — porque o primeiro banco em que transei chegando ao Rio foi o Hipotecário e Agrícola de Minas Gerais, uai! na esquina de Rosário com Quitanda e o café à sua frente tinha as paredes ornadas daqueles cloros claros, azuis de negra e rosados de pobre deixados pelo pincel dum Faísca qualquer... Daí divago — agora para estadistas guarnecendo a silhueta de Rio Branco no boteco em frente do Itamaraty e vejo que jamais ficarei livre daquele vulto de acaso com que entrei na tasca esquina de Afonso Pena e Mariz e Barros, cujas paredes mostravam uma sequência de afrescos que diziam da rubiácea desde o pé à cafeteira, passando pela colheita, secagem, ensacamento, benefício, torrefação. Até mais: xícara, bocas sorridentes da moça provando, do bigodudo provando, os dois se amando como nos postais. Ah! painéis trazendo aquela pátina dourada feita de relento das cachaçadas, de gás dos chopes, umidades de fervura, mazutagem da gordura volátil dos bifes com fritas. E essa esquina? essa fachada? — que são várias esquinas fazendo de conta segundo chova ou faça sol, seja dia, noite, primavera verão outono inverno. Qual a autêntica? Não são só estações e meteoros que truncam o caráter das ruas. Basta o Trânsito inverter a mão, uma escavação se eternizar, o tráfego ser drenado por via recém-aberta, alteração de ida e vinda de veículos ao talante das empresas de ônibus e tudo muda: interesses, gênero de comércio, qualidade de transeuntes — nas ruas de muitas faces. Estou dando uns poucos exemplos... Continuar nesse caminho seria escrever um *Guia dos devaneios nas ruas do Rio de janeiro a dezembro* por um seu passeante há quarenta e cinco anos. E é com esta experiência que eu entro na Glória...

Não na circunscrição administrativa mas na Glória que me tracei e que comporta duas ilhas limitadas por mares de outros bairros. Há para os quarteirões uma geografia sentimental que difere da física. Ela é dada pelo caráter de cada canto ou rua da cidade. Já falei muito, antes, da unidade da rua do Ouvidor — do largo de São Francisco a Primeiro de Março. Vencido esse logradouro, o trecho restante perde completamente os caracteres que o individualizavam e vira pedaço da Misericórdia — como se fosse um dos extintos beco da Música e beco da Fidalga. A Glória imaginária de hoje não corresponde à antiga freguesia que foi se encolhendo até as duas ilhas separadas pela invasão do gênero Catete numa grande parte do nosso antigo largo. A primeira delas é circunscrita por Cândido Mendes até Hermenegildo de Barros, por esta até seu encontro com Visconde de Paranaguá, por Taylor em toda sua extensão, pelo pedacinho da rua da Lapa que está entre a última e a rua da Glória e por esta, novamente, até Cândido Mendes. A superfície assim separada contém as escadinhas, a parte baixa de Visconde de Paranaguá e um bom pedaço da Conde de Lages — entre Taylor e a própria Glória. Os olhos incorporam a ela a amurada sobre Augusto Severo, o relógio sempre desregulado, os jardins até o mar — empurrado e cada dia mais distante. A outra ilha, nem chega a sê-lo. É restinga constituída pela ladeira de Nossa Senhora, pela praça de Nossa Senhora da Glória (onde floresce sua linda igreja), pela ladeira da Glória. O que fica mais para trás, no outeiro, virou numa falsa Santa Teresa.

Guardo a lembrança da velha Glória que conheci menino, indo a Copacabana com minha família paterna — para piqueniques diante dos vastos mares. Isto seria 1909 ou 1910... Revi depois a Glória dos meus tempos do Pedro II e mais tarde, a dos 30, quando vinha visitar tia Eugênia Ennes, viúva, na Pensão Suíça. Todas as Glórias desses anos mantiveram-se imutáveis até 1935. Daí para diante começou sua transformação, acelerada nos anos 40 e 50, tornada vertiginosa dos 60 para cá. A substituição das casas de estilo português e depois francês está quase completa e, entre os arranha-céus que se levantam, só uma ou outra das antigas moradas insiste em continuar de pé para ser namorada pelos saudosistas. Assim preciso fazer um grande esforço de memória para rever o seu lindo jardim de canteiros curvos, suas aleias bem ensaibradas, a estátua de Cabral na sua ponta, o coreto, o mar chegando até onde está a primeira via asfaltada depois de Augusto Severo. O extremo de jardim onde ficava a estátua do Descobridor foi depois isolado para construção de pista posterior e finalmente o monumento mudado de lugar e posto em cima dum pedestal que o diferencia do original existente em Lisboa — de que o nosso é réplica. O correr de casas do largo era de térreos e sobrados onde se destacava pelos seus três andares o vasto prédio da Pensão Suíça — rente à esquina de Cândido Mendes. O canto fronteiro dessa rua tinha um sobrado cujos baixos eram ocupados por café, freguesia gênero entre Lapa e Catete, que servia, à noite, uma das mais suculentas canjas que já provei e dos melhores bifes acebolados, a cavalo, com batatas fritas e à Rossini — que já mastiguei. Ah! nesse tempo a madrugada da Glória era amena, sem assaltos... O quarteirão seguinte, até Conde de Lages, era cheio de sobrados de que nenhum mais alto que a Escola Deodoro. Suas calçadas eram sede, até uma ou duas da manhã, dum trottoir de mulheres de gabarito bem acima das atuais. O de hoje ganhou em variedade. Em vez de existir só o de mulheres pegando homens há mais os de "garotos de programa" catando fanchonos, os de compadrons que fazem prostituição masculina para velhotas que pagam bem e finalmente o das fressureiras se adivinhando e abordando. E nada disso tem mais horário noturno. Trabalha de manhã à madrugada, com predominâncias horárias para cada grupo. Tudo é extremamente discreto e é preciso olho técnico para manjar as idas e vindas dessa fauna de grande cidade. Mas, como eu ia dizendo, as casas eram quase todas baixas e deixavam divisar as árvores e vertentes sobre a rua da Glória. Hoje tudo está tapado pelo muro bruto pedra, vergalhão e cimento armado que nos faz repetir melancolicamente o que mestre

France colocou na boca de seu personagem Daniset: "*J'admire à quel degré de laideur peut atteindre une ville moderne. Alca s'américanise; partout on détruit ce qui restait de libre, d'imprévu, de mesuré, de modéré, d'humain, de traditionnel; partout on détruit cette chose charmante, un vieux mur au-dessus duquel passent des branches...*". Isto foi escrito em 1908, na Île des Pingouins. Imagine-se o que ele pensaria setenta anos depois...

Meus passeios a pé pelo bairro seguem sempre os mesmos itinerários. Saio do meu 190 para a direita, transponho fachadas de arranha-céus. Na esquina, onde havia aquele café das madrugadas, existe hoje uma lanchonete. Virando à direita, começo a subir Cândido Mendes que gosto de chamar de D. Luísa. Essa dona que deu seu nome era a mulher de Joaquim Clemente da Silva Couto, nos terrenos de cuja chácara abriu-se o logradouro, em 1845. Meu tio Antônio Salles aí morou, no princípio do século, mais ou menos à altura dessa Casa da Suíça — onde residiram Rachel e Oyama. Assim, subindo, cada vez que troco os pés na marcha, sei que estou pisando lugares palmilhados pelos amigos, por meus tios Salles e Alice, por meu pai quando vinha visitá-los. Galgo esse primeiro trecho fazendo essa reprodução do caminhado dos meus e vou calcando solos do ministro Hermenegildo de Barros, da prima Maricas do Juca Horta e suas filhas que moraram por aqui. Os passos de minha mãe também conheceram essas calçadas quando ela vinha ver a parenta. Povoando a rua de fantasmas, continuo minha ascensão. Nenhuma casa antiga, no princípio. Só os altos prédios, cujos térreos são ocupados pela alegria comercial de açougues, casas de ferragens, mais lanchonetes, barbearias, cabeleireiros femininos, drogarias, mercearias, farmácias. Entre elas, casa fechada, cada janela uma aparelhagem de ar-refrigerado, porta discreta e desde pela manhã o entra e sai de pares. Alta rotatividade. Estaco sempre a contemplar as fachadas dos belos sobradões de números 118 e 117. O último traz data na platibanda: 1882. Outra parada obrigatória é a esquina de D. Luísa com Hermenegildo de Barros que seguindo meu saudosismo gosto também de chamar rua do Chefe de Divisão Salgado. Numa das esquinas desse encontro e em terrenos ao lado, a demolição de duas antigas casas. Pela metragem quadrada dos lotes desnudados tem-se ideia do monstro que vai levantar-se no local. Consola a visão dos 17 e 19, casas datadas de 1896, dominando pela sua autenticidade. São de platibanda, dois andares e térreo habitável. A porta que sai do rés da rua tem a altura do térreo até a linha superior das janelas. Lembram certos sobradões da Bahia. O 35 já é outro arranha-céu. Em frente, sem placa de numeração (mas entre o 32 e 36) ressalta um dos mais lindos chalés do bairro. As duas águas são alegradas na frente pelo rendado leve dos lambrequins e, na parte mais alta da fachada, duas janelinhas para arejamento do forro, conjugadas e protegidas por grade de serralheria tão cheia de curvas, alças, protuberâncias, bossas que nos seus restos de prateado o ferro se liquefaz e fica parecendo quebrado de espuma da crista de onda que fosse imobilizado na graça de sua posição — como em chapa de fotografia instantânea. Vêm depois, do lado par, sobradões de portas e janelas com cercadura de granito. No lado ímpar eu vejo há dois anos o muro onde está gravada a capricho e a indelével piche a palavra CORNO e depois seta que aponta um portão. Acho reprovável indicação assim omissa: devia ser seguida da informação BRAVO OU MANSO — esclarecedora dos interessados. O 59 dir-se-ia que é sonoro como as clochetes da elevação, na missa. Esse zirzumbir prateado vibra retine nas serralherias das sacadas e do portão. Minha alma se entristece com a reforma aviltante por que passou o velho 67... Assim vou visitando meus amigos dessa subida. Paro diante dos gêmeos que viraram suas fachadas para a travessa Cassiano e de que um tem porta lateral para Hermenegildo, com o número 73. Parecem com nosso 106 de Aristides Lobo e pela travessa, acima, começa Ouro Preto. Longa extensão de construções reformadas, de paredões e baldios servindo para despejo de lixo — colchões, velhas poltronas eventradas, baldes furados, penicos descascados, bacias sem fundo, entulho despejo da vizinhança. Um pouco antes do 111, belo muralhão com escadas de pedra, conduzindo a terreno que derrama sua vegetação como gigantesco pote de avencas. Os degraus devem ter sido o acesso para casa ruída ou derrubada. O dito 111 é um casarão modernizado. Está pintado dum verde estridente, com tinta plástica. Essas tintas dão colorido novo que acentua e aumenta os vermelhos, os amarelos, os azuis, os róseos, todas as cores que eram usadas na pintura dos prédios coloniais e imperiais. Sua aplicação, longe de desvirtuar, como que revela e salienta os caracteres das nossas velhas edificações. Mais lances de paredões de pedra que o tempo foi desconjuntando e entre cujas frestas irrompem árvores que sobem renteando o muro sobre o qual espalham digitações de raízes que são como mãos magras mas potentes a segurar os punhados de monolitos que sem sua força ruiriam. Voltando ao que mencionei antes, vale dizer alguma coisa sobre a maneira como são tratadas nossas construções pelos que as reformam. Uns querem modernizá-las e suprimem toda a fantasia, enfeite belle époque que salientava-se nas fachadas e florescia em torno às janelas e portas. As cores álacres da pintura são substituídas por um cinzento de cimento cheio de faiscações duras de mica. Mais valia derrubar a residência antiga que desfigurá-la desse jeito. Outros pensam que respeitam o tradicional querendo melhorá-lo e acrescentando à simplicidade primitiva das casas desornadas o excesso que lhes parece mais requintado. Exageram nos painéis de azulejo, nos jarrões de louça sobre os muros, nas pinhas em cima dos parapeitos, nas estátuas vidradas dos beirais. Os dois exemplos abundam nessa subida de Hermenegildo e depois, em toda Santa Teresa. É justamente assim que acaba esse lance de via pública em cujo ângulo fronteiro fica a moradia que parece abandonada, onde viveu o ministro cujo nome passou à rua. É uma construção arnuvô cheia de vidros coloridos fazendo coberturas apoiadas em estruturas de ferro. Num canto, essas vidraças de cima a baixo parecem cobrir elevador ou escada de caracol. Tem o número 158, dois andares na frente e três no lado que fica em Visconde de Paranaguá. Próximo existe pequeno belvedere dando sobre níveis inferiores e abrindo vista fantástica sobre a baía. Tem bancos de pedra para os namorados e os desocupados. Geralmente ninguém no lugar ermo e propício aos ladrões. Dele vê-se o mar, a ponta dos aterros onde está o Aeroporto Santos Dumont e, mais próxima, a do que vem do Flamengo e onde começaram, recentemente, grande construção de cimento armado destinada, dizem, a restaurante. Ninguém. Nenhum veículo. Só passa o vento que vai para o largo ou dele vem mais fresco sobre a testa e o corpo molhado do suor da ladeira vingada.

Depois da parada nestes altos visão ouro e azul, começa-se a descida. Duas opções. Taylor ou Visconde de Paranaguá. Ambas profundamente Rio velho e tão bairro da Glória que sempre hesito. Taylor principia numa ladeira curta e mais escabrosa que a do resto da rua. Do lado direito, grandes barrancos e em frente, o 159, bela e pequena casa do início do século. Logo em seguida, ribanceiras, do mesmo lado, que servem para despejo de lixo. Toda a encosta da montanha está coberta de utensílios imprestáveis e policrômicos, de restos de papel, de comida, de roupas que repugnam e revoltam a quem olha de perto aquela imundice acumulada pela negligência, descaso e incapacidade de nossa limpeza urbana. Vistos de longe (ou mesmo chegado, para quem tem vista cansada, como é o meu caso), os contornos contundentes dos objetos, das coisas, desaparecem e os olhos só veem cores. Então estas fazem tapeçarias mágicas, painéis abstratos que é como se resultassem da fantasia de pós-aquarela jogados num papel molhado, nele se dissolvendo ornando e armando por conta própria lentas curvas elegantes ou súbitos riscos imprevisíveis: nenhuma forma só o vapor das volutas das sete tintas do arco-íris. Ao menos assim, servem os despejos, os entulhos... A rua Taylor tem esse nome por ter sido aberta nos terrenos da chácara do chefe de divisão João Taylor. Certo em parte alta dessa propriedade — o que determinou a forma de crossa do logradouro. Seus números de 139 a 135 oferecem, a quem vai descendo, primeiro a vista de casinhas típicas do princípio dos 1900 e depois ruínas de muro com sobras de gradil e portão. A paisagem do resto da rua até sua chegada à esquina de Lapa é cheia de velhas casas cada qual oferecendo detalhes arquitetônicos casuais ou intencionais. No 120-A, por exemplo, uma escadaria barranco acima teria sido solução para resolver a subida mas o zigue-zague dos lances de degraus de ferro se acumulando e empilhando acaba desenhando uma geometria esticada que parece sanfona puxada de cima, enquanto os corrimãos de metal, polidos pelo uso e cintilando ao sol, ficam como raios que se baralhassem simetricamente. O 120, desvirtuado por aperfeiçoamento, deixa de ser convincente apesar de ter ficado bonito e alegre: azul e branco, pinhas e estátua de louça. A varanda canta em cima, atulhada de gaiolas de pássaros. Logo sobrados geminados da maior dignidade — o 114 tendo na platibanda a data 1894. Mas a mais curiosa e interessante edificação da rua é o 110 de que a graça reside na varanda cujas janelas são encimadas e têm por baixo painéis de madeira trabalhada à serra tico-tico, ostentando vazios favoráveis à ventilação. Fazem renda de Veneza. Do outro lado escarpas do morro. Às vezes as modificações introduzidas num prédio pela sua quantidade e variedade são como improvisos musicais na sua surpresa e fantasia. Os sobrados no alto de vasta amurada de arrimo de números 100 e 96 oferecem essa sugestão. Todo o lado ímpar diante das edificações que estamos descrevendo é composto de barrancos cheios de capim e lixo até ao número 45, sobrado de 1887, quatro janelas de frente, as de cima enriquecidas pelas varandas com serralheria representando dragões simétricos que se afrontam pelo olhar de ferro, bico, peitos, patas, garras — sobre fundo desenhado por florões e curvas da mais elaborada elegância. Depois de atravessar Conde de Lages, Taylor mostra à frente um belo trecho da rua da Lapa, mas antes de nela entrar, apresenta ainda três edificações dignas de atenção. A fachada lateral de casa avarandada numerada como 11 de Conde de Lages que é o Hotel Canarinho, com quartos para rapazes; um chalé de três janelas datado de 1886, beirais rendados de lambrequins, bandeirolas de vidro central que se ilumina ao dia como safira e um óculo de ventilação do forro, tão tecido e trabalhado que parece uma aplicação redonda; finalmente os lados de outro chalé, um dos mais lindos do bairro e numerado por Lapa 230. Virando à direita, um pequeno trecho desta rua que pelo aspecto e caráter já é a da Glória. Piso com atenção a buraqueira. Dupla atenção: primeira por saber que palmilho o velho caminho da Lapa do Desterro, aberto na colônia pelo governador Vasqueanes; segunda atenção, para não quebrar os ossos no logradouro que duvido tenha símile — pelo desmazelo dos responsáveis por seu calçamento e limpeza. É como Sapucaia que tivesse passado por terremoto ou bombardeio. Entra-se. Vê-se janela onde, como aparição de outras eras, como uma espécie de celacanto, há uma velha rebocada que chama pela fresta das portadas postas de meia jota. Dizem que essa relíquia de uma prostituição superada faz a vida ali há mais de quarenta anos, que é de tudo e pelo jeito ainda tem freguesia. Conheço-a de vista de meus passeios a pé e quando ela da janela me rejuvenesce com seu discreto sinal de cabeça (entra, simpático) — nunca deixo de cumprimentá-la grave e profundamente como a uma grande dama. Depois desta, outras instituições: Hotel Cid, Empire Hotel, Escola Deodoro com sua fachada imunda, os portões enferrujando e breve deixando cair no chão as duas belas moldagens metálicas das armas do antigo Distrito Federal; o arranha-céu no 122 onde mora o nosso José Olympio e chegamos ao chafariz mandado erigir em 1772 pelo vice-rei e capitão-general-de-mar-e-terra d. Luís de Almeida Soares Portugal Alarcão Eça Melo Silva e Mascarenhas, conde de Avintes e marquês do Lavradio. Esse chafariz é como brasão da rua da Glória e mostra sua antiguidade colonial. Servia para aguada das embarcações quando a orla marítima era no nosso logradouro como ficou até o fim do século passado. Minha mãe, sempre que vinha ao nosso apartamento, olhava pela janela e dizia que conhecera o mar ali, onde está aquele parapeito que vai até ao Relógio. Essa linha pode ser vista como enrocamento e cais em gravuras de Rugendas. Ela possuía no meio reentrância quadrada, como aparece numa daquelas estampas, para abrigo das pequenas embarcações. Foi aterrada quando afastaram o mar. Pois tive a prerrogativa de ver suas pedras ao demolirem o Elixir de Nogueira para erguerem o arranha-céu pegado ao meu. Das janelas da sala de jantar do nosso apartamento eu me aprazia em ver cavar buracos para os alicerces do prédio atual. Pois deu pano para mangas a amurada que apareceu e que fui ver de perto, feita de lajes monumentais ainda incrustadas de conchas. Era a parte mais recuada do antigo recôncavo de que falamos e demarcação continuada no nosso terreno pelos paredões atrás da garage. Moro pois em cima de área roubada do mar. Seu limite primitivo era o fundo do nosso apartamento; depois foi a amurada da Glória; posteriormente na primeira pista curva depois de Augusto Severo; mais tarde na última passagem de rolamento antes do Aterro, agora nas lindes externas deste. Olho com melancolia pelas minhas janelas da frente e calculo que cerca de um quilômetro de largura já foi tomado às águas, aqui na Glória.

Das alturas que descrevemos e onde fica a casa que pertenceu ao ministro Hermenegildo de Barros pode-se baixar não só por Taylor (assim acabamos de fazer) como por Visconde de Paranaguá. Essa via pública começa naquela e é primeiro uma reta que parece ter procurado a rua da Glória mas que recuou diante das escarpas do morro onde deixou o fundo de saco dum impasse. Descendo pelo outro lado, inflete-se em ângulo reto de modo que sua segunda parte está para a primeira como a haste de um T maiúsculo. Seu início faz-se por cerca duns cento e cinquenta degraus separados de dez em dez por patamares em cujo centro está plantada uma árvore. Aos lados dessa descida, sobrados e casas do início do século, restos de muros ruindo, casarões se desmantelando, baldios cheios de lixaria e a alegria das crianças naqueles batentes onde elas levantam suas fantasias e rolam suas aventuras. Há uma ruína no lado ímpar, mostrando fundos para a ladeira e tendo frente provável em Conde de Lages, que desafia a gravura — tanta a poesia que foi dada aos paredões se desarmando pela erva fina dumas folhinhas da forma de salsa miúda toda cerrada e fechada como se fosse reunião de avencas postas em gramado na beira das platibandas, molduras e beirais. Visconde de Paranaguá termina em Taylor por arrimos de pedra, muros do lado par e pelo inevitável arranha-céu no lado ímpar. Vira-se naquela, segue-se pequeno trecho e já damos em Conde de Lages. Aqui outrora retumbaram hinos. Quando havia prostituição ostensiva no Rio, o trecho da zona que vinha da parte sul — transversais do Catete, Russel — comunicava-se com o da parte que ia para o norte pelos braços abertos das ruas da Glória e Conde de Lages que desaguavam nas calçadas felizes de Lapa, Joaquim Silva, Morais e Vale, do glorioso beco dos Carmelitas. Essa zona alegre continuava um tanto diluída, por Mem de Sá e Riachuelo, escondia-se um pouco e reaparecia apoteótica nos quarteirões prodigiosos do Mangue — que puseram Blaise Cendrars bestificado e dizendo que não vira ainda nada igual nos bairros prostibulares das partes do mundo que conhecera. Eu e os meus colegas da Assistência Pública, veteranos do seu Serviço Externo, somos, com as donas de bordel, os *souteneurs*, os cafetões, os malandros, os gigis, os carachués e as próprias putas, os grandes conhecedores desse ambiente. Lavagens de estômago de envenenadas com fenol, permanganato, oxicianureto, sublimado, creolina — praticamo-las nos randevus de luxo e valhacoutos mais canalhas; caras trabalhadas à navalha, lombadas abertas em belas incisões esguichando sangue, contusões de porrete, ferimentos penetrantes, tripas ao léu, comas alcoólicos, êxtases de éter sulfúrico, estupores de cocaína — transportamos às centenas para entregar ao Serviço Interno do nosso antigo e desaparecido HPS. E éramos bem tratados, respeitados, em ambientes que nunca teríamos a ousadia de entrar sem as imunidades do avental branco e da malinha de madeira do socorro-urgente. Sempre penso nesse mundo iluminado, poético, trágico, sinistro e orgástico quando nos meus passeios pela Glória entro — como íamos começando a fazer antes dessa digressão — quando entro, dizia, numa rua Conde de Lages despida das galas de seus antigos festivais e vazia de suas multidões de machos em cio. Quem poderia me dizer que eu contemplaria as ruínas e o paredão se desagregando — em cujas alturas tiniam taças das cortesãs de Sagunto do famoso Consulado, bordel movimentado como a Estação de Pedro II cujo símile era o Armenoville de São Paulo — os dois lembrando o lupanar em que Charlus entrou, ponta de pés, para surpreender a traição de Morel. O quarteirão que se percorre por Conde de Lages e sua angulação até a Glória modificaram-se completamente. A população é de pessoal do comércio, famílias modestas, estudantes, gente simples. As aves de arribação procuraram outros pousos. Agora há cafés-lanchonetes com operários. Um silêncio bom de roça. Ratos atravessam a rua de bueiro a bueiro — atarefados e olhinhos luzindo como os do que corria nos meus pesadelos em Aristides Lobo. Vendo-os, sinto vago arrepio e vem-me o medo insensato da preta sem cara e sangrando. Crianças jogam malha e brincam no caracol e no *vagon* riscados a giz e a carvão nos passeios — que me restituem a infância, o Internato, São Cristóvão. Um homem expõe quinquilharias na rua deserta. Seus fregueses não compram alfinetes, pentes, grampos, correntes, chaveiros nem colchetes. Quase não param, pagam, não falam, recebem o embrulhinho e piram. As velhas casas impluíram por si ou foram demolidas. Sobraram sobrados e térreos do princípio deste século — inconfundíveis pelas fachadas arnuvô e a rua segue quieta e apaziguadora até as paredes laterais da Escola Deodoro e do arranha-céu em frente — batentes abertos sobre o antigo Boqueirão, o Caminho da Olaria — hoje nossa rua da Glória — velha de duzentos para trezentos anos.

Às vezes chegando a minha rua, em vez de tomá-la até em casa renteando os edifícios e o chafariz, atravesso-a para o lado da amurada sobre Augusto Severo. Sempre a conheci, lembro nos anos 30 que do lado do último logradouro seu paredão, em lugar do revestimento de pedras de hoje, tinha-o de azulejos anunciando o Bromil, o Elixir de Nogueira, o Tintol. Com letreiros e as figuras do homem tossindo, do sifilítico curado, do sino batendo e seu badalo fazendo soar as duas sílabas: TIIINNNNN para um norte e TÓOOLLLLL para um sul. Havia reclames de comida, utilidades, arquitetos, companhias de seguro, advogados, até de médicos. Recordo as letras garrafais do DR. METON com que meu primo anunciava seu consultório de oculista. Todo o parapeito é duma liga metálica se fazendo de bronze mas onde domina o ferro. Faltam-lhe pedaços; aqui e ali há rombos enferrujados guarnecidos pelos caprichos da própria oxidação e lembrando vastas cáries dentárias. As colunetas (semelhantes às do monumento à Abertura dos Portos em frente ao Hotel Glória e às de outras eras da praia do Flamengo sobre o mar) estão umas quebradas e aparecem grandes vãos onde elas faltam; as pedras do paredão têm encontros e quinas lascadas. Há pouco tempo quando se anunciou a vinda do presidente da República para visitar as obras do metrô e reinaugurar os jardins, procedeu-se à restauração apressada, colocação de novos pilares e obturação com cimento dos rombos das pedras. Foram postos globos (sem lâmpadas) nos postes da amurada, limparam-se as escadas que dão em Augusto Severo, fincaram-se galhos verdes nos círculos de terra das calçadas onde a arborização morrera, houve hinos, discursos, vibração, todos foram dormir e as pedras estão novamente se deslocando, as escadas servindo para despejar lixo e o belo Relógio da Glória parou outra vez — agora marcando, como se o fosse fazer para sempre, vinte para as oito. Às quintas instala-se na nossa calçada e sobe Conde de Lages a feira semanal com sua morrinha das bancas de peixe, perfume das flores e das frutas, multicolorido dos legumes, das folhas dos mateiros catadores de plantas de preceito; das utilidades, das roupas feitas, dos chinelos e sandálias. O mercado acaba ao meio-dia e carregadas as barracas — surge o batalhão terrível dos mendigos catando no chão a comida que caiu. São mulheres, crianças, velhos. Não são gatos nem cães. São seres humanos. Por tal espetáculo somos todos responsáveis, os que não precisamos mexer em restos de lixo para matar a fome. Sim, todos responsáveis. É sobre essa massa de sangue, pobreza e carne desvivida que assenta nossa pirâmide social e as coisas têm de ser assim porque Pipi, coitadinha! não pode viver sem Dior e Givenchy, nem Coco sem seu *blended scotch* autêntico, seu polo, seu golfe, seu iate. Apesar de não ter estas regalias, tenho outras e no dia da cobrança terei de pagar por elas sem tugir nem mugir. Legal.

Disse no princípio que a minha Glória sentimental ficava em duas ilhas. Já descrevemos a que é limitada com Catete, Santa Teresa, Lapa, o mar. A outra, antigamente unida à primeira, foi separada quando a rua do Catete invadiu o largo da Glória conferindo-lhe seu caráter, ao mesmo passo que o Russel assumia fisionomia autônoma. Para chegar à segunda ilha é preciso percorrer justamente o resto de Glória que sofreu influência do gênero Catete e que fica entre Cândido Mendes e o Palácio Arquiepiscopal. Quando se atravessa esse ponto demandando o Russel, é certo pisarmos locais onde foi a Taberna da Glória, uma das estações de Mário de Andrade quando de sua paixão no Rio. Esse restaurante e bar também servia de ponto de encontro de traficantes e dava, por comunicação interna, com portaria que se entrava por Catete e que era a de um hotel cuja recepção sempre se esquecia de fazer encher aos fregueses sua ficha de inscrição. Também o Russel, com a praça Luís de Camões, não dá a impressão de que se esteja na Glória. Essa recomeçará na esquina da ladeira de Nossa Senhora. Depois das construções laterais do hotel e do arranha-céu numerado por Russel, a primeira edificação característica que encontramos é casa que conheci em pitorescas ruínas e reconstruída sem perder sua feição. Atualmente tem a mesma numeração do antigo edifício de apartamentos que Monteiro & Aranha ocuparam para seus escritórios, e seus terrenos servem para parqueamento dos carros dessa firma. O 214 é um belo sobrado restaurado, imponente nos seus três pisos. O 228 outro, com cinco janelas em cima, entrada central embaixo, duas janelas de cada lado. A porta tem superiormente abertura vedada por serralheria dum luxo e duma invenção que fazem dela uma das mais lindas do Rio. Os intervalos e vazios de seu rendado metálico ventilam o vestíbulo do prédio que honra a ladeira por sua autenticidade respeitada. O 279, antigo 124, mostra grande portão da chácara que sobe morro acima. Do 311 ao 325 estão as casas, parece que da idade da igreja, onde já esteve o consistório da irmandade e que serviam para abrigo dos romeiros. O catálogo telefônico, no endereço dessas construções, mostra que elas ora estão ocupadas por particulares. Chega-se ao ponto mais importante do nosso bairro, que é a praça onde se levanta a igreja da Imperial Irmandade de Nossa Senhora da Glória. Aqui os passos que seguimos são os dos nossos imperadores e daquela gente cuja lembrança faz a poesia dos dois reinados. Também os dos que deixaram seu testemunho sobre o encanto do lugar. Nas lajes desse adro pisaram, além dos grandes e pequenos do Império, os personagens imaginados de Machado de Assis e mais os pés de Luccock, Spix, Martius, Henderson, Mary Graham, dos nacionais padre Perereca, Pizarro, Moreira de Azevedo — cronistas do local. Suas paredes, torre, cunhais e coruchéus prenderam os olhos dos artistas que fixaram a beleza de suas linhas nas telas, desenhos e gravuras da sua iconografia — como Taunay, Vinet, Buvelot, Borget, Honbrook, Garneray, Bertichem, Martin, Czeni, Jayme, Schutz, Rugendas, Dickson, Michellere, Desmons, Arago, Fisquet, Ousley, Ribeyrolles. Da praça e do adro um belíssimo *vol d'oiseau* com que nos impregnamos duma das mais lindas e genuínas vistas cariocas que num instante faz passar nas retinas a sucessão prodigiosa dos contrafortes, descidas e lapas de Santa Teresa, da rua da Glória, do Centro, do Aterro; do outro lado, nos longes da Armação, com Niterói-Niterói-como-és-formosa, o mar, a barra... Não se pode falar desse alto da Glória sem dizer o nome de Rodrigo Melo Franco de Andrade a cujo esforço, tenacidade e bom gosto devemos a reintegração da igreja na paisagem, pela desapropriação e demolição das construções do Russel, a restauração da sua subida e o desentulho dos alicerces do forte da Glória. Da praça tomamos a ladeira da Glória — inteiramente desfigurada e acabando embaixo com arranha-céus. Das velhas casas não sobrou nada. Tudo no chão; sumido, inclusive, o 135, onde visitei pela primeira vez Gastão Cruls que ali morou pelos 30, antes de ir para o Alto da Boa Vista. Ali fui também mais de uma vez ver Gilberto Freyre que lá se hospedava chegando da Europa, dos Estados Unidos ou vindo do seu Recife.

Os que estão tendo a paciência de me acompanhar nestas minhas voltas vão perguntar por que sou tão fatigante e ando a empregar técnica de mostrar o bairro à Baedeker e *Guide Bleu*. É justamente porque estou tentando fazer um guia do velho Rio diluído, dispersado e oculto pelo Rio moderno. Talvez esteja obedecendo à fecundação nascida de antiga conversa com Rodrigo Melo Franco de Andrade. Lembro noite em que palestrávamos em sua varanda, no escuro de Bulhões de Carvalho, e recordo a pergunta que lhe fiz. Qual? de nossas cidades coloniais ele achava a mais importante em matéria de construções civis e religiosas. São Luís? Recife? Salvador? São João d'El-Rei? Tiradentes? Congonhas? Ouro Preto? Mariana? Diamantina? O querido amigo respondeu sem hesitar que era o Rio de Janeiro. À minha surpresa ele acrescentou que não se percebia isto porque nossos mais lindos monumentos estavam baralhados a construções recentes e cada vez menos acháveis numa cidade onde a vida média de um prédio é de doze anos e em que todos, governantes e governados, parecem empenhados em demolir o mais possível, sem respeitar o que há de mais belo, autêntico e tradicional na cidade onde se não estão, pelo menos estiveram, em maior quantidade, os testemunhos de nossa melhor qualidade arquitetônica. Foi quando comecei a duvidar de certas reputações e a considerar como mais ou menos vândalos a Francisco Pereira Passos, Antônio Prado Júnior e ao nosso Henriquinho. Assim eu me dou ao trabalho de dar rua e número das casas que descrevo e ficarei amplamente recompensado se uma única pessoa quiser seguir meus itinerários para ver no lugar certo os requintes de serralheria que eu indico e mais a graça de certas varandas, a proporção das janelas e portas, a sugestão de um velho portão que se enferruja, dum muro, duma parede, dum telhado e até a humildade do lixo despejado nos baldios — nessa nossa cidade linda como Nápoles e mais suja que o Cairo. Os endereços que aponto são os de casas que vão morrer e que breve não existirão mais. Assim como acompanhamos avidamente a agonia dos que amamos para guardar para sempre a tirania de sua derradeira lembrança — acho que todos que passam diante de uma velha casa, de uma velha igreja, devem olhá-las como quem segura, se encosta, cheira, beija, lambe, degusta o corpo apetecido. É amar agora porque a mocidade foge. É olhar e ver agora porque as selvas de pedra proliferam e nunca mais se contemplarão os telhados, beirais, ornamentos, lambrequins, serralherias, gradis, portões, vidraças e bandeirolas de vidro azul de que estou dando o endereço. Tenho a certeza de que haveria comoção se os jornais anunciassem a destruição de qualquer das nossas cidades históricas. Pois saibam quantos me lerem que estão sendo criminosamente demolidos os Recifes, Salvadores, Sãojoões Tiradentes Congonhas Ouropretos Marianas Diamantinas que ainda existem em trechos da Gávea Botafogo Centro Gamboa Lapa Catumbi Ricomprido Tijuca Andaraí Sancristóvão... E enquanto nossos arranha-céus não envelhecerem e não adquirirem o sabor de vida e o sabor de morte das velhas casas — NÃO RECUPERAREMOS a poesia das músicas modinhas violões cavaquinhos pianos e cantos do nosso Rio. Nem suas festas batizados noivados casamentos; tampouco o ruído de suas conversas políticas, palestras de velório, de enterro, de cemitério, de jardim público; a voz os gritos os gemidos os choros das crianças meninas donzelas moças velhos; os berros de multidão no Carnaval e nas Copas. Em suma, de tudo que está impregnado no mata-borrão esponja das casas velhas e que nelas se depositou com o tempo — tudo de imprevisível como a sombra das pátinas, de luminoso como o polido dos mármores antigos e belo como o que há de mais belo — adolescência mocidade, Amor Triunfante...

Efface ce séjour, ô Dieu! de ma paupière,
Ou rends-le-moi semblable à celui d'autrefois,
Quand la maison vibrait comme un grand coeur de pierre,
De tous ces coeurs joyeux qui battaient sous ses toits!

LAMARTINE, "Les Visions"

Há trinta e cinco anos moro no Edifício Apiacá, à rua da Glória 190, apartamento 702. Quando para aqui mudei o número era 60. Nosso arranha-céu levanta-se em terreno onde existiu famoso bordel do bairro nunca completamente saneado. Aqui passei quase metade de minha vida. Aqui envelheci. Quer dizer: aqui tive contados minutos de paz e um roldão de dias noites de tormento. Aqui caminho no escuro como um cego nas noites sem acender os comutadores como um cego sabendo onde estão as quinas hostis das paredes e as pontas contundentes dos móveis que conheço como um cego nas noites de insônia como um cego. Ah! longe de mim maldizer de minha casa. Estou impregnado de suas paredes do seu ar do mesmo modo que ela o está de minha pessoa, dos desgastes do meu corpo cujos fragmentos ficam pulverizados nos revestimentos, no chão, no teto — cabelos caídos, esfoliações de pele, excretas pelo cano, ar expirado, palavras vivas um instante, gemidos murmúrios resmungos. Só que ela e as outras que habitei vida afora não são mais a casa que deixei e que procuro para pedir de volta minha infância. Rua Aristides Lobo 106 — onde nossa família completa viveu um instante perfeito — logo logo feito, encerrado, fugaz, fátuo acabado passado. Lá ficaram o retrato imenso de Alice, a última aparência de meu pai, as luzes, as sombras. Os sons vieram comigo, estão em mim como se fossem uma cigarra, uma cigarra de ouro na mão, apertada na mão, tão vibrante do atrito dos élitros que seu canto elétrico corre dentro de mim como mil de miles campainhas de uma dormência iluminação da carne visita de saúde — batida de todos aqueles álacres corações que pulsavam na CASA. Quando a propulsão do sono cessa — alguma coisa deve se passar por meu dentro, invisível mas extremamente modificante, como as forças imensas e silenciosas que envultam a água que parece inerte mas que de repente congela ou súbito ferve. Nos fundos do meu ser o estranho se concretiza e um albor que não é de visão nem de coisa ouvida, tampouco de pensamento investe-se em novo estado — vem a consciência de lêmures se configurando, como num papel fotográfico o banho químico acorda magicamente formas vultos claros escuros perspectivas profundidades. Estou subindo da pedra a uma coisa fingidora de vida sonhos pior que inverossímeis porque são inteiramente inexplicáveis no seu absurdo (apenas aparente). Sim, eu mesmo, ali preso, amarrado ao peso que me sufoca cercado de caras. Não compreendo por que não se realiza logo a degola decidida e é morrendo mil mortes que espero a morte protelada. Vejo agudamente as fisionomias carrascas em cada pelo, cada poro, cada olhar vermelho. Ouço os ruídos de couro ressecado e aço, tinidos de argolas oxidadas de velhas selas, claquestalos de talas, ringidos de arreios — com uma exatidão que é experiência madura daquele nunca visto. Adivinhação? invenção ou elaboração duma memória que deve ser de vidas anteriores à minha, a memória de uma raça, de antepassados que me transfundiram tudo com os genes marcados que de certo modo são eternos. Eles testemunham e determinam as gerações na forma de um nariz, no desenrolar de um pensamento, no esgar dum cacoete. Essas lembranças dos séculos (se são mesmo dos séculos) é que configuram as coisas já distorcidas e disfarçadas do meu subconsciente precipitando-as em símbolos, transferências, transportes. As figurações terríveis são pareceres delegados da minha realidade que eu logo corporifico em monstros que me aterram — quem sabe? melhores que os reais que eu me dou como cotidiano. Aos poucos saio da bruta caverna sem altura e desemboco na floresta sombria do *in, enna, non,* carência, privação, falta de sono. Já disse no meu *Chão de ferro* que sono é um estado, vigília outro, insônia o terceiro. Neste eu entro para ser dilacerado na sua meia treva de limbo por Belzebu, Astarote, Asmodeu e Bafomet. Quando eles se vão, fartos de me chuparem vida e sangue, de me esquartejarem — acendem-se no meu ombro direito, braço, antebraço e mão as lâmpadas furiosas dos pontos de Valleix. Logo esses santelmos ligam-se por condutores de todas as cores que se iluminam como tubos neon. Nervo do angular, do romboide, do supraescapular e o rastilho de pólvora segue mediano, radial e cubital — deixando meus músculos em fusão nas chamas da nevralgia cervicobraquial. O sofrimento desencaranga o resto do meu corpo e levanto no escuro como um cego nas noites sem acender os comutadores. Meio acordado chego até a geladeira, urgido por fome sede animalescas. Sua abertura ilumina um pouco. A natureza-morta das sardinhas, das carnes, das frutas, das folhas vai restituindo o real e me tirando da insônia para a vigília lógica. Vão melhorando os sinais físicos do outro estado — diminuindo o eretismo do coração, o arrocho do peito e declinando o paroxismo de dor que me pegava da cabeça e nuca à destra. Com ela eu me sirvo de feijão gelado, duma lata de cerveja ou dum trago de álcool mais duro. Acordo. À angústia, à ânsia do estado anterior segue-se a invasão da irmã da lucidez que se chama Melancolia. Ela tem a força dos teoremas, a síntese dos aforismos, o taciturno das desgraças. Bem que Dürer a representou na figura da mulher gorda, olhos abismos da desolação, ao lado do inexplicável poliedro e do futuro morto criança. Não adianta voltar à cama deitar de direita, de esquerda, de costas, de bruços porque em qualquer posição me aparecem os mortos imóveis que nem numa pose majestática e como que iluminados à luz negra. Se eu viro eles se desagregam uns segundos e se reagrupam no outro lado. Para não me agitar deitado, acordando a companheira do seu sono — prefiro pervagar na casa que vou iluminando enquanto meus fantasmas vão se colocar cada um no canto ou no móvel que lhes pertence.

> Princes à mort sont destinez,
> Et tous autres qui sont vivans;
> S'ils en sont courciez n'atainez,
> Autant en emporte ly vens.
> FRANÇOIS VILLON, "Ballade en vieil langage françois"

> — São teus? — Nossos, Alteza. Nossos, todos os mortos.
> ALPHONSUS DE GUIMARAENS FILHO, "Todos os mortos"

Entro em minha sala de jantar com passos de veludo. À noite, só, tenho medo pânico do ruído de minha sola no chão. Respiro baixo — como ladrão. As coisas familiares tornam-se estranhas e fantasmais, mesmo luz acesa. O relógio armário vacarmiza com seus tic — estalos — tac a tempos iguais do pêndulo cá e já logo lá e a lua do mostrador me manda além das três e meia das horas, o sem-número de caras que as procuraram no tempo e que não procuram mais saber quantas são. Se fosse uma raridade de antiquário, não me diria nada. Mas é um de armário que bate as horas para minha gente há mais de cem anos. Pertenceu a Cândido José Pamplona, meu bisavô. Rodrigo Melo Franco de Andrade, que gostava de sua linha de velho móvel, sempre que vinha a minha casa ia vê-lo, acertava por ele os ponteiros do seu e explicava que aquele tipo era duns relógios ultraprecisos, de fabricação inglesa, entrados no país entre 1820 e 1840. Com sua autoridade de diretor do Patrimônio dava idade assim venerável ao meu antigo pêndulo. Da casa de meus bisavós ele passou para a de minha avó paterna e das mãos desta para as de minha tia Alice Salles. Dela me veio. Lembro do dia que fui tirá-lo num armazém do Cais do Porto, chegado do Ceará: máquina, pesos, um feixe de tábuas do que fora o armário. Fi-lo restaurar, pu-lo de pé, mandei regulá-lo, armá-lo. Dei a corda, impulsionei a báscula e o tique-taque começou a pulsar para mim os segundos que contara para os meus. Tio Salles, que bricolava, tinha passado sua caixa de pinho-de-riga a uma tinta marrom cujo óleo se impregnara de tal modo à madeira que foi impossível deixá-la visível e aos seus belos veios e nós. Tive de mandar repintá-la. Escolhi dourados, ramos de flores, tendo por campo aquela cor de sangue. Logo que ele começou a bater, devorou os silêncios e os demais ruídos de minha casa e a olhá-lo, leio no seu mostrador o testemunho da morte dos meus mais velhos — todos encantados no seu bojo tornado carne palpitante pelo grená que lhe dei. No princípio ele era uniforme. O tempo corrompendo oxidando mofando a tinta deu-lhe inesperada riqueza de tonalidades e aqui e ali apresentam-se agora as várias gradações do rubro. Há quinas carmesins, superfícies purpurinas, cor de cereja, de rosa, de amora, cantos de coral, de carmim, de goles. Os quatro pés estão encarnados. Alto, tocando o teto, ereto, certo, preciso, seguro, implacável — meu relógio vermelho bem aguentaria (como o do Príncipe Próspero) confrontar também a Morte e vê-la pichelingue, despojar-me de madrugada minuto e mais minuto. Esvazia meu haver e aumenta o seu enquanto engrola na boca de sombra seca — Estch'era teu, agor'el' é meu, estch'era teu agor'el' é meu, estch'era teu...

Aos lados, duas velhas gravuras holandesas representando uma, o céu boreal, outra, o austral. De dia, simples impressos. À noite vida espacial e imensa anima a Hidra, o Câncer, o Escorpião, Águia, Centauro, Licorne, o Touro e Pégaso. Suas franjas de gelatina, seus cílios, braços engastes de ventosas, suas pinças, ganchos, garras, cascos, chifres, unicórnio que a fantasia dos gravadores coloriu das cores mais agudas parecem latejar ao ritmo dos minutos, vibrar ao dos ponteiros, convergem sobre mim e me circundam enquanto a pêndula afiada se abaixa aos poucos como no conto de terror — machado de execução que só para depois de fazer dois pedaços com a vítima. Olho os objetos familiares — as reproduções de Rugendas, o quadro com meninos empinando papagaio que pintei — roubando cores e maneiras de Portinari — a estante de pratos que faz entrar pela minha sala de jantar adentro a de Madame Blank com sua mobília de carvalho, suas louças de azul e branco, e o amarelo estridente de seus cobres sempre areados e cintilando como ouros. A alegre mesa mineira feita dum pedaço único de tronco de jaqueira — o que dá a tábua mais larga que se possa querer mas tão friável e perecível que é preciso emoldurar de jacarandá bem duro a madeira inconsistente como seu fruto mole. Nossos móveis polidos pelo uso mãos sucessivas pano de limpeza lembram-me alegres almoços, festivos jantares constelados de amigos. Muitos já mortos... Lembrá-los é como se os tivesse invocado e logo eles chegam e me olham. Espanto de vê-los vinte e um tão cabidos numa mesa de dez lugares. Olhando bem percebo que eles são imponderáveis, que seus fantasmas se interpenetram. Sinto que se fossem cem, mesmo assim caberiam à mesa meus reaparecidos convivas. Hoje eles estão espalhados em cemitérios daqui, da Europa, do Prata — de onde acodem rápidos ao rebate do meu pensamento.

Cavalcanti	Juscelino	Ruiz Moreno
Manuel	Lucherini	Oswald
Gastão	Álvaro Lins	Lenoch
Miguel	Lichtwitz	Facó
Rodrigo	Prudente	Marcelle
Virgílio	Lievre	Deabreu
Emílio	Beatriz	Mário Braga

Estão satisfeitos de ter tido alguém cujo susto os materializasse, dando a cada a possibilidade de retomar um instante o efêmero trocado pelo eterno. Assim eles desertam interinamente suas necrópoles e parecem querer recomeçar a última conversa que tivemos. Domina a lembrança das falas de Joaquim Nunes Coutinho Cavalcanti deixando-me à porta do consultório. Dizia e repetia — Pedrinho, Pedrinho, você faz mal em trabalhar num dia lindo como este. Isto é hora de viver que a vida é muito curta. Esqueceu? do canto que tio Aurélio nos ensinava na aula de Farmacologia. Não lembra? *Gaudeamus, igitur./ Juvenes dum sumus.* Então? Veja bem... enquanto somos jovens... sei que já não somos mas não podemos? entoar — enquanto estamos vivos. Não? mesmo. Então vou direto buscar o Chico Pires... Ainda deu adeus virando o carro. Nunca mais ouvi sua voz nem seu riso nunca mais. Nem ele nem os demais parecem particularmente tristes. Nenhum conversa com o outro, antes querem só a mim como interlocutor. Estão vestidos com funéreo *decorum*. Só que suas roupas escuras estão empapadas duma umidade xaroposa que os torna brilhantes como as varejeiras, os besouros, as joaninhas e as bolas de vidro do Natal. Tiveram o zelo de recuperar a feição da época da fermentação butírica a única favorável à semelhança guardada precariamente até começar o desmancho da forma. Dão a impressão de ocos, de serem só o contorno de sua antiga massa — película aqui e ali arrombada, a que faltam pedaços, como às figuras trafuratas de Salvador Dalí. Todos têm nas mãos seus rosários, flores secas coladas à boca, aos olhos, às narinas. Uns trazem restos de terra, pataracas de lama e cal nas calças, nos jaquetões. Têm o bom-tom de aparentar não perceberem meu pasmo nem meu horror. Parece que se esforçam para que eu não pense no mal que me fizeram morrendo. Timbram em proceder de jeito que me leve a deslembrar a consciência que tenho da coisa solitária e viciosa a que eles se entregaram depois de mortos. PORQUE EU SEI PERTINENTEMENTE DA SUA DECOMPOSIÇÃO. Esforço hercúleo me mantém na conveniência de dar a impressão de que acredito falar com eles como dantes, até mesmo que os ouço e vejo. Um enleio me impede de lhes perguntar sobre o outro lado. Ali mesmo, sete palmos abaixo. Policio minha linguagem. Censuro escamoteio qualquer coisa que possa lembrar terra caixão e tumba/c'roa pedr'e catacumba. Meu pavor é muito grande para que eu escorregue nesta gafe — já que é também pra me poupar que evito cada palavra-armadilha. Suando aquele suor, levanto pés de pedra de chumbo consigo arrastar uns passos para deixar a proximidade desta mesa. Então os duendes se desarrumam em silêncio. Sei que vou reencontrá-los nos outros cantos da minha casa, nos móveis que preferem. Basta olhar uma cadeira, abrir uma gaveta que eles logo se conjuntam subindo duma foto, duma carta, deste encosto de poltrona que conservou sua forma viva. Essa adesão dos mortos aos objetos é um dos segredos de sua tirania que se exerce tanto mais intensa quanto mais vamos vivendo e portanto acrescendo a ciscalhada que nos acompanha e de que cada fragmento nos traz sugestão dum desaparecido. E cada dia que passa mais cacarecos vamos juntando e mais sinistra se torna a legião dos entranhados nos objetos que estremecemos. Minhas gravuras, por exemplo. Rugendas — *Caravane de marchands allant à Tijuca* não é a vista clara dos céus de Minas, as duas filas de mulas pelas montanhas e ao longe o casario e os telhados de

Diamantina. Ela me traz à lembrança o *mill* de Gustavo Sampaio e as longas conversas que ali entretive com Madame Blank, Manuel Bandeira, Sibley Derham. Impossível espancá-los desse quadro tão o mesmo na sua moldura, no seu passepartu e na sua doce tonalidade de papel velho — como o acompanhei em todas as salas das amigas onde ele esteve até ir para minhas paredes. Arago — *Vue de la salle de spectacle sur la place do Rocio, à Rio de Janeiro* não é apenas a estampa tida como a maior síntese de nossos costumes à sua época, onde existe farto material para o estudo do vestuário masculino, feminino, infantil, dos escravos, dos eclesiásticos e dos militares; das maneiras de transportar — cadeirinha em ombro de negro para gente mais alta, o a-pé do comum e da gentalha, os carros de roda de pau e tração humana para carga, os cabungos cheios de merda na cabeça dos galés acorrentados pelo pescoço; a baiana com seu tabuleiro, a praça sem calçamento, o teatro tão mais harmonioso que o João Caetano atual, as construções — entre as quais a provável residência do Patriarca, a vida carioca. Essa vista, para mim, é tudo isto mas dentro dela mistura-se às figuras ali pintadas aquela muito cara de Adauto Lúcio Cardoso de quem ela me veio. Primeiro o menino de 1917 que conheci em Belo Horizonte. O estudante. O advogado começando sua vida só de trabalhos. Os albores da carreira política. Suas renúncias e não aceitações. Sua incorrupção até o fim, os perigos por que passou, seu permanente desafio. Sua capacidade de ser amigo. O homem de qualidade. Saudade. *Rancho unweit der Serra do Caraça* com o viajante, os negros, a porta de bodega, a coberta, a fogueira, os burros, os bois e a carranca da montanha no fundo — são a presença permanente do seu doador, aquele límpido Luís Camilo de Oliveira Neto cujo sopro de cardíaco foi bastante quente para começar a derreter o grosso boneco de gelo da ditadura Vargas. Lembro nas minhas noites o homem indomável e a ocasião em que planejamos o atentado de centenas de incêndios a brotarem da combustão de pedaços de fósforo que distribuiríamos em pontos estratégicos mergulhados em latinhas cheias dágua. À evaporação desta, o ar faria começar a detonar o metaloide de número 15 e massa atômica 30,97. Ah! Luís Camilo, meu santo e admirável insensato. O fósforo era você, o etimológico fósforo que você simbolizava. φως — a luz, φωρως — o que leva, o que conduz. Luís Lúcifer Camilo de Oliveira mineiro de Itabira — mesmo sangue de Carlos Drummond de Andrade, Afonso Pena Júnior, Cornélio Penna. Vai Luís, pelos espaços, incendiando os astros... Este Ribeyrolles — *Hôpital de Pedro II/Rio de Janeiro*, foi presente de Argemiro Machado, o pesquisador de Manguinhos, concunhado de Chagas seu colaborador e o mesmo que deu seu nome à Reação de Guerreiro-Machado. Gratidão ao assistente de sua mulher, d. Rute Lobo Machado, que eu ia visitar um pouco antes ou um pouco depois de d. Íris Lobo Chagas. Tornei-me clínico das duas a pedido de Evandro Chagas e as relações de médico-cliente tornaram-se aos poucos sólida amizade, principalmente com d. Íris que conservava intacta, no Rio, sua falação de mineira, com as variantes comportadas pelo dialeto especial de Juiz de Fora — quase tão requintado quanto a favela diamantinense. As duas manas moravam em casas pegadas, pelos números 40 ou 50 da rua Senador Correia, quase à esquina de Paissandu onde ficara a última do grande Chagas. Pois quando demoro meus olhos no meu Ribeyrolles, na nobre fachada do primitivo hospício agora reitoria da Universidade Federal do Rio de Janeiro, claro que sinto sua poesia imperial e a sugestão das lembranças do cemitério de onde o mar quase roubou os restos de Álvares de Azevedo, da Revolta da Vacina, da antiga Escola Militar da Praia Vermelha, da praia da Saudade — que já fora praia do Suzano, de Santa Cecília, porto de Martim Afonso, zona venerável onde começou nossa cidade. Claro que penso em José Clemente, nos albores de nossa psiquiatria, em Juliano Moreira, em Pedro Calmon que como baiano de bom gosto restaurou o prédio, adaptou-o aos trabalhos da reitoria, sem tocar na dignidade de sua construção e sem desfigurar em nada sua arquitetura monumental. Penso em tudo isto. Mas penso principalmente nas duas casas hospitaleiras que eu conheci. A de Machado. A de d. Íris. Da primeira, recupero a tarde em que lá entrei com Carlinhos Chagas apenas para uma visita de cafezinho. Quando o amigo chamou para sairmos, pedi que ele esperasse um pouco. Por quê? Porque não estou gostando dessa tossinha de sua tia e tenho a impressão que daqui a pouco ela vai fazer um edema agudo de pulmão. Meu ouvido de pronto-socorro não me enganou. Foi dito e feito. Uabaína, morfina, sangria e eu salvei duas vidas — a de d. Rute e a da filha temporona que ela esperava. Da segunda, retomo o sem-número de vezes em que fui socorrer d. Íris, ou apenas visitá-la e desfrutar de sua palestra saborosa, de sua genuína cozinha mineira. Seus almoços dominicais com Anah e Carlinhos, Almir de Castro, Tito Enéas Leme Lopes — este eu rivalizando no garfo. A cozinha da casa era ultrassimples, apenas comportando o trivial — mas que trivial! Feito com abundância e um zelo de preparo, uma ciência de culinária que transformavam um simples arroz, um simples feijão em verdadeiras obras-primas. E a couve? a batata, os ovos estalados ou em fofa omelete... Os assados com molho de ferrugem, os filés no ponto e o pato desossado a bisturi que era macio como um pudim e cujo gosto era o de São Silvestre. Os doces de d. Íris eu os tinha nesses almoços e em minha casa. Não passava mês sem que ela mandasse uma bandejada sob pretexto de Paixão, Quaresma, Páscoa, Santo Antônio, São João, São Pedro, Todos os Santos, Natal, Ano-Novo, aniversário da Nieta, meu, de nosso casamento. Conversando com ela é que fiquei dono do assunto "Chagas". Li seus escritos, suas lições, seus discursos, sua correspondência, seus diplomas, seus títulos de nomeação, detalhei seu imenso e precioso arquivo fotográfico. Tudo isto, mais seus livros, rascunhos, objetos pessoais, recordações de família, recortes de jornal, elogios da imprensa, descomposturas da imprensa, condecorações, medalhas, prêmios, cartazes de aula, retratos de doentes, pinturas de barbeiros e tripanossomas, vistas de Lassance com o Mestre e o primeiro diagnosticado no plano próximo e do wagon-laboratório ao fundo. Era o que d. Íris chamava o "Museu de Carlos Chagas". Nele, ainda as estantes do marido, a cadeira em que ele morrera e a escrivaninha arrumada como ele gostava, com Manguinhos enquadrado e a caixa onde estavam misturados o veneno e o contraveneno de suas coronárias: os cigarrinhos e as empolas de nitrito de amilo para cheirar na hora da garra no peito. E ainda sobre Chagas eu tinha as confidências de d. Íris que me puseram a par da história secreta do Instituto Oswaldo Cruz. Sei por ela os nomes dos judas que beijaram a face do seu marido e entretiveram durante anos o descrédito sobre a existência real da *Tripanossomíase americana*. Além da palestra de d. Íris havia a de sua mãe, d. Mariquinhas, curioso exemplar de matriarca mineira. Essa senhora voluntariosa, enérgica, dura e frugal — tinha nas veias um sangue húngaro que me levava a admitir-lhe ancestralidade huna e Átila. Era duma franqueza extraordinária e, ocasião apresentada, não teve nenhuma hesitação em meter a poda, à minha frente, em inhá Luísa, minha avó materna. Eu gostava de puxar por ela, sobretudo em política. Era inesquecível a paixão que ela punha em delinear as festividades que daria quando Vargas morresse. Fá-las-ia superiores às que planejara ao trespasse de Pinheiro Machado e que só não levara a cabo por oposição de seu marido, Fernando Lobo. Ah! tempos... Tudo isto está contido na gravura que olho agora. Tudo isto e a lembrança dos mortos: d. Íris, Machado, d. Rute, d. Mariquinhas e o corpo partido de Evandro Serafim Lobo Chagas como o dum pássaro senhoril ferido em pleno voo.

Caminhando difícil, numa caroara de assombro, deixo minha sala de jantar pela saleta de entrada. Paro, verifico a porta bem fechada pensando nos ladrões. Depois dou de ombros — piores os que já entraram, que habitam em mim. Quando viro, dou com aqueles dois olhos que me encaram e dos quais é impossível fugir pois as pupilas me seguem para a direita, para a esquerda, onde quer que eu me coloque. Se eu me apresso elas correm, se me arrasto, demoram. Nem precisam se mexer porque em marche-marche ou pé ante pé estou sempre no seu raio onipresente. Sua expressão é antes mansa e neutra que assustadora. O desconforto é o de saber-me assim acompanhado — como pela consciência. Mas sossego logo quando vejo por trás de sua expressão saliente outras, mais finas e agudas e distingo, como fundidos num só, os olhares de Manuel Bandeira e Freddy Blank que me fitam de dentro dos olhos amplos da *Jeune fille au turban* de Vermeer de Delft. É uma cópia do quadro que está no Museu de Haia, feita por Joanita Blank que deu à réplica o tamanho do original e escolheu moldura idêntica à deste. É um prodígio de imitação. Lembro dele desde os tempos do *mill* de Gustavo Sampaio. Quando sua dona foi para a Europa levando a bagagem de recordações que reconstruiriam o Rio em torno dela e quando sua casa de Laranjeiras dispersou-se — Manuel entrou certa manhã em meu apartamento e entregou-me o embrulho. Isto é para você guardar como lembrança da sala de Madame Blank. Guardei pendurada exatamente sobre o local onde o Poeta, em pé, entregou-me o trabalho da jovem rainha que eu gostava de chamar "Joana, a louca d'Espanha" — que hoje habita a Holanda de Vermeer onde é a baronesa Van Ittersum. Abaixo da pintura um nicho com objetos que perderam a finalidade para que foram criados porque passaram também a ser assombrados pelos mortos. São coisas que parecem viver, enxergar — dir-se-ia que vão falar. Psiuuuu... Uma garrafa de cristal verde e flores douradas água de cabeceira de meus pais. O marquês de porcelana da casa de meus tios-avós Marout e Peregrino Arruda — na sua meia reverência que não descontinua. As lembranças de nossa querida Beatriz Magalhães de Chacel: a *Histoire maritime de France*, de Léon Guérin, precioso exemplar com os brasões da

Biblioteca de d. Pedro ii, dois volumes ouro e couro que foram folheados pelo imperador, depois por Nuno de Andrade, por seu genro Fernando Magalhães, sua neta Beatriz e agora o são por mim. Também das mãos da amiga me vieram mais livros das bibliotecas do seu pai e do seu avô e este Gallé é presença na Glória, de sua casa sumida da ladeira do Ascurra. Sua doença e morte foram tão rápidas que fizeram dela argumento a favor de Guimarães Rosa quando ele diz que as pessoas não morrem — ficam encantadas. Em frente é a mesinha com retratos em torno, ora dum oratório barroco com santos de pedra-sabão — presente do meu Cavalcanti, ora dum pequenino armário de pão — ao menos este, recordação amável. Trouxe-o dum antiquário de Fontainebleau, difícil de carregar debaixo do braço: minúsculo como móvel, enorme como embrulho. Comprei-o depois de um dia nas salas reais do seu castelo (quando fui recebido pelos Valois-Angoulême e Catarina de Médicis) e duma tarde de ouro e sangue na sua floresta. Hoje serve-me para guardar pequenos objetos de vitrine. Abro-o para prolongar a recordação da viagem em que o trouxe e logo um relento mortal se evola do seu conteúdo cheio dos defuntos. Uma medida para pesar ouro em pó do velho Halfeld; as lentes que minha bisavó Mariana Carolina amarrava na testa para servirem seus olhos cansados; o porta-moedas de prata de meu avô Pedro da Silva Nava; caveirinhas de marfim que estavam nos botões de punho de meu pai quando estudante de medicina; miniaturas de xicrinhas, pratinhos, sapatinhos que minha mãe gostava de dar cobrindo a simplicidade do presente com sua poesia e beleza intrínseca. Pois esses sapatinhos de louça não lembram? a Gata Borralheira. Toco estes objetos como se o fizesse a mãos, testas, cabelos mortos. Outros me trazem de volta pessoas e fatos tão entranhados em minha vida que puxá-los é como fazê-lo a toda a infância, a toda uma paisagem, a minha existência toda. Esta redução de punhal em prata, cabo cravejado de crisólitas fingindo brilhantinhos — pendia de uma estola negra de meu pai — insígnias de Cav.·. Kadosch Subl.·. da Águia Branca e Negra, gr.·. 30.·. Lembro desse objeto cheio de canutilhos e bordados a dourado e a minilantejoula. Entre outros símbolos traçados já estava uma águia monossomática e bicéfala. Depois da morte de meu pai essa peça nos acompanhou, sempre guardada com as fardas do major dentro de velha arca que tenho até hoje. Já contei de como meu avô inventariando sua vida e suas decepções fizera um auto de fé de fardas e guardados —

aproveitado por minha mãe para cremar aquelas insígnias maçônicas com que sempre implicara. Como salvei do ânimo incendiário do major retratos e papéis de família, pedi para ficar com aquele punhal. Hoje ainda está comigo e ele é que me lembra a fogueira acesa na nossa casa de Caraça 72, mais seus milharais e horta, suas laranjas, seu inverno, por extensão toda a serra, seus habitantes, meus irmãos e primas meninas, o Nelo, morto; meu avô, morto; minha mãe, morta; prima Gracinha, Deolinda, Catita — mortas. Esta moeda de ouro tem dum lado a alegoria a Brasília e na outra face a de Juscelino Kubitschek de Oliveira. É comemorativa da fundação da capital, no planalto. Foi-nos dada por Edmundo da Luz Pinto que viera jantar conosco. Juscelino e Edmundo — mais dois incorporados à legião que vem comigo e suscita cada objeto de minha casa. Onde estão? meus convivas e as flores d'antanho, onde estão? Mais: esse pincenê comprado num requinte de perseguição contra mim mesmo. Foi em Paris. A Nieta e eu estávamos numa espécie de *marché aux puces* feito semanalmente nas calçadas do Boulevard Richard-Lenoir (onde mora o comissário Maigret) quando vi surgir das lajes, como emergindo dum sepulcro, a figura do conselheiro Rodrigues Alves, logo num passe de mágica virada na aparição de minha avó materna. Espantado, olhei com força o passeio e vi entre pedras de dominó, dedais de osso, flores de chifre, talheres desemparelhados, molduras sem quadro, pipos de irrigador, bobeches de vidro e argolas de guardanapo o pincenê que referi e que dava caráter às fisionomias da mãe de minha mãe e daquele político brasileiro. Era ele, com suas lentes e suas molas, que estava me restituindo impressões da infância. Comprei-o comprando com ele um pedaço de Juiz de Fora, nossa sala de jantar da rua Direita, todos meus verdes anos, minhas coleções de selos com as caras de Floriano, Prudente, Rodrigues Alves, Pena, Hermes e aquela transposição fisionômica que se me mostrou capaz de ser gatilho associativo como a madeleine proustiana.

Nossa sala de visitas é peça que estremeço e de que há trinta e cinco anos não deixo mudar móvel de lugar, quadro da parede, miudezas de cima das mesas e dunquerques. Gosto de usá-la pela manhã para passar os olhos nos jornais e inventariar os objetos que encerram recordações amáveis. Nossa Senhora de Guadalupe cortada em madeira leve — cinza e pátina — lembra os dias agradáveis de maio de 1963 que passei na capital do México, onde fiz amigos, médicos de lá, americanos-do-norte, travei conhecimento com as pirâmides do Sol e da Lua na fereza de seu aspecto inquietante, com a Cidadela na serenidade, na eurritmia, na cadência, na medida de suas linhas que fazem pensar na Grécia, na Acrópole e no Teatro de Epidauro. Aliás, essa impressão de *antigo* é dada também pela estrada de automóveis que leva a essas maravilhas da arquitetura arcaica. Ela atravessa campos que lembrariam a campanha romana — não fosse a presença dos cactos — uns, como vara ereta e espinhosa, aspeto esquizotímico; outros, sempre eriçados, plaqueados como bichos antediluvianos ou em moitas polvo como o *maguei*, feitio ciclotímico. Desse *maguei* se tira o suco que fermenta e dá a tequila — aguardente áspera, rija, nobre e altiva como o povo que a consome. Também no Distrito Federal continua a impressão de *antigo* pois sua parte mais velha e barroca lembra Roma. Até nas escavações dessoterrando restos da urbe dos índios. Não há nada mais romano que a praça monumental — El Zócalo — onde ficam a Catedral e o Palácio do Governo com suas paredes pegando fogo à pintura incandescente de Rivera. Parece que suas tintas em ignição eram feitas com pastas contendo fósforo metaloide. Mas a saudade maior desta viagem é o Restaurante Moneda na Calle de la Moneda onde eu sempre entrava saindo do Museu Nacional e onde jamais vi outras pessoas senão o par de namorados (pontual, todos os dias) que eu observava pelo espelho. Eram silenciosos, precisos e admiráveis no sensualismo delicado com que se provavam a ponta de língua-orelhas, pálpebras, narinas, comissura dos lábios e, finalmente, os próprios dardos de suas línguas no língua a língua que antecedia a violenta sucção dum pelo outro. Mas já mudo os olhos da Virgem de Guadalupe e some o México, somem seus amantes, suas cores sem meias-tintas, a vastidão de seus planaltos. Essa é substituída pelas distâncias domesticadas da Beauce, de Illiers-Combray, da casa da *tante* Léonie, do grelô que tinia quando o portão de ferro rangia e se abria pela mão de Swann — a cujos passos logo crepitava de leve a areia das aleias. Tudo isto me é dado de repente pelas duas moldagens do Coro da Catedral que eu trouxe de Chartres. Minhas gravuras — Ender e Rugendas — e eu conjecturo por que? esses estrangeiros me gratificam com sentimentos tão docemente brasileiros enquanto patrícios meus me fazem pensar numa Alemanha nazista, num Japão do xogunato, numa China do *Jardin des Supplices* e das águas do Guandu-Tsé-Kiang rolando molhos de cadáveres amarrados com arame. Logo afasto essas imagens e descanso meus olhos na prodigiosa curva de opalina azul do lampião que pertenceu ao velho Halfeld (onde há um voo de pássaro, um explodir de flores em relevo) e que está descrito no inventário de sua primeira mulher d. Doroteia Augusta Filipina. Seu bojo é terminado em cima e embaixo por enfeites, pés e alças de bronze dourado. Minha mãe o conheceu completo, funcionando a querosene. O tempo destruiu seu abajur de cristal fosco representando flor leitosa, pétalas orladas de azul e o reservatório do combustível da mesma opalina do resto. À luz do dia ele reluz como pedaço arrancado da abóbada celeste e lembra Juiz de Fora, a sala da rua Direita com seus ocos de silêncio ou toda cheia do guizo vibrante do riso de minha prima mais linda. Continuo viajando à volta de minha sala e chego a Paris, ao Boul'Miche, tomo a rue Royer-Collard, subo sua corcunda, volto e na esquina de Gay-Lussac paro com os pés na neve, a respiração esculpindo nuvens de vapor no ar gelado, para fazer um croquis da rua, de sua subida, de sua daqui invisível descida e do fundo que lhe fazem as casas do boulevard Saint-Jacques. Mas por que? ficar assim desenhando ao vento e à nevasca. É que nesse tempo eu andava atuado e escrevendo a vida do maior mestre de nossa medicina — esse que foi no século passado um fenômeno brasileiro tão inexplicável na ciência, como Machado de Assis o foi nas letras — João Vicente Torres Homem. Ele era filho doutro professor da faculdade, Joaquim Vicente, formado em Paris e que morara na rua que eu desenhava. Numa daquelas casas tinha residido quando estudante. Eu não tinha indicação do número, só do trecho do logradouro, e procurava adivinhar quais daqueles casarões de dois e três andares, fachadas dum branco sujo, amarelo desmerecido, cinza desmaiado — cores que acabam se resolvendo no verde discreto, submarino e sombrio das ruas de Paris, no inverno — qual daqueles casarões, dizia eu — teria abrigado o moço de São Salvador de Campos. Esse esboço transformei-o num quadro a óleo — lembrança dos tempos em que escrevia aquele livro que jamais acabei. Sabem? o que o interrompeu. Quem? Getúlio Dornelles Vargas e Henrique de Toledo Dodsworth. Essa biografia era, de minha parte, um trabalho de admiração pelo prodigioso mestre. Se derramava em ternura pela terra em que ele nascera. Com a punição dos assinantes do "Manifesto dos mineiros" — o coice que tomei daqueles dois, colocou-me em estado de náusea pelo governo. Esse nojo confundiu-se com o trabalho em que eu estava empenhado. É curioso: jamais pude juntar uma linha aos dois capítulos que tenho prontos na gaveta. São independentes um do outro e fazem dois ensaios que nas suas quase trezentas páginas podem dar livro de tamanho apresentável. Aquele quadro lembra minha fase "Torres Homem". Termino meu périplo, dentro do lago dum espelho...

Os oftalmologistas usam, para detectar e comprovar os daltonismos, círculos cheios dum pontilhado multicolorido onde os doentes cuja aberração não lhes deixa perceber as cores, notadamente o vermelho e o verde, mal enxergam certo, perdidos naqueles confetes policrômicos. Leem, por exemplo, 2 onde o homem normal lê 5, no segundo quadro de Ishiara. Assim como aos acromatópsicos, de dia, esses objetos que descrevi na minha sala respondem amavelmente. À noite, envolvidos pelo mundo pegajoso da insônia eles ameaçam, perco o "cinco", só leio "dois" e os chacais correm sus a mim! Ah! sem saber então se estou vivo ou morto, se sou vampiro, avantesma, fantasma entre fantasmas — já não ouso olhar o espelho oval com medo de não me ver refletido, sombra que não dá sombra, nosferatu, drácula. Além do mais, à noite, os espelhos sem fundo abrem no infinito de onde vêm regurgitadas as larvas, as assombrações e até moças vestidas de noivas. Na insônia, minha pintura da rue Royer-Collard mostra sua essência — minha essência. Eu também sou um canto de cidade janelas e portas hermeticamente fechadas, uns passeios vazios do elemento humano. Meu quadro é a representação simbólica de minha solidão. Estremeço na noite sabendo que ela será progressiva já que restrinjo com um zelo cada vez maior minha convivência com os homens. E não é para menos. Não tenho ideia de ter ido dia algum, nesta longa vida, a uma reunião, a um jantar, a uma sessão de sociedade, a um cinema — sem ter voltado para casa com as alfinetadas que os semelhantes se prodigalizam num olhar, na demora de um cumprimento, na maneira como esse é feito, num lapso, numa palavra inadequada, distraída ou ervada. Estas, então, são a provação das provações. Uma ironia nos é atirada por pessoa inferior — é pretensão e estupidez; por alguém da mesma categoria mental — desaforo; pelos de condição intelectual acima é agressão covarde. Eu sou destituído do espírito da resposta adequada e o que se me configura logo é um bom puta que o pariu. Como não se pode distribuir essa flor a esmo, calo, finjo que não percebo e entesouro mais uma moeda da minha inimizade poupança — com juros e correção monetária — contra o gênero humano. Minhas moldagens de Chartres perdem suas associações amenas e só se apresentam com as da linha sepulcral que é o fundo do gótico. Nossa Senhora de Guadalupe não me dá mais o povo cuja graça eu ligo durante o dia à harmonia da forma cônica do seu manto e às águas floridas do Xochimilco. A ideia que me avassala é a do senso, do gosto mexicano pela morte — que é a somação desse sentimento tão forte no espanhol quanto no asteca. Na península ele extravasa nos autos de fé, no garrote vil, no longo gemido das flamencas, no *podridero de los Reyes*, nas touradas, nas tintas de Goya, na Semana Santa de Sevilha, nas anatomias torturadas de El Greco, em Filipe II experimentando a coroa real num crânio seco e perguntando qual dos dois era o rei — se ele? se a caveira. No México ele se exterioriza no culto da Morte nas múmias com máscaras de fragmentos de jade como fino mosaico realçando os traços do morto, cujo corpo está constelado de joias e chapas de ouro (as múmias de Palenque são ourivesadas como as egípcias do Vale dos Reis); no deleite sanguinário dos sacrifícios humanos fazendo encachoeirar-se o sangue degraus abaixo das pirâmides que diminuíam de altura com a superposição das camadas dos corpos que rolavam de suas pedras sacrificados e se acumulavam nos quatro lados da sua base. Na arte. No artesanato. Pois não encontramos? a permanência de sua ideia obsedante na manufatura asteca. Lá está a representação das caveiras e esqueletos sentados, de pé, costelas à mostra, abdome esvaziado, ossos descarnados dos membros superiores e inferiores mas pés e mãos ainda inteiros em figuras que se parecem com as das *Danças macabras*. Há caveirinhas de ouro em joias e as muito peculiares que são mementos e advertência. Ornam utensílios de uso cotidiano e são representadas caras metade rindo nas carnes e na órbita cheia de vida dum efebo e a outra metade — rindo também, rindo de dentes que não acabam senão nos duros do crânio desnudo sob o escuro da órbita sem fundo. Essas caveiras de Soyaltepec, esses calvários da cultura Oaxaca, são lembrança guardada até hoje nos confeitos que as repetem — as *calaveras* de açúcar duro comidas dia de Finados. São mastigadas e degustadas pelos que serão todos, um dia, pasto da morte. E é a Senhora de Guadalupe que à noite deixa sair de seu manto estas sugestões que me aniquilam...

Quem primeiro o pressentiu foi a Nieta. Dia claro, à hora em que o sol, muito baixo, manda raios rasantes ceifarem o ar de nossa sala de visitas.

Sobre poltrona antiga que tínhamos comprado em Minas ela percebeu uma tremura luminosa atribuída logo à tindalização das poeiras dentro dum cômodo escuro, no caminho dum feixe luminoso. Mas não tinha a forma das linhas retas que assume essa figuração. Ela parecia formar o desenho, o leve contorno dum homem alto, pernas esticadas de que eram mais nítidos os pés trançados um sobre o outro, como os de quem descansa espichado. E esses pés confundiam-se com a silhueta de folhas plantadas num jarro da varanda — folhas longas, finas, oscilantes ao vento e tendo forma podálica no seu recorte. Parou para certificar-se daquela impressão mas tudo sumira e ela sem quê nem pra quê ficou pensando, manhã inteira, no Antônio Carlos. Ele justamente é que aconselhara como bom negócio a compra do nosso apartamento. À hora do café nossa conversa cuidou de coisa outra e de repente estávamos lembrando a figura do presidente de Minas, ela me contando detalhes de sua vida em Juiz de Fora e eu das reminiscências que ele me deixara dos tempos de Belo Horizonte e de quando, amigo do Olinda e Fábio, eu frequentava o Palácio da Liberdade e repetidas vezes almoçava ou jantava com a família deles. Saí para trabalhar e quando neste não estava absorvido, nos momentos em que se interrompe atividade de rotina e fica-se virado para a flutuação do pensamento — eu estava sempre evocando Belo Horizonte e coisas relativas aos Andradas. Ia revendo minhas surtidas a Sabará e os quadros de certa excursão à serra do Cipó em companhia do Fábio, do Oswaldo Horta Sampaio. Moças, eram Clarisse Giffoni, Maria Haydée Ferraz (Dedé), Eunice e Maria do Carmo Pena. Por falar em moças lá vinha a ideia de suas figuras florais na famosa Festa Azul que d. Julieta improvisou com fins caritativos, no Parque Municipal, e cujo número de sensação fora um bailado à beira do lago, em que as mais lindas figurantes tinham sido Luisinha Andrada e Cidinha Giffoni. Logo outra imagem me aparecia da tarde de inverno em que vi passeando a pé, na praça da Liberdade, o presidente, Elói de Andrade que era o seu sósia ou melhor, sua caricatura, o Chico Valadares, o mano José Bonifácio, o próprio Ninico de que já falamos e que tinha a prenda de parar de pensar, o Abílio Machado, o Severino Costa e o coronel Oscar Pascoal. O grupo numeroso vinha lento e encapotado à aragem fria do jardim, descendo passo a passo a ala esquerda de quem olha o palácio, rente ao arruamento central. Por este desciam lentamente, acompanhando os passeantes, dois vastos automóveis oficiais em marcha que se regulava pelo passo das excelências. Achei aquele grupo de escuro seguido dos carros domados — das coisas mais chiques que já me tinha sido dado observar e logo me prometi que um dia, quando possuísse uma draga qualquer e um motorista, repetir aquele quadro. Nunca o fiz e vou morrer sem ter realizado o acesso de besteira que me assaltou quando vi passar o Andrada airoso e pálido, cercado dos seus palacianos. Outro fleche: o presidente se multiplicando em amabilidades nas salas do Palácio da Liberdade quando ele e sua família inauguraram recepções à sociedade local na casa do governo. Nunca se tinha visto disso — já que os chefes do executivo do estado, depois de empossados, trancavam-se num mistério de Budas vivos. Eles e suas famílias. Coube a d. Julieta, com sua sociabilidade, romper esse tabu e cada cinco, seis meses as barreiras caíam, as sentinelas sumiam substituídas por contínuos de azul escadaria acima e a Tradicional Família Mineira era bem-vinda. Nessas ocasiões o "ilustre Andrada" virava no gentil Andrada. E não desdenhava se informar das mais bonitas. Lembro do dia em que ele me perguntou. Então? meu caro Nava, o que me diz você daquela senhora loura. Não, a outra, a mais alta e mais perto da janela. Dei o serviço como ele queria. Pessoalmente não conheço, presidente, sei que é senhora do dr. Fulano e por sinal até que dizem... Logo outras imagens dos tempos da Aliança Liberal, da Revolução, das eras posteriores à dita. Depois eu tinha ido para São Paulo, perdera de vista o Fábio, o Olinda, sua família. Com meu casamento com parenta deles (a Nieta é filha de Antônio Penido, primo-irmão de Antônio Carlos) — novamente coincidimos no tempo e no espaço. Eu fiquei morando na Glória de que venho falando, vizinho do presidente que estava vivendo à rua do Russel 158 (atual 680), apartamento 91. Lá fui um dia visitar o Andrada, então curtindo seus tempos de ostracismo. Ele estava envelhecido, um boné cinzento protegendo a cabeça contra a friagem do dia e vestido numa espécie de dólmã de casimira escura. Chinelos, não; uns sapatos finos, de pelica preta, parecendo escarpins. Nunca eu o tinha visto tão descontraído na conversa, no jeito, como naquela tarde que morria envolta em restos de sol. O mar da baía era uma chapa cinzenta, os morros de Niterói tinham uma transparência de vidro e o céu desmaiava docemente. Nenhuma nuvem. Na conversa, íamos até às sacadas sobre a paisagem e até ao fundo da sala onde estavam bustos e retratos da primeira trindade andradina. Numa moldura oval, mecha cortada da cabeça morta do Patriarca (sua figura, nos compêndios, é a dum homem completamente encanecido — pois bem: seus cabelos, que eu vi, eram só grisalhos, cinquenta por cento pretos, cinquenta por cento neve). Afinal o presidente sentou-se e de repente fez a pergunta que me espantou. Diga-me uma coisa, meu caro Nava. Qual é a infâmia? que enodoa meu passado. Sem atinar com o sentido do que era interrogado, fiquei calado, olhando a fisionomia de marfim e prata à minha frente. Mas logo ele próprio respondeu. É o que eu também me pergunto, sem descobrir em minha vida a indignidade que autorizasse o Getúlio a oferecer, como me ofereceu, a esta altura dos acontecimentos, a presidência do Banco do Brasil. Toda a psicologia do Andrada estava na recusa que ele queria ficasse bem conhecida. Ele era político. Como político, capaz de idas e vindas, de avanços e recuos, dos embustes, das negaças, das fintas, dos pulos de gato, dos blefes que são o lote de todos os que pertencem a tal estado — do *Príncipe* de Machiavelli, de Luís xi, Churchill, ao último vereador de Santo Antônio do Desterro. Mas era também Andrada e portador do orgulho familiar que fazia dele um florete do mais fino aço — dobrável, vergável mas só dentro do limite de sua própria substância — no caso a elegância e a tradição da sua raça. Sendo assim, inquebrável e sempre voltando silvante — à linha reta de sua fabricação.

Esses pensamentos me acompanharam dia inteiro. Voltando a casa, Nieta tornou a dizer da sensação que tivera do vulto espichado em nossa cadeira. Aquilo se repetira dia inteiro. Depois não se falou mais nisto e o assunto ficou esquecido até à primeira insônia que me levou a andar como fantasma dentro de minha casa. Copa. Aquela conversa em torno de minha mesa de refeições. A saleta com o Vermeer de Delft. Minha sala de visitas. Sentei em frente à velha poltrona. Ali fiquei longamente, triste e cheio de cuidados, duvidando, lembrando coisas do passado, coisas de todos deslembradas ("...*long I stood there, wondering, fearing,/ doubting, dreaming dreams no mortal ever dared do dream before*") — quando sem nada ouvir, nem mesmo o possível iffff de meus pelos todos se horripilando, tive a tênue impressão de ver o assento de pano que eu fitava ceder e o encosto também como se leve sombra silenciosa ali se tivesse pousado e descansado as costas fatigadas. Teriam? afundado ou era apenas o amolgado que vai ficando do peso de tanta gente. A razão negativa soprava que os fantasmas são imponderáveis, que ali não havia mais nada senão meu pânico, MEU PÂNICO. Mas este — como os sonhos, o que mostram ou desvendam as drogas alucinógenas, os êxtases — não estava? dentro de mim e portanto existia porque estava dentro de mim que existo quando percebo e sinto e penso. E por que? tive a certeza de que a sombra que ali se punha era a de Antônio Carlos Ribeiro de Andrada. Razão para isto? Pensando bem havia, já que minha figura e minha voz teriam sido as últimas impressões conscientes gravadas por ele e englobadas pelo protoplasma que a morte estava coagulando na sua retina, na sua cóclea. Mas isto é mais uma estória...

O presidente caíra doente nos fins de dezembro de 1945. Enfarte. Foi passando bem e mal com as alternativas seguidas das esperanças e decepções da família. Esta logo de nervos à mostra e só se sentindo mais segura quando havia médico à mão, médico dentro de casa. Como se nós inermes e impotentes pudéssemos conter nossa adversária descarnada mas hercúlea... Foi quando veio o telefonema da filha Antonieta — se eu podia ir ajudar os amigos naquele transe e auxiliar outros colegas já mobilizados. Claaaro... Mas o diabo era como? eu seria recebido pelo médico responsável. Perguntei seu nome e respirei aliviado. Era Décio Olinto — essa flor de compreensão, coleguismo e boa educação. Tinha sido chamado por Orlando Lacerda Rocha — o primeiro a socorrer o doente. Comecei a ir ao Russel às horas das ausências forçadas do assistente — pela manhã e à tarde. Quando eu chegava examinava o doente siderado de físico mas perfeito de cabeça e geralmente respondendo pilhericamente aos meus com'passou? como vai? noite boa? presidente. Estou muito bem, parece que não é desta vez, acho que ainda vou a outros funerais antes do meu. Estou como vocês médicos sabem, isto é, não sabem... Até a hora da resposta no tom sério de quem já se inteirou. Com'é quistá? presidente. Morto, já estou morto há dias. Pensei num delírio. Mas os olhos que encaravam os meus estavam perfeitamente serenos, cheios só de quietação e tristeza. E outras que ele disse eram perfeitamente lógicas. Juízo perfeito. Antônio Carlos que temia os espirros, qualquer febrinha, o mais simples resfriado — olhava a Morte gigantesca frente a frente, numa lucidez cheia de dignidade e coragem. Ela chegou com o Ano-Novo, a 1º de janeiro de 1946. O dia não prestara e a tarde encontrou o doente tão caído que Décio Olinto e eu nos instalamos a sua cabeceira. Assistimo-lo com a polifarmácia destas ocasiões a ser arrematada por injeção venosa de soro glicosado hipertônico. Sentado à borda de sua cama eu mantinha garrote e braço em posição. Décio

Olinto injetava lentamente, de vez em quando puxando o êmbolo para ver se estava sempre no lugar. Um pequeno jato como fumaça vermelha dentro da seringa confirmava. De repente não apareceu mais. Olhamo-nos um instante, depois ao doente. Uma mudança formidável se passara na sua fisionomia. Mal mal nos conseguia encarar. Tive tempo de dizer-lhe ainda — o senhor está bem, presidente, passa já — e corremos os dois a escancarar a porta. Todos entenderam que a Intrusa tinha chegado e família amigos visitas invadiram o quarto. O Fábio, lívido, mantinha a cabeça do pai tapando-lhe a face para que ninguém visse sua expressão de rei belo desfigurada pelos últimos arrancos. Esses cada vez mais fracos e mais espaçados, iam cessando. Depois do derradeiro, olhei o relógio à cabeceira da cama. Onze horas da noite menos dez minutos. Eu fora o último a lhe dirigir palavra. Seria por isso? que tinha a impressão ali, na minha sala, de sua presença. Eu não via senão o que queria ver, o que conjecturava. A cadeira estava ocupada porque eu inseria dentro de sua forma outra, de cambulhada, longa e elegante como a que eu vira menino, passar na rua Direita do Juiz de Fora. Levanto e fujo. Venho sentar longe da poltrona fantasmagórica da sala, na minha, na saleta carcerária onde minha vida cumpre sua pena.

É um pequeno cômodo de seis metros por três onde se concentra a parafernália com que temos a ilusão de matar nosso assassino o Tempo — telefone, para trazer o mundo para perto; vitrola e discos (voadores) para sonhar nas asas da música; rádio e televisão, para que, tão desacompanhados, tenhamos a ilusão do conviver; livros, para nossa viagem no espaço e nas eras. Minha poltrona, que virou negativo de meu corpo, me acolhe como se fosse outro corpo vivo. Completamente só, me aninho na sua concavidade entortada pela posição meio torcida em que sento sempre e seus braços seguram os meus — cansados de bracejar nos campos áridos da insônia. Nada para fazer senão esperar — o quê? Foi nesse meio estado que uma noite levantei a perna cruzada sobre a outra, o chinelo se desprendeu e um sobrosso me apertou o peito, um longo arrepio continuou a eletrificar-me os pelos do corpo como se mais um espectro tivesse chegado — agora para tomar meu vulto. E era. Era mesmo o pior dos lêmures. Vi seu pé duma palidez de carne velha, de cera, de estearina, da pelica da luva do morto que me assombra desde a meninice de Belo Horizonte. Tive horror daquele ente que queria ser o meu e que minha lembrança repelia como se fosse uma intrusão. Sim, já que a consciência do EU é intemporal, anetária e sua ideia independendo do tempo repudia o passado e com esse a velhice. Inutilmente porque aquele pedaço de corpo idoso era mesmo meu — meu pé de velho. Triste, triste estendo as pernas, emparelho os dois pés, inspeciono-os agora, como médico. A pele desvivida, a turgência feia, a macilência de mau presságio, o desenho chinês das veiazinhas varicosas e eu baixo-os para não sofrer a tentação de ler em mim, como faço nos outros — os termos que me permitem o cálculo do seu restante. Mas um demônio me impele a olhar também as mãos de longas dobras sobre as quais se cruzam pequeninas rugas — trançado miniatura bilionar do embricamento, das escamas ancestrais da fase aquática. As unhas são finas, caneladas e quebradiças. Mais um pouco e virão os pardacentos das manchas senis. Ah! quero ar e logo debruço para fora de mim, meus olhos agora se arrastando nas paredes. Já alguma coisa me alegra e alivia, mancha rósea, amarela, verde, azul-escuro, azul-claro — mistura indefinida — onda nuvem — que parece apenas a modulação das variedades cromáticas de um bordado de seda em seda de biombo. Mas bem olhadas as formas vencem as cores e eu percebo o enredo que Cícero Dias quis fixar na sua aquarela da fase dos anos 30. Aqueles casarões dum rosa tão poroso que é quase a cor dos tijolos de Roma — são sobradões do Recife, como o azul é o do céu do Recife — capa de vidro onde rolam laminondas água pura tal qual no teto que move tremula vive da Catedral de Brasília. Aqueles verdes e outros azuis de folhagem lustrosa são cores pernambucanas que consegui captar também, ao luar de Apipucos batendo nas plantas molhadas de chuva rápida do norte — no jardim da casa de Gilberto Freyre, quando fui visitá-lo em 1975. Aquele varandão tem um menino que se torce vendo o casal amoroso sumindo no côncavo da sombra da moita. Quem é ele? O próprio Cícero? Melhor. São/somos todos — porque ele é composto de pronomes pessoais: eu, tu, ele, nós, vós, eles... Mas já a vida desse desenho e sua passagem das mãos de Cícero para as de Rodrigo, das de Rodrigo para as minhas encadeiam associações que me restituem a forma de mais um morto — como ele era em vida. D. Rodrigo. Ele está ali na minha frente e continuamos a velha conversa que sempre tivemos. Ele retilíneo e severo não fazendo nenhuma concessão à semostração, ao personalismo, ao maisamim, a toda espécie de paraísmo. Sua intransigência nesse terreno era quase uma escolha da omissão, quase uma proibição a qualquer candidatura, à própria assinatura identificando autoria de estátua, quadro, livro, postulação científica. Eu concordava com cinquenta por cento do que ele pregava mas dizia que anuência total seria adesão a um niilismo intelectual de que eu seria incapaz já que não era santo. Ele ria quando eu o punha de heresiarca, albigense, maniqueu, cátaro — vamos ver se você proíbe também o amor só para evitar a paternidade que é o cúmulo da ostentação do macho — atente bem, Rodrigo, na sua pregação contra a exibição: você conhece? negócio mais pará que mangalho ereto e untado para o que der e vier. O antipará total é uma espécie de suicida... Que funda saudade do amigo, do conselheiro, do apoio. Tínhamos conversado durante cinquenta anos e já no dia seguinte a sua perda eu estava vendo o aluvião de coisas que tínhamos ainda para resolver. Mais cem anos que vivêssemos não chegariam para metade que fosse... Do outro lado é um cego músico de Calazãs tocando sua flauta no primeiro plano e num fundo marazul praias igreja casas Bahia. Esse não me lembra nenhum morto mas me transmite tristeza igual à da morte no luto daqueles óculos pretos ato gratuito sobre olhos que não veem. Antes aquele cego que vi em Nápoles, cara nua e levantada e curtindo — feito couro ao calor do sol reverberado pelo Tirreno. Entre eles meus pôsteres. Então me surge Basílio — Henrique Bueno Basílio, que me deu uns tempos a mania destas figuras quando me ofereceu um grande, que está no meu escritório, representando Charles Chaplin na grandeza completa de Carlito. Os que tenho na saleta do rádio representam três vistas da minha Glória, uma de Copacabana quando era deserta e chamava-se praia do Rodrigues e outras três de Veneza. Todas elas, além de Basílio, dão-me a figura de Prudente. Justamente porque elas acabaram de ser coladas à parede num dia de aniversário meu e o primeiro que chegou para jantar foi esse amigo que ficou longamente de pé, vendo as reproduções de Desmons e Rugendas. E logo retomamos nossa conversa também cinquentenária, sempre a mesma, sobre o Internato, o Açu, o Quintino, o Faria, Oiticica, Nunes Ferreira, Badaró, o outro Ferreira, nosso Laet. Para fugir de Basílio e Prudente mudo de lugar, sento no sofá; e olho as estantes que contêm os livros de que mais gosto. A aquisição de cada um foi o resultado de longas espreitas, pesquisas, paqueras, paciências e esperas — como na conquista das amadas. São os que funcionam como madeleines-gatilho me restituindo gente, situações, lugares como foram vistos no dia, na noite, no frio, no calor, na sua cor, no perfume de cada hora, nos mundos táteis, gustativos que eles ressuscitam. Primeiro os clássicos da medicina com que refiz os que possuía meu pai e que a precisão me levara a vender nos sebos de Belo Horizonte. Numerosas teses do Rio e da Bahia. Jaccoud, Graves, Andral, Trousseau, Bretonneau, Woillez, Claude Bernard, Dieulafoy. Sei em que baú de cais do Sena, em que sebo da rue Bonaparte ou da rue Soufflot fui comprá-los. A que mortos eles pertenceram: meus Claude Bernard foram de Cipriano de Freitas e depois de Modesto Guimarães; meu Dieulafoy, de Abílio de Castro; meu Astley Cooper, de Andrade Pertence; meu Niemeyer, de Torres Homem; meu Torres Homem autografado pelo autor, dado a Francisco de Castro. Mais ainda. Meus clássicos de medicina portugueses e brasileiros comprados a preço de banana às ruas de São José, Constituição, Regente Feijó. Os livros de história da medicina que me ensinaram mais a amar a Arte e a integrar-me na nobreza de uma família de Asclepíades que vem da Grécia, com raízes egípcias e babilônicas; que passou depois para Roma; na Idade Média foi árabe, judaica, eclesiástica, conventual, monástica, universitária — salernitana, parisiense, oxoniana, cantabricense, salamanquenha e coimbrã; que, trazendo consigo a Renascença, veio para o Brasil com as caravelas na pessoa de mestre Johanes Emmenelaus *Artium et medicinae bacchalarius*; aportou à Bahia e ao Rio e as escolas médicas de d. João vi deram descendências espalhadas em todos nossos estados. Meu Jean-Jacques Rousseau, quatro volumes, grande formato, edição de Furne e Houssiaux, de 1835 a 1853, eu os descobri num buquinista da Rive Droite na minha primeira viagem à Europa. Lembro perfeitamente daquela tarde de outono, de minha euforia ao deparar com os lindos exemplares e lembro, ai! de mim, outro morto, Tito Enéas Leme Lopes, me ajudando a carregá-los do Quai des Messageries ao Hotel Montalembert. Tomamos a pont des Arts, paramos no meio, para seguir dali o descer da água escura do Sena e o declinar do sol vermelho num céu de ardósia — colocados exatamente no ponto aconselhado por Madame de Caillavet: "*Le soleil ne se couche noblement qu'à Paris. Et pour le bien voir, il faut aller sur pont des Arts*". Descansamos no chão nossos fardos para sentir a noite cair, nossos pés sobre a marca invisível deixada pelos de Leontina, France e Brousson. Na rue du Bac paramos num bistrô e livros novamente no chão, diante do *zinc* reconfortamo-nos com *deux coups* de Marc de Bourgogne acre acerbo forte sabor agreste! Calhaus em fogo nos cálices maiores, os da *dégustation*. Folheio as páginas da imprimissão prodigiosa da primeira metade do século passado e delas sobe um cheiro de papel antigo, de multidão, de tarde parisiense, da estação de frio, cinza e púrpura, do relento quente dos bares, do buquê dos seus álcoois. E a visão do amigo ali descuidado comigo nas ruas da cidade das cidades. Saudade. Recoloco Rousseau no seu lugar e na mesma estante, viajo idades adentro palpando o dorso dos setenta volumes da minha hipocratiana. São quatrocentos e quarenta e três anos de médicos mortos, seus donos sucessivos até que esses livros chegassem a minhas mãos — desde a edição de 1535 saída apenas dez anos depois da primeira veneziana em que se imprimiu o Pai da Medicina: *Lugduni apud Scipione* de Bebiano Fontis. Que luta, que sacrifícios e que de viagens, providências, para consegui-los. Mas também que oásis! abrir minha estante e senti-los um por um nos seus couros, carneiras, pergaminhos, papéis, percalinas — como quem passa a mão, sente e palpa pele amada. Corro uma por uma minhas edições das mais vetustas às mais modernas, do século XVI ao século XX. Penso nas suas contemporaneidades. Essas, raríssimas, são do tempo em que viviam Montaigne, Rabelais, Cervantes e Camões. Estas são dos dias de La Fontaine, Molière, Descartes, Pascal e Saint-Simon. Outras mofaram e se encardiram no ar que respiraram Voltaire e Rousseau. Agora, as que estiveram em livrarias onde talvez tivessem entrado Stendhal, Hugo, Renan e Anatole France. As últimas cuja tinta secou quando eu já estava vivendo. E vão durar mais do que eu, levadas adiante por outros loucos que gostam de livros (inda mais, velhos!), com tanto mais cuidado e proteção quanto mais remotas forem suas edições barcelonesas, leidianas, batavas, paduanas, basileianas, genebresas, francfurtianas, constantinopolitanas, ulissiponenses, parisienses, monpilhierenses, holandesas, suíças, inglesas, francesas e americanas-do-norte... Vejo-as impressas ao completo, num volume. Em dois, três, quatro ou dez como a tradução insuperável de Littré. Esse nome e os de Daremberg, do Chevalier de Mercy e os mais provectos de Janus Cornarius, Nicolaus Leonicenus, Andreas Brentius, Gulielmum Copum Basiliensem, Joannis Vassei Meldensis e Guidus Antonius Albanesius — inseparáveis do de Hipócrates de Cós pelos séculos dos séculos. Vejo-os nas letras de que se enfeitam: caracteres góticos, os das impressões com capitais livrescas, minúsculas carolinas, maiúsculas insulares, itálicos, caixas altas, baixas, redondos, versais e versaletes contemporâneos. Essas letras eu as vejo compondo os aforismos, as coacas, a cirurgia e a higiene do Pai da Medicina. As gregas que me obrigaram a estudar o alfabeto helênico, recapitular as designações de nossa nomenclatura anatômica de modo a ter dessa língua pelo menos a visão do quase cego que abre os olhos e percebe se é dia, noite e se vulto passa à sua frente.

> we are insignificant and evanescent creatures, existing on sufferance and at the mercy of the first chill wind from the unknown.
>
> CONAN DOYLE, *The poison belt*

Largo os livros mortos, sento na minha cadeira, olho as outras e o sofá vazios. Longe no tempo me levam as volutas da fumaça dum pensamento caprichoso e triste. Dizem que os que vão morrer, no último instante do irremediável, veem passar como num filme cada fasto de sua vida. Minha insônia tem um pouco desse fenômeno. Vejo como num exame de consciência minhas misérias e grandezas cotidianas. Desfilam os amigos que se foram. Eu os tinha deixado na sala de jantar, na de visitas. Agora, nessa saleta eles tomam seus lugares favoritos. À minha frente Gastão Cruls senta-se na cadeira de braços, palhinha antiga no assento e no encosto de medalhão. Perto da lâmpada, à sua esquerda — e que não projeta mais sua sombra. Cruza suas longas pernas, ora a direita em cima, ora a esquerda. Cigarro depois de cigarro na sua piteira de marfim rachada num tombo, restaurada por anel de prata, novamente servindo e toda quilotada do pardo precioso da nicotina do fumo fumado e refumado. Lendo página por página seu *De pai a filho* que a opinião de outro amigo quase o levara a destruir. Posso dizer que impedi isto tranquilizando Gastão sobre a qualidade da sua estória. Isto foi em 1953 ou 54... E não fui insincero. Esse romance, além de ser um estudo admirável dos costumes cariocas numa fatia da belle époque, na paisagem social e física de um Rio desaparecido mas vivido por Cruls e pelos seus, é também o mais perfeito exemplar que conheço de narrativa dramática cujo bordado tenha sido feito sobre um risco de freudismo e de conhecimentos psicanalíticos. Só um médico, médico dobrado de psicólogo e de literato como o era Gastão — podia ter dado romance dessa qualidade. E pensar que ele esteve rasga não rasga essa sua melhor novela... Ouço longinquamente sua voz. A velha voz que consigo realizar perfeitamente nas suas inflexões e sonoridades que me restituem nossas longas conversas da ladeira da Glória, da rua das Laranjeiras, da casa de Rodrigo no 181 de Bulhões de Carvalho, de sua casa de Amado Nervo, ao Alto da Boa Vista, com o jardim cheio de plantas tropicais e de bastões-do-imperador florescendo, com a varanda aberta às borboletas e à bicharada noturna, varanda propícia para as conversas, onde vinham sentar-se e falar aos sábados Miguel Osório, Gilberto Amado, Américo Facó, Manlio Giudice, Órris Soares, Lúcia Miguel Pereira, Otávio Tarquínio, mestre Gilberto Freyre. Um uísque discreto ajudava. Havia um perfume vivo e um ruído de folhas roçando trazido pelo vento vindo da floresta da Tijuca. Na rua, cada poste pendurava um cacho luminoso e movediço de insetos faiscando na ronda em torno às lâmpadas. Lembravam as fagulhas das estrelinhas das noites de são-joão em Aristides Lobo... Mas já se esbate a figura de Gastão e agora é Henrique Bueno Basílio quem gargalha, de pé, junto à porta, contra o céu e as luzes de Niterói como o vi em certa noite de aniversário em minha casa. Logo a aparição deste homem bom com quem aprendi a valorizar os homens bons (já o contei) esmaece também e meu sofá é ocupado por Antônio Tavares de Almeida em sua última visita última vez que o vi. Um depois do outro, chegam Cavalcanti, Rodrigo. Cada um é trecho específico de minha vida que morreu um pouco com eles. Os amigos são diferentes e cada um comporta amizade diferente (não falo em maior ou menor), conversas diferentes. Quando se vão levam lembranças, pilhérias, confidências, recordações em comum apenas pertencentes a mim e a um por um deles que deixam em nossa lembrança pensamentos que vão ser idos e vividos, insuscetíveis de ressurreição, zonas de alma doravante desertas, salgadas, terra de ninguém. Eles vêm, se rendem, se substituem, se vão, numa recordação tão precisa que a lembrança dos amigos vira nos fantasmas desses amigos. Antes o fantasma retomando a forma ilusão de vida, a lembrança de vida que vem com eles que pensar nos amigos simplesmente como defuntos, cada um na sua cova, no seu alvéolo — se entregando a esse lado da morte não testemunhado que é a putrefação — a solitária coisa inconveniente e terrível de que aprendi cadetapa, no meu curso médico.

D'abord votre ventre éclate... Para não vê-los assim é que os suscito como aparências. Mesmo chego a procurá-los nas listas telefônicas. Sim, sinzíssimo! nas listas telefônicas — naquelas horas imensas da madrugada, aquelas de Julien Green — *heures difficiles de l'aube où monte le désespoir...* Para espancá-lo, ao desespero, lembremos. É assim que eu pego duma lista telefônica e começo a procurar velhos nomes de colegas do Pedro II. *Choro* um por um lentamente, descendo vagaroso na ordem alfabética como se estivesse abrindo devagarinho uma mão de pôquer. A muitos não acho, já se foram, coitados. Esse escapou, está vivo. E fulano? Acho seu nome também. Presente à chamada. Como será? ele hoje. Chamo? ao telefone amanhã. Não chamo? O velho que atenderá não será nunca o companheiro menino que conheci. Esse, morreu. Esse, o pobre menino! esse, morreu — matado em todos por todos em si...

Nem sei como chego para ver a noite de minha varanda e Niterói apenas um risco dos pontos de luz: os mais fortes do Centro, de Icaraí (depois do buraco preto da Boa Viagem), em seguida as luzinhas mais tímidas do saco de São Francisco e no fim, as raras e desoladas de Santa Cruz e barra afora. Aqui e ali um lampejo na tinta das águas me restitui a infância e tio Salles me mostrando dentro do negro da baía o rastro fosforescente dos espadartes, delfins, dos cachalotes dos dragões sereias serpentes-marinhas. Do lado de cá o Aterro com sua iluminação gigante, a praça Paris de luzes vermelhas lembra Paris mesma — a *ville rouge* de Rimbaud. À direita a parede clara do Hotel Glória que, à noite, me aparece com um a pique de torre. Me lembrando o Castelo de If donde escapou Dantès. Mais para cá o pedaço urbano onde foi a Taberna da Glória que eu vejo renascer do chão, luminosa do neon do seu letreiro e da lembrança de Mário de Andrade. Passo da paixão e das quedas de Mário de Andrade... Se o céu está sujo, não tem estrelas, se limpo de lua, não tem estrelas — que foram tragadas na luz maior. Num raio branco vem o fantasma de João Alphonsus só de luz e despido das escórias da carne miserável. Impossível ver lua sem nele pensar pela sugestão do seu poema. Ah! o inútil luar do Senhor Ramerrão, seu bom vizinho ou o luar de pinga do gambá e a amargura animal de todos os cães uivando à tua lua, João! tua lua que com'um balão balança. Lua tua lua humorística diferente da de teu pai — a lua lyrica e gothica a lua d'Ysmalia.

Novamente minha cadeira enfermeira dos ossos que estalam como achas na fogueira da insônia. Os pés do velho. As mãos do velho.

A velhice repugnante. Agora já não me obseda a morte mas sua antecessora escultora da decadência imposta pelo tempo fazendo do corpo hiroximação mais segura que a do furacão soprado pela bomba atômica. Proust fala nas transformações químicas e geológicas por que passa nosso corpo no seu caminho para a morte. Há ainda as mutações de caráter biológico que fazem surgir nas caras e posturas anciãs o traço do antepassado escondido índio negro ou mais longe ainda, dos seres intermediários de quem veio nosso parentesco com o cachorro, o bode, o burro ou a ave — que emergem nas caras cacóquinas. Ou a despersonalização e a entrada num tipo geral de família como se a morte próxima nos despisse do fenotípico para só nos consentir a nudez genotípica. Lembro da desolação que me veio de olhar minha mãe no fim da vida — não mais como ela era mas com os traços que trouxera escondidos dos Pereira da Silva, de Mãe-Dindinha sua avó, de tia Joana, tia Joaninha, tia Modestina, tia Regina, Inhá Luísa... Velhice... gravetos e carvões apagados do que fomos antes de nos incinerar, de derreter como cera na fogueira rugidora da vida, do tempo, da preparação para a morte. Ora esta age madreporicamente desmanchando com a paciência do coral edificando seus bancos, ora vem com pressa e é terremoto desabamento. Gosto de estudar estas duas maneiras da indesejada trabalhar sempre que estou no meio de velhos: nas festas da Academia Nacional de Medicina quando, ludicamente, procuro nas fácies quem dará a vaga vindoura. E geralmente — acerto... Pensando nisto durante as caladas da noite de insônia assalta-me o desejo de me estudar também. Mas não! Fujamos desse grande medo com a leitura. Vou ao canto de estante onde estão meus prediletos. Os que procuram o tempo perdido como Proust e os que fazem-no deslizar pessoa por pessoa fato por fato como Saint-Simon. Uma pitada de cada um. Depois *Leaves of Grass* de Walt Whitman (*O Captain! My Captain! our fearful trip is done/ [...] But I with mournful tread,/ Walk the deck my Captain lies,/ Fallen cold and dead.*). Wilde em "The Ballad of Reading Gaol" (*And loud they sang, and long they sang/ For they sang to wake the dead.*). Poe no "The Raven" (*And my soul from out that shadow that lies floating on the floor/ Shall be lifted — nevermore!*) e engrossando de todo, *Shakespeare's Sonnets* e um extraterror dos aléns da morte no "Solilóquio".

...Who would fardels bear,
To grunt and sweat under a weary life,
But that the dread of something after death, —
The undiscover'd country, from whose bourn
No traveller returns, — puzzles the will,
And makes us rather bear those ills we have
Than fly to others the we know not of?

Então é isso? que impede a libertação e nos faz agarrar pedaços já tão rotos da existência. Ah! por quanto? tempo. Novamente penso em me prognosticar a frio diante do espelho de aumento que serve para a hora diálogo mudo do barbear. Inventariar as conjuntivas, a visibilidade da artéria temporal, a queda dos traços, a congestão da cor, o princípio do arco senil, as gengivas, a língua reveladora, os batimentos dos vasos do pescoço... Tudo que olho nos outros — indiscretamente, como quem abre carta que não lhe pertence — lendo as horas marcadas pela natureza.

Chegando ao banheiro, antes do espelho, vou. Tomo posição e verto longamente. Satisfatório: jato forte, grosso, quantidade abundante, boa trajetória. Penso regalado — nenhum estreitamento, por enquanto nada na próstata. Lembro não sei mais que tratado francês: *Le prostatique pisse sur ses pieds.* Passo então à inspeção. O vidro me manda a cara espessa dum velho onde já não descubro o longo pescoço do adolescente e do moço que fui, nem seus cabelos tão densos que pareciam dois fios nascidos de cada bulbo. Castanho. Meu velho moreno corado. A beiçalhada sadia. Nunca fui bonito mas tinha olhos alegres e ria mostrando dentes dum marfim admirável. Hoje o pescoço encurtou, como se a massa dos ombros tivesse subido por ele, como cheia em torno de pilastra de ponte. Cabelos brancos tão rarefeitos que o crânio aparece dentro da transparência que eles fazem. E afinaram. Meu moreno ficou fosco e baço. Olhos avermelhados escleróticas sujas. Sua expressão dentro do empapuçamento e sob o cenho fechado é de tristeza e tem um quê da máscara de choro do teatro. As sobrancelhas continuam escuras e isso me gratifica porque penso no que a sabedoria popular conota à conservação dessa pigmentação. Antes fosse. São duas sarças espessas que quando deixo de tesourar esticam-se em linha demoníaca. Par de sulcos fundos saem dos lados das ventas arreganhadas e seguem com as bochechas caídas até o contorno da cara. A boca também despenhou e tem mais ou menos a forma de um V muito aberto. Dolorosamente encaro o velho que tomou conta de mim e vejo que ele foi configurado à custa de uma espécie de desbarrancamento, avalanche, desmonte — queda dos traços e das partes moles deslizando sobre o esqueleto permanente. Erosão. A pele frontal caiu sobre os olhos e tornou o cenho severo. Dobrou-se numa sinistra ruga transversal sobre a raiz do nariz. As bochechas desabaram, parecem coisa não minha, pospostas, colocadas depois como as camadas sucessivas que o escultor vai aplicando num busto de barro. Dentes? O velho riso? Viro e ponho em posição as duas faces laterais do espelho e considero amargamente meu perfil. O topete ralo já não disfarçando a forma fugidia do crânio. As longas orelhas iguais às de minha avó Inhá Luísa, as pelancas barbelas muxibada do pescoço breve, o *dos rond*, quase corcunda, dos Nava. As bochechonas como que empurrando para a frente os olhos lineares, o nariz sinuoso e as ventas enormes querendo aspirar ainda toda a vida do mundo. Pedaço dum, pedaço doutro — Nava, Pamplona, Jaguaribe, Pinto Coelho — reconheço os fragmentos do meu Frankenstein familiar. Médico, não posso enganar a mim mesmo e sei que já estou contado, pesado e medido. Mas consola-me pensar que nós só somos em função do nosso princípio vital. Só somos enquanto vivos. NÃO TEMOS ABSOLUTAMENTE NADA COM NOSSO CORPO MORTO. Nosso? Nem nosso porque já não somos nem existimos. Nós acabamos no último instante de vida. E sofremos tanto, à ideia da morte, porque emprestamos ao cadáver que continua nossa forma as ideias que temos sobre a morte, o enterro, a decomposição. Nada disso é nós.

No meu escritório, enquanto não acendo a luz, evito olhar para o lado esquerdo da janela, junto à estante que vai até ao teto, porque SEI que o Cavalcanti fica ali em pé, taciturno e olhos ardentes. Sei também que ele espera a hora de me chamar. Quando ligo a eletricidade, tenho coragem de procurar a Sombra — ela já foi espancada. Posso sentar na minha cadeira, diante de minha mesa, olhar em roda. Essa é a peça da casa mais impregnada de minha pessoa. Posso fechar os olhos e estender a mão e apanho, sem hesitar, cada objeto: os tinteiros, sobre o suporte de vidro que servia a meu pai para os dele; o jarro dos lápis, das canetas, do bicolor, das esferográficas, das lapiseiras; a caixinha das borrachas, dos apontadores; o pote de cola; o de pó de arroz de tio Salles que hoje me serve para guardar clipes e percevejos; a lâmpada de pé, imitação de bronze da belle époque; o papelão grosso que enfeito com colagens e que me serve de pasta; um porta-missal feito num só bloco de madeira, lembrança de igreja de Minas; em roda, a barafunda de livros para ler e agradecer, remessa dos autores; o montão de cartas para responder. Sou correspondente incorreto mas que não falha: jamais deixo carta sem resposta — mas essa resposta que pode sair no mesmo dia às vezes demora semanas, meses, ano. Passo as mãos na madeira dura e polida que emoldura e protege a larga tábua central da secretária. Há trinta e cinco anos nela trabalho. Suas gavetas estão abarrotadas de retratos que me atormentam quando os percorro. Aos lados o *fumoir* de madeira e cobre que foi do Modesto e onde fica o telefone, a mesinha de minhas máquinas de escrever sucessivas, onde durante trinta e cinco anos enchi páginas e páginas de centenas de trabalhos médicos e a partir de 1º de fevereiro de 1968, das 1492 dos meus quatro primeiros volumes de memórias. Só estes, porque sou datilógrafo de um dedo só, representam cerca de quatro milhões de percussões de meu indicador que já se ressente disto na sua polpa calosa, achatada e de unha que tende a descolar. E é o meu pobre braço direito que paga cada volume, à sua conclusão, com crise de reumatismo do ombro, nevralgia cervicobraquial e ao termo do meu *Beira-mar*, de tudo isto e mais um cobreiro. Atrás de mim estante aberta com mundão de livros de medicina, misturados a outros de história, de literatura e aos meus dicionários. À frente a estante fechada para os livros de mais bela encadernação. Os retratos de meus amigos Gastão, Rodrigo, de meu sobrinho José Hipólito de quem falaremos ainda e do meu mano Cavalcanti. Esse, mudei de lugar. Esteve pendurado primeiro numa folha externa de minha estante aberta — a meio caminho de minha passagem da porta para a cadeira. Quando eu entrava, sempre esbarrava na moldura e malhava o ombro esquerdo de encontro à borda do móvel. O retrato do Cavalcanti caía. Desde que o mudei de lugar, *nunca mais esbarrei*. Era certamente o amigo dizendo que ali estava. Agora seu retrato está no tal canto onde ele gosta de ficar em pé no escuro. Abancado a minha mesa continuo o inventário, a passar a vista nas coisas embebidas de minha vida e de outras vidas. Olho o vão sobre minhas estantes fechadas que é encimado por prateleira correndo de fora a fora. Aí se acumulam sem-número de coisas. Um copázio antigo para cerveja com linda tampa de estanho esculpida com a figura de um santo e as letras que fazem Augustiner Bräu München. Embaixo um oval com letras góticas, um I e um L, separados pela haste de um báculo. Deve ter pertencido a algum bispo obeso, cervejeiro e jucundo. Comprei-o num antiquário da rue de Sèvres; e gosto de beber por ele, vez que outra, cerveja que me faz pensar amavelmente em Paris e no canto da Rive Gauche onde fui achar esse meio litro. Ao seu lado um são Jorge popular dado por Francisco de Assis Barbosa num passeio dominical. Está ao pé dum jarro antropomórfico de Petrolina cheio dos bilros de d. Miliquinha, avó de Rachel de Queiroz. A prima escritora deu-mos de presente — lembrança do que escrevi no meu *Baú de ossos* sobre as mulheres rendeiras do Ceará. Os retratos de Prudente de Morais, neto, de Juscelino Kubitschek, Vinicius e Afonso Arinos. A moldagem em gesso da cabeça de Nefertite. A rainha foi esculpida tão sensual e delicadamente que a sua forma tem o poder de captar as luzes do dia e de colorir suas saliências ora de ouro, ora de um azul-verde de mares longínquos, ora da tonalidade celeste. As sombras das depressões se alternam em esfumados de grande doçura e o gesso compacto adquire transprofundidades de opala e os fluidos dum Lalique. Os olhos se movem e fitam a esquerda, a direita, o zênite, o nadir. O pescoço sugere carícias e degolamentos — lembra o de Ana Bolena cuja cabeça foi ceifada por colo longo assim, como haste dum lírio. As fotografias de meus tios Alice e Antônio Salles, a de minha avó paterna. Essa está numa moldura de estanho prateado cheia de ondulações e ovais do mais lindo arnuvô. Sua parte inferior é feita pelo movimento da saia de figura feminina que faz o lado direito desse porta-retratos. Essa representação de d. Nanoca veio ter a minhas mãos por morte de minha tia Maria Modesto. Lembro dela de toda a vida. Viu-me menino em Aristides Lobo e nas antigas casas de meus tios Modesto: rua Dona Delfina, praia de Icaraí. Mocinho, em Itapagipe e Pedro Ivo. Traz consigo os ambientes em que viveram meus tios e estava presente à hora de suas mortes — a dele, na Urca, a dela, em Copacabana, de onde minha prima Maria Augusta Albano enviou a guarnição para a rua da Glória. Está cheia da história dessas casas sucessivas, que desfio cada vez que fico a olhá-la. Todos os retratos têm sempre alguma coisa além dos traços dos retratados, uma relação mágica e profunda com eles. A prova é que podem servir para os envultamentos das artes negras e que os cães, farejando-os, sentem quando a figura é de um morto e então, uivam baixinho, à morte. Uma reprodução da *Cabeça de Cristo* de Leonardo a lembrar-me sua doadora, minha cunhada Margot Menezes Penido — uma das mais doces e amoráveis criaturas com quem já convivi. Assisti sua vida uns vinte anos, até sua morte e jamais vi gesto dela ou lhe ouvi palavra que pudessem deixar impressão desfavorável. Uma flor, como aliás indicava seu nome de Margarida. Grupo numeroso feito num pátio do Hospital Broussais, o primeiro que frequentei em Paris, na minha viagem de 1948, estagiando no serviço de Pasteur-Valéry Radot. Lá estou, ainda de cabeça preta, ao lado do *patron*, dos futuros professores Hamburger e Milliez e dum velho simpático: Laubry, o mesmo do tensiofone que tem seu nome associado ao de Vaquez. Fui apresentado a Pasteur-Valéry Radot por Carlos Chagas Filho e por intermédio desse professor francês é que vim a conhecer meu mestre Stanislas de Sèze. Frequentei o Broussais no inverno de 1948 e era uma alegria minha saída do hotel, ainda noite escura, às sete da manhã, minha ida apressada pelo boulevard Saint-Germain até a esquina da rue de Rennes para tomar o ônibus que me levaria à Porte de Vanves. Continuo a olhar minhas lembranças. Agora corro a prateleira de cima. Tem uma estrela-do-mar tão branca, tão fofa e porosa — entretanto tão rija na sua estrutura que aquilo não parece o esqueleto externo de bicho do mar: como está, lembra coisa torrada de pastelaria, massa folhada que dá vontade de morder. Junto, os caramujos do velho Halfeld. É estranha a persistência dos objetos e o capricho de sua viagem. Desde a sala de visitas de minha avó Inhá Luísa até meu escritório — que de voltas! Há mais de cem anos estas cascas acompanham as casas de minha gente e a maior delas deixa ouvir, quando soprada no oco do cilindro em redor do qual gira sua curva, um longo mugido oceânico — o mesmo apelo antigo que fazia disparar, pela superfície espumante das ondas, o cardume das divindades marítimas de carne esverdeada e translúcida, incrustada de algas e madréporas. Potes de farmácia antigos de louça luzente, como nova, misturam-se a bonecos de barro do Araguaia, da Bahia e aos pernambucanos de Mestre Vitalino, a gessos moldagens da *Cabeça da Medusa* e duma gárgula da Notre-Dame, a vidros Prado reproduzindo em menor os clássicos jarros de farmácia com três recipientes cheios de infusos corados em azul-turquesa, vermelho-rubi e amarelo-topázio. Mais objetos-confusão — tão meu retrato! Uma farpa cruel lembrança da tourada que assisti no Campo Pequeno de Lisboa com meus colegas portugueses Américo Cortez Pinto e Manuel Assunção Teixeira; e uma tosca boneca do Maranhão, presente de Odylo Costa, filho. Sua particularidade é ser bissexuada: tem pinto de encaixe que, retirado com a sacoca e os bagos, deixa à mostra o óstio apertado dum buncá. O Cristo crucificado de ferro, legado de d. Íris Chagas — é encarnado a óleo, todo roxo das feridas, grená do sangue corrido, escuro da pátina e da ferrugem — símbolo admirável e triste da religião que escureceu o mundo matando o grande Pan. Nas paredes retratos a óleo que fui recolhendo das mãos de parentes. Do lado de minha mãe, miniatura representando seu tio materno José Luís da Cunha Pinto Coelho; outra, seus longínquos parentes o governador e capitão-general das Minas Pedro Maria Xavier de Ataíde e Melo e sua mulher d. Maria Madalena Leite de Sousa Oliveira e Castro, viscondes de Condeixa — seu avô paterno Domingos José Nogueira Jaguaribe retratado por Sisson, na sua galeria famosa dos parlamentares de 1861. Do lado de meu pai sua bisavó, d. Chica do Aracati; seus avós Cândido José Pamplona e sua mulher d. Maria de Barros Palácio; seus pais Ana Cândida Pamplona e Pedro da Silva Nava. Já falei nesses dois últimos, os óleos de Viennot, no meu *Baú de ossos*. Quando estou trabalhando e paro um pouco para pensar ou descansar, gosto de olhar para eles e é sobre o retrato de meu avô que desejo referir coisa que sucedeu. Eu estava corrigindo o que escrevera sobre ele, quando procurei recriar sua figura no meu primeiro livro de memórias. Senti sede. Levantei, fui beber água à copa. Ao reabancar-me à escrivaninha notei que meu papel datilografado, todo cheio de emendas, tinha no meio da página mancha de líquido fresco como a de grosso pingo. Não havia chuva, a noite era de extraordinária doçura, ninguém entrara e era difícil conceber como viera cair ali a bátega que fizera aquela marca. Passei a polpa dos dedos — estava úmido. Provei com a ponta da língua — era salgado. Uma lágrima. Como? de quem? interroguei-me sem medo, antes invadido de estranha comunhão como se ponte tivesse se estabelecido entre meu peito meus olhos meu coração e o quadro a óleo com o sorriso esboçado e os olhos luminosos de meu avô Pedro da Silva Nava. E o que mais? no meu gabinete. Descendo as portas de minhas estantes, pôster de Carlito, as reproduções das capas de meus livros, um cartaz com a cara de Mário de Andrade e outro anunciando a exposição do Cinquentenário da Semana de 22. E dois retratos: o do meu mano Cavalcanti convalescendo de seu primeiro infarto, numa fazenda de Minas e ai! o do meu sobrinho José Hipólito Nava Ribeiro — adolescendo no seu bairro das Laranjeiras.

> Now cracks a noble heart. — Good night, sweet prince,
> And flights of angels sing thee to thy rest! —
> SHAKESPEARE, *Hamlet*

O italiano Francesco — Francisco Nava teve pelo menos dois filhos no Maranhão: meu bisavô Fernando Antônio e outro de que não pude apurar o nome, que foi o Abraão da numerosa posteridade Nava de Barra do Corda. Nesse grupo, vários descendentes machos perpetuaram e vão perpetuando nosso nome de família em linha varonil. Fernando Antônio, casado com d. Raimunda Antônia da Silva, teve três filhas — origem dos Nava Rodrigues e Nava Guimarães de São Luís e de meu avô, Pedro da Silva Nava. Na descendência deste o nome tende a desaparecer pois ele e minha avó, no meio de várias filhas, só geraram homens a meu pai e seu gêmeo morto anjinho. Dos meus irmãos tem descendência Paulo, por sua filha Maria Beatriz casada com Joaquim Lopes Cançado Filho, com dois filhos Nava Lopes Cançado e Maria Luísa, mulher de Antônio Hipólito Ribeiro com dois Nava Ribeiro. O mais velho destes nasceu quando já se desistia de ver a família com outra geração e foi recebido como morgado a quem competiria levar adiante o legado espiritual e o sangue de nossos pais. Assim ele e depois seu irmão Joaquim cresceram como filhos dos tios. O mais velho, José Hipólito,* nasceu a 22 de junho de 1947, batizou-se em Mangaratiba, fez o jardim da infância e o primário na Escola Rodrigues Alves,** à rua Laranjeiras 397. Em 1956

---

* Por erro do cartório foi registrado e passou a assinar-se José Hyppolito Nava Ribeiro.

** Depois Escola José de Alencar, depois Escola Reverendo Álvaro Reis. Funciona até hoje no mesmo local, no edifício onde moraram os Haritoff e depois a descendência do Brás Jaqueta. Adaptações sucessivas praticamente o demoliram deixando no seu lugar uma espécie de caixote. Foram-se também o belo gradil, o portão e as pilastras de pedra com a data — parece que 1854.

doença de seu pai levou sua família a transportar-se para Belo Horizonte onde deu seguimento a parte do primário, no Grupo Escolar Pedro II, que dava fundos para perto de nossa casa em Padre Rolim 778, onde ele morou com os progenitores, voltando depois ao Rio. Termina as primeiras letras onde as começara. Em 1958 prepara-se para a admissão no Curso José Anchieta e de 1959 a 1966 fica com os lazaristas do Colégio São Vicente de Paulo onde faz ginasial e científico ao mesmo tempo que frequenta as aulas da Alliance Française e do professor Ivan Serpa, no curso de pintura para crianças do Museu de Arte Moderna. Concluído o secundário no São Vicente (de que sua turma foi a primeira a colar grau no então recém-fundado estabelecimento), fui sondá-lo, com a intenção de sugerir-lhe dois caminhos: o da medicina, carreira tradicional de nossa família ou, levando em conta sua aparência de príncipe gentil, sua reserva, sua cortesia, o caminho da diplomacia pelos cursos de direito e Rio Branco. Mas esse milho foi encontrá-lo já de posse do seu fubá. Só, sem nenhuma interferência, guiado apenas pelo instinto e vocação, ele já tinha escolhido a arquitetura. Depois de frequentar em 1967 o Curso Vestibular Vetor, José Hipólito ingressa em 1968 na Faculdade de Arquitetura da Universidade Federal do Rio de Janeiro. Tinha pulado para o segundo ano quando a 1º de fevereiro de 1969, passando o fim de semana em Araruama, com seu amigo Luís Cláudio Borges de Miranda Barros — o carrinho dos dois foi despedaçado por ônibus dirigido por um bruto de quem nem quisemos saber o nome. Os dois meninos morreram. O nosso tinha vinte e um anos, sete meses e seis dias. Foi de propósito que juntei as datas acima para mostrar que as mesmas são semelhantes às de todos os jovens que fazem seu primário, seu secundário e que entram numa escola superior do Rio de Janeiro. São simples datas marcos familiares. Não chegam a ser biográficas porque o nosso José Hipólito não tem biografia. O que ele teve foi uma vida. Vida muito curta mas vida de artista, de adolescente e moço cheio de sensibilidade. Portanto vida intensamente vivida e mais rica que a de muitos calhordas que arrastam sessenta, setenta, oitenta anos de dias de nada.

José Hipólito era claro de pele, cabelos densos e alourados, olhos dum castanho diluído, grandes e mansos, dentes magníficos. Era fino de corpo e bastante alto. Um pouco desengonçado do crescimento demais mas de uma grande distinção de postura. Cerimonioso, reservado, discreto, duma amabilidade exemplar. De poucas conversas e nenhuma confidência. Nunca estava banzando quando eu chegava a sua casa: sempre ocupado, fazendo alguma coisa — lendo, desenhando, sentado ao piano. Logo que ele via entrar visita, parente íntimo ou gente de cerimônia, deixava imediatamente o a que se entregava e vinha cumprimentar com seu ar a um tempo amável e circunspecto. Entretanto cheio da doçura que lhe emprestava o sorriso direto, olhos fitos nos do interlocutor, que compunham sua mímica de boas-vindas. Achava meios, não de sumir mas de abster-se e retirar-se para seu mundo. Falei acima na sua música. Teve umas vagas lições de violão mas o piano era seu instrumento de passar tempo e executava de ouvido música popular, música folclórica, clássicos mais acessíveis. Mas sua manifestação artística mais forte foi o desenho. Todos os Jaguaribe têm o que se chama grande jeito para desenhar e pintar. No nosso ramo isto foi prenda do Major, meu avô, desenhista fino, de traço tão requintado e elegante que apenas lhe cabe o nome de amador. Se não foi o artista que podia ter sido — isto aconteceu pela vida instável e nômade que ele se deu. Suas filhas desenhavam com gosto. Duas, minhas tias Risoleta e Hortênsia, manejaram inclusive o pincel e pintavam a aquarela ou a óleo num degrau acima do que se considera simples prenda de moças. Minhas primas Jaguaribe Selmi Dei cultivam, Leda a escultura, Heloísa e Maria Luísa a pintura — todas com rara sensibilidade. No nosso ramo Jaguaribe Nava o *jeito* está presente em todos de minha geração. Mas parece que essa aptidão concentrou-se e ganhou forças nas mãos sensíveis de meu sobrinho José Hipólito que, quando morreu, já era um desenhista insigne, professor de desenho do próprio Colégio São Vicente em que estudara as humanidades. Note-se que teve apenas as aulas infantis ministradas por Ivan Serpa e Augusto Rodrigues. Ficaram dele umas dezenas de esboços onde se pode apreciar muito de sua inquietação, sua percepção do mundo e adivinhação da porca da vida. Dotado de sensibilidade quase dolorosa pela forma da fábrica humana, quase todos seus estudos referem-se a figuras masculinas e figuras femininas. Dono de extraordinário e trágico espírito do grotesco, suas representações masculinas são de uma fereza boschiana e a acentuação das marcas terríveis da natureza e do tempo resvalam para a caricatura — onde se exageram mandíbulas bestiais, bocarras simiescas, narigangas sinuosas ou lisas ou em bola, às vezes agravadas pelo salpico das pipocas. Os velhos e os maduros são sempre caricaturais e só lhe merece tolerância realista a representação dos jovens. O senso do grotesco que lhe apontamos não faz dele um caricaturista banal a explorar deformidades e desproporções arbitrárias. É, sim, a tradução sinistra da intenção goyesca de um menino que ainda não experimentara mas já percebera as maldades da vida. Já verificara as bestas ferozes que se escondem sob a máscara humana e que ele fazia tudo para exteriorizar e dar-lhes o flagra mostrando os pontos onde o animal surge no semelhante: queixadas de burro, bicancas de ave de rapina, olhares felinos e frios, expressão deslavada e canina. Um de seus desenhos, nesse rumo, vai além da caricatura e faz verdadeira mutação da cara de um monstro pervertido, provavelmente um sádico ou político — que seu lápis implacável transforma num ratazano de expressão a um tempo fugidia e covarde mas de dentes de todas as feras mais roedoras, de narinas sôfregas de todos os cheiros de todos os escatos. Sua arte caminhava na direção do sarcasmo terrível dum Fernando Lisboa.

Dissemos acima que José Hipólito resguardava de sua ironia as formas jovens. Isto se documenta na enorme série de retratos de corpo inteiro que ele fez de seus colegas e suas colegas de turma nas aulas de arquitetura. Sente-se seu conhecimento, por observação, da anatomia do homem e da mulher. Os segmentos surpreendidos em repouso são ricos de forma e adivinha-se a imanência de um pulo, uma carreira, um passo, uma postura de agressão, de defesa, de arroubo de amor, de entrega — contidos naquelas formas moças. São retratos feitos de gente em aula e as fisionomias são surpreendidas na atenção, alheamento, distração, tédio, enfado. As mãos caem pesadas, mais pesados os pés — levemente exagerados de tamanho — lastreando cada figura e chumbando uma por uma inexoravelmente à terra. Não são anjos. São seres humanos já tristes e fadados ao seu lapso de vida. A compreensão, pela observação, da morfologia dava-lhe antenas para inventar o patológico e inspirava as deformações de algumas suas composições. As figuras femininas são tratadas nos desenhos de meu sobrinho sem qualquer agressividade. São vultos de uma galeria delicada e evanescente de heroínas de dor e romance. Galeria de Poe de louras ou morenas de olhos azuis e imensos, tão claros e translúcidos que deixam de ser humanos para serem arcangélicos. Olhos de Berenice, Morella, Ligeia, de Madeline Usher. Mas, sobretudo, os olhos siderais de Ana Maria. Olhos que morrerão meninos e onde, como numa incisão delicada em pedra dura

— habitará sempre a figura que ela gravou do namorado que morreu menino. Oval do rosto, corpo, mãos de mulher. O trato destas partes, como o dos olhos, mostra uma sensualidade quase temerosa — ah! retratar na perfeição, no triunfo fisiológico, no esplendor anatômico — jamais nas injúrias que o tempo traz e o sofrimento de viver. Essa preocupação com olhos e mãos é demonstrada em estudos separados, só de mãos, só de olhos. Estudos das suas representações transubstanciadas, das realistas, das caricaturais. Seus desenhos têm desenhos de mão, de mãos, que às vezes fogem do corrente e expressionizam-se como nas composições caricaturais e dramáticas de um Groz ou de um Chagall. Digamos um Chagall do *Parto* ou Chagall do *Esbordoamento da esposa*. Entram nestas séries o efeito dramático que José Hipólito tirava de um bigode, de um manequim, e das miniaturas de grotescos de que deixou várias. Falamos antes na estilização de um homem em rato. Seus desenhos puramente animais não são uma fotografia de bicho. De cobra, cigarra, aranha, cachorro. São humanizações de bicho como as fez na literatura João Alphonsus, e no cinema Charles Chaplin. Há desenhos seus de insetos e larvas onde estes estilizam-se em joias ou aparentam-se com as máquinas na sua crueldade total. O terrível dos insetos é justamente seu aspecto mecânico e inexorável.

José Hipólito deixou duas composições estranhíssimas. Um desenho e um painel feito numa porta de armário. Possuem com figuras em multidão, centenas de gentes — autônomas no sentido intenção pois cada ser faz um gesto, um esgar, uma careta, uma coisa — coisas não relacionáveis com os atos das outras figuras. Lembram grupos de doidos conversando no pátio de um hospício. Gesticulam, mimam, gritam, choram, riem, segredam como numa roda de conversa. Entretanto, chegando — vemos que todos estão falando sozinhos. Apenas atraídos para perto uns dos outros, mas falando sozinhos. Cada um por conta de si. Assim as figuras dos painéis de José Hipólito. Cada uma, ser e símbolo próprios, mas conglomerados plasticamente de modo inevitável e necessário — numa verdadeira intenção do valor das massas e das linhas de ouro. No *Painel da porta* isto não é tão visível, mas no desenho ressalta do seu inacabado: as figuras nasceram na parte inferior do papel, vieram se conglomerando e de repente sobem folha acima de acordo com a imposição da forma e da massa, governando os relacionamentos complementares nas formas respectivas — mas de significado absolutamente diverso. Essas multidões interpenetrantes às vezes dão lugar a volumes, curvas, sinuosidades abstratas aqui e ali interrompidas pelo figurativismo de um olho, de um violão, dum peixe, de feixe de dedos — quase mão. Entre os trabalhos de meu sobrinho há umas raras aquarelas de cores fundas e tristes. Como no desenho a lápis ou a nanquim essas tintas dágua são ameaçadoras. Não há céu liso. As pinceladas grossas e fortes fazem sentir que o verdadeiro pintor, ali — realizar-se-ia melhor no magma do óleo. O céu de uma das aquarelas é feito a brochadas sem preocupação de serem igualadas no unicismo da cor. São toques que vivem por si e que, na tinta pastosa e gorda, seriam o mesmo céu de mosaico mole que Van Gogh gostava de pintar.

No que ele deixou, há representações arquitetônicas. Estudo de casas do largo do Boticário, de frontões barrocos, de perspectivas de rua com postes e fios lembrando a dramaticidade das incisões mais duras de Goeldi. E há um estudo de vizinhanças de massas de arranha-céus que parece uma experiência das reciprocidades de um módulo quando perto de outro — um e outro sendo alterados variavelmente segundo suas formas e proporções que se afastam ou se aproximam. É um tanto obscuro o que quero significar. Mas uma imagem esclarece. Uma determinada massa é uma diante de um cone, outra, vizinha a um cilindro, mais outra, encostada a uma esfera. Isolada, ela é sua essência. Como as tintas. Um amarelo por conta própria é essa cor. Colocado ao lado dum azul ele se altera e é nova nuance. Outra, quando posto ao lado dum negro, dum roxo — que também sofrem alterações daquele amarelo que eles modificaram. Transportado ao elemento arquitetônico não haveria? nessa pesquisa a procura de uma resposta ao que deve ser problema do paisagista, do urbanista. Claro. Impressionado com a qualidade do traço do meu sobrinho e com sua aptidão para ser um dos nossos grandes desenhistas ou dos nossos maiores arquitetos — tentei aproximá-lo de um mestre: Lúcio Costa. Por intermédio de Rodrigo Melo Franco de Andrade fiz chegar o pedido que fazia, do José Hipólito ser aproveitado na equipe que ia estudar e planejar urbanisticamente a Barra. Lúcio aceitou o novo colaborador que não chegou a conhecer. Ele ia procurar o futuro chefe na "semana que vem". Só que ela não veio porque a Morte chegou primeiro. Fomos buscar em Araruama seu corpo e do amigo Luís Cláudio. Estavam sendo velados na sala de aula de um grupo escolar no meio de carteiras, quadros-negros, mapas, cartazes didáticos entre os quais um, estranhíssimo, a que os jacentes daqueles dois meninos davam significado mágico. Dizia em letras róseas sobre fundo verde só a palavra CONJUNTOS. Fazia um luar impossível — consistente, sólido, raios de prata de segurar. Pela madrugada trouxemos os dois para o Cemitério de São Francisco Xavier onde enterramos José Hipólito na sepultura-colo de nossa mãe. Consola a ideia de que ele foi o mais feliz da família do pai e da família da mãe. Conheceu a vida nos seus lados amáveis, conheceu o mar, o amor, o Carnaval, a dança — mordeu em cheio no pomo de ouro. Ignorou o que significam doença, decadência física, ultrajes da sorte. Morreu em mocidade e beleza sem nem ao menos desconfiar que ia morrer. Foi um príncipe, um doce príncipe. E que a um luar como o daquela noite, José, possa uma revoada de anjos *sing thee to thy rest!*

Quando paro de remoer o sobrinho sinto mudança no ar e percebo que a noite começa a esgarçar-se. Já não estou mais nas garras delirantes da insônia. Agora meu estado é pura e simplesmente o da falta de sono. Mas me sinto exausto dentro do ar diferente do crepúsculo matutino. Da minha varanda se vê a barra do dia toda acesa para os lados de Niterói e a mancha maior de vermelhão no ponto onde vai estourar o sol. Ele aparece num fino raio que minhas retinas captam e logo, como represa que se arromba, o céu deixa passar luz ao completo do astro-rei que parece pulsar, vibrar, equilibrar-se na fímbria horizonte lampejante e já librar-se zulacima. O jorro de luz invade minha saleta e o pôster que representa a Glória parece acender-se amanhecer também. Mas o estardalhaço cósmico da aurora faz mal à minha alma fatigada. Longe de me alegrar, o sol, no seu excesso, me oprime deprime e tenho de fugir (— *Touchés?* — com a dica, psiquiatras). Preciso novamente cama, minhas cobertas, a profundidade de grandes águas e o silêncio uterino do meu quarto — morte simbólica. Me aninho sereno, me esquento gratificado com a ideia de que aquela bola de escuro maternal em que me relaxo está cercada do dia luminoso que intromete seus dedos pelas frestas das venezianas. É como se fosse despencaindo fofamente câmara lenta e ainda tenho consciência para me dizer — sim, isso mesmo, cochilar mais quinze minutos, trinta e levanto. Quando outra vez desperto vejo que minha vida se adiantou e que já estão faturadas a menos as três horas que dormi. Novamente comigo começo meu dia olhando a Glória. Volto à varanda para me saturar da vista da rua. O sol alto joga a sombra das árvores sobre o asfalto, como peles de tigre. O passeio fronteiro ao meu é o que corre junto à amurada, feita de granito e de parte metálica pintada de verde-escuro para fazer bronze. São colunetas, postes, pinhas fundidos com arte delicada. As primeiras guarnecem toda a extensão e são centenas com a sua forma geral de ânfora cada uma fazendo a vez de haste de gradil. Afinam, engrossam, ornam-se de frisos, seus pés repousam em assento quadrado e é também quadrado, em menor o apoio que ela oferece em cima, ao parapeito. Sobre estes, de distância em distância, postes de iluminação duma altura de cerca de dois metros e de desenho semelhante ao dos lampadários maiores da praça Paris e da pista de rolamento que renteava o mar e seguia pela da avenida Rui Barbosa. Hoje, por fora dela está o Aterro — que empurrou as ondas pra mais longe. Tais postes de iluminação são verdadeiros prodígios de ornato e frivolidade — estilo princípio do século. Quatro cabeças salientes e trabalhadas são como as de quatro tarraxas que fixassem sua base à balaustrada. Séries de círculos torneados maiores menores vão até um capitel curto ornado de folhas de acanto. Mais roletes de diâmetro diverso, uma espécie de carretel sustentando *torsade* que aguenta um pires de que suspende segmento que prolongado por mais roletes, outra borda de pratinho e a coluna estica-se com caneluras jônicas e o arremate em que se apoiam mais círculos, um cone invertido de cuja base saem folhas clássicas abertas para o alto e mantendo série de superposições que vão até ao globo de vidro — que parece pérola de dia, à luz do sol e topázio de brasa, quando derramando a iluminação avermelhada da noite. Termina acima, em ornato que lembra o fecho duma coroa de rei. As escadas para o passeio da Augusto Severo têm seus corrimãos-amurada ornamentados por pinhas presas, como os postes, por chapa quadrada atarraxada por frutas florões e que equilibra um jarrão todo decorado por folhas ou flores que se imbricam maiores em cima e diminuindo para a base. O vaso abre-se por concha ondeada de onde alteia qualquer coisa vegetal como grande alcachofra. A amurada que separa a rua da Glória da avenida Augusto Severo está sobre paredão revestido de pedras irregulares. Vai diminuindo de altura até ao ponto onde os níveis daqueles logradouros se encontram e se igualam. Nesse extremo está a joia da belle époque que é o famoso Relógio da Glória. Fica sobre coluna de granito que é a terminação da amurada e que levanta do passeio abrindo-se largamente a uns quarenta e poucos centímetros fazendo bancos de pedra onde sentam-se mendigos, vagabundos, gente que espera alguém ou que não espera mais nada. Acima, quatro faces. A que recebe a amurada, a interna, a externa e que olha para os lados da rua do Catete. Nesta, a placa com os relevos da esfera armilar, das flechas, do barrete frígio, dos golfinhos, dos ramos que sob a coroa mural fazem o campo e os paquifes das armas do antigo Distrito Federal. Nesta placa uma inscrição — "Construído sob a administração do Prefeito Pereira Passos/ 1905". Sobre essa coluna está o relógio de quatro faces de que cada olha uma das direções que detalhamos. Se as colunetas, os postes e as pinhas já são ornados, o relógio o é com tal requinte que o resto da fábrica que estamos descrevendo fica pobre. Quatro lâmpadas pendem de caracóis de metal, terminados no ponto de encontro com a coluna por corda de bronze de que pendem borlas. O relógio ilumina-se por dentro e, grande, é tornado leve pelo rendado e relevado dos seus elementos decorativos. Esse conjunto de paredões lembra outras construções da mesma época como, por exemplo, o Monumento da Abertura dos Portos defronte do Hotel Glória e o que sustenta a parte alta do campo de São Cristóvão de onde voou em fogo e cinza o prédio do Internato do Colégio Pedro II.

A descrição que estamos fazendo seria a de uma bela construção citadina não fossem seus aproveitamentos, seu abandono. Vejamos os aproveitamentos. Primeiro uma espécie de depósito da prefeitura cavado subterraneamente e fechado para o lado baixo da via pública por uma porta improvisada com restos de material de construção e que nem pintada é. Segundo, o mictório-catacumba. Este servia como todos os mictórios públicos do mundo para mijar e para encontro de pederastas. Não podendo enxofrar Sodoma, os poderes públicos tiraram o sofá do lugar fechando todos os sanitários da cidade — onde uma dor de barriga ou uma bexiga apertada são graves problemas. No caso do da Glória suas portinhas foram muradas de alto a baixo e destacam-se pela cor mais clara. Passando lá pra fixar detalhes que queria descrever, detive-me para degustar as inscrições. Buceta. Saco. Piroca. Estas três palavras são claras e eloquentes. Não tanto outra, em tinta verde cujas letras fazem MERGALO — que não sei se é nome de fruta, legume, nome de gente ou novo aliás da caceta. Pela música da palavra, seu embalo, pela sugestão fálica das últimas sílabas — GALO parece. Agora o abandono. Primeiro a sujeira de tudo. A pintura dos metais destaca-se fazendo crostas como cascas de feridas. As lâmpadas acendem uma em duas. Os globos dos lampiões são um quebrado para quatro inteiros. As escadas de granito com setenta e três anos de subir e descer de solas estão gastas no centro e servem menos para passagem dos transeuntes que como lugar cômodo para cagadinhas noturnas, para despejo do lixo. Metais e pedras são da cor uniforme do lodo formado pelo oleoso do mazute e pela deposição da poeira. Só se limpa e se pinta quando há inauguração de metrô ou quando vem gente importante morar na zona (lembro com saudade os tempos em que residiu no meu prédio o almirante Renato Guilhobel — tempos de zona policiada, garis frequentes, caminhões de despejo diários). Hoje as imundícies se acumulam nos depósitos que a Limpeza (?) Urbana deixa nos logradouros para os moradores se divertirem enchendo-os. Era para serem retirados diariamente. Pois ficam semanas fedendo, como acontece diante de nosso prédio. Entretanto todos pagam a iníqua taxa do lixo que depois de estar sendo cobrada teve o condão de nos fazer ver, pasmados, a imundície do Rio ganhar de si mesma, se surpassar, bater os próprios recordes. Onde melhor se sente o desleixo (agora ligado à incompetência) é no trato dado ao monumento que descrevemos: nos pontos onde o metal de oxidado se arromba e a pedra lasca — obtura-se com pataraca de cimento. Ora, restaurar não é remendar e sim refazer.

Depois da amurada sobre Augusto Severo, vêm as pistas onde eu menino conheci a praia. Da zona ganha ao mar, até os rolamentos de fora, que hoje já não o são, mais se entulhou a baía para a construção do jardim do Flamengo e do seu prolongamento em direção ao Centro, até o encontro com a área resultante da derrubada do morro do Castelo e dos aterros do Centenário. Contemplo esse trecho de paisagem que vi nascer. Nele dominam duas coisas bonitas em si mas gritantes dentro da paisagem. O Monumento aos Pracinhas, o conjunto dos gigantescos postes de iluminação (que dizem estilização de palmeiras-imperiais). O monumento é realmente uma linda concepção arquitetônica e escultural com a linha admirável dos dois elementos de sustentação do módulo alado e helicoidal que dá uma permanência de movimento ao conjunto. O grupo dos infantes das três armas e a composição metálica poderosa e leve que fazem o fundo da esplanada são cheios de harmonia e dignidade. Em resumo, obra mestra. Os postes são duma simplicidade e utilidade de desenho que fazem de cada um lindobradarte tronco de cimento armado coifa metálica e luminosa. Ora, o lado de lá da baía, o fundo de Niterói é todo feito de linha suave de montanhas — schubertismos que não conhecem a aspereza wagneriana da parede de pedra do lado Rio com os contrafortes plutônicos do Pão de Açúcar, do Corcovado, da Tijuca. Pois aquele efeito de suavidade da vista de Niterói é conflagrado pela discordância com ele das linhas do Monumento dos Pracinhas e das dos novos postes. Estes, então, enchem a paisagem de dissonâncias e trocadilhos. Olhados de relance, suas partes superiores dão a impressão de uma negra formação de bombardeiros. Vistos de cima (de Santa Teresa, por exemplo), projetam-se contra a água do mar imitando teoria de barcaças ancoradas. Além disso, esses postes, como todo poste, deviam ser verticais e poucos mostram essa posição. Os que os plantaram no aterro, inclinados e divergentes — seguiram o inevitável horror nacional pela linha certa. Ainda quanto ao Monumento dos Pracinhas. Sua colocação devia ter sido feita em lugar tal que ele fizesse ao fundo a continuação de uma linha de ouro que partisse do Obelisco da avenida Rio Branco. Isso não aconteceu e eles, em vez de se superporem harmonicamente, surgem assimétricos e deslocados para quem os olha do último logradouro. Tivemos escultores, arquitetos e construtores de postes perfeitos mas esquecidos das imposições de perspectiva, forma e volume que fariam suas criações se inserirem adequadamente na paisagem. A vista de minha janela é prodigiosa. Além do Monumento, para os trás-os-postes — eu vejo as grandes águas da nossa Guanabara e acompanho a escala musical das montanhas que fazem o fundo de Niterói. Morro da Armação. Morro da Boa Vista. Depois vem a ilha da Boa Viagem. Não vejo daqui mas sei onde é o lugar da pedra mulata de Itapuca e da pedra negra de Icaraí — inseparáveis das praias fronteiras. Aí os morros se abaixam para novamente grimparem no Cavalão, no Sapezal, no Morcego que parecem mandar prolongamentos de suas bases maradentro com as pontas de Icaraí e Jurujuba. Se esconde o saco de São Francisco. Depois é o morro dos Macacos imitando o Pão de Açúcar na sua forma de cone. Vêm a ponta e o forte de Santa Cruz. Começa o mar oceano. Há trinta e cinco anos olho esta paisagem sempre diferente cada ano, cada mês, cada estação, cada semana, cada dia, cada manhã, sol a pino, tarde, noite, cada hora, cada minuto. E serão sempre diferentes porque dependentes dos diafragmas e lâminas refletoras das ondas e das nuvens que regulam a luz e a projetam continuamente outra porque ondas e luz nunca se repetem. Claude Monet fez dezenas de fachadas da Cathédrale de Rouen sempre a mesma e cada diferente da outra. Diluições das pedras ogivas, das colunas e das torres se resolvendo na calda dourada das manhãs, nos melados vermeil do sol a pino, na água-marinha, no pistache da tarde. E uma a uma dessas horas sofrendo as mutações dos seus minutos multicrômicos. As mesmas "séries" eu crio com a imaginação no museu imaginário da minha janela minha varanda. E não são só Monets os pintores que aparecem...

Manhãs ameaça de chuva, chuva. Borra negra dos dias que amanhecem como nevoentos crepúsculos vesperais invernais. Niterói se apaga e todo o nascente tornado obscuro é começo do Mar Tenebroso. Doutras vezes o que suprime a cidade fronteira é a entrada da cobra de prata da cerração baixa barradentro como cúmulus rasante à água. Vem vai escorregando devagar e só começa a subir sumir nas alturas da Armação onde sesvai sencanta sem força pra chegar até Enxadas, Governador, Parcel das Feiticeiras, Gravaís, Pita, Nhanguetá, Paquetá... O mar cruza quase branco embaixo do ventre da serpente, sob céus de pedra-pomes. Mas já o tempo se fecha mais e tudo fica furtacor entre o pardo, o azul, o verde da *Tempestade* de Pedro Brueghel, o velho. Como há horas favoráveis ao aparecimento de avantesmas, fantasmas, duendes — que já habitaram forma humana viva, essas manhãs de chuva névoa e cinza realizam condições especiais de ambiente que fazem surgir no meu dentro aparências de lugares e a ameaça de chuva me restitui cantos de sala, dia escuro, mesinha redonda, toalha de crochê, cortina de renda peneirando um dia rouco e triste. Que sala morta será esta? De que casa? De quando? Procuro minhas impressões mais remotas. Estou certo que é de Juiz de Fora mais para o Alto dos Passos que para as bandas de Mariano Procópio. Casa de quem? dr. Duarte? Talvez dr. Dilermando. Mas há manhãs mais frequentes em que o sol ricocheteia tirando finos no mar — que nem minhas pedras de menino atiradas raspando superfície do lago grande e quieto da Quinta da Boa Vista. São aquelas primaveris — as manhãs mais matinais — como as cantou Alphonsus de Guimaraens Filho. Nelas, a baía depois dos jogos rápidos do aparecer do sol enche-se, mar e ar, de umaispuma loura que fica fica dançando minutos de hora duas horas como clara bem batida que súbito se vai dourar pela adição das gemas. Mas o sol sobe, ganha força, começa a firmar as cores. Primeiro vem a policromia em *confetti* pêssego, nêspera, carambola, *bleu blanc rouge* com os pontilhismos de Seurat, Signac e então minha janela-pinacoteca oferece *Le Cirque*, *La Parade*, *Le Mont Saint-Michel*. Depois os pontos se conglomeram e dão cores mais estendidas como nas aquarelas de Paul Klee, ou tonalidades de sorvete de creme, de coco — bruma leve em dias limpos d'inverno. E as águas da Glória viram um pedaço da parede da casa de meu tio Heitor Modesto com o guache de Arthur Ferreira onde se diluíam barcos cordames velas e bandeiras translúcidas em fundos evanescentes. Mas a subida do dia endurece mais as tintas mutantes que vão dando de instante a instante pinceladas puras luminosas qual as de Monet nas *Régates à Argenteuil*; em seguida, mais apanhadas, com patachos mais nítidos, gaivotas das de Jongkind. Mais tarde de azul verde água-marinha dumas ondas de onde Botticelli poderia tirar sua Vênus Nascente. E o azul do céu começa a se impor dentro da luz, um azul compacto, não permeável como o das pinturas sobre seda de King Hao. E mais se firmam quando o astro depois do zênite começa a virar no dia a pino dia alto em que o azul, o amarelo, o vermelho naturais ficam parecendo cromáticos artificiais como os de reação química ou de um vídeo cheio de telecores transfiguradas. São estas e mais os alaranjados parentes do azul — que existe em suas gamas anil, turquesa, índigo, antes de virar no violeta. Todas as tonalidades apresentam-se deliberadas, decididas, incisivas, fortalecidas de si mesmas, da sua própria essência — como as carnes cozidas que mijotam no próprio jus. O azul das águas é o denso e oleoso de mar grego apertando sua gradação ao contato das costas de areias vermelhas. As ondas passam grossas como as do Mar Morto — cujas vagas não espumam. O solora mantém-se um pouco e sustenta a dureza de tinta rija do azul indomável do azulejo português ou o das cerâmicas de Ming e Ts'ing. Mas o tempo não para as cores não param. O céu depois de apresentar essas consistências amolece para oferecer a candura dos azuis medievais das iluminuras das *Très riches heures du Duc de Berry*. Mais: das várias gradações que vão do azul-verde ao azul-claro indefinido nos horizontes de Monet nas *Falaises de Dieppe* ou de Cézanne, em *L'estaque: Le village et la mer*. Ou são azuis de Portinari o pintor que melhor captou nosso azul na sua penetrabilidade e fluidez da hora entre pino e descambar e dando-lhe todos os matizes — blau, azurino, marinho, ultramar, pastel, glauco, tornassol. Também os que encontramos fechando-se pela vizinhança do negro e do branco como no *Espantalho* e os que descambam para uma nuança oliva quando aproximados do sépia tijolo e do moledo como na *Mãe preta*. A essa hora, tardinha, aos domingos de esporte, quando a baía é invadida pelos barcos de velas brancas perseguindo a raposa de vela encarnada, tem-se a impressão de que praias lusas de Nazaré, do Aveiro, invadiram envultaram e misturam-se à nossa paisagem. E as espumas ao largo começam a ser mais nítidas. A lonjura fá-las lentas e quando elas se aprumam parece demoram antes de voltar à onda e ficam no ar como solidificadas, mais cheias de bolhas de torneados de ornamentos — que pedra branca trabalhada como as da Torre sobre o Tejo ou da espuma que se retorce cheia de fantasia na janela que Diogo d'Arruda pôs no Convento de Cristo, em Tomar.

Depois das metalizações da tarde e dia de azuis que se concentram até virarem negros (como muita tinta azul num boião de vidro fica preta), nuvens que conservaram o dia na sua brancura apenas tocada parecem figuras humanas e são o rompante das *jeunes filles en fleur* diante dos mares de Balbec. Seus movimentos cristalizados um instante no espaço têm a aparência do gesto coagulado das estátuas que mesmo imóveis projetam-se pelo elance de sua forma. Vitória de Samotrácia. Prosérpina e Dafne de Bernini. Diana de Goujon. Policena de Pio Fedi. Vitória da Acrópole. Sabina de Giambologna. Mas tudo se consome diante da escuridão que se alastra e o próprio índigo recobre-se de mais folhas de *deep blue*, de fudano, tobalo, alimano — são os azuis inimagináveis e neológicos que só a noite é capaz de inventar e insinuar que eles habitam seu negrume. Niterói ao longe, que já foi um Canaletto ao crepúsculo, é só um fio de luzes. Nem este aparece quando existe mau tempo e a noite feia é continuação dos panachês tristes e barrentos, indecisos e sem ênfase tal os que aparecem no *Turbilhão dos ventos* e no *Autorretrato de Oskar Kokoschka*. Continua a impressão dos pontilhistas mesmo quando progride a tarde na sua luminosidade fragmentada e onde, antes do avultar do cinza e do negro, o dia morre em esplendor com sinoplas metálicas e travosas, ouro, cobre, azul mineral profundo e clarazul rabo de pavão. O ar inteiro se adensa e fica dum verde-cinza compacto como o das águas de aquário. Gradações multifacetadas de Monet de que o verde não é essência única. Nem só o verde-azul porque estas cores se fendem e mostram reflexos das outras cinco do espetro e mais ausência de todas elas — o negro, ou sua mistura — o branco — essas duas nuances aqui e ali passando escassas, lentas como um favor. É um céu de últimos clarões e suntuosos profundos — digno de ver surgir alongando a cerviz e parando do seu galope a *Girafe en feu* de Salvador Dalí. E, justificando a imagem, não demora a corrida de ferro derretido e a crina de fogo das lâmpadas da praça Paris. Mas a galeria de minha janela vai se substituindo como slides sucessivos — numa projeção automática. Fuga de horizontes longinquidades que são Bosch na *Adoração dos magos*, na *Carreta de feno* e na *Tentação de são Cristóvão*. O blau adormece no negro perecível para acordar novamente, crescer e predominar — é a *Paisagem noturna* de Edvard Munch sobre a qual o pretume de novo se adensa na escuridão da noite que o quarto minguante repente corta para tornar limpa — realçando brancos e pretos dramáticos como os duma água-forte de Daumier, duma incisão de Goeldi, ou dum claro-escuro de Goya. Todos os três têm a mão segura e que mão! para castigar às bofetadas.

> — Eh bien, messieurs, où est-il, le néoplasme? Où se cache-t-il, le petit néo?
>
> PIERRE VÉRY, *Un grand patron*

Cogitação não só das horas de insônia como de todas as horas, cogitação que à medida que envelheço se torna obsessão é a de prever quando? e a de saber como? por onde? Trazemos estas respostas mais ou menos nítidas no recado genético de que somos portadores. Nascemos com a vida animal traçada e destino biológico marcado. Os últimos capítulos são os do encontro do *terreno* com a causa determinante específica — encarada pelos etiologistas do século passado. Essa agirá na hora certa e entrará pela porta sempre aberta que vamos escancarando física e psiquicamente existência afora. Essa porta é o *point d'appel* dos clínicos e patologistas franceses, é o *locus minoris resistentiae* cujo conhecimento nos vem dos antigos. Sabemos de sua existência, sua força, mas ignoramos tudo sobre o gênero de eletividade de que depende a fragilidade dum sistema, dum aparelho, dum órgão, dum tecido — misteriosamente mais vulnerável que o resto da economia e por onde entrará ou onde se instalará a Moléstia onipotente e de muitos ardis. Por que cargas-d'água essa família terá um ímã para o câncer, aquela para a aterosclerose. E por que? o aparente acaso da instalação de uma placa de ateroma sucede, por linhagens, ora na artéria hemorragípara de Charcot, ora nas coronárias, nas artérias renais, nas pancreáticas, ao centro, ao norte, sul leste oeste loeste... O médico mais fino não sabe, o mais burro não sabe, eu não sei, ninguém sabe, possível que ninguém saiba jamais, por que o nódulo de Heberden gosta das interfalangianas distais poupando o dedão, o reumatismo gono-cócico e a junta tabética tenham preferência pelos joelhos e por que? a mesma artrose familiar veste-se de gonartrose na mulher e de coxartrose no varão. Nossa ignorância nesses terrenos obscuros da Arte é total e só comparável à leviandade, à tolice com que os médicos de tanto ignora-rem passam a considerar irrelevantes os fatores que não conseguem penetrar. Entretanto, ai! se desvendássemos um só desses segredos, talvez tivéssemos as chaves de outros — que de tão permanentes deixaram de nos atormentar. Quem sabe? conseguiríamos por fim saber tratar um res-friado ou prevenir o aparecimento das calosidades dolorosas dos pés (para não citar senão duas coisas entre milhares, diante das quais esta-mos *a quo*). Não considerando os acasos das infecções, dos contágios, das epidemias, dos atropelamentos, dos tiros, das facadas, das navalhadas, de todas as infortunísticas — do terremoto aos naufrágios, das quedas de avião aos incêndios, aos bombardeios, envenenamentos, empeçonha-mentos, poluições dos ares, das águas e dos lugares, pensando só nos dois adversários que a medicina tão cedo não resolverá — por onde? quando? a aterosclerose e o câncer apagarão essa chama que sou eu, és tu, ela, nós, vós, eles e elas.

Por onde? Pelo rim? Sereis? vós os obreiros das etapas progressi-vas da nefroesclerose, do rim retraído secundário, do cortejo de reações à pressão, subindo e querendo levar avante, de vencida, as barreiras periféricas; a urina que não concentra mais, aumentando seu volume nas poliúrias que vão aos poucos cansando, diminuindo, virando oligú-ria; maré montante da ureia começando a devastar, agindo por conta própria ou chamando para ajudá-la espasmos vasculares, hemorragias, êmbolos, trombos. Valerão? a pena o rim artificial, a lavagem do san-gue. Decerto, se o doente é rico. Mas o comum dos mortais sobe um a um os lentos certos pacienciosos degraus da uremia crônica genuína. Dorzinha nas fontes e na nuca, tão levinha no princípio, apertando, arroxando, martelando depois o crânio, como malho em bigorna. Já vinha subentrante aquela coceirinha, coceira, prurido infernal. E aquela náusea suprema, aquel'extranáusea que parece vai buscar a ânsia, o vômito, nos calcanhares. O *foetor azotemicus*, as câmaras. Aquele olhar vago de permanente jeito de quem não pode acomodar a vista para fitar. A anasarca, a sede, a realidade se confundindo com o delírio, a sonolência, o sono, o torpor, o subcoma, o misericordioso cárus — oceano onde desaparecem se diluem todas as dores. Cheyne-Stokes. Estertor traqueal. A morte bem-vinda pela família: coitado! parou de sofrer. Mas a ateromasia tem outras opções. Pode fazer um rosário de plaquinhas nas coronárias e é de repente, pelo simples advir de causa ambiental ou dependente do comportamento individual — um pouco mais de frio ou calor, um pouco mais de trabalho, de comida, de bebida ou de trepada — e lá vem a garra, a tenaz esmagando o peito na prensa da morte súbita por parada cardíaca, ou nos brincados mais lentos do angor — desde o infarto às crises mais sérias, mais benignas da angina de peito espasmódica. Pode ser uma plaquinha dum milímetro quadrado, menos, numa arteríola do cérebro. *Elle tiendra bon* até que alguma coisa desencadeia a crise hipertensiva que fará pular aquela rolha como a duma garrafa de champanha, como o tampo de ferro num bueiro dia de inundação. E será o golpe de clava do icto cerebral, o indivíduo cortado ao meio por aquele altabaixo — com ou sem o tempero da afasia. Cinquenta por cento escapam para durante algum tempo uma metade viva arrastar a metade morta do corpo com a perna ceifando de foice, o braço dobrado, a munheca contraída e toda a prodigiosa linguagem humana reduzida a uma palavra — melda, melda, melda — ou a um grunhido silabado — quéque cumpaquéque, quéque cumpaquéque. Há ainda outros impromptus da esclerose: nas retinas, nos vasos pulmonares, nos mesentéricos, nos dos membros com as mortes de dedo, de pé, de perna. E como o organismo resiste não querendo morrer! E de outro lado como a morte é perseverante! Como nada prevalece contra ela! E como ela provoca catástrofes geológicas com o só atingir uma cordoalha delicada de válvula, uma transparente válvula cardíaca, a massa do cérebro fina como alguma coisa entre a coalhada e o queijo macio; o parênquima dos rins, do fígado, do olho — mais fagueiros que a textura dos cetins. O dos pulmões, leve esponja... Admira que isto aguente, dure, viva até os setenta, oitenta, noventa, cem anos...

Sai, Câncer
Desaparece, parte, sai do mundo
Volta à galáxia onde fermentam
Os íncubos da vida, de que és
A forma inversa. [...]
[...]
Furbo anão de unhas sujas e roídas
Monstrengo sub-reptício, glabro homúnculo
Que empestas as brancas madrugadas
Com teu suave mau cheiro de necrose
[...]
Sai, *get out, va-t-en, henaus*
Tu e tua capa de matéria plástica
Tu e tuas galochas
Tu e tua gravata carcomida
E torna, abjeto, ao Trópico
Cujo nome roubaste. Deixa os homens em sossego
[...]

VINICIUS DE MORAES, "Sob o Trópico de Câncer"

A inominável coisa que inverteu a ordem do castigo e pôs a podridão antes da morte, para dar ao doente a pré-sensação do cadáver — a inominável coisa — tão hedionda que horroriza até os médicos — como as hienas, habituados a todas as carniças. Seu nome é contornado mesmo por eles, que o guilhotinam, suprimindo o resto do corpo da palavra e reduzindo-o à primeira sílaba — NEO, CE-A — para não conjurar, não invocar, para que ele fique longe, lá nele, no Trópico para onde o desterrou o poeta. Sai... O polvo feroz e chupaz, gerado fora do útero, quintessência das molas hidatiformes suscetível de deitar raízes em qualquer tecido, de ser a um tempo placenta e feto que se protrai, que nasce só para necrosar e feder, exaurindo a fonte de onde tira a força adquirida para morrer — o aranhol, a tarântula, a medusa, o caranguejão de pesadelo — que vem a ser? Doença mesmo? individualizável? e dependente de causalidade coerente? Ou nem isto e só conjunto reacional das causas mais diversas e assim devendo ser considerado muitas doenças — um n de doença. É um ladrão que ninguém sabe se está — porque bate às portas pelo lado de dentro. Uma célula se dementa, não é rejeitada, fica e começa a se dividir fora de qualquer regra biológica. Quando se dá pelo fenômeno ela já foi elevada ao quadrado, ao cubo, a várias potências, já tem raízes mais fortes que o solo, já passou a matriz, deu filiais e manda metástases para todos os lados como um fogo de artifício, uma explosão atômica, um vulcão. Cessam as incertezas e as perguntas que todo homem ou mulher acima dos quarenta se faz quando é de espírito prevenido. Já estará? em mim. Onde? ai de mim! que assim me interrogo nas noites longas. Onde? Estará? no pulmão a que dei tanto fumo. No fígado? a que dei os espíritos e as especiarias e a cuja neutralização atirei a toxicidade das vitualhas engolidas rabelaisianamente. Mea culpa. Na pequena curvatura? Na bexiga? Próstata? partes cansadas do baixo-ventre? Nos fatigados ossos? armação, estrutura, vigamento que sustentou meu corpo no bem e no mal... Bato na madeira, rezo, faço figa, passa-fora, fica lá nele, fica na galáxia — SAI, CÂNCER.

Quando se sabe que já é, que está e onde está — é a hora da pugna inglória em que a casual vitória só acontece uma vez em cem. Tanto? assim ou uma vez em mil, dez mil. Valerá a pena? então, lutar. Vale porque a luta no caso é a protelação e, na porca da vida, um instante mais que se ganhe é vitória. Adiar. Protelar. Procrastinar. O positivo é que um dia derrotaremos o monstro — como já o fizemos à tísica, às epidemias, às endemias. Temos obrigação de combater. Cirurgia e a luta palmo a palmo, a depeçagem em que se tenta erradicar a morte pedaço por pedaço. Mais um pouco. Mais um lóbulo de pulmão, mais um metro de tripa, mais um fragmento de circunvolução, uma fatia de fígado, um pulmão inteiro, um rim todo. O simétrico, o par, o suplente que trabalhe, o vigário que entre em cena. Até não se poder tirar mais nem um pouco sem penetrar nos arcanos da vida. Então vem a vez da irradiação que depila e queima e esteriliza. Terceira etapa, os imunossupressores que também arrancam os cabelos amolecem os dentes suprimem a libido e tiram os sobejos que ficaram da potencinha que garantia uma triste meia-bomba. Finalmente a sobremesa de água com açúcar da imunoterapia. O quê? o bicho que esgueirou-se às foiçadas da cirurgia, que resistiu ao lança-chamas da bomba de cobalto, que não sucumbiu à suprema poluição dos imunossupressores será? que vai ceder agora, ao velho BCG. Também não mas tentou-se tudo e a família exausta faz, por fim, um enterrinho barato do defunto caro com o pouco que sobrou da ganância terapêutica.

Outra cogitação das minhas noites sem sono ou de qualquer hora do dia que eu esqueça de fazer o que tenho de fazer e começo a olhar para longe é recordar a luta de minha vida de médico. À hora em que escrevo estas linhas, neste 23 de outubro de 1978, posso marcar que estou formado há cinquenta anos, nove meses e treze dias a partir daquele longínquo 10 de janeiro de 1928 em que colei grau na secretaria da Faculdade de Medicina da Universidade de Minas Gerais. A Universidade tinha cem dias de fundada e os de minha turma e eu fomos chamados seus primogênitos pelo magnífico reitor Francisco Mendes Pimentel. Bodas de Ouro pois, com minha profissão. Meio século em que tenho vivido mergulhado numa grossa onda de humanidade. Em que tomei parte não digo em vários dramas mas num só que é a vida terrível do médico dotado de um dedo de compreensão. Pois formado há cinquenta anos, posso dizer que tenho cinquenta e sete de exercício pois meu primeiro dia de faculdade foi também o meu primeiro dia de namoro com o hospital. E até hoje tenho vivido frequentando as enfermarias, só não o fazendo quando eu próprio estou doente. Mesmo viajando, mesmo no estrangeiro — nunca passei em cidade onde não tomasse contato com os colegas, onde não pedisse entrada nos seus serviços e onde deixasse de ver doentes todas as manhãs. Não há nada que não tenha visto em nossa profissão. Fui interno de clínica médica, tisiologia, cirurgia, obstetrícia, ginecologia e psiquiatria. Fui monitor, estagiário, assistente, chefe de serviço, professor livre, interino, catedrático, emérito e honoris causa. Ensinei e — eterno estudante — continuo aprendendo. Para servir, aceitei, três vezes, encargos de administração médica — o que é ato heroico e significa, para quem tem sensibilidade moral, acometimento e arrojo semelhantes ao daquele que se dispusesse a caminhar descalço num serpentário. Clínico de roça, fui médico, operador e parteiro. Fui delegado de polícia sanitária e chefe de posto epidemiológico. Conheço todas as clínicas — a de "lombo de burro" que experimentei no interior de Minas, a de caminhão e dos fordes que pratiquei nos cafezais do Oeste Paulista, a clínica dura do subúrbio carioca e a clínica elegante dos arranha-céus do centro. Entrei em todas as casas, desde a choça do sertão e do barraco dos morros, aos solares dos ricos e aos palácios presidenciais. Vi todas as agonias da carne e da alma. Todas as misérias do pobre corpo humano. Todas as suas dores, todas as suas desagregações, todas as suas mortes. Além de todas as doenças, vi, também, toda qualidade de doente. O rico e o pobre, o veraz e o fabulador, o amigável e o hostil, o cooperante e o negativista, o reconhecido e o ingrato, o deprimido e o otimista, o realmente doente e o doente imaginário. E vi também os colegas. O santo, o sábio, o heroico, o desprendido, o dedicado, o sincero, o altruísta — vivendo para os doentes e tratando dos doentes — o homem de branco. E o pérfido, o imprestável, o ignorante, o comodista, o rapace, o egoísta, o fariseu vivendo para si e tratando só do próprio ventre — o médico marrom. Sou dono da experiência humana nascida de cinquenta e sete anos de convivência com tudo que o nosso semelhante pode dar de mais alto e de mais sórdido. Guardei dessa lição só o seu lado positivo e apesar das decepções, das amarguras, das ingratidões que sofri — insisto, me obstino, persevero, me afinco no entusiasmo intacto e no amor à nossa profissão. E tenho a mais profunda fé no bem, na purificação e no pentecostes que ela representa para quem a exerce com sinceridade e na compreensão inteira do que significa o alto papel de ser Médico. E como! amigos, pus toda alma na configuração desse personagem. Nele fui sincero. O que fiz, fiz — não fingi que fiz. Porque os que fingem que estão sendo e que se fazem pagar por isto, na realidade não são — vivem na permanência duma espécie de carona. Cumpri dentro das minhas forças o juramento que pronunciei naquela manhã na secretaria da faculdade, lendo suas letras e sentindo que elas se gravavam em mim como marca de fogo e não como palavras soltas ao vento, pronunciadas por pronunciar, no decurso duma cerimônia. Por isso posso retomar os mandamentos do Pai da Medicina e fazer por eles meu exame de consciência de Médico que sempre "foi dos bons". Assim coloquei meus verdadeiros mestres na altura em que tenho a imagem de meus pais e se não tive a ocasião de lhes prestar serviço material, dediquei-lhes nos meus livros as palavras com que pretendi honrá-los e tornar duradoura sua lembrança. Tive meus alunos como filhos a eles ensinando tudo que sabia, os caminhos que tinha seguido para saber e a porta estreita que tinha atravessado. Tentei ser para eles um pai e não merecia o que me veio de alguns — a estocada parricida de Brutus e o beijo podre de Judas. Evitei transmitir ao leigo conhecimento sobre as moléstias graves e seus sinais com medo que eles quando e se delas fossem acometidos — sentissem o desespero de se saberem perdidos — revelação que deve ser o lote dos médicos e só dos médicos. Jamais pratiquei a eutanásia quer por comissão quer por omissão — apesar de ter sido solicitado a fazê-la. Jamais procedi ao aborto e só o aconselhei em benefício da saúde das gestantes e duma feita, para acalmar a consciência de mulher que não tinha escrúpulos em cornear o marido mas que grávida, não queria impingir como dele o filho do adultério. Aprovei o aborto neste caso. Sempre aconselhei sem remorso os contraceptivos e depois os anticoncepcionais, achando que assiste à mãe decidir da oportunidade em que deve sê-lo. E nisto não atentei contra a VIDA, pois já o disse atrás, espermatozoide e óvulo são vitais mas não são vida. Esta reside desde o primeiro instante no ovo — que é humano e intocável. Sagrado como o ovão do Pássaro Roca das *Míliuma noites*. Nunca, em meio grande e depois que adotei a reumatologia, exerci a medicina geral ou me intrometi nas especialidades alheias — mesmo limítrofes à minha. Sempre procurei ser útil aos clientes e jamais servi-me da medicina para corromper os costumes. Nunca traí o segredo profissional, nunca usei meu crédito junto aos doentes para obter marmelada em meu benefício. Antes, sempre evitei com escrúpulo pedir aos que me deviam favores — porque aquele a quem se serve é tabu. Sempre procurei impedir a intromissão dos falsos moralistas e dos preconceitos religiosos na elaboração de decisão médica porque professo que os assuntos relativos à saúde devem ser decididos só pelo médico e pelo a quem o problema interessa. Jamais cobrei honorários levando em conta a fortuna dos doentes, tendo o mesmo preço para todos os que me podiam pagar. Tratei sempre gratuitamente os pobres e necessitados, os meus parentes, meus amigos, meus companheiros de infância e do Colégio Pedro II, meus colegas de profissão e as pessoas deles dependentes. Nunca cobrei honorários judicialmente e mesmo, nos últimos anos, deixei de mandar conta de serviço só sendo pago voluntariamente pelos que têm consciência e decoro. Em suma, repetindo Amato Lusitano, depois de Hipócrates — "jamais fiz cousa de que se envergonhasse um médico preclaro e egrégio". E nada devo ao acaso, à sorte, ao bambúrrio, ao cambalacho, aos compadrios, às proteções, à dicotomia e à propaganda charlatanesca. Só do trabalho obtive a mediana posição que consegui na vida e o direito de dizer merda! àqueles que dela bem precisam. Creio ter sido honesto: não matei o Mandarim... Verdade que nunca o Diabo veio me tentar na calada da noite e mostrar-me a campainha em cima da mesa. E digo isto invocando "Apolo-médico, Hígia, Panaceia e todos os Deuses e Deusas que faço meus juízes".

É duro viver no meio de bestas,
mas vivo. E procrio, e fundo
a cidade geminada
rancho-de-palha/suspiro de Sísifo.

GUILHERMINO CÉSAR, "O enterro"

A epígrafe não é para todos mas para o excedente marrom da escassa minoria de médicos brancos cuja companhia e comércio foi honra, lição e aprazimento para mim. Mando a epígrafe para certa convivência de trinta anos em que dei tudo nada recebendo em troca senão o coice da suprema alimária que quando foi aceita e entronizada fez dos pobres-diabos que a toleraram seus assemelhados e cúmplices. Tão bom como tão bom. Eles têm consciência disto e deve pesar-lhes saberem que não dei os meus para aumentar a fritada natalina feita com sua oferta de *skoptsy* ao grotesco emir de galinheiro que elegeram. Mas não preciso contar agora o que virá a seu tempo. Apenas fiz um parêntese para justificar os versos de Guilhermino que serviram de abertura a este subcapítulo onde tenho de tratar das feridas e ultrajes que recebi na minha vida de médico — dos cortes e das queimaduras que não cicatrizam e que vão fundo na nossa carne nossa alma como os sulcos que as charruas rasgam no chão paciente.

Sem saber como, em vez de retomar estas memórias onde as tinha deixado, ou seja, na última linha do *Beira-mar* — neste capítulo de meu quinto volume, procedi a verdadeira subversão do Tempo e aqui estou falando de velho, nestes idos de 1978. Faz mal não. Tem ocasião de voltar, retomar o fio da meada. Agora continuemos um pouco na minha época atual — porque o sucedido nela vai governar muito o modo de retomar contar o pretérito. Há cerca duns quinze anos, meu comércio com o semelhante começou a se tornar mais difícil, meu estopim foi encurtado e minha paciência deu para explodir mais depressa ao toque da burrice. Deliberadamente, voluntariamente comecei a me isolar, a suprimir os contatos puramente mundanos para procurar só a convivência daqueles de quem realmente gosto. Meus irmãos, uns poucos parentes, raríssimos decantadíssimos filtradíssimos amigos a quem tenho como gente de meu sangue. A elaboração de minhas memórias foi decorrendo da minha necessidade de isolamento — porque nosso encontro mais importante é noscos mesmos. Conversando comigo, nessa espécie de falar sozinho é que no dia 1º de fevereiro de 1968 comecei a redigir minhas lembranças. Por elas reduzi ao mínimo minha convivência até com amigos, até com os que mais quero, para não fragmentar e destruir meu tempo, o tempo de que preciso para mim. E essa fase foi a da punção como num poço, a penetração a fundo de outro homem como eu, outro misantropo e eterno esnobado, vivendo vida de exílio dentro do nosso próprio país. Refiro-me ao que tem sido meu companheiro cada vez mais chegado, meu sósia, primo, amigo de infância, colégio, faculdade, vida, profissão afora. Falei dele no *Chão de ferro* e no *Beira-mar*. É o que no Pedro II e Faculdade de Medicina de Belo Horizonte era conhecido como Zegão e que depois de formado passou a ser o dr. José Egon Barros da Cunha, mineiro de Santo Antônio do Desterro — outrora Vila Nova d'El-Rey de Santo Antônio do Desterro no Mato Grosso das Minas — nos dias dagora Santo Antônio do Desterro ou só Desterro. Margem do Paraibuna, beira do Caminho Novo. Pela física ou pela química do mais apelativo, meu parente e amigo é chamado dr. Egon ou só Egon — para os íntimos. Sempre fomos inseparáveis e sabíamos tudo um do outro. Essa intimidade, esse conhecer das qualidades e defeitos recíprocos muitas vezes nos trazia entediados e doutras chegava a nos dar um nível de aborrecimento resvalando para a hostilidade. Mas não adiantava e terminávamos nos suportando, aguentando, espécie de gostando — na tolerância duma intimidade compulsória que só a morte pode destruir. Pois nossa convivência foi sendo cada vez mais lúcida — sobretudo agora, no tempo de nossa vida de velhos em que a introspecção permite a cada, julgamento mais profundo do outro. E temos franquezas luminosas, julgamentos atilados e tão cruéis que fazemos papel de consciência nos momentos mais implacáveis de nossa convivência. Um capítulo sobre esta xifopagia intolerável, essencial, imprescindível — bem poderia trazer na portada as palavras de Chamberlayne que Edgar Allan Poe tomou como epígrafe do seu "William Wilson". Lembram?

> Que dirá ela a respeito? essa CONSCIÊNCIA hedionda,
> Espectro com que tropeço em todos os caminhos?

Mas nem sei se vale a pena penetrar nesses dédalos do sentimento. Basta que se saiba que o Egon e eu somos inseparáveis, mais que amigos, alter egos, mútuos. Apesar de primos — que é uma condição de malevolência, apesar de colegas de profissão médica — o que é motivo de inimizade igual à que Deus pôs entre a Mulher e a Serpente, a verdade é que nunca pudemos ficar um sem o outro e quando alumbrados por tal evidência mais passamos a nos agredir mais precisava — eu, da companhia dele, ele da minha.

Mas estávamos começando a falar no sentimento dum médico pelo outro. Sua análise é reveladora e estranha. É difícil amizade entre médicos, ela é por assim dizer impossível, pela consciência que temos de nossa impotência, fraqueza, nulidade, diante da Doença e da Morte. Sabemos nada da intimidade do fenômeno biológico normal e menos ainda do patológico. Entretanto fazemos tudo para que a humanidade otária acredite em nossa infalibilidade, nosso saber, nossa posse da verdade e cada um quer que o doente o julgue o papa, o *médecin miracle* no seu terreno e especialidade. E nesse farisaísmo caminhamos cabeça alta, orgulhosos e sonoros com odres cheios de vento. Mas a consciência, lá no fundo, cicia, murmura, fala, grita, brada e por momentos temos a incômoda noção do só-sei-que-nada-sei e de que PORTANTO: passamos a vida blefando e que o mais das vezes, parafraseando Proudhon, podemos dizer que honorário recebido é furto perpetrado. Essa noção de vigarismo gera um complexo de culpa que rejeitamos em nós — admitindo-o no próximo. É duro, duríssimo dizer — sou burro. Mas é cômodo, é doce, afirmar — ELE é burro. Assim odiamos no colega não só suas inferioridades específicas mas o retrato das nossas — nele estampado. A inevitabilidade desse sentimento gerou no instinto de conservação da coletividade médica a afirmação, proclamação, sublimação de pensamentos contrários e o nosso decantado COLEGUISMO é tapume a esconder uma das misérias de nossa classe que é o ódio do médico pelo médico. Esse sentimento vive numa espécie de latência pois que contido pelo que confessamos, ou seja, a obrigação da solidariedade e a ética da classe. Assim roído nas suas arestas e quebrado em seus ângulos mais duros, essa gana homicida vira num malquerer crônico e platônico e em vez de o ser pela paulada, pela facada e pelo tiro — ela se exterioriza em malevolência, maledicência, diz-que-diz-que, aleive, calúnia das *langues envieuses* — coisa devastadora como o apetite da serpente se devorando pela cauda. O ódio médico é tortuoso e contrário à ruptura das relações entre os parceiros. Exige a presença, a companhia do objeto odiado (como amor a do objeto amado) — num e noutro caso para o ciúme ser atendido pela fiscalização. É assim um ódio social, convivente, feito de encontros, reuniões, mesas-redondas, simpósios, congressos, sociedades, federações, academias. Pacientemente cada espera a ocasião do aniquilamento do outro. E como ninguém aniquila ninguém senão saindo das regras admitidas e matando, o ódio médico é atrabilioso e eternamente insaciado. Vive da ração da inveja que tantas vezes é o desejo de um envultamento na pessoa invejada. Pois apesar dos pesares sempre fui inseparável do Egon e os dois participávamos de ligação como a de corpo e sombra. E quais? meus sentimentos para o resto dos meus colegas de classe. Não dos melhores — pela desconfiança inicial aprendida nos meus verdes anos e depois pela certeza verificada na idade madura. Dentro dessa escuridão brilham as estrelas da exceção — símbolos como os Torres Homem, os Couto, os Brandão, os Paulino. Entretanto, sendo um animal essencialmente ético e intrinsecamente honesto, sempre dei a todos largo crédito de confiança — poucas vezes mantido e geralmente recolhido às pressas — na ânsia de quem quer retomar pérolas às queixadas do porco. Nunca disse mal dos meus colegas gratuitamente. Só depois duma canalhada é que me permito revide. Nunca tomei oportunidade ou lugar de quem quer que fosse. Recusei a presidência da Ligue Internationale contre le Rhumatisme que me era oferecida por dois grupos continentais poderosos para não *soprar* a oportunidade de colega que considerava meu mestre e detentor de títulos cronologicamente mais antigos que os meus. Sempre esperei minha vez, minha oportunidade. Jamais me acotovelei. Nunca seduzi ou abiscoitei clientes alheios mas sempre concorri para pôr as coisas nos devidos lugares — quando via neurologista tratando birutas, psiquiatras atendendo parkinsonianos, parteiros querendo clientes de ginecologia ou vice-versa — assim como acho que pé chato, pé cavo, joelho varo, joelho valgo, escoliose são terrenos do ortopedista, e que o reumatismo é do reumatologista e não desse especialista afim. Dizem que Gilberto Freyre avalia a capacidade mental de qualquer brasileiro pelo sentimento que esse nutre com relação a Portugal. Imitando, uso medida parecida quando sei de clínico que encaminha seus reumáticos para o ortopedista, ignorando o reumatologista. Nesses casos, já morei e tenho juízo formado. Mesmo para salvar os incautos que às vezes surpreendo nas mãos de verdadeiros escroques, atuo sem ferir, incriminar ou denunciar e uso subterfúgios que fazem o doente preferir consulta em território insuspeito e mais alto. Meu amigo, parece que você está satisfeito, mas minha opinião é de que uma operação destas é coisa séria e precisa ser reconhecida necessária por mais de um médico. Por que não procura? para pôr tudo em pratos limpos o professor Brandão Filho. Isso nos saudosos tempos em que tínhamos a garantia de ter vivo mestre Brandão. Sempre respeitei o trabalho alheio. Trabalhador, sei valorizar essa qualidade e sei o que nela há de sacrifícios do nosso tempo, do nosso repouso. Escrito de colega sempre me mereceu atenção e ser levado a sério. Pode não prestar, estar mal escrito — mas vale como intenção, como um objetivo — o de transmitir ao próximo o que parece ao autor um fragmento da verdade. Antes o ruim que o nada, o não concretizado pelos impotentes, pelos donos das "canetinhas-tinteiro que jamais escreverão coisa alguma".

Medice, cura te ipsum.

LUCAS: IV, 23

No contato cotidiano com os colegas sempre cuidei de usar da maior urbanidade, tratando com todo cuidado essa coisa desconfiada, exigente e eriçada que é o médico. Uma cordialidade reservada e respeitosa é o que permanentemente procuro mostrar aos meus companheiros de profissão — entretanto sem nenhuma abertura à intimidade que é perigosa. Sempre que possível timbrei em dizer sim, em servir e prestar os favores solicitados, dar os votos reclamados — mesmo sabendo que nada teria em troca. Nos encontros de natureza profissional, à cabeceira dos doentes ou em conferência, tive sempre o cuidado de nunca discordar do diagnóstico posto — ressalvando minha honestidade à hora do conselho terapêutico, quando punha firmemente e como coisa assentada — a terapêutica cabível ao *meu* diagnóstico. Seguia nisto aliás o comportamento tornado clássico de Miguel Couto que foi um dos nossos maiores mestres de diplomacia médica. Nessas ocasiões, invariavelmente, cobrava os mesmos honorários reclamados pelo colega que me chamara em conferência, para não deixá-lo para baixo com meu a-mais nem aviltar-me com a-menos eventual. Só dava meu preço depois de ouvir o do que solicitara minha opinião.

Lembrando os serviços onde desejei trabalhar e a que não tive acesso em Belo Horizonte, em Juiz de Fora e no Rio — revidei à insolência dos colegas que não me quiseram, adotando o sistema de um verdadeiro *open-door* nas clínicas que chefiei. Nunca recusei neles a entrada de doutor postulante. Fiz bem? Mal? Até hoje não sei mas estou certo que se fosse recomeçar procederia sempre assim. Não são as canalharadas que sofri desde que adotei essa política generosa que levar-me-iam a modificá-la e a hoje aconselhar outra atitude aos que ascendem a uma chefia. Aos muitos assistentes que tive no curso de uma longa vida profissional dei não só o ensino do que sabia, como o exemplo de um comportamento perfeito com relação a eles. Sempre promovi sua união e sempre lhes exigi cordialidade recíproca. Jamais dos jamais deixei-me emprenhar pelos ouvidos e desanimava os intrigantes indo, na sua vista, interpelar o que era objeto do dizquimidisse. Intransigentemente tomei a defesa dos meus assistentes. Lembro dum, acusado de favorecer laboratórios, que me foi denunciado pelo diretor de instituição onde trabalhei e a quem sempre respondi que não faria nada sem uma ordem dele, clara e por escrito. Essa luta intermitente durou trinta anos e eu mantive meu ponto de vista porque percebi que se queria agir às escuras, tirando sardinha com a mão do gato. E o gato era eu... Sempre fui tolerante com os medíocres, os pouco inteligentes, os neuróticos e tive a caridade de fingir levá-los a sério — estivessem onde estivessem. Vestindo a beca de professores, de sobrecapa verde ou carmesim; o aventalão de chefe de serviço; o jaleco dos assistentes. Apesar do meu comportamento com eles, salvo raras, gentis exceções, nessa raça de víboras* só

---

* Claro que esta palavra das Escrituras é, no caso, um pouco forte ou um pouco fraca. Durante minha vida de médico fui diretor interino do Departamento Hospitalar da Secretaria Geral de Saúde e Assistência, do Hospital Geral Carlos Chagas da mesma instituição, do Hospital dos Servidores do Estado e dum agregado ambulatorial da cidade. Nestes cargos tive centenas de médicos sob minhas ordens e duvido que um só deles possa formular contra mim qualquer acusação. Os que foram propriamente meus assistentes em serviço clínico — posso dividir em três categorias: os inimigos natos — que o são porque a falta de qualidades que os caracteriza impede-os e esteriliza-os para qualquer sentimento que não sejam os da inveja e do ódio gratuitos; a grande massa dos indiferentes em cuja alma de gelatina não se abriga sentimento nenhum senão o amor das próprias

percebi os sentimentos torvos turvos que levam os assassinos de Laio, cheios de seu sangue, ao leito incestuoso de Jocasta. Laio é o pai, o portador e o dono do falo, no caso, o chefe de serviço que convém castrar, aniquilar, matar — para poder dormir com a rainha, a mãe, no caso a profissão, o exercício, a medicina. Agradam nauseantemente até terem forças para morder e envergadura para devorar. Conheci o jogo e posso denunciá-lo aos que estiverem interessados em se defender do rabo de arraia. Você aí! chefe de serviço como eu fui que recebe, pelo Natal e pelo seu aniversário, três garrafas de uísque estrangeiro. Quando as botelhas diminuírem para duas, atenção! para uma, alerta! que teu presenteador está começando a se sentir seguro. Quando esse uísque for

---

barrigas; e finalmente os que se tornam amigos do chefe e talham preito de lealdade, gratidão e bem-querer com ele. A minoria são os gafos morais da ingratidão e da deslealdade. A imensa maioria dos broxas do sentimento — os que não amam nem odeiam, os que são os apáticos, os insensíveis, os dormentes — sem força para o mal e para o bem. Aos dois últimos grupos vá que se aplique a dura palavra das Escrituras e vá que se os chame a "raça de víboras". Mas é que felizmente há um terceiro grupo de alma aberta à afeição e à gratidão e que retribui o que se lhe deu, honrando os antigos chefes como está ordenado na palavra hipocrática. Dando-lhes os sentimentos filiais que compensam e pagam aquele paternal que lhe foi dedicado por quem instruiu e mostrou o caminho aberto pela experiência que vem de trás. Tive também destes, de quem fui mestre um instante e hoje sou discípulo. Deles me orgulho repetindo para mim mesmo as palavras de bem que dizia Elsner — o que foi professor de música de Chopin: "*Le maître qui ne sait se laisser surpasser par un élève est un mauvais maître*". Desses que se tornaram meus amigos e o permaneceram e cuja amizade decorreu do contato ensino-aprendizado, quero escrever aqui os nomes bendizendo a oportunidade de tê-los tido numa fração de vida como assistentes — tornados para sempre amigos. Obrigado meus caros Alderico Andrade, Aloísio de Melo Leitão, Antônio Rebelo Filho, Augusto Barros de Figueiredo Silva, Arnaldo Moura, Artur Carlos Lopes Alves, Benjamim Ferreira Bastos, Berel Bejgler, Bianca Pelizaro, Carlos Alberto Bastos de Oliveira, Celenia Lopes Alves, Ênio Teixeira de Carvalho, Evandro Viana de Lima, José Faure, José Martins de Almeida, Júlio Martins Barbosa, Luís Resende, Maria Eugênia Mac-Cord Bastos, Maria Manhães, Mário Gonçalves Fonseca, Maurício Bandeira, Nélson de Castro Monteiro, Nélson Viana de Abreu, Olavo Pereira de Cordis, Oyama de Macedo, Regina Chalfen, Rômulo Rabelo, Sidnei Rezende, Silvino Chaves Neto, Tito Abreu Fialho, Urvald de Sá Pereira. E tenho a honra de juntar aos seus nomes os de Gilberto da Silva Teles e Marcel Steuerman que engrandeceram meus serviços frequentando-os como conselheiros.

substituído por oferta de vinho nacional — manda embora o furbo ou prepara-te para cair, o que acontecerá fatalmente quando receberes de festas só votos telefônicos. Faz como o grande cirurgião que despedia os assistentes que já podiam operar um apêndice salta-caroço, ou o parteiro que dava bilhete azul aos que já eram capazes de um fórceps baixo. Como o grande professor, em cujo serviço os assistentes docentes não podiam dar curso equiparado de clínica médica. Como a maioria dos outros, que mandam embora os galarotes. A mim aconteceu isto com um chefe. Deixei seu serviço licenciado, para preparar-me para a docência. Conquistado o título, comecei a encontrar dificuldades para retornar ao meu lugar. Queixei-me a Múcio de Sena e lembro que lhe disse não perceber o que eu teria feito de ruim para encontrar assim o nosso chefe tão do contra. Sua resposta, rindo, foi um lampejo para mim. Navinha, você não fez nada de reprovável. Mas vá tirando seu cavalinho da chuva: não voltará para o lugar antigo porque fez um concurso e pior do que isto, um bom concurso. Foi quando, com três nós no rabo, fui cantar noutra freguesia. Às agressões e ironias dos colegas sempre tratei de oferecer a parafinidade de pena de galinha debaixo do jato dágua. Fingia não sentir as setas ervadas que aumentavam de número a cada sucesso, a cada vitória. Mesmo passei a adotar um pouco a política de Waldemar Berardinelli que a cada degrau que subia na carreira que o levou mocíssimo ao magistério e à academia — curarizava os confrades espalhando que sua pressão andava subindo, que estava perdendo açúcar, que tinha urinas albuminosas... O malicioso colega chamava a isto obedecer à sua *teoria das compensações*. Para tal vitória, tal sintoma alarmante. E era como dava sua ração de carne às feras, como jogava seu boi magro para distrair as piranhas. Entretanto, se pensássemos na dureza de nossa formação, na nossa vida exposta a todos os contágios, a todas as contingências, na nossa existência mais dada que desfrutada — talvez o COLEGUISMO pudesse ser repouso, angra e garantia — uma posição moral e não a palavra oca que rola vazia por aí. Devíamos ter pena uns dos outros em vez de nos devorar. Mas consola a ideia de que existem os colegas puros de coração e sentimento — os verdadeiros médicos, homens de branco e de alma branca, glória duma profissão. Encontrei uns raros dessa qualidade, procurei sua companhia e amizade como honra e proveito para mim. Aqueles de quem estou dizendo mal são a infeliz maioria dos apenas formados em medicina — mas cuja alma não se elevou acima da sua categoria de homens marrons — nódoa permanente da ARTE.

Assim nossa longa convivência com os companheiros de trabalho, em vez de nos unir, afasta e isto é um dos elementos amargos que concorrem para a solidão cada vez maior do médico velho. Nossa sobrevivência é uma desgraça porque morremos reiteradamente em cada dia que ela se prolonga. Maior é nosso isolamento quando as contingências fatais da vida afastam de nós esse elemento de contato com ela que é o doente. A concorrência marginaliza duramente os mais velhos e paradoxalmente, nós, professores, é que formamos nossos futuros dominadores e a cada aluno que melhoramos no saber, corresponde picaretada abrindo nossa cova. A clínica vai diminuindo tão insensivelmente que não sentimos logo essa anemia progressiva acarretada por fenômenos diversos. Secam suas fontes porque vão morrendo de morte física ou de morte profissional os colegas que trocavam doentes conosco. Vão envelhecendo, saindo de circulação ou morrendo os doentes que assoalhavam nossa fama, as trombetas que rolavam a bola de neve da nossa celebridade. Perdemos, com a perda da mocidade, o prestígio sexual que é — ele também — motivação do *transfert* do doente para o médico. Muito da devoção de uma cliente pelo doutor é atração (às vezes não percebida) da mulher pelo macho. Vontade de foder. Dirão que a clínica não é feita só de mulheres e como? explicar a equivalência desse sentimento no paciente do sexo masculino. Ora, pelo mesmo motivo pois no relacionamento de homem para homem, no estabelecimento de uma confiança, de uma simpatia, de uma amizade — entra muito do terreno neutro da sexualidade, de uma espécie, digamos, dessa homossexualidade subclínica que habita os confins de todos. E na medida da diminuição do poder do médico — o poder de distribuir lugares, mandar doentes, traficar influências mesmo dentro da decência — crescem a audácia e a impertinência no círculo que vai nos devorar. Começamos a ser tratados àquele jeito de que falava o primeiro Martim Francisco: como os homens sem poder o são pelos homens sem vergonha. Todo médico velho experimenta isto, morde esse pão cheio de terra e cinza, mas muito raros são aqueles que como eu têm a coragem de dizê-lo. Continuam ostentando o brilho das condecorações, dos títulos, dignidades, medalhas, prêmios, diplomas acadêmicos — que não valem nada e que são só como a casca madrepórica, brilhante e multicor do caramujo que é cheia de cintilações opalescentes por fora, mas dentro da qual habita apenas a memória dum bicho que já morreu. Experimento tudo isto e pior — a certeza que me foi chegando aos poucos do pouco bem-querer em que sou tido pelos meus colegas. Sou antipático e antipatizado. Entretanto levei vida profissional inatacável, honrei meus pares e essa consciência de sua desestima não é a menor de minhas amarguras, nem dos cortes nas minhas veias abertas. Muito sofri com isto, no princípio, acerbamente sofri com isto — mas depois empinei, resolvi também hostilizar e caprichar na antipatia e nas atitudes impertinentes — cada dia aperfeiçoando aquele *j'aime déplaire* que é uma das couraças de André Malraux. Fui compelido a tomar esse gênero porque, naturalmente indigesto, fui sempre o primeiro agredido, até compreender e passar também a agressivo. Realizei o tipo *agredido-agressor*, símile do perseguido-perseguidor. Mas... as dentadas e patadas que sofri terão sido para valer? Ou eu, como agredido, aumento o valor da agressão, enquanto a sola que pisou meu calo nada sente. Fico perplexo e a me perguntar se não serei? um ultradesconfiado a tomar sempre a nuvem por Juno. Será? que acuso sem razão ou que a razão está com os que não gostam de mim dentro da classe. Diz-me o contrário e me tranquiliza o fato de eu ter gozado da prerrogativa de mutualizar amizade com pessoas cuja estima é um verdadeiro grau moral. Não aponto amigos vivos. Vou citar apenas alguns mortos de que tive a honra de desfrutar afeto que considero título. Fui amigo e possuí a intimidade de Augusto Barros de Figueiredo Silva (médico), Emílio Moura, Gastão Cruls (segundo médico), José Figueiredo Silva, Henrique Bueno Basílio (terceiro médico), João Alphonsus de Guimaraens, Joaquim Nunes Coutinho Cavalcanti (quarto médico), Manuel Bandeira, Mílton Campos, Prudente de Moraes, neto, Rodrigo Melo Franco de Andrade e Virgílio Alvim de Melo Franco. Sua estatura tranquiliza e diz que eu andei bem mandando à berda-merda ou mais longe ainda, para as lonjuras siderais distâncias da puta que os pariu — uns batráquios em cujo visgo esbarrei (*Touché?* safardana-mor). Eles é que me certificam de que quando perdi a partida para eles — isto era fatal, porque os canalhas ganham sempre. Não procurei freudianamente punição — oferecendo alvo à bala para me ferir, pele ao fogo para me queimar — numa espécie de roleta-russa. Não procurei intencionalmente os cães e as hienas os burros e os vermes. Por desgraça eles aconteceram. Logo se verá como...

> quand on a cru agir pour le bien général, quand on sait les peines que
> cette tâche vous a coûtées, et que l'on aperçoit soudain que l'on n'a
> jamais été ni aimé ni compris, mais seulement subi, alors vous vient
> une grande amertume, et l'on se demande si l'on n'avait pas un meil-
> leur emploi à faire de sa vie.
>
> MAURICE DRUON, *La reine étranglée*

Para se ter uma ideia da lentidão do progresso médico basta abrir um livro de história da medicina e verificar os ondes esse rio vira seu curso por influência duns poucos eleitos. Na medicina ocidental, temos de começar com Hipócrates de Cós — nosso pai — criador do método indutivo da lógica e com quem nossos estudos deixam de ser místico-teúrgicos e passam a ter suas bases nos fenômenos naturais. A revolução representada por essa pequena reviravolta do pensamento, da sensibilidade, da intuição mudou tudo e abriu os pórticos da medicina moderna. Foi preciso que se passassem mais de quatro séculos para o nascimento de Galeno de Pérgamo que verificou essa coisa simplíssima — a necessidade de conhecer anatomia humana para começar a compreender a personagem Doença, morando no palco onde ela representava seu trágico papel. Mais de um milênio de imobilismo galênico, diante de cuja refulgência somada à luz emanada do sol hipocrático, mal apontam as luzinhas da medicina monástica, da universitária e da dos arabistas que introduziram a farmácia na torrente. Foi preciso o advento da Renascença para serem varridos lixos seculares e os prejuízos contra a dissecção dos cadáveres, para a anatomia renascer com Vesálio e permitir que surgisse outro iluminado, Ambroise Paré — o pai da cirurgia moderna. Uma espera de dois séculos para que Leopold Auenbrugger fizesse acreditar que "*thorax sani hominis sonat si percutitur*" — e tanto soa e a maneira de soar é alterada pela densidade, por mais água, mais ar — que foi inventada a percussão e o processo de exame revolucionariamente enriquecido de outra técnica e nova sistemática. De 1763 a 1819 são as demoras de meio século e seis anos para que o livro de Laennec viesse completar, com o achado fabuloso e simples da ausculta e do estetoscópio, o *inventum novum* da percussão, trazendo de cambulhada o processo anatomoclínico. Começava o diagnóstico científico apoiado, a mais, na sistematização velha de quase sete décadas, da anatomia patológica feita por Morgagni no seu *De sedibus et causis morborum per anatomen indaga-*

tis. O século XIX seria completado com a teoria microbiana de Pasteur e a invenção do diagnóstico radiológico por Röntgen. Então temos Hipócrates, Galeno, Vesálio, Paré, Morgagni, Auenbrugger, Laennec, Pasteur e Röntgen. Mas é só isto? SÓ ISTO porque o resto de médicos, pesquisadores, químicos, físicos, cirurgiões — desde os fabulosos aos estúpidos e ignaros — passando pelos muito, assaz e pouco inteligentes — é resultado, seguimento, consequência dos nomes que citamos desses gênios, homens-causa, homens-consequentes. Mesmo a sofisticada medicina do século XX, toda ela, com seus arsenais de soros, vacinas, antibióticos, hormônios, esteroides, quimioterápicos, imunossupressores são, ainda, resultado dos deuses que citamos, como são, também, seus resultados o esplendor da atual medicina externa e do seu ramo obstétrico.

Logo que comecei a ter uma noção do que era a medicina e a entrever o que mostrava a sua história, vi que se contam pelos dedos os escolhidos dentro dos milhões de médicos que já houve e dos milhares que lograram um lugarzinho na sua crônica — como artífices de sua evolução. E como! os gigantes que a empurravam para diante eram prejudicados pela multidão de bestalhões e de ratos que entulham a profissão, infestam-na e dão calça-pés nos passos dos que querem ir para diante. Entendi que cada médico tinha a obrigação de promover que se ganhasse um pouco no caminho a percorrer, um passo que fosse, um metro, um centímetro, um milímetro, uma linha mas para diante, sempre para diante, incessantemente para diante. Trabalhar sem parar, olhar, ver, observar, analisar, cada dia, sem cessar. Sempre lembrava uma frase que me dissera Lucas Monteiro Machado, na faculdade, ambos ainda estudantes — frase que o tornou um dos meus mestres e foi origem, nos anos que duram minha vida, das alternativas de satisfação e remorso que dela decorrem. Nunca mais esqueci a reflexão do amigo que me penetrou como espada de fogo. Dizia ele que o médico que não está estudando ou se aperfeiçoando pode estar sendo, com sua negligência daquele instante, a causa de vidas perdidas por um engano, uma deficiência de conhecimento. Estudando, evitamos estas oportunidades negativas, estamos procurando ver adiante, sair da rotina para o estado de invenção, contornando a estagnação mental que fazia meu outro mestre, De Sèze, dizer — como ouvi numa de suas aulas — *"L'homme ne reconnaît que ce qu'il connaît et ne voit que ce qu'il veut"*. Fuja-se disto e assim se consegue avançar a linha, o milímetro de que falei atrás, sair da massa parda dos albardeiros e ir além, "*oultre*", passar para o lado da minoria que favorece o advento dos raros que desviam o curso, acendem a chama clara, contrapondo-se à bruta maioria dos que embargam o progresso por sua estupidez, comodismo, preguiça, cupidez e venha-mais-a-mim. São os assassinos potenciais por negligência, contidos na expressão de Lucas Monteiro Machado. Para realizar o ideal de trabalho como o compreendi cedo, desde que ele nasceu em mim, vi que, para servi-lo, tinha de conquistar a chefia de um serviço. Consegui isto mercê da justiça de Clementino Rocha Fraga quando este, sem qualquer pedido, a menor sugestão, a mais insignificante pressão e apenas por relatórios que lhe ofertei sobre as "Causas de insegurança no trabalho dos operários da prefeitura do Distrito Federal", prestou atenção em mim e decidiu, sem postulação de minha parte, promover-me a chefe de clínica médica dos quadros da velha Assistência Pública. Lotando-me no Hospital Geral Carlos Chagas, que então estava se inaugurando. Isto foi nos idos de 1940 ou 41. Eu tinha treze para catorze anos de formado. Chegara aonde queria e sonhara. E seria *patron* durante trinta e cinco anos até que essa situação me fosse roubada por uma maquinação suja onde os pontos mais amolecidos e podres eram representados pela safadeza, pela covardia e pela felonia. Tudo isto virá a seu tempo. Eu estava é querendo contar como, quando e por que fui chefe de serviço. Acontece que isto ainda não é nada. Um SERVIÇO são o chefe e os assistentes. E dentro da organização político-administrativa da nossa velha Assistência Pública, a formação de uma equipe obedecia primeiro às imposições do prefeito, da sua entourage, dos deputados, dos vereadores, dos chefes políticos, dos cabos eleitorais, depois do secretário de Saúde e Assistência, do seu gabinete, do diretor de Assistência Hospitalar, do diretor do hospital e no fim e só então da vontade e da escolha do chefe de serviço. Pois com todos esses obstáculos consegui formar uma equipe de primeira qualidade no Hospital Carlos Chagas e lembro com orgulho do entusiasmo que consegui transfundir a alguns colegas e do rendimento de trabalho que foi o da clínica onde primeiro constituí um setor de "reumatismos" nos albores da década dos 40. Chefiei depois a clínica médica do Dispensário-Hospital da Ilha do Governador e do Hospital Geral de Pronto-Socorro onde os antigos Serviços Benício de Abreu e Almeida Magalhães (de mulheres e homens) tinham sido fundidos sob chefia única. Neste setor iniciei a prática de reuniões semanais de aperfeiçoamento e estreei-me no ensino. Tive depois a má ideia de abandonar as clínicas da Assistência e ir bater numa espécie de ambulatório com o título pomposo de "serviço" a que dei o melhor mas onde meu entusiasmo se embotou, onde perdi a voz, gritando dentro duma garrafa. Mas lá envelheci com a ilusão de que aquilo seria sempre uma espécie de pouso onde meu idealismo teria deixado filhos e onde talvez um dia eu pudesse entrar para lembrar outros tempos e parafrasear aquele Trousseau, aquele Potain, ou aquele Charcot — não sei bem qual (sei que era um mestre semi-inválido e no fim da vida) — e cercado de calor, poder dizer como ele o famoso *je ne suis bien qu'ici* — que tornou-se legendário. Só que eu tinha sido completamente enganado; quando tinha encomendado, para esculpir o módulo do que fora minha lição de sacrifício, procura da verdade, braços abertos e mãos estendidas — em vez do pórfiro ardente, do mármore puro e do bronze perene, tinham-me dado como material a modelar um carro-pipa de merda viva e a estátua que eu pretendia erguer esbarrondava-se em poia pela sua própria consistência. E fedia. Desisti. Fracassei. Consola-me a ideia de que fui chefe até o fim e que bati às portas da caverna as solas de minhas sandálias quando vi que não podia ficar nem mais um minuto, sem desdouro, na convivência diminuidora. Saí sem dizer adeus nem olhar para trás.

O exame de consciência absolve-me completamente. Para fazer andar a Arte, ainda que só a linha que cada um tem de procurar, em direção do progresso que significa vida, garantia e bem-estar do semelhante, fiz o possível. Durante quase trinta anos empurrei para o tope a pedra de Sísifo, o carro de rodas quadradas — aquela me rolava por cima mal eu afrouxava os músculos e a segunda — Burrice — não andava. Nossas reuniões semanais. Como me arrependo de tê-las feito... Como eu devia chatear e encher de aborrecimento querendo equilibrar e unificar uma equipe, arredondando seixos em rolamento — de modo a nos fortificar com uma opinião que fosse de cada um e também coletiva, de todos. Não percebia que com isto recebia coisa alguma, antes me esvaziava e perdia substância durante os milhares de reuniões clínicas que promovi, ai! de mim, uma por semana durante os meses de vinte e oito anos que durou minha ilusão. Vinte e oito anos... Deslembrado de Eça e de *A relíquia*. "Oh Gamaliel, filho de Simeon [...] tu, que possuis a verdade, para que dás acesso no teu espírito aos pagãos?" E o pasmo, a inércia, a incompreensão que é resistência invencível de gelatina, que é negativismo mole de atoleiro — quando entusiasmado com o que assistira no serviço de De Sèze, quis implantar aqui a análise recíproca, em grupo Balint. Não houve quem não repelisse esse papel higiênico e que não reclamasse o sabugo de milho em altos brados.

E vinte e oito anos, cada semana uma noite de minha casa aberta para estudo e redação dos trabalhos em que permitia a coassinatura daqueles que tinham a obrigação de fornecer-me os dados para essas monografias (o que os chefes agradecem com nota de rodapé). Eu redigia à máquina horas e horas e como palerma deixava ao lado do meu aparecerem os nomes dos que vinham cochilar vendo-me labutar para eles. Minto — um olho era esperto e sempre faiscava. O daquele onde eu pensava ver luz simulando afeto filial mas onde só cintilava a cobiça do herdeiro sôfrego que usaria moralmente seu *pó de sucessão* e que depois de bajulador nauseante e felão, foi moralmente assassino e parricida.

> un médecin [...] C'est une profession tragique, un des métiers les plus dramatiques que puissent être [...]
>
> LÉON SCHWARTZENBERG e PIERRE VIANSSON-PONTÉ, *Changer la mort*

Duro é o estudo médico. Duríssima a vida do médico. Salvo uma ou outra exceção, os colegas são geralmente ferros de ponta e gume para nos trespassar e retalhar. O consolo e a compensação estarão? no exercício e no cliente. Ai! não, também. O primeiro é sobressalto contínuo nascido de nossa própria consciência. Estarei? certo, completamente errado, mais ou menos entre certo e errado. Estarei? fazendo bem ao meu doente, conseguindo convencê-lo e à sua ambiência do que deve ser feito. O número de motivos para que isso não aconteça é realmente fantástico. As circunstâncias são contra o médico, sobretudo nas doenças arrastadas ou graves. Hoje, não há mais aquela salutar confiança do cliente. Existe, ao contrário, desconfiança. Primeira razão. Contra a probidade do médico devido aos preços altos que temos o hábito de cobrar — levados a isto pela cobiça, o preço dos outros, o costume, a moda, o conceito de ser melhor o doutor mais caro. O médico de hoje aumenta vertiginosamente seus honorários esquecido de que os homens de branco pertencem ao meio das camadas da classe média e que não devem aspirar viver com proventos de milionário. Para conseguir isto terão de cardar o cliente ou, no pior dos casos, protelar os tratamentos — "fazer roça". O doente defende-se usando todos os truques para fugir à consulta, para surripiá-la pelo telefone, num rápido encontro — uma palavrinha só, doutor: quero sua valiosa opinião sobre esta radiografia, esse exame de sangue, esse... É um nunca-acabar, a paciência das duas partes amolando-se ao vivo — o paciente forçando e o médico esgrimindo. E o espírito do calote rola sobre a face das águas... Além de desconfiados, são desatentos, capazes, como eu já disse, de comer as pomadas e esfregar na zona dolorosa o xarope, de introduzir pílulas nas cavidades. Já socorri uma pobre mulher, nos meus velhos tempos do Hospital de Pronto-Socorro, a quem tinham aconselhado lavagens vaginais de oxicianureto de mercúrio e que, em vez de diluir o simples e de usar pipo e irrigador, introduziu diretamente um comprimido daquele remédio vaginário adentro. Foi levada ao hospital com a boceta virada numa couve-flor. Pois o sal absorvido pela mucosa levou-a à anúria e morte. Temos de receitar e fiscalizar permanentemente porque tudo de ruim que acontece — a culpa é do médico. Desconfiados, desatentos — são também infiéis e bandoleiros. Mudam de médico como quem muda de camisa. Para ver o outro, para experimentar o ginecologista da amiga, para variar, conhecer outra cara (Dizem que o dr. Fulano é um verdadeiro *pão*) — como quem varia um passeio, um programa de cinema, uma estação de TV. E nos olham sempre como a figuração simbólica da morte — nossa inseparável. Lembro de conversa que tive com René Laclette em que me queixava dos pacientes obedecerem sempre de má vontade ao médico e gostosamente, cegamente ao farmacêutico, ao curandeiro, ao macumbeiro, ao pai de santo, fisioterapeuta, massagista, quiroprático, acupuntor, calista, manicura, cabeleireiro. Eu dizia que precisávamos reformular nosso relacionamento com os clientes para verificar a razão de sermos passados para trás pelas comadres, amigas, conhecidas etc. etc. Respondeu Laclette: Isso tem remédio não, Nava. A razão é que o doente vê em nós a figura que ele abomina, do atestado de óbito. E diga-me agora uma coisa. Você já viu? cartomante, quiroprático, cabeleireiro ou manicura assinando esse papel. Não! não é? Então... E a incapacidade de escolher médico com acerto. O doente vê na mesma altura e distância Altair, a mais longínqua estrela, e a Lua, nosso lindo satélite. E pega-se neste que figura o maior, o mais lustroso, o mais brilhante e despreza o solestrelo que lhe parece luzinha porque visto duma distância que o espírito vulgar não pode conceber. Criam-se as lendas. O *médecin miracle*, este que é o *maior* nisto ou naquilo como se em nossa triste profissão houvesse o maior seja em que diabo for. E a eleição é feita pelo que diz a propaganda no jornal leigo, na coluna social, no sucesso mundano, na simpatia pessoal, no *charme* dos profissionais do dito — sempre numa tolice, numa coisa falsificada e sem importância. Pensando meio século nestas contingências, remoendo essas agruras, ruminando essas golfadas azedas, cheguei finalmente ao crepúsculo que antecede à escuridão da vida do médico concluindo carreira. Triste de só ter logrado unir as bestas contra mim e minha opinião. Nem ao menos consegui que meus assistentes se juntassem noutra solidariedade senão a da barreira contra o chefe. Tinha entrado na selva escura. Tudo cinza em torno e virando noite e mais noite. Entretanto suportando isto com calma interior. Tinha certeza do grande amparo que jamais poderia me faltar. E quanto mais oscilante era o chão e menos de se enxergar o ar nevoento e cheio de grandes panos de sombra, quase cata-cego, andando difícil — concentrava minha energia minha esperança em dois gestos. O de meu braço esquerdo que eu apoiava com força noutro que se me afigurava rijo, firme, seguro, fraternal. O direito, eu o colocava, confiado, noutro que me parecia doce, afagante, inseparável, filial. Seguia sem ver, ai! de mim... Não posso saber é a que suspeita obedeci e a que desejo de conferir. Ao seu advento, magicamente caiu-me do olho esquerdo uma escama e inundado de luz percebi bestificado que o que me parecia braço irmão, o que se me apresentava rijo, era apenas seco; o firme, era só coisa árida; o seguro, ríspido. Não havia ali Abel — mas Caim que se me apresentava na forma dum burro hidrófobo a cujo garrão eu me atracava. A alimária tinha o olho vesgo e mau, um pelo ralo e obscuro, não do preto natural da crina mas dum negro como se cada cerda tivesse sido embebida em tinta. Abria a boca sem bridão e dela escorriam ondas e mais ondas de caldas e caldas da baba contagiante. Zurrava e emitia um som que me parecia um êeeeeeeee prolongado mas que não passava da repetição de eu, eu, eu, eu que era dito — perdão! era ornejado numa obsessão de falar — perdão! de relinchar de si mesmo. E na maior surpresa vi que a besta era aplaudida pelos seus pseudônimos que só se aproximavam dela *à plat ventre*, arrastando-se e olhando com adoração o chicote pendurado no punho daquele mandarim esclerosado e grotesco. Larguei aturdido o terém à minha esquerda e com mais força cerrei-me ao da direita. Foi quando do meu olho desse lado caiu a segunda escama e eu vi que o que minha destra enlaçava e parecia doce, era apenas uma espécie de moleza; o afagante, uma sucção de ventosa sanguessuga piolho leproso no sebo duma virilha; o inseparável, uma adesão que parecia a de seda que se enrola, de seda que agasalha mas que era um amorfo gelatinoso como o das lesmas, dos vermes, pior, mais baixo, do que estes seres secretam — o seu nojento, o que eles bolsam de filandroso, catarral, escarroso — colâncias de barriga de sapo, de boca de réptil, de esmegna escorregadio, de corrimento de cono com doença do mundo — pus, pus de ferida, de escara, de pústula, de gangrena, de necrose, de câncer. Olhei horrorizado o bicho coisa abjeta que eu tivera como filho. SAI, CÂNCER.

Livre enfim de dois engodos, posso pensar friamente sobre eles. A ambos *tratei* como amigos. Mas teria mesmo sido? amigo desses seres vis. Analisemos. No nosso desejo de ver as coisas perfeitas, escondemos de nós mesmos, melhor, escamoteamos nosso julgamento implacável dos outros porque precisamos idealmente, não de sua figura real mas da fictícia, simbólica, alegórica que correspondesse ao desejo do que almejaríamos encontrar e como queríamos que fosse para nós. Assim vamos ajudar com nossa idealização, nossa própria mentira, a mentira que vem estampada na cara ou enrolada com a palavra dos que se aproximam representando um papel. Assim foi com o Burro Hidrófobo. Como ele tivesse precisado de mim numa manobra de política médica (despercebida por mim) teve de se fazer de meu amigo, de chamar-me amigo e eu retribuí na mesma moeda. E tive disposição de ser seu amigo. Mais um pouco de convivência e aprendi a ver a alma indigente de nobreza que era a sua. Ele era esfarelento como uma estepe, um deserto. Nem isto porque estas palavras dão ideia de amplitude, extensão e aquilo era a personificação do pequeno, do reduzido, do mesquinho. Uma casca de ferida. E odiento, rancoroso, maligno e maléfico, invejoso, egocêntrico e obsessivo. Inteligência vulgar e rasteira, incapaz de criar o que quer que fosse senão palavras da vanglória ou as dos bestialógicos. Era impossível ser amigo desse homem mau mas — como ele me tratara de amigo e me fizera gesto de amigo (que encobria seus interesses) eu tive de recebê-lo como tal e mandava a decência que também o tratasse como a um amigo. E *amigos* viemos sendo. Mas conhecê-lo era aborrecê-lo. Que revoltante bestalhão! Nunca vi combinação tão perfeita de vaidade bocó e de inveja rudimentar, inveja de menino manhoso mas servida por malignidade adulta. Tinha fantasias artísticas como no tempo risível em que virara pintor abstrato e emerdava telas com tintas descasadas que punha em exposição permanente no gabinete, matando de tédio os desgraçados que eram obrigados a engolir o relato minucioso, circunstanciado, repetido, arrastado, gliscroide de como surgira sua capacidade criativa, o que ele sentia, o que pretendia significar com suas policromias onde predominavam sempre um amarelo de gema podre, um vinhoso de sânie cadavérica e um pardacento de bosta mole. Tinha ambições literárias e desejava escrever suas recordações sobre o período de boemia que atravessara frequentando o Lamas, o velho Lamas do largo do Machado. À época em que Lasinha Luís Carlos publicou seu precioso volume sobre a história e crônica da Confeitaria Colombo, o sucesso desse livro levou-o a uma espécie de frenesi, de paroxismo de raiva, inveja, competição e então pôs mãos à obra no seu gorado *Do Lamas e suas lamas* de que escreveu meia dúzia, dez páginas e que não teve continuação por absoluta indigência de imaginação e pelos obstáculos encontrados na tradução do seu texto para o *português clássico*, passando palavra por palavra para o equivalente arcaico. Dentro duma espécie de complexo majestático de que sofria ele acreditava que só poderia manter sua dignidade de médico fazendo *uma literatura escorreita, de louçainhas plena — que fosse o seguimento do linguajar de Francisco de Castro, Miguel Couto e Austregésilo.* E gostava de ler para os incautos as laudas jamais prosseguidas do seu livro em estado de mórula, nunca deixando de chamar a atenção do ouvinte para a tendência que tinha de rimar as palavras, de repeti-las, o que lhe parecia de rara poesia. Ignorava a ecolalia, seu aparecimento também na escrita e seu significado de sintoma mental. Eu aguentei esse trecho em várias formas. Quando ele o fez à Castro, depois à Couto, finalmente à Austregésilo — *trabalho dando-se para ao vetusto não só ourivesar, como para, das sentenças, a inversa ordem adotar.* Foi por esse tempo que publiquei o meu *Baú de ossos* e comecei a ter o nome no jornal. A bile, que lhe subiu do fígado em forma da atrabile — "o humor negro que não ferve" — foi o veneno a afogar seu coração ou a esponja de plástico que ele tem no lugar dessa víscera. Data daí a época em que se conjuntaram ele — Burro Hidrófobo — o "Piolho Lázaro", o Cadaveiroz Raposo Tastuffo, o J. Capacho Bizarro

Sintagma, o Wladwin Pichelingue Mamede, o Pelino Pelaio Filho e outros canalhas maiores menores para planejarem o altabaixo com que se tentou me cortar pelo meio — como Baltazar Ferreira tinha feito ao Bicho Ipupiara. Tudo isto virá a seu tempo, sua hora...

Já o Verme Morfético ou "Piolho Lázaro", seus motivos não deixaram de ter analogias com os do Burro. Eu o tinha cumulado de benefícios, hospitalidade, favores, dinheiro emprestado. Tinha-lhe ensinado a escovar as unhas, tinha-o tirado da sarjeta, tentando fazer dum cíbalo um gentil-homem. Tinha-lhe concedido, outorgado, dado como um rei dá ao filho — excessivamente, largamente, super-rogatoriamente. E como paguei por isto... O miserável começou por imitar-me, a querer ser, virar o que eu era. Não se confunda esse sentimento de substituição com a emulação. É inveja pura, inveja destruidora que quer os despojos do modelo para revestir-se com eles do mesmo modo que o galo suro de La Fontaine enfeita-se com as penas que o pavão solta no caminho. Mais fundo, ainda, como modelo zoológico do ladrão completo é o dum caranguejo marinho chamado vulgarmente *Tristão-o-Eremita*. É uma espécie de bicho molengo de casca e duro de pinças, voraz e insidioso que alimenta-se dos moluscos dotados das mais lindas conchas — que devora sua substância e toma conta do caramujo irisado — a que fixa-se pela metade das patas, deixando para fora três, para a locomoção esguelhada e as duas tenazes para se auxiliar na predação. Na vida cá de fora é comum esse aspeto admiração-inveja em que o invejador destrói, devora e substitui o invejado. Quer tomar para si o que ele reconhece como superior — mas que não tolera nos outros, sobretudo nos que tenham tido a infelicidade de beneficiá-los paternalmente e esquecendo-se da sabedoria de La Rochefoucauld — *L'envie est plus irréconciable que la haine*. Toda esta estória terá de ser retomada em detalhe e vai aqui sua notícia apenas em esboço. Esse caso, no fim da minha carreira, foi um conjunto de safadeza, deslealdade, golpe baixo contra o homem, covardia contra o velho que sou, desrespeito ao MÉDICO e a meus cinquenta anos de medicina e de lutas, numa vida profissional inatacável; menosprezo às instituições a que pertenço, aos títulos que conquistei e que vi relegados a zero. Havia ainda o lado de afronta e insulto que não podia de modo algum ficar impune. Considerei longamente esse aspeto. Primeiro pensei em mandar castigar os canalhas. Uma boa surra não ficava caro e eu poderia cominá-la por três a cinco mil cruzeiros para braço quebrado dos dois, fora o *divertissement* das escoriações e do monóculo equimótico no olho esquerdo. Mas mandar bater não consola. O bom seria bater, cortar a chicote as caras, fustigar o lombo aos dois pulhas. Mas isso também era impraticável. Mandam os hábitos que quem é zurzido a rebenque adquire o direito de matar o espancador. Desse modo quem vai aplicar pisa dessa qualidade deve ir preparado para despejar bala no assovio do relho. Tudo isto discuti com meu amigo Egon de cada hora. Eu dizia matar. Ele respondia NÃO MATAR. Por quê? Porque por mais que você se conheça não conhece seus nervos, não saberá o que vai ser sua vida a partir dum ato que fá-lo-á companheiro inseparável do morto. Você ignora o que sua consciência, seu ser ético diriam de noite à sua insônia ou poriam no seu sonho. Será impossível a um homem de sua qualidade matar — *sem se ver matando e sem ver o seu matado*. Todo criminoso em intenção tem uma ignorância impenetrável do além-do-crime — o que é alguma coisa terrível e não sabida como o *além-da-morte* do "Solilóquio". É o que provocou o esvaziamento de Raskólnikov. Tudo ficará incisado na sua memória — o pânico diante da arma, a cólera, a cara amarela, o tremor, os urros inarticulados, a tentativa de fuga, os últimos esgares, os miolos rosados na calçada e o longo, o sinuoso, o grosso fião de sangue. Tudo isto — dizia o Egon — ficará entranhado em você. Será o seu Leviatã, a sua Cachorra como a do Prudente e a do Vinicius, seu *Black hound* como o de Churchill, seu *Gato-preto* como o de Poe, seu Bicho-gordo como o de santo Onofre, o seu Polvo como o do terrorista de Malraux na *Condition humaine*. Que vai durar? para eles sua vingança e a própria morte — segundos. Que será em você? essa morte se dada por você mesmo — séculos de agonia e de ver o filme abjeto reprisado cada sua noite, cada instante seu de solidão. Não, também não aconselho a você deixá-los a uma hipotética consciência porque em certas pessoas a consciência é a pele, o couro que só acordam ao pontapé, à peia, ao vergalho de boi, à rebencada, à ponta de faca, ao furo do chumbo. Você, Nava, tem para eles outra arma. Você sabe? que possui o que os franceses chamam *une langue bien pendue*, que tem a palavra certa para ferir. Pois tem. Use suas armas. Você não está? escrevendo suas memórias. Pois pregue estas pústulas lá, no pelourinho que você lhes armar. Em vão eu respondia ao companheiro que minhas memórias não eram propriamente latrinas para carrearem aquela coisa que era merda mesmo, mas merda sem importância. Será valorizá-los,

Egon, uma linha sobre esses cabungos. Alto lá, Pedrinho, importância eles têm e considerável, importância para você, porque tiveram bastante força para atingir suas trincheiras e tomar uma por uma. Importância eles têm, como têm importância a peçonha duma cobra, a toxina dum germe — desde que matem ou atinjam quem tem qualidade. O cancro do fígado de Napoleão... Eu sei muito bem que você não tem nada de Napoleão. Estou falando por falar, pra comparar. Mas tem uma coisa mais. Além da intrínseca, eles têm importância literária. Você já reparou? como o Burro com sua safadice, rapinagem, vigarice, tolice e libidinagem tem tudo dum personagem de romance de putaria de mistura com outro de estória de terror, que tem de morto-vivo como Drácula, de vilão de chanchada com aquele bigodinho pintado e muito de herói de Alfredo Gallis e Paulo de Kock — aqueles que nas fotografias dos livrinhos de sacanagem do Pedro ii apareciam de ceroulas compridas, ligas, suspensório e... É igual, cara dum, focinho do outro. E o Verme? esse então, me fascina. Que bajulador formidável, onipotente, onímodo, incansável e capaz de todas as baixezas, de deleitar-se ao cheiro de todos os traques, que ele renifla como perfume de Coty — desde que soltados de mais alto. E que cara estanhada de sem-vergonha absoluto, do hipócrita que não desfalece, do carreirista ambicioso que entregaria tudo — mãe, mulher, filha — para receber qualquer trocadinho — quanto mais os gordos trinta dinheiros que você lhe rendeu. Esse ainda é melhor que o Burro. Não, meu primo, esse desafia porque com sua canalhice cristalina e sua completa falta de escrúpulos, parece que está saindo das páginas de Balzac. É pegá-lo e aproveitar sua figura subumana. Aliás, as duas — que fazem par, simetria e se completam admiravelmente. Pense bem nisto e por hoje chega que vou daqui correndo para trabalhar... Mas reflita nesse personagem do Verme — que eu estou lhe dando de mão beijada. Segure-o porque é uma espécie de Carlos de Herrera que tomou a identidade do pobre coitado que matara, é uma reencarnação, é Vautrin...

José Egon Barros da Cunha. Primo e amigo. Colega do Pedro ii, depois da Faculdade de Medicina de Belo Horizonte e grande paralelismo de minha vida inteira. Já disse de nossa amizade sujeita a altos e baixos mas acentuei a sua indispensabilidade e o caráter por ela assumido de coisa irremediável. Em tudo ele influía dentro do meu destino com sugestões às vezes sábias e outras insensatas, mas que uma fatalidade me impelia a aceitar — para acertar ou para errar. No subcapítulo anterior vê-se o gênero que ele adotava para me influenciar. Aquela nossa conversa datava exatamente de 20 de março de 1975 e os conselhos do amigo caíram em solo disposto a recebê-los. Decidi que oportunamente faria o que ele dizia e procurando minha forra não na violência como a cólera pedia mas pela palavra, como a razão mandava pela boca do primo e alter ego. Decidi retomar minhas memórias seguindo o mesmo critério cronológico a que tinha obedecido nos meus quatro primeiros volumes. Assim reiniciaria minhas lembranças a partir da última linha de *Beira-mar* onde eu tinha me deixado, em Juiz de Fora, sentado frente a frente com meu tio torto o dr. Constantino Luís Paletta. Justamente para planejar esse capítulo desejei trocar umas ideias e reminiscências com o Egon. Telefonei para sua casa e recebi a informação de seu embarque para Belo Horizonte. Essa viagem era uma de suas manias e seu tempo na capital de Minas obedecia a uma distribuição cronométrica entre os velhos lugares em que vivera, a subida aos pontos altos para admirar o sempre decantado crepúsculo, visita a seu primo Paulo Nava, meu irmão, a Lúcia e Antônio Joaquim de Almeida, a Carmem e Geraldo Gama, mas, principalmente, a longas estações em casa de Pedro Sales que fora nosso companheiro de faculdade. No lar desse amigo ele retemperava-se falando do passado. Apertavam no tipiti os velhos dias, reviviam-nos, enquanto ingurgitavam o pão de queijo que era uma das especialidades da Neneca que o trazia para os dois oloroso, pegando fogo, acabadinho de fazer, com aquele gosto e cheiro bons de quitanda mineira. Pois imaginei no Egon com inveja e via-o entrando, todas as tardes, na varanda hospitaleira da avenida João Pinheiro 277 — àquela hora tomando todo o sol sertanejo, o Egon batendo, o Pedro abrindo a porta, os braços e dizendo as palavras que marcavam o início da longa conversa de duas, três horas — em busca do passado — Então? meu bom Egon...

Pois dessa vez o "bom Egon" foi-se deixando ficar em Minas, demorando mais do que estava nos seus hábitos fazer e decidi telefonar, perguntando ao Pedro Sales — que fim? ele levara. Pois caí das nuvens. Tive a informação que meu primo resolvera prolongar sua estadia fora do Rio, indo passar duas semanas na Brasília, de onde pretendia continuar depois, para o Norte: conhecer São Luís, rever Fortaleza, Recife e demorar um pouco na Bahia. Fiquei furioso e cheio de despeito do amigo estar se dando assim carradas de prazer sem ao menos ter me chamado para a excursão e levando-se aos cúmulos de não mandar uma linha, um postal. Só tive notícias dele em maio, por acaso, telefonando a Fernando Peres, em Salvador. Esse foi logo me contando que conhecera o Egon em casa do Vinicius e que de saída, adotara mais esse mineiro — como se eu já não bastasse... Que o primo era fabuloso, grande figura, criouleiro, grande comedor de siri mole, vatapá, acarajé, grande papo, grande copo. Que não largava o Godofredo Filho nem o Calazãs, que falava em abjurar a banha de porco pelo dendê, que queria se naturalizar baiano e que tomara uma casinha perto da do Vinicius para se inundar de Itapoã, pinga, sol, marazul. Pedi ao Fernando seu endereço, escrevi, não tive resposta. Estava começando a me preocupar, sentia uma falta imensa do amigo-primo e acabei telefonando novamente ao Peres. Soube que o Egon voltara para o Rio há cerca de semana. Até que enfim. Logo liguei — não respondiam. Faz mal não, amanhã procuro esse malandro para ajustar o velho e o novo...

Pois mal acabara o café, no dia seguinte, estava olhando a minha Glória cheia de manhã e a curva dos morros de Niterói ao sol, quando bateram e logo depois eu tinha nas mãos pesado embrulho "que mandara o dr. Egon". Por que? se me apertou tanto o coração que acordara sem pressentimentos. Arranquei os barbantes, abri, rasgando, o papel e encontrei cinco pastas de cartolina e uma carta que fazia volume dentro dum largo envelope de ofício. Era escrita em papel almaço, cinco folhas duplas, a velha letra larga, franca e legível, tão minha conhecida. Li de um fôlego prendendo a respiração, atropelando-me de saltar palavras, cheguei ao fim para retomar imediatamente e proceder a uma leitura que me desse conta mais exata que a primeira, que me fizesse acreditar no que estava escrito e que apesar do seu insólito não podia deixar de ser coisa certa tal a verossimilitude que luzia em cada lauda, cada linha, cada palavra, cada letra, cada acento, cada vírgula, hífen, ponto — PONTO FINAL. Não, não era a carta dum demente, nem a carta dum suicidário. Era uma correspondência fria e decidida em que o meu sósia comunicava que resolvera desaparecer, sumir, entrar de chão adentro, morrer para todos exceto para si próprio. Não, ele não chegara nem de perto à ideia de se matar sem tristeza nem tragédia, apenas pela incompatibilidade de velho com a vida que se arrasta e teima. Eu estava lembrado? do nosso Métchnikov e dos seus ensaios. Ia desaparecer da vida

social, na tolice como ela é entendida hoje. Ia ser monge, trapista de si mesmo. Sem se trancar. Já entrara em contato com casas de velhos e conseguira ingresso numa delas como espécie de pensionista-médico-residente. Iria dar sua pessoa em afeto, companhia e socorro a pobres-diabos, fazendo o que sempre fizera — sendo útil, na única espécie de relacionamento humano que ele ainda compreendia. Do médico para o doente e o fraco enquanto tivesse lucidez, saúde, forças. Depois, sem mudar de casa, de cama, seria ele o fraco, o *ramolli*, o doente de senilidade com o médico que o destino reservasse para assinar seu atestado de óbito. Trocara de identidade sem alterar o nome, podendo continuar a ter os documentos com que o Estado nos rotula. Sendo José Egon Barros da Cunha, podia sem nenhuma fraude passar a ser um José Barros ou um José Cunha — como os havia às dezenas no catálogo telefônico. Sumia primeiro dentro do próprio nome e depois no asilo que já se escolhera. Ia esquecer o que fora, os títulos que tivera e ser apenas as quatro sílabas dos dois nomes que guardaria. A única pessoa com quem ele queria manter contatos, assim mesmo telefônicos e somente quando ele quisesse e entendesse era eu — que fora ser mais chegado a ele que seus tios, seus pais. E só me comunicava isto porque, com o respeito que ele sabia que eu professava pela vontade, desejo, liberdade da pessoa humana — tinha certeza que eu não forçaria porta fechada e que jamais procurá-lo-ia. Que eu lesse a papelada que ele mandava e onde deixara consignada a estória de sua passagem pela medicina. E fizesse com ela o que entendesse. Se estivesse uma merda, fogo. Se servisse...
Abri e fui tomando conhecimento do que continham as cinco pastas. Eram centenas de folhas manuscritas ora em forma de narrativa, ora de diário, cartas, telegramas, fotografias de família e fotografias obscenas, recortes de jornal, desenho de casas em que morara, notas de suas viagens pelo mundo, às vezes só uma palavra mágica num quadrado de papel, às vezes citações copiadas dos livros que lera, páginas arrancadas deles, recibos, prospectos, recortes de faits divers, de convites para missa, participações de falecimento, casamento, nascimento, receitas de remédio e receitas de doces. Havia escritos em papel de carta, de telegrama, margens de jornal, avesso de volantes, papel de cópia, de carta, ofício, almaço. Havia de tudo. Pus em ordem cronológica, depois, nos entreperíodos datados, os fatos mostrados, apontados, flagrados ou comentados, relacionei com estes os documentos fotográficos e de lem-

branças que eram coevos e fascinado com o que me oferecia a vida do amigo, resolvi transformá-la na narração que se vai ler sob o título de "O branco e o marrom". E o que me assombra é que a existência do Egon era um carbono, uma espécie de xerox da minha. De tal maneira que a continuação de minhas memórias se tornou inútil diante da publicação que vou promover das do primo-amigo. Com a vantagem de serem mais bem escritas do que eu seria capaz de o fazer — meu parente sempre tendo mostrado especial vocação para as letras, desaproveitada devido a sua eterna desvalorização de si mesmo. Ele e sua papelada me restituíram um passado tão congênere que sua busca do tempo perdido era a minha. Nunca mais tive notícias dele mas sei que está vivo porque estou vivo. Sua existência foi a minha e a minha continua a ser a de José Egon Barros da Cunha. Quando ele me faz saudades e quero suas novas — fecho os olhos, penso — logo ELE existe.

Segunda parte:
O branco e o marrom

A vida é um romance sem enredo.
(De um manuscrito de JOSÉ EGON BARROS DA CUNHA)

BALLADE DE FRANÇOIS VILLON*

En réalgar, en arsenic rocher,
En orpiment, en salpêtre et chaux vive,
En plomb boullant pour mieux les émorcher,
En suie et poix détrempés de lessive
Faite d'étrons et de pissat de juive,
En lavailles de jambes à méseaux,
En raclure de pieds et vieux houseaux,
En sang d'aspic et drogues venimeuses,
En fiel de loups, de renards et blaireaux,
Soient frites ces langues envieuses!

En cervelle de chat qui hait pêcher,
Noir, et si vieil qu'il n'ait dent en gencive,
D'un vieil mâtin, qui vaut bien aussi cher,
Tout enragé, en sa bave et salive,
En l'écume d'une mule poussive
Détranchée menu à bons ciseaux,
En eau où rats plongent groins et museaux,
Raines, crapauds et bêtes dangereuses,
Serpents, lézards et tels nobles oiseaux,
Soient frites ces langues envieuses!

En sublimé, dangereux à toucher,
Et en nombril d'une couleuvre vive,
En sang qu'ont voit ès palettes sécher
Chez ces barbiers, quand pleine lune arrive,
Dont l'un est noir, l'autre plus vert que cive,
En chancre et fiz, et en ces ords cuveaux
Où nourrices essangent leur drapeaux,
En petits bains de filles amoureuses
(Qui ne m'entend n'a suivi les bordeaux)
Soient frites ces langues envieuses!

* Inserida entre CXLI e CXLII de *Le Testament*.

Prince, passez tous ces friants morceaux,
S'étamine, sacs n'avèz ou bluteaux,
Parmi le fond d'unes braies breneuses;
Mais, par avant, en étrons de pourceaux
Soient frites ces langues envieuses!

Capítulo 1

Santo Antônio do Desterro

> Meio dia Janeiro
> Paralysia paroxistica
> O sol carrasco nos carrascaes
>
> Abre as janelas e desce as cortinas
> amarellas
> MEU SOL
>
> JOÃO ALPHONSUS, "Janeiro"

O DR. JOSÉ EGON BARROS DA CUNHA abriu as janelas e o dia sol entrou de roldão. Belo Horizonte estava começando uma de suas manhãs oura-zul em que tudo faísca e se torna mais leve. Ele chegou-se ao peitoril e sorriu para a vida, para o dia rompente, o chão do terreiro, para um mamoeiro solitário cheio de mamões, uns verdes outros amarelos, todos grandes, pojados como seios generosos. Considerou tudo com agrado, na grande lua de mel consigo que vinha desde o 17 do último dezembro — em que recebera das mãos do diretor Hugo Werneck seu canudo, o anel de médico e as palavras que o sagravam Homem da Arte. Nos primeiros dias do ano de 1928 fora nomeado médico da Higiene e apresentara-se ali ao diretor do Departamento Interno — o dr. Aires Alarcão Garrido de Cadaval e ao seu substituto — o dr. Argus Terra. O diretor geral, Raul d'Almeida Magalhães ainda não se empossara, retido no Rio por ferimentos recebidos num desastre de automóvel. O dr. Cadaval estava respondendo pelo expediente.

O Egon tinha promessa do Palácio de ser mandado para sua terra, Santo Antônio do Desterro, onde o pai tivera botica até morrer, onde fora muito bem relacionado com a classe médica e membro farmacêutico da Sociedade de Medicina e Cirurgia local. O dr. Cadaval sabia disto e mais, que o Egon era amigo dos filhos do presidente — além de acochado do Palácio. Tinha recebido bem o jovem médico, retivera-o para o café e mesmo deixara sua mesa e viera sentar-se com ele num grupo estofado. Logo se lhes agregou seu assistente, o dr. Argus. — Muito bem, dr. Egon, o presidente deu ordens para fazê-lo seguir para Santo Antônio do Desterro logo que seja escolhido o diretor do seu Centro de Saúde. Há dois candidatos. Um indicado pelo dr. Bernardes e outro pelo dr. Melo Viana — e isso tem dificultado esse preenchimento. Ficará mais formal o senhor só seguir depois de resolvido esse problema. Por enquanto não tenho nenhuma determinação. O senhor apareça para o cafezinho, duas, três vezes na semana. E meus parabéns...

Levantou-se e estendeu a mão ao moço. Terminara a audiência. O Egon se despedira, tivera muito prazer em conhecer o dr. Cadaval e muito prazer em conhecer o dr. Argus — que se mantivera calado e varando o novo colega com dois olhinhos pretos feito botões de botina, muito fixos e sempre com a expressão de quem acabou de apanhar o interlocutor com a boca na botija. Esperou um pouco, foi até à porta de vaivém do gabinete, olhou pela fresta e voltou para perto do dr. Cadaval que se espichara na poltrona, pernas ao comprido, um pé sobre o outro, fazendo valer o brilho dos calçados de verniz muito engraxados e sobrepujados por polainas cor de pérola. Vestia *bois de rose*, colete de fantasia trespassado, a gravata festiva e a camisa de colarinho duro era dum linho riscadinho. Tinha mãos largas, peludas e bem manicuradas. Cruzara-as sobre o ventre. Suas unhas eram rente — exceto a do mindinho direito que crescida, longa — sugeria cureta para prospecções de cera do ouvido e catota. Estava primorosamente escanhoado, a pele do rosto cheia de velhas cicatrizes de acne; tinha nariz largo, olhos um pouco estrábicos. O fiapo do olhar neutro. Testa curta, cabelo aberto ao meio e colado de gomalina. Costeletas à Valentino, nuca raspada do corte à americana. De perfil, tinha cara de rampa ou de escada e subiam-se seus traços degrau por degrau. Queixo forte e adiantado, nariz mais recuado e ligeiramente escafoide, fortes sobrancelhas, fronte fugidia. Nada de bonito. Mas muito tratado, muito arrumado, muito enfeitado e muito perfumado — via-se que Cadaval estava satisfeitíssimo com Cadaval. Todo ele, da ponta preciosa dos botins à risca dos cabelos, respirava vaidade. Era muito orgulhoso de sua família, aliás com razão. Sua gente paterna era dos Cadaval — aristocracia *serra-baixo* do estado do Rio, gente estabelecida na província desde o século XVII e que se gabava de descender dum ramo colateral da casa de Cadaval. Os do "reyno", dos duques parentes d'El-Rey. Pelo lado materno era dos Alarcão Garrido, de tronco bandeirante, fixado na zona do rio das Mortes: paulistas de quatrocentos anos e mineiros de duzentos. Esse antigo sangue brasileiro não o escurecera. Era homem claro. Mas como traço dinástico ficara-lhe a dislalia de que geralmente não escapavam os Cadaval. Lá nele era uma falação explosiva, devida à decalagem na produção do som — a língua não sincronizando com os lábios, sobretudo o superior — sempre se movendo numa espécie de tremor de largas ondas. Os pulmões emitiam o ar, as cordas vocais modulavam a coluna sonora, a língua trabalhava e a campainha, mas tudo empacava quando surgia o espasmo labial e aí sua frase empenava numa palavra, numa sílaba, num B, num M, num P. Era tudo muito rápido, mal se notando e quando ele tinha de se interromper, disfarçava levando a mão à boca, na manobra tolerável de quem boceja ou contém discreto arroto. Contudo muito simpático, muito risonho e excelente sanitarista da escola de Oswaldo e Chagas. Gostava de anedotas e para gozar do seu favor, o subordinado tinha de ser fornecido de boa dose de casos de pornografia, escatologia, estórias de galego, corno e caganeira desatada.

— Simpático esse Egon — disse, logo que o Argus tornara a sentar com seu jeito esquivo, só uma beirinha de bunda no estofado do sofá. — Tenho ideia que conheci o pai dele, logo que me formei, quando andei tentando a clínica. Nessa ocasião dei c'os costados no Desterro, e era na farmácia dele que se reuniam os importantudos da terra pra conversinha da tarde. Era Pinto Coelho da Cunha, casado com uma senhora do Norte — Barros ou Costa Barros, sei lá... Acho que daí é que saiu esse Barros da Cunha. Não perguntei para não dar muita entrada... É protegido do presidente...

Deu um bocejo — bocejo mesmo — e olhou pra cara do Argus esperando nada. Este continuava de olho arregalado, fixo, na mesma posição, braços cruzados, mão direita levantada e o indicador atravessado sob o nariz como se este fosse despencar. Era homem muito moreno, o cabelo difícil, cortado quase rente, topete caracolado e riscado aqui e ali de fios brancos. Nas raras vezes que ria movimentava a beiçada como se não tivesse *risorius* mas, apenas, um poderoso esfíncter bucal. Se falava, era o menos possível, sempre poucas palavras e escamoteando o que pensava. Estava vestido de escuro e lembrava vagamente um pastor protestante. Na mocidade pobre fora bedel dum internato de meninos e trouxera dessa experiência e desse período uma desconfiança e um sentido de observação, verificação, espionagem que fariam um policial — delegado ou tira — muito superiores ao sanitarista. E olhe-se que ele o era dos melhores. Moço, formado de poucos anos — mas uma de nossas autoridades em higiene e profilaxia. Estava sempre a par de tudo que se passava na repartição, estimulava denúncias, delações, a espionagem, tinha gente de sua confiança entre os colegas, os guardas sanitários, os motoristas, os vacinadores, os serventes, os faxineiros. Era procurado por eles às escondidas, em sua casa, sábado à noite e é por isto que nas segundas-feiras ele desabava sobre os funcionários, inquirindo-os, confrontando-os, acareando-os, confundindo-os, levando-os a contradições — para acabrunhá-los com repreensões, suspensões e transferências. Não havia comissão de inquérito administrativo que não fosse presidida por sua figura severíssima. Era muito carola, não perdia a missa das cinco no Arnaldo, frequentava o "senhor bispo" e pertencia à Liga pela Moralidade.

— Pois simpático esse Egon — repetiu o Cadaval.

Um silêncio e veio a resposta do Argus.

— É... Muito agradável e dizem que inteligente. Pena que...

— Que — o quê?

— Olhe, dr. Cadaval, não gosto de me meter em vida alheia e só falo por lealdade com o senhor e debaixo de muito sigilo. Assim mesmo, não sei...

— Diga, homem! O que conversarmos ficará entre nós... — E empertigando-se — segredo administrativo.

— É o seguinte, dr. Cadaval. O rapaz é mesmo muito simpático mas pena que tenha passado tão boêmio, como estudante. Muito farrista, mais tempo nos cabarés que nas aulas. É o que ouvi do nosso Orsini... Vale a pena o senhor conversar com ele. Não, senhor — com o Orsini. Agora se me permite, uma sugestão. A de não soltar esse moço ganhando dinheiro à toa. Há sempre coisinha e outra para fazer nas dependências. Vou ver o jeito de não deixá-lo braços cruzados até a hora dele seguir para o Desterro... já que o presidente quer... centro de saúde de primeira classe, verdadeiro prêmio... Enfim...

— Está bem, mestre Argus. Vamos embora? Três e quarenta...

— Não, dr. Cadaval. Nunca saio antes de cinco, cinco e meia. É a hora que recebo funcionários que não tiveram tempo de falar comigo durante o expediente ou em minha casa. É sacrifício, é... mas tenho de atendê-los.

— Pois até amanhã e... saúde e b-b-b-bichas!

— Até amanhã, dr. Cadaval. Meus respeitos aos seus.

A manhã ia alta quando Egon entrou na Santa Casa. Varou todo o corredor, foi até ao fundo, um pouco antes das enfermarias do Werneck e do Borges, desceu as escadas à esquerda, deu bom-dia! ao Pitanguy que saía da clínica do Otaviano e apressou-se para os fundos do terreno. Entrou no Pavilhão Koch.

— Bom dia, irmã Salésia! Bom dia, Conceição! O Ari está aí...?

— Está, dr. Egon. Tá na salinha com dr. Nava. Há bocado que entraram.

O moço com seu ar apressado deu uma batida na porta com a mão esquerda ao tempo que a direita torcia a maçaneta. Seus amigos estavam lá dentro, o Ari sentado à escrivaninha e, meio reclinado na giratória de mola, dirigia-se ao Nava montado na única cadeira ali existente, braços cruzados sobre seu encosto. O primeiro era moço de seus trinta anos, dando a impressão de muito magro, porque seu rosto era fino e mais fino ainda o nariz que se alongava e que era o caráter marcante de sua fisionomia. Boca pequena, bem-feita, um pouco funda. Olhos doces e bondosos mas temperados por expressão muito séria e pelo que lhe adicionavam os vidros de seus óculos grossos de míope — fazendo-os menores e mais penetrantes. O outro era o primo e amigo do Egon, formado como ele há menos de um mês. Ambos tinham sido internos da Segunda Enfermaria, Clínica Médica de Mulheres e do pavilhão onde estavam, das tuberculosas. O que os dois sabiam de medicina interna deviam-no ao colega mais velho ali com eles.

— Ei, Ari. Ei, Pedrinho. Estou interrompendo? Posso esperar ou falar depois.

— Não — disse o Ari — eu ia principiar uma conversa com o Nava e depois ter a mesma com você. Mas agora mato dois coelhos duma cajadada porque o que quero dizer é igual pra um e outro.

O Ari fez uma pausa como quem estuda por onde abordar o assunto enquanto o Egon se acomodava em cima duma mesa de exame e punha os pés no travessão da cadeira ocupada pelo primo. O Nava continuava na mesma posição. Apenas sacou do bolso um maço de Jockey-Club, tirou o cigarro, acendeu e passou a carteira e a caixa de fósforos para o primo. O Ari ia abrindo a boca para falar quando a Conceição entrou com a bandeja de café. Serviu no silêncio dos três e saiu deixando tudo em cima da mesa e a porta aberta. O Ari levantou-se, foi fechá-la à chave. Tornou a sentar e de olho fixo ora num ora noutro soltou o sermão que trazia engatilhado.

— O que eu tenho a explicar a vocês é rápido e na certeza de que os dois já devem ter dito o mesmo um ao outro ou a si mesmo na hora de pensar. Parece que vou dar opinião que não foi pedida mas se ficasse calado teria remorsos a vida inteira. Quem avisa amigo é. Vocês foram mais que meus alunos desqu'entraram na enfermaria do Libânio — são amigos. E amigos mais moços que ficaram mais amigos aprendendo comigo. Os dois são dos estudantes mais inteligentes que passaram nas minhas mãos. Acompanhei a formação de ambos. Vão sair da faculdade sabendo mais clínica que muito calhorda que anda por aí formado há anos. Sempre gostei de ver a aptidão dos dois para a medicina. A vocação servida em cada um por qualidades diferentes. Em você, Nava, pela criatividade e inventividade, em você, Egon, pela capacidade de análise e de crítica. Vocês têm aberto diante de cada um largo futuro profissional. Pensem desde o primeiro dia como se já estivessem no apogeu. Vocês têm paixão pelo professorado, conforme me disseram. Então ajam desde já, des'qui acabar nossa conversa, como professores e no fim de cada dia façam exame de consciência para verem o que fizeram naquelas vinte e quatro horas e que tenha servido para aproximá-los ou afastá-los da cadeira. E tratem de suprimir de si tudo que possa prejudicar o futuro que se traçaram. De modo que...

Os dois primos ouviam encantados a conversa do Ari. *Ils buvaient du lait.* Sentiam sob os pés o estrado magistral e sob as bundas o macio das cátedras estofadas. Assim levantaram-se e foram agradecer dando tapinhas nos ombros do mestre e já se preparando para sair.

— Per'um pouco, podem sentar porque inda não terminei. Vocês pensam que eu ia mandar chamar só pra fazer elogios? Aqui, olha. Falta o resto. Vocês têm de ficar sabendo que a vida de estudante que levaram

— acabou. A-CA-BOU. Acabaram as noitadas, as cervejadas, as conversas até de madrugada. Vocês têm de assumir nova atitude diante da vida. Não podem mais ser vistos — já não digo nos cabarés e na zona, mas mesmo nos cafés do centro da cidade. Não se espantem. Algum de vocês já viu o Pimentel, o Rafael, o Campos, o Borges, o Werneck, o Lodi ou mesmo eu — sentados no Fioravanti, no Pedercini, no Trianon, no Estrela, no Bar do Ponto? Não? não é? Por quê? Porque aquilo é falta do que fazer, disponibilidade errada e advogado sério e médico sério têm sempre o que fazer, estão sempre entre duas ocupações. Se estão na rua é de passagem. Indo, num caso, para o hospital, para a faculdade, para o consultório, pra casa dum doente. No outro, vindo do tribunal, da faculdade deles, do escritório, dum encontro profissional. Toda seriedade é pouca. A alegria tem de ser secreta e dentro de quatro paredes. Tudo que não for demonstração de zelo profissional deve passar-se na moita — que nem nossos hábitos íntimos e de asseio. Ponham um biombo entre vocês e o público. Esse biombo pode se chamar cerimônia. Fechem a cara, fechem-se em copas.

— Mas Ari — disse o Nava — nós somos moços e solteiros. Será que não podemos mais...

— Podem o que quiserem contanto que ninguém saiba o que vocês quiseram! Se façam de moralistas ingleses.

— Então temos de andar mascarados o resto da vida? Mas isso é fingimento, Ari, hipocrisia que não temos.

— Não é hipocrisia não. Pode ter outro nome, outros nomes. Compostura, comedimento, seriedade, gravidade, circunspeção, cautela, ponderação, prudência — cujos alicerces estão todos na hipocrisia e na falsificação do nosso autêntico. Paciência, mas tem de ser assim. Porque se não for assim vocês não serão nada do que pretendem. Até a alegria deve ser medida...

— Nesse caso quem tem razão é o Werneck com aquele caso do que não tinha religião mas que dizia sempre *qu'il faut faire le pieux*...

— Exatamente. Ao menos nisso o Werneck tem razão.

Riram muito, saíram direto para o pátio ajardinado de entre as enfermarias de mulheres, ainda pararam um instante palestrando junto à caixa-d'água, subiram à Segunda Enfermaria, o Egon e o Nava assistiram o Ari tirar o avental e apanhar o chapéu. Saíram — até amanhã, irmã Salésia. Na portaria — até amanhã, irmã Madalena.

— Estou com minha furreca — disse o Ari. — Posso deixar o Nava em Padre Rolim e o Egon na Dona Marieta.

— Basta Padre Rolim, Ari, porque deixei a pensão. Estou com o Nava, na casa da prima Diva.

A nova casa da d. Diva ficava em Padre Rolim 778. Fora comprada pela quantia de 17:000$000. Para arcar com essa despesa ela rapou o que tinha de economias e embolando juros no Banco Hipotecário. Ficara a zero de reservas e encerrara sua conta-corrente. Mas a situação familiar melhorara consideravelmente. Graças a seu esforço e trabalho ela conseguira vir educando os filhos, formara o primeiro e deixara sua situação de filha viúva dependente em casa do pai mudando-se para Aimorés e reabrindo *sua* casa. Agora estava proprietária de pequeno imóvel do bairro dos Funcionários, justamente aquele em que morara a gente do Juvenal de Sá e Silva. Ficava entre Rio Grande do Norte e Bernardo Monteiro, quase à esquina desta avenida de que só era separada por outro edifício. A linha divisória com este era marcada por velho muro de adobe na sua cor crua de sépia e o intervalo dos blocos de barro capim e bosta de boi — era recheado de ninhos de escorpião, como se verificou à derrubada posterior do dito e sua substituição por paredes de tijolos. Essa residência tinha como terra dois grandes lotes e estava construída sobre um deles. Logo o espírito atilado de d. Diva planejou as duas operações que permitiram, posteriormente, a venda do lote que servia de jardim lateral da casa e os fundos dos dois, ao dono de propriedade limitante dando frente para Bernardo Monteiro. Isto seria para depois, quando os terrenos do bairro se valorizassem mais. O 778 era uma dessas casas simpáticas e claras que parecem configuradas para os dias familiares felizes. Três janelas de frente, platibanda. Sala de visitas, de jantar, corredor, sanitários, cozinha, quatro quartos. Varandinha de frente, varanda posterior à saída da cozinha.

Quando o Ari deixou os primos em frente a esta casa, os dois não entraram logo. Ainda era cedo para o almoço e eles foram indo devagar até à esquina de Bernardo Monteiro. Passaram para debaixo da sombra esverdeada dos fícus gigantescos e subiram vagarosamente até ao Colégio Arnaldo. O dia resplendia. Bem no meio do gramado central da avenida, olharam a construção vasta e desgraciosa com as sete cúpulas que dali se divisavam. O casarão ainda estava imperfeito, no tijolo, e tinha ao mesmo tempo de caserna, mesquita e presídio. Se adiantaram mais um pouco e mergulharam a vista Carandaí afora até aos longes do Quartel e mais para lá até à linha de montanhas dominada pelos cristais eriçados e pelos serrotes da serra da Piedade. Conversavam sobre o que lhes aconselhara o Ari. Davam razão ao amigo e chefe. Começavam a abrir suas almas para o aprendizado de mascarados a que têm de se submeter todos os médicos. Gozaram entendidamente o que se contava do mestre dos mestres que sempre fingia leitura devoradora quando ia e vinha de tílburi — balda que fizera escola no Rio, onde a mestrança de depois dele dera para faz-que-ler calhamaços (de preferência em alemão) nos carros, automóveis, landolés; nos cafés em que entravam, nas esquinas onde paravam, nos pontos de espera dos carris de burro e depois elétricos. Voltaram devagar para Padre Rolim e quando entraram, tinha passado a hora do almoço mas seus pratos estavam feitos, tampados por outros de borco e colocados sobre panelas cuja doce fervura mantinha a comida quentinha. Era um trivial mineiro dos mais típicos: feijão-mulatinho, angu, arroz, couve cortada, carne picada. Os ovos estalados na hora, na frigideira cheia de banha de porco, pela própria d. Diva. Depois o doce de mamão verde, e a toreba de queijo de minas. Café ralo e os dois estavam começando a fumar seus cigarros quando palmas estalaram ao sol estridentes e anunciaram gente de fora. O Nava foi ver. Era um servente da Higiene com um envelope fechado para o Egon. Ordem de serviço em estilo burocrático seco e preciso. Do doutor inspetor substituto ao dr. José Egon Barros da Cunha. Deveis vos apresentar no meu Gabinete, hoje, às quinze horas e quarenta e dois minutos para tratar de assunto de serviço. Assinado, dr. Argus Terra. Eram quase duas da tarde. Havia tempo de sobra.

Seriam suas três e meia quando o Egon chegou à Higiene e fez-se anunciar. O dr. Argus fê-lo esperar um pouco e exatamente aos quarenta e dois minutos que tinha marcado, um servente fê-lo entrar. Sentou-se ao lado da mesa do *substituto* que demorou um pouco acabando de rascunhar e chancelar duas folhas de memorandos e só então fez rodar o assento da giratória e encarou o jovem médico. E deu suas ordens num tom de quem não deseja comentário nem réplica.

— Dr. Egon, sua ida para o Centro de Saúde do Desterro é coisa resolvida. Mas a questão do preenchimento daquela chefia está se arrastando e não sabemos ainda quando o senhor poderá embarcar pra lá. Sendo assim o dr. Cadaval e eu resolvemos aproveitá-lo em serviços de emergência como o que apareceu hoje, com um telegrama do presidente da Câmara de Caeté, pedindo a presença de um médico. Há epidemia possivelmente de febre do grupo tifo-paratífico na zona de Taquaraçu e o senhor seguirá com um guarda sanitário para combatê-la. Já mandei separar o material necessário, já o fiz entregar a esse subalterno. É o seu Anacleto Severo.

Despregou um instante os olhos de verruma do Egon, tocou um tímpano, um servente surgiu do solo e o dr. Argus ordenou que fosse introduzido o seu Anacleto. Entrou um homem de meia-idade, alto, louro, ar militar a um tempo respeitável e respeitoso.

— Seu Anacleto, este é o dr. José Egon Barros da Cunha com quem o senhor já sabe que seguirá amanhã, de rápido, para Caeté. Podem se encontrar na Central às cinco que o trem sai às cinco e meia. Pode ir, seu Anacleto. As malas prontas do material, o senhor já pode levá-las.

Voltou-se para o Egon.

— Aqui estão as requisições para os passes seu e do guarda. E aqui as instruções de serviço. — Passou um envelope e as duas folhas de bloco que o moço doutor o vira escrevendo e assinando. Eram instruções para o levantamento de um inquérito epidemiológico, o registro dos pacientes, dos comunicantes, dos serviços prestados, em que o Egon apenas passou os olhos, depois dobrou e meteu no bolso.

— Não precisava ter tido esse trabalho, dr. Argus. Eu sei perfeitamente como levantar esses inquéritos... quando isso é possível. Quanto ao lado clínico, tenho prática porque o senhor sabe muito bem que esse grupo de febres é endemoepidêmico na nossa cidade e esses casos são o pau que rola nas nossas enfermarias de clínica médica, donde vão transferidos para o Cícero Ferreira. Os da nossa clínica de mulheres que iam para o isolamento, eu continuava acompanhando porque sempre segui como observador voluntário as visitas do dr. Levi e do dr. Moreira. Assim o senhor pode ficar tranquilo porque apesar de diplomado só há duas semanas — conheço o assunto.

O Egon era a criatura menos suficiente do mundo mas resolvera se gabar daquele preparo para dar um teco no ar de arrogância e na filáucia com que falava aquela besta do Argus. Jeito autoritário, expressão impertinente da fisionomia, ordens mais gritadas que dadas. À merda...

Sujeitinho presença — esse moleque — pensava o médico. Foi ali o primeiro entrevero dos dois. Mas o Argus de cara fechadíssima ainda ia continuar. Entregou mais um envelope.

— Aqui uma carta de apresentação que o senhor deve entregar ao presidente da Câmara de Caeté, o dr. Israel Pinheiro da Silva e...

— Aí foi gastar papel e latim à toa, dr. Argus. Não preciso levar apresentação nenhuma porque sou amigo do Israel.

— Mas as formalidades administrativas...

— ... não têm cabimento no caso e eu não vou me dar ao desfrute de entregar esse expediente a um homem cuja casa eu frequento. Seguirei amanhã e farei tudo para dar cumprimento às determinações... do nosso chefe comum, nosso caro dr. Cadaval.

Disse, levantou-se primeiro, pondo ele fim à entrevista e rindo por dentro com aquela invocação feita da pessoa de Cadaval. Deu um aperto de mãos sorridente ao Argus e saiu pensando — encarta mais esta, seu...

> Lá fora o luar continua
> E o trem divide o Brasil
> Como um meridiano
> OSWALD DE ANDRADE, "Noturno"

Quando o trenzinho saiu ainda estava escuro e um resto de minguante açucarava os contornos das casas, dos matos, com a tênue poeira de sua prata. Logo esse fim de luz branca foi devorado pelo ouro maior do sol que transbordava. O Egon, encostado no banco de palhinha suja, mal sabia da aventura em que se metia e que estava para descobrir Minas Gerais. Apenas um pouco excitado da consciência de se estrear na profissão e realizar primeiro trabalho médico sob sua inteira responsabilidade. Logo o distraiu a beleza do dia prodigioso que nascia e do sol jorrando pelas janelas do carro, ora à direita, ora à esquerda — aos caprichos das curvas e ziguezagues dos trilhos. Tinha sido primeiro a zona já quase rural do Horto e depois Marzagão onde começou o atraso. Ficaram ali uns trinta minutos para nada, parados por parar, o maquinista manobrando ludicamente — só por manobrar. Afinal saíram num sacolejar de ferragens mais decidido e só estacaram de novo em General Carneiro. O moço médico não resistiu e seduzido pelo requinte da estaçãozinha triangular, pulou na plataforma para admirar a construção. Era uma verdadeira joia de fantasia arquitetônica e tinha alguma coisa de profundamente mineira nas águas do telhado, ao tempo que de chinesa pelo torreão que sobrepujava o mesmo, redondo, cheio de aberturas, galgando até nova cobertura que nem as de quiosque, que subia em cone e terminava por ornatos que se abriam docemente como copo de lírio ou tronco de efebo. Outro telhadinho uma bola um florão uma haste e o bibelô cintilava na manhã. O mais extraordinário da construção, melhor que o bizarro da casa de três faces, era a medida, o ritmo, a proporção com que suas partes se levantavam. O que terá acontecido? à estaçãozinha de General Carneiro que não vejo há cinquenta e um anos. Terá sido? tombada pelo Patrimônio Histórico. Modificada? no seu risco. Aviltada? em sua forma. Ou entrou? a picareta progressista para fazer paragem maior.

O trem apitou. O doutor estreante já o tomou andando e ficou na escada do carro até ver sumir o assombro de bom gosto que a distância que aumentava ia tornando mais lindo mais lindo mais lindo. A palavra — gentil — tiniu e ficou tinindo na sua imaginação. Logo veio Sabará e a estação não dava de longe nenhuma ideia da cidade. Ali o comboio parou de novo e ficou perdendo tempo, como que dormindo no silêncio cavado no dia só cortado por assovio chio fino que a máquina soltava sem parar. O jovem médico aproveitou para olhar os raros passageiros. Eram matutos, gente simples, homens de bota-sanfona, de botina de elástico, o ar triste e mal barbeado, fumando seu palhinha resignado e cuspindo no chão. Mulheres envelhecidas antes do tempo, cada sua penca de menino vomitando. O diabo do trem não saía, como se estivesse encantado e o Egon levantou para desentorpecer as pernas. Foi indo até uns bancos adiante, parou perto daquele em que sentara seu guarda sanitário que desde o início da viagem não levantara os olhos dum livro atochado que sacara da maleta ainda em Belo Horizonte. Então? Seu Anacleto, matando o tempo com um romance, hem? Eu também vim munido com *O crime do padre Amaro*. Sempre é bom a gente... Logo a resposta em tom respeitoso mas nítido. — Meu livro, doutor, não é de estórias não senhor. É A BÍBLIA. — E remergulhou na leitura. O periodeuta foi sentar e de longe ficou olhando aquele huguenote taciturno que o Argus lhe dera para companheiro. Ainda mais esta! E considerou que pelo ar sombrio, pela solenidade do aspecto, pela idade, pelas bigodarradas louras — o Anacleto era bem capaz de passar pelo "doutor" e ele, Egon, por escudeiro e guarda sanitário. Mais de hora em Sabará, mais longas estopadas em Mestre Caetano, José Brandão e foi só às dez e meia que o trem chegou a Caeté. Levara cinco horas para cobrir os quarenta e sete quilômetros da distância — escritos à tinta negra na parede da estação. O presidente da Câmara, dr. Israel Pinheiro da Silva, estava esperando nas pedras da plataforma.

Nascido em 1896, esse filho do velho João Pinheiro ia, na ocasião, pelos seus trinta e um para trinta e dois anos de idade. Era um moço alto, magro, rosto fino que repetia, como o de quase todos seus irmãos, os traços e o nariz que estão nas fotografias conhecidíssimas do presidente de Minas. Era pálido e pertencia ao grupo arruivascado ou alourado dos filhos do último — representado por Helena, Paulo, Virgínia e José (Zezé). Os outros eram morenos e destes só diferiam do tipo as duas moças que tinham saído à d. Helena: Carolina, casada com o Juquinha Fonseca, e Marta, com o João Cláudio de Lima. O Israel tinha expressão entre dormente e sonhadora que era a cortina mineira atrás da qual se escondia o homem inteligente, de espírito pronto, sempre disposto ao chiste e à boa risada. Egon conhecia-o muito bem da casa de sua mãe. Não podia dizer que fosse seu íntimo, nem mesmo amigo mas para suas relações era lícito usar um termo que só os mineiros entendem. Tinham muito costume — no sentido de encontros frequentes, muita conversa e cada um gostando dos casos e das estórias do outro. Foi da boca do Israel que seu irmão João, o Nava e o Egon tinham ouvido, abancados no Bar do Ponto, pela primeira vez, o nome de Einstein e uma explicação vertiginosa da Teoria da Relatividade. Tudo isto e mais as sessões de tiptologia e mesas giratórias em que ele comandava a cadeia — para interrogar o espírito dos mortos.

Muito risonho, Israel interpelou o conhecido sobre ao que vinha a Caeté.

— Uai! sou o médico que a Saúde mandou a seu pedido para ir ver os tifentos de Taquaraçu.

— Então você já está formado... Meus parabéns. Onde que tá sua bagagem?

Apresentado o seu Anacleto que montava guarda junto à mesma e aos malões do material sanitário. Logo o Israel introduziu na conversa certo Agatão Tranquilo.

— O Tãozinho agora vai levar essa bagagem e o seu Anacleto para o Tinoco, onde vocês dormem hoje. Amanhã cedinho saem para a zona pesteada. Nós dois almoçamos depois. Agora vamos direto à casa dum empregado da Cerâmica. A mulher dele tava grávida de gêmeos. Pariu há três dias menina morta. Depois engastalhou e não há meio de soltar a outra criança. Tem uma curiosa fazendo tudo — vamos ver agora se você dá jeito.

— Mas pelo amor de Deus! Israel. Eu num sou parteiro...

— Cumé que não? Caeté não tem médico, você é o único à mão e fica sendo parteiro quer queira quer não queira. São ordens do presidente da Câmara.

Seguiram uma rua vazia, o Israel às gargalhadas, o médico estreante espavorido e atraído pelas caras curiosas e tímidas aparecendo e logo sumindo nas janelas. Ia aterrado, pensando nas encrencas daquele parto empenado, nas possibilidades trágicas dum mau pé, das apresentações agripinas, das procidências de braço. Sentia-se perdido diante daquela primeira paciente que lhe aparecia depois de formado. Que merda de batismo... Chegaram finalmente à casa. O moço sucumbido tirou o paletó, a gravata, arregaçou as mangas e olhou a pobre parturiente. Era uma mulata magra, cara de sofrimento, beiços pálidos, uma roseta de febre em cada face. Respondeu que tinha vinte e nove anos e que já tivera cinco filhos em partos normais. Aqueles dois é que... A parteira era uma negra velha que foi buscar o que pedia o médico. Veio com uma bacia de latão, cheia dágua quente, um pedaço de sabão português. Agora, creolina, não tinha não. O Israel saiu correndo para comprar. Enquanto isto o parteiro improvisado fazia exame sumário, auscultava, percutia, palpava e depois tomava o pulso rápido da cliente que o diabo lhe mandava. Chegou a creolina. Ele lavou primeiro as mãos durante tempo — água e sabão. Mandou a negra jogar fora e trazer bacia com água limpa. Creolina na água e desinfetou as mãos naquela barrela esbranquiçada que enchia o ar do quarto com seu cheiro forte a ácido fênico e creosoto de faia. Àquele bafo de remédio o Egon aprumou, sentiu-se seguro, mandou tirar as cobertas e que a parteira arreganhasse as pernas da paciente. Um cheiro a mulher suja e a podre dominou o da creolina. O Egon olhou. Estava um negócio inidentificável. Debaixo da moita espessa dos pentelhos colados uns nos outros e pregados à pele do baixo-ventre, virilhas e entrepérnios por suores, água amniótica do primeiro parto e lóquios — estava alguma coisa edematosa, esfolada, verdoenga e equimótica parecendo casca de fruta podre rachada de fora a fora. Pela fenda escorriam imundícies sanguinolentas e dela brotavam folhas. Do meio saía um fiapo de umbigo ressecado feito tira de couro fina. O médico chegou perto. Eram folhas, mesmo, úmidas e emurchecendo. Apontou a alcachofra à negra velha.

— Que diabo? de folhagem é essa...

— Ela tá atafuiada, doutor.

Atafulhada? O médico compreendeu melhor quando teve a explicação. A vagina da parturiente estava cheia, entupida, atochada de folhas apertadas de urucum. Foi informado também que era um verdadeiro porrete pra menino atravessado e parto engavetado. Superior. Fazia vir tudo depressa. Havia de ser medicação analógica — pensou ele — a baga do arbusto sendo deiscente e soltando seus caroços assim que abria.

— Vamos tirar isso tudo...

Foi removendo aquelas folhas em forma de coração, sacou um punhado delas apertadas umas às outras como couve na hora de cortar. A pobre coitada estava como que arrolhada. Atafulhada. Desobstruída, começou a deixar sair uma baba grossa e suja pelas partes. O obstetra improvisado reclamou um irrigador. Não tinha. Foi ainda a preta velha que disse que ia pedir emprestado o da d. Nercinda. Vinte minutos depois voltava com recipiente, borracha e pipo de ebonite. Tudo pra ferver numa lata grande. A lavagem, ajudada pelo Israel que levantava o vaso, trouxe mais folhas, como que mastigadas. O Egon mandou encorpar o soluto de creolina, chacoalhou novamente as duas mãos na bacia e foi ao toque. Meteu indicador e médio — o mais que pôde. Sentia um calor, uma pressão como se estivesse enfiando os dedos em toucinho quente. Dentro daquelas paredes edemaciadas ele procurava inutilmente o colo. Pediu uma lata nova de azeite, que a lavassem com água e sabão e furassem com prego de ponta esbraseada na chama. Foi ainda o Israel que se encarregou da operação. Aí ele estendeu bem a direita e que despejassem na palma e dorso. Bem untados, os dedos foram reunidos na clássica "mão de parteiro" e o Egon a enfiou vagarinho na loca. Lentamente chegou até a uma espécie de bola mole que segurou de leve para identificar. Parecia um limão de carnaval, alguma coisa elástica esquivando entre os dedos, amolgável, renitente. Pega que pega, aperta que aperta, toca que toca e o troço rebentou e veio um esguicho de água que eram as do segundo bolso herniado, estourado pelas manobras. Logo depois o doutor olhando o ventre viu que sua parede mexia numa sucessão de ondas. Palpou e sentiu as contrações da madre.

— Ela entrou em trabalho de parto. Agora vai andar depressa...

Foi, de não dar tempo nem para um segundo toque. Veio lá de dentro uma espécie de peixe que, ao acabar de sair, o Egon verificou repugnado que era um monstro anencéfalo. Bom, que morto. *Vade retro* — pensou. Esperou um pouco e passou à segunda parte do drama. Delicadamente e depois com mais força procedeu ao Credé. Recebeu nas mãos as secundinas, viu golfar sangue agora vivo e radiante, que o mesmo já se estancava à tonicidade readquirida daquele útero. Inspecionou a placenta e membranas. Pareciam inteiras. Mas e os restos? do primeiro bolso... Depois, enquanto lavava as mãos na calha do terreiro, o Egon dizia ao Israel que a pobre mulher não escapava duma infecção, que era melhor removê-la para o Pavilhão Semmelweis da Santa Casa de Belo Horizonte e que ela depois devia ir para a enfermaria do Werneck. Coser o períneo. Fazer uma *bitola estreita* — esclareceu, rindo, ao presidente da Câmara. O moço médico estava bestificado e encantado do jeito sacerdotal e paternal com que o Israel exercia seu cargo — assistindo e ajudando até em parto, cheio de naturalidade e caridade simples. Para adiantar um pouco o caso, vamos contar que vários dias depois, voltando da zona tifenta, o Egon fora à casa da sua paciente. Encontrou-a lavando roupa, rindo muito e logo correndo a passar um café pros doutores. Não tivera infecção nenhuma, não senhor! e não queria saber de ir coser em Belo Horizonte.

— Precisa não, doutor. Já fica caminho aberto pra outro... Corrimento? um restinho. Igual ao que tinha antes... Vai com Deus, doutor...

— Fica com Deus, minha filha...

Precisava mesmo não. Ia ficar larga e úmida, o marido que nadasse naquelas amplidões. Ficar conirrota como as outras do interior, nas zonas onde não havia médico ou, se este havia — não havia mesmo é medicina.

156

Eram quase três horas quando o médico e o Israel chegaram ao Tinoco, ao Solar do Tinoco — propriedade dos Pinheiro. O Egon admirou a beleza e a dignidade arquitetônica do casarão, sua varanda central, as escadas. O Israel explicou que tinha sido do barão de Cocais e o doutor subiu, emocionado de ir pondo os pés nos degraus velhos que haviam, tantas vezes, de ter suportado as pisadas de sua gente Pinto Coelho da Cunha. Almoçou com o dono da casa que enquanto comia explicava como seria a viagem. Sairiam às cinco da manhã, ele, Egon, seu Anacleto, bem montados e guiados pelo seu empregado Agatão Tranquilo, chamado geralmente só de Tãozinho. Iam outros dois camaradas, Polidoro e Balbino. A tropa ficava, assim, constituída de cinco cavaleiros e da besta de carga para a bagagem sanitária e a de cada um. Está bom? o jovem médico não teve nada a acrescentar e os dois saíram para dar uma olhada no Caeté. Foram primeiro à Cerâmica. Depois à Matriz em cujos beirais, torres e cornijas o René Guimarães, cada vez que vinha à cidade, fazia suas sortes e acrobacias — iguais às de Quasímodo na Notre-Dame. Andaram um pouco. Voltaram para o Tinoco ao escurecer. Um cansaço gostoso da viagem, da estreia, do parto, do passeio, amoleciam o Egon. Tomou sólida canja e recolheu-se ao quarto que lhe fora destinado, à direita de quem olhava a fachada, janelas sobre o lajeado pé de moleque da frente. Tirou a roupa, deitou e parecia que não tinham nem dormido quando deu com o dono da casa dentro do quarto e abrindo a janela para o dia que nascia.

— Então? Egon… Um quarto para as cinco e tá na hora do café. Depois estrada e boa viagem no lombo do burro.

Quando o periodeuta desceu depois do café, o Israel o acompanhou até ao pátio da frente da casa. As montarias estavam prontas, a besta de carga com as cangalhas arrumadas, as malas e arcas amarradas. O seu Anacleto, já montado, estava uma figura imponente. Chapéu e gravata pretos. Botinas cruas de elástico, roupa cáqui, cabelos de trigo, bigodeira de cobre — ele parecia uma estátua de bronze dourado chapeada pelo sol. Óculos pretos. Na mão esquerda as rédeas bem-apanhadas e o volume da Bíblia, na direita, a tala. Ao que parecia, o estafermo de metal ia ler durante a viagem. O Egon nunca montara a cavalo e aproximou-se do animal que lhe tinham reservado — assim vagamente inquieto, principalmente porque percebera nos olhos do Israel uma espécie de riso reprimido.

— Não se preocupe, Egon, o burro é macio de sela e bom de boca.

Era um burro preto de sabat, um burro de dois andares e queixada bíblica — que lhe tinham reservado. O Tãozinho segurava-o pelo bridão, rente à boca. O Egon meteu o pé na caçamba e içou-se com tanto ímpeto que quase ultrabordou para o outro lado do bicho. Graças a Deus enganchou, caiu na sela, firmou-se, meteu o outro pé na outra caçamba e afastou os dois o mais possível com medo de impacientar o burro ao contato das esporas de rosetas denteadas e agudas — que o Israel fizera questão que ele pusesse. Atracou com as duas mãos o santo-antônio da sela mexicana, o que levantou protestos — assim não! assim não! — do Tãozinho e do Israel. Logo o primeiro entregou-lhe as rédeas e o segundo um chicote fino e silvante que o pobre cavaleiro decidiu não encostar nem de longe na sua montaria. Nela assim postado, o moço sentiu como que um esquartejamento pelo afastar das próprias pernas — provocado pela espantosa largura do burro paragigante. Daqueles altos contemplou o mundo como de cima dum patíbulo. Mas se aprumou, pernas e esporas afastadas, braços afastados do corpo e a destra sustentando o chicote irrisório. Num suor frio ele viu o Israel lá embaixo, a custo segurando a gargalhada que queria cacarejar. Já o Tãozinho colocava-se montado ao lado esquerdo. O seu Anacleto desfraldara um guarda-sol que não se lhe percebera, a Bíblia já aberta, apoiada ao santo-antônio da sua sela. Os peões passaram para trás. Num assombro o Egon notou que seu burro virava a cabeça, olhava-o longamente como a tomar alturas da carga. Pensou, numa vertigem: seja tudo o que Deus quiser! e largaram. Correu bem no princípio e o médico já se tranquilizando ia estabelecendo analogias entre a batida das ferraduras no ferro nas pedras do pé de moleque que tiniam sons nítidos e resolutos e os lampejos variados e como que sonoros de tão alegres que o sol fazia nascer das poças dágua e da quina mineral dos pedregulhos, da face das vidraças, dum verde de folha, do amarelo estridente dos girassóis. Essa sinfonia dura-durou enquanto durava o calçamento pedregoso. Assim que chegaram à estrada e às primeiras batidas dos cascos na terra fofa, o burro fez meia-volta, tomou um galope perigoso e voltou à sua base rédeas soltas e o monteiro atracado à sela. Atrás a gritaria de toda a tropa e o galope erudito do seu Anacleto sempre silencioso. Última forma. O Israel deu novas instruções ao Egon. Que dominasse o animal, não o deixasse abusar, ora esta! que metesse a peia, chegasse as esporas. Pois sim... Tudo nos eixos, todos em posição, a expedição arremeteu novamente. Mas aquilo estava escrito. Tão cedo o filho da puta do burro sentiu o chão de terra da estrada, fez outra meia-volta e num galope desabalado voltou ao Tinoco. Foi um espanto e uma galhofa, o Israel não se continha mais. Só que o Egon safado da vida — desceu daquele troço demoníaco que cavalgava e disse que naquele bicho não montava mais. Arre! que o Israel tivesse paciência e arranjasse pra ele outra coisa. De preferência cavalo velho que era trem que aceitava qualquer principiante e não oferecia os perigos do que lhe tinham dado. Ah! não... O Israel confabulou com o Tãozinho, este afastou-se levando o burro para a manjedoura que ele queria e quinze minutos depois veio trazendo pela arreata um rocinante magro e pelo dum castanho tão claro que parecia cabelo oxigenado. O Israel voltou-se para o Egon.

— Taí o cavalo velho que você queria. Esse serve. É só prestar atenção à balda que ele tem de desmunhecar de repente, dar uma carreirinha e retomar o passo em que vinha.

O moço montou, tocaram e eram suas nove e meia da manhã quando ganharam pela terceira vez a estrada. Não houve nada e foram seguindo o trote do Tãozinho que passara para a frente como lhe competia na qualidade de guião. Dentro de uma hora (com uma desmunhecada do cavalo a cada vinte minutos) o sol sertanejo fez-se presente no médico. Queimava a pele, ardia na nuca, antebraços, mãos; levantava-se do cavalo um cheiro de estrebaria úmida e ele espalhava espuma como se fendesse ondas. As mãos suadas do cavaleiro amaciavam e faziam como que uma pegajosidade que untava as rédeas de couro cru e os dedos que as arroxavam. Um verso subiu à boca do moço — "O sol carrasco nos carrascais" — e um vento transitório e fresco passou como a presença amiga de João Alphonsus. Aquilo não variava e o Egon sabia das horas pela subida do sol que fazia sua sombra e a do animal virem chegando para mais perto. Ele olhava com agrado as silhuetas azuladas cavalo e cavaleiro se projetando no solo e via narcisisticamente a sua, tão magra que era quase elegante, o chapéu meio de lado, a camisa arregaçada até ao braço, os movimentos de vaivém que o cavalo lhe imprimia e cuja projeção era inseparável da sua. Aquele contorno oferecia sugestões vagamente heroicas e equestres e o jovem doutor pensava em entradas pelo sertão e em lances guerreiros que faziam-no ver, no desenho sobre o solo, à direita, à esquerda — as figuras de sua gente em bandeira, em guerra, ou em penetração das terras das minas dos matos gerais. À vontade sobre o velho pangaré, ele já automatizara a defesa pronta do corpo e de pernas pés mais firmes nas caçambas a cada desmunhecada. Mesmo perdera o medo de espantar a montaria e acendia à vontade seu cigarrinho. Uma nuvem de fumaça saía também da cabeça da sombra feita na trilha vermelha. O sol carrasco... Quase onze horas passaram um riacho, viraram um barranco e apareceu uma venda de beira de estrada. O Tãozinho informou.

— Para qui pra almoçá.

O Egon deu graças ao Senhor daquela interrupção para repousar o traseiro em ebulição devida ao chouto e aos desmunhecamentos do cavalo. Apeou, mal podendo andar. Manquitolando, foi se achegando ao balcão escuro do tempo, do sujo, da madeira roxa que lembrava a cor dos jacarandás. Estava fosco nuns pontos e polido nas beiras, lado de dentro pelos cotovelos do negociante, de fora, pelos dos fregueses. Havia ali uns quatro e logo o Tãozinho foi contando que ele era o médico que ia socorrer o povo de Taquaraçu. Um mulatão grisalho, que devia ser o mais velho dos cinco, olhou entendidamente o dono da casa depois que todos tinham se apertado as mãos. Logo o de dentro pôs um copázio alentado em cima do balcão. Era dum branco puxado ao esverdeado, facetado, louça barata mas antiga, o vidro ordinário cheio de bolhas de ar. Encheu até às bordas duma pinga especial dentro de cuja garrafa macerava um punhado de pitanga. Bebeu primeiro o ofertante, passando em seguida o copo para o médico. Este conhecia o costume e sabia que recusar era injúria grave. Tomou sua talagada e logo um fogo lhe gratificou as entranhas — enquanto ele sentia um retrogosto de açúcar surgindo dos fundos da dureza da cachaça e do aperto que a pitanga conferia. Deu o copo ao Tãozinho, esse ao seu Anacleto (que, puritano, apenas molhou os bigodes), esse a outro bebedor. Assim por diante, de um em um. O último foi o Balbino que tomou sua marretada não esquecendo de deixar uma boa dose final que derramou no chão: era o gole das almas. Satisfeito com aquela cortesia mineira, o doutor acendeu seu cigarro, sentiu-se livre de todo cansaço e ofereceu a sua rodada — consumida com o mesmo cerimonial. Passou a mão naquele balcão venerável onde se viam presas a prego sem-número de moedas falsas — pratas de 2$000, de dez tostões e quinhentão; cruzados, níqueis de dois tostões, de um; cobres de quarenta réis, vintém, derréis. Tudo liga ordinária de estanho e metal branco, latão. As notas viciadas eram coladas às metades, na parede do fundo — à roda da Folhinha Mariana — com pataracas de sabão português.

Almoçaram numa espécie de alpendre no fundo da casa e o Egon notou pelo declive do terreno que estavam desde cedo subindo as encostas da Piedade. Nunca ele comeria outra vez mexidinho mais gostoso que o que se lhe oferecera. Feijão-mulatinho, arroz, quiabo, rodelas de linguiça, nacos de toucinho. Ao ponto, tudo passado na banha de porco e aguentado na farinha de fubá. Como tomado por onda atávica ele achou natural que a mesa fosse servida pela mulher e pelas filhas do dono do boteco. Silenciosas, cabeça baixa. Naquelas alturas e naqueles cafundós o sexo feminino ainda não tinha lugar à mesa das refeições. Só os machos. Depois doce de leite e queijo curado. Café com rapadura. Num bem-estar ele perguntou ao Tãozinho que serra era aquela, longe, na direita.

— Aquele espinhaço todo, doutor, é a ponta da serra de Cocais que quase emenda com a da Piedade. As duas fazem garganta onde nós vamos passar amanhã. Para trás? É a serra do Luís Sodré e depois a do Mato Grosso que caminha na direção do Ouro Preto.

Montaram e ao escanchar na sela o doutor sentiu o dolorimento da raiz das coxas, da cacunda, da bunda pisada. O sol vinha de cima e todos iam num silêncio só cortado aqui e ali duma conversinha mole, duma praga à ferroada brasa viva ferrão dos carrapatos que passavam dos animais para a pele dos cavaleiros. O Egon trazia as pernas bem protegidas pelas perneiras de tiras de casimira que lhe emprestara o primo Nelo, sua calça era dum brim grosso e a bicharia que entrava era pelo cós e espalhava-se na frente das coxas, na barriga, nas costas. Ele queixou-se ao Tãozinho.

— A queimação, doutor, é do micuim. A ferroada do rodoleiro. Mas isso a gente tira é de noite. O ardume do miúdo trata com terebintina, álcool canforado. O gancho do grande, tira com alfinetão em brasa. Trouxe tudo, sim senhor. O que não pode é arrancar o carrapato porque ele deixa o dente na pele e é ferida certa com purgação pra mais de mês.

Oh! Minas Gerais...

A cavalhada seguia Minas Gerais acima dentro. O Egon, exausto de ser sacolejado, todo queimeritematado do sol, boca gosto de poeira vermelha, mãos pegajosas e fedidas do couro cru das rédeas, corpo de são Sebastião todo furado pela seta dos rodoleiros e ardido da queimadura dos micuins, ia entretanto num encanto cavalgando aquele solo ilustre. Dono da geografia do seu estado, quando o astro ficava bem a sua esquerda ele se orientava e punha no seu nordeste, a Itabira dos Drummond; ao leste, a Santa Bárbara de sua gente Pinto Coelho; ao sul, a Vila Rica do Ouro Preto, dos Vasconcelos; ao sudoeste, a Vila-Nova, dos Lima; ao oeste, a Sabarabuçu, dos Lopes Martins, e a Santa Luzia, dos Viana. Era como se estivesse abraçado por toda essa gente amiga e mais todos os Pinheiros da própria Caeté cujo solo galopava. Nem precisava mais perguntar ao Tãozinho. Senhor dos pontos cardeais, ele identificava por si mesmo os azuis cada vez mais puros das serras do leste — a de Mato Grosso, do Luís Sodré, de Cocais, a Serrinha e a serra da Pedra Redonda. A oeste alteava-se maravilhento, luminoso, senhoril o dorso cada vez mais nítido e mais próximo da Piedade que a tropa galgara até meia altura. Em demanda da montanha mágica tinham deixado à direita os aglomerados de Mundéus e Penha e só encontravam de quando em vez casinha de sítio, casa de fazenda, palhoças, barracões, botecos à beira da estrada. Tinham atravessado o solo variável e característico do Caeté — zonas áridas de cerrado, terras duras e retorcidas como a vegetação pobre que se fincava — gravetos virados para cima. De vez em quando pastagem menos ruim — jaraguás gorduras — com seus bois sonolentos. Vez eram capoeiras e mesmo matas parecendo intactas donde surgiam as aguinhas e riachos que iam engrossar o Soberbo. Então a tropa entrava num sombreado fresco e todos sofreavam querendo demorar mais um pouco naquele verde balsâmico. Desmontavam o tempo dum cigarro, duma mijada boa ou fumavam nas selas, virando no sentido natural da flexão e extensão das pernas desmanchando a abdução dolorida e cansativa. Ah! o bom cigarro, o chapéu para trás, o gole de água fresca nas guampas... Mas já o Tãozinho chamava, seu cavalo picava à frente e os outros acertavam por sua marcha, seu trote, seu galope. E novamente o cerrado. Fascinado, o Egon olhava a serra da Piedade. De manhã ela estava longínqua, esfumada, como as ravinas que fazem o fundo da Monna Lisa Gioconda. Depois o sol varrera as brumas e ela se vestira do azul polido e claro das montanhas e terras horizontes das *Três riches heures du Duc de Berry* — um blau puro oferecendo as gradações agilíssimas do anil na água — muito anil, menos anil, pouco anil. Uma brancura imitava neves avalanchando caudais de prata descendo selargando-se dos pontos mais altos. Sem que perdesse seus azuis, o dia, à medida que subia, fazia a montanha dourar onde estivera a prata dos cimos e a essa mistura aurociânica respondiam tons verdes que atiçavam os blocos de esmeraldas que cintilavam nas cristas das encostas. Chegando mais perto, o astro obliquando para trás da serra permitia seu solo se mostrar sem a doçura inicial de coisa de açúcar e sorvete, antes, e a se eriçar de agulhas e a ficar duro, pedregoso, bosselado, áspero, nos detalhes onde a prata virara ouro e o ouro ferro à medida que a luz paramonteava, transpunha, baixava e fazia o crepúsculo mudar o colorido da tela prodigiosa. Agora, àquela hora e de perto, o solo de Minas Gerais assumia sua carranca de chão de ferro. O Egon padecendo na sela, via sua sombra que se esticava empurrada com a do cavalo pelos raios poentes. O braseiro se escondeu no momento em que as raízes da serra dobram para leste e fazem como a angulação dum para-vento. O moço gemeu.

— Ah! Seu Tãozinho, chegamos? ou não chegamos mais... Já não aguento, estou completamente descadeirado...

— Um pouquinho de paciência, doutor, tamo chegando. Só mais um terço de légua...

O Tãozinho e os camaradas estavam lampeiros e frescos como de manhã. O seu Anacleto, vaqueano dessas viagens a cavalo, imutável. Não suara nem se sujara — mantido pela leitura da sua Bíblia. Afinal o guião mostrou uma casa surgindo mais clara de dentro da treva que aumentava.

— É ali, doutor, que vamos ter janta e dormida. Fazenda do capitão...

A essa voz o jovem médico despencou da sela.

— Perto assim, Tãozinho, só esses quinhentos metros, vou a pé que não posso mais com esse cavalo...

Os outros foram se adiantando devagar. O Egon foi indo a pé, todo dolorido dos quartos, descambado de costas, puxando aquela porqueira de cavalo amarelo pela arreata. Chegando perto sentiu o cheiro hospitaleiro da bosta do curral perto da casa. O capitão adiantou-se com Tãozinho para receber o sô Dotô. Era um morenão simpático, olhos muito verdes, seus 48 a cinquenta que o cavanhaque grisalho aumentava. Corte barba de bode e falando com ar disfarçado um "mineiro" dos mais gostosos que o Egon já ouvira. Lembrava a falação do primo Juquita.

— A casa é sua, doutor, não repare, rancho de pobre...

— Ora essa! Tá tudo muito bom. Superior.

O banho insinuado, o médico foi tomá-lo distante, numa volta de barranco. Um jorro dágua chegavali — intermédio de gomos de bambu-imperial abertos de fora a fora. Essas telhas embiricicavam umas nas outras fazendo no extremo a bica grossa que cantava numa pedra lisa. Aquela água lavou-o da poeira, do cansaço, do calor, da secura do ar. O Tãozinho viera atrás com o capitão que levantava um lampião de querosene. Antes da água e assim que ele viu o moço em pelo, aproveitou para livrá-lo dos carrapatos grandes. Viera munido para isto dum alfinetão fincado numa rolha de que punha a cabeça em brasa à chama do *belga*. Depois tocava com ele o rodoleiro que encolhia os dentes e caía. Tirou seis pendurados na pele do tronco.

— Pronto, doutor. Agora os que o senhor arrancou coçando, vão dar ferida na certa. Depois do banho — é que vamos tratar as coceiras com terebintina ou cachaça de alcanfor.

O capitão que iluminara a operação declarou preferir cachaça com fumo de rolo ou mais simplesmente fumo mascado para esfregar. Com licença da má palavra — tem o guspo que também é muito bom. Disse essas coisas estendendo um lençol grosso de americano para enxugar. Vestido, o Egon reentrou na sua dignidade de doutor e voltaram todos para casa. Sentados em bancos em forma de X, ou tamboretes, esperaram que chamassem para comer. Afinal passaram para uma sala de jantar tão desornada como a da frente e abancaram diante de grande mesa de cabiúna sem toalha. O capitão na cabeceira. Um mulherio surgiu trazendo os pratos, travessas, panelas. Cabeça baixa, não salvaram nem foram salvadas. Mulher e filhas do capitão. A comida ficava na mesa e o dono da casa não servia ninguém para não constranger com de mais ou de menos. Como ele ficasse de pé cada vez que tirava qualquer coisa para seu prato, o doutor compreendeu aquela cortesia e passou a fazer o mesmo que ele e todos. Picadinho de miúdo de porco com angu e feijão. Lombo com arroz. No fim uma canja de galinha gorda — gosto enriquecido pelo vinagre. Café ralo adoçado com rapadura. Antes tinha sido um generoso cálice de pinga com os pedacinhos de casca de canela boiando dentro do garrafão. Era da boa e seu grau certo — fazia o rosarinho de bolhas que se encostam por dentro do copinho. Num bem-estar foram para a frente da casa. Noite sem lua mas toda estrelada. Aí o Egon perguntou ao capitão onde era.

— Qualquer lugar, doutor. O senhor pode seguir em frente, até ficá fora de vistas, chiqueiro adentro. Cuidado pra num trupeçar nos porcos. O que? que o senhor prefere. Jornal velho? Sabugo de milho?

Numa curiosidade ele optou pelo sabugo. Foi dando encontrões em capados do tamanho de hipopótamos aluídos nas lamas e porcarias do chiqueiro. Aliviou-se bem ao fundo, como se sempre o tivesse feito assim e como se nunca tivesse se sentado numa banca de latrina. Entrou pedindo cama e levaram-no a um quarto que dava na sala da frente. O jovem médico ia encontrando em si gestos e jeitos especiais, precisos como se algum antepassado estivesse reencarnado nele. Dormiu dum sono que varou a noite. Quando levantou é que examinou a cama. Era toscamente feita com quatro segmentos de tronco de árvore, seus quinze centímetros de diâmetro. Essas estacas reforçadas, à meia altura e em cima, por ripas retas. O enxergão era feito de galhos muito direitos pregados nas extremidades. Terminavam em ponta chanfrada e estavam garantidos uns nos outros por amarração feita com fibra de bananeira. Ficava um ótimo estrado. Alto, estreito, comprido. Em cima o colchão atufalhado de palha de milho que se remexia, para ficar macio, pela abertura no seu meio. Travesseiro bom, moldando a forma da cabeça assim que a gente se deitava e se ajeitava. Cheiroso dos caroços de macela que pareciam grãos de chumbo paula-sousa miúdo. O café da manhã foi bom como a janta da véspera. Xicrão da bebida rala e pegando fogo. Queijo escorrendo soro. Angu dormido, frito na banha de porco. O moço inda pitou um cigarrinho, negaceando numa conversinha mineira com o capitão. Mas o Tãozinho chamava com a tropa pronta. Seu Anacleto já montado e de Bíblia — parecia uma estátua equestre de guarda-chuva.

— Pois, capitão, até mais e muito obrigado por tudo. O senhor faz favor de agradecer à dona tamém.

O capitão despediu-se com ar de repente biscornuto, mais para carrancudo, com aquelas intimidades de moço da cidade mandando recados pra sua mulher. Não era dos hábitos, conforme esclareceu o Tãozinho. O senhor preste muito atenção nisto. Não precisa salvar nem a dona da casa nem as filhas. Nem olhar. E de jeito nenhum falar nada que mostre que está de sentido nelas... Mas já a cavalhada ia longe, renteando aquele fim de Piedade. Ela lá estava com um dorso antediluviano cujas escamas fossem cor de pena de pavão. Finalmente acabou, a tropa desceu um pouco e tomou uma planura mostrando do outro lado, como farol numa entrada de barra, as primeiras cumeeiras da serra de Cocais que manda ali uma proa como a querer fazer a abordagem da Piedade. Mas as duas, sem força, não se juntam. Entre elas estendem-se as navas caminho de Roças Novas. O dia foi igual ao outro. Aquele rangido de couro debaixo do sol, micuim, o rodoleiro, o mosquitinho-pólvora, aquele ar queimando. Almoço, o mesmo, noutra venda igual à da véspera. Ai! Abençoadas águas frescas dos riachos que vadeavam. Atravessaram Roças Novas de noitinha e foram dormir numa fazenda adiante, de outro compadre do Israel. Tudo igual à outra, menos o banho que o médico tomou dentro dum vasto cocho de gado. Ele sentia-se perdido nas distâncias das distâncias daqueles cafundós do Caeté. Dois dias de cavalo que tinham-no estropiado. Estava que não se aguentava mais e caiu das nuvens quando o Tãozinho deu-lhe a medida do percorrido. Quatro léguas. Duas de Caeté ao capitão. Outras duas do capitão a Roças Novas.

— Amanhã mais uma e meia e estamos na Taquaraçu.

Afinal chegou este amanhã em que o moço se viu e à sua tropa trotando para Taquaraçu. Os dias a cavalo tinham-lhe ensinado alguns truques da arte de montar e sua audácia já ia ao ponto de andar mais depressa, de espertar seu pobre pangaré desmunhecador, quando preciso, a rebenque e espora. Já automatizara certos movimentos de freio e sentia com orgulho a obediência da montaria. Saídos de Roças Novas, atravessavam terrenos menos sovinas, zonas melhores de plantação, veios dágua mais abundantes para os peões atirarem as guampas e refrescarem. Também o Egon estava mais moído e corpo todo uma dor só. Cheio de feridas do rodoleiro começando a zangar, feridas na região dos terços superiores dos glúteos, na zona onde a socação da sela faz dobrar a pele que de tanto esticar e encolher acaba em bolha dágua como queimadura e em ferida parecendo corte. O mesmo na parte anterior das coxas, nas zonas que vão esfregando naquela espécie de frontão barroco que guarnece a frente das selas mexicanas e que só servem para judiar. Quatro chagas abertas. Mais outras dos carrapatões. As queimaduras de sol na nuca e antebraços. A dor contusiva da raiz das coxas, das cadeiras, das costas. Corpo sofrendo, seu corpo sofrendo das primeiras machucadelas com que lhe pungia a profissão terrível e que com as canseiras e cuidados da vida toda — devia tornar o médico mais sagrado ao médico. Mas a verdade é que — parafraseando Otto Lara Resende — o médico só é solidário com o médico quando aparece o câncer. Assim mesmo, depois do resultado da biópsia...

Além de mais águas, havia mais capoeirões onde a tropa ia passando. Dentro da mata — os cavaleiros mergulhados num fluido verde como água de aquário. O colorido daquele ar úmido resulta da travessia das folhas verdes pelos raios amarelo-estridentes do sol. Paravam para descansar mais frequentemente porque o Egon estava no último furo de sua resistência. A sela virara um cavalete de tortura e ele sonhava, vagamente, com os confortos de um silhão, perna enganchada sem fazer força. Disposto a tudo, desmoralizado pelas dores e desconfortos ia falar nisto ao Tãozinho quando ele de repente disparou, numa subida, parou num cocuruto e quando o doutor chegou lá-incima do calvário, ele riu e mostrou um casario pouco adiante.

— Taquaraçu.

À entrada do lugarejo o moço olhou os dois lados da estrada e ficou curioso com a quantidade de *escadas* feitas de bambu, atiradas e se amontoando perto do barranco.

— Que escadas? são estas, Tãozinho...

— Escada não, doutor, andas pra carregar caixão de defunto nos ombros dum adiante, outr'atrás. Na entrada das cidades o respeito manda jogar fora pra chegar no cemitério carregando pelas alças.

Egon contou o número das tais armações de bambu. Umas trinta. Aquilo, num lugar onde o obituário seria dumas quatro ou cinco pessoas por ano, dava ideia da peste que ele viera combater. Um arrepio calouro correu sua espinha. Entraram no lugarejo. Depois duns minutos de ruas vazias deram na quina dum largo. Logo à direita uma velha igreja mineira atestava a antiguidade do distrito. Continuando via-se mais um lado do logradouro cheio de casas quadradas. À esquerda, no lado mais alto, o cemitério onde justamente entrava um enterro de virgem, caixão branco levado por homens de brim escuro, acompanhados por outros que repetiam o jeitão da gente das alças, meninos descalços levando flores, umas velhas embiocadas carregando velas acesas. Rompia a marcha o padre cujo vozeirão irradiava como a vibração doutro sino respondendo ao da igreja — que dobrava a finados. A praça pareceu imensa ao Egon, impressão que lhe vinha das casas baixas, dos muros ameaçadores do cemitério, do sol esmagador que aplastava tudo numa luz que parecia irreal, de outros tempos. Um cavaleiro passou trotando na sua besta perto do grupo que chegava. Salvou e continuou — as ferraduras da alimária tirando aqui e ali, dos pedregulhos um tinido uma chispa de fogo. O Tãozinho retomou a marcha e seguiu em frente até um casarão de esquina.

— Aqui, doutor. Pode apear. Estamos no major Jacinto, onde o senhor e seu Anacleto vão ser hospedados. Eu e os camaradas vamos ficar com parentes.

Entrei com o Tãozinho e logo uma senhora se adiantou toda de negro, pálida, cabelos pretos apanhados numa trança de mandarim que lhe escorria pelas costas. Saudou sem dar a mão. Fez gesto que o doutor entendeu ser para acompanhá-la, mostrou porta aberta para um cômodo que dava na sala.

— Seu quarto, doutor.

Ele começou a sentir-se constrangido diante daquela personagem que parecia saída das páginas de *Wuthering Heights* — no seu ar sonâmbulo e de aparição. Sempre com voz sem cor disse que ia mandar trazer o banho e queria saber se o médico punha na água cachaça ou álcool puro.

— A senhora pode mandar mesmo é cachaça. E deixem ficar a garrafa que eu destempero a meu jeito.

Ele nunca tinha ouvido falar em semelhante prática. Depois soube que era pra não apanhar resfriado. Mas naquela hora tinha resolvido dar à aguardente que trouxessem fim mais digno. Sempre sob o comando da senhora com ar de santo de roca — parecendo não ter corpo nem carnes sob o vestido preto, entraram três negras e um molecão carregando bacia de cobre areada e mais reluzente que um sol de ouro. O Egon bestificado olhou para aquele objeto de museu. Tinha os quatro pés, as duas alças e uma guarnição na borda — fundidos numa liga metálica mais clara. Pesaria suas quase três arrobas. Puseram no assoalho, rente à cama. Depois vieram as panelas, caldeirões e chaleiras com água saindo do ferver. Um jarro de porcelana azul e branca, sem asa e uma lata de querosene foram deixados com a água fria para dar tempero no banho. Uma cuité boiava. A dona trouxe lençol pro doutor enxugar e o sabão cor-de-rosa dentro duma saboneteira desbeiçada da mesma louça do jarro. Sozinho, fechado, o Egon cerrou as bandeiras das janelas, passou as tramelas. Uma claridade do dia poderoso entrava pelas frestas da madeira e por quadrados vazios abertos como naipes de ouros em cada bandeira cerrada. Uma penumbra enchia o quarto onde o moço distinguia cama de jacarandá tipo gôndola, muito estreita e comprida: podia servir de essa para os ataúdes desmesurados que Daumier pôs na alucinação que representa sua água-forte — *Le Médecin*. À sua cabeceira tamborete tosco com um castiçal de igreja pintado de preto e pó de prata, com longa vela de cera de seus bons setenta centímetros. Um tocheiro para altar ou para velório. A bacia, na semiobscuridade, parecia uma poça de água sanguinolenta. Despindo, o moço inventariava as injúrias da distância, do sol, da bicharia, dos trancos da alimária no seu corpo. Bolhas d'água nos antebraços. Quatro feridas — duas na bunda e duas na frente das coxas feitas pela sela hostil. As ferroadas do rodoleiro já querendo pustular. O sarampão do micuim. Ainda arrancou três daqueles que sentiu nas costas, sem paciência de fazer cair aqueles bagos de milho com o alfinete em brasa. O corpo todo doendo em cada centímetro quadrado da superfície da pele, em cada osso — daquela surra que durava há três dias. Tomou um consolado gole da aguardente que lhe tinham dado para o banho. Sentiu que suas entranhas acendiam feito tição soprado. Outro, maior, que lhe desceu forçando o esôfago como uma bola de bilhar incandescente. Sentou na bacia. Pensando só no sol, na montanhaolonge de azul e prata cinzenta e outrazul e prata cinzenta... Um pensamento lhe passou — sacana de Argus! mas logo adormeceu no colo líquido daquela bacia beirada de cama onde sua cabeça caiu pesando como se caísse decepada.

Pareceu-lhe decorrido muito tempo, quando a voz do Tãozinho de quarto adentro acordou o moço médico.

— Que isso? doutor. Afrouxou? Vamos que o major Jacinto tá chamando prá janta.

O major era o pai da dona viúva que recebera. Ela não tinha filhos, não tinha irmãos e formava com ele toda a família. Ela iria pelos seus sessenta a setenta, à escolha, pois seu aspecto era de gente sem idade. Velha, era. O que ela tinha de taciturna e alheia, o major tinha de falador, excitado, comunicativo. Tinha a esclerose cerebral alegrinha e movimentada. Comia sem parar, como se tivesse perdido a propriedade de sentir saciado o apetite. Em dado momento a filha proibia que ele continuasse a devorar, ele parava, começava a chorar, mas à primeira palavra que ouvia dum interlocutor embarcava na associação e tomava os degraus cansativos, infindáveis e colados da fuga de ideias. Dentro desse comboio disparado distinguiam-se caras, pessoas, fatos que aproximados de outros podiam deixar entrever coisas da vida do falador inexaurível. O médico percebeu que seu nome Jacinto radicava-se no do brigadeiro Jacinto, seu padrinho de batismo. Por mais que perguntasse não conseguiu saber qual dos dois brigadeiros Jacintos era o seu — se o Machado de Bittencourt ou o Pinto de Araújo Corrêa. No estribo de qualquer dessas figuras imperiais o interlocutor do Egon largava-se para as campanhas do segundo e mais longe, do primeiro reinado, descrevendo-as desordenadamente, mas com um toque de verdade alucinante que dava como que a certeza de seu testemunho e sua presença em fatos centenários ou quase. Sua idade? O Egon percebeu que ele andava perto dos cem. Que tinha acabado obra que durara dez anos em sua casa e que ia agora economizar pelo menos durante novos dez para outras modificações que levariam no mínimo mais cinco. Tinha assim uma espécie de certeza da própria eternidade. Porque queria casa pronta e preparada para então tornar a tomar estado. Porque, doutor, não posso ficar sem mulher, não posso. Isso até hoje, doutor, potência até ali. Pra dá, vendê, jugá fora. A essa voz a filha silenciosamente foi ao quarto do doutor, apanhou o garrafão de pinga e pô-lo diante do velho. Esse logo encheu meio copo e começou. Foi indo. Mas ao tantésimo gole — terra — e foi levado para seu quarto, como criança, no colo da filha. Essa voltou. O Egon agradeceu, pediu licença e disse que ia se recolher porque estava caindo de sono. A mulher avara de palavras então abriu a boca.

— E durma bem, doutor. Se ouvir barulho de cascos de cavalo debaixo da sua janela, não se incomode. É o dr. João Pinheiro galopando no largo. Não senhor, não é do filho que estou falando não. É do pai, do falecido dr. João Pinheiro.

Essa agora! Num mal-estar arrepiado o Egon foi deitar. Apesar do sono que sentia só conseguia, de espaço em espaço, cair numa modorra grossa de que era tirado para um estado de semiconsciência em que ouvia se aproximando se afastando o tropel dum cavaleiro na noite. Mas o som das ferraduras e os estalados da tala sumiram madrugada, varridos pelo primeiro raio de sol. O médico espreguiçou um pouco na cama seu corpo dolorido e ferrado dos bichos, esperou o primeiro barulho dentro de casa para abrir sua porta. Cuidou de si e ao voltar para a sala atentou na mistura disparatada de objetos opulentos e de coisas pobres. Na parede dois retratos a óleo: um velho barbado e uma bela senhora de frente, como numa foto de identificação criminal, os bandós repartidos no meio. Estava em ar de baile, vestido decotado à moda da imperatriz Eugênia — mas pessoa pudica tinha diminuído a abertura imodesta colando à tela babadinhos de papel de seda recortado que subiam até à raiz do pescoço. Idem, cobrindo os braços nus. Havia um grande espelho numa moldura dourada — aço todo roído. Essas coisas gritavam na companhia de bancos de madeira, tamboretes. A mesma trapalhada na sala de refeições: linda mesa de jacarandá encostada à parede, tamboretes às cabeceiras e banco de madeira crua no lado livre. Um guarda-louça de jacarandá rosado estava cheio de trens corriqueiros, de canequinhas de ágata, de sopeiras ordinárias ombreando com uma terrina de louça da Índia, dois pratos de Sèvres e copos diferentes de cristal. Opulência passada, pobreza atual. Uma estante fosca na sombra — cheia de bilhas, moringas, potes, quartinhas — cujo barro avermelhado pretesverdeava do mofo insistente. Saindo do seu quarto, o Egon viu passar negrinha carregando seu penico duplamente atendido, tampado e o todo decorosamente coberto com a toalha de crochê adequada. A dona apareceu toda de preto, seguida duma mulata gorda. Traziam o café mineiro fervendo, mandioca cozida espalhando fumaça e o cheiro gostoso — manteiga fresca, queijo curado. O Egon encheu-se. Foi à porta e viu o major sentado fora, quentando sol. Deu bom-dia, não foi respondido. Antes, encontrou no seu o olhar rancoroso do velho que fazia com a mão sinais coléricos de vassimbora, vá prosinferno e continuava a fazer movimentos de boca e bochecha como quem suga. E o moço assombrado deu-se conta que ele estava mamando, com ar empenhado, uma chupeta de criança. Mas já o Tãozinho chegava com os animais e os camaradas. Seu Anacleto saiu de sua toca. Montaram e seguiram pra cavalgar o dia inteiro, comer onde estivessem, voltar pra dormir em Taquaraçu — como o fizeram dias e dias varando todos os sítios, fazendas, choças, agrupamentos de casas e barracões em torno de vendas — esboçando a semente de povoados, arraiais, vilas, futuras cidades. Trotaram palmo por palmo tudo que ficava entre os vilarejos de São Félix e Bom Jardim — já quase na Santa Luzia — e as vertentes oeste das serras do Capote e da Mutuca que se dirigem juntas para o norte e o leste, formando com a serra da Pedra Branca os dois pilares que fazem a garganta por onde se passa dali pra Santa Luzia do rio das Velhas e pra Itabira do Mato Dentro. O Egon dividia-se entre as dores de seu corpo e o deslumbramento daquelas montanhas prodigiosamente translúcidas ao longe e logo opacas e mais duras se chegando perto. No altozul giravam nuvens como anéis de Saturno — ou ficavam imóveis e subidas com'umispuma argêntea de clara batida — ou faziam negativos de degraus se perdendo um pra baixo do outro do outro do outro para os para-lá dos horizontes inatingíveis. Longe... Águas fartas desciam em numerosos riachinhos — afluentes que iam engrossar o Taquaraçu pela sua margem direita. Claro. As origens da epidemia cuja pesquisa os cadavalargus — enfatizavam tanto, óbvia. Eram aqueles riachinhos contaminados da terra sem cafoto nem fossa — inda mais latrina! — onde se ia cagar no chiqueiro, na touceira de bananas, nas moitas, nas ribeirinhas. Admirava que só tivesse pegado aquele pedaço do município, sem corrê-lo ladalado sulanorte... Nesse trecho de Minas o citadino Egon teve seu primeiro contato com a gente do interior do Brasil, tão diferente da sua população praieira e capitaleira. Gente perdida, desvivida, pobre, doente e ignorante cuja paciência radica num embrutecimento tão grande que abole instinto de conservação, de defesa — que nela teria o nome de rebelião. Pode acontecer. Canudos é uma lembrança mas também um símbolo de crença nos nossos cuessératamens...

Na memória do doutor gravou-se a figura do primeiro tifento que ele viu depois de sair de Taquaraçu. Foi numa espécie de casa-grande de fazenda pobre e em ruínas, tudo aferrolhado, num quarto escuro como breu. Um gemido e um cheiro de trampa guiaram-no para o jirau onde estava siderado um homem seus quarentanos. Mandou abrir a janela. À luz que entrou viu corpo tão prostrado que parecia ter sido achatado por rolo compressor em cima da enxerga imunda. Um colchão de palha empapado de fezes. Nu. Trapos para cobrir. Pegava fogo. Sobre a barriga escavada como as carenas, um embrulho de pano com umidades pardas escorrendo: cataplasma de bosta de boi. Os olhos nos fundos das órbitas de sombra mal se davam conta do que acontecia. A caveira dando sinal de querer romper a pele ressecada. As ventas entupidas duma espécie de fuligem igual à que fazia escamas sobre os beiços gretados. A boca aberta arreganhava mostrando a protusão dos dentes cariados e secos, uma língua de papagaio árida e negra enrolada no fundo das goelas. Deixava sair gemidos que se entrecortavam de pausas. Hálito fecal. O médico primeiro fez limpar o doente, jogar fora a cataplasma, dar asseio ao cacifro e ao jirau. Pensou um instante nos seus tratados — "a língua pregada no fundo da boca, o corpo pregado no fundo da cama" — é, era assim, mas havia mais o cheiro, a vista, o real, o flagrante, o contato com a merda. Naquele tempo não se sabia o que era hidratar um doente. Mas por instinto o Egon viu que estava diante duma espécie de náufrago sedento e mandou que lhe dessem água. Água? doutor. E pode? Pode sim, façam um chá e vão dando morno ou frio. Com rapadura mesmo. Qualquer folha boa serve. Losna mesmo é bom. Como mandava o Argus, seu Anacleto fez a vacina nos sãos. Trouxe a empolinha para colher o sangue do doente. Era um tubinho de vidro (como os de ensaio, só que menor) com tampa de borracha de que surgia uma agulha de bisel curto comunicando, dentro, para um canudinho de vidro dobrado em ângulo reto e que se encostava a prolongamento oclusivo da tampinha de borracha. Introduzia-se na veia, angulava-se a agulha e o vácuo de dentro puxava o sangue. Faz favor de registrar o nome do doente, seu Anacleto. Nome, idade, cor, estado civil, naturalidade como está nas instruções. O senhor já conhece. Depois o nome e demais informes dos vacinados. Lavaram-se mãos e antebraços longamente com um sabão preto fedendo aos seus ingredientes de sebo, de cinza. Desinfetou-se à falta de álcool, com a aguardente que lhe arranjaram. Ensinou, como queria o Argus, os circunstantes sobre os cuidados a serem dados ao doente e os que serviam para prevenir o contágio da doença. Pela cara dos que ouviam ele viu que eram palavras entrando num ouvido e saindo pelo outro. Aceitou o café. Queria-o fraco, sem açúcar e bem fervido. Foi ver ferver. Tomou um copo da palangana amargosa só pra matar a sede. Montaram e bateram pra outro. O Tãozinho fez a moralidade da fábula.

— Não adianta, doutor... É o senhor virar as costas e eles atocham no doente outra cataplasma de bosta...

Assim o Egon correu aquele canto perdido de casa em casa. Viu menino, menina, mocinho, mocinha, homem, mulher, velho e velha queimando de febre, dismilinguindo nos delíquios, desfazendo-se em piriri ou de tripa presa, melhorando, convalescendo, morrendo. Iam quase todos de miocardite tífica, de hemorragia, de caquexia infecciosa — outras mortes, mas quase maioria da sede, da fome a que a burrice dos médicos reduzia os clientes. Estavam longe as eras em que a hidra-

tação bem-feita, a alimentação adequada e rica em proteínas, os antibióticos tornariam as febres do grupo tifo-paratífico, entidades quase
benignas. Aquela tropa comia onde podia, às vezes o que havia na casa
dos pesteados. Se tinham a sorte de parar numa venda, havia sempre
linguiça pra fritar, farinha pra farofa, ovo pra dita, às vezes porco no
sal, umas quitandas, uns pés de moleque, pelo menos rapadura. E uma
pingota. Matavam a sede com cerveja quente, gasosa, gengibirra de abacaxi, aluá de arroz ou de fubá mimoso. Daquelas águas dali, só no café e
bem fervidas. Saúde haja, pensava o médico. Saúde haja para tratar a
dos outros. O Egon dava também consulta a doentes de outras doenças
que encontrava. Vermífugo para menino de barriga empanzinada. Eu já
rezei ele, doutor. Pode rezar, também é bom, mas não deixe de dar o
lombrigueiro pra ajudar. Quando o sol chegava nas alturas do meio-dia,
uma hora — o Tãozinho dava o toque de volta e sempre por caminho
diverso para vir vendo mais gente, mais doente. Pelas cinco da tarde
entravam na Taquaraçu para o cerimonial de tirar carrapatos, lavar o
corpo, jantar, ver o dia morrer, o acender dos lampiões e bicos de querosene. Para escutar o major Jacinto. Afinal chegou o dia do Tãozinho
dizer que estava tudo dito e que podiam voltar. Refizeram as léguas de
até Roças Novas. Daí para o capitão. Do capitão para o Caeté. Pouco
antes da tropa chegar à sede do município, o Tãozinho galopou. Chegar
na frente e "prevenir o doutor". O "doutor", o Israel, esperava na varanda do Tinoco já pronto para rir do cavaleiro canhestro. Tinha mais gente. Certo ele tinha chamado para gozarem. Devem ter ficado cada um
mais andré que o outro, pois quando o Egon farejou de longe a coisa,
lembrou que tinha aprendido nas suas andanças uns rudimentos de a
cavalo e briosamente tomou as rédeas do seu. Já não era mais o pangaré
amarelo, mas montaria decente emprestada pelo capitão. Pois tomou as
rédeas da sua, afrouxou uma, apertou a outra brida, chamou o bicho na
espora, cortou ele de tala e fazendo-o ladear levou-o até esfregar a foci-
nheira na estaca onde estava a argola. Desceu da sela airosamente e
subiu as escadas de três em três. Isso faz mesmo 51 anos que se deu...

O primeiro dia de Egon em Belo Horizonte, de volta do Caeté, foi cheio
de sensações e pensamentos de natureza diversa. Primeiro a impressão
de doença física que lhe fora dada pelos carrapatos cujas dentadas late-

javam da supuração, ardiam aqui muito, ali pouco — como queimadura mais funda, mais leve. Pôde afinal tratar aquilo tudo com pomadas e loções da farmácia e aplicar onde devia os curativos esterilizados. As contusões da sela e do sacolejo iam passando ou diminuindo de doer graças a doses de aspirina. Estava era negro do sol sertanejo. Pele da cara, pescoço, nuca antebraços mãos descascando. Isto era cuidado à Pasta de Lassar. Sentia também como se aqueles dias de a cavalo, sol, comida indigesta, cama dura o tivessem amadurecido para a vida médica. Diagnosticara, tratara, prescrevera, aconselhara, prognosticara, ordenara com autoridade sua. Aqueles poucos dias pareciam-lhe ter durado anos. Ele embarcara calouro e voltava médico — mais do que quando colara seu grau: compartira de dor alheia, sujara-se de vômitos, suores, urinas e fezes de seus semelhantes. Sentia-se solidário. Sua vida participava. E tivera a ocasião de assinar seu nome antecedido do D e do R — dr. — na última linha de seu relatório. Ia entregá-lo ainda àquele dia, ao Cadaval. Paz e repouso lhe vinham de tudo isto e da luz e dos silêncios da casa da prima Diva — só interrompidos por um canto que vinha do tanque e da garganta diamantinense da maravilhosa mulata que estava cozinhando e lavando para a família, pelo piano das meninas, pela voz alta e alegre da prima quando chegava da repartição ou pelas gargalhadas do Nava que gozara muito as desgraças das aventuras sertanejas do parente. Mas o Egon sentia também como uma espécie de confirmação, de crisma mineiro — óleo daquelas andadas no chão de Minas, do gênero das casas, dos beirais dos telhados, das tábuas largas dos assoalhos, do trançado das esteiras que faziam forro nas casas (cruas ou passadas à cal), dos riachos e ribeirões, dos cerrados, capoeiras, pastagens. Duma certa dureza espalhada no solo, nas montanhas, nas pessoas. Esse sacramento — ele o tomara em Caeté, na sua matriz, nos seus ares, suas águas, seus lugares. Cantava internamente — Oh! Minas Gerais!...

À tarde, relatório enrolado para não dobrar, foi à Higiene. Procurou pelo Cadaval. Já tinha ido para casa. Teria, então, de falar com o Argus. Resolveu ir direto ao seu gabinete, sem se fazer anunciar ou aquele homem metido a sebo fá-lo-ia esperar para se dar importância. Empurrou a porta de vaivém — com licença! — e caiu em cheio numa cena odiosa. Todos os guardas sanitários estavam na sala, em pé, olhos fixos no Argus que ia e vinha pálido de raiva, no meio deles — trespassando um por um com seus bugalhos de lince.

— Não, senhor! Pode ficar, dr. Egon. Quero que o senhor veja como é que eu faço pra confundir um culpado. Imagine o senhor que recebi carta anônima em termos indecentes, censurando ordem de serviço dada aos guardas sanitários. Logo esse protesto porco veio dum deles. Já estive olhando um por um e tenho desconfianças dum que engoliu em seco enquanto eu o fixava. Vou ler agora essa imundície e depois encarar todos novamente. Duvido que o culpado mantenha sua naturalidade. Duvi-D-O-dó.

Então o Argus abriu o papel que amarrotara na mão e leu com propositada lentidão as injúrias que o missivista assacara contra ele. Era um ramalhete de todos os belos xingamentos da língua portuguesa — que é nada pobre no gênero. O Argus lia, interrompia e mirava o conjunto de homens constrangidos que ele varava com a pupila. Quando chegou à suprema injúria — ao nome da mãe — parou um instante e perguntou direto.

— Está ouvindo? Bem, sr. Otto Roscheim.

O Egon virou-se para o interpelado. Era um moço do quinto ano da faculdade que ele conhecia do serviço do Samuel. Tinha origem alemã, era muito louro de grenhas e fino de pele. Ouvindo-se assim intimado, todo o sangue incendiou-lhe a cara. O Argus terminou a leitura, fixando cada vagarosamente — tornando mais e mais encarniçado seu hipnotismo para finalmente concentrá-lo — tal par de maçaricos, no moço Roscheim. Foi chegando perto até ficar tão cara a cara que os hálitos haviam de se confundir. O Argus, toda a fúria nos bugalhos que não piscavam, manteve o estudante sob seu raio até que este perdesse o controle. De repente aconteceu. O pobre rapaz da cor dos lacres, passou à da cera, começou a subir e descer o gogó engolindo em seco, a suar frio e a tremer das mãos e dos joelhos. O olhar ofidiano continuava a encantá-lo. Ele parecia um rato prestes a entrar pela boca da cobra chamando. Afinal fez a suprema besteira e falou.

— O senhor me desculpe, dr. Argus, pelo amor de Deus me desculpe, eu estava brincando, escrevi aquela carta sem querer. Juro pela saúde de minha mãe que...

— Ah! então o senhor confessa, hem? Tão aí seus companheiros todos de testemunha. O dr. Egon também. Vou representar contra o senhor e pedir sua permuta com um dos guardas do nosso barco sanitário. Lá num porto perdido da barranca do São Francisco o senhor terá muito tempo de recordar suas matérias para quando daqui a uns dois anos voltar para seus exames. Assim mesmo é o que ainda vamos ver... Agora podem todos sair, o senhor e os outros guardas. Vamos, já... Tenho mais que fazer.

O Egon estava indignado. Tinha se sentado numa cadeira do grupo de couro mas o Argus fora para sua mesa, abancara na giratória.

— Faz favor, dr. Egon.

— Tou trazendo meu relatório, dr. Argus.

— Muito bem. Vou ler e levar ao dr. Cadaval. Mas já estou ciente de tudo. Sei onde comiam, paravam e dormiam. O seu Anacleto já me entregou uma cópia dos assentamentos que ele fez dos doentes e dos comunicantes. Qualquer novidade mando chamar o senhor. Não, não precisa se entender com o dr. Cadaval. Tudo comigo. Já estamos falados.

O Egon saiu bestificado da impudência com que seu chefe praticamente confessava que o fizera espiar pelo guarda sanitário. Uma inimizade crescia dentro dele. Que sujeito escroto! Além do mais a cena repelente em que ele vira — tudo que não gostava de ver nos semelhantes. Um moço ficando vermelho e depois pálido de medo. Se desmoralizando, pedindo perdão, falando em pelo amor de Deus, se aviltando e suando. Pobre rapaz! O bando dos guardas sanitários se submetendo àquela prova de focinho a focinho e de farejamento — montada pela besta do Argus. Finalmente o policialismo, a violência moral daquela ordália e no fim o desplante e a crueldade com que um futuro médico era posto em situação de suspender suas aulas, perder o ano, arrostar com o sofrimento daquele exílio fluvial onde o paludismo seria o arremate. E a carta até que estava engraçada, muito bem-feita e os insultos que ela carreava tinham certa grandeza literária e arranjo estilístico na maneira como se graduavam os xingamentos, desafios, invectivas e logo as injúrias e os baldões — esmeradamente postos em escala crescente. Furioso, o Egon desceu Bahia, em direção do Bar do Ponto pensando como seria diferente se fosse com ele. Nada aconteceria porque a carta iria para a cesta, seria esquecida. Se o Argus não fosse tão mesquinho jamais montaria cena assim ignóbil. Pobre Egon! Esse pensamento que ele remoía seria levado por sua vida afora e ele sempre agiria resguardando a qualidade humana dos seus subordinados. O que também não lhe valeria muito e o fato de não ser temível trar-lhe-ia muito sofrimento. Talvez o Argus estivesse certo e tivesse o instinto do que ensina

Rabelais. Está no Livro I, capítulo XXXII do *Gargantua*: "*Oignez villain, il vous poindra; poignez villain, il vous oindra*". Mas... não adiantemos. Chegado em frente ao Trianon, hesitou pensando na advertência do Ari, mas acabou entrando.

— Um cavalo-branco, Mário. Doble. Não, só gelo e água pura.

Dias depois, às vésperas do Carnaval, novo emissário do Argus e memorando que repetia o que fora recebido antes de sua ida para Caeté. Sempre o mesmo estilo merdolento. Deveis vos apresentar amanhã, às cinco horas e dezessete minutos da tarde, ao meu gabinete, para receber ordens de serviço, eticetra e tal trololó pão duro. E estava assinado como o primeiro — dr. Argus Terra. Irritado com aquela besteira de precisão dos dezessete minutos, o Egon apresentou-se às três e meia na Higiene. Como da vez anterior não se anunciou e entrou no gabinete do Argus à hora em que este, sozinho, esticava-se na giratória e dava um consolado bocejo. Quando viu o médico que entrava endireitou-se, compôs uma cara e pôs-se a remexer atarefadamente a papelada à sua frente.

— Sua hora era mais tarde, dr. Egon, e eu estava...

— ...estudando seu expediente, eu vi. Só que eu não podia vir na hora marcada e adiantei um pouco, dr. Argus. Mas o que é? que o senhor manda.

Eram novas ordens do dr. Cadaval. O surto tífico que assolara o lado oeste da serra do Capote sumira para reaparecer ainda mais brabo na vertente leste da dita serra e dos contrafortes da Mutuca. E era para ele, Egon, seguir novamente pra Caeté e retomar o que já fizera doutra vez. Ali ouviu que seguiria com o sempiterno Anacleto, nas mesmas cinco horas da manhã do dia seguinte, para vacinar, tratar, montar a cavalo e penar sob os pinos do sol. Para sua carne mal cicatrizada — a rodoleiros servir de mantimento. Logo agora, Carnaval à vista. Persombra... Não. Vai para Caeté e enche tuas ventas não do violeta, do heliotrópio, do cravo do Rodo e do Vlan mas do cheiro da bosta, da urina, do vômito e do suor dos homens e mulheres doentes. Saiu mortificado da Higiene. Atravessou a praça, desceu Cláudio Manuel e meteu o dedo no tímpano elétrico da casa do Cisalpino. Justamente ele veio abrir a porta.

— Uai! Egon, você?

— Eu mesmo. Imagine você, Cisalpininho — vou voltar a Caeté para ver mais tifentos. Ordens do *Bicho Cadavalargus*. Logo agora que...

— Ah! não, desta vez então eu vou cocê... Já pensou? nós dois soltos e a cavalo no meio das mulatas do Caeté. Que ticoticada!

— Só que não é farra, nego. É muito duro e tem trabalho que dá panos pra manga. E eu não tenho autoridade para me fazer acompanhar de amigo em serviço. Expedição vetada.

— É? Pois fique avisado que amanhã às cinco, vamos nos encontrar na Central e no rápido de Santa Bárbara por simples acaso. Chegando em Caeté tenho certeza que o Israel me arranja cavalo. Vou no seu rastro, sempre por acaso...

— Mas o Argus...

— O Argus que se foda.

O Egon tomou tudo como brincadeira do Cisalpino e a alma caiu-lhe aos pés, na manhã seguinte, ao deparar com o amigo na Central. Temia a sua incontinência verbal, o escândalo provável do seu Anacleto. Mas lá embarcaram os dois e refizeram com atraso e tudo a viagem de antes. Na estação, o Israel. Não houve mais partos a fazer, o Cisalpino foi bem recebido e o presidente da Câmara disse que não tinha nada, era até melhor que em vez de um seguissem dois médicos. E seguiram. Dessa vez o caminho foi diferente só que com o mesmo sol, as mesmas águas, os mesmos doentes. Seguiram por Penha e Mundéus e foram dormir num sítio triste perto da porta que os prolongamentos das serras da Piedade e de Cocais fazem pra entrada, dum lado, para Taquaruçu e, do outro, para União, Santo Antônio e valados de entre Mutuca e serra da Pedra Redonda. No primeiro dia jantaram em União e sentados diante da venda onde tinham comido tomaram um café riscado de aguardente que deixou lembrança nos dois amigos resto de sua vida. União era então a denominação da antiga Viúvas. Esse nome não tinha desaparecido naquele 1929 e ainda servia para designar a parte velha e mais alta do povoado. Pois demoraram diante daquela venda. Apareceram pela graça de Deus um violeiro e seu companheiro tocador de harmônica. Havia um luar prodigioso. Era inevitável a confraternização. O Egon estimulado pela presença do Cisalpino teve os ouvidos mais agudos e suscetíveis para a serenata cor de prata que se desenrolou. Umas luzinhas e foguinhos diante das casas do morro, em frente, ficavam mais vermelhos, eram rubis cintilantes de cor apertando por vias da brancura do luar. E sempre a associação desse astro com a poesia de João Alphonsus. Disse baixinho, segredando para si mesmo "Escorre leite pelas ruas largas e longas". Hem? — perguntou o Cisalpino. A resposta foi um puxado da harmônica longo e triste, triste se alongando. Até que o Tãozinho reclamou. Tinham de seguir, xentes! para a fazenda onde iam dormir. Não podiam pôr o homem esperando. Parecia desconsideração. E no dia seguinte era trabalho duro desde cedo. Olha que o mundo não vai acabar, doutores! Seguiram até um sítio pobre à meia distância de União e Santo Antônio. Mal deram boa-noite ao dono da casa. À luz fumarenta de lamparina de querosene os dois médicos foram para o cômodo da frente da casa. Cedo, ainda a noite não acabara, acordaram em folha, renovados pelas três horas de sono. Cavalgaram dia todo até à fazenda onde iam novamente dormir e onde fariam pião para bater em todas as direções, choça por choça, sítio por sítio, cada ponto habitado daquele vale que ia até aos Pilares de Hércules que davam para Itabira. À noite, o Egon conversando com os donos da casa (eram vários irmãos) descobriu os mesmos como uns Pinto Coelho que ali estavam atolados há mais de cem anos. Eram homens do campo, iam madrugada para a lavoura de alpercatas ou descalços e não sabiam ler. Eram brancos, cara de pássaros, olhos muito verdes mas dois tinham mulheres quase pretas cuja descendência ia escurecer o sangue luso, galaico, suevo, godo, aquitanense e celta — sendo transfundido ali. Logo que o Egon se disse também Pinto Coelho da Cunha aqueles descendentes de ricos-homens de Portugal e de potentados da Colônia não mudaram o à-vontade com que tratavam o hóspede. Apenas tiraram o "doutor" e passaram a dar-lhe o "primo". Eram todos da progênie do patriarca de Pitangui. A tropa sanitária tomou aquela fazenda como centro da rosa dos ventos de oito pontas de que cada uma pedia dia de viagem em sela de alimária. Ali os defuntos eram enterrados perto donde morriam. Muito longe levar pros cemitérios. Vacinaram, trataram, aconselharam toda uma população cujo primitivo de vida e costumes quase fazia duvidar que aquilo fossem seres humanos. Conservavam uma memória de linguagem e afundavam-se no maior aviltamento biológico. A indignação do Egon e do Cisalpino diante do abandono daqueles tomadores do nosso solo não conhecia limites.

— Só mesmo a tiro — dizia o Cisalpino. — E pensar que isto é o Brasil. O genuíno, o autêntico, o que não fala e que não deixam falar.

Que deixam sem saber falar. E engraçado é que os presidentes, os diplomatas, os ministros e os deputados a 100$000 por dia estão convencidos de que eles é que são o Brasil. Ah! *Dies irae, dies illa* — será? que te verei um dia...

Afinal acabou a tal lida de Caeté e os dois voltaram para Belo Horizonte. Dia seguinte o Egon foi levar seu relatório. Esteve com o Argus e insistiu para ver também a outra parte da dupla a que ele gostava de chamar de Bicho Cadavalargus. O Argus ainda negaceou mas o Egon não arredou pé. Queria ver o dr. Cadaval. Foram ao seu gabinete. O homem trescalante olores água-de-colônia brilhantina resplandeceu de satisfação e felicidade quando gozou o médico.

— Sim, senhor! Já sei, já sei. Pagodeira grossa em União, hem? O Argus me contou. Dizqueste Cisalpino é do cu do conde... Eu também sou louco por serenata. Bandoneón nem se fale... Desquestive em Buenos Aires... ah! *tierra querida*...

Novamente o Anacleto dando seu relatório ao Argus, o Argus enchendo os ouvidos do Cadaval que certamente entupiria os do dr. Raul d'Almeida Magalhães assim que este assumisse.

Lá pela meia altura da Quaresma novo chamado do Argus. O Egon devia seguir agora, pela linha do Centro, até Brumadinho.

— Quequiá desta vez? dr. Argus.

— Sempre o grupo tifo-paratífico. Resolvi mandar o senhor porque estas febres estão virando numa especialidade sua. Já designei também o seu Anacleto. O senhor e ele já têm muito costume um com o outro.

Furioso, o Egon foi procurar o Cisalpino. Irem juntos. Mas o Cisalpino tirou o corpo.

— Caeté, sim, Egonzinho. Aquilo é velho e é bonito. Agora *Brumado do Propeba*, lá isto é que não. É horrível. Tá doido? Mas esse sacana do Argus não deixa mesmo você sossegado, hem? Dá impressão que ele e o tal de Cadaval querem matar você. Sim, senhor! Médico novo, ignorando muita coisa, não sabe se defender e pra pegar tifoide é num átimo. É pra isto que eles ficam jogando você nos focos.

O Cisalpino riu e gargalhou. Mas a ideia entrou de cérebro adentro no Egon e ele teve certeza de que havia maquinação. Logo concebeu um ódio que, longe de atenuar, o tempo foi acrescentando. Durou vida afora, chegou até às eras de todos no Rio. Hei de mijar na cova desses putos! pensava sempre o Egon. Não mijou. Mas foi muito gratificado que leu-lhes o necrológio nos jornais anos e anos depois. Desejou que a terra lhes fosse leve — com o Pão de Açúcar por cima e o Corcovado de quebra...

A alegria do Cisalpino dobrou e a convicção do Egon virou certeza quando uma semana depois de voltar do Brumadinho o *tifo deu* em Santo Antônio do Monte e o novamente fodido foi o Egon, despachado para lá com seu doravante siamês — o inevitável Anacleto e suas malas. Lá viu dois casos na sede do município, um em Buriti, outro em São José das Rosas. Os febricitantes que ele foi examinar em Miranda, Pântano e Estiva eram casos de gripe, de tuberculose, pielite, erisipela. Não havia epidemia nenhuma e sim grossa sacanagem do Argus. Mas pelo sim ou pelo não, procurando tifentos fantasmas, ele tivera de bater a lombo de burro, cavalo e besta as distâncias de Nossa Senhora de Nazaré dos Esteios a Nossa Senhora da Saúde, das margens do rio Santo Antônio às do ribeirão do Raposo. Os pontos cardeais. Não contando aquela merda da viagem pela Oeste de Minas. Mas guardou desta ida a Santo Antônio do Monte lembrança inesquecível. Dos altos da serra de São Domingos, certa tarde, seu campeiro alertara. Parar um pouco aqui, doutor, pra ver o sol descendo iluminar o rio São Francisco. Ali. O Egon olhou e só viu o mar de montanhas umas depois das outras, depois das outras, depois das outras. É ali, doutor, nessa direção. Apontava. Ficaram olhando suspensos num silêncio. A bola do sol ia descendo no céu limpo. Quase tocando o horizonte, encostando seu fio na montanha. Mas às últimas claridades, um pouco para cá acendeu-se de repente um longo fio serpente de fogo que coleou lampejou nem o tempo de se contar até quarenta e cinco para se encantar apagada e sumida no chão adentro da noite que caía. O prodígio devia-se à batida oblíqua dos raios poentes no espelho das águas do "marroeiro dos rios" que incandesciam e eram vistas lampejando nas léguas e léguas pra lá de Santo Antônio do Monte, de Dores do Indaiá, Bom Despacho, São Gotardo Abaeté Curvelo Pirapora. Longe, aquele risco de neon. O que ele viu! de Minas nestas viagens. Minas, como Deus, presente em tudo. Nos riachos, corgos, ribeirões, rios, montes, serras, serrotes, cordilheiras. Na fruta do mato colhida no galho de cima do cavalo, no gole de pinga, no café ralo, na rapadura, no angu frito, na couve, feijão, arroz pacho, arroz solto, farinha de mandioca, de fubá, carne de capado, couve, torresmo, couve, miúdo de porco, couve. No melado com farinha ou queijo curado. Nos doces cristalizados traçados com golinhos de licor de pequi. Nas casas com estrutura de madeira de lei ou feitas a sopapo de barro, cal e bosta de boi. Nas capelinhas, igrejas. Nas matrizes. Nos cruzeiros dos Passos, cemitérios, cruzes de tocaia. Nas camas duras com lençol de saco ou americano alvejados, cobertor de farofa de Itaúna, travesseiro de macela. Nos fornos feitos com pedaços de casa de cupim cortados cheios da bicharia que os solda novamente ao capricho da forma dada pelo homem — que depois esvazia os módulos e os transforma em assadores superiores aos de tijolo. Na linguagem evasiva, adocicada, se-faz-de-tímida, da língua do inda-que-mal-pergunte, do com-perdão-da-má-palavra, do não-desfazendo-dos-presentes, dos circunlóquios, do uai. Língua do primo Juquita. E até nos carrapatos rodoleiro, rodeleiro, rodelego, aliás picaço, aliás carrapato-estrela; no micuim, aliás carrapato-pólvora, carrapato-fogo — os dois ácaros a mesma coisa, o pequenino, forma jovem; o grandalhão, forma adulta do *Amblyomma cajennense* — que parasita o cavalo e transmite ao homem a febre maculosa de que escapou o Egon. Tudo isto lhe entrou na alma para fazer mais apanhada sua argamassa de mineiro. E ficou devendo esse nobre barro à antipatia que lhe tinha o dr. Argus Terra.

Bem que este ainda abria avidamente os telegramas do interior esperando mais tifentos em Minas para mandar para lá o moço Egon. Mas cessara a safra daquele ano. Também se resolvera o caso do Centro de Saúde do Desterro. O dr. Melo Viana e o dr. Artur Bernardes, emperrados, não abriam mão dos seus respectivos candidatos. O presidente Antônio Carlos cortou o nó de górdio despachando para lá médico de sua preferência. Era o dr. João Nogueira Pedroso Lucas que em quinze dias dera tudo por organizado e solicitava fosse lotado o resto do seu pessoal. Assim o dr. José Egon Barros da Cunha saiu de Belo Horizonte para a Vila Nova d'El-Rey de Santo Antônio do Desterro na madrugada de 1º de maio de 1928. Chegou à sua cidade às duas e quarenta do mesmo dia. Como lhe dissera na véspera do embarque o Teixeirão, ele estava virando mais uma página da sua vida.

Ah! Combray, Combray [...]

MARCEL PROUST, *Le côté de Guermantes*

Quando entregou as malas a um carregador e pôde chegar até à praça da Estação o Egon foi invadido por onda de infância, pensamento de coisas vividas e até àquela hora recalcadas e sem lembrança. Essas agora acudiam em chusma, chamadas por cada objeto em que ele passava os olhos. Já a plataforma. Depois o conjunto da estação e, vista de fora, sua torre graciosa cheia de vidraças azuis. O largo estava o mesmo e súbito restituiu-lhe a reminiscência desagradável duma das primeiras cenas de violência a que assistira. Estava ali, companhia do pai e presenciara o espetáculo ignóbil de preso espancado por escolta aos olhos de espectadores mais interessados que revoltados. Indignado estava seu pai, cuja mão ele sentiu que apertava mais a sua como a transmitir-lhe o nojo por tal cena de baixa humanidade. O preto seguia, um pescoção, uma pranchada de refle derrubando-o, um pontapé levantando-o. Sangrava do nariz, da boca quebrada, da cabeça, duma orelha despregada. Lá estava. Como nos dantes do sempre um esboço de jardim e no meio a coluna com o busto em bronze do benemérito da cidade — o dr. João Pedreira Prisco. Todo o fundo era ocupado pelo prédio do Hotel Avenida em que morara, solteiro, seu futuro tio, o italiano Uccello dei Uccelli que viera a desposar, depois, sua tia materna Violeta. Sorriu lembrando dos níqueis e pratinhas que ele, menino, ganhava dos dois lados para o leva e traz de bilhetinhos arrebatados e dos belos postais representando baixos-relevos de Mastroiano. Para cima dos telhados a massa verdescura do morro do Defensor, todo coberto de sua vegetação exceto no meio, onde o dr. Clarindo Albernaz Bulcão andara fazendo as escavações para ali dispor um plano inclinado. Era promessa e as obras tinham sido interrompidas quando Nosso Senhor falhara ao compromisso. Pois sua capelinha lá em cima ficaria sem via de acesso e ele sem a afluência dos fiéis... Às favas... Havia automóveis e carros de aluguel. O Egon escolheu um destes e fez pôr sua bagagem no banquinho da frente.

— Pra onde? meu patrão.

— O amigo toque pra rua do Santo Pretor número 426. Pode pegar a rua da Rainha e depois virar à direita, pela avenida Silva Paranhos...

A traquitana moveu-se e o cocheiro rompeu às chicotadas. O cavalo pulou, pôs-se em marcha rápida, levantou o rabo e começou a cagar para o mundo. O Egon agradado com o espetáculo teve a impressão de que voltava a tempos recuados em que ele vira isto na Fazenda de Santa Clara, no Sossego, onde estivera com os pais visitando os Carneiro. Subindo Rainha, de frente para o morro do Defensor ele teve a impressão de ver debruçado no alto o vulto gigantesco de sua avó. Mas os sinos da Matriz batiam as três horas e depois veio um carrilhão longo e triste — cujas notas espancaram o fantasma. Virou em Silva Paranhos, andou dois quarteirões e tomaram por Santo Pretor. O 426 era logo ali entre a avenida e a rua de cima. O prédio era simpático, sobrado pintado de cinzento, entrada estreita no lado direito de quem o olhava. Ao ruído do carro uma senhora chegou-se às janelas de cima muito sorridente e aos gritos.

— Já sei que é o dr. Egon. Recebi a carta. Tavesperando... Deixe as bagagens embaixo que eu mando buscar. O senhor suba porqu'estamos na mesa do café... Mariazinha... Ei! Mariazinha — entrou, chamando pra dentro.

O Egon fez como lhe mandavam, deixou a bagagem embaixo e subiu. A escada dava numa saleta e esta na sala de jantar a cuja porta o esperava festivamente, todos os dentes para fora, a dona da casa. Ele abraçou sua nova senhoria e logo abancou-se para o bem-vindo café. Recusou os sequilhos, as torradas, o pão alemão, o pão francês, as brevidades, as rosquinhas, o pão doce, o cuscuz de fubá que lhe eram oferecidos ao mesmo tempo que chá? mate? chocolate? café com leite? quiéqui o senhor prefere. Ou quer? um refresco. Quem sabe? se uma garrafa de gasosa.

— Não, senhora! Muito obrigado, d. Querubina. Só o cafezinho. Repito sim, senhora. Assim mesmo, bem doce, muito obrigado, d. Querubina.

— Faz favor de não fazer cerimônia e de não me chamar de Querubina. É Sá-Menina, como todos me chamam. Gosto muito do meu apelido que foi o de minha mãe, minha avó, minha bisavó, minha tataravó. Sou a quinta da família que responde por ele. Que tal? o cafezinho. Vamos a mais uma xicrinha. Mariazinha! Mariazinha! xicra limpa e escaldada pro dr. Egon tomar outro café. O senhor é dos meus, tamém sou doida por café. Me alago dia inteiro. Agora o senhor vá deitar um pouco. Eu chamo quando o banho estiver pronto. Taqui seu quarto.

O Egon zonzo do falatório foi fumar seu cigarrinho trancado. Tudo muito bem arrumado, boa roupa de cama, cheiro de alfazema.

Tinha armário para os ternos, cômoda de gavetinhas, gavetas e gavetões, estante de livros, escrivaninha, cadeira giratória e outra, austríaca. Pensou que pudesse deitar um pouco mas já a Sá-Menina gritava através da porta que estava tudo pronto no banheiro. Quando ele quisesse. Esticado na água, o médico pensava na dona da casa. Aquela falaragem era característica da sua gente, desses Romariz que eram uma das famílias mais antigas do Desterro. Ela o era pela mãe, Lobato pelo pai e pelo marido que era seu primo. Esse casamento mantivera seu nome de solteira. Fora casada pouco tempo. Logo viúva. Não tivera herança conjugal e uma desastrada demanda com primos maternos despojara-a das fazendas de seu direito. O advogado apelara mas ela estava atravessando fase difícil. Por isso recebia hóspedes. Mas era fidalga e lembrava-se sempre disto. Pelos Romariz ela era neta materna do barão da Quaresma, sobrinha do barão do Corregão Velho, bisneta do barão do Degredo e prima em todos os graus dos outros barões que enxamearam o Desterro no Segundo Reinado. Tinham sido afazendados nos vários distritos do município e suas baronias repetiam esses topônimos: eram o barão do Santo-Terço, o barão da Igreja Grande, da Angra dos Milagres, de São José das Botas, Santana do Areal, São Pedro Papa, Águas Turvas, Roçado, Tipiti e Murça. Suas descendências eram população enorme do Desterro. Tinham como característica o orgulho dos antepassados e o malquerer, a quizila, a brigalhada, a desunião entre os primos. Viviam se dilacerando em questões de terra, movendo processos por dá-cá-aquela-palha e faziam a fortuna dos advogados locais. Quando pareciam irreconciliáveis e caminhando para morte-d'homem faziam as pazes para se aliarem contra inimizade familiar mais recente. Numerosos e prolíficos, casavam muito entre si, e deslindar seus parentescos era obra que pedia genealogista do pulso dum Pedro Tacques, dum Roque de Macedo. Os Romariz consideravam-se fundadores do Desterro. O mesmo diziam de si os descendentes de outros senhores feudais da região e que detinham o mando e a fortuna do local. Eram beneméritos como Aristônio Masculiflório, Saudosino Rodovalho Pedreira, Anacleto Tiburtino Bocarro Xavier (barão da Morsadela), Henrique Schimmelfeld (o bávaro), Zoroastro Fortes (dito o Alferes), Precursório Ramos, o dr. João Pedreira Prisco e tantos outros. No fundo todos tinham razão porque aparentados por sangue ou casamento. Misturavam-se também aos descendentes dos cristãos-novos Iseu Ruffo Rattae, Érico Rosano Djuif e Hilário Catão Poccit, vindos da Bahia já bem depois do Judeu Nuquim* e que tinham dado no Sabarabuçu subindo o São Francisco e o rio das Velhas. Daí desceram para comerciar nas "vendas" que abriram nas beiras do Caminho Novo. Tinham casado com Macária, Expedita e Cordália ou Córdula — filhas do estradeiro português Macário Gibão e de Umbelina (de Jesus) sua escrava e depois negra forra. Esses três casais foram os povoadores das partes altas do Caminho Novo — da Borda a Juiz de Fora — principalmente dos aglomerados da Interpotâmia e Desterro. São os antepassados das antigas famílias Ruffo, Rozano e Catão — fazendeiros e nababos da Colônia e do Império também largamente misturados ao sangue dos outros povoadores bandeirantes e mais aos dos descendentes de Garcia Rodrigues Pais, talvez o verdadeiro fundador de tudo que vem de Barbacena pra baixo, pois foi ele o dono das sesmarias grandes como países que bordavam os dois lados do Caminho Novo das Minas dos Matos Gerais. Os grupos de que falamos aparentavam-se assim dos grandes troncos luso-mamelucos do centro da capitania, depois província com sangues Botelho, Arruda, Sampaio, Horta, Leme, Bueno, Gama, Tacques, Nogueira do Ó, Vale Amado, Ataíde, Gomide, Jales, Pinto Coelho da Cunha, Abreu e Melo. Antes de sair e apreciando mais um cafezinho com a dona da casa o Egon fora apresentado aos retratos a óleo pendurados nas paredes da sala de jantar. Eram do barão da Quaresma e de seu pai o barão do Degredo — respectivamente o avô e o bisavô da Sá-Menina. Ambos máscaras severas e tristes — a do mais antigo má catadura; a do mais recente, triste figura. Realmente fachadas compridas, magras e alongadas por barbas de bode que pareciam caricaturas de d. Quixote ou dos acompanhantes que o Greco pôs no *Enterro do conde de Orgaz.*

Une mémoire, mon petit, c'est un sacré caveau de famille!
Vivre avec plus de morts que de vivants…

ANDRÉ MALRAUX, *La voie royale*

* Ver Octavio Mello Alvarenga, *Judeu Nuquim*. Edições Bloch, s/d.

> Ainsi, devenus grands, les enfants se rappellent avec
> rancune de ceux qui ont été mauvais pour eux.
> MARCEL PROUST, *À la recherche du temps perdu*

A primeira visita do Egon, logo no dia de sua chegada ao Desterro, fora a seus tios d. Felisberta e dr. Colatino Pareto. Ela era irmã de sua mãe de modo que o segundo vinha a ser apenas seu afim — tio torto. Este fizera entrar o sobrinho para seu gabinete, sentara-se na giratória, ficara de mãos frouxamente postas diante da boca e calado encarara o visitante com seus olhinhos agudos como continhas esverdeadas. Esperava que ele começasse a conversa, a declarar ao que vinha. O Egon tinha diante de si um velho e procurava inserir na figura atual a que conservara de um "tio Pareto" da infância que aos poucos tinha ido se imobilizando nas fotografias que havia no álbum de seus avós e nos gavetões de sua casa. Uma representava um moço de cara passável, possivelmente na época da formatura, bigodes alourados, ralos e caindo nos cantos da boca, sem escondê-la e ao seu desenho bem-feito. Olhos ainda mansos e confiantes, cabelos abertos em duas riscas e puxados para o meio da testa onde se embutiam num esboço de cacho feito a capricho. Entre olhos e boca um vastíssimo nariz feito bico de ave — que motivara seu apelido dado pela própria mulher e adotado com entusiasmo pela sogra e cunhadas. Era chamado o *Nariganga* — alcunha que punha-o fora de si. Havia outras imagens dele em grupos familiares tirados na sua chácara, na sua fazenda. Procurando bem, esses traços conhecidos ainda se encontravam na figura rebarbativa que o Egon tinha diante de si e que lembrava-lhe também a de Bergson. O nariz como que aumentara, afinara e parecia a foice da Morte. Os bigodes tinham espessado e seus cantos levantavam-se não num riso, mas num ar de amargo sarcasmo. O cabelo antes caído na testa, levantara-se num topete à Lopes Trovão e os dos lados desciam para tornarem a subir à roda das orelhas como penas de arara. Diziam-no um tribuno eloquentíssimo mas, se era, a voz não auxiliava e o dr. Colatino falava e conversava numa espécie de nhe-nhe-nhem a um tempo irritado e algodoado. Era filho de italianos de classe média — o pai farmacêutico-químico, a mãe senhora bastante instruída para ter sido a professora de primeiras letras dos dois filhos e das quatro filhas. Depois dessa instrução tinham vindo os anos duros cumpridos no Caraça com muito latim e muito bolo. Esses, duma feita, foram aplicados com tal brutalidade que as mãos ficaram disformes e rachando. Ele arranjou folha larga de papel e carimbou aquelas extremidades que se marcaram a suor e sangue como a face do Cristo, na toalha de Verônica. Conseguiu burlar os padres e mandar aquela prova de martírio ao pai pedindo para tirá-lo do internato. Pois o italiano mandou a carta ao superior do Caraça sugerindo que o filho fosse punido em dobro por ter feito sair notícias clandestinas do colégio. Os reverendos não se fizeram de rogados e o menino Colatino recebeu uma dúzia de bolos puxados em cada mão e uma dúzia de bastonadas no oco da sola de cada pé. Quando saiu da cama estava exemplar. O Egon olhava o tio e pensava nestes casos ouvidos na crônica familiar. Espiou suas mãos. Eram finas, muito sardentas no dorso, de unhas bem tratadas e escrupulosamente limpas. Era aliás essa a impressão nascida do aperto do colarinho alto e esmaltado, da gravata perfeita, do terno elegante, dos punhos lustrados cujas abotoaduras representavam o gládio da Lei e a balança da Justiça. Botinas de verniz preto, cano de pelica da mesma cor, botões de madrepérola. Desprendia um cheiro de bom charuto, água-de-colônia fina, brilhantina cara e assim trajado e tratado afetava grande asseio — apesar de ser, segundo as queixas da esposa à mãe e irmãs — homem de muitíssimo pouco banho. Sobre sua origem italiana parece que se envergonhava um pouco pois melhorava as coisas dizendo que na Itália o pai era "caçador do rei", o que se podia traduzir por uma espécie peninsular de monteiro-mor e que viera como "cientista" por ocasião da primeira epidemia de febre amarela. Só que as datas não coincidiam. Sempre, segundo a mulher — tudo conversa fiada e ela, no auge das discussões com o marido, sempre jogava-lhe na cara que o visconde de Saboia é quem fechara as orelhas do sogro — furadas para os brincos usados nos tempos de Reggio da Calábria.

Depois dos do Caraça vieram os anos da Faculdade de Direito de São Paulo. Sua carreira política cedo interrompida e mesmo seu fracasso como chefe municipal não dão a impressão de que ele tivesse sido burcheiro. Falam também por semelhante hipótese sua admiração por Deodoro e seu fanatismo por Floriano. Assinara manifestos e era documentadamente um republicano histórico. Considerando isto o Egon riu por dentro porque já naquele 1929, quadragésimo ano da não foi esta a República dos nossos sonhos — os sobreviventes desse título já estavam ingressando no mesmo folclore em que desde os sessenta entram no dito e na música popular o primeiro Rei Momo, as rainhas dos estudantes, os tenentes interventores, as primitivas misses Brasil e tudo que leva através do tempo um pedaço imutável. A própria ação aberrante dos anos repele essa estagnação e prepara os limbos onde essas figuras vão encontrar as dos heróis da Armação, de Canudos e dos veteranos do Paraguai. E uma ideação gozada passa a envolvê-los dando-lhes o toque de comicidade que eles não tinham em vida, no momento da transfiguração mas que baixou com a idade, a velheira, as doenças. É de lembrar grande figura médica dos 900 na sua dignidade, dureza engomada e elegância fraque sobrecasaca que quando do seu apogeu criava um halo de veneração e respeito e que à evocação dentro das categorias de hoje fica parecendo uma daquelas figuras de sociedade dos filmes de Chaplin como as das recepções de *O conde* e de *Luzes da cidade*. (Dessa forma as próprias convenções de hoje, a do chiste, por exemplo, podem corromper o mecanismo da memória.) Foi assim que depois de ter tido a impressão de que ia conversar com Bergson, o Egon de repente verificou que ia palestrar com um morto que se ignorava. O seu "tio Pareto" era nem mais nem menos o que os adeptos do baixo espiritismo chamam — um chicharro.

Quando da Proclamação da República seu prestígio subira como foguete. Recebera logo a 15 de novembro um telegrama do generalíssimo dando conta da queda da monarquia, ordenando-lhe derrubar a Câmara Municipal, substituí-la por um conselho provisório e que prendesse imediatamente os barões da Quaresma e do Corregão Velho. Logo o Pareto os meteu no xilindró e por sua própria conta mais os barões do Tipiti, do Roçado, da Murça e o da Angra dos Milagres — contra os quais tinha demandas correndo no foro. Logo depois ele fora feito ministro de Estado mas um mistério envolvia esse fato político. Ficou apenas seis dias à frente de nossas Relações Exteriores, demitiu-se e voltou para Juiz de Fora. Para assumir a chefia da política. Diziam que para preparar seus caminhos para o Palácio dos Governadores. Esses não se abriram e o nosso Colatino Pareto tornou-se o chefe prestigioso local. Mas com a passagem de Antônio Carlos Ribeiro de Andrada pelo Desterro formou-se entre este e seus parentes Pedreira Prisco forte coligação que derrubou o Pareto dos galarins municipais e ele começou sua carreira de ostracismo como "grande reserva moral do Estado". Era aliás um dos maiores advogados locais. O Antônio Carlos ficou dominando ali e em

Juiz de Fora, fazendo política por dois municípios, o que, anos depois, seu sobrinho José Bonifácio Lafaiete de Andrada repetiria — chefiando grupos atuantes em Barbacena e na mesma Juiz de Fora. A esses dissabores na vida pública o Pareto juntaria os de sua vida conjugal. Sua mulher (tia materna do nosso Egon) fora das mais lindas moças do Desterro. Casara sem gostar, influída pela mãe e o Pareto depois de curta lua de mel começara uma vida conjugal detestável. Em pouco estavam em quartos separados apesar do que houvera quatro crianças do matrimônio. A mais velha Alódia, de quarenta anos naquele 1929, era casada com nortista, o pernambucano Balbino de Alcântara Cavalcanti; Carminda, de trinta e quatro, desposara em 1911 um partidão local — o bacharel Ezequiel Romariz de Rosano Fortes; a mais moça Fidélia, ainda solteira, ia pelos seus trinta e um anos — tão linda, entretanto, que ninguém lhe dava mais de vinte e ela conquistara o título de Miss Desterro três anos seguidos, sendo ainda a detentora da coroa. Houvera um morgadinho, também Colatino, que morrera nos cueiros. O nosso Nariganga tinha pois motivos de consolo para seus desgostos conjugais e políticos — bem-querendo os genros, amando as filhas e adorando os netos — de que o preferido era um filho do Ezequiel Fortes, nessa época mocinho de dezesseis anos a quem ele passava (sem os bolos) o latim que trouxera do Caraça. E tinha outras distrações. Quando farto, cheio da própria casa, ia caçar no seu sítio da Creosotagem de Cima, assim chamada para distinguir da de baixo, a Creosotagem que ficava rente a Juiz de Fora. Eram ambas estações de tratamento a creosoto dos dormentes da Central. Ou dava-se a sessões de hipnotismo que deixara ultimamente, porque tendo adormecido uma de suas empregadinhas passara por tremendo susto. Ela gelara, inteiriçara, ficara babando horas e não houvera passe que a desipnotizasse. Foi preciso médico para fazê-la acordar com injeções de éter. Ou entregava-se à música e ia a Juiz de Fora reger um quinteto que se estreara no Clube com um fiasco. Os músicos eram o dr. Bernardo Aroeira, ao piano; o seu Creuzol, ao oboé; o conde Belli, à clarineta; o Belarmino Resende, à trompa; a Tatiana Brant, ao fagote. A regência ficara com o dr. Colatino e eles tinham ousado dar a uma audiência consternada Beethoven, no *Quinteto em mi bemol maior, Opus 16*! Além disso era dos advogados mais bem pagos do Desterro e avarento, acrescentava sem parar a sua fortuna milionária. Tudo isto passava em cinematografia rápida pela cabeça do Egon enquanto entrara no escritório do parente afim e os dois se punham frente a frente para começar a conversa — ele num sofazinho e o Colatino na giratória, na posição que já descrevemos. Os dois se inspecionaram com precisão e o Egon foi o primeiro a tomar a palavra.

— Pois é, tio Pareto, cheguei indagora mas fiz questão de visitar vocês hoje mesmo...

— Obrigado.

— ...para quando escrever mandar contar como encontrei tudo por aqui. Tia Felisberta, os primos, os netos tudo bem?

— Bem, obrigado. E você? está de passeio? com demora?...

— Uai! tio Pareto. Pensei que você soubesse. Vim para ficar. Fui nomeado para a Higiene do estado e lotado no Centro de Saúde do Desterro. O Antônio Carlos fez questão que eu viesse pracá. Diz'que precisa de mim na minha cidade. Não sei por quê. Fiquei muito satisfeito porque é oportunidade pra conviver c'os parentes daqui e se eu for feliz na clínica fico mesmo por esses lados. Afinal sou mesmo filho é do Desterro. Meu umbigo está aqui com o primeiro dente de leite. Mas como eu ia dizendo fiquei muito satisfeito com a decisão do presidente e...

O Egon eufórico ia descrever a estrutura da reforma sanitária por que Minas estava passando, conversando com agrado e disposto a começar uma estima àquele tio que de menino sempre o intimidara e contra o qual ele nutria uma destas antipatias instintivas das crianças, cujas raízes profundas mergulham no despertar da sabedoria de cada um sobre aquilo que lhe convém e aquilo que não lhe convém. Não notara que a cada vez que ele lhe dava o você — seguindo hábito de tratar os tios nas suas famílias materna e paterna — o homem remexia sua bunda chocha na cadeira, fazia estalar os punhos sacudindo as mãos e tinha ondas de vermelhão a lhe incendiar as faces e a nariganga.

— ...ele foi mesmo muito simpático me designando recém-formado para chefiar o Posto duma cidade da importância do Desterro... essa nossa Halifax mineira. Depois, estar aqui já é estar no Rio de Janeiro, de que nossa terra é o subúrbio mais dentro das Gerais. O presidente...

Mas a essa altura as comportas da paciência do Nariganga tinham estourado e ele prorrompeu em invectivas contra o Andrada.

— Olha, menino! o que o Antônio Carlos não passa é dum grandessíssimo cínico [sic]. Ele sabe perfeitamente que só quem pode continuar oposição a ele aqui no Desterro sou eu. Quer evitar isto e fica me manietando. Começou nomeando porção de parentes meus para lugares aqui, para dar a impressão que está atendendo pedido de minha parte. Agora, pra rematar, vem você, sobrinho da Felisberta. É uma verdadeira perseguição. Você diz que está muito satisfeito de ter vindo para o Desterro. Mas quem não está nada satisfeito com isto sou eu! Nada, nada, nada mesmo...

O Egon bestificado com a grosseria, pasmo com a explosão de tanta falta de educação, procurava uma palavra que ardesse nos melindres daquela besta mas, maldotado para a resposta pronta, só chegava a formular pensamentos de pesada injúria — esses que ficam em camadas jacentes no fundo de cada alma. Só lhe ocorria o que mais o revoltava — e pensar que meu pai foi amigo do sacana deste velho calhorda! E talvez este pensamento acabasse emergindo num bom nome da mãe — não fosse a figura de sua tia Felisberta aparecendo na porta do aposento onde não penetrou. Dirigiu-se ao sobrinho prevenindo logo suas possíveis manifestações de beijo e abraço.

— Ei, tia Felisberta!

— Ei, Gonzinho. Num chega perto de mim não porque eu estou numa influenza daquelas. Também faz favor de passar comigo para a sala porque eu não entro nesse escritório inçado dos micróbios que os constituintes do Colatino deixam nas cadeiras e no sofá.

Segui o alvitre de acompanhá-la para a sala. O tio Pareto levantou-se também mas para começar sua passeata de fera enjaulada vai e vem escritório saleta sala de jantar corredor copa cozinha alpendre cozinha copa corredor sala de jantar saleta escritório saleta... O Egon sabia que a tia não estava resfriada nem nada. Não queria era chegar-se a ele que como todo médico ela julgava sempre portador das pestilências de que tratava. Tinha mania de doença e quando era visitada pelos netos e netinhas perguntava logo — quem quer ganhar pratinha? Todos corriam, se punham em fila, muito comportados, bicanquinha pro ar onde ela pingava em cada narina duas gotinhas de óleo gomenolado. Depois é que dava a cada um sua placa de quinhentão e o beijinho. Eram moedas entesouradas em separado, depois de ferverem dez minutos. Aliás ela tinha um quarto inteiramente vazio que trazia aferrolhado. Servia para guardar essa coisa admirável e infecta que é o dinheiro. Ficava arrumado no chão: cédulas em montinhos segundo o valor; moedas, cada prata e cada níquel na sua pilha. Na hora das despesas da casa quem tirava a quantia necessária era a Alda (sua criadinha de confiança). Depois chave e as ordens para a factótum ir se lavar as mãos e antebraços no tanque do terreiro. Esfregar três saboadas. Depois vir para passar o álcool... Pois o Egon acompanhou a tia. Logo o princípio da conversa recolocou o Egon de bom humor. A irmã de sua mãe falava puramente um mineiro de palavras preciosas como o de Diamantina e todo ourivesado de expressões tão de sua família materna que ele como reubicou-se no gênero de prosa há tanto não ouvida, falação da sua infância e do Desterro. Estavam sentados no canto que ela preferia de sua sala de visitas. No fundo, ao abrigo de poeiras da rua e das correntezas de ar. Ela sentou-se no meio do sofá estofado de seda dum roxo puxado a solferino e ele numa cadeira de verniz preto feito laca mas com encosto de cetim. Dava as costas para um porta-bibelôs cheio de japonesidades mas via bem os quadros da parede que ele conhecera na infância. O de noiva, da prima mais velha. O faceiro, da mais moça. O execrado pelo dono da casa, óleo representando sua sogra. Um trabalho importantíssimo da própria Felisberta. Era uma folha de latão cortada bem certo nas máquinas do Eugeninho Teixeira Leite tendo a ponta esquerda alta e a direita baixa fazendo um movimento gracioso de papel que se enrola. Isto tornava aparente o avesso que tinha sido passado à purpurina dourada. Toda a superfície da frente era ocupada pelas madrepérolas, relevos, goma-lacas, incrustações de um *trabalho japonês* representando samurais no meio de paisagem com íbis, dragões e mais uma onda espumante se quebrando em renda. Era um risco adaptado por professora de pintura célebre em Juiz de Fora e no Desterro (onde lecionava três meses por ano) — d. Maria do Céu Vasconcelos de Azevedo Melo. Era uma linda portuguesa de cabelos brancos, feições muito moças e olhos azuis como seu nome. Depois de dar notícias de Belo Horizonte tintim por tintim o Egon, para gozar a guarda da tia, contou a ela a impressão de desagrado que o tio Pareto tivera com sua presença no Desterro. Ela fez uma cara de repugnância resignada e começou a falar com tédio.

— Importa não, Gonzinho. Esse homem é insuportável. Não sei quando é que a gente descansa com ele nas caldeiras de Pero Botelho. Nunca vi ninguém mais implicante, cascavilhador, escrafunchante do que ele. Nossa Senhora! É assim como você viu. De repente, por qualquer coisa, sem dizer tirte nem guarte começa a disparatar e a fazer desses tendepás. Eu já nem me incomodo e quando muito enfarada, largo tudo, vou para Belo Horizonte ou para o Rio tomar banho de mar no Flamengo com a Fidelinha. Ele que fique aqui com a Alda e a casa correndo de trouxe-mouxe.

— E as primas? tia Felisberta.

— Sem novidade, tão na casa da Carminda, aproveitando do Fortes ter ido pra fazenda. Assim elas têm liberdade pra conversar sem o homem ali colado, sem despregar, feito uma sarna. — O Egon estava encantado. A tia num instante de conversa lhe dera verdadeiro ramalhete de expressões do código familiar. E fazia-o no sotaque do Desterro, feito de boa pronúncia, sem comer letras nem sílabas. Agora, a cadência era do "mineiro". Resolveu palestrar mais um pouco, puxar por ela e levou novamente o assunto para o tio Pareto. Vieram logo queixas amargas e um rosário enorme de anos e anos de tipiti. Ela já não podia mais, Gonzinho, não podia...

— Gênio dele, tia Felisberta. É continuar na sua resignação. Também você tem suas compensações. Ele é o melhor advogado do Desterro. Rico. Você é a senhora mais bem-vestida da cidade. A d. Vivi, a d. Cecinha, a própria d. Julieta não chegam a seus pés. E digam o que disserem — bom marido e homem correto, incapaz de pôr o pé em ramo verde. Você pode acreditar, tia Felisberta, nunca ouvi nem mamãe nem as outras tias, nem o tio Uccello que tem uma língua de palmo dizerem isto de bilontragem — isto aqui, do tio Pareto. Juro. Verdadeiro varão de Plutarco.

— Quanto a isto, Gonzinho, sei lá, tenho cá minhas dúvidas...

— Queisso? tia Felisberta! Um varão de Plutarco!

— É. Mas já peguei ele uma vez dum jeito muito esquisito na Creosotagem de Cima. No fundo da casa, numa conversa muito de perto com a lavadeira.

— Engano seu, tia Felisberta. Homem de tanto respeito.

— Olha, meu filho. Num tem homem nenhum de respeito por mais pintado que seja. E a tal lavadeira era uma mulata linda. E outra patroa já tinha corrido com ela. Não quero falar os nomes mas o caso foi na rua da Santíssima Trindade. Eu logo tratei de pôr minhas barbas de molho e mandei a mulherzinha simbora.

— Estou bobo, tia Felisberta... Nunca imaginei... Bom, vou andando que tá na hora do jantar da Sá-Menina.

— Peraí, Gonzinho, deix'eu ir buscar uma beleza de oração pra você. É o Hino a Santa Rita de Cássia. Foi muito cantado em Juiz de Fora ano passado. Música de Cincinato Duque Bicalho com versos lindos dum João Ribeiro de Oliveira que não sei se será o Janjão ou outro do mesmo nome. Vai com Deus. Apareça.

A Sá-Menina, apenas entremostrada, merece conhecimento mais íntimo. Era senhora entre quarenta e cinquenta, ponhamos quarenta e cinco anos, alta, mas já um pouco empilhada pelas gorduras que lhe tinham curvado as costas e que empastavam as linhas de um corpo que certo fora elegante como o das mulheres de sua raça — de que ela tinha exatamente o tipo. Era morena clara, pele e dentes magníficos, cabelos muito pretos e lisos, puxados para trás, presos num coque que parecia sempre desmanchar-se, que ela firmava a cada instante tirando e recolocando ora um ora outro dos quatro grampos de tartaruga antigos que lhe ajudavam a compor o penteado. Tinha mechas brancas nascidas da testa que a risca central dos cabelos dividia nas duas partes que lhe faziam lado a lado, como as metades de um diadema de prata. Olhos muito negros, bonitos, profundos, pestanudos — expressão sempre rasgada e risonha. As sobrancelhas de nanquim se prolongavam num sombreado até a raiz nasal, como os cabelos cujas nascidas laterais se desenhavam finamente nas faces, à frente das orelhas. Um leve buço dava graça a seu lábio superior. Resumindo, bonita senhora, nariz ostentando o regular e ligeiro aquilino dos Romariz. Um pequeno sinal na face esquerda — de que saíam uns três ou quatro pelos que ela não aparava. Falava abundantemente — sempre alto e bom som como se o ouvinte estivesse do outro lado do Paraibuna. Era capaz de sustentar conversação de horas sem perceber que o pseudointerlocutor era surdo-mudo. Ria muito dos outros, era engraçada nos comentários e sobretudo na resposta pronta e sempre à altura: palavras de agrado ou bate-boca insolente. Se era este o caso, o contendor perdia sempre — que ela era Romariz e dotada da petulância, da prosápia e da insolência da família. Usava as orelhas sempre descobertas, ostentando dois brincos que tinham pertencido à baronesa sua avó. Já não há mais destas joias senão nos museus. Eram pingentes feitos com um trançado finíssimo de cabelos amarrados malha por malha, que faziam cestinhas alongadas como nassas e arrematadas em cima e embaixo por delicadas pecinhas de ouro. A Sá-Menina, como as viúvas do seu tempo, só vestia preto. Na rua, costume. Em casa, blusas de mangas curtas mostrando as roscas dos braços sempre em perpétuo movimento mímico. Tinha mãos expressivas e bonitas. Gesticulava tanto quanto falava. E as duas coisas abundantemente. Quanto às qualidades, era muito sociável, muito parenteira, muito bondosa e de um carinho maternal com os hóspedes. Éramos três. Eu iria conhecer os outros dois à hora do jantar. A Sá-Menina era secundada, complementada, completada e perfeita — por mocinha, não sei se sua parenta ou afilhada, Mariazinha, que ela chamava a propósito de tudo ou de nada para ajudá-la ou simplesmente assisti-la fazendo ou não fazendo. Era gritada dia inteiro. Lembro sempre dela quando preciso da legendária Policena Barbosa. Sabem da estória? Era uma empregada de família em Belo Horizonte. Dentro de casa, só ela sabia de tudo. Era reclamada dia inteiro. Policena, minhas meias. Policena, me dá café. Policena, corre na esquina compr'o jornal. Policena, põe a mesa. Policena, tir'a mesa. Policena, traz água. Policena, onde estão? meus sapatos. Meu vestido, meu colar, minha pulseira, meu anel de safira. Policena! Policena! Policena! Policena! A pobre coitada (que tossia) sempre dizia — num sei com'ocês vão siarranjar quand'eu morrer. Faz mal não. Me chamem mesmo morta que eu cascavilho as coisas e faço achar o perdido. Deu tão certo que a devoção se espalhou e todo mundo chama pela falecida Policena quando precisa dar com o sumido. Minha amiga Lúcia Machado de Almeida não passa sem ela e dela, Lúcia, recebi a crença. Na desordem de meus papéis e minhas fichas as que sovertem me são restituídas pela santinha Policena Barbosa que nunca deixo de invocar. Mas é preciso pagar o devido: são três ave-marias. A reza é tão poderosa que serve mesmo saindo de boca descrente e pecadora como a minha, ai! de mim. Pois a Mariazinha da Sá-Menina era uma espécie da moça de Belo Horizonte. Mariazinha! Mariazinha! pode tirar o jantar que o dr. Egon já chegou. Foi tirado e sentamos à mesa sob o olhar iracundo dos barões — Sá-Menina, numa cabeceira, ladeada por seu filho Ludovico e Mariazinha — que levantava toda hora mastigando — segundo o que era reclamado. Um resto de tarde ia morrendo e a luz das janelas já não dava. Mariazinha, acende o lustre! Foi feita a claridade e eu pude olhar meus companheiros de casa e a mesa toda florida.

— Lindas flores, Sá-Menina…

— São para o senhor e para festejar sua chegada.

— Ora! Sá-Menina, muito obrigado! Com efeito! A senhora gastando dinheiro à toa… Muito obrigado!

— Num tem que agradecer. Num gastei dinheiro nenhum. Mandei a Mariazinha buscar nos canteiros da avenida Paranhos. Faço sempre assim. Um dia de Finados eu tava colhendo prum ramalhete quando veio um guarda dizer que era proibido e que eu ia ser multada. Corri logo com ele. Seu grandessíssimo cachorrão! fique sabendo que tudo isto aqui são terras que meus parentes deram à cidade. Apanho flor e se quiser arranco os pés. Ato contínuo procurei os primos, que são muito prestimosos quando não é coisa de dinheiro. Eles foram ao presidente da Câmara e o sem-vergonha esteve pra ser demitido. Eu é que num deixei. Pena dele. Veio aqui com a família toda, tudo chorando, beijando minha manga, pedindo pelamor de Deus. Eu perdoei depois de passar uma boa raspança. Mas já tava esquecendo de apresentar o senhor a seus companheiros de casa. Este é o dr. Eutanásio Boamorte, este o seu Asnazário Ventura — todos dois são da agência do Banco do Brasil. O dr. José Egon Barros da Cunha, médico que veio para o nosso Centro de Saúde.

Tivemos todos imensa honra e a sopa de macarrão foi servida. Veio depois um trivial encerrado por doce de cidra, queijo do reino e cafezinho. Tudo bem saboreado. Enquanto a conversa corria pude observar e me inteirar dos companheiros de casa e mesa. O Asnazário era um moço de seus trinta anos, cuidadoso consigo e no trajar-se. Estava de ponto em branco num belíssimo terno cinzento. Colarinhos impecáveis. Colete abotoado alto. Gravata parabólica. Almofadinha. Dos cabelos colados a gomalina e penteados para trás desciam longas costeletas que guarneciam um rosto escanhoado, pele fina muito rosada, olhos mansos e um pouco espantados, boca pequena, vermelha e desenhada como se o tivesse sido a lápis de rouge. Era meticuloso, delicado, cauteloso e não abria a boca se não chamado às falas. Assim mesmo no número de palavras menor possível.

— Seu Asnazário! Mais um pouco de arroz? Está muito bom, todo soltinho, vermelhinho do urucum.

— Estou servido. Obrigado.

— Seu Asnazário! Hoj'é quart'ou quinta-feira? Nem sei ond'estou com a cabeça.

— Quarta.

Já o dr. Eutanásio (cujo sobrenome redundante era Boamorte — dos Boamorte da rua do Matoso) era o contrário. Não se podia dizer que falasse pelos cotovelos já que fazia por cada centímetro quadrado da pele, dobrada dos da roupa de baixo e da de cima. Era um quarentão grisalhando de figura impactante. Tinha um nariz da história universal: longo, sinuoso, recurvado, suscetível e projetando-se qual orgulhosa e rompente carena. Olhos agudos de falcão, sobrolhos mefistofélicos. Face rubicunda. Queixo gordo — dos de covinha, orelhas alerta, testa curta compensada pela cabeleira que não era ondeada mas cujos fios se angulavam e ficavam parecendo raios em torno a sua cabeça terminada atrás por cachaço possante sem ser gordo. Sua pele era lustrosa da seborreia e dum vermelho incendiado. Era dramático e pedia a farinha no tom dum juiz pronunciando sentença de morte. Não falava — urrava, em alturas tribunícias. Uma voz tormentória como a daquele oculto e grande cabo. Da sopa à sobremesa, tudo largamente regado do seu tinto particular, ele politroava contra as instituições, as autoridades, os costumes, a política nacional, as combinações internacionais. Autoridade em finanças, bacharel especialista em direito comercial, bancário e por dentro dos segredos da economia nacional, ele provava por A mais B que o Brasil era mesmo um país perdido. Um vento de miséria e fome era soprado pelas suas demonstrações e cada um se servia de mais — na incerteza de se estaria ou não fazendo a última refeição antes das vacas magras, dos cavalos do Apocalipse que ele profetizava. Talvez fosse para amanhã... À medida que o jantar progredia e o nível de sua garrafa baixava — mais tenebrosos eram seus vaticínios. E não admitia discussão. Esmagava o contender e ainda pedia o reforço do companheiro de banco.

— Asnazário! Diga sinceramente. Estamos? ou não estamos? às portas da bancarrota...

— Estamos.

A Sá-Menina achava o dr. Eutanásio um partidão, ganhando bem no banco, homem de boa família (os Boamorte da rua do Matoso) e estava tecendo os pauzinhos para casá-lo com parenta encruada. Já se tinham visto. Se achado bem. Iam se gostando e as coisas deviam se decidir no fim do ano. Ele, às vésperas de entrar pelo casamento, para a aristocracia do Desterro, resolvera adotar os costumes da mesma e começara pela caça. Comprara fuzil de primeira ordem, treinara pontaria no Clube de Tiro aos Pombos e aos Pratos e aos domingos cedo saía no seu forde para os caminhos das cercanias. E matava tudo. Arrasava o que ia encontrando pela frente. Andorinha, beija-flor, urubu, macuco, pato, pardal, gaio, pinto, galinha, ganso, vira-bosta, chapim, mocho, papagaio, irerê, macaco, paca, tatu, cotia sim, até cachorro, ovelha, bode. Tivera um dia de bezerro. Massacrava e jogava dentro do carro. Voltava tarde da noite, cheirando aos espíritos ingurgitados e ao sangue das hecatombes. No dia seguinte a Sá-Menina guisava todas aquelas carnes e dava-as ao almoço e ao jantar. Aos poucos o Egon revoltado com semelhantes nacos coriáceos, *faisandés*, recheados de chumbo paula-souza quebra-dentes dera para fazer refeições fora, às segundas-feiras.

Terminado o jantar, o Asnazário saíra para a casa da noiva, o dr. Eutanásio para continuar suas libações e augurar na Fluminense. O Egon ficara um pouco de prosa com a Sá-Menina. Resolvera não sair, deitar cedo para se apresentar no Centro de Saúde manhãzinha do dia seguinte. Nada para ler. Seu caixote de livros só chegaria amanhã ou depois, despachado de Belo Horizonte a domicílio. Pediu qualquer coisa impressa a sua hospedeira e ela depois de gritar pela Mariazinha descobrira um Álbum Municipal do Desterro e ele se recolhera com o cartapácio: 530 páginas fora as da bibliografia e do índice. No seu quarto fumou um instante à janela que dava para um telhado vizinho, sentiu o grande silêncio dentro do qual ouvia ao longe um mugido dágua. A noite estava úmida e feia. Tiritou de frio e um pouco de medo sabia lá de quê. Fechou as vidraças e atirou-se ao livrão.

> Deep into that darkness peering, long I stood there
> [wondering, fearing,
> Doubting, dreaming dreams no mortals ever dared
> [to dream before;
> But the silence was unbroken [...]
> EDGAR ALLAN POE, "The Raven"

Uma curiosidade por sua terra fê-lo meter a cara naquele Álbum e ler sua história até de madrugada. Era tudo em letra miúda, carregado da transcrição dum mundo de documentos e quando o Egon encerrou a leitura verificou que continuava na mesma. Pouca coisa aprendera do muito que lera. É que no fundo não havia história, ou pelo menos a interpretação social e econômica dos fatos que eram apresentados como uma espécie de desconversa cuidando menos do Desterro que das várias marcas do Caminho Novo. Assim sabia-se que em 1701 o guarda-mor Garcia Rodrigues Pais tinha se proposto a abrir uma picada que fosse da Borda do Campo à Raiz da Serra. Entravam notas sobre este caminho, sobre se o Sabarabuçu já estaria povoado de *baianos* subidos pelo São Francisco e rio das Velhas quando os paulistas chegaram em bandeira. Vinham achegas eruditas sobre a etimologia do nome Sabarabuçu com as opiniões dos partidários desse topônimo e mais, das designações Suburubuçá, Suburubaçu e Surubaçu — origens de controvérsias intermináveis. Depois as datas de 1705 a 1708 em que Antonil traça as etapas do Caminho Novo e como se o havia de seguir para chegar ao Desterro. Só que este nome não aparecia no roteiro histórico. Roça do Contraste de Simão Pereira, Registro de Matias Barbosa, roças do capitão José de Sousa, do alcaide-mor Tomé Correia, as duas (a grande e a rocinha) de Manuel Araújo, a primeira e a segunda do sr. bispo e de repente estamos na Borda do Campo. Do Desterro, nada. Apenas em 1710 surge um documento referente a tropelias cometidas "no sítio do desterro" e se dá ordens à Milícia Voluntária dos Rosseiros [sic] de se unir à gente que ia dar caça aos desordeiros junto aos "homens aliciados pelo capitão-mor de dentro e pelo capitão-mor de fora". Abrem-se aí novos parênteses para descobrir quem seriam esses capitães-mores. Esse importante ponto de discordância histórica criou dois campos principais de controvérsia. O de dentro seria um Manuel de Sousa — reinol e branco e o de fora um Manuel de Sousa — paulista e mameluco. Uma terceira corrente (pouco documentada) admitia um Manuel de Sousa único e não discutia sua procedência nem suas cores. O assunto sempre esteve e continua em aberto. Livro da autoria de Pardal Tabosa nada esclarece sobre a dúvida antes abrindo novo problema já no seu ousado título: *Manuel de Sousa nunca existiu nem dentro nem fora.* Sabe-se hoje com certeza que a Vila Nova d'El-Rey de Santo Antônio do Desterro no Mato Grosso das Minas foi criada a 1º de abril de 1758. Não há documentos comprobatórios disto — mas a data foi tornada indubitável por resolução de 1º de abril de 1910 da Câmara Municipal que com sua sabedoria contornou o nó górdio das polêmicas inúteis. Em 1781 há notícia do Tiradentes comandando a patrulha do Caminho Novo o que coloca o protomártir história do Desterro adentro, como Pilatos entrou no Credo. E vêm páginas e páginas sobre a Inconfidência, os inconfidentes, o Alferes, o safardana do Joaquim Silvério. Outro trabalho de Pardal Tabosa estabelece muitos pontos de ligação entre a vila e o movimento libertário. É o seu alentado volume intitulado — *Seria a Marília de Dirceu natural do Desterro?*

Mas chegamos finalmente a pontos menos nebulosos quando se tem notícia dum primeiro documento antigo. É a Carta de Sesmaria de 11 de março de 1781, passada em favor dum Josué Pardal Tabosa du Bocage que o historiador desterrano já citado (e seu descendente) diz ser da família do "altíssimo poeta José Maria Barbosa du Bocage, célebre não só por sua admirável inspiração arcádica como por sua reprovável veia satírica e seus inadmissíveis sonetos obscenos". Depois vêm datas enchendo linguiça como a de 1791, com a criação da Barbacena e a de 1798 do estabelecimento de Correios entre Ouro Preto e a Corte. É de 1801 o Registro do Desterro e é certo que em 1816 Saint-Hilaire passou por lá ou muito perto. Em 1822 uma deputação desterrana está presente às eleições procedidas na Vila Rica. Em 1836 Mawe dá notícias do chamado Fazendão, já propriedade do nababo Zoroastro Fortes, dito o "Alferes". Por volta desta data, ano mais, ano menos, chega à região o bávaro Henrique Schimmelfeld que tomaria como segunda mulher uma filha, ou sobrinha, ou prima do "Alferes" — d. Branca, conhecida pelo diminutivo de Branquinha — como ficou na fonte que ela fez construir por subscrição pública e conhecida como o Chafariz da Branquinha. Tanto o mineiro como o bávaro são considerados pelos seus partidários respectivos como fundadores da cidade. O historiador narra em seguida como esta foi criada (exatamente no mesmo dia em que o foi a vizinha Juiz de Fora) a 31 de maio de 1850. Enumera depois, com as respectivas datas de posse, os governos municipais até 1916. Descreve a beleza do burgo "reclinado na montanha alcantilada e banhando os pés no sinuoso rio". Enumera seus bairros: Altacruz, Cruz do Meio, Saudosino Pedreira (ex-Cruz de Baixo), Recolhimento, Primeirosteus e Tiradágua. Os "homens bons" da cidade vinham citados no livro com suas fotografias, as de suas resolutas, ou prendadas, ou virtuosas, ou caridosas consortes — as dos seus palacetes e a lista de suas munificências, benemerências, caridades, qualidades excelsas, acrisoladas virtudes. Terminava-se com verdadeira apoteose sobre o ensino, lembrava-se a cadeira de Instrução Primária fundada em 1847, o ano nefasto de 1890 que fora o da abertura do Instituto O'Grady — centro de instrução esportiva e herética de metodistas, australianos, o fasto e glorioso de

1891 com a reação dos homens bem-pensantes chefiados por precursório Ramos (o velho) — criadores do Ateneu Mercantil que logo prosperou sob a orientação de virtuosos sacerdotes católicos, encheu suas salas com a mocidade das grandes famílias do Desterro, e começou a forjá-la dentro de fôrma característica — igual conhecimento de uma administração comercial precisa como os Evangelhos e de um Novo Testamento certo como tábulas bancárias. E mais, Nosso Senhor, nossa Terra, nossa gente: TFM. O Egon parou a leitura particularmente impressionado com o desenho das Armas de sua cidade: "Em escudo bipartido, à sinistra, em campo de ouro, trinta moedas de prata coroando capacete de Mercúrio aberto no mesmo metal; à destra, em campo de prata, as cinco chagas de Cristo ao natural. Ao alto, a Coroa Mural tendo por timbre a quíntupla Cruz de Jerusalém. Divisa: *Labor et Charitas*". Muito bonito — pensou o médico — só que em heráldica não se coloca metal sobre metal e essas moedas de prata em campo de ouro são trinta besteiras. E logo trinta... Mas, adiante, a simbologia do brasão esclarecia que cada dinheiro representava o trabalho dum dia do mês. Ah! bom... Ainda bem...

Não dormiu logo. Ficou pensando nos fastos mal cosidos uns nos outros do que era chamada a história de sua terra. Quanta coisa ficava no ar e sem explicação. Por vias de que mistério aqueles aglomerados de gente sem forma e sem estrutura que primeiro pintaram nas bordas do caminho — na melhor hipótese comerciando — reinóis, fugitivos descidos da Bahia, índios suspeitos de canibalismo, negros de quilombo, judeus, cristãos-novos judaizando ou assemelhados, facínoras, padres com família, mulheres erradas, levantinos, marinheiros evadidos, um rebotalho assassino largado pelas bandeiras — tinham se conluiado, lutado uns com os outros, se constituído em bando ou quadrilha para matar, roubar, passar ouro, aos poucos se "organizando" à moda dos polipeiros, começando a poder parar, repousar, a diminuir a turbulência, se aquietar, fazer filho — como se preparando para receber a onda superior e quase legal que a mineração secando ia fazer descer para o agrário — gentes que se misturariam às poças turvas da povoação que tinha cogumelado sobre a primeira podriqueira que borbulhara nas margens da picada de Garcia. Como dessas gentalhas surgiram os primeiros donos de vendas, de terras, apareceram as vilas inaugurais d'El-Rey, da Rainha, do Príncipe, da Princesa, as das Nossas Senhoras e dos Bons Jesuses. Como nasceu uma *polícia*, desenharam-se hierarquias e em cem anos tinha se constituído uma sociedade aqui um pouco mais morena, ali já disfarçando, clareando a pele, esticando o pixaim e por sua própria força de elevação instintiva tinha virado numa sociedade colonial tão polida quanto as das cidades do Salvador e do Recife — logo com Padres Regulares, Doutores, Cavaleiros do Hábito de Cristo — uma aristocracia que voltava à tona depois do mergulho que dera o fidalgo lusíada aqui aportado, com sua nobreza posta entre parênteses e o ânimo predatório solto desferrado e sem bridão. Mais um pouco e eram potentados, sesmeiros com mais terra que El-Rey no seu Reyno, nababos com mais oiro que os Tesouros da Metrópole, avultando numa elite social de mandões que ia esquecer as suas urências de sangue índio, suas acrimônias de sangue negro, reivindicar e ostentar só as suas origens confessáveis, os brasões que tinham vindo de Portugal e que reapareciam reluzentes nas coroas dos cento e vinte e quatro barões (os barões mesmo — os "com grandeza", os das Santas Casas, os da Alforria), dos vinte e cinco viscondes, dos oito condes e marqueses com que nossos monarcas constelaram a província de Minas Gerais. Como se formou daí uma casta que herdou a força que já viera tendo na Colônia, trouxe-a Primeiro e Segundo Reinados afora, continuou dela detentora na República — fazendo-se instrumento dócil do Poder e instrumentando o Poder quando possível. Casta terrível, aderente como sanguessuga, dura para o escravo, o pobre, cruel para o povo, implacável para a massa de sangue, de carne desvivida pelo jejum crônico, pelas doenças, pelas condições subumanas em que vegeta — mas carne de que ela — a casta — mesmo assim ainda consegue (como quem tira caldo do bagaço repassado na moenda) — ainda consegue! chupar soro e tutano — mal matando aqui e ali os apetites com reações de abandono, adoçando bocas e amordaçando línguas com obras públicas fastuosas e falsas, obras de benemerência e caridade ostentosas que revertem em seu próprio benefício com polpudos juros. Casta fechada que exclui, expurga e corta as possibilidades do impecunioso, do intelectual e de todo aquele capaz do crime do livre exame. Ah! seria assim? a gente de sua cidade, sua gente. Cansado de revirar essa pergunta foi que o dr. José Egon Barros da Cunha passou sua primeira noite no Desterro — duvidando, temendo e ousando pensar coisas que ninguém quisera pensar entre aquela montanha e aquele rio. Antes de ser subjugado pelo sono levantou, abriu sua janela e repetiu sua indagação para o escuro noturno. Prestou ouvidos, todos os sentidos — mas O SILÊNCIO ERA ABSOLUTO.

> Si j'ai rêvé, c'est qu'à certaines heures le rêve et la vie sont composés de la même substance, ou que je n'arrive plus à les distinguer.
>
> JULIEN GREEN, *Si j'étais vous*

No dia seguinte — manhã fria e feia, o Egon saiu de casa para se apresentar ao Centro de Saúde. O pedacinho que ele desceu da rua do Santo Pretor não lhe disse nada no decurso de seus primeiros passos. Via pouco — que havia uma névoa vinda do rio, baixa, se arrastando e grudando os raros passantes. O gosto bom do café da Sá-Menina, do cigarro, duma alegria de juventude que ele sentia circulando no corpo e que era seu sangue rutilante. Vinte e quatro anos. Ele batia os passos, feliz, pensando em nada. Só fragmentos de ideias passavam na sua cabeça. O bastante para ele ter a noção profunda de vida, saúde, harmonia, conforto, agasalho que lhe vinham daquela paz interior e um pouco das polainas de casimira, do capote claro novo em folha, das luvas de pelica cinza com que ele substituíra as de lã grossa que ninguém deixava de usar em Minas, aos primeiros frios. Quando havia frio em Minas. Quando havia Minas... O santo baixou à chegada do jovem médico à esquina de Silva Paranhos. Foi como a invasão de doçura a entrar-lhe pelas narinas de mistura a um leve cheiro alcoolizado, dominado pelo mais ativo de rapaduras que estivessem empilhadas, derretendo num canto de balcão, deixando correr mel fluidificado a espírito de vinho. Ele mergulhou os olhos no interior da velha venda de sua meninice. Um escuro que não seria de sujo ou falta de luz, mas o preciso e sem fundo dum negro de água-forte, omitia todos os objetos das prateleiras da bodega de outrora — só deixando reluzir, dum róseo aceso — quase de cabuchão de rubi ou de caroço de romã, a teoria das crianças de açúcar fosforescente. Não estavam lá mas dentro dele tão facilmente percebia nos dentes a crepitação cândi e açucarada que envolvia juntos — pedacinhos de boneca e o sabor mais vivo dum licor sabendo a hortelã, camomila, estragão, erva-doce. Uma volta de verdes anos o invadiu tal como se difunde no corpo o canto das piorras de latão rodando vertiginosamente e centrifugando a cor preciosa das varejeiras besouro passarazul no dia de ouro; o canto longínquo dos apitos dentro do feltro de um porto de brumas que se vê de cima da montanha ou na sala maternal do especialista quando se faz exame audiométrico e aquele silvo pio sopro hálito vai diminuindo sumindo no nada duma surdez que cresce do aparelho. Ele ia ficar agora no deslumbramento dessas ondas de passado (ele sabia que seria assim) — ondas de passado se intercalando no presente tornado fofo como a cor e o gosto da goiabada mole dentro da massa bolo dum rocambole pernambucano. Ele ia seguir dando passos numa calçada de rua bem pavimentada mas de que ele recuperava o cheiro especial de barro novo que as antigas chuvas levantavam da poeira fina do macadame da via reta e direita. Ele não fora invadido por percepção única, isolada, separável (como um prelúdio, um final ponto-final, um post-lúdio) mas pela harmonia e alternância rítmicas de um refrão de balada — melhor dizendo, duma *antienne* mais baixa mais alta ao longo dum interminável canto litúrgico. Já desapareciam os bonecos rosados e, virado para a direita, ele atravessou a rua para ganhar a outra esquina que surgia barrada por manequins de todas as cores — sem cabeça, sem braços desmoronando e morrendo a largos golpes da tesoura que lhe abria os reguengues, eviscerava e espalhava no chão o algodão e as painas sujas de suas tripas e bofes. A Fábrica defronte era subitamente destampada pela ventania que levantava suas folhas de zinco que desciam como lâminas, cortando fios e abatendo bois dentro do ruído (como de aviões longínquos), que fazia a nuvem de gafanhotos daquela praga do Egito que em horas acabara o verde dos quintais e dos jardins do Desterro. Mas o dia clareava melhor e uma lógica subia dentro do Egon — a lucidez do terra a terra que pouco resistiria às águas que subiam da lembrança da grande enchente que quase afogara a cidade naquele ano de 1906. O rio crescera em ondas moles largas sempre mais altas — e uma enseada se formara até a esquina da rua do Rei, de onde desatracavam os barcos cheios de remédios roupas mantimentos que seus pais iam distribuir no cais de cada casa alagada. Os bondes e os carros não passavam — só os barcos e o tílburi poseidônico anfíbio do coronel Geminiano Fortes que era para seus tempos pueris uma espécie de abstração, um *conjunto* inseparável — veículo, parelha, estalar das chicotadas, alto negro na inacessível boleia, a coberta do veículo de que saíam duas pernas vestidas de brim claro e de onde ritmadamente surgia um braço chapéu-chile na ponta cumprimentando de vinte em vinte metros. Todos salvavam da rua, profundamente! a viatura que voava para os lados de Primeirosteus levantando no rastro fina poeira de ouro esterlino. Naquela ocasião, as gotas de prata — as gotas da enxurrada que os cavalos negros eram os únicos capazes de romper — sempre rabos pro ar e soltando bosta ruas afora. Pra quem quisesse. Jamais o Egon tinha visto a face do coronel Geminiano. Só o nome lhe ouvia pronunciado reverentemente por todos: coronel Giminininho coronel Gimininho coronel Giminininho. Ele era dos sangues fundadores do Desterro filho do Hilarião Fortes que era irmão do famoso Zoroastro Fortes, o do Fazendão. Os dois, Hilarião e Zoroastro — gente da d. Branquinha (do chafariz) e por esta — afins do bávaro Guilherme Schimmelfeld — outro fundador. Fundadores do Desterro havia-os também de nascença. As águas recolheram e o Egon continuou pela avenida Silva Paranhos. Agora mais lhe batia o coração. Mesmo ele retardou a marcha porque já via A CASA e ficou sem saber o que ela lhe reservava. Estaria lá? Ele tinha se lembrado nunca mais da lâmpada elétrica ao alto, sobre a porta da entrada lateral. Há quinze anos não pensava nela, talvez nem mesmo a tivesse visto e sua presença na memória fosse simples dedução — falsificação, de seu espírito. À noite ela era apenas um halo cor de cobre; de dia parecia uma pera translúcida sob as saias rodando de repente imobilizadas do abajur dançarina — seda branca por baixo, veludo verde por cima. Se ele a visse é que não era criação de sua mente mas que existia, era realmente passado reassumido. Agora apressava o passo. A casa se desenhava toda modificada e recoberta de uma camada de cimento mais cintilante de micas que as encostas faiscantes do penhasco Tromba d'Anta, no Distrito Diamantino. Tinha sido reformada mas ainda se entrava pelo lado. Parou perto, antes, olhou fazendo deslizar a vista pela quina do batente como quem chora carta de jogo. Devagarzinhíssimo: A LÂMPADA ESTAVA LÁ. Pelo menos a saia do abajur seria a mesma. Logo precipitaram-se em torno dela os bandos de primos, das primas lindas com as bocas cheias de versos que recitavam para sua avó nos dias de festa. Versos do Poeta da Cidade. Versos para os tios no dia das Bodas de Ouro recitados na voz cristalina da neta Regina. Versos da lavra da tia Felisberta e declamados por sua filha Fidelinha. Ah! Acorda assim, lembrança adormecida no bosque. Acorda à luz desacesa da lâmpada aladinamente mágica que faz surgir gente e paisagens e casas e ruas ao nosso toque dos olhos. E agora a palavra caraduá — aberta como um cravo amarelo. Caraduá é *cará do ar* — tubérculos que cresciam uma vez por ano em finas raízes aéreas que desciam latada abaixo dos troncos da chácara. Tinham forma de fígados de galinha ou de cerebelos cor de cinza. Cozidos e com açúcar, eram bons como marrom-glacê. Nunca mais ele tinha visto daquilo e nunca mais tal veria fora do toque das mãos de sua avó, de sua mãe. A casa verde de d. Calina veio correndo como uma locomotiva ao encontro da deles. Arfou um instante e recuou — que o enterro queria passar, num gemido e num abafar de passos em roda do caixão roxo cercado de fraques e de fardas da Guarda Nacional. Sua mãe gritava abrindo o telegrama — Coitadinha! da Maria Leilá que morreu no Ceará. De disenteria. Esse dia ele guardou para sempre porque ficara escrito na Miscelânea: 17 de junho de 1905. Era extraordinário como ele, Egon, se contava estórias assim no dia do Desterro. E ele sabia que contar caso com sol quente faz criar rabo... Os muros agora estavam eriçados de cacos de vidro brilhando como esmeraldas e diamantes e topázios nas suas pontas e gumes. Não eram dos velhos tempos da avó não não. Ela não admitia nem cachorro, na chácara. Praquê? pra morder? os filhos de minhas amigas. Sei que eles é que pulam para chupar minhas frutas. Mas verdadeiramente importante era uma espécie de vazio que se fazia e o Egon começava dentro desse bojo a captar a qualidade de silêncio do velho sobrado. Vinha de longe e como a concha da sala, podia se encher de todos os ruídos ao sopro juvenil que fazia sair da casca morta do molusco aquele trom cheio de vida marítima. Esse silêncio era o da sala de visitas no silêncio do dia do Desterro. Ele tornava tudo mais longe mais distante. O outro lado da rua ficava no horizonte — além muitalém daquela serra... As paredes se afastavam e o papel verde que as aveludava adquiria perspectivas de floresta. Uma sombra. Outra maior, retangular, da janela fechada. Ao seu lado o espelho luminoso da outra janela, aberta. O Egon via ali dentro a fotografia tirada naquele canto dum garoto de dois anos vestido de mata-mosquitos. Tinha a impressão de que era ele e que o farmacêutico seu pai fizera-o vestir assim por admiração ao sanitarista que debelara nossa febre amarela. Mas ele sabia que aquele silêncio que prendia tudo como dentro dum vidro grosso ele o podia esfacelar soprando a concha mágica que logo atroaria enchendo os espaços da longa e sinuosa cobra sonora senroscando e traçando voltas sinais cabalísticos onde ele podia soletrar o fabuloso nome. Começava com o círculo se fechando como um alvo, depois o segmento serpentino, pássaros súbito voando num céu neutro onde o sol esplendia e um pescoço de êider levantava-se do eido pra fazer um último passo e terminar com o fôlego, como um ponto final.

De novo o rebojo concêntrico do silêncio que constrange e o menino torna a cortá-lo com o mugido marítimo da concha choros gemidos em torno de Nossa Senhora do Carmo deitada morta num leito de flores e que saía depois sob uma chuva de diabolôs que batiam no chão levantando faíscas brasas das fogueiras de Sãjoão. Soprava mais e o som agora era emitido pela figura materna sentada numa arca enquanto depressa lhe arranjavam cama tudo limpo um longo gemido majestoso e solene dentro dos passos de segredo ponta-dos-pés psius de todas as mulheres escorraçando os meninos e as negrinhas para o fundo das árvores e à volta — o mistério do aparecimento de uma menina dentro da casa. Aquela data o Egon sabia. Fora o 17 de maio de 1910.

    Mas a forte realidade empurrava o Egon para a esquina de Silva Paranhos e rua do Rei onde a bebedeira fantasia de associações espontâneas novamente levaram-no noutro sonho. Aqui era o caminho por que se chegava a Antonieta — movediça qual ave, de cantos cheia, músicas de sua época já em todo o ar: "Primavera", "Fado Liró", "Vassourinha", "Dengo-dengo", "Tire o dedo do aparelho". A essa inevitável associação com siririca trouxe o desavergonhado ao mundo, um instante de segundo, porque a cruz ou a aspa daquele encontro de logradouros novamente o levava. O retrato de d. Guilhermina foi visto através duma janela fechada e o boné de seda do dr. Rosa dentro dos vidros da outra. A casa, em frente, cheia de moças nas janelas, pousadas no teto, libertas da gravidade, descendo e subindo como num quadro de Chagall, as paredes de amarelo e as quinas de chocolate. Depois se apinhavam no portão que ia dar no jardim, o jardim dava num terreiro, o terreiro numa chácara. A chácara passou por aqui, por aqui, por aqui até a outra chácara em Cataguases. Na esquina — em pé no ar, espada nua e coberto de sangue montava guarda o cadáver recortado e rasgado do almirante Saldanha da Gama. Em frente era a casa quadrada e fechada onde o menino sem fôlego partia o silêncio levantando e batendo seis vezes a aldraba o tempo de ouvir seis sons abertos espalmados palmadas no ar.

| AL | MA | DA |
| AL | MA | DA |

Ele tinha tempo de correr antes das janelas todas explodirem. Mas quem disse? que o compadre Almada e a comadre Matildinha davam queixa. Aquele segredo ficou para sempre no coração dos três. Um último som das canções de Antonieta morreu quando o Egon pôs o pé no passeio e parou devagar vendo distintamente Alice Alicinha Cecinha vindo devagar do Colégio Americano pisando na ponta do pé esquerdo e entrando em casa para morrer. A impressão da menina morena foi tão nítida que ele nem viu o *Nariganga* que o espreitava da janela. Já um outro silêncio vinha da casa deserta e sempre aberta cheia de uma sombra pardacenta da cor das paredes. Toda a dor e o sangue da Paixão podiam ser vistas nas suas Estações por quem olhava da rua. E um cheiro de jasmim, agudo como onda de éter, entrava pelas narinas. Um pensamento sempre habitara o Egon que o fazia pensar naquela esquina por mecanismo que ele só decifraria quando descobrisse que no branco — (pode ser até louro) um beiço, uma expressão, um arranjo de cara, uma maçã de rosto podem aparecer como pedaço incrustado do negro ancestral. O sino da Matriz batia as oito quando ele chegou à esquina da rua da Rainha. O moço parou um instante para aproveitar ao máximo cada badalada e mais o que ficava vibrando depois de cada uma — retrossom dos sinos acrescido a cada percussão envolvido e engrossado pelas camadas das outras — fazendo o ar todo trêmulo e sonorizando sem parar zóooooooom. Mas ali já era um lugar sensacional. Nem ele resistiu sequer instante — que se atrasasse, sebo! — e entrou devagar no parque Schimmelfeld. Ia perder tempo ali mas o Egon sabia muito bem que para viver integralmente é preciso perder um ror de tempo. Às vezes aumenta o prazer — senão o da gente, o dos outros quando se conta a estória ou se a escreve. *Envernizar* (a sugestão está em Gastão Cruls) tem acepção chula mas dá bem a ideia de narrativa intencionalmente demorando e sinuosa de Proust — viz., *La*

Prisonnière e do plágio antecipado a isto que era o pensamento do jovem médico a cada sensação do já-visto compondo inevitavelmente quadros perdidos e readquiridos de repente nas homologias que juntavam as partes de um Desterro morto — desmembrado naquelas calçadas fachadas ares do Desterro dagora. E saboreava longamente esse seu brinquedo de *puzzle*, feito, desmanchado, recomeçado, repetido, retomado.

Ele foi subindo envernizando seus passos ida, parada, volta a calçada da rua da Rainha que renteia o parque entre Silva Paranhos e a rua do Cenobita, o trecho desta que fecha o jardim por trás e depois virando à esquerda para pegar o quarteirão da rua Schimmelfeld até andar a sua parte fronteira. Era realmente um lindo quadrado de vegetação tropical de aleias tortuosas entre canteiros altos e que por estes, pelas árvores, pelas palmeiras parecia um pedaço da Quinta da Boa Vista, do Passeio Público, da praça da República — levado do Rio para seu subúrbio do Desterro. No primeiro trecho de que falamos o Egon foi olhando a um tempo os canteiros e as construções de que destacava-se o palacete fachadas de tijolinho do Clarindo Albernaz Bulcão. Ele e outras construções tinham substituído o renque todo igual de casas geminadas e baixas por cima das quais apareciam os telhados do sobrado do barão da Quaresma a quem todos aqueles lotes tinham pertencido integrando propriedade única. Hoje estavam nas mãos dos descendentes, até a parte virada para Cenobita. Entre galhos e folhagens e araras coloridas de verde vermelho azul amarelo e de seu grito gutural — via-se ainda o pitoresco pavilhão da Biblioteca com suas janelas de arco ogival e diante dele um repuxo todo colorido das cores cruas em linhas cheias de graça que o tornavam merecedor de ir para Cnossos e enfeitar o Palácio do Rei Minos. Ficava no lugar onde tinham cantado outrora as águas do Chafariz da Branquinha. No fundo o cercado de bambus folhas galhos onde sempre havia meninos dos colégios perto, aguentando o tédio das gazetas. Virando e pegando o terceiro trecho, de frente ao Fórum via-se o zigue-zague da ponte de cimento que ia para a construção chamada Choupana feita dum trançado de alvenaria e cimento imitando caramanchão que tivesse sido construído com bambu-imperial e recoberto de sapé. Numa das pontas da ponte que era como um Z muito aberto ela se apoiava num pedregulho artificial dotado de um banco imitando pedrouços onde se fotografavam todas as moças e a meninada do Desterro. O Egon lembrou-se de retrato seu há muito perdido de vista.

Representava menino de seus três a quatro anos, roupa branca à caçadora, cinto de couro escuro, *colarinho à mamãe*, a borboleta de uma gravata de seda imitando o laço Lavalière, bengalinha, chapéu de palha bilontra no chão. O médico ficou ali, andando lá pra cá na ponte, parando onde tinha sido retratado, sentando nos bancos da Choupana. Depois ficou indo e vindo no passeio a cujo meio ficava o busto do fundador. Anos depois ele dizia que ali ele vira o que havia de mais belo no Desterro e indignar-se-ia com o que fizeram depois ao lindo jardim. Não se cansava de dizer que tudo devia ser restaurado como no antigo risco, reconstruído o pavilhão da Biblioteca e reerguido o belo repuxo. E desentulhar o jardim de tanta estátua tanto busto. E refazer o alinhamento das velhas calçadas tirando o denteado de parquear carro.

Parou depois muito tempo no meio do encontro de Silva Paranhos e Schimmelfeld. No ponto geométrico onde fora a Cruz do Meio. Olhando até a praça da Estação e além dela um morro muro. Para o contrário, outra muralha tendo no flanco o Ateneu Mercantil. Para os lados os caminhos físicos e morais de Altacruz e do bairro oposto chamado pelo nome do benfeitor da cidade — Saudosino Rodovalho — que era a antiga Cruz de Baixo. Afinal considerou os quatro cantos que pareciam avultar contra ele como quatro proas de navio sus ao transbordado quase afogando. A do jardim, a do Paço Municipal com sua cúpula. A do atual Clube Desterro para ele ainda sem história, a do velho Clube Desterro — cujo tombo era o livro de notas de sua avó. Lá estavam com a letra dela as datas de 19 de janeiro de 1908 — grande baile e a lista dos presentes; de 31 de dezembro de 1908 — sarau dos graduandos do Instituto O'Grady; outra anotação sobre outra noite de danças em que viera convidado, de Juiz de Fora, o dr. Dilermando Cruz para realizar uma conferência — "As moças". Três jovens da cidade vizinha tinham integrado, nesse sarau, com três rapazes do Desterro a Comissão de Festa. Sido João de Resende Tostes, Romeu Mascarenhas e Clóvis de Resende Jaguaribe. Mais os apontamentos sobre os carnavais, com confetes feitos de finas lâminas papel dourado metalizado que a avó do Egon recolhia para guardar, tirado da cabeça das filhas. Depois o médico (como se tivesse ainda o olho occipital) teve uma noção simultânea dos dois trechos de via pública que tinha atrás e adiante. Nessa direção ele viu os altos onde estava o Ateneu Mercantil, sua bela e graciosa construção, seu campo de esportes que na sua infância vizinhava com o recreio do Colégio Laurindo Sobrinho na sua primeira sede que era velha casa cercada duma chácara de que lhe lembravam os gostos e perfumes de frutas hoje mortas — os jambos com gosto de rosa, os sapotis com o de caldo de cana, os abios, as carambolas, amoras, grumixamas, jamelões, cabeludas, araçás e as pitangas, as romãs, os cambucás e os dois cajás — o mirim cortando como navalha e o manga — acerada faca. Desceu tendo à esquerda as nove palmeiras do parque e à direita as duas do Fórum. Agora *lembrava* apenas reconhecia e não era mais posto em órbita de sonho com as associações involuntárias que lhe tinham nascido de cores de fachadas, quinas de casa, beiradas de passeio, esquinas das ruas. Cada coisa se reintegrara em sua própria essência e o dr. José Egon Barros da Cunha sorriu, lembrou seu Balzac, até falou alto, entre brincando e sério — quando pôs o pé direito no princípio do primeiro quarteirão do trecho que ficava entre Silva Paranhos e a praça da Estação. — Agora nós, rua Schimmelfeld.

Anos e anos o Egon acumularia lembranças de sua vivência na rua Schimmelfeld. Durante todo o período em que ele morou no Desterro e depois nas suas voltas a esta cidade, primeiro frequentes, depois mais raras, finalmente cessadas — à medida que a morte ia limpando a área de seu interesse por desterranos que ele visitava. Finalmente a cidade só lhe apareceu cheia de indiferentes e depois, por circunstâncias que aos poucos serão sabidas, de desafetos seus — que nem ao menos o conheciam. Assim as notas que ele deixou são de uma rua Schimmelfeld cobrindo largo período de tempo e espaço. A narrativa arrancada de suas informações tem de recuar ao seu remoto passado pessoal, às vezes de superpor a essas imagens as que ele guardou de 1928 e 1929. Essas duas camadas pretéritas receberiam ulteriormente novos blocos de sensações que sua memória amalgamou e tornou inseparáveis das misturas ideativas mais recuadas. Sua primitiva e mais comprimida lâmina de recordações da rua lhe veio à tona quando ele a pisou. Mas logo seus componentes se tornaram impuros combinando-se (não por mistura física mas por reação química) a analogias menos passadas ou associadas ao *então* atual. Tudo fugidio e atraindo para seu caldeirão os fatos que davam os presentes sucedentes. E esses logo corriam para o indestrinçável que impossibilita a recordação pura da noção primeira. Assim o Egon já nesse dia, depois de descer e depois de tornar a subir Schimmelfeld, corrompeu para sempre cores e cheiros dos três sucessos que ele lembrara mal inaugurando seus passos e dizendo as palavras a um tempo de saudação e desafio ao logradouro. Esses três quadros eram os de amáveis lembranças. Primeiro de um baile de Carnaval que ele assistira no Clube do Desterro, aos tempos em que os pais levavam crianças de três e quatro anos a estas festas. Ele conservara uma impressão feérica como a de uma cascata de joias — luzeiro em movimento — faíscas presas dentro duma bola de gaze que tivesse a consistência e o apanhado dum casulo de bicho-da-seda. Ele via o espetáculo de fogo por dentro, quando se intrometia entre as pernas e caudas dos pares dançarinos. Via de fora quando se deitava sobre as cadeiras de mogno preto que circulavam o salão. Essa memória nunca morreria, resguardada e custodiada por retrato das senhoras e cavalheiros em grupo, faces de espanto e os olhos fechados ao brilho insuportável da explosão do magnésio. Via seu pai muito alto dentro daquele girassol em chamas como imagem todo-poderosa envergando a casaca a que ele fizera coser na gola e cobrindo os pretos reversos de seda verde. Sua mãe fina e elegante, vestida de cetim branco, luvas de pelica branca, uma flor encarnada no coque e a cauda apanhada por grande broche de águas-marinhas policrômicas. Esse par rodava feliz e descuidado da fatalidade. Via também uma cigana: sua tia coberta de sequins e confetes dourados; echarpe azul dum filó incrustado de coisas metálicas cingia-lhe os quadris e valorizava suas calipigiosidades — como a canção francesa fizera às de *Madame Arthur*. O pierrô de cetim róseo que era um Paulo Figueiredo adolescendo, com cachos postiços e que ele logo faria entrar na figura do mesmo Paulo Figueiredo com mais vinte e um anos que ele conheceria dias depois. Entre Flores, Noites e Colombinas, as Artes, figuradas por três irmãs respectivamente vestidas de *Música* (filó creme estampado de pautas, notas, claves e escalas), *Poesia* (enorme lira lantejoulando na mão), *Pintura* (miniatura dum cavalete dourado no penteado alto e palheta pendurada, batendo-lhe os flancos, como a patrona dum hussardo). Tudo isto tinha as sete cores do arco-íris e cintilaria para sempre no ar da esquina direita de quem descia Schimmelfeld, entrando por Silva Paranhos. Ai! onde estariam? aqueles que dançavam tanto. Se já não estavam dormindo, deviam estar sentindo o sono imenso que os faria mergulhar no passado onde estão todos deitados, dormindo profundamente. Ele tinha ideia de uma casa de balas. Logo a encontrou como boca de forno, ou simplesmente boca de que saía um hálito, uma expiração, um ar, um sopro, um cheiro invasor de açúcar queimando comumessência. Logo encontrou a furna mágica do lado esquerdo e dentro, um bruxo de floresta germânica colhendo flores do ar e crianças do chão que ele logo encantava em estrelas sóis meias-luas multicores e prendia dentro de vidros de cristal com tampa de prata. Vendia sua mercadoria a ogros passantes ávidos de esmeraldas, rubis, safiras, topázios, diamantes-cândi, pérolas-coco — mastigáveis e de todos os gostos. Gostos agudos, alongados como o risco de unha cariciosa, sua lâmina disfarçada pela polpa do dedo e correndo de fio a pavio as costas do parceiro. Ai! filha, assim, devagar diva de vagar. Voga, vaga — do pescoço que se arrepia à suã, suão suando. Gostos agudos repentinos como dois ácidos. Redondos de ovo e açúcar vitrificado. Os outros sabores — os matinais do limão, os a pino da laranja, crepusculares do chocolate todos envolvidos em nuvem duma doçura invasora e difusível como se fosse uma perfusão venosa carregada de música cor e luz. Ele parou um instante, entrou, pediu, custando a lembrar a palavra que de repente lhe explodiu — SORTIDAS — e saiu com seu cartucho de onde se espalharia no seu corpo aquele gosto de para-sempre. Atravessou para o lado direito e foi procurando. Sabia que encontrava. No fim, apenas farejando, achou pelo cheiro. Era um salão de barbeiro onde ele sofrera numa tábua posta de lado a lado sobre os braços da cadeira imensa medo de cair do alto desse patíbulo, envolto em linhos de múmia. Em torno de sua cabeça tiniam ferros de máquinas precisas graduadas para meia cabeleira baixa e tiritavam como queixos lâminas das tesouras capazes de levarem de roldão narizes e orelhas. Ele olhava figura espavorida como a sua dentro da poça do espelho de águas turvas. Logo piscava e ela piscava. Inclinava também a cabeça se mãos verdugas inclinavam a sua e já ele era todo picado de bichinhos pulgas vermina toquinhos de cabelo com pós de arroz. O perfume grudento dos cosméticos, loções e brilhantinas — ondas de violeta, bergamota, sândalo, cravo, narciso e lírio logo correspondendo-se e coordenando-se aos gostos das balas. Assim aquela rua para ele ainda não tinha estória. Tinha apenas coisas que podiam se resolver mal separáveis uns dos outros — cheiros, sons, gostos que ele evocava e encontrava. A esses ele já ia superpor camadas e camadas de imagens que sucediam em torno dele como casas pessoas objetos.

O primeiro prédio à esquerda era o do novo Clube do Desterro — térreo ocupado pela agência local do Bank of York & South Brazil, dirigido por um inglesão fisionomia a um tempo triste, capaz e rubicunda a que os olhos sonolentos de sempre entre-duas-águas davam um ar extremamente distinto e distante. Usava cabelos à escovinha, face sempre rapada a fundo e ternos eternamente escuros. Era volumoso. Tinha nome adequado à sua cara apoplética — era Mr. J. K. K. MacCrimson Faced. Ele tinha introduzido no Desterro nova maneira de tomar uísque: copo grande para *long-drink* socado de gelo triturado grosso cujos intervalos eram cheios da bebida até à borda. Ele traçava o primeiro, rápido; o segundo, como o primeiro e do terceiro em diante, lentamente. De acordo com o aforismo dos bons tomadores do *scotch* — *Primus subitus; secundus sicut primus; tertius, paulatinum*. Todas as tardes ele mantinha esse ritmo no Ao Papa-Goiabas — o bar elegante da rua Schimmelfeld. Invariavelmente com ele e seguindo seu ritmo, o jovem advogado Ludovino Pareto e o alto funcionário bancário Cornélio Hansen, cujas caras mimetizavam a do anglo, logo ao *primus*. O banco estrangeiro e essas três pessoas incorporar-se-iam para sempre à rua abstrata do Egon. Do mesmo jeito que figuras que ele ia descobrindo, componentes de outras instituições daquele todo urbano. Vinha logo a casa de artigos masculinos propriedade dos sobrinhos do Poeta da Cidade. Nos seus altos, que se ganhavam por entrada numerada 808, o Egon teria seu primeiro consultório. Perto ficava o do grave dr. Amarílio Gonzaga que entrara e se fixara na memória do seu colega por duas razões. A primeira, sua tenacidade já que tendo chegado ao Desterro desconhecido, tentara por todos os meios entrar no Serviço de Obstetrícia e depois no de Ginecologia da Santa Casa. Repelido pela Fortaleza, não se dera por vencido e acabara criando a Maternidade Pública que cresceu, prosperou e que prolongaria seu nome no Tempo. Ele era simpático e o Egon teria se tornado seu amigo não fosse sua reserva impeditiva de qualquer convivência. O tempo e o espaço os separaram mas sua figura tornar-se-ia avivada na memória do Egon devido a sua semelhança com o reumatologista português Manuel de Assunção Teixeira. Quando o Egon fez-se amigo e compadre deste, por estranho fenômeno de memória tornada afetiva, arrancou do seu esquecimento o Amarílio e tornou-se íntimo do seu fantasma já que o era de seu sósia. Para mais adiante desse consultório era a casa duns armeiros representantes, no Desterro, dos comerciantes Grippi, de Juiz de Fora. A loja chamava a atenção porque era o ponto de encontro obrigatório, à tarde, dos cavalheiros e moços ricos, desocupados e elegantes da aristocracia local que vinham ali ver as novidades em arma, cada qual se munindo da mais precisa no que era logo seguido pelos outros pois uma rivalidade os assanhava cada um querendo ter os melhores mateiros, os melhores fuzis, as melhores matilhas da cidade. E assim com os uniformes, facas, botas, bolsas de caça. Todas as tardes lá aparecia também o dr. Eutanásio Boamorte sempre tratado dalto e ironicamente pelos devotos mais ricos de santo Humberto que viam de maus olhos aquele pobrete-alegrete querer se dar a uma diversão e a um esporte que ali, no Desterro, marcavam nível a um tempo social e de conta bancária. À medida que foi conhecendo a rua Schimmelfeld o Egon foi evitando aquela calçada para não ter de entrar em contato com o gênero que a ele aborrecia, dos caçadores. Achava todos uns agressivos, assassinos em potencial e via-os sempre ensopados de sangue. Ele que nunca matara senão os bichos da aula de fisiologia, não podia conceber semelhante diversão. Essas convicções levavam-no a examinar-se a si mesmo: era verdade que jamais mataria animais mais altos que cães, gatos, cobaias, ratos, camundongos, sapos, rãs mas, pecador, já desejara ardentemente abater colegas e professores que achara odiosos. E esse pensamento logo que configurado era uma autoacusação desagradável. Um cheiro bom de couro novo dominava toda a rua quando se passava diante duma casa de malhas, arreios, selas, artigos para seleiros e sapateiros. Uma alfaiataria cavalina — pensou o Egon. E com seu endereço fornecido ao de cavalheiro precisando fazer terno, ele faria ulteriormente pilhéria que nunca ser-lhe-ia perdoada na rua Schimmelfeld e em todo o Desterro. Mais cheiro bom de couros finos, sabonetes, fumos e *imbrocations* diante da Casa Waggon sempre cheia de gente alegre, simpática, moça e risonha. Era uma espécie de Casa Crashley onde se compravam artigos de toalete masculina e material esportivo. Desde pela manhã até à noite era um entra e sai que não parava de alunos do O'Grady, atletas do Esporte Clube Turner que se recrutavam principalmente no meio dos descendentes dos alemães vindos para o Desterro, de moços do comércio e dos bancos da cidade. Vizinha era a Foto Trones, ateliê fotográfico do moço Trones d'Oragos, autor de fotografias artísticas que enriquecem o belo Álbum do Desterro que ele publicaria em 1929. O Egon tornou-se seu amigo e foi um dos subscritores desse livrinho — hoje raridade bibliográfica — indispensável a quem queira ver o que foi a cidade na terceira década do século. Mais cheiros — agora o enjoativo e envolvente de remédios manipulados no laboratório da Farmácia Lessa. Depois as portas muito santas duma casa de artigos religiosos — a única que era frequentada pelas senhoras da alta. Ali compravam imagens sacras cada qual querendo vencer a outra pelo tamanho. Já não eram mais santos de peanha nem de oratória. Eram os enormes, de altar-mor de catedral — tamanho natural, postos no chão das salas de visitas, de jantar, quartos — como o Egon tinha visto na casa de sua tia Felisberta. Naquele ano, santa Teresinha do Menino Jesus estava no rigor da moda. Depois eram os perfumes que saíam abafados das portas cerradas dum salão de cabeleireiros femininos onde vinham se tingir e pentear as senhoras sem preconceito do Desterro. As outras, as mais virtuosas ali não punham os pés, para não pecarem por vaidade e para não sentarem nas mesmas cadeiras poluídas em horário especial (de nove às onze da noite) pelas bundas das pensionistas dos dois puteiros mais caros da cidade: o da Valparaíso e o da Malvina Lícia. Mas já mudavam os olores e vinha, primeiro, o consistente dos molhados de casa importadora de salsicharias e cervejas — depois, o acolhedor e penetrante dos pães, roscas, bolachas, biscoitos de uma grande panificação luso-brasileira. Passos adiante não eram mais perfumes mas sons musicais saídos dos harmônios, pianos e pianolas (que saudade! quem sabe? hoje, o que é pianola) e dum elemento de atração da casa especializada em instrumentos e coisas da música: gramofones e seus discos. Assim podemos pôr este estabelecimento como o precursor, no Desterro, das futuras casas de som, estas, das discotecas — por onde o pecado entraria ostensivamente na cidade. De degrau em degrau ali se assistiria muito depois aos bailes de enxutos como aquele cuja notícia o Egon leria bestificado 49 anos depois, no número 836 de *Fatos e Fotos/Gente*, saído a 29 de agosto de 1977. Um baile gay! um desfile gay! naquela Cidade Santa — naquela Roma, naquela Jerusalém, Meca, Lhasa de Minas... Agora o cheiro gostoso e aconchegante dos das costuras — lós, lãs, gorgorões, damascos, nobrezas, sanguinhos, manustérgios, rendas, fios, galões de fios de todas as larguras — ditos de fio-entre-finos de palheta — e era A Casa da Pechincheza fundada em 1882, onde as senhoras se sortiam do material com que costuravam as sedas e os linhos dos altares assim como as linhas, fitas, nobrezas, *foulards*, veludos, tafetás, merinós, belbutinas, metins — todas as fazendas — para seus vestidos decorosos e costumes de casimira. O Egon tinha remota ideia de ter ido ali com o pai querendo se fornecer e aos filhos de *manguitos*. Dá-se esse nome em Minas a um agasalho masculino que se usa por baixo das camisas. São de flanela forrada de seda, cobrem peito e dorso. Abotoam-se num ombro e lembram a forma de pequenas casulas. Alegria! das louças da Casa Reuilmont lustrosando nas vitrines suas todas as cores. Uma instituição: a filial da Alfaiataria Virgílio Bisaggio, cuja matriz ficava na vizinha e rival cidade de Juiz de Fora. Como nesta, o Politeama do Desterro tinha escritos em cartaz, ao lado do pano de projeções, os versinhos que se viam também na sala de diversões do Politeama de Juiz de Fora.

> Rapaz moderno
> se tens idílio
> de amor eterno,
> vai ao Virgílio
> fazer um terno.
> Um terno chique
> da cor de uva
> e que te fique
> como uma luva.

Pouco depois da alfaiataria era um sobrado de portas baixas fechadas, exceto uma que dava num corredor muito limpo donde subia escada de madeira bem tratada e com seu corrimão sustentado por hastes torneadas e envernizadas de amarelo-claro. Era a entrada do Centro de Saúde. O Egon subiu.

> A cada momento cruzávamos esses Fariseus, ressoantes e vazios como tambores, que vêm do Templo assoalhar a sua piedade — uns com as costas vergadas, esmagadas pela vastidão do pecado humano; outros tropeçando e apalpando o ar, d'olhos fechados para não ver as formas impuras das mulheres; alguns mascarados de cinza, gemendo, com as mãos apertadas sobre o estômago — em testemunho dos seus duros jejuns.
>
> EÇA DE QUEIRÓS, *A relíquia*

Ao chegar em cima, deu de cara com um homem de avental, carregando sob um braço suporte metálico e debaixo do outro um irrigador de vidro grande. Parou um instante olhando o moço que subia e o Egon reparou na fisionomia boa do que estava carreando os utensílios médicos duma sala para a outra. Era um cidadão não muito alto mas esticado de corpo e de pescoço. Este era forte e sustentava cabeça redonda, duma calvície luzidia, face de sobrancelhas levantadas em mímica de satisfação, óculos aro grosso de tartaruga, vidros espessos de míope que tornavam seu olhar a um tempo cintilante e pouco perceptível, nariz pequeno e bem-feito, bigodes fartos aparados curto e a boca aberta no melhor sorriso que mostrava dentes claros e muito bonitos. Vestia avental amarrotado sobre a pele, bolsos cheios de tubos de ensaio, lapiseiras, canetas-tinteiro. Suava apesar da temperatura daquela manhã nublada. Falou numa voz franca, bem timbrada e agradável.

— Uqué? que o senhor deseja.

— Queria falar ao chefe do Distrito Sanitário, dr. João Nogueira Pedroso Lucas.

— Sou eu mesmo, faz favor de entrar praqui — foi dito num sorriso que se acentuava. Largou o que carregava, entrou numa salinha onde havia mesa, giratória, cadeiras e um grupo de couro.

— Vamos sentar. O senhor...?

— Me chamo José Egon Barros da Cunha e vim me apresentar ao Centro de Saúde. Sou o novo médico designado pra cá e espero suas ordens.

— Ora! até que enfim resolveram mandar o colega. Eu já tinha reclamado duas vezes e o dr. Argus sempre trastejando, escrevendo que ainda havia possibilidades de sua ida para Teófilo Ottoni, que ia ver...

— Pois pelo visto parece que ele viu e o dr. Aires afinal me deu ordem de embarque. Aqui estou, dr. Lucas.

— Dr. Barros da Cunha, o senhor...

— Faz favor de tirar o doutor e chamar-me simplesmente Egon — como todos fazem...

— Ótimo, Egon. Eu ia dizendo que você é o médico mais graduado, depois de mim, do Distrito Sanitário. Sendo assim você é, automaticamente, o chefe do Centro de Saúde. Fica desde já investido no cargo — e soltou logo uma de suas gargalhadas contagiantes. O Egon riu muito também e um servente entrou com a bandeja do café.

— Você tem sob suas ordens os médicos do Centro. São por enquanto três. Um atende os casos clínicos, mais os de pequena cirurgia, a venereologia. É o Dimas Alvim, moço muito inteligente e preparado. É casado com uma colega, a dra. Jarina, também funcionária e que faz a nossa ginecologia, nossa obstetrícia. Parteira de mão-cheia, escola do Fernando. Olhos e ouvidos ficaram com o Audiovisto Munhoz, um elegante, um *sportsman* — mas muito competente. Para você vai ficar tudo quanto é doença infecciosa e epidêmica porque o chefe do Centro é por dever o seu epidemiologista. Assim ficarão sob sua responsabilidade os guardas sanitários e a brigada de mata-mosquitos que vamos criar e preparar porque há uns rumores de febre amarela — você sabia? — casos amiudando no interior e dois verificados no Rio — estes, fora de dúvida. E o mais, fazer como você me viu fazer — todo serviço, até arrumação de salas, abertura de caixotes. E vamos deixar o resto para depois do almoço. Eu estou tinindo que trabalhei a manhã inteira. Vá comer e volte pelas doze e meia, uma hora, para o turno da tarde.

Sem saber por quê, o Egon começou a rir com o dr. Lucas. Gargalharam, despediram-se — até logo! — até logo! — e o moço despencou escada abaixo inteiramente conquistado pela alegria, naturalidade e o nada estudado do seu chefe. Que sujeito encantador! ia pensando rua Schimmelfeld acima. E que atividade, que franqueza. Nenhuma titica de galinha. E aquela do Argus a retardá-lo… a ver se o mandava para o norte penar na *Nova Filadélfia*, via Bahia… Estava feliz, achando que ia se dar bem com o chefe e naquele Centro de Saúde de sua terra. Olhou com simpatia os passantes. Tinha vontade de cumprimentá-los, parar com eles, dar sua prosinha como via outros fazendo. Voltou para sua pensão seguindo não a balda de reachar lugares mas a de observar as pessoas com quem cruzava. Era a gente comum na rua à hora do almoço. Havia grupos de colegiais, de estudantes, de rapazes geralmente muito bem-vestidos — trajados mesmo com apuros de detalhe que os distinguiam logo. Numerosos eclesiásticos. Bancários. O Egon estranhou a falta de elementos do sexo feminino. Era uma multidão masculina. Chamou-lhe também a atenção o fato de não ver pela rua Schimmelfeld nenhum elemento verdadeiramente popular — como se andar naquele logradouro fosse prerrogativa de gente rica e bem situada socialmente. Como som e cor, aquela pequena multidão repetia o de todos os ajuntamentos. Mas o curioso era um certo número de senhores vestidos de azul-marinho, cinza escuro e preto. Usavam chapéu tipo Gellot, aba armada de debrum. Todos de colete completando o *terno*. Na lapela, a mesma insígnia de confraria — ouro, esmalte roxo e vermelho. Gravatas negras. Da mesma tinta, os calçados chamando a atenção pela qualidade de sua fôrma, seus vernizes, suas pelicas. Casa Cadete, Rio. Guarda-chuva, fizesse tempo ameaçador ou o sol que começara a apontar dum desbotado de gema de ovo de galinha que não come milho. Óculos escuros. Deslizavam com passadas sutis e ar compungido como se pisassem a nave da Matriz. Eram altos, baixos, gordos, magros — mas tinham impressionante ar de família — cada um — um pouco de todos ou vice-versa. Eram de expressão austera, triste e contida. Havia belos e feios. Quem seria? aquele comprido e grave, com aquele rosto de Sexta-feira da Paixão. Aquele outro? com feição de repugnância e desprezo. Um terceiro? esse gordo, cara de bunda aborrecida. Um? que parecia um anão grosso, mãozinha amarela, papuda, piedosamente espalmada no peito, tão curtinha que parecia que seus dedos tinham sido desarticulados à altura da junta falange-falanginha. Esse? mínimo que de longe parecia criança vestida de hominho e de perto velhinho trajado de rapaz. Quase todos um traço especial: narizes dinásticos, queixadas borguinhonas, prognatismos habsburguinos, bochechas pendentes duma tristeza filipina. Atentando neles, o Egon começou a lembrar de reproduções de pintura. Era isto. Aqueles homens fúnebres lembravam os Velázquez, Dürer, Holbein e Goya nas telas representando os reis, rainhas, príncipes das raças de Borgonha, Habsburgo, Bourbons de França, Borbones d'Espanha e Nápoles-Duas-Sicílias. Aquele ar de família vinha do fato de todos se aparentarem e se entrecruzarem há cerca de dois séculos naquela beira de Caminho Novo. Eram os representantes dos Trancosos, Rosanos, Taveiras, Fortes, Masculiflórios, Pedreiras, Ruffos, Romarizes. Eram os descendentes dos potentados que lhes tinham transmitido o direito de passar a cidade na moenda e beber-lhe a calda dourada. Eram os beneméritos, os "homens-bons". Aos poucos eles seriam nomeados e apontados à admiração do Egon por sua virtude, inclitude, bondade, caridade, santidade. Quando isso aconteceu, ele ouvia e ia concordando mas o diabo é que sua mente rebelde era como a daquele abade do *Crime do padre Amaro* que, quando lhe cheirava prodígio, suspeitava logo escândalo. Ele, Egon, fazia parte deste grupo de duvidadores que quando veem santarrão, homem perfeito, varão de Plutarco, catolicão e comungão — perguntam de si para si mesmos pelo defeito escondido, pelo crime perfeito perpetrado e pelo cadáver no armário. Desconfiava e começava a resistir dentro, porque implicava com *santos*. Gostava de gente como ele, dos lançados entre o bem e o mal

— humanamente, obrigatoriamente, compulsoriamente capazes das alternâncias da alma. Horrores e ações sublimes — lá o tinha dito o poeta. Mas o que mais o deixou varado de assombro foi ver como eles passavam dentro dum abre-alas, chapeladas profundas, curvaturas de espinha, expressões adorabundas. Ave! Eme Lobo! Jota Cordeiro te saúda! Seu modo de responder variava. Uns ricos-homens ao serem cortejados mais se empinavam, levantavam a cabeça e respondiam tirando os chapéus trazendo-os até ao nível do nariz, vendando-se com a aba — como a não querer ver nem sentir, o verme salvante. Outros demoravam um pouco a resposta, faziam primeiro um ar de espanto e ao condescenderem retribuir — já estavam olhando para lá do cumprimentão-pobretão. Agora — uns aos outros eles se cortejavam com seriedade, respeito, nível e decoro. Lé com lé, cré com cré.

Depois do almoço o médico voltou ao Centro de Saúde. Lá conheceu seus companheiros de trabalho. Gostou dos três. Do Dimas Alvim com sua cabeleira branca em cara de moço. De sua mulher, a dra. Jarina, muito bonita, muito elegante. Do Audiovisto Munhoz com seus bons modos e sorriso amável. Mas o que o encantou, ao conhecer os guardas sanitários, foi ser apresentado ao chefe deles — seu Onésime Cresylol. Esse francês com nome de desinfetante fora amigo de seu pai e mesmo trabalhara na sua botica. Ele caiu nos braços do Egon que tinha ímpetos de pedir àquele homem venerável desculpas de ter de chefiá-lo. Falava com forte sotaque, nunca perdido nos seus anos e anos de Desterro.

— Que satisfaçon, Gonzigne, trrabalhar com você depois de ter trrabalhado com seu pai. Carreguei tant'você no col'. Ainda tenho seu retrrat' vestid' de mat'mosquite.

O Egon estava deleitado pelos modos do Cresylol. Pelo jeitão decidido daquele velho gaulês de olhos moços e rasgados, bigode grisalho em escova, dentes tingidos do fumo e uma cabeleira dura, de neve, guarnecendo a cara cor de fiambre. Deu naturalmente o "você" ao superior hierárquico por amizade velha e o Egon achou natural continuar a chamá-lo como ouvia sua mãe fazer. Seu Cresylol — o senhor.

Todos os dias o Egon passava suas quatro vezes pelas calçadas dos Pareto, nas suas idas e vindas para o trabalho da manhã e o da tarde, no Centro de Saúde. A casa dos tios ora estava fechada, ora aberta, janelas vazias ou, às vezes, a figura do Pareto tomando alturas, a da d. Felisberta ou da Fidélia se inteirando do movimento da avenida Silva Paranhos. Com a prima e a tia ele parava o instante dum bom-dia, dum como vai? dia lindo, heim? então? quais são as novas? tudo velho... Com o tio torto era só bom-dia pra lá ou boa-tarde pra cá. O moço tocava a aba do chapéu e o velhote lá de cima mexia imperceptivelmente a cabeça. O Egon tinha resolvido ficar naquela primeira visita e não voltar ou pelo menos não voltar tão cedo à casa dos parentes. Não gostara do ambiente. Reassumira pelo dono da casa sua mesma idiossincrasia de menino. Por sua mulher, uma imperceptível implicância pelo que adivinhava de sua pouca afetividade, de seu egoísmo cristalino — mas afogava esse sentimento dentro do desconforto, da pena que lhe causava o destino ingrato daquela tia — abafando sua vida ao lado dum homem odioso e detestado. Pela bela prima, simpatia e curiosidade. Naquele dia esta é que o fez parar, chamando-o para baixo duma janela em que estava debruçada e que dava para a rua do Rei. Ela gritou-o pelo diminutivo que só lhe davam aqueles parentes — diminutivo incongruente porque lhe vinha de tios e primos para quem era indiferente.

— Ei! Gonzinho. Tava mesmo aqui de alcateia, esperando você passar. Pra convidar você pra vir jantar amanhã. Aniversário de casamento de papai e mamãe. Vem a família toda, a meninada. A Alódia e o Balbino. A Carminda e parece até que o Ezequiel! O jantar é às cinco. Vem às quatro e meia quistá bom. Agora, Gonzinho, pelo amor de Deus não se aborreça, mas não venha direto do Centro que a mamãe morre de medo de micróbio de roupa de médico. Vai até em casa pra lavar, mudar... Você vem?

— Venho, prima. Venho limpo, sem pulga nem carrapato e banho de creolina tomado. Até que enfim chegou o dia deu rever as primas, o Balbino e conhecer o Ezequiel. Você tá linda... Até amanhã.

— Até amanhã! Você vai adorar o Ezequiel. Ele está um orador... Você nem imagina... Um suprassumo... Ficou consagrado desde o dia da chegada do Rui Barbosa, na campanha contra o Epitácio e depois, quando recebeu o senhor bispo nas festas de inauguração da nossa diocese. Verdadeiro portento, a última palavra... Até amanhã.

No dia seguinte, o Egon apresentou-se em ponto, na casa do Nariganga. Fora rapidamente à sua pensão, como a prima pedira, banhara-se, deixara propositadamente os cabelos escorrendo água, perfumara-se com água-de-colônia e mesmo se esfregara um pouco com óleo gomenolado para o cheiro de remédio alertar as narinas da tia. Assim anadiomênico e ainda pingando é que a cumprimentou nas suas escadas. Ela pediu que ele entrasse para o gabinete do pai. Ia dar uma olhada dentro e voltava já. O Colatino lá estava resplandecente, de prosa com um amigo. Falou com o tio e este procedeu a uma meia apresentação em que não nomeou o sobrinho torto.

— Não sei se você já conhece. Meu amigo e médico, o deputado Epaminondas Alecrim...

— Como não? Conheço muito de nome o ilustre parlamentar e é um gosto para mim, cumprimentá-lo pessoalmente. O senhor permita que eu me nomeie. Seu criado José Egon Barros da Cunha. Por outra — seu discípulo porque sou médico formado há uns poucos meses.

O Alecrim concedeu em ter também muito prazer em encontrar o colega. Disse, acentuando a palavra, para, modesto, afastar de si a mestrança que lhe conferira o mais moço. Era um homem nem gordo nem magro, socado de corpo, mãos sardentas encobertas dum pelo cor de cobre, cabelos, sobrancelhas e bigodaços também muito ruços, olhos dum verde deslavado, nariz bonito e toda a cara duma vermelhidão de apoplexia. Exprimia-se devagar, muito compassado, arrumando as palavras com cuidado — ao jeito de quem coloca objetos com ordem, numa prateleira. Falava, fazia como se recuasse para ver o efeito e depois de pequena pausa retomava suas sentenças simétricas e caprichadas. Não ria nunca. Talvez sorrisse, possível que fosse sorriso esboçado um jeito que tinha de apertar os olhos, enrugando os pés de galinha. Usava camisa de peito duro, colarinho de bunda-virada, plastron, fraque e calça listrada. Botinas de político: cano de pelica, guarnição e bico de verniz. O último, ligeiramente quadrado, na forma de um rostro de pato. Era deputado à "bitolinha" e bernardista ferrenho.

— Mas como eu ia lhe dizendo, meu caro dr. Pareto, o presidente Antônio Carlos está errando muito, com sua mania de cortejar a popularidade...

O Nariganga deu olhar rápido para o lado do sobrinho torto e refestelou-se para ouvir diante deste carlista de última hora o amigo Alecrim demolir o presidente de Minas.

— ...como se ninguém estivesse atento a suas manobras. Elas são percebidas na Viçosa e ele está debaixo da mira do nosso grande chefe.

Repercutiram pessimamente as promessas que ele anda fazendo de voto secreto, mormente agora, tendo em vista as próximas eleições em Belo Horizonte e os compromissos que a Comissão Executiva já tem com o dr. Cristiano Machado. Sim, senhor! voto secreto. O senhor não leu? a entrevista dada ao *Correio da Manhã*. Pois voto secreto. E essa universidade? inteiramente ridícula... Tudo demagogia, querendo se enfeitar para a presidência da República.

— Dessa creio que podemos nos considerar livres, meu caro dr. Alecrim. Seria demais e ele estaria querendo... comer mais do que pode seu estômago... para dar essa forma delicada à expressão mais crua usada pelos franceses...

— Sim? Expressão francesa? Não conheço. Deve ser fina como o espírito desse povo.

Aí o Egon não resistiu e resolveu jogar o tudo pelo tudo e dar o troco ao Nariganga. E soltou a enormidade.

— É mesmo muito fina e sobretudo muito boa para se usar em família, dr. Alecrim. O tio Pareto refere-se à maneira como os franceses ridicularizam os que têm ambições exageradas. Ele, por comedimento verbal, não quis usar a expressão. Os franceses dizem do que vê grande demais — *qu'il pète plus haut que son cul* — sim, senhor! que peida mais alto que o próprio cu.

Disse, levantou-se e foi no encalço da tia que se dirigia para a sala de visitas com a Fidélia. Mas teve o segundo de ver a cor que injetara a cara do Pareto e lhe incendiara o vasto naso, ao tempo em que ele fazia bater as abotoaduras dos punhos com uma sacudidela indignada. Ria por dentro. Encaixem mais esta, seus cretinos! A tia sentou-se no lugar habitual do sofá, o moço tomou a mesma cadeira da sua primeira visita, a Fidélia foi olhar à janela — quando a primeira farejou o cheiro do óleo gomenolado com que se untara o Egon. Alarmou-se logo.

— Gonzinho! você tá resfriado. E os meninos vão chegar daqui a pouco. Nossa Senhora! Fidélia...

— Resfriado nada, tia Felisberta...!

— Mas tou sentindo cheiro de óleo.

— ...gomenolado, tia Felisberta. Eu abuso dele. Fricciono o peito e ponho no lenço pra cheirar. Olh'aqui... É muito bom como preventivo. Acostumei com isso e acabei usando sempre misturado com água-de-colônia. E a tia sabe? que des'que adotei esse sistema nunca mais tive resfriado. Vale a pena.

— Graças a Deus! Que susto você me deu. Mas cumé-cocê faz?

— Muito simples, tia Felisberta. Ponho assim coisa duma colherinha de café da essência de gomenol para cada cem a cento e cinquenta gramas de água-de-colônia. Isto em termos de medicina doméstica. Porque há mais e melhor. Sim, senhora! muito melhor. Ah! Mas para você que pode, tia, que tem o "pataco" como dizia o alemão seu pai — que Deus tenha! — devia é mandar buscar de Paris tudo, tudo, sobre o assunto — numa casa especializada chamada Le Gomenol. Para resfriado comum ou bravo eles têm o Gomenolixir, o Rhinogomenol, ou gomenol para instilação com'ocê faz. Têm inalação e até pasta pra esfregar os peitos, as costas. E aqui muito entre nós (e o Egon baixou a voz até aos registros dum sussurro de confessionário), na idade do tio Pareto — que tá chegando na hora de próstata, dos seus netos ficando rapazinhos e correndo risco de doença afetiva — você tem motivos de sobra para fazer uma reserva para as vias urinárias com os *Glutinules* preparados com esse santo óleo e ele mesmo, puríssimo, a vinte ou trinta e três por cento. Tem água gomenolada, sabão e unguento de gomenol...

— Que maravilha! Gonzinho...

— Você quer? saber, tia. Tem um médico francês, o dr. Lyotard, de Nice, que dizque — nenhum'outr'essência reúne tanta propriedade curativa...

— Que beleza, meu Deus! Que coisa cotuba, Gonzinho!

— Para tudo. Para operações, para partos: é o que é!

— Você tem? o endereço, Gonzinho.

— De cor, tia Felisberta: Le Gomenol, rue Ambroise Thomas 17, Paris, Neuvième. E eles mandam pra quem encomenda muito, de brinde, *L'Imitation de Jésus-Christ* num livro contendo no fim o formulário de todas as indicações e jeitos de usar o gomenol.

O jovem médico, descaradamente, resolvera gozar a turma. Já eram duas aquela tarde. Uma no Nariganga e agora, outra, na sua mulher. Só mesmo assim é que era possível. A tia foi pegar o caderninho para tomar nota de tudo e o Egon acercou-se da janela onde estava a Fidélia, a tempo de ver chegar a prima Alódia, o marido, a meninada. Foram juntos receber o bando. Quando sentaram de novo na sala, a Alódia logo se apossou do parente recém-chegado para dizer-lhe que *adora-*

va sua gente, que sua mãe fora a sua tia *idolatrada*, que nunca se consolara da mudança deles do Desterro, que graças a Deus agora ele voltara a sua terra. Isso sim! Ele ia ver o que era uma cidade.

— Melhor que Belo Horizonte, Gonzinho. Tinha sido um erro porem fora o dinheirão que gastaram para construir capital no meio dum sertão seco, deixando de lado o Desterro com a riqueza de águas que tinha. Aqui é que devia ter sido a cidade escolhida. Mas não! tinham ficado de lado. Falta de gente para proteger contra as manobras do *seu* Augusto de Lima, do *seu* Afonso Pena, do *seu* Bias Fortes e de todos os outros inimigos do Desterro. Esta sim, era a cidade mais culta e progressista da Mata, do estado. E industriosa — a Halifax mineira. E pertinho do Rio de Janeiro — seu verdadeiro subúrbio. Eu adoro minha terra, por isso tenho horror a Belo Horizonte. Dizem que aquilo lá é só poeira, escorpião, papo, opilação e morfético pra todo lado. Agora o primo ia ver que cidade de homens inteligentes. E que cidade religiosa. Falar nisto você precisa entrar para a Irmandade dos Servos Tementes de Jesus Rei. O Balbino era dela. E eu ainda hei de dar com papai lá dentro. Você não imagina a beleza da opa preta, aqueles senhores, rapazes e meninos metidos cada um na sua e andando devagar nas procissões, tocheiro na mão. Ah! eu e o Balbino somos muito religiosos! Graças a Deus e a santa Teresinha do Menino Jesus. Você não pode nem imaginar o que eu adoro essa santinha. Fiz parte do grupo de senhoras que angariou dinheiro para trocar sua imagem e doá-la à Matriz. Mas agora minha santinha vai ter paciência que eu vou ter de largar dela um pouco. Quero me dedicar de corpo e alma à última moda que é santa Joana d'Arc — isso até sua devoção pegar bem pegada. Depois, então...

A Alódia continuou a falar sem seguir no caminho reto e pegando cada atalho das associações. Fuga de ideias — pensou o Egon. E considerou a prima que ele deixara recém-casada quando sua gente saíra do Desterro e que agora estava mostrando seus primeiros fios brancos. Realmente estava no tempo pois ela devia andar beirando seus quarenta. Depois, muito filho, muito trabalho... Nada bonita, considerava o moço. Muito parecida com o pai. Alta, seca, espigada, muito branca, olhos miúdos. Mas ela se fizera o gênero distinto. Tinha realmente porte senhoril, pouco se maquilava, vestia-se com sobriedade e na rua não ria nunca. Seu marido era pernambucano, Cavalcan — T — I — ti do Recife, filho de uma sra. Alcântara, dos Alcântara do Engenho do Cororó. De nome todo era Balbino Alcântara Cavalcanti. Na família, Totó. Aos costumes, cirurgião dentista e professor da Escola Odontológica do Instituto O'Grady. Era homem de traços finos e bonitos mas duma imobilidade de máscara de porcelana. Louraçudo, vermelhoso, usava uns longos bigodes sempre frisados. Cor de ouro. Tudo isto somado aos olhos claros faziam dele coisa muito parecida com as fotografias de Boni de Castellane. E o curioso é que sua mulher tinha vagas analogias com Anna Gould. O Egon observava-o também e descobria no seu perfil, no seu jeito, conforme a posição, aspectos ora felinos, ora de ave — como se ele fosse um desses seres compósitos da mitologia, metade homem, metade leopardo ou metade águia. Era isto mesmo, pensava. É esta a razão dele ter sido apelidado "Bicho Homem". O médico não sabia a origem do apelido — mas era um verdadeiro rasgo de gênio, como só os tinha sua tia materna Jandira, que todos chamavam Jajá.

Então chegou Carminda e foi como um surgimento. Ela não entrou, apareceu, toucada de cor de chama viva. Fazia dezesseis anos que o Egon não a via e ela imediatamente retomou o lugar que ocupava na sua imaginação, ao jeito de moldagem voltando ao molde. Ele não errava quando em menino a achava a coisa mais linda em que já pusera os olhos. Só que a mocinha de cabelos daquele castanho vermelhado de nerprum, substituíra-os luminosamente pelas refulgências dum tosão de ouro. Bestificado, o Egon analisava aquele instante prodigioso da criação natural e não podia atinar no que ela possuía diferente de todas as outras pessoas. De repente descobriu em cheio. Era o arremate luxuoso de cada traço se comprazendo na complexidade da própria terminação e nela demorando. Uma palavra reboou dentro dele — barroca! isto mesmo: era uma santa barroca, finamente traçada e cinzelada, lavor a um tempo de Athayde e Antônio Francisco Lisboa — despencado do teto ou do altar de igreja mineira. Um'imagem barroca! Fascinado por aquela obra-prima de prima o Egon detalhava seus traços como crítico de arte ou amador esclarecido estudam os detalhes duma pintura, melhor, a variedade de planos duma escultura. Nada na fisionomia da Carminda era feito ao acaso. Cada saliência, cada reentrância tinha uma intenção, assinalava um propósito. A pálpebra superior, na comissura externa superpunha-se à inferior que parecia sumir no abrigo que lhe fazia a outra e vinha daí a expressão infinita do seu olhar. Já na comissura interna, as duas se juntavam por igual, fazendo uma saliência e um biquinho de ânfora — sugerindo a passagem das lágrimas que nela pareciam cintilar sempre presentes. Cada orelha era um prodígio de resolução anatômica onde todo detalhe era deliberado — concha, pavilhão, hélix, antélix, trágus, antitrágus, lóbulo — riscados e salientados com luxo e vagar caprichados. Eram reduções às proporções de flor e pétala, dos movimentos circulares e helicoidais gigantescos de um frontão de igreja churrigueresca. Assim o nariz — moldado numa geometria inevitável como as pirâmides e os cones mais certos. O desenhado dos lábios tornava-os independentes da boca e eles viviam para a própria beleza de seu relevo. A expressão fisionômica era um assombro e os olhos luziam como os que Antônio Francisco engastou no semblante transfigurado do seu Cristo resplandecente e latejante da *Ceia*, na Capela I dos Passos de Congonhas do Campo. Foi logo cercada pela família.

— Então? o Quielzinho?

— Diz que vem. Arranquei dele a promessa de vir. Garantiu de pedra e cal. Agora vam'esperar...

— Olh'aqui, Carminda! Adivinha quem é este.

— Tem nada que adivinhar porque ele não mudou nada. Como vai? Gonzinho.

O fato de saber que morara como lembrança, simples memória, dezesseis anos dentro daquele ser privilegiado inundou o Egon tal uma graça. Logo ele se adiantou.

— Muito bem obrigado, Carminda. Então? esses são seus meninos. Estou curiosíssimo de conhecer seu marido. A Fidélia já me disse que ele é o melhor orador do Desterro. Doido pra conhecê-lo.

O Egon notou que a chegada de Carminda deslocara para ela o eixo do interesse familiar e que ela passou a ser o centro das atenções das irmãs, do cunhado, da mãe, do pai. Os meninos estavam espalhados pela casa inteira, exceto os dois mocinhos mais velhos — da Alódia e da Carminda. O último chamou a atenção do Egon por qualquer coisa na fisionomia, que ele conhecia e reconhecia — apesar de nunca ter visto aquele primo. Analisa que analisa e de repente deu no vinte. Era o seu riso, um riso familiar que o Egon conhecia desde menino no belo rosto da Carmem Moretzsohn. Ali estava ele replicado. Eram extraordinárias aquela verificação e aquela semelhança que só podia vir, no menino, das dez gerações que iam dele ao guarda-mor Maximiano de Oliveira Leite e sua mulher d. Inácia Pires de Arruda — os quais eram nonavós da Moretzsohn Barbosa. Ela e aquele menino eram primos em 15º ou 16º grau e tinham ido buscar aquela expressão no século xvii — para restituí-la na sua duração de mais de duzentos anos. O Egon congratulou-se consigo mesmo pelos conhecimentos genealógicos que lhe permitiam degustar conscientemente um parentesco — como quem demora confeito na boca para prolongar o gosto. De repente a Fidélia da janela bradou como atingida por revelação.

— Gente! o Ezequiel.

Todos se precipitaram em direção à entrada, deixando na sala de visitas só os meninos e o Egon. Este viu à frente do grupo que voltava o legendário contraparente. Era um homem ainda moço, extremamente elegante, tratado e bem tratado da ponta das botinas ao nó impecável da gravata. Fino de corpo, boa altura, muito moreno. O elance de sua figura vinha da sua agilidade mas principalmente do pescoço forte, musculoso e muito longo que favorecia e dava graças ao porte orgulhoso da cabeça sempre levantada. Tinha cabelos dum negro especial, cheio de reflexos inesperados como os dum mar em noite de breu. Eram repartidos no meio e iam para o alto de onde às vezes caíam, muito lisos, dos lados da cabeça. Ele logo, com o pente dos dedos, ajeitava-os para cima. Sua testa era alta, ou tornada alta pelas entradas; o nariz bem-feito, a boca pequena, lábio superior proeminando de leve e de traçado acentuado por bigode curto e muito preto. Sobrancelhas levantadas no centro por contração da musculatura da testa — como se o causticasse sempre o fogo de altos pensamentos — ou talvez um infinito desdém a tudo e todos. Olhos semicerrados, abertos o bastante para perceberem tudo no interlocutor mas como a distanciá-lo e a pô-lo no seu devido lugar, na posição adequada para ser percebido. Como quem empunha uma lente e leva ao ponto focal o pequenino grão de areia que se quer detalhar. Em suma, figura de belo homem que se sabia assim e também dotado da noção plena das vantagens que tinha sobre os outros. Como os artistas acostumados a serem seguidos pelos jorros de iluminação do palco ele se habituara a estar sempre na *vedette* de que olhava o mundo e se mostrava ao mundo. Era dos privilegiados que só encontram em torno de si halo concordante, aplaudidor. Isto lhe dera uma segurança de centro, eixo, padrão — na família e na sociedade — e levava-o a menosprezar o que via de dessemelhante a seus índices. Defendia suas prerrogativas com todas as armas — principalmente a contundência de uma ironia que se lhe tornara permanente e com que ele pungia em todas as gradações — desde a picada de alfinete à zebrura sangrenta deixada pelas duras catanas. Era temido. Ao ser apresentado ao Egon não se desmanchara em palavras mas tivera gesto e sorriso de régia acolhida ao tempo que o inspecionava atentamente como quem procura plano de clivagem para enuclear um quisto. Com duas ou três frases que trocaram — ele e o médico — logo este o sincretizou de não poder mais separá-los — ao Joaquim Álvares de Castro Gomes, aquele brasileiro amante de Maria Eduarda, em *Os Maias*. Já o Balbino o acaparava sofregamente e foram os dois conversar num vão de janela. Mas o jantar estava servido e a tia Felisberta chamava todos para a mesa. Eram famosas a cozinha e a *bonne chère* do Pareto. Ele gostava de comer bem e beber do fino. Mas era uma mesa europeia, mais propriamente italiana, rica em massas afogadas em molhos radiantes e empapadas de manteiga e da pomada dos parmesões fundentes. E foi justamente por macarronada clássica que se começou o jantar. Fazia ainda dia claro. Logo de início, pequena escaramuça entre o Pareto e a mulher. Como esse se tivesse encarregado dos vinhos e abria uma botelha de Chianti perto da entrada do corredor de trás, onde havia uma pia e nela o Balbino lavando as mãos em grandes águas — a d. Felisberta queria que o Pareto jogasse fora a garrafa que acabara de abrir.

— Esse vinho não serve, Colatino. Está infeccionado porque quando você abriu a garrafa eu vi um pingo pulando da mão do Totó e embarafustando no gargalo. E mão de dentista é mais perigosa que de médico...

— Ora, Felisberta, deixe-se de nove-horas. Se você pensa que vou deixar de lado esse néctar por causa de suas miragens, tá muito enganada.

— Pois dessa garrafa ninguém bebe na mesa, senão vou pro quarto. Beba você se quiser. Alda! traz outra garrafa e você mesma abre ela, tomando todos os cuidados.

— Mais fica!

— É? bebê. Como se eu não soubesse que o que você quer é ficar com a garrafa inteira. Que lhe aproveite! Se cair doente não conte comigo.

Havia um silêncio constrangido. Mas passou. O Ezequiel, muito hábil, criou a distensão quando considerou que a tarde estava divina. As conversas recomeçaram e a barulhada dos meninos. A Alda trouxera a segunda garrafa desarrolhada assepticamente. O Pareto, dono da sua, atacou-a com copázio degustado tecnicamente. Servido, o Egon considerou que o macarrão estava uma verdadeira maravilha e começou a saborear seu prato, entrecortando as garfadas com goles de vinho que lhe suspendiam o coração. O Balbino, que se sentara ao pé do Ezequiel, mal comia e continuava sussurrando no pé do ouvido do concunhado. Devia ser assunto do conhecimento da d. Felisberta e da Alódia pois essas seguiam com interesse as respostas dadas pelo ricaço. No princípio só uma mímica de negativa, depois a de lavar as mãos, finalmente o ar de quem entrega os pontos e um assentimento dado mais alto que o resto da conversa.

— Tá muito bem, Balbino. Fico ciente de tudo e vou fazer o que me toca... Mas tem uma condição: o Subtílio Trancoso fora da combinação. Não vou com a carinha de santo desse petimetre de doutor — sempre querendo se meter em tudo quanto é bom negócio que aparece no Desterro...

— Nem se fala mais em Subtílio. Homem ao mar. Manda quem pode e suas ordens estão dadas... Agora, mudando de assunto — e a trasladação?

— Para muito breve. Estamos só esperando que os parentes do Rio marquem a data e eles não chegaram ainda a um acordo. Na certa vai predominar a opinião de Lohengrin Raposo. É o de mais respeito na descendência do Morsadela, homem de grandes posses, ministro já duas vezes, presidente de banco... É dele que o senhor bispo quer a opinião. É o que ouvi hoje no bispado, durante a reunião da comissão. Por sinal até que me obrigaram a ficar como orador por ocasião da cerimônia. Foram todos muito amáveis. Disseram que faziam questão. O senhor bispo repetiu várias vezes que não havia outro, que contava comigo. Tive de aceitar.

— E os restos?

— Desenterrados desde ontem e passados para a urna de mármore. Muito pouca coisa: um pedaço da caveira, as pás, uma canela...

— Nossa Senhora! — disse d. Felisberta. — Vamos mudar? de assunto. Inda mais agora que vai ser servido o frango ao molho pardo. Quem esbrugar seus ossos logo pensa nos do barão. Cruz! Credo!

O interesse do Egon acendeu-se. Ele ia ouvir a opinião daquela roda ultraconservadora e ajuizada sobre caso que apaixonava o Desterro. Tratava-se da ideia que surgira por ocasião do cinquentenário da morte de um dos beneméritos da cidade, de seus restos serem trasladados do Cemitério Municipal para a igrejinha de Nosso Senhor, atalaia da cidade, seu ponto mais alto e que protegia o município como farol de fé colocado sobre as escarpas do morro do Defensor. Ainda à tarde ele ouvira a respeito discussões apaixonadas entre os médicos do Centro de Saúde e agora a notícia de que uns caquinhos de ossos roídos pela terra já estavam a salvo na rica urna de mármore obtida por subscrição pública. Então a trasladação se fazia *irrevogavelmente* — conforme ele ouvira de seu colega, o elegante Audiovisto Munhoz, otorrinolaringologista, da alta sociedade local e *trasladacionista* da primeira hora. Sim, porque a ideia tinha adversários. Os descendentes de "fundadores" como Ariotônio Masculiflório, Saudosino Rodovalho Pedreira e Henrique Schimmelfeld achavam que aquela honra devia caber aos seus respectivos maiores e declararam-se logo *antitrasladacionistas*, enquanto os filhos e netos de Precursório Ramos e de João Pedreira Prisco tomavam o outro lado, aliados às vergônteas restantes do remoto Macário Gibão. Como a cidade fosse, nos seus profissionais liberais, industriais, comerciantes, bancários e trabalhadores manuais, na sua maioria, de dependentes ou vinculados empregaticiamente aos donos do município, este se dividira em dois partidos irreconciliáveis. No Clube do Desterro, já houvera escandalosas vias de fato entre pró e antitrasladacionistas e sucessos mais graves tinham acontecido no bordel da Valparaíso entre dois grupos que se tinham atacado a garrafadas. Mas graças à sábia influência dos reverendos padres do Ateneu Mercantil as coisas estavam se abrandando — sobretudo devido a uma sugestão partida do próprio senhor bispo. A sua excelência reverendíssima atribuía-se a lembrança que desanuviara o ambiente da cidade.

— Mas oh! senhores. Por que? tanta luta se são todos parentes uns dos outros e todos têm? nas veias o mesmo sangue... Traslademos os ossos de todos os fundadores e façamos da igrejinha de Nosso Senhor o Panteon do Desterro onde repousarão os ossos dos desterranos ilustres e de seus descendentes.

Essa ideia de um cemitério promoção social agradara a todos e afinal os ossos do benemérito inaugural iriam para o alto do morro. O Egon acompanhava o caso com interesse principalmente depois que fora instruído sobre a personagem do barão por amigo recente que se fizera na pessoa do professor Eulálio Manso Conchais. Era um mestre da

Escola Normal que fora procurá-lo no Centro de Saúde, para pedir por um pobre doente. O Egon sentira-se atraído pelo nome e pela adequação deste à pessoa. Era realmente um homem de boas e belas falas exprimindo-se numa linguagem admirável. Impressionava pelo ar de bondade e doçura. E a linda palavra Conchais que lhe encerrava o sobrenome era cheia de associações harmoniosas — praias cheias de luz luar, de vieiras cintilantes e coloridas luzindo sobre areias, ao banho de ondas mansas e aos jorros do plenilúnio. Toda essa brandura e fulgor rimavam com espírito de fino humanista. Pois o Egon tinha atendido seu protegido e findo o tratamento mandara uma carta com detalhes do seu diagnóstico. Eulálio voltara ao Centro para agradecer e sem saber como tornaram-se companheiros do subir e descer da rua Schimmelfeld na passeata diária que a população masculina da cidade fazia à noite, esperando a hora de entrada do cinematógrafo. Uma identidade e uma simpatia começaram a uni-los. Logo que se esboçara a questão mudancista o Egon interpelara o professor sobre quem era? esse barão cujos ossos estavam dando tanta celeuma.

— É um tal de Anacleto Tiburtino Bocarro Xavier, filho do dono duma "venda" no Caminho Novo que ali se estabelecera nos albores do século XIX. Era um portuga e casara na descendência do Macário Gibão. O Anacleto, seu filho, nascera pelos 1820 a 1830. Era bacharel por São Paulo e enriquecera comprando por tuta e meia terrenos aos herdeiros dos sesmeiros que os tinham nas proximidades do Caminho Novo. Quando nascera o agrupamento de casas que de futuro seria o Desterro, ele, o Schimmelfeld e o Saudosino Rodovalho eram donos de quase todas as terras. Viera a vila, depois a cidade e o homem tornara-se um nababo revendendo com ágio implacável o que comprara por nada ou ocupara. Viveu desse comércio na povoação nascente e de explorar escravos de ganho. Tinha fazendas sem fim e fornecia queijo, leite, carne aos habitantes. Já era uma personalidade quando o segundo imperador viera a Minas e o Anacleto fizera-se notar dando de presente dez escravas — por sinal que três com cria — para a princesa imperial alforriar. Logo na primeira leva de nobilitações ele fora feito barão da Morsadela. Claro que sem a Grandeza — nunca concedida a esses *barões de alforria*...

— Mas pelo visto — dissera o Egon — era um ganhador de dinheiro e não vejo no que o professor me conta motivos para que se considere o homem um benemérito do Desterro...

— Mas é considerado um dos numes da cidade. E com justiça — a levar em conta os padrões usados aqui para se erigir em beneméritos, justos e santos os tartufões ricos e de caridade ostensiva. O nosso barão era dono duns atoleiros perto do rio. Pois ofereceu-os à Câmara, de mão beijada para ali ser construída a cadeia. Atendida essa necessidade, o nosso filantropo livrou-se de uns barrancos perto da atual avenida Silva Paranhos dando-os para a construção do Hospital da Misericórdia do Desterro. O aterro do charco e a terraplenagem da buraqueira foram feitos por subscrição pública.

O Egon e o professor tinham chegado ao fim da rua Schimmelfeld. Foram andando pela praça deserta até perto da estação. Vivalma. Mesmo assim o Eulálio ainda abafou a voz para segredar no ouvido do jovem médico sua opinião final.

— Aí tem o senhor a estória desse benemérito. E aqui entre nós. Ele não estaria roubando nada de ninguém se o tivessem feito passar umas férias na cadeia que ele ajudou a dar à cidade.

— Estou bestificado, professor...

— Pois mais lhe contarei dos outros varões da história do Desterro. Fica para depois que já estamos atrasados para o início da fita de cinema.

> L'essentiel n'est pas de faire quelque chose, mais que l'on en parle!
>
> PIERRE VÉRY, *Un grand patron*

Quando levantaram da mesa as senhoras e os meninos foram para a sala de visitas. O Egon acompanhou os homens ao escritório do Pareto. Iam fumar longe da d. Felisberta — infensa à nicotina. O médico estava arredondando e amaciando o seu Jockey-Club oval e ainda não o levara à boca, quando viu chama acesa quase no seu nariz. Era o Ezequiel dando fogo, cortesia que lhe era habitual depois que a vira sendo feita pelo diplomata e vate Osório Dutra, numas férias em que ele viera com um grupo de Juiz de Fora caçar macuco no Desterro. Achara essa delicadeza coisa mais linda! encomendara logo um belo isqueiro de ouro e ninguém podia puxar cigarro ou charuto na sua proximidade sem que ele logo o sacasse do bolso e iscasse. E note-se que ele não era fumante. Só questão de alardear boa educação. O médico gozou aquela semostração mas não deixou de ficar cativo do agrado e ali mesmo disse ao contraparente da curiosidade que sempre tivera em conhecê-lo e que agora, que ia ficar no Desterro, tinha vontade de cultivar suas relações. Queria visitá-lo e desejava saber quando e a que horas isto seria mais conveniente. O Ezequiel imediatamente franzira a testa no seu jeito especial e depois de pensar algum tempo é que respondeu.

— Mas... digamos dentro de hoje a duas semanas. Venha de dia, duas, duas e meia que a esta hora mando deixar aberto o portão do palacete.

— Uai! que palacete? Vocês mudaram? Deixaram? a antiga casa da tia Felisberta.

— Não. A casa é a mesma, salvo umas adaptações que eu tive de mandar fazer para modernizar e dar conforto. Cocheiras logo depois viradas em garagem. Não há que errar. Mesmíssimo lugar.

O homem reassumira seu ar distante e de enfado. O Egon já se arrependia da ideia da visita — recebida daquele jeito, como um pedido de audiência. Mas o Balbino aproximou-se e reapossou-se do cunhado. Logo retomaram uma velha conversa sobre caçadas, tiro aos pombos, tiro aos pratos. Referiram-se com azedume à fazenda que o dr. João Pedreira Prisco Filho tinha arrendado no Mato Grosso e para onde convidava para caçadas à anta, ao veado e à onça — figurões da finança, da política e da ciência do Rio de Janeiro.

— Você precisava dar uma lição ao Prisco, alugando também uma reserva de caça, Ezequiel.

— Tou pensando nisto. Ele não perde por esperar.

Silenciaram os três. À falta de qualquer outro assunto o Ezequiel interpelou o primo da mulher.

— E você, caça?

— É coisa que nunca experimentei. Nem tenho vontade. Sou de natural avesso a tudo que é agressão.

Logo os caçadores sorriram superiormente e o Ezequiel como a querer mudar de assunto fez nova abertura.

— Então, decidiu mesmo ficar no Desterro, hem?

— Tenho vontade...

— Já foi? visitar o senhor bispo.

— Não. Não o conheço pessoalmente nem sou católico praticante e assim não me achei obrigado.

— É? como assim? Você vai me permitir uma opinião. No Desterro não há questão de alguém achar ou não achar que está obrigado a isto ou aquilo. A cidade é quem sabe a que cada um de nós está obrigado, digamos comprometido, forçado a fazer e a pensar. Até do que gostar. Aqui todos que querem um lugar ao sol têm de entrar para o Clube do Desterro — dancem ou não dancem; para o Círculo do Tiro — cacem ou não cacem; e têm de visitar o senhor bispo, ser irmão de opa e tocha, ir às missas dominicais da Matriz. Não digo sejam ou não sejam crentes — ou praticantes, segundo sua expressão — porque a última alternativa é simplesmente inadmissível no nosso meio — ou melhor, em certa classe do nosso meio. Pense nisso. Até à vista, que já vou. Carminda, vamos... Podemos retomar o assunto dentro de quinze dias. Não se esqueça — duas, duas e meia.

O Egon ficou parado, safado da vida, furioso daquele seu modo de ser entupido que não lhe dava resposta imediata para as impertinências que ouvia. E aquela fora firme. Que sujeito... Esperou o aparato de sua saída com a Carminda e os meninos, foi despedir-se da tia e dos outros primos. Nem deu adeus ao Pareto que, com a retirada do Ezequiel, retomara sua balda favorita de andar pralapracá do alpendre da cozinha ao seu gabinete, sacudindo os punhos, roxo de raiva, resmungando. O moço consultou o relógio. Ainda tinha tempo de sobra para ir desanuviar daquele bando de chatos num cinema. Saiu, tomou à direita, seguiu Silva Paranhos e virou numa rua Schimmelfeld quase vazia. Parou um instante antes de entrar no Palace Coliseu. Ficou a observar os que penetravam quando deu numa cara que tinha a impressão de conhecer e que o olhava com insistência, um meio sorriso esboçado. Fez também uma expressão de agrado e bateu na aba do seu lebre cinzento. Logo o outro aproximou-se rindo e abraçou-o ruidosamente.

— Que prazer! nego. Juro e aposto cocê num tá me conhecendo. Vamos, diga. Vi logo. Sou o Luisinho Bracarense, amigo do Fábio. Ele é que nos apresentou no cabaré de Belo Horizonte no dia da posse do Antônio Carlos. E o Chico Pires? como vai. O Nava? O Cavalcanti? Os outros? Quê? cocê tá fazen'aqui, homem!

O Egon contou ao Luisinho que estava no Desterro de mudança e que, nomeado pelo Antônio Carlos, ia tentar clinicar na cidade. Mas estava se caceteando muito, só trabalho, conhecendo ninguém, só tendo até agora ido duas vezes à casa do seu tio afim — não sei se você conhece? o dr. Colatino Pareto — até estava vindo de lá, onde se aporrinhara à beça, porra! Ia espairecer no cinema e o Luisinho ia com ele.

— Não, nego. Estou só vendo o movimento e depois vou encontrar com minha pequena, na pensão da Malvina Lícia. Muito obrigado...

— Você pode fazer as duas coisas. Vai ao cinema comigo e depois, então, pros braços da amada...

— Ela chama Zenith. Mas sinceramente, não posso ir com você porque estou a zero — mais liso que cu de santo.

— Mas será? possível. Tou convidando você e agora não aceito mais desculpa. Você vai comigo ao cinema e se precisar algum...

— Não preciso nada. Você com o tempo vai ficar me conhecendo. Posso aceitar um convite pra cinema, pra jantar, pra beber mas... dinheiro, de ninguém. Não peço nem aceito. Chóooobs...

— Chó — o quê?

— Chóooooooobsss...

Só o tempo e a convivência mostrariam ao Egon o que eram o *chóbs*, o *rrreleitz*, o *tuuuc-tó* de que o Luisinho entremeava suas frases. O médico verificaria também que aquele amigo com que estava começando a se relacionar era não só um dos melhores homens do mundo, como um dos seres mais inteligentes que lhe seria dado conhecer. Era duma ignorância exemplar mas de finura e penetração psicológica de navalha, duma percepção do belo, do feio, do chiste, do humor, do trágico — que tocavam as raias do gênio. Mas por estranha aberração, era dotado de vocabulário paupérrimo, tinha dificuldade de se exprimir, falava um português básico que não ia além de suas oitocentas a mil palavras e para completar seu pensamento na conversa rápida, tinha de apelar para estes sons que — descobriria o médico — eram verdadeiros curingas do seu vocabulário, significando tudo e completando admiravelmente as sentenças do Luisinho. Com o tempo e a prática ele ficaria sabendo que aquele *chóooobs* curto-menor dito depois do "não peço, nem aceito" estava entre o normal e a cólera e que era afirmação para valer. O segundo, mais prolongado, queria dizer — não insista homem, não me venha de borzeguins ao leito, senão vai ter... Mas isto seriam verificações do depois. Àquela hora os dois novos companheiros dirigiram-se à bilheteria e logo depois estavam repoltreados na plateia. Mal tiveram o tempo de relancear a "coroa das damas" já as luzes se apagavam. O filme principal chamava-se *Aurora* e encantou os dois. O Egon jamais esqueceria aquela fita, com seus truques inesperados de imagens de longe de repente se aproximando e já passando da nitidez do foco para o nevoento e o gris do mais ausente. Depois, mais tarde, lendo sobre cinema, verificou que tinha tido a dita de assistir e a felicidade de não se esquecer daquela obra-prima de transposição cinematográfica feita pelo alemão Friedrich Wilhelm Plumpe, aliás Murnau — da estória de Hermann Sudermann. Era dos últimos carros-chefe do cinema mudo e nele se vê além do grande exemplo de esteticismo expressionista o aparecimento do recurso do close-up. Já discuti a questão da descoberta do close-up em livro anterior. Ela é atribuída a Murnau nesta rodagem de 1927 mas ele tinha notícias do seu uso em filmes de sacanagem passados no Cinema Alegre do Rio, nos seus tempos de Pedro II. O autor desconhecido de *O mate saboroso* — um dos primeiros pornôs do cinema, roçou a criação de gênio sem percebê-la, como os representantes das culturas astecas desconheceram a roda como elemento útil apesar de tê-la utilizado em brinquedos de crianças como os que se veem no Museu de Antropologia da capital do México. Mas... deixemos de conversa fiada e voltemos aos dois amigos. Saíram do cinema e foram devagar até ao Papa-Goiabas. A confeitaria estava vazia naquela noite de muito frio e os fregueses recém logo passaram-se a dois *capotes internos* — que era como o Luisinho chamou as talagadas de genebra tomadas para esquentar o corpo e levantar o moral. Sentados, o Egon pôde observar melhor o Luisinho — a quem já viera reparando no trajeto entre cinema e botequim.

Era um rapaz ali pelos seus vinte e nove, trintanos mas pelo espigado, pelo lépido e pele rosada da cara ninguém lhe dava mais duns vinte e cinco. Os ombros descaídos aumentavam-lhe o teso do pescoço. Penteava para trás e o cabelo fofo e solto enristava como crista audaciosa encompridando a face que já era longa. Tinha testa e queixo salientes, o que lhe dava semelhanças com as estilizações em feijão que ficaram do nosso segundo imperador. Nariz arrebitado e pequeno, boca de cantos um tanto caídos parecendo um U de cabeça pra baixo. Bons dentes, sempre muito limpos. Testa franzida do esforço que fazia para focalizar o interlocutor e o resto, com o olho míope que lhe servia. Era só o esquerdo porque cegara do direito, com carga de chumbo que lhe soltara à queima-roupa um corno recalcitrante da vizinha Juiz de Fora. A visão monocular obrigava-o a uma eterna torção do pescoço para adiantar e centrar o olho válido.

Costeletas. Sempre escanhoado, vestido com simplicidade e decoro. Gravatinha-borboleta. Tinha ar tenso e empertigado que lhe dava jeitos de galarote. Outras coisas o Egon verificaria depois. Por exemplo — o Luisinho era encolerizável e dois sinais certos de vias de fato próximas era vê-lo ficar enxugando as mãos dum suor nervoso que lhe dava. De repente ficava dum lívido amarelo, arrancava os óculos e avançava como uma fera. Sabia brigar e bater. Era um bebedor admirável, nunca perdendo a linha nem a tramontana com doses maciças de uísque, ou cerveja a cântaros respaldada cada garrafa com martelada de Steinhäger, ou de conhaque ou de cachaça. E varava noites nesse nível — não mostrando externamente nenhum sinal de porre. Nem seu físico fino era o de alcoólatra. Só raiando o dia é que era sinal certo de que estava lotado — ver se acentuar seu estrabismo divergente e ouvi-lo dizer na sua dificuldade de exprimir-se — sempre a mesma frase misteriosa e sibilina.

— Rrrr-releitz, nego! Esse negócio de madrugada é mesmo hora de cu e alma. E puta que os pariu pra todos.

O Luisinho não era boêmio qualquer. Era filho do engenheiro naval ilustre e homônimo a quem a construção de navios de cabotagem muito ficara devendo no Brasil. Morrera cedo e a família vivia da pensão que lhe dava a Organização Henrique Lage. Sua mãe, d. Laurinda Menezes Bracarense, era de grande família carioca cheia de ligações de afinidade ou consanguíneas na fidalguia do Desterro. Era filha dum herói da Retirada da Laguna e mantinha seus modos imperiais. Sua passagem na rua Schimmelfeld era sempre sensacional. Quase nunca sem a filha Laurindinha, braço dado com o dela, a cabeça de neve penteada alto, blusa plissada de seda negra, fichu de lantejoula, miçanga ou vidrilho preto, capota de pequena pluma, luva, leque, bolsa — toda parafernália de senhora dona viúva. O Luisinho quando as via aproximando, largava tudo para acompanhá-las. Quando elas iam para casa é que ele voltava. Além de filho exemplar, irmão exemplar, ele era um grande sentimental. Sempre amara donzelas até que forte paixão contrariada pela família da moça desiludira-o para sempre do gênero família. Se abstinha. Dera-se sem reserva às putas. Agora andava num rabicho doido pela tal Zenith — mulher-dama de beleza rara que exercia à rua Hiparco Carozzo — pensão alegre da Malvina Lícia.

Pois foi justamente para esse bordel que o Luisinho convidou o Egon depois da Confeitaria. O Egon recusou, lembrando-se dos conselhos do Ari Ferreira e disposto a uma vida de médico exemplar e a de jeito nenhum dar isto assim que falar aos santarrões do Desterro.

— Impossível, Luisinho. Tenho de levantar cedíssimo para o Centro de Saúde. Muito trabalho...

— Tuuuc-tó! Pra cima de mim não, nego... Váaa tomar banho, ara... Vamo sim. E vam'a outra cervejinha com seu respaldo.

Foram. A resistência do Egon também foi-se. E os dois foram descendo. Primeiro rua Schimmelfeld, depois Precursório Ramos, rua do Rei e chegaram até Hiparco Carozzo — um só quarteirão entre a penúltima e Santo Pretor. Vivalma. Só em frente ao portão que o Luisinho mostrara de longe ao Egon estava uma sombra de capote gola levantada, embuçada num *cache-nez*, chapéu desabado, óculos pretos que ao perceber os dois amigos se aproximando — abrira um guarda-chuva, com ele cobrira a cabeça e saíra rápido em direção a Santo Pretor. Galochas davam-lhe pisada sem som. O Luisinho rindo, abriu o livro.

— Esse cretino é o Radagázio Tabosa Neto, dono da metade das casas do Desterro, irmão da opa, grande fingidaço. De vez em quando larga a mulher, passa dois, três meses na calaçaria e depois, diz ele, sente falta dos sacramentos. Aí confessa, comunga, não sai da igreja meio ano, até cair de novo. Pelo visto ele agora anda de cio... Filho da puta... Fazendo que não ia entrar... Olh'ele de longe, bispando e esperando a gente sumir... Escroto...

Quero antes o lirismo dos loucos
O lirismo dos bêbedos
O lirismo difícil e pungente dos bêbedos
O lirismo dos *clowns* de Shakespeare

— Não quero mais saber do lirismo que não é
[libertação.
MANUEL BANDEIRA, "Poética"

Nada mais silencioso, abafado, *cosy*, íntimo, aconchegado, secreto e meia-luz que o ambiente da sala-de-estar-de-jantar-bar da Pensão da Malvina Lícia — para onde ela própria levou os dois amigos. Era uma pessoa grisalha, distinta, feições alegres, corada, baixota, gorducha e vestida com simplicidade. Teve muito prazer em conhecer o Egon e recebeu-o com dois beijos churriados — um em cada bochecha.

— Vocês se sentem que eu vou acordar a Zenith e venho logo pra servir. Tou esperando só mais uma pessoa e depois passo o cadeado no portão... já tá tudo acomodado.

Nessa hora bateram duas pancadas espaçadas e três próximas na porta da varandinha lateral.

— Pronto, é o... Deu o sinal combinado. Agora vocês vão ter a paciência e esperar um minutinho de luz apagada pr'ele entrar. Exige sempre muito recato... Minutinho...

Na escuridão feita pela *tenancière* abafaram-se uns passos galocha borracha e um vulto esgueirou-se. Mas à luz elétrica da rua dava para se distinguir, muito enrolado no *cache-nez*, o mesmo cauteloso que tinha sido visto há pouco. O Luisinho não resistiu e deu o brado.

— Boa noite! Radagázio... Que frio, hem? Nada com'um choco nesse tempo.

Vendo o incógnito do entrante desmascarado, a Malvina acendeu lustres, lampadários e o pudico Radagázio teve de parar, cumprimentar e ser apresentado ao Egon. Só então pôde recolher-se. Mas já entrava a mulher do Luisinho e o médico sentiu a respiração cortada por sua beleza. A sala ficou mais clara com sua presença. Era uma criatura muito branca, cabelos castanhos, olhos prodigiosos. Alta, escultural, donairosa. Parecia uma rainha. Também estava na cachorra e tomada dum rabicho daqueles pelo Luisinho que logo a recebeu com gestos de noivo. Sentaram-se todos e a Malvina trouxe a cerveja, o conhaque para o respaldo, e o *kümmel* para ela e a Zenith. Começaram as libações. Estavam nisto já há meia hora quando o tal Radagázio reapareceu de cara furiosa. O Egon reparou melhor no sujeito magrela, cabelinho muito crespo aberto do lado, ventas de cheira-cheira, queixo de rabeca, olhos neutros. Era vermelhoso e a cólera acentuava sua cor. Logo a Malvina Lícia levantou-se curiosa com aquela saída intempestiva mas já ele se dirigia à porta e dava o fora sem despedir de ninguém. A dona da casa foi ao quarto. Voltou sem conter o sorriso que teimava em lhe vir à tona da face. O Luisinho queria saber por toda lei — o que houvera, para o homem se escafeder assim tão depressa e puto da vida. Teve a resposta.

— Ora, meu bem, sua culpa. Pois ele vinha todo escondido e de repente você lhe grita o nome... Danou e com isto não pôde, não deu no couro, brochou mesmo... Mas eu vou chamar a pequena pra vir fazer sala pro doutor e o melhor é passar logo a corrente e trancar o portão. Assim a gente está mais à vontade.

O Egon não tinha vindo pra ficar, só para atender ao convite do Luisinho, mas a estas falas sentiu por dentro uma espécie de seja tudo pelo amor de Deus. Entregou-se de corpo e alma à ambiência, ajeitou-se em sua cadeira e pediu que as botelhas fossem renovadas — bem geladinhas, Malvininha... Esta não parava de movimentar-se para servir e agradar. Não era só boa vontade e diplomacia de dona de pensão. Ela punha alma na coisa, também se divertia e entrava no *kümmel* de rijo. Já a Zenith ficara no primeiro cálice e deixara metade da dose onde ela e o Luisinho, muito atracados, muito babosos, iam molhando a ponta dos cigarros que não paravam de fumar. Conversavam cochichado, com cosquinhas e galinhagens a toda hora. Lambiam-se as orelhas e narinas e olhos fechados. Estavam se dando uma chupada em regra quando entrou, em silêncio, uma soberba fêmea. O médico — conhecedor — olhou agradado a estupenda mestiça. Era bem escura e a sensação de sombra que nascia dela ainda era aumentada pela expressão séria e severa que lhe dava o risco das sobrancelhas espessas, azuluzindo de tão negras e que o eram tanto e tanto que esta cor destacava nítida da pele sombria. Juntavam-se espessas sobre a raiz dum nariz que descia fino, geométrico, nítido e a prumo. Daquele ponto dirigiam-se para fora e um pouco para cima, fazendo como que o desenho esgalhado das duas asas abertas de ave em voo longínquo. Os olhos pestanudos e profundos pareciam abismos. Tinha a testa curta e teimosa, cabelos apartados ao meio risca tão nítida que parecia feita à navalha: separava dois topetes dum cabelo grosso, mastigado, de ondinhas tão iguais, regulares e decididas — como se seus altos e baixos fossem obra não do pente mas de goiva, formão ou talhadeira na mão de escultor exímio. As duas pastas volumosas, fofas e cheias passavam para trás de orelhas um pouco grandes, afastadas e acentuadas por argolões de ouro que atravessavam cada lóbulo. A boca entressorria e assim meio aberta, com os olhos, os dois mostravam as únicas brancuras que sobressaíam ali. As do lampejo das escleróticas e a dos dentes luminosos dentro dos lábios arroxados. Incisivos nem caninos mostravam limites uns com os outros e era como se tivessem sido talhados num bloc'único de mármore, de giz, de pedra-da-lua. O pescoço era longo, serpentino, hierático. A morena parecia a rainha Nefertite — o que quer dizer que era magra, esbelta e longa com'um lírio. Vestia uma camisola branca de mangas perdidas, uma espécie de *dijellabah* mourisco feito dum pano tão transparente que deixava perceber as manchas escuras das duas aréolas dos seios terminados por mamilos grandes e recurvados para cima — ao gênero dito teta de cabra. Mais embaixo — a mancha do pente. Via-se através do tecido que ele em vez de apresentar disposição feminina, espessava-se no centro donde mandava gancho curvo para perder-se no entrecoxas e outro cume mais longo, que subia em ápice de triângulo até ao umbigo. Esse desenho de módulo, no futuro, apareceria como invenção ou lembrança em Oscar Niemeyer que poria esses púbis completa e exatamente nas "colunas recurvadas acabando em ponta" do Palácio da Alvorada, na Brasília do Nonô Kubitschek. Ela puxou um banquinho baixo e sentou-se em pose simétrica diante da cadeira do médico e ficou calada como se fosse convidada de pedra. Sua chegada marcou o ponto da noite em que as coisas começaram a ficar confusas e a conversa do Luisinho a estender-se num longo discurso obscuro e difícil em que ele já falara duas vezes em cu e alma e ia tornando seus *rrrr-releitz, tuuuc-tó* e *chóbs* de frequência cada vez maior, intercalando-os quase a cada palavra que dizia. Estas lhe saíam se penganchando, pastosas e sengangrudando em sentenças de sentido denso que soavam ao mesmo tempo de regougo, de gemido, de imprecação, de suspiro e soluço. Ele murmurava coisas muito doces entrecortadas de ameaças. Blasfemava, soltava obscenidades, pedaços de prece, invectivas, pragas, protestos de amor. Gemia, arquejava, declamava fragmentos do Patriarca na "Ode aos baianos". O Egon tinha a impressão de ter sido transportado para dentro dum mundo russo, duma vida dostoievskiana em que estivesse praticando com personagem que fosse ao mesmo tempo Marmiéládov na sua pungência, Míchkin na sua santidade, o anjo Aliocha e o demônio Raskólnikov. Naquele bordel, àquela hora, ele assistia o Luisinho ardendo num pentecoste de amor e ódio, debatendo-se dentro dum pensamento tortuoso como se estivesse tecendo em trama única — suas amadas puras, putas, sua mãezinha, a irmã, os amigos — tudo, cu e alma na madrugada.

Mas subitamente foi um acordar espantado de todos — empinando-se feito bêbados ao cheiro dum algodão embebido em amônia. O

Luisinho pusera-se a gritar com a Zenith. É que ela contara que de tarde estivera na pensão só pra vê-la, sempre muito apaixonado, o Luisão Bracarense. Queria casar com ela. À menção desse rival, inda mais seu homônimo, como sempre, o Luisinho pulara. E para cúmulo os dois ainda se tinham posto de prosa, tinham palestrado!

— Mas foi só um instantinho, bem. Pra não ser mal-educada. Dera só boa-tarde, comovai? e fora logo pro quarto!

— Já foi tarde, sua vagabunda!

— Não pensa nisso, Zizinho, senta sossega que eu vou cantar procê o "Rajito de oro"... Não, neguinho, não! tu num vai me bater...

Mas ele estava lívido, enxugando as mãos nervosamente e de repente detonou o primeiro pescoção. A Zenith caiu de gatinhas mas já um pontapé a estatelou no chão. Arrastada pelos cabelos pro quarto, se debatendo-se. A porta fechou com estampido e ouviram-se vindos de lá de dentro os estrondos, os baques e as percussões decrescentes de uma destas demoradas surras do *amour-vache* que acabam sem transição, no atracado do carinho — no princípio ainda estabanado e bruto, depois suave, arrependido, curativo, balsâmico como consolo que apazigua. Só quando o silêncio absoluto anunciou a entrada nesta fase ronrom dos amorosos é que Malvina Lícia aquietou. Ela estivera andando pra lá e pra fora pra todos os lados — rápida, redonda, aflita — sem ruído como um novelo de lã em pata de gato. Foi até à porta do quarto, encostou o ouvido na greta, olhou pela fechadura, voltou sorridente, materna — que graças a Deus! os pombinhos já estavam quietinhos, coitadinhos — e deu as basnoites que já não se aguentava de pé, inda mais com aquele rolo — puta merda! E vocês até amanhã, não esqueçam de apagar a luz da sala. Só com a morena, o Egon olhou mais que não cansava de olhar aquele trem divino. Ela encostou bem as costas na parede, firmou-se, esticou as duas pernas e pegou com os pés as panturrilhas do médico que apertou num movimento de tesoura. Ele, calado, segurou os tornozelos secos, bem ossos do vintém assim mocotós quentes à sua mão e que se deixaram levantar até ele descansá-los em cima dos seus próprios joelhos, sentindo calor de sola calcanhar atravessando as pernas das calças. Então se inclinou para estudar aqueles pés com gravidade de anatomista, seriedade de topógrafo, atenção de geômetra para tal conjunto de linhas volumes perfeitos. Eram pés recurvos, altos, cavos, elegantes. Tinham uma suscetibilidade de mãos e pareciam preênseis, talvez devido à agilidade do antepé hipermóvel que dava impressão de que todas as articulações tarso-metatarsianas tinham a propriedade de ir até posições só consentidas pela luxação. Ele experimentou as juntas engates encaixes um por um como se estivesse fazendo um exame clínico. Acompanhou esfregando com o dorso dos seus dedos a órbita daquela sola uma, duas, dez, vinte vezes — como se fosse o escultor criando, esculpindo e inventando aquela curva sideral. A manipulação que fazia era mais detalhada que manobra médica: era extrassutil porque tateio erótico. Os pododáctilos perfeitos da estátua de bronze. O contraste do róseo melancia da planta com o moreno do dorso. Inventariava cada saliência óssea dos artelhos e a ligeira penugem acima deles mais perceptível como simples sombra. E a pele lustrosa esticada pelas cristes das tíbias. Um acinzentado mais espesso dos joelhos que ele descamou de leve com a unha, soprando as películas. Mas ele pôs-lhe as solas no chão levantou-se e deu-lhe as duas mãos para ajudá-la a emergir e se pôr de pé. Ficavam quase da mesmaltura. Ela continuava a sorrir de Gioconda, de Nefertite — estupenda e estúpida, sem pensar em nada. Os dois, túmidos, estavam como que inchados pelo desejo que os catapultava um para o outro.

— Cumé cocê chama? bem.

— Iracema.

— Ai! então vem, talhe de palmeira, abelha, favo de jati.

Ela não entendeu a sugestão alencarina da frase mas foi sensível ao tom sussurrado dentes cerrados — e com o mesmo riso incrustado à face chegou a boca-aberta ampla e úmida dando uma língua que vivia e vibratremia chama duma vela.

> lié à un univers incommunicable comme celui de l'aveugle ou du fou [...]
>
> ANDRÉ MALRAUX, *La voie royale*

O Egon subia furioso a rua do Santo Pretor no dia que clareava. Olha só! que grande merda! Tudo tão bem arranjado desde que ele chegara ao Desterro e agora as coisas entornadas com aquela noite passada em casa de Malvina Lícia! Ele tivera a sorte de ver, na rua Schimmelfeld, logo nos dias de sua chegada, subindo de braço dado, duas conhecidas de

Belo Horizonte — a Chica do Padre e a Emília Mascarenhas. Ao passarem piscaram discretamente e ele as acompanhara, disfarçando, até os baixos da cidade onde ficava o lupa da famosa Valparaíso. Entrara, fizera o conhecimento da dona da casa, combinara frequentar sempre à hora do almoço, ficara assim freguês das conhecidas de Belo Horizonte que o esperavam ora uma ora outra, depois do seu turno da manhã no Centro de Saúde. Nunca encontrara ninguém à hora daquelas *matinées* e tudo corria *sur des roulettes*. Agora, ele próprio punha sua reputação a perder fazendo uma sessão da envergadura da que se passara na Malvina, dormindo fora, fraquejando à primeira insinuação daquele boiardo impecunioso do Luisinho Bracarense. Que vale é que ele tivera o cavalheirismo de pendurar a conta da orgia e quando ele, Egon, matinantemente quisera pagar, a Malvina Lícia ainda estremunhada, dissera que não, absolutamente, tudo saldado pelo Luisinho.

— Como? saldado se eu sei que ele estava sem dinheiro...

— Claro, claro, mas tem crédito, conta aqui em casa. E agora, *doutor*, que estamos conhecidos, faz favor de não sumir... Aliás, eu sei muito do bem que vai voltar — a Iracema não é mulher pra uma vez só...

A caftina maternal rira muito, ele com ela, despediram-se às beijocas mas o médico estava furioso consigo mesmo. Pôs o pé na rua, pegou Santo Pretor desde baixo e na esquina da avenida Silva Paranhos fora cumprimentado pelo seu Onésime Cresylol que já ia para o trabalho. Com esse auxiliar não tinha perigo. Mesmo que estranhasse ver o chefe na rua, com cara de véspera e de noite maldormida, era homem decente e incapaz de falatórios. O pior era aquele berdamerda do Radagázio Tabosa que não deixaria de arrasá-lo. Tinham estado nas mesmas condições, tão bom como tão bom dentro dum bordel mas a questão é que ele era irmão de todas as confrarias do Desterro, da copa e cozinha do senhor bispo, parente de políticos, presidente de bancos e companhias, descendente de todos os "fundadores" da terra e assim tinha sinal verde para qualquer patifaria. Uma confissão limpava. E o Egon já avaliara bem a moralidade vigente no Desterro. Obscenidade, pornografia, salacidade, sacanagem, ribalderia, bordelismo, fornicação, sedução, estupro, adultério, cornificação, concubinagem — eram pecados de classe, isto é, da canalha. Com esta não havia contemplação. Já com os prurientes da alta e da carolice, a opinião era outra. Dizia-se com recato, tolerância e absolvição que o Fulaninho, coitado! tivera um momento de fraqueza mas, em compensação, dera depois exemplo edificante de arrependimento — mostrara-se um verdadeiro santo. A mulher? ah! compreendera tudo muito bem, e fora exemplar — amparando-o na penitência e estimulando-o na perseverança. Uma Mulher Forte das Escrituras — concluía-se. Tudo isto o Egon pensava e ele, solteiro, é quem ainda ficava devendo ao Radagázio, casado e pai de família, do pecado de terem coincidido na tafularia.

A chegada em casa fora de mais mortificação. Encontrara a Mariazinha regando os jarros na área de entrada e ao atravessar a sala de jantar, em cima, tivera de dar os bons-dias à Sá-Menina, ao Asnazário e ao dr. Boamorte abancados para o café. Estava claro que ele tinha decuchado. A dona da casa fez logo pergunta polida mas em que o médico, pulga na orelha, sentiu ou quis sentir um tom irônico.

— Café já? Dr. Egon, ou depois do banho.

— Depois, Sá-Menina, depois e muito obrigado.

Tomara longo e demorado chuveiro quente e mesmo se aplicara remédio heroico que tinha aprendido já no Desterro, com o Ludovino Pareto — um porrete contra mal-estar e ressaca. Sal de Frutas por dentro e por fora. O uso externo devia ser feito no banho, depois de lavado, ainda molhado. Era pôr um punhado do Eno's na cabeça. Deixar e só enxaguar depois de cessada a fervilhação do remédio que fazia, assim, verdadeira aplicação carbogasosa na sinagoga. Pois deu certo e o Egon, quando sentou à mesa para o café, estava novo em folha. Sentiu-se menos culpado e já pôde conversar naturalmente com a Sá-Menina que sentara para fazer companhia — como era seu hábito com todos os hóspedes.

— Não vi a que horas o senhor saiu, dr. Egon.

— É porque não saí, Sá-Menina. Nem tinha entrado. Imagine a senhora a estopada! passei a noite à cabeceira do meu amigo Luís Bracarense que não está bem e que ontem sentiu-se mal no cinema. Fui levá-lo em casa e a pedido da mãe e da irmã, coitadas! fiquei lá pra medicá-lo. Não sei se a senhora conhece...

— Como não? Até demais. Ora esta! o Luisinho... Chi!... Dr. Egon, aquilo não é companhia para o senhor não. Dejeito nenhum... O Luisinho... É o maior debochado do Desterro.

— Não é tanto assim, Sá-Menina...

— Sim senhor, é sem tirar nem pôr! De-bo-cha-do!

A Sá-Menina levantou-se *para ver uma coisa lá dentro* — e o médico muscou-se para o trabalho. Chegara com atraso duns vinte minutos e o Centro já funcionava a pleno vapor. O Cresylol dera-lhe um segundo bom-dia perfeito. Fez suas obrigações e à hora de sair para o almoço o dr. Pedroso Lucas mandou chamá-lo. Era para pedir que ele, Egon, não tomasse compromissos para a noite. Para irem juntos com o Dimas Alvim e a dra. Jarina a uma reunião da Sociedade de Medicina e Cirurgia do Desterro. Era às oito e meia da noite e podiam se encontrar às oito na esquina de Schimmelfeld com Paranhos. Dali seguiriam para as Escolas Conjuntas onde se davam as sessões. Combinado?

Pontuais os médicos se encontraram e seguiram a pé por Paranhos, em direção do Cruzeiro de Cima. Chegaram logo depois ao casarão quadrado, cheio de dignidade imperial onde funcionavam quatro grupos escolares e cujo diretor cedera salas para as reuniões da Sociedade de Medicina e Cirurgia do Desterro. Sua primeira sede fora no andar térreo do sobrado do dr. João Pedreira Prisco (o velho), um dos mais belos da cidade que esse médico comprara, pelos 1850, ao barão do Degredo. Com morte do dr. Prisco, ocorrida em 1901, sua família ainda cedera os cômodos durante mais uns dois ou três anos mas daí o grêmio saíra para o referido edifício escolar cujo diretor-geral era farmacêutico, membro da instituição. Dele partira a ideia de hospedar os sábios encontros no histórico casarão construído pelo desterrano Amado Vale para hospedagem do imperador, na sua viagem a Minas. D. Pedro II lá dormira uma noite mas não quisera aceitar a doação do imóvel que lhe ofertava o Vale. Este, muito magoado com a recusa, fechou a casa e turrão, disse que ninguém mais a habitaria. Depois isso foi referido ao imperador que escreveu de próprio punho carta sugerindo que fosse aberto o palacete e que nele se instalasse uma escola. O Vale obedeceu e o monarca fê-lo, por isso, barão da Faldama Santa — sem grandeza, a 13 de setembro de 1876.

O Desterro era no século passado visitado com pontualidade por quatro hóspedes incômodos. Varíola, cólera, tifo e febre amarela. Cada ano uma dessas epidemias vinha ceifar os desterranos. Quando na cidade existiu um grupo de médicos bastante numeroso para sentir-se uma classe com responsabilidades perante a coletividade — estes decidiram criar um centro para estudo daqueles males e dos meios de evitá-los. A ideia cresceu e dela resultou uma instituição realmente benemérita que foi e é hoje a quase centenária Sociedade de Medicina e Cirurgia do Desterro. Seus principais fundadores foram o já mencionado dr. João Pedreira Prisco e seu cunhado o dr. Romualdo Leonel Camareiro da Silva. A instituição pegou e prestou os mais assinalados serviços à cidade e ao município. A sua insistência ficaram se devendo o calçamento urbano, a criação de uma rede de esgotos, a instalação de latrinas que — modificaram os velhos hábitos do mato, da touceira de bananas, dos penicos e dos cafotos. A seu trabalho o Desterro lucrou a proibição das queimadas das matas nas encostas do morro do Defensor, a fiscalização e análise das águas das fontes potáveis, o saneamento do córrego Sete de Setembro e do Paraibuna, o protesto contra a instalação de fábricas no perímetro citadino, a introdução da vacina jenneriana, a primeira ideia da criação de uma Faculdade de Medicina, a qual nasceu depois e foi, com uma Escola de Engenharia e uma de Filosofia locais, o núcleo de que sairia a magnífica Universidade Federal do Desterro. O Egon remoía os fatos passados que conhecia da coleção que possuía dos *Anais da Sociedade*, de que seu pai boticário fora secretário. Assim, foi com orgulho que entrou no prédio das Escolas Conjuntas, pisando corredores outrora trilhados pelo farmacêutico João Elisiário Pinto Coelho da Cunha. O jovem médico e seus companheiros do Centro de Saúde seguiram um corredor mal iluminado e, guiados por reflexo de lâmpada ao seu fundo, deram numa sala espaçosa onde havia um velho grupo de cadeiras e sofá de medalhão, o luxo de esfiapado tapete persa, vasta mesa de jacarandá pés torneados coberta de pano verde luxuosamente bordado a *similor*. O tempo roera a trama e enegrecera os fios antes dourados. Tinteiro de prata todo escuro de veneráveis manchas de tinta e da falta de polimento. Campainha. Nas paredes pesadas molduras com os retratos a óleo dos drs. Prisco e Romualdo, ladeando uma oleografia em que o Sagrado Coração de Maria era representado em tamanho natural. Em torno à mesa, fazendo composição digna dos mestres holandeses, homens vestidos de preto da gravata aos botins. Eram os médicos mais antigos, os patriarcas — e que se revezavam constantemente nos vários cargos da diretoria. Eram figuras impressionantes e todas com aquele ar de família que o Egon já tinha notado nos ricos-homens que apareciam na rua Schimmelfeld. O Dimas Alvim e sua esposa, a dra. Jarina, adiantaram-se e foram cumprimentar os maiorais. Fizeram-no de maneira profunda e com unção que impressionou o

Egon. Desmancharam-se em curvaturas diante dos bonzos impassíveis, respondendo como de favor. Voltaram para perto dos colegas do Centro de Saúde.

— Vamos chegar, já pedi licença e vou apresentá-los.

Foram até a borda da mesa de comunhão e o Dimas começou a oficiar.

— Aqui nosso presidente, o dr. Sabatino Rufo Trancoso. Os drs. Josué Cesário Camareiro da Silva, Roque Apolinário Cacilhas do Prado, Ooforato Histeriano, Martinho da Frota, membros da diretoria. E aqui os drs. João Nogueira Pedroso Lucas e José Egon Barros da Cunha, médicos do nosso Centro de Saúde que eu terei a honra de propor como sócios à hora do expediente. O dr. Egon é filho de antigo membro da casa, o farmacêutico João Elisiário Pinto Coelho da Cunha.

O Egon tinha pedido ao Dimas para dizer o nome de seu pai quando o apresentasse. Todos aqueles médicos tinham sido seus amigos e ele esperava que o patronímico lhe fosse um abre-te-sésamo. Foi sua primeira decepção. Todos responderam seu cumprimento de modo polido, mas gelado. Só os drs. Cesário e Martinho sorriram, abraçaram e tiveram muito agrado de ver ali o filho de velho confrade e secretário perfeito da Sociedade de Medicina e Cirurgia do Desterro. Em seguida ele e o Pedroso Lucas tinham sido apresentados aos colegas mais moços, em pé e falando baixo junto à porta da sala onde se daria a sessão. Eram a réplica em menos idosos dos homens lutuosos e graves sentados à mesa. Também de preto, também com uma pequena insígnia na lapela: um coração em chamas encimado pelas letras IHS tudo colocado num círculo de esmalte roxo. Era o distintivo da Sociedade dos Soldados de Santo Inácio de Loiola — a que pertenciam todos os profissionais liberais bem-pensantes do Desterro. O Egon olhava suas imagens padronizadas pela roupa e pela expressão que os tornava senão parecidos, ao menos congêneres ou idênticos — fossem gordos ou magros, altos ou baixos, brancos ou mulatos, morenos ou claros. Ia ouvindo seus nomes nas apresentações e apertando mãos secas, macias, frias, quentes, úmidas, duras — todas fugidias. Subtílio Trancoso, Amarílio Gonzaga, Silidar Ramalho, Isaltino Zebrão, Prócoro Chupitaz Esganadino, Demetério Sulfúrico e outros indistintos. Havia mão que fazia exceção por grande, larga, franca — a do Joel Martinho da Frota. Exceto este, todos sussurravam e o Egon sentiu a impressão exata dum velório a que tivessem escamoteado a essa, os candelabros, o caixão e o defunto. Puxou o relógio, viu que o tempo passava, ia se fazendo tarde, havia em todos um ar de espera. Perguntou ao Dimas Alvim:

— Por que? a demora. Falta? alguém.

— O dr. João Prisco Filho, o deputado, o grande benfeitor da Sociedade, da Santa Casa, do Lazareto, do Isolamento, do Hospício, da Maladreria, dos Dispensários, Sanatórios, Orfanatos, Abrigos, Cruzes-vermelhas — do diabo! (Uma chispa de diversão no olho do Alvim.) É médico, não clinica mas é uma espécie de patrono e protetor de todas as instituições caridosas do Desterro. Prometeu vir. Será? que vem...

De repente houve um movimento geral em direção à porta de entrada da sala onde surgira individualidade alta e possante de velho elegante e bem tratado. Tinha olhos miúdos, sem pestana, quase fechados e com eles vasculhava as fisionomias dos interlocutores. Zigomas proeminentes, bochechas alongadas, como que esticadas deles à mandíbula. Cabelinho de neve aparado baixo, deixando ver o desenho dum crânio redondo e bem-feito. Bigodes muito retorcidos, brancos como a barbicha aberta ao meio que era o seu luxo — mandava seu Packard toda semana ao Rio para buscar o barbeiro que dela cuidava. Pálido, uma expressão imutável que parecia a um tempo de riso e choro. O prognatismo superior fazia-lhe boca um tanto contraída lembrando a dos flautistas. Ainda da porta gesticulou com as mãos largas e pálidas. Uma delas segurava bengala ceptral de unicórnio, com pesado cabo de ouro. Mas não era só da bengala a impressão de luxo que dele emanava. Vestia capote negro duma lã preciosa e a frente entreaberta mostrava o forro de cetim preto que se prolongava nas golas. Era longo, tinha no talho uma dignidade de beca, de batina. Usava *cache-nez* de seda que completava a roupa como uma estola. Dava a impressão dum prelado, dum freire de Santiago, dum bispo nas vestes negras da Quaresma. Quando se moviam todas essas lãs, damascos e sedas faziam um ruge-ruge precioso e fidalgo. Era alto, espadaúdo, elegante de pescoço e postura. Era o próprio dr. João Prisco Filho. Afinal viera. Nunca mais o Egon esqueceu a impressão que sua personalidade lhe causou. Mais tarde, quando conheceu a iconografia proustiana, verificou sua semelhança extraordinária! era o próprio príncipe Edmond de Polignac nas fotografias que o representam só ou em companhia dos Brancovan, dos Radziwill, da condessa de Noailles e da princesa de Caraman-Chimay.

Parecia representação fugida dum salão de Paris, um personagem da tela famosa de James Tissot onde Charles Haas, o general marquês de Galliffet e outros são retratados na varanda do Cercle de la rue Royale — tendo a lhes fazer fundo o céu de outono da praça de Concórdia. E ele era uma incongruência naquela aula pobre, piolhenta e mal iluminada das Escolas Conjuntas. Era riquíssimo e ocupava seu tempo em administrar sua fortuna, em criar e apurar raças de cães de caça, jogar o florete, montar, caçar, atirar ao alvo, aos pratos, aos pombos. Era deputado cadeira cativa na Câmara Federal. Casado com uma senhora da família Catão, sua prima em segundo grau, de quem lhe viera a fortuna miliardária. Essa baseava-se em imensas fazendas e na maioria das ações da Companhia Desterrana de Luz e Gás. O dr. Prisco possuía um extraordinário tino administrativo e multiplicara o dote da esposa geometricamente. Era inteligente, sagaz, fino, político, diplomático, civilizado, educado, urbano, cortês e tinha sempre uma palavra amável para ir ao coração dos que se lhe aproximavam. Ao próprio Egon, quando este lhe fora apresentado, uma vaga ideia fizera-o perguntar com muito interesse e prendendo nas suas a mão do jovem médico — que não resistiu e deu-lhe resposta imprudente.

— Então? como vai o papai. Onde está? ele agora.

— Melhor que nós, senhor deputado. Está há dezessete anos no Cemitério do Caju. Muito obrigado.

O dr. Prisco perfeito fingiu que não ouvira. Em roda amarraram-se fuças de reprovação. Depois dos cumprimentos e das apresentações seus paramentos foram disputados. Um tomou seu chapéu; o Audiovisto Munhoz, mais feliz, seu capote; este, o báculo; aquele, o *cache-nez* e todos levaram-no preciosamente à sala vizinha onde ia se realizar a sessão. Era pobremente mobiliada de carteiras de aula e duma mesa magistral onde o dr. Prisco foi entronizado. Só então o presidente ocupou sua cadeira e declarou abertos os trabalhos. O Egon sentado numa carteira do fundo, ao lado do Dimas Alvim, interessou-se profundamente pela espécie de robô que dirigia os trabalhos. Era o dr. Sabatino Trancoso, pequeno, pouca altura, quase sumido atrás da papelada livralhada que enchiam a mesa à sua frente. Só se via sua cabeça, sua testa alta, o narizinho, a boca pequena e as curvas espessas das sobrancelhas e dos bigodes que se correspondiam e faziam acima e embaixo desenhos iguais e invertidos. No alto as primeiras eram dois semicírculos despejando para o nadir; embaixo as segundas eram outros dois abertos para o zênite. Entre eles as maçãs do rosto muito redondinhas e os olhos dum azulado cinza que impressionavam pela expressão extraordinariamente mansa e impenetrável. Era clínico geral dos mais reputados não só no Desterro como em toda a Zona da Mata. Tinha sido discípulo de Torres Homem, destinava-se a ficar na Corte, possivelmente a suceder o mestre na clínica e na cátedra, mas uns escarros de sangue, uma febrinha vesperal, aquela tossinha tinham-no feito deixar o Rio e vir se estabelecer primeiro em sua cidade, a vizinha Interpotâmia. Repouso, muito leite, muito óleo de capivara, superalimentação tinham-no restituído e ele viera exercer no Desterro. Ali mudou o rumo da clínica médica local e deu-lhe o brilho que ela possui até hoje. Era um organizador, um disciplinador que não se suspeitava naquele físico do "gordinho" em que a cura da tuberculose transformara o magricela que ele fora. Além do grande clínico era homem de empresas insigne e dono das fazendas modelares abertas pelo sogro — que forneciam ao Desterro toda a manteiga, todo o leite, toda a carne e as grosas de ovos que a cidade consumia. Além de presidente da Sociedade de Medicina e Cirurgia ele era Guardião Supremo da Sociedade dos Soldados de Santo Inácio de Loiola — cargo em que se alternava com seu cunhado Lisuarte Catão Taveira — o admirável filósofo, latinista, helenista e hebraísta; o exegeta laico do mistério da Santíssima Trindade e do dogma da Imaculada Conceição — o que o fazia rival de teólogos do porte dum padre Maurilo Penido e dum monsenhor Cogominho Dositeu. O presidente Sabatino quase desaparecia achatado, à direita, pela estatura avantajada do dr. Prisco e, à esquerda, pela envergadura apolínea do secretário-geral daquele grêmio e eminente tocólogo, o dr. Ooforato Histeriano. Este levantava sua bela face de olhos mansos, olhos perdidos na distância e as guias retorcidas de uma bigodeira monumental, mais negra que o azeviche. O cabelo era da mesma noite e subia alto e fofo, riscado dum ou doutro fio branco. Era pálido, duma boa pele e tinha o perfil regular gabado com unanimidade pelas suas clientes. Além de pálido, era polido, de falas macias e muito comedido de linguagem. Sua palavra era limpa, escoimada e só admitia tratar os órgãos genitais do homem e da mulher designando-os em latim — *vagina uteri, veretrum*. Assim o fino dr. Cesário caíra das nuvens um dia em que conversando com ele sobre a bartolinite de uma cliente, o dr. Ooforato, certo distraído, dissera que "nela o *macaco* estava em petição de miséria". Ora, no Desterro como em toda Minas, *macaco* era termo chulo para designar não a vulva, ou a vagina, ou o pente, mas soma genérica de tudo isto como está implícito no vocábulo — boceta. Certo o dr. Ooforato pensara nesta e para evitá-la deixara escapar a primeira. Esse ilustre parteiro era casado na família do patriarca Aristônio Masculiflório que fizera fortuna fabulosa, aumentada por cada geração de sua família, com negócio de fiação com que transformavam em panos as fibras de algodão colhidas num conjunto familiar de fazendas que ia até à antiga província, atual estado do Rio de Janeiro. Terminavam a mesa, dum lado, a figura aguda e toda em ângulos e linhas retas do dr. Martinho da Frota — queixo muito fino, óculos reluzentes filtrando olhar verde-claro e mais agudo que uma ponta de florete; do outro a carinha indecente do dr. Prócoro Chupitaz Esganadino. Esse era o terceiro secretário e assim encarregado da ata. Era um ser pequenino, olhos molengos, falinha muito sussurrada e arrastada, mãos sempre quentes e muito fofas ao cumprimentar, calvo, grandes beiços grossos e vermelhosos cercados da mata da barba preta — o que lhe fazia uma cara que era sem tirar nem pôr o *macaco* do dr. Ooforato, ou seja, a boceta de todo o mundo. Além dessa aparência obscena, sua cara era fugitiva. Não encarava ninguém, quase não falava e geralmente tomava parte nas conversas mais por mímica que por palavras e sempre concordando com o interlocutor. Descendia de um longo cruzamento de primos das velhas famílias Chupitaz e Esganadino que acumulavam sem gastar e ambas dotadas do gênio da usura, do juro, do banco. O nosso Prócoro não se casara de pura sovinaria, morava só, não tinha criada, ignorava-se o que ou a quem comia. Muito devoto, ia a sua missa todos os dias. Dele não se sabia nada de mal mas era dessas pessoas de quem todos desconfiam e que tornam crível tudo o que se diz a seu respeito. Se alguém adiantasse que ele era dado ao canibalismo, ao sadomasoquismo, ao assassinato com depeçagem, ao estupro, à fanchonice — mesmo sem qualquer prova isto entraria como cunha de pau na cabeça de todos os habitantes da cidade — tanto seu ar era suspeito. Parecia a figurinha daquele assassino do desenho de Chagall, usando barbas postiças. Entretanto a sessão começava e o presidente dava a palavra ao terceiro secretário para o expediente. Ele entreabriu o óstio bucal e, numa vozinha que parecia a baba dum corrimento, anunciou apenas dois papéis que passou às mãos do presidente. Este, numa espécie de pressa, lia rapidamente para a sala.

Pedro Nava com Nieta, sua mulher, na praça São Marcos, em Veneza, em 1961.

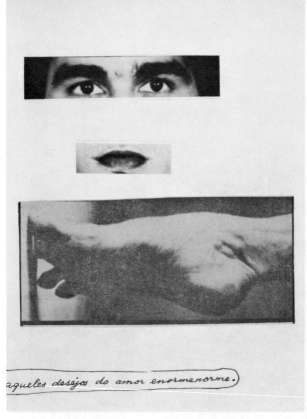
Colagem em página dos datiloscritos de *Galo das trevas*.

Autocaricatura de Pedro Nava.

Colagem "Memória, Veneza, Rio".

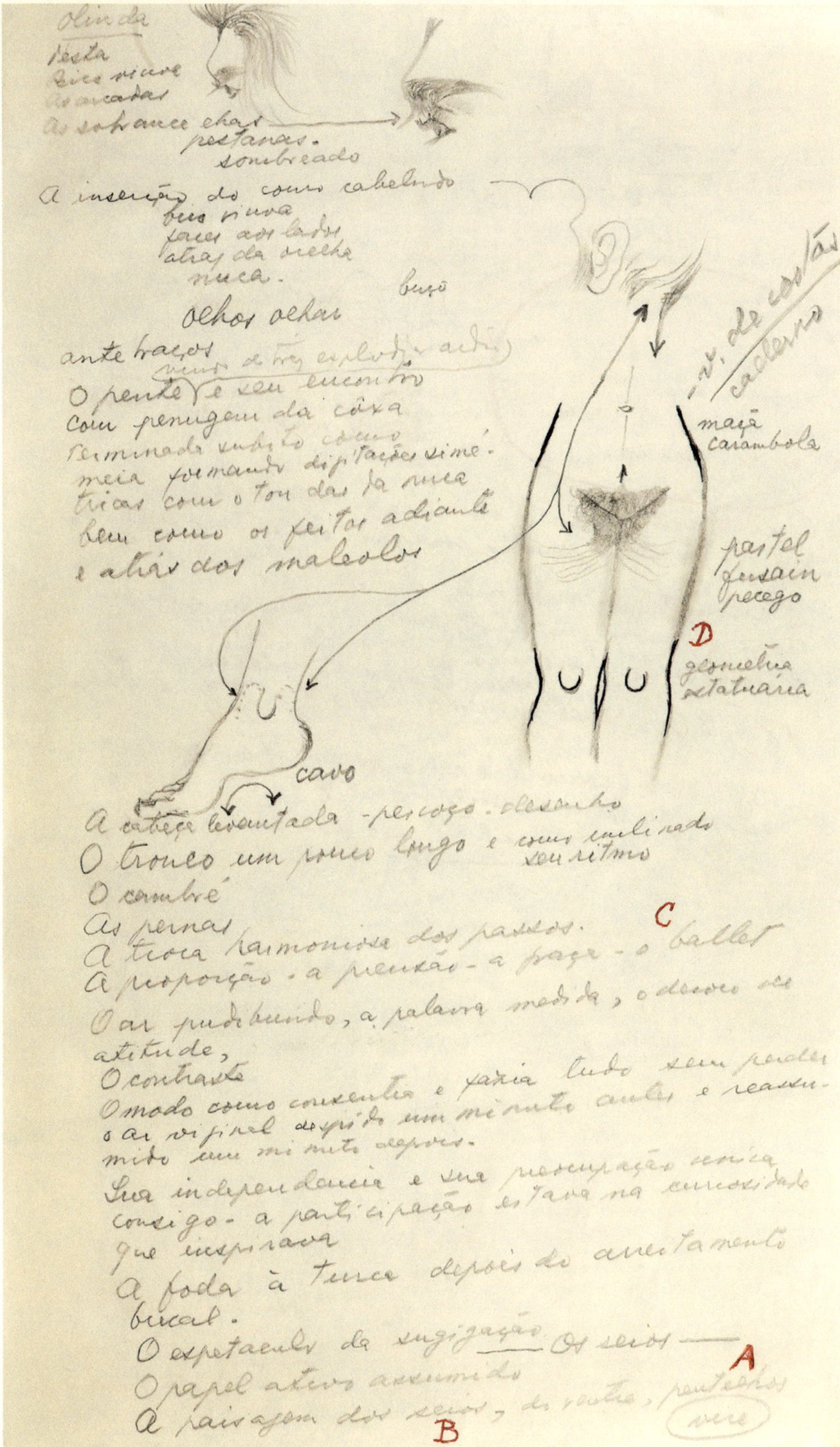

Desenho e descrição da anatomia feminina.

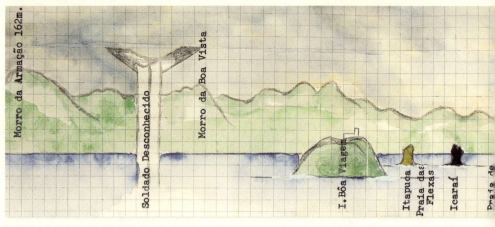

Desenho da vista do Rio tomada de Niterói.

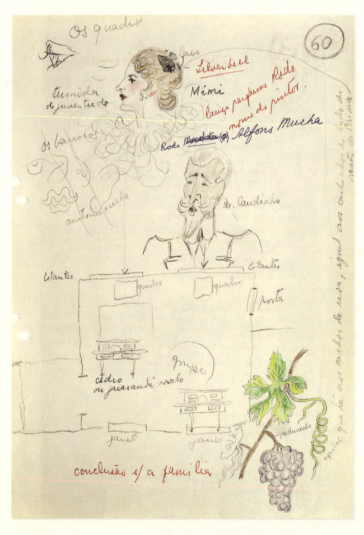

Caricatura.

Desenho e descrição de mulher.

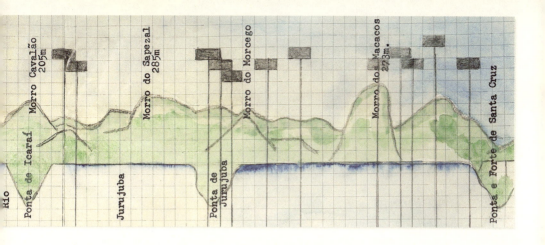

Retrato com o perfil de Pedro Nava, s/d.

Desenho e descrição de mulher vista na calçada da Glória.

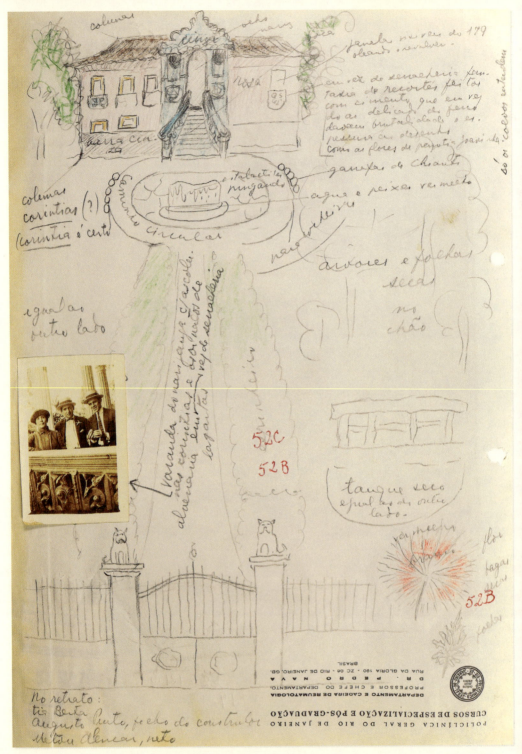

Desenho de casa com fotografia colada em papel timbrado do departamento de reumatologia, onde o autor trabalhou.

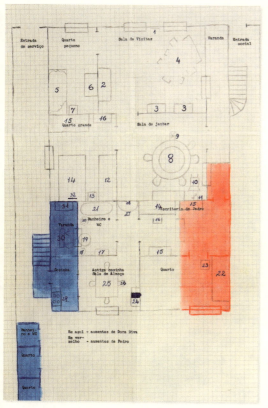

Planta baixa de casa.

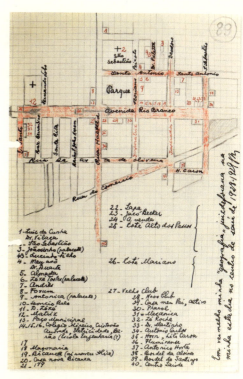

Mapa de Juiz de Fora.

Detalhe da imagem anterior com poema.

O autor junto a monumento no Passeio Público, Rio de Janeiro.

— Um telegrama de congratulações do presidente da Academia de Letras da Interpotâmia por motivo de mais um aniversário da Sociedade de Medicina e Cirurgia do Desterro; uma proposta do consócio dr. Dimas Alvim pedindo para serem admitidos no nosso quadro social dois colegas recentemente nomeados para o Centro de Saúde do Desterro, a saber, os drs. João Nogueira Pedroso Lucas e José Egon Barros da Cunha. Está franca a palavra.

Houve um silêncio pesado em que só se ouviu o alarido do Chupitaz Esganadino primeiro espirrando três vezes e depois assoando as umidades com estrondo. Todos olhavam os dois indigitados com um ar distante e impenetrável de jurados. Passou-se um bom minuto.

— Ninguém querendo falar passo à votação. Osquistiveremdeacordocoadmissãodosdoutorespropostosqueiramseconservarsentadosquistiveremcontraselevantem. Ninguémsemanifestandodeclaraceitosempossadosnovospropostos.

Umas palminhas chochas e rápidas. O Egon orgulhoso sentiu-se dignificado de entrar pela primeira vez num grêmio sábio. E o de sua terra, para o qual tanto trabalhara seu pai. Mas ia começar a parte científica da sessão e o presidente deu a palavra ao dr. Amarílio Gonzaga, o tal médico que, não tendo conseguido entrar para o grupo clínico da Santa Casa, tanto fizera e de tal modo se revirara que conseguira instalar uma maternidade particular onde atendia seus clientes pobres e remediados. Era considerado pelos colegas como uma espécie de mentecapto, diziam-no muito atirado, afoito demais. Era alto, claro, elegante, muito branco, olhos azulados. Falava com facilidade e entrou de braçada na sua comunicação — *Um recurso ideal no tratamento de certas distócias maternas*. O título um tanto vago era jeito conhecido nas sociedades médicas. Nome pomposo e pouco indicativo, de modo que a apresentação fosse uma surpresa para a qual não estivessem preparados os colegas e assim não poderem discutir com a mesma segurança que se reservava velhacamente o orador. O recurso do dr. Amarílio era nem mais nem menos a operação cesária — nestas épocas um tímido apelo a que muito poucos parteiros se abalançavam. Eram as primeiras feitas no Desterro e o diabo do homem vinha com a estatística fantástica de 22 partos por via de incisão, sem nenhum óbito materno ou fetal. Era simplesmente admirável. O Amarílio apresentou estatísticas estrangeiras e as nossas, de mortalidade no parto, comparando o caso da resolução das distócias por operação, como ele fizera, ou por manobras clássicas. Seus números eram acachapantes, sua comunicação profética. Hoje, nada valeria. Mas naquelas épocas dos 20 era uma verdadeira revolução. O orador mostrou ampliações fotográficas enormes dos vários lances da intervenção segundo as diferentes técnicas. Seus assistentes, a um gesto dele, retiraram-se e voltaram acompanhados de seis mulheres trazendo recém-nascidos e meninos de peito. Eram seis casos que ele pudera reunir para trazer como testemunho aos colegas. Um instante a sala soturna alegrou-se da choradeira da garotada e o Amarílio sentou-se, enxugando a testa e sorridente. Brilhara muito e os colegas estavam realmente indignados. O dr. Ooforato comentou de cara amarrada e cumprimentou o colega dr. Amarílio por estar seguindo a trilha aberta por ele, há meses, quando neste mesmo 1928 praticara a primeira cesariana do Desterro e possivelmente em Minas. Foi nessa hora que o Demônio resolveu se intrometer na vida do Egon. Ele não resistiu e pediu a palavra.

— Com a palavra o dr. José Egon Barros da Cunha.

— Senhor presidente, caros colegas — apenas umas poucas informações para esclarecimento da casa. O eminente dr. Ooforato quando praticou sua cesariana — dada como a primeira do Desterro e possivelmente de Minas não teve quem lhe informasse do que estava se passando em Belo Horizonte. Como aluno da Faculdade de Medicina, lá assisti duas destas operações feitas pelo professor Hugo Werneck e uma por seu assistente o dr. Elvézio Pirfo di Marcelo. As duas do professor Werneck já não eram as suas inaugurais. Ele vinha da escola obstétrica de seu pai, Francisco Furquim Werneck de Almeida, um dos inauguradores dessa cirurgia no Brasil, ainda no século passado. É o que eu queria informar, senhor presidente, agradecendo a atenção dos meus colegas.

Estes ouviram a explicação do Egon num silêncio — não de atenção — mas de pasmo diante de tanta audácia. Trazer achegas ao dr. Ooforato! Tomar a palavra no seu primeiro dia de sócio e de maneira polêmica! Era um petulante, Daquele momento em diante seu destino estava traçado. Cuidado com os espíritos de rebeldia! Mas já as atenções voltavam-se para a mesa: o presidente Sabatino Trancoso dava na campainha e depois de preparar as vias, disse dentro dum silêncio de capela o que esperava da segunda apresentação.

— Meus colegas, fados benfazejos reuniram duas comunicações sobre assunto congênere nesta mesma sessão. Vamos ter uma exposição que certo impressionará e que talvez seja uma resposta ao entusiasmo do dr. Amarílio Gonzaga pela operação cesária. Vamos ouvir notícia cujo título abona o que acabo de dizer. Tenho o prazer de anunciar o trabalho — *Cesariana ou tomia da fibrocartilagem da sínfise pubiana?* — pelo nosso jovem colega dr. Subtílio Trancoso.

O nome chamou a atenção do Egon que pediu informações ao Dimas, sentado a seu lado.

— Esse Trancoso é? parente do presidente Sabatino. Mesmo sobrenome...

— Irmãos. O dr. Sabatino é mais velho cerca duns trinta anos que o Subtílio. O pai dos dois era um patriarca da Interpotâmia, célebre por ter tomado como esposas uma irmã mais moça da primeira mulher e depois uma prima da mesma. Muito católico, não podia ficar sem praticar a maridança e casava sempre, logo depois da missa do sétimo dia da justo falecida — coitadas! sempre de parto empenado. O Subtílio, quando nasceu, já era tio-avô. É um excelente colega. Não quis seguir a clínica médica do irmão. Apaixonado pela cirurgia, estudou-a no Rio sob Brandão Filho. Aperfeiçoou-se na França e na Alemanha. Terá aí seus dez anos de formado e é um batuta.

Nesse ponto o Dimas olhou cuidadosamente em redor, baixou a voz até o registro de cicio e soprou no ouvido do Egon tudo mais que sabia do Subtílio. O Egon retribuía com a mesma sinceridade a simpatia e a franqueza que lhe mostrava o Dimas quando falava ou informava sobre os colegas do Desterro. Ele era desses homens especiais que fazem clínica em qualquer lugar e contra todas as políticas da classe. Sua simpatia imperiosa, sua franqueza às vezes um pouco rude — tornavam-no temido ou quando não, aceito. Ninguém ousava guerreá-lo e ele tinha o privilégio de estadear as opiniões que entendia pois era, além do mais, muitíssimo homem para sustentá-las com argumentos que iam da rasteira ao tiro. Ele continuou.

— No fundo eu admiro e tenho pena do Subtílio. Coitado. Deram-lhe uma dessas educações jesuíticas que transformam qualquer pessoa numa espécie de troço deformado como *pé de chinesa*. Aperta, comprime, recurva, estica e do homem mais normal conseguem fazer um aleijão. Você olhe bem o Subtílio. Veja aquela hipertricose, aquele vozeirão de *basso*, aquela calvície, aquele perfil caprino, aquela barba de arame, aqueles músculos, aquela vitalidade, aquele donaire e como médico você diagnostica logo o macho feito para o sexo, da cabeça aos pés. Pois encheram-no de caraminholas e duma tal concepção do pecado e do castigo que o pobre vive na penitência — de tanto pecar por pensamento. Sim, senhor! por pensamento, porque a carne ele conseguiu sufocar num esforço hercúleo. Quando foi estagiar na França e na Alemanha, fora do abafo do ambiente do Desterro, dizem que levou vida de moço, vida alegre e ruidosa de cervejarias e muita aventura com *midinettes* e *frauleins*. Dividia seu tempo entre os estudos, os estágios e a vida, os prazeres.

— Mas como é? que você sabe disto, mestre Dimas...

— Ora... como se sabe de tudo, Egonzinho... Pelas filhas da Candinha... pelo dizem, dizem, dizem... Pois dizem que ele chegou da Europa doido para voltar. O irmão é que impediu. Ele ter-se-ia aberto ao velho Sabatino, dizendo que precisava ir buscar sua francesa mas o mano mais velho e toda a família, aterrados! juntaram-se e atiraram-lhe em cima a padraria do Ateneu Mercantil. Conseguiram suprimir o que ficara de normal no pobre Subtílio. Reacordaram seus pavores místicos da infância e adolescência, casaram-no com uma prima que estivera para professar nas Carmelitas Descalças, uma das Ratae da Fazenda da Caridade, destinada a juntar nela a fortuna do pai, das tias freiras e dos tios solteirões. Uma noiva de ouro. Ele casou e com vontade férrea abafou suas glândulas. Trabalha como mouro, jejua três vezes por semana, não bebe, não fuma. Não vai a festas nem a cinemas, estrangulou certo gosto literário que tinha e mais o estético — que o levava a ser um bom desenhista amador e grande tocador de oficlide. Porque está convencido que a MULHER começa em tudo isto. Não quer ouvir, não quer ver. É um cego para o mundo. Continente e casto à custa de violência: caça às vezes dias inteiros, só recolhendo tarde e coberto de sangue. E tem mais a violência da cirurgia — agressividade que ele exerce com uma competência e um esforço exemplares. Diariamente está no hospital às sete horas, depois de ter comungado na missa das cinco, assistida de joelhos. Sai à uma da tarde. Vai para casa lanchar frugalmente. Corre para o consultório. Trabalha até oito, nove da noite. Janta exausto. Estuda três horas. Essa luta constante é que o envelheceu antes da hora. A meu ver é uma espécie de demente. E ao seu?

— Ah! Dimas. De acordo. Como é? que se pode ser assim carrasco de si mesmo... Coitado! Um anacoreta isolado no deserto que ele próprio se criou...

— Coitadíssimo. As más línguas dizem sorrindo que ele usa cilício. Mas lá que tem as satisfações do toro, isso tem. Casado há dez anos, tem doze filhos. Dúzia certa. Exatamente um de dez em dez meses. Aquilo é uma máquina. Cicatrizou, tretou, relou — é pau dentro e barriga. Com nove meses — filho. Dizem também as filhas da Candinha que a madame desque casou nunca mais foi menstruada. E tem? tempo...

Já o presidente dava a palavra ao Subtílio e o Egon pôde acompanhá-lo com a vista desde que se levantou. Impressionou-se com o ar de sofrimento, de ascese e de profunda tristeza que ele exibia nos olhos sem cor dentro da maceração das olheiras. Duma palidez de cavaleiro espanhol, cabeça de marfim polido a que a calvície dava tons de bola de bilhar. E usava um daqueles bigodaços de cortina — para disfarçar o corte espesso e sensual da boca e os belos dentes, que eram todos perfeitos. Estava de negro, insígnia religiosa à lapela e até chegar à mesa, andou numa atitude modesta, olhos baixos e as mãos peludas uma na outra — ao jeito do comungante se aproximando do repasto eucarístico. Sentou-se dentro duma salva de palmas de toda a assistência. Quando houve o silêncio ele sacou dum calhamaço e começou a ler numa voz igual e monótona toda uma longa nênia. Historiou a cesariana desde seus tempos remotos. Recordou a legislação antiga que permitia abrir o corpo da mãe morta para, dessas entranhas, extrair o feto vivo. Disse da passagem dessa prática para parturiente viva, citou o caso de César cujo nome vinha da intervenção que o pusera no mundo, demonstrou que certamente fora intervenção em mulher viva — já que havia notícias da mãe de César, ao tempo das guerras das Gálias. Recuou aos hebreus, ao testemunho bíblico e talmúdico de que o Povo tinha praticado a tomia em mulheres vivas. Subiu as centúrias vindo da medicina romana até aos séculos de desde o xv, aos da história contemporânea mostrando a cesária se firmando e afinal adquirindo foros de prática corrente. Deu ali uma grande compilação da história da operação e via-se o esforço que fizera para conseguir todos aqueles dados no Desterro. O Egon achava esquisito numa apresentação científica o "ar discreto" do Subtílio, como a achar sempre que estava indo longe demais, tendo o cuidado de não fazer afirmações categóricas, numa posição não de cautela e de dúvida científica, mas na do homem hábil que não quer falar nem se comprometer. Mesmo assim acabou mostrando-se reservado quanto às indicações da operação. "Estranhareis decerto minha opinião, mas neste século de luzes e descobertas, minha posição diante da operação cesariana ainda é a de receio e fico sempre na tendência de adotar o ponto de vista mais que centenário de Ould, quando ele considerava a intervenção de que nos ocupamos como uma 'amostra detestável, bárbara e ilegal' da cirurgia. Assim compreendereis minha alegria ao me informar do achado de um substitutivo humano, rápido, sem perigo e quase incruento da grande operação que tantas mortes traz às mães e aos filhos — na sinfisiotomia pubiana." Aí vinha uma nova compilação de tudo publicado sobre a Operação de Zarate e finalmente a base em que assentava sua opinião. Um caso. Operado por ele, recentemente. Encerraria sua modesta comunicação (não apoiados!) lendo a observação de sua paciente. "O.S.C., de dezenove anos, preta, criada doméstica, residente no distrito de Tipiti, primigesta de feto a termo, foi internada na Santa Casa na noite de..." Seguia-se a leitura da peça minuciosa até à descrição da intervenção que praticara e do alargamento pélvico imediato que obtivera, do nascimento de um feto a termo do sexo masculino. Quando o Subtílio chegou a esse fim, a sala desabou de palmas e cruzavam-se no ar os muito bem! muito bem! estourando como rojões. O mano presidente estava radioso. Quando se fez o silêncio ele chamou o dr. Amarílio às falas.

— Com a palavra o dr. Amarílio Gonzaga.

— Peço perdão a vossa excelência, senhor presidente — mas não solicitei a palavra nem pretendo usá-la. Não apresentei meus casos de cesariana com fim polêmico e nem sabia que meu ilustre colega o dr. Subtílio Trancoso ia mostrar, na mesma sessão, seu caso de sinfisiotomia. Nem creio que os fatos comunicados sejam matéria de discussão. A Sociedade ficou sabendo da opinião dos oradores e eu, por minha parte, já sei qual é a da casa. Muito obrigado.

— Não tendo o dr. Amarílio Gonzaga querido usar do direito da palavra para defender seus pontos de vista, vou encerrar a sessão. Antes, porém, comunico que a trasladação dos ossos do benfeitor de nossa cidade, o barão da Morsadela, será feita sábado próximo, saindo o cortejo do Cemitério Municipal às sete da manhã. A diretoria da nossa Sociedade espera o comparecimento da unanimidade de nossos consócios, inclusive dos colegas hoje admitidos, os drs. Pedroso Lucas e Barros da Cunha. Está encerrada a sessão.

À hora da saída das Escolas Conjuntas o Egon teve seu braço travado pelo dr. Josué Cesário Camareiro da Silva. Estava com o dr. Martinho e convidavam o médico mais moço a seguir com eles, a levá-los até a casa de cada um, para palestrarem um pouco. Queriam conhecer melhor o filho do velho amigo João Elisiário Pinto Coelho da Cunha. Os dois moravam na rua da Santíssima Trindade. O primeiro, bem embaixo, o segundo, logo ali, quase na esquina de Silva Paranhos. Envaidecido, o Egon acompanhou os dois velhos colegas. No princípio conversa sobre generalidades, comentários sobre a profissão. Quando pararam na porta do Martinho, houve um silêncio, os dois práticos se entreolharam e foi o dr. Cesário que começou a falar. O Egon não reparasse mas ambos queriam lhe dar uns esclarecimentos e uns conselhos para ele poder se dar bem no Desterro. E só faziam isto porque tinham-no achado simpático, franco, engraçado e inteligente.

— Pelo amor de Deus, doutores...

— Sim, senhor, nada de falsa modéstia — e é por isto que tinham combinado aquela conversa.

— Nós éramos muito amigos de seu pai e isto também é que nos anima a abrir seus olhos.

Iam falar de coração na mão. Se ele se aborrecesse, paciência. Um e outro queriam é cumprir o que acreditavam ser obrigação de amizade.

— Ora esta! dr. Cesário e dr. Martinho. Só posso ter no maior apreço o que me disserem. Receberei tudo como conselho e orientação paternais. E digo desde já muito obrigado!

Pois os velhotes cumpriram a obrigação que se tinham dado. O Egon, pasmo, verificou, do que diziam os amigos de seu pai, que ele tinha se atolado completamente naquele seu dia de estreia na Sociedade de Medicina e Cirurgia do Desterro. Quando o dr. Sabatino sentara para abrir a sessão e fizera discretamente o nome do padre, antes de inaugurar os trabalhos, não escapara a eles (e possivelmente não escapara a outros) a cotovelada entendida que lhe dera o Dimas e o cacarejo irônico dele, Egon. Não seguisse muito as ideias do Dimas, nem da Jarina. Muito inteligentes, muito agradáveis, mas péssimas cabeças — espíritos de contradição. E aquela dele com o dr. Prisco, dando notícia do pai no cemitério, fora engraçada, fora — mas verdadeira imprudência. Ele tinha? uma pequena ideia do que era? o Prisco no Desterro, não? Era médico, era deputado mas além disso possuía a coisa venerável que era

263

a fortuna, coisa que o fazia sagrado, uma espécie de oráculo que todos cumprimentavam de baixo e incensavam adorabundos. Provavelmente o Egon ainda não o visitara, hem? Pois tratasse de fazê-lo logo para ver se era desculpado da imprudência dinda agora. Fosse, agradasse e se tivesse pecados podia confessá-los ao próprio Prisco — que é uma espécie de sumo sacerdote honorário. Além do mais, não se devia mostrar espírito, no Desterro. Nada de gracinhas. Cara fechada e fúnebre. E eram capazes de jurar que o Egon ainda não fora visitar o senhor bispo, nem se inscrevera entre os soldados de Santo Inácio. Hem? Estávamos certos disto. Visite. Aliste-se. Também tratasse de agradar ao Ooforato para fazê-lo esquecer aquele aparte sobre as cesarianas de Belo Horizonte. Aquilo fora muito imprudente, muito mesmo. E fizesse a corte aos Trancoso, de preferência a se mostrar tão admirador do Amarílio Gonzaga. E o Egon em pânico via que tinha sido leviano, ousado, atrevido — e que se descobrira aos olhos dos colegas do Desterro. Agradeceu aos amigos do pai, prometeu de pedra e cal não pisar mais em ramo verde, de seguir-lhes os conselhos. Prometeu tudo. O dr. Martinho aí despediu-se.

— Pois vou entrando que está frio. Até amanhã, Cesário. Até amanhã, menino. Juízo nesta cabeça, hem?

O Egon foi descendo a rua com o dr. Cesário. Enquanto ouvia, admirava a bela figura e a *prestance* do antigo médico, Já tinha reparado, durante a sessão, sua magnífica testa, chegando até um alto de cabeça, onde uns restos de cabelos grisalhos se abriam ao meio e chegavam ondeados, até as orelhas. Tinha as sobrancelhas elevadas para o centro da fronte e deste ponto descia um nariz violentamente aquilino, um destes narizes bourbonianos que só se veem nas ilustrações da História Universal. Usava longos bigodes arrepiados para as bochechas, na mesma direção seguida pelos fios da barbicha aberta ao meio. Tinha a boca um tanto funda, encimando um queixo meio prognata. Seus olhos eram largos e ridentes. Tudo isto lhe fazia uma extraordinária semelhança com o bom rei Henrique IV. O Egon se cumprimentava de ter descoberto aquele Albret-Bourbon ali, no Desterro e tanto tinha olhos para admirá-lo como ouças para ouvi-lo. Agora o dr. Cesário falava da amizade de sua filha Marieta pela mãe do Egon. Contava. Desde meninas. Faziam manha para ir brincar uma em casa da outra. Riram. Seguiram um pouco, calados e logo o mais velho retomou a palavra. Falava agora de dois outros médicos da cidade que o Egon devia procurar. O Hemetério Vilaça e seu filho Jonas Vilaça. Gente muito boa. Com certeza não tinham ido à reunião, preocupados que andavam com sua ideia fixa, nela trabalhando. A criação duma Faculdade de Medicina no Desterro. E com a tenacidade que tinham, principalmente com o entusiasmo do Jonas, acho que não morro sem ver esse templo de portas abertas em nossa terra. Que oportunidade! para vocês moços... Eram realmente dois colegas beneméritos os que estavam se batendo por semelhante ideal. Mas imagine você, meu jovem amigo, ideia tão alta e tão nobre, antes de concretizada, já tinha oposição. Sim, senhor! Triste verdade mas, verdade! Um grupo de médicos dos de mais clínica da cidade era contra. Diziam tranquilamente que, se tinham o monopólio da clientela e dos hospitais, para que se meterem a fogueteiros numa empreitada cujo resultado era dar foros e existência a essa coisa sempre opositora, contestadora e rebelde que era o estudante. Eles é que tinham a perder quando sua posição fosse examinada. E quem sabe? se uma Faculdade de Medicina, mais a Escola de Engenharia local e a Escola de Filosofia não seriam? o núcleo dessa coisa sempre temível que é uma universidade. Aí, então, era a cidade dominada por estudantes e novos professores. Estavam torados: seria a balbúrdia. Pois esses matuiús tinham achado aliados na alta finança e na política locais e antes de concretizada a ideia dos Vilaça e do seu grupo, já estava criada e poderosa uma associação — não para impedir sua criação mas para instalar um sistema através do qual faculdades ou universidade do Desterro permanecessem sempre controladas por grupo imutável e conservador. Foi para isto que tinham fundado a Sociedade dos Soldados de Santo Inácio de Loiola.

— Mas como assim? dr. Cesário. Como é? que sociedade que é quase uma irmandade religiosa pode superintender uma faculdade ou eventual universidade! Não atino...

— Pois saiba você que sim. Os opositores dos Vilaça procuraram apoio, primeiro entre os homens ricos da cidade, os que puxam os cordões que prendem e dão aspeto de vida a esses bonecos de engonço que são os políticos. Esses fantoches locais juntaram-se aos ricaços. Entre estes há uma criatura realmente superior pela inteligência — um certo Lisuarte Taveira, cunhado do presidente Sabatino, que você viu em ação indagora. Aderiu aos do contra e teve a ideia realmente genial da criação dos soldados. Ideia genial e maquiavélica... Passa o gadanho em tudo e jugula tudo. A Sociedade dos Soldados de Santo Inácio de Loiola foi fundada com o capital mirabolante de 33 mil ações da Companhia Desterrana de Luz e Gás cujos juros e dividendos serviriam para manter a instituição e distribuir prêmios, bolsas de aperfeiçoamento e de viagens aos professores do Desterro reconhecidamente católicos, apostólicos, romanos, que se distinguissem no ensino e na pesquisa social, física, química e biológica — quando realizadas à luz da doutrina e da crença cristãs. Essa sociedade de ideologia religiosa, conservadora, ultramontana e reacionária é governada por um conselho deliberativo efetivo e permanente de membros escolhidos a dedo pelo Lisuarte, pelo Sabatino, por outro parente deles o industrial Radagázio Tabosa e pelo senhor bispo.

— Esse Radagázio eu conheço, dr. Cesário. Imagine o senhor que...

E o Egon tomado duma onda de confiança no dr. Cesário contou-lhe todas as cenas da casa da Malvina Lícia e a saída dum Tabosa puto da vida — depois do fracasso com a morena. O velho médico um instante pasmou-se mas logo atinou.

— Não, meu filho. Você viu e foi apresentado ao filho homônimo. O pai Tabosa é da minha idade, mal se aguenta. Pois como eu dizia, o tal conselho deliberativo...

O dito conselho, contava o dr. Cesário, era pois escolhido a dedo pelos quatro pilares da ordem justamente entre personalidades do clero e das elites dominantes, entendendo-se por tal as elites financeiras. Conta ainda com mais vinte e cinco membros renováveis de dois em dois anos, tirados dentre os profissionais liberais, possíveis futuros professores das prováveis faculdades a se abrirem no Desterro. Assim estabeleceu-se um grupo que escolherá os professores entre os seus, antes de concurso ou outras maneiras de seleção. Que será a reitoria oculta de universidade que se abra. Será a maçonaria, a máfia, o establishment — o nome que você quiser dar, que terá sempre uma corda no pescoço do magistério e que será a verdadeira direção do ensino no Desterro, dando-lhe a fôrma por que são moldados os mandachuvas da cidade no Ateneu Mercantil. Digo isto a você assim com franqueza porque esta gente não me faz medo. Sou homem rico, não preciso de ninguém, opino como quero e digo o que bem entendo. O Martinho é outro independente. Não que seja rico mas é comodamente remediado e além disso o médico de família de todo o município cima a baixo. Ele não depende de ninguém mas, no fundo, todos dependem dele e das suas receitas porque na realidade é o maior clínico daqui. Dá poeira no Sabatino. E você sabe: na hora da doença e da onça beber água, até o bispo apela para ele. Assim ele e eu vamos levando. Tivemos até o topete de educar nossos filhos no Instituto O'Grady e nossas filhas no Colégio Metodista Feminino. Pois olhe, aqui estamos, este é o meu portão. Sempre que quiser... E... cuidado...

— Muito obrigado! dr. Cesário. O senhor mesmo nem pode imaginar o bem que suas palavras e as do dr. Martinho fizeram. Vou seguir à risca o que me aconselharam. Muito obrigado. Boa noite.

— Boa noite.

O Egon, da porta da casa do dr. Cesário, veio subindo devagar a rua da Santíssima Trindade. A noite estava gelada. Uma bruma algodoava tudo e uma solidão de chumbo parecia ter descido sobre a cidade. Chegando à esquina da rua da Indústria tomara à direita, com a intenção de ir até seu encontro com Precursório Ramos, onde havia uma espécie de fecha-nunca chamado Dia e Noite. Lá ele comeria um bife rápido, para logo seguir para o conchego de sua cama em Santo Pretor. Estava firmemente decidido a não ceder mais a nenhuma solicitação do seu espírito todo puxado pela boemia. Que diabo! Tinha de se preparar para dar de si melhor impressão que a deixada por sua estreia na Sociedade de Medicina e Cirurgia. As palavras dos amigos de seu pai tinham ressoado fundo dentro dele e acordado os conselhos que lhe tinha dado, em Belo Horizonte, seu caro Ari Ferreira. Era preciso ter juízo. Parou um instante à esquina de Schimmelfeld para olhar o algodoado da bruma que aumentava. Olhou em direção do morro do Redentor para ver a iluminação da capelinha, lá em cima, mas nada era nítido. Havia no alto uma brancura difusa, como se as luzes estivessem envolvidas em gaze. Continuou até vencer a esquina de Rainha e depois chegar à rua do Rei onde ficava, no encontro desta com Indústria e Precursório, a bendita casa quentinha onde ele mataria sua fome. Sentou num canto abrigado e pediu seu bife a cavalo com batatas fritas.

— E para beber? dr.

— Nada. Água pura, água da bica.

— Nada? mesmo, nem um traguinho praquecer? Olha que temos uma fina portuguesa da pontinha...

— Vá lá então o capote interno.

O médico estava no meio da sua dose quando viu aparecer numa porta a cara desconsolada do Oscar Videla, moço engenheiro, seu amigo de Belo Horizonte. Gritou-lhe o nome e foi aquela manifestação. Quando cessaram as palmadas nas costas e os abraços, o Oscar declarou que chegara na véspera, que viera servir no setor ferroviário com sede no Desterro. Tinha sido nomeado para a Central do Brasil e fora lotado naquele lugar detestável. Ele não podia se conformar de ter deixado Belo Horizonte. Impossível esquecer sua turma, o Bar do Ponto, a namorada, tudo... Nem sabia se ia tolerar aquela merda. E o que é? cocê tá tomando. Inteirou-se, chamou o garçom. Deu ordens imperativas.

— Uma bagaceira pra mim também, amigo! e renove a do dr. Egon.

Estavam nisto quando sentiram uma algazarra vinda da rua, um estrupido de muitos passos, gargalhadas. Um ruidoso grupo invadiu o botequim tendo à frente e como a comandá-lo, o Luisinho Bracarense. Quando ele pôs o Egon no eixo da sua mirada, foi outro estardalhaço. Aproximou para abraçar como só ele sabia abraçar. Era um amplexo sacudido e tão cheio de apertões sucessivos que o abraçado às vezes tinha os óculos quebrados no bolso e a caneta-tinteiro estourada. O Egon logo notou que ele estava altíssimo.

— Nego, que encontro. Quero apresentar você à minha turma. Vem cá no reservado.

Não havia como fugir e o Egon acompanhou o Luisinho.

— Pessoal, taqui o tal amigo do Fabinho que eu falei. É um negócio. Médico, poeta, pintor, homem do mundo. É tudo. E vai morar no Desterro chefiando um troço do Centro de Saúde. Rrr-releitz!

O Egon contrariado teve de ser apresentado a toda a turma do Luisinho. Teria de sentar, confraternizar, demorar. E ele que queria entrar em casa cedo, para acordar cedo... Entretanto o Luisinho procedia às apresentações.

— Essa gente aqui é a única que conta no Desterro. Percival Aquino de Aviz, Antônio Falcão de Valadares, Joel Martinho da Frota, Juvenal Figueira, Sílvio d'Aquino — primo do Percival, os Bracarenses, irmãos, o Paulo e o meu xará Luís — xará e rival, rrr-releitz, negócio de Luisinho II. Outro xará Luisinho III — que é Luís Cesário Camareiro da Silva. E o nosso Marimacho Homem Campelo. E agora, nego, vai buscar teu companheiro pra ficar conosco.

Constrangido, o Egon foi buscar o Oscar Videla. Novas apresentações e finalmente sentaram tendo tido imenso prazer de se conhecerem. O garçom chegou com o bife do médico. O Luisinho fê-lo voltar, com autoridade.

— Comida agora não. Vamos primeiro respaldar um pouco; depois todos comem juntos.

O Egon reparou primeiro no Marimacho Homem Campelo. Era uma figura de cabelos muito colados à brilhantina, olhos tão risonhos! vozinha fina, imberbe, muito baixinho e muito gordinho. Mesmo parado, rebolava. Quando ele começou a falar — muito sefazedor o médico prestou atenção e disse de si para si — você não engana, mas ao menos podia disfarçar um pouco e não ser tão escrachado — puta merda! Então? tem disto no Desterro. E assim às claras... Foi quando o Marimacho levantou para ir lá dentro, é que a alma caiu-lhe aos pés. *Ele* estava de jaquetão cinzento, colete, colarinho duro, gravata, sapatões grossos mas tinha substituído as calças por saias. Bestificado, ele olhou para o Luisinho e todos estouraram da perplexidade do médico. Mas choravam de rir... Foi o Luisinho que tornou a tomar a palavra.

— Quê? cocê tava pensando, nego. Tava certo que era veado, hem? É não, mas é a mesma coisa. Não é *Marimacho* não — que isto é nome de brincadeira. É mulher mas, mulher-homem. Negócio de gunhote. Queria andar de traje masculino no Desterro mas o delegado não deixou. Aí ela deu de usar essas roupas, tudo criação dela. Tudo de macho, mas de saia. E saia de comprimento obrigado pela polícia. Não é? gozado. Chooooooooobs... E frequenta a zona como nós. Agora então, vive atrás da Chica para curar dor de corno da mulher dum turco que ela perdeu pra outra fressureira. Você tá? estranhando, nego. Uai! o Desterro civiliza-se.

Divertido e interessado, o Egon já não pensava em irimbora. Tinha de tirar todo o proveito daquela pechincha. Perguntou, inquiriu e quando a Marimacho voltou, logo puxou conversa. Era. Não escondia e falava com franqueza do seu sexo, da igualdade que assumira e que obrigara o Desterro a aceitar. Mas depressa seu bizarro desapareceu e ela confundiu-se com os que a tratavam como camarada. Sua conversa era inteligente e pitoresca. Quando sua curiosidade aquietou é que o Egon atentou nos outros componentes do grupo do Luisinho. Mal sabia ele que estava conhecendo ali amigos que não se separariam mais dele por toda a vida, como o Aquino de Aviz e o Falcão de Valadares. Como o Joel Martinho que tanta influência teria no seu destino de médico. Outros, cuja convivência desapareceria mas cuja lembrança seria duradoura: lembrança de gente boa, de saudosos e bravos companheiros de mocidade. Jamais esqueceria a elegância e a educação do Juvenal Figueira, a bondade do Sílvio, a bravura dos manos Bracarense, nem o trágico pitoresco da, ou do, Marimacho Homem Campelo.

O Percival Aquino de Aviz era pessoa absolutamente adequada ao nome de novela, cavalaria e nobreza que ostentava. Rapaz ali pelos seus vinte e tantos, muito magro, mas válido de esqueleto, largo de ombros, muito ereto e de airosa postura. Alto. Vestia sempre escuro e com apuro. Era pálido, duma palidez saudável que junto à magreza lhe dava ar de monge ou dum leão dos tempos do romantismo. Tinha perfil muito fino — nariz-rostro de ave, dentes sempre se mostrando no riso fácil — muito claros e proeminentes. Olhos pretos, largos, demorados e neles se liam a franqueza e a bondade que eram as características do Percival. Sobrancelhas cerradas de nanquim. Tinha a amizade fiel e dedicada — apesar de não isenta de severidade. Impunha-se a todo mundo pela finura de seu espírito e a correção incomparável das atitudes. Dançava espanholescamente bem e tinha um sucesso estrondoso no meio feminino. Já nesta época era funcionário do banco e nessa carreira sempre se manteve, dela correndo todos os postos de baixo até acima. Mais tarde moraria no Rio onde reencontrar-se-ia com o Egon e por este tornar-se-ia amigo do Cisalpino Lessa. O Percival era desterrano de boa cepa e da gente fundadora. Era dos Fortes, dos antigos Fortes do Alferes — apesar de não ter conservado esse nome, porque o sangue lhe viera por via feminina.

O Antônio Falcão de Valadares teria a idade do Percival. Tinha caracteres cromáticos variáveis dentro da escala e das contingências ambientais desvendadas pelos pintores impressionistas. O dia alto e o sol faziam-no muito claro e dum louro de espiga. De noite, era castanho, de pele amorenada. Tinha os olhos extraordinariamente bons mas a obrigação profissional da cara amarrada levava-o a contrair severamente o cenho e a apertar a boca ao ponto de dar-lhe a forma dum V maiúsculo. Queixo fino e um pouco projetado. Era, na intimidade civil e de terno — extremamente alegre e ria descuidadamente. Fardado, mudava completamente e quando aparecia de cáqui e laço húngaro nos ombros, ria nunca. Pertencia ao grupo do exército que forneceria mais tarde os "tenentes" de 30. Aderiu de corpo e alma a essa Revolução e dela lhe veio, no apogeu do *tenentismo*, interventoria de estado do Norte. Chegaria ao generalato, com a alegria e o espírito jucundo que constituíam sua inalterável marca; morreria nesta espécie de flor da idade moral, no Rio de Janeiro, depois de reformado.

O Joel Martinho da Frota era o filho mais moço do dr. Martinho da Frota, o grande clínico do Desterro. Ele próprio, médico formado há pouco, era um dos inauguradores da pediatria e ipso facto das especialidades clínicas na cidade. Mas sempre se tinha nela como se fosse de modo provisório: ansiava por meio grande e para vir emparelhar, no Rio, sua reputação à consagrada de seu irmão também médico de crianças, o dr. Martinho da Frota Júnior. O Egon o tinha encontrado horas antes, na reunião da Sociedade de Medicina e Cirurgia e ficou espantado de tão pouco tempo depois não ser reconhecido pelo Joel. Foi a primeira distração que surpreendeu no seu novo conhecido e o tempo mostrar-lhe-ia que aquele era o homem mais vago, abstrato, alheio com que ele teria contato neste mundo. Era moço, alto, magro, musculoso — com a cara fina e inconfundível dos Frota, nele mais doce que no pai e no irmão. Era muito elegante e casado de pouco com moça americana, filha dum seu professor no O'Grady. O casamento foi o motivo que ele alegou para retirar-se logo depois de ter ceado.

— Lamento não demorar, porque a roda está muito boa. Egon, muito prazer e você apareça com o Luisinho em minha casa. Moro em Santíssima Trindade, encostado a meu pai.

O Luisinho, depois da saída do Joel, ordenou uma rodada geral de bagaceira, chamou o garçom de parte, disse que estava tudo liquidado e aos outros, que podiam bater-se para o bordel. Comandava. Ele estava roxo para ir encontrar a Zenith na Malvina Lícia. O mesmo acontecia com o outro Luís Bracarense. Aquilo fazia um 69 de cornificação. Duas forças iguais e rivais se anulam e ambos seguiram a resultante que era o conventilho da Valparaíso. Lá, abancados, na sala de jantar, servidos de cerveja, o Egon pôde retomar o estudo da figura da dona da casa — que sempre o fascinara. Era uma mulher bonita, queixo forte e quadrado, boca sensual passada ao carmim, voz no registro dos contraltos, olhos cor de aço dentro de pálpebras muito pintadas, embaixo de sobrancelhas fortes. Não maquilava a pele do rosto: apenas de pós de arroz. Cabelo grisalho, forte, muito curto, *à la homme*; brincos de pingentes, elástica e enxuta — via-se logo que ela era da confraria da Marimacho. Logo se entenderam e a última bateu-se para o quarto da Chica. Todos gozaram a Valparaíso, sabido seu rabicho pela dita hóspede. Ela riu.

— Deixa a menina ganhar o dinheiro da colega. Quando ela sair entro eu e tudo fica certo. Ciúme é coisa que não conheço.

O Egon curioso pediu detalhes e a Valparaíso explicou que a Marimacho era excelente freguesa e michê tão bom como qualquer homem. E mais escrupulosa que estes que, quando podiam, já se sabe — carona. Com a *colega*, não. Ela é muito decente e faz questão de espirrar seu cinquentão.

— E vocês duas, nunca...?

— Visto, mano. Mas há muito tempo. Passou. Hoje eu até protejo... Quando tem novidade, eu repasso primeiro mas depois, aviso ela, coitada.

A noite cumpriu-se de acordo com o programa. Um por um, os companheiros iam indo simbora. No fim ficaram o Luisinho, seu xará Cesário, o Egon conversando juntos. Lá entre elas, a Valparaíso, a Marimacho e a Chica do Padre trocavam confidências ou se gabavam. Como colecionadores de selos que falam nas suas peças raras (os olhos de boi, os de cabra, o "Ceres" vermelhão francês, de 1849), as especialistas mencionavam suas conquistas ao som de *Pour Élise* que a dona da casa pusera baixinho na vitrola. Os olhos das três luziam como os das hienas e elas iam roendo seus ossos mais raros: uma *ecuyère* de cavalinhos; uma encantadora de cobras; uma campeã de tênis; a dançarina acrobata do Cinema Central; certa mutilada de perna mecânica; uma contorcionista mulher-serpente do último circo que passara...

— Uma mulher barbada — silvou a Valparaíso.

— Uma ceguinha — soluçou a Marimacho.

Como contracanto, vinha do outro lado da mesa voz de estranha doçura, baixa, veludosa, macia, convincente. Era a do Luisinho suavemente falando — falando suavemente de cu e alma e dizendo ao seu xará — que cagava pro mundo e limpava o rabo com a opinião pública. Rrr-releitz! Foi quando o Egon viu que os tempos eram chegados e pulou, de relógio na mão. Foi implacável. Eram as quatro e ele ia. Os que quisessem ficassem e ele sugeria chave de ouro com uma *franciscana*. Saiu. Havia um frio polar. O céu muito limpo mostrava estrelas que cintilavam duras e glaciais. Uma bruma pesada, vinda do rio, cobria o solo comuma gosma e o médico caminhava como se estivesse atolado até às virilhas numa nuvem pegajosa. Brancura astral fazia as fachadas das casas se comporem e se combinarem como pedaços de vidro, de espelho — diedrando, triangulando, quadrangulando a paisagem de uma cidade de gelo.

Pontual, o Egon, decorridos quinze dias de sua conversa com o marido da prima, apresentou-se ao encontro marcado em seu "palacete". Eram duas e um quarto quando ele parou frente à entrada, ali na rua do Cenobita. Era um portão de serralheria, entre duas colunas de granito, encimadas vigilantemente por dois buldogues de cimento ou de pedra pintada a óleo marrom. O médico retomou contato com os dois monstros de sua infância, de quando ele vinha menino, com o pai ou a mãe, visitando o Pareto e a tia Felisberta. O horror que ele tinha aos cães estilitas retornou como se ele reingressasse chofre, na sualma quatro, cinco, seis anos. Pôs o pé dentro do jardim e, ao crissar do cascalho, firmou-se mais e mais naquela volta do tempo. Olhou. No alto a mesma cara hostil, a dum gigante, surgia de entre árvores ramalhudas. Era a varanda cujas colunas guarneciam dois vãos laterais que pareciam bugalhos e a porta central, volumoso nariz de alto cavalete. A boca era reta e deixava passar a língua-de-fora duma escadaria cujos corrimãos pareciam as guias duma bigodeira gaulesa. Pequenino, ele sincretizava essa figura à do Pareto, sonhava pesadelos com as duas e acordava para o dia, naquela tristeza enjoada que já lhe gelava os ombros — como capa molhada. Num desânimo assustado começou a galgar rampa reta que conduzia à goela hiante da avantesma em cima — ai! sem mão de pai nem de mãe para se segurar apoio de antigamente. Ela subia enorme, magicamente sonora dum rangido que os pés despertavam no cascalho britado que a cobria de neve reluzente. Dos lados, renques paralelos de caliandras imóveis, sem brisa, hirtos, metálicos como se fossem troncos, galhos, folhas artificiais. Os paus eram dum pardo feio, como que doente e sua casca rachava-se em longas feridas esbranquiçadas. Os galhos lentos, manhosos, trançavam-se uns nos outros, davam-se nós, semaranhavam-se, teciam uma espécie de cipoal que facilitava o uso da planta, para fazer sebes apertadas, densas, mais fechadas pelas folhas numerosas, recortadas, divididas em folíolos, subdivididos em pínulos rijos e cruéis como espinhos, dum verde compacto, não vegetal, antes reluzindo num lampejo mineral escuro e turmalínico. Formavam duas altas paredes aos lados, paredes que se acendiam aqui e ali de olhos esmaragdos — anéis das lagartas tintas de azebre que ventosavam e deslizavam sobre os nós cegos daquelas sarças. Menino, jamais o Egon tivera a ideia de arrancar um galho, uma folha àqueles vegetais tal o horror que lhe inspiravam as larvas fervilhantes feitas de anéis viridantes eriçados no dorso e aos lados por cerdas da mesma cor — que fincavam como dardos e queimavam como as brasas. O moço médico via agora que elas eram diminutas, não maiores que sua toquinha naquele tempo, quando endurecia sem ele saber por quê nem para quê quando as negrinhas da casa de sua avó lhe davam banho. As pequeninas roscas animais não tinham o tamanho que ele lhes emprestava na infância — quando figuravam os dragões que sua mãe matava com a ponteira de sua sombrinha encantada. Mas mesmo assim pequenas — no seu colorido veronês, imaturo, cheio de vegetabilidade — sua horripilação era a mesma. Ele ia vencendo mais e mais a ladeira e olhava um lado e outro — no temor daquelas folhas-lança, daqueles dragões lança-chamas pela goela e mal via que flores também se estrelavam ali jogando sua explosão rósea sobre o fundo sinopla. Em qualquer outro lugar seriam lindas flores. Não ali, onde tudo parecia coisa de cabala e bruxaria. Eram formadas dum miolo de que irradiavam centenares de estames retos, eretos, duros e suavizados pela finura. Leitosos no ponto de nascimento e atravessavam todas as gamas do branco ao róseo fraco, mais forte, escuro — dando dupla tonalidade à linda flor. Criando sua aparência de leveza, de imponderabilidade, de coisinha que vai voar. As anteras destes espeques eram tão indecisas que sumiam no ar como se a flor não tivesse contorno e só fosse cor. Quando há cigarras zirzinindo parece que elas é que cantam. Ali não, porque o Egon fazia descer sobre tudo remotas lembranças ominosas. Aquela entrada sempre lhe parecera hostil pelas folhas agudas, pelo trançado proibitivo de plantas — fazendo como as que tinham isolado para sempre o Palácio da Bela Adormecida. Ranger de cascalho como rosnar de mastins ao longe. Os dragões de fogo bichos-cabeludos. Tudo ali falava e dizia não, vaitimbora, não entra, passa já daqui pra fora. Pensou em não prosseguir mas já as sebes tinham ficado para trás e a subida dava em dois caminhos estreitos que se juntavam como anel — seu arco mais alto, ao pé da escadaria. Começavam junto duma gruta artificial feita com pedra e cimento, formando estalactites de que corriam fios dágua e gotas para a bacia de pequeno tanque onde boiavam e se moviam peixes vermelhos — lerdos sobre fundo lodoso. Dois braços subiam, um de cada lado, demarcados por redondos de garrafas de vinho Chianti cujos gargalos eram fincados na terra. Gênero muito usado no Desterro para limitar canteiros e alas de jardim. Chegando à escada, antes de subir seus altos degraus, o moço olhou para baixo e para o percorrido. As duas sebes laterais aparadas formavam dois lingotes enormes, três faces no ar, uma rojando a terra. No meio, o caminho cheio de história familiar. As da avó, empunhando garrucha, vindo pé ante pé de madrugada, cautelas de ladra, para ver se ouvia ruídos de maus-tratos à filha. A dos candidatos chegando floridos para pedir em casamento e descendo com as negativas latas latindo nos seus calcanhares. Para os dois lados de fora das sebes, só árvores, chão de folhas secas e dois tanques, embaixo, também secos, encimados de pontes ornamentais de concreto imitando galhos de árvore.

Dali divisava-se bem a fachada da casa, beirais do seu telhado. A construção fora feita por um primo do pai do Egon, Júlio César Pinto Coelho, coronel da Guarda Nacional, engenheiro prático, mestre arquiteto com lampejos de gênio. Ele adivinhara o valor plástico do cimento e suas possibilidades modulares. Um pouco mais e teria descoberto como *armá-lo*. Aquela casa parece ter sido sua obra-prima e sua construção deve ter marcado data revolucionária no estilo das edificações locais. Era um casarão quadrado igual aos outros da cidade e ficaria dentro dos padrões habituais se a inventividade do parente do médico não tivesse resolvido transformar a entrada num avarandado com absurdas colunas coríntias e ter substituído as serralherias que deviam guarnecer as sacadas das janelas e as partes laterais da varanda e sua escadaria — por modulagens, formando florões folhagens. Eram feitas de concreto, provavelmente em moldes, a julgar por sua igualdade. Havia peças simétricas com giros que se opunham. Eram a reprodução de vegetações amazônicas e brutais com folhas grossas como se as inchasse uma seiva de criação do mundo. Lembravam as flores de pano que fazia outra prima do Egon, a quem ele chamava *tia* Joaninha. A inspiração das corolas de seda e veludo e dos acantos e louros gigantes de cimento e reboco — deve ter sido analógica ou contemporânea. Aquele avarandado com a escada, os torreões que o encimavam, os ornatos argamassados — o conjunto pintado dum óleo imitando granito e encastoado numa casa colonial era de uma extraordinária originalidade. Com tudo isto, por impossível que pareça, a casa tinha um ar de leveza, proporção e medida que justificava a insensatez arquitetônica. O Egon olhou longamente a fachada tão de sua infância. Nada mudara. Era a mesma casa de quando ali tinham morado a tia Felisberta e seu marido. No sobrado de sua avó referiam-se a ela como a "casa da Felisberta", a "casa do Nariganga". Este dera-a, de dote, à filha quando do seu casamento. Logo no dia seguinte toda Desterro já dizia o "palacete da Carminda", o "palacete do Ezequiel" como se o simples fato dele ali morar tivesse modificado paredes, tetos, assoalhos, telhados — como um banho de ouro ou como a incrustação de joalherias nas cimalhas. O palacete do Ezequiel. O doutor considerou bem os degraus que menino lhe pareciam de gigantes e pisou no primeiro. Subiu. Bateu. Uma criada demorou mas apareceu. O Egon identificou-se.

— O senhor faz favor de entrar para esta sala.

Sua velha conhecida a sala de visitas. A mobília era a mesma. Tinham aumentado as japonerias e chinoserias em moda na época — os bambus, juncos, lacas, os biombos, as esteiras porta-postais, os bibelôs sino-nipônicos. Também aumentara a pinacoteca com os belos quadros da fase azul da dona Maria Celeste e das suas alunas. Eram luares feéricos sobre baías de sonho em mares metilenos — calmos como os das costas d'África que evitou Cabral. Ficou olhando e lembrando do baile que ali houvera, dia claro, no dia do casamento da Alódia e do Balbino. Que idade ele teria? Quatro? Cinco anos? Entretanto lembrava das palmadas que tomara de sua mãe por ter-se pendurado às abas-asas da casaca do noivo zangão que rodava e adejava em sua valsa-voo nupcial. Conhecendo o velho hábito mineiro da fiscalização prévia das visitas — espécie de alfândega, polícia portuária, o Egon sabia que durante sua espera ele não escaparia a olhares indagadores que se filtravam pelas fechaduras, frinchas de portas, buracos feitos adrede nas bandeiras das ditas, sistema de espelhos etc. Já conhecia tudo isto das casas de sua avó materna e de suas tias — principalmente da Jajá, perita nesse sherlockismo. Naquele "palacete" genuinamente mineiro os *periscópios* não deviam faltar. Por isto ele sentou-se, tomou pose adequada e apenas circunvagou o olhar pelas coisas e paredes. Nada especulou dos bibelôs e dos quadros — pelos quais nutria a maior curiosidade. Havia na sala doce sombra — sombra que ele reconhecia. Era a mesma dos tempos da tia Felisberta. Súbito a porta abriu-se e o Ezequiel adiantou-se num sorriso.

— Vamos passar para o escritório. O dr. Pareto e o Balbino estão lá.

Adiantaram-se para atravessar o vestíbulo. O dono da casa, perfeito, abriu a porta fronteira à da sala e colocou-se de lado, mostrando com um gesto bem-educado o caminho para o moço passar em primeiro lugar.

— Queira entrar.

O Egon entrou. À sua frente, para a direita-fundo da cena — belo grupo belle époque — encostos estofados e assentos inçados de almofadas maiores, menores, veludos e cetins de todas as cores, onde já estavam sentados o Pareto e o Balbino. O primeiro, cara de sempre e fechado em copas, fumava um cigarro. O segundo, rosto de porcelana e olhos de boneca, só dava impressão de animado pelos movimentos que fazia levando à e tirando da boca um charuto, cuja cinza ele cultivequilibrava e que já estava enorme sem cair. Era fumante técnico. Sentaram-se todos sem palavra, depois da pantomima dos cumprimentos. O Ezequiel tomara o sofá onde estava o sogro. O Balbino ocupava a cadeira de braços à esquerda deste. O dono da casa, com outro gesto nímio e de aparatosa condescendência, mostrou a da sua direita.

— Queira sentar-se.

Num instante o Egon passou os olhos pelo gabinete. Era simétrico e do tamanho da sala de visitas. Ali o dia não se crepusculava através de cortinas espessas mas entrava pelas malhas das de renda penduradas diante das janelas. À luz crua, três quadros se destacavam sobre o papel claro das paredes. Alto, no meio, a oleografia do Sagrado Coração de Nosso Senhor Jesus Cristo. Aquela em que ele com a destra aponta o alto (como o Platão da *Escola de Atenas*, do Rafael) e com a sinistra o exocórdio pungido de espinhos, chamejando pelo pedículo e irradiando puraluzerna amor pelos homens. À esquerda, outra moldura ouro e veludo vermelho com o retrato ampliado do coronel Geminiano Fortes, pai do dono da casa. Representava figura entre força do homem e princípio da velhice, rosto alongado pelo cavanhaque, olhos severos e carregados de desdém, nariz de boa raça, bigodarras arrepiadas, boca de traço tão firme como o das estátuas, ar de autoridade, frieza, impassibilidade e orgulho iguais aos que se encontram nas faces dos masculinos da escola espanhola: *cabaleros* de El Greco, santos de Ribera, guerreiros de Velázquez, estáticos de Zurbarán, gentis-homens de Goya, familiares e prelados inquisitoriais de Bermejo. À mão direita do Filho, outra moldura igual com ampliação gentil do retrato da Carminda pelos seus quinze ou dezesseis anos. Era um perfil de moça, ainda não despedido da meninice, um rosto túmido de juventude, graça, decisão, firmeza, acabado, definitência, consumagem, perfazimento e perfatura que o tornavam insuscetível de qualquer acréscimo, doutro toque arremate. Era imperfectível porque os deuses e deusas não são perfectíveis. Eles são como aquele retrato mostrava que a Carminda ERA sobre-humana. Divina Carminda! Ela representava-se um pouco de lado, quase de perfil, na pose da moda entre os fotógrafos da época, em que ligeiro virar deixa aparecer as pestanas do lado oculto e um pouco das madeixas contrárias. Seu penteado era aberto ao meio e os cabelos ondeados iam se prender no pequeno coque, encimado pela borboleta dum laço de veludo negro. Mechas finas caíam adiante das orelhas, em espirais que lembravam os elementos bastardos dos cachos de uva. Sua beleza tilintava em prata pequena campainha. Era isto: campainha de prata — *a silver bell* — logo para ele, para ele, o Egon deu-lhe o nome que cabia. Quando ele a evoca surge com ela o nome de Silverbel e a essa palavra sua alma canta. Era um Ticiano adoçado por Sandro Botticelli. E estava ali, emergindo duma espuma nuvem o pescoço da Simonetta Vespucce. Sim, saía de uma espécie de aljôfar marinho nuvem branca tecido precioso e fino rendando e sumindo como um perfume. Tal sugestão foi tão forte que o moço sentiu tudo como que impregnado de heliotrópio cardamomo cravo violeta íris vetiver e o retrato borrou-se para dar lugar à figura que Alfons Mucha fez para o rótulo do lança-perfume Rodo. Essa imagem de ouro substituiu-se um instante à da prima do Egon e os cheiros que a associação trouxera foram apagados pelo sarro do cigarro do Pareto. O moço reassumiu-se e voltou à realidade. Captou o resto do escritório. Além do grupo sofá e cadeiras, dos quadros, havia duas escrivaninhas antigas de jacarandá rosado. Uma era a do Pareto, que deixara ali seus velhos tratados de direito que ocupavam estante sob o retrato da filha. Eram de encadernações antigas, escurecidas pela poeira e tornadas foscas pelo raro manuseio. Noutra estante, sob o retrato do pai do dono da casa, estavam os livros do último. Toda a coleção da Biblioteca Internacional de Obras Célebres e ainda as de Coelho Neto, Júlia Lopes, Belmiro Braga e as mais modernas e ousadas — "livros muito fortes" — de Theo Filho e Benjamim Costallat.

Todas as sugestões e associações despertadas pelo ambiente passaram dentro do Egon, como filme que durasse uns minutos (o tempo de sua vinda da sala e o de sentar-se entre aqueles três contraparentes), talvez nem isto e melhor fora contar tudo em segundos. Agora preparavam-se para iniciar uma conversa — coisa extremamente difícil entre praticamente desconhecidos, como eram eles quatro ali sentados e se olhando com curiosidade e uma inevitável ponta de má vontade. O Ezequiel, como dono da casa, bateu no teclado o *lá* de afinação da orquestra.

— Então? como vão as coisas pro seu lado? Gostando? do Desterro.

— No ramerrão. Trabalho no Centro, ando na rua Schimmelfeld, vou ao cinema, conhecendo pouca gente, fazendo minhas primeiras visitas. Já estive no tio Pareto, hoje vimcá e de parentes só fica faltando ir ver o Antonico. Fui outro dia à Sociedade de Medicina, conheci lá os colegas mais importantes da cidade...

— Mas não apareceu na trasladação. Ocupado noutra coisa... hem?

— É verdade, me esqueci, quando dei conta já era tarde pra ir. E o seu discurso? Foi pena que perdi. Mas com certeza você tem cópia. Tinha vontade de ler...

— Justamente eu ia ler para o dr. Pareto e se você quer ouvir...

— Faz favor. Não quero saber de outra coisa.

O Ezequiel abriu a gaveta da sua secretária e sacou de lá um calhamaço de suas boas vinte páginas. Tocou um tímpano. A criada chegou e ele pediu café e água mineral para todos. Para ele água comum, açucarada. Aquilo era, certamente, para adoçar as vias. Quando tudo veio e todos se serviram o dono da casa começou. Era primeiro o elogio do Desterro — Halifax e a princesa de Minas, sua cidade mais próspera e dotada do clima, dos céus e da natureza que a faziam invejada de toda a Mata e Centro de que por assim dizer ela era o eixo, estendendo a uma, sua mão direita carregada das benesses da agricultura e da pecuária; e ao outro sua esquerda enegrecida pelo óleo poderoso das máquinas da indústria. Fez o elogio dos Fundadores, cuja justa e necessária fortuna era como que devolvida aos desterranos em serviços públicos, em assistência, amparo, caridade — mas principalmente no exemplo de vida moral — tudo sob os olhos de Deus e do estado ali presentes, numa cerimônia cívico-religiosa conduzida pelas figuras excelsas "do nosso presidente da Câmara — esse varão de Plutarco" e "do nosso reverendíssimo bispo — esse apóstolo e modelo pastoral de virtudes cristãs". Aí entrava-se em cheio no Morsadela. Nascimento dentro de família temente a Deus, o pai austero, sua resoluta progenitora, a educação edificante num seminário, a primeira comunhão, suas virtudes, o Hábito de Cristo, seu matrimônio e toda uma vida esmoler. Perorou dizendo que aquilo não era uma trasladação mas o plantio duma árvore teologal de fé, esperança e caridade. "O que hoje trazemos para este alto alcandorado da cidade, meus caros concidadãos — não são ossos mas, uma semente. Semente que dará tronco; tronco que crescerá; crescimento que é progresso; progresso que é fortuna; fortuna que é fruto — fruto carregado de sementes; sementes que darão troncos; troncos que crescerão"... Um fecho de ouro encerrava esse parafuso sem fim e o Ezequiel parou. Parou e olhou ansioso os circunstantes.

— Admirável. Melhor que isto só Rui ou o padre Júlio Maria — soltou o Pareto.

— Estou ouvindo pela segunda vez e quero uma cópia para ler de vez em quando — disse o Balbino.

Voltaram-se todos para ouvir a opinião do Egon. Este, lembrado do Aníbal Machado ouvindo certas produções suas, fez um olhar distanciado, alçou a meio sua mão e esfregando o polegar direito nos outros dedos, deu seu parecer.

— Muita substância, Ezequiel. Muita matéria, mas muita mesmo... Dá licença...

Pegou no original e passou os olhos. Ele não tinha ouvido errado não. Estava escrito como tinha sido lido: logo o primo sofria daquele vício de ouvir, de falar, de escrever — em que sempre uma letra varia de sílaba em certas palavras. Preto no branco: *celebral, bocoitar, compurscar, savalguardar*. Coisa passável. Mas no primeiro orador do Desterro — era uma maçada.

A conversa continuou, agora noutro rumo. Primeiro caçadas. Depois assaltos de florete. Raças de cães de caça. As irmandades. O retiro que ia começar para os ex-alunos do Ateneu Mercantil. Safra de algodão. Nesta o Ezequiel era inesgotável e baseava suas opiniões na prodigiosa produção da fazenda paterna que ele administrava com rara competência. Aquele solo maninho até então nevara-se de *agoldoais* surpreendentes depois das melhorias agrícolas que ele ali introduzira. Primeirosteus estava dando capuchos como as melhores terras do sul dos Estados Unidos, do Paquistão, do México, do Sudão. Mesmo sobrepujava esses lugares clássicos e em 1927 e 1928 dera algodão com fibras de quarenta e cinco milímetros e até com o absurdo das de cinquenta e dois. E a resistência? Em alguns tipos chegara ao recorde mundial de dezesseis gramas. Inédito, nunca visto. O Ezequiel entusiasmado concluía.

— Primeirosteus fora o melhor negócio feito por seu pai. Comprada por tuta e meia dos Faldamas e agora nós não vendemos aquilo por nenhum ouro do mundo. Bem que os Guinle tinham se engraçado. Mas tirassem seu cavalinho da chuva... Que PRO-PRI-E-DA-DE!

O Ezequiel tinha um tom especial para falar em propriedade. Como quem martela sílaba por sílaba. Tanto, que a imaginação do Egon que flutuava há muito tempo, reencarnou-se e o Diabo aproveitou a ocasião para entrar também e falar pela boca do médico coisa maldita. Ele lá a soltou, quase sem querer.

— Proudhon dizia que a propriedade é um roubo...

— É? Isso são opiniões de quem nunca teve a sensação da posse. Frases à toa que só são repetidas pelos pobretes-alegretes dos cafés e botequins que nunca tiveram nada de seu. Ora e esta! é mesmo muito boa...

O Egon sentiu a farpa acerada a lhe dilacerar o cachaço. Mas não tinha conserto. Chateado e distraído, soltara a besteira. Olhou a cara do Ezequiel. Esta passara por verdadeira transformação. Craquelara o verniz de boa educação. O homem, mais esgulepado que nunca, parecia ter ganho mais pescoço. A testa diminuíra e o bico de viúva quase encostava com as duas sobrancelhas levantadas no meio e fazendo uma linha de ouro com o dorso do nariz. Olhos entrefechados. A mímica do nojo. Estava agora cheio de puas como *uriscacheiro* na defesa. Tamborilava o braço da cadeira e via-se que a boca fechada cortava qualquer possibilidade de conversa. O Balbino olhava com cara de quem está assoviando sem som. O Pareto tinha uma luminosidade de gozo no fio do olhar. Nada mais a fazer — pensou o moço. Dar o fora e... ora porra! Fodam-se!

— Desculpem, mas vocês vão me dar licença que são horas deu ir me chegando. Gostei de rever a casa. Recomendações à Carminda.

É verdade, pensava descendo — não vira a prima. Por quê? descaso dela, não. Ela e ele tinham restos comuns de infância, de avenida Silva Paranhos, jabuticabas da casa da avó, risos de boca toda verde do miolo pulverulento dos jatobás — ah! coisas que criam vínculos mais fundos que os contratos. Descaso dela, não. Certo sua visita fora discutida e os papéis dos de casa encenados. Você não precisa aparecer. Os meninos também não. Nada de entradas nem de liberdades. Vou receber na sala e no escritório. O quê? Sorvete? Não, nem isso nem chá. Só cafezinho e água mineral. E a prima Silverbel resignara na sua reclusão fabulosa, privada de vir ao recreio. O saibro rangia sob suas solas. Ele nunca simpatizara com aquela casa. Desde menino. Mas agora a consciência de que a vira pela última vez e que era a derradeira que ele descia aquela rampa, enchia sua alma da tristeza enjoativa que se tem depois dos enterros, saindo do cemitério. Tristeza de para-sempre. Decerto — porque ele jamais poria de novo os pés na casa daqueles primos, nem na do calhorda do Pareto. Ir visitar a Alódia e aquele animal misterioso do Balbino, nem pensar. Na verdade aquela gente não tinha nada de comum com ele. Tinham sido criados em dois mundos geradores de — quase ele podia dizer — duas espécies de cultura. Eles, gente de pecúnia, acostumada ao seu bem-bom de não fazer nada, a ter da vida a noção macia que têm os bajulados, os agradados. Tudo a tempo e hora. Ele, impecunioso, formado em medicina e dificuldades, tendo da existência a ideia de suas puas, suas lixas, pontas, contundência. Coices como o dindagora. Nada pegara de possuído senão o cavado a duras penas. Tinham de comum uma antepassada. No mais, nada, nada de nada. Pois ele ficaria dum lado e eles do outro e como na canção dos tempos meninos — eu de cá, tu de lá, ribeirão passa no meio... Pois o ribeirão já tinha começado a correr. Chegado ao portão, olhou pela última vez a cara da casa. Sentiu aquela dor no pé, do saibro entrado no sapato e roendo sua meia sua pele. No patamar de cimento tirou os dois e esvaziou um e o par, daquele carrasco. Antes de calçar, ocorreu-lhe o gesto clássico, riu da ideia, deu com os borzeguins cada no outro e tornou a vesti-los. Batera o pó das sandálias. Era outra casa de sua vida que morria e nunca mais dos nuncas ele poderia, sentindo-o, ressuscitar mortos e lembranças encantados naquelas paredes. Adeus. Desceu até Schimmelfeld. Desceu Schimmelfeld e logo na porta do boteco do Riri Garozzo encontrou o Luisinho Bracarense.

— Ei! nego, tava tesperando. Pressentimento quiocê ia aparecer...

— E eu te procurando, Luisinho. Sabia quia tincontrar. Preciso de você. Hoje vamos tomar o aperitivo, respaldar, jantar juntos, visitar a Malvina e a Valparaíso, cear no Dia e Noite e ir às de cabo até sua quina cu e alma da madrugada.

— Uai, nego! O qué? que te deu.

— Chóoobs....

O dia seguinte estava mormaçudo, fazendo um sol de má vontade quando o Egon virou a esquina de Silva Paranhos e tomou Santíssima Trindade. Ia visitar o primo Antonico. Remoendo consigo mesmo a inabitabilidade que encontrara nos Pareto. O homem era realmente insuportável, justificando de sobra o conceito em que era tido unanimemente, nas suas famílias materna e paterna. A tia Felisberta, coitada! ocupava-se em ser infeliz, com um egoísmo que crescia com os anos. As filhas, vá lá. Mas os genros eram de chiar. O *Bicho-Homem* da Alódia, podia ser também o *Coisa-Homem*, como objeto maciço — um toco, pedregulho, tora, uma estaca, pilão, um lingote que de repente falasse. O Ezequiel, suando dinheiro, falando em tom tribunício, agressivo, contundente, fisgante e sempre com aquela ironia de caco de vidro... Positivamente não os procuraria mais. Vamos ver agora se o primo também é chato e deixou de ser aquela figura que encantava e espavoria a meninada da casa dos avós. Sempre gritando, tirando do bolso e mostrando aos meninos o canivete de capar. Ou ameaçando virá-los pelo avesso — operação que descrevia pondo tudo de calça na mão.

— Pego pelo cangote, meto a mão de boca a baixo, vou descendo no quente e no mole, sigo pela tripa, passo o dedo pra fora no olho do cu, engancho, puxo e jogo a posta atrás da porta, seus moleques! Ocês vão ver o que é bom — ficar avessado.

O Egon e os primos borravam de medo, sumiam. Mas daqui a pouco tavam rondando outra vez, achavam o primo de boa paz e já tirando do bolso os cobres para a distribuição dos quarentarréis pros grandes e de vintém pros miúdos. Lembrava dele em sua recuada infância, moço, ovante, perfil de ave heráldica, com o bico dos Pinto Coelho, os olhos claros, o vozeirão que clarinava, as gargalhadas de cascata, a simpatia — às vezes de civil e chapéu-coco, doutras com a farda de capitão da Briosa, tinindo e refulgindo dos metais do talim e da espada e mais das dragonas, dos alamares e dos botões. Depois, no período mágico das bodas de ouro dos pais, lustrando dentro de ternos de alpaca, arvorando o grande chapéu-chile dos piqueniques comemorativos da efeméride ou só em topete — gentil cavalheiro, rodando nas valsas ou rompendo nos xotes dos sete bailes dados por ele e pelos irmãos. O moço pensava nas imagens caleidoscópicas que lembrava do parente: o carlista rixento, o valentão façanhudo, o espadachim destemido e se perguntava como iria achá-lo agora, velho e unijambista. Porque soubera dessa desgraça pelo Luisinho e pelo

Percival. O primo, diabético, cortara uma perna há anos. Coitado! Vai ver que vou topar algum rabugento... Pensava isto quando reconheceu seu casarão quadrado à esquina de Santíssima Trindade com Precursório Ramos. Todas as janelas estavam abertas. Numa delas, um amor de velho, cabelo branco e olhos claros, interpelava os passantes, chamava, dava trela, conversava. Ficara assim desde inválido. Não podendo ir cedo para Schimmelfeld, como fora seu hábito, fazia as ruas do Desterro virem até a ele — fisgando os que passavam para os dois dedinhos de prosa que cada lhe dava ou, se era o caso, entrando pro café. Quando ele despachou a gorducha que parara um instante, mandando-a com Deus, o Egon chegou-se risonho para chamá-lo às falas.

— Vam'ver "Só Capitão-belo" se ocê adivinha com quem tá falando...

— Vai indo, me dá mais uma deixa, qu'eu já tou no caminho...

— Que deixa? tou gostando de te ver assim forte-e-feio, biriquitando de janela...

— Pode calá boca que já sei quem é. Forte-e-feio é o renitente, o cabra que não arreda — em linguagem de Pinto Coelho. Tou ou num tô? falando com um: Capitão-belo era o jeito de me chamar do primo Elisiário. Reparando bem, você dá ares com ele. Você deve ter seus vinte e quatro pra vinte e cinco. Idade de minha filha Celica que mamou na tua mãe como você mamou cá na mulher. Você é o Gonzinho ou eu não me chamo Antônio Alves da Cunha Horta. Passa já pra dentro, primo! Ali pelo portãozinho do lado que dá direto na minha salinha.

O Egon empurrou o portão de serralheria, cujos abertos e rendados eram fechados por folhas de zinco, entrou numa área, subiu uns degraus e na porta já escancarada, caiu nos braços do primo. Este estava vestido de escuro, colarinho em pé, gravata preta das de malha e uma perna da calça enrolada até bem acima do joelho e presa com alfinete de fralda. Sentaram numa salinha simples, muito limpa. Tinha estante, escrivaninha, duas cadeiras de braço. Na parede o quadro com o retrato das bodas. Mal sentados, o Antonico pôs a boca no mundo pela mulher. Marieeeta! MARIEEEEE-TA! MA-RIEEEEEETAAA! Ao terceiro chamado e mais veemente, apareceu a prima. Foi como se o Egon a tivesse visto de ontem. Era uma ítalo-mineira muito branca, um pouco pálida, bonita, olhos muito grandes, muito azuis e na sua calmaria era uma espécie de antítese e força neutralizante dos esparramos do marido. Era fina, elegante, serena, suave, discreta, delicada, voz que mal se ouvia. Só seus cabelos tinham mudado. De escuros pra prata. Depois dos cumprimentos o Antonico dera suas ordens.

— Minha filha! vê se me arruma um café feito os do sobrado dos avós desse menino. Café fraco, fresco, pulando de quente, em xicrona, com pão de bundinha, pão alemão, queijo e um cuscuz de fubá daqueles. Pra ele avezar aquincasa.

A prima saiu para arrumar o café. Dela e do Antonico — os dois faziam um lindo casal — saíra uma raça de deusas. Licínia, a mais velha, olhos de conta e cabelos negros — diziam-na o retrato da bisavó Mariana Carolina; Naninda, a segunda, também olhos claros, a linda boca, o perfil, o todo da Charlotte por quem Werther morreu damores ou d'Ofélia ondulando entre duas águas. E a caçula, a terceira Graça, um Rubens sazonado no trópico. Essa, Cilínia, era a morena. Logo o Egon perguntou por todas. O Antonico deu notícias de uma em uma. Dos casamentos. Cada qual seu destino.

— E estamos os dois velhos sozinhos nesse casarão... Agora me dá notícia da parentada toda do Belo Horizonte, Sabará, Caeté, Santa Bárbara, Manhuaçu.

— Tudo bem. O povo do tio Modesto, firme. O Doque é o mandão político do Manhuaçu. Prima Cotinha mudada para Belo Horizonte. A filha dela casada com o médico Abel Tavares de Lacerda — uma pérola. Primo Juquita com a família crescendo, atarraxado em Santa Bárbara, as filhas lindas estudando na capital, os rapazes também. Prima Diva comprou casa na Padre Rolim. O Pedro formou em medicina, fomos colegas de turma. A prima Zoleta aumentando a família e com filhas cada dia mais bonitas...

— Falánisso, se você souber, me dá a idade das filhas da Risoleta...

O Antonico pegou uma ruma de cadernos capa de oleado preto, dos grossos e à medida que o Egon lhe fornecia os dados ele ia assentando num. O que tinha páginas com letras do alfabeto.

— Pelo que vejo o primo Antonico também gosta de estórias da família, hem? A prima Joaninha fica em boa companhia. O Pedro Nava e eu também somos atreitados a genealogias.

— Ah! é? então olhaqui estes cadernos. Tudo, tudo, casos de nossa gente que eu andei colhendo a vida inteira. Sacarrolhando dos parentes. Eta! gente mais embutida... Medo de contar até fita de cinema...

E os casos vieram. Os bons e os menos confessáveis — dos que — dizia o Antonico, não tomo nota, mas guardo de cabeça. Se fosse escrever tudo acho que esses cadernos pegavam fogo.

— E o pessoal da Felisberta? Você já foi? ver o *Nariganga*, as princesas suas filhas, os *princeses* dos genros? Você sabe? que estou aqui amputado há anos, que estive morre não morre da operação e que eles nem ao menos mandaram perguntar por mim.

— Não me diga...

— É como lhe digo. Quem sabe? a Felisberta pensa que amputação pega que nem tuberculose. Nesse caso...

Vendo as disposições e mágoas do primo, o Egon resolveu-se também a meter a poda. Contou das impertinências do Pareto com ele, do ar alheado da tia Felisberta, do ausente das primas, do jeito misterioso cerimonioso do Balbino, do implicante do Ezequiel.

— Eu por mim, primo Antonico, não procuro mais ninguém...

— Quem sou eu? pra dar conselhos, menino. Mas você faz muito bem. E quer saber por quê? Vou a dar a você a chave de tudo isto. Minha tia e sua avó, era pessoa de gênio insuportável. Verdadeira jararaca. Forçou a Felisberta a casar com o Pareto, sem gostar dele. Havia de dizer que ela pelo menos tava recebendo bem o casório. Pois senhores! quinze dias depois estava aliada à filha para fazer picuinhas ao genro. Aquilo foi um tal de querer intervir na vida dos dois, houve tanto lelê que acabaram um dia, Pareto e sogra, numa discussão que por pouco não vai às vias de fato. E ela nunca mais largou mão de perseguir o genro. Este vingava na Felisberta. Esta, apoiada pela mãe e irmãs, resistia e não cedia terreno. Resultado: ódio de morte do genro pela sogra e aos poucos esse ódio estendido ao sogro torto, às cunhadas, aos concunhados e ganhando gerações, até a você e seus primos. Chegaram sobras até para mim e meus irmãos que somos menos parentes que vocês. E o engraçado é que eu e a Marieta fomos afilhados do casal. Quando veio o casamento da Carminda foi a mesma coisa. Sua avó não sossegou enquanto não botou fogo na canjica. Tantas aprontou que acabou fazendo a Felisberta jurar que não deixava a filha casar com o Ezequiel. A Felisberta jurou e numa cena de melodrama, entrou de madrugada no quarto das meninas, de papelotes e em camisa, se arrastando de joelhos, de vela acesa na mão. Ameaçou a Carminda de maldição, de se matar depois, se ela não jurasse pela Santa Hóstia que não olhava mais pro Ezequiel. A menina espavorida, jurou e ficou presa nesse joga-joga: apaixonada e constrangida a romper, pela mãe, pela avó, pelo medo do sacrilégio, da maldição, de morrer, dir prosinfernos.

— Mas puta merda! primo, não é possível um troço destes...

— Não é? Mas foi. Chegou a hora do moço se trancar num quarto-escuro e não botar mais nada na boca. E fumando... ficou num tal estado que o coronel Geminiano resolveu entregar os pontos e assim mesmo orgulhoso como era de ir procurar o Pareto para rendição incondicional. Aí foi o Pareto quem ficou aliado do candidato a futuro genro, o que recrudesceu a danação da Felisberta e da minha tia. Não e não. Tirasse o cavalinho da chuva. A menina tinha jurado. Mantinha o juramento mas também foi pra cama sem comer. O dr. Eduardo de Menezes, chamado de Juiz de Fora, é que reuniu a família pra perguntar se queriam matar a Carminda. Não queriam. Foi quando a Felisberta largou a velha, bandeou e veio à beira da cama da moça, crucifixo em punho, desligaela do juramento. Ficaram noivos. Ora, aconteceu o que tinha de acontecer. O Ezequiel, e aqui entre nós, com carradas de razão, quando se sentiu firme proibiu a noiva de ir à casa da avó e no dia seguinte ao casamento rompia com estardalhaço com toda a família da Carminda, o Pareto de cambulhada, apesar de inocente de tudo. Tinha e tem ódio de todos: seus avós, seus pais, seus tios e mais você de arrastão. Gostou de saber? É sua falecida avó que está entre você e a gente da Felisberta. Você procurou eles à toa. Nem o Pareto nem o Ezequiel perdoam. Querem nada com você. Nós (porque também me incluo no caso) somos todos infames até à quinta geração. Sentença da alçada... Taí porque cocê tá sendo tratado de banda e taí porque cocê num tem mesmo nada de xeretar essa gente. Vá trabalhando no seu Centro, fique pro seu canto e banana pra todos. E se você gosta de frequentar parente, disponha — essa casa é sua. Não é? mesmo, Marieta.

— É.

A conversa estava sendo uma revelação para o Egon. Não perdia palavra e já o velho primo recomeçava.

— Sua avó e meus pais, saídos dum tronco comum, deviam ter constituído dois grupos familiares semelhantes. O que se viu foi o oposto. Enquanto em minha família — irmãos, cunhados, sobrinhos e primos vivem como Deus com os Anjos, são unha e carne, na descendência de minha tia e sua avó, as coisas mudaram inteiramente de figura. Acho que a primeira cunha de desunião foi o Pareto. O homem tem um gênio intolerável, é ranheta, implicante, teimoso, odiendo, rancoroso, vingativo. Tem a natureza do papelão: guarda as dobras. Posso apontar as brigas dele, uma depois da outra, com todas as cunhadas e cunhados, com a sogra, o sogro torto, os genros. Tem anotado aqui nos meus cadernos, com as datas, oito pegas-pra-capá desse gênero — Pareto versus. O Ezequiel foi outro elemento de desunião. Minha estatística dá outros oito forrobodós dele com a família da mulher que se podiam contar em dobro porque a Carminda nunca deixou de ser solidária com ele e de entrar na dança. Só que ele não é como o sogro. É de fazer as pazes, tenho até a impressão de que para ter o gostinho de brigar de novo.

— Você é um Balzac, primo Antonico.

— Ocê acha? pois então lá vai mais. Outros elementos de desunião de vocês — são de dentro e estão no egoísmo da Felisberta e no da Jandira. Essa é a reencarnação da mãe e além de egoísta é ciumenta, quer ser sempre a primeirona e ter o predomínio familiar. Filha preferida, irmã preferida. Seus filhos têm de ser netos preferidos, sobrinhos e primos preferidos. Daí uma irmandade desconfiada como a de seus pais e tias, os cunhados ainda servindo pra complicar mais. E primos como os seus, separados e rivais uns dos outros. Isso é lamentável. Olha os exemplos do que podem as famílias unidas. Olha a gente da d. Joaquina do Pompeu — donos de Minas. Olha os Sás do Brejo e da Diamantina com seus parentes e aderentes — outros donos de Minas. Enquanto isto, os Pinto Coelho e os Horta que já foram um bloco, aqui no Desterro estão cada um por si e Deus por todos... Me desgosta...

O Antonico não conversava quieto. Levantava, sentava, tornava a levantar, estava dum lado, logo no outro, ia ao corredor, gritava pela Marieta, queria água, mais café, que viesse um licor. Não parecia homem sem perna, tal a rapidez dos seus movimentos. Manejava a muleta como se nunca tivesse feito outra coisa vida inteira. Parecia que ela era ensinada de tal maneira se colocava para obedecer a seus desígnios. Dir-se-ia que aquele objeto de madeira fazia corpo com ele, que recebia circulação de seu sangue e impulsão dos seus nervos. Agora contava de outras mágoas que tinha dos Pareto, exatamente por causa da perna que lhe faltava. É o caso de que quando amputara, não quisera deixar jogado à toa um pedaço dele, que sendo dele era Horta e que portanto merecia consideração. Antes de operar reunira a mulher, as filhas, genros, irmãos, cunhados, sobrinhos e recomendara que a perna cortada fosse enterrada no túmulo para onde ele iria na hora que Deus chamasse. A família levara a coisa a sério e enquanto ele passava mal, sem noção de nada, procedera ao sepultamento tendo convocado para o mesmo a parentada toda.

— E você sabe? quem veio da casa do Pareto. Ninguém. E quem me visitou da gente dele. Ninguém, ninguém! Essas coisas doem, Gonzinho... Também ele soltara tudo no pasto...

Da família a conversa passou para o Desterro e a cidade foi espremida num tipiti. Não havia comunidade mais piedosa e temente a Deus. Praticamente ninguém faltava à missa dominical. Havia os diaristas. Os mandamentos da Lei de Deus e sobretudo os mandamentos da Igreja eram letra da legislação municipal. Todo mundo pertencia a sua Irmandade. Havia as de velhos, as de velhas, de senhores, senhoras, operários, criadas, moços, moças, meninos, meninas. Aquilo parecia aquela cidade do dr. Knock, onde o médico, em *rêverie*, conforme a hora, sabia que naquele exato momento trezentos termômetros estavam sendo inseridos em trezentos cus, e mil cápsulas estavam sendo jogadas dentro de miles de bocas. Também cada católico do Desterro podia considerar o tempo, imaginando o número de comunhões, confissões, missas, batizados e confirmações que se estavam processando dentro das divisões do cronos da cidade. E todos os corações sursunzavam.

— Mas Antonico, precisa não esquecer a zona, os bordéis...

— Isso são outros quinhentos mil-réis... A cidade exige virtude ou pelo menos, no mais das vezes, aparência de virtude. Basta ir à missa, confessar, comungar e andar de olhos no chão. O resto é com cada um e Deus.

E a crônica escandalosa da terra também era das boas. Quer exemplo? E o primo citou logo vários adultérios, filhos feitos nas mulheres dos outros. Caso de santarrões com duas famílias, dos que iam expandir-se no Rio. Um pouco de tudo, como em todo lugar desse baixo mundo. Só que não se confessavam essas chagas. Tudo na moita. O Egon impressionava-se muito com aquele negócio de filhos dum na mulher do outro e de que o primo, sem muito esforço, citara logo uns oito casos.

— Isso é tremendão, Antonico. Numa cidade pequena, sociedade apertada e fechada... Acaba irmão casando com irmã sem saber...

— Tanto não, porque estou aqui e presto atenção. Se ameaçar algum caso dos que tenho de olho, vou aos pais, ao padre, ao bispo, impeço o incesto! Nossa Senhora...

O Audiovisto Munhoz tinha proposto o dr. João Nogueira Pedroso Lucas e o Egon para sócios do Clube do Desterro. Era uma assembleia muito requintada, frequentada pelo que havia de escolhido na cidade. O moço passava diariamente ali, logo depois do almoço, cerca das doze horas, para o cafezinho, ler os jornais do Rio e de Belo Horizonte, antes de descer Schimmelfeld para o segundo turno do Centro de Saúde. Demorava sua meia hora, quarenta minutos, o bastante para trocar umas amabilidades na porta e depois, em cima, com os figurões da cidade. Desses apareciam os simplesmente humanos, que gostavam do bilhar, dum dedo de prosa ou dum pôquer. Os mais altos em categoria — os santos — esses não vinham tomar parte nessas dissipações mundanas. Ficavam no isolamento dos seus vaticanos, suas empresas, seus bancos, suas instituições pias. Também não pisavam na rua Schimmelfeld — considerada por eles como meio caminho andado para a zona bordelenga. O Egon fazia parte do clube há uns dias quando lhe chegou um bilhete da sua prima Fidélia. Lo chamando, estranhando seu desaparecimento e que ela e tia Felisberta precisavam lhe falar. Justamente ele tinha deixado de passar em frente à casa do Pareto e seguia para o seu trabalho evitando Silva Paranhos — de modo que já não via os parentes há seus dois meses. Lá voltou atendendo ao tal chamado. As duas levaram-no direto para sala, trancaram a porta e passaram ao que queriam. Era um pedido.

— Não, não podia ser considerado pedido — disse a tia. — Era uma ordem direta de são Miguel e santa Genoveva.

— Nesse caso eis aqui o servo de ambos e faça-se nele segundo a vontade de Deus — ele respondeu meio brincando.

Que ele não levasse a coisa nesse tom. Era realmente para assunto muito sério que as duas o tinham chamado. O seguinte: era preciso fazer algo para contrapor aos trabalhos que a d. Donzim Prisco andava a realizar com a cambulhada dos parentes das famílias Tabosa, Taveira, Catão e Trancoso. Reuniam-se sempre em casa do João Prisco para costurarem paramentos e no momento estavam terminando verdadeira

obra-prima que era a nova mitra do senhor bispo. Lá conversavam pia-
mente, ou bordavam e cosiam ouvindo as que se revezavam na leitura
de passagens edificantes do hagiológio ou orações especiais para os
casos melindrosos e delicados surgidos no seio de suas famílias ou entre
beatas amigas. Ficavam ali de uma da tarde até às cinco lidando com
panos pretos, panos roxos, rendas e galões de ouro e de suas mãos
saíam batinas, sotainas, roupetas, batas, alvas, roquetes, amitos, túni-
cas, casulas, voltas, solidéus, estolas, sobrepelizes de todos os tamanhos
com que se vestia na rua ou nos ofícios a padraria do Desterro. E todos
os paramentos da liturgia. Eram senhoras sempre de preto, roxo ou
cores escuras, pálidas, sem pintura, muito gordas ou muito magras, vestidas com modéstia pois tinham voto de pobreza (sempre compatível
com as fortunas colossais dos maridos ou pais). Nenhuma usava perfume que fosse mas todas cheiravam vagamente a abafado, cera, incenso
e baixeiros mal lavados. Quando o clero estava de roupas que nem um
ovo, usavam seu afã religioso visitando as fazendas do Desterro para
levar o catecismo às colonas e empregadas adultas. Estas senhoras eram
todas da situação municipal dominante contra a qual militava o nosso
Pareto. E a ideia fora dele, que sua mulher e filha fizessem alguma obra
de vulto, elas e outras senhoras da oposição, para quebrarem a castanha
no dente do Prisco, que era, na cidade, o legado do Antônio Carlos. Tratava-se de aproveitar a voga de santa Joana d'Arc e de erguer-lhe uma
igreja de verdade — de jeito nenhum capelinha de nada — na Creosotagem de Cima. Aquilo agradaria ao senhor bispo, valorizaria a fazenda
que por lá tinha o Nariganga e seria um elemento a mais de prestígio
para ele.

— Dar dinheiro, não posso. No momento é impossível. Não me
sinto bem de saúde e não trato de negócios quando estou fora dos eixos.
E fica mesmo muito mais bonito que tudo seja à custa do povo e da
sociedade. Dinheiro de coletas, festas de primavera, chás e bailes de
caridade. E vocês já pensaram? a ponta em que vão ficar? A d. Donzinha
e a Cachucha Trancoso vão se morder de despeito. Gente mais imposto-
ra: pensam que a religião é só deles, propriedade particular que nem
banco, fazenda...

O Egon se inteirava daquelas miudezas sem saber exatamente qual
seria seu papel na ereção da tal matriz, ou igreja ou o que fosse. Logo a tia
explicou. Dariam um grande baile no Clube do Desterro com leilão de

cotillons, de prendas, inscrição paga para os concursos e sorteios. Haveria mesas divididas pelas carreiras liberais. Ficaria lindo. Mesa vermelha dos advogados, azul dos engenheiros, mesa dos odontologistas, mesa dos farmacêuticos e a que ele teria de organizar: a verde, a dos médicos. Haveria ainda mesas dos bancos, do comércio, da indústria, tudo. Teria prêmio de diplomas assinados pelo senhor bispo para as que mais consumissem. Teve de aceitar sem saber bem o que iria fazer na mesa daqueles songamongas de colegas que ele vira na Sociedade de Medicina e Cirurgia. Ainda se fosse coisa com o Luisinho... Isso sim.

A prima tinha pressa na realização do baile porque queria estrear vestido que encomendara da Europa e estava apavorada com algum retardamento que fizesse a moda passar. Era uma coisa extraordinária que custara naqueles tempos, ao Nariganga, a quantia fabulosa de cinco contos de réis. Ela foi buscá-lo ao quarto, para mostrar ao primo. Veio envolto em lençóis que recobriam o embrulho de papel de seda. Abriram com cuidado e surgiu a maravilha. Era um vestido de talhe *princesse*, enviesado, sem nenhum ornato no corpete que abria-se generosamente prometendo ser alindado pelo colo de alabastro e divinos braços que dali emergiriam. Os godês terminavam, embaixo, por guarnição de esferas de madeira, verde-água como o vestido, que diminuíam e subiam cada vez menores sobre a parte saliente de cada dobra. Essas bolas faziam um ruído tamborilado e deviam sonorear estalar e repiquetear na dança — seguindo o ritmo da música e o da fantástica dançarina. Só o vestido merecia uma festa. Nunca o Egon tinha visto, jamais veria nos tempos futuros coisa mais linda. Nas notas deixadas por ele e de onde é tirada a narrativa dessa festa, contava que ao vestido aplicava-se palavra que ele descobrira numa leitura francesa: *froufroutantes*. E ele perguntava como poderia aportuguesar: frufrulantes? frufrusantes? frufrurrantes? Dizia que as letras L, S, R eram as únicas consoantes cabíveis na transposição da palavra. Mas acrescentava que não topava o segundo R e que preferiria fazer para o vestido da prima frufulantes ou frufusantes. Ou quem sabe? coisa ondulante deslizante escorregadia como *furfuante*...

Pois a festa desenrolou-se como todos os bailaricos de caridade em que a pretexto da fome dos pobres os ricos se divertem e enchem o bandulho. O Egon folgou a valer. Sentou uns instantes na tal mesa dos médicos e brincou com eles de conversa de esconde-esconde. Depois, enjoado, passou-se para a mesa do Luisinho Bracarense, Percival Aquino d'Aviz, Antônio Falcão de Valadares e Luís Cesário Camareiro da Silva. Encontrou-os eufóricos: estavam pondo em dia, experimentalmente, uma mistura de champanha com uísque em duas proporções: forte (mais uísque) e fraca (mais champanha). E todos iam vendo que aquilo era bom... Por mão dos amigos o jovem médico travou conhecimentos com as moças da sociedade desterrana e começou ali a teia dos interesses sentimentais com esta e aquela que prolongar-se-ia durante toda sua permanência na cidade, em outros bailes do clube, chás-dançantes nos grupos escolares, na Cervejaria Weiss, no O'Grady, no Esporte Clube Turner, no Tiro-aos-Pombos. Foi numa destas funções que decidiu-se o destino do Percival ao som da valsa "Milhões de Arlequim". O dele e de sua futura esposa — airosa Wanda gentil. Os dois faziam par tão elegante e de tal graça na dança que geralmente bailavam sozinhos: os outros casais parando aos poucos — pelo gosto de vê-los voltear. Nestas festas é que o Egon conheceu Ruth e Maria José. Amou a primeira num'estação e noutr'estação a segunda amou. Ambas eram morenas e fugidias como também Ana e Mina... Bem que ele estava imbuído da ideia de que o médico tinha de casar cedo e a cada uma pretendeu por esposa. Mas uma coisa o impedia. Era o perfume lembrança duma mocenflor, rosa-zul que ficara — flor púnica — para sempre dentro dele tal qual a Persombra de seu primo Pedro Nava. A sua invocava-se por nome de princesa das *Mil e uma noites*: era Ronairsa. Essa sua graça dizia tudo. Ela era uma rosa simbólica dividida ao meio e nessa fenda se inseriram as letras cabalísticas que diziam náeíra, naias, nais — que é ninfa das fontes do rio; naío que quer dizer manar, fluir, correr; néaíra que é a jovem, a para sempre cheia de frescor de graça; ou nadir que é abismo ao zênite oposto. Tudo isto ele guardava dentro da flor das flores qual mistério mágico que mantê-lo-ia num longo celibato. E ele guardava as palavras, a palavra condão dentro da flor de muitas pétalas — a flor fendida mas defendida ao jeito dos cofres.

Mas é tempo de voltarmos ao Clube do Desterro. O Egon, como dissemos, gostava de frequentá-lo entre meio-dia e uma, à hora em que o sol começava a descer. Dessas estadias numa sala do alto virada para Cruz de Cima — ficara o quadro para sempre. Seus olhos subiam Silva Paranhos e paravam nas torres da Matriz que se destacavam sobre o céu desbotado — numa brancura de osso. Sua arquitetura era pobre e suas paredes desnudas. Duas torres enquadradas cada uma por quatro coruchéus. A fachada distraía com sua rosácea encimada pela teoria de janelas que cresciam de fora para dentro e que sugeriam a forma d'um galo das trevas — não de treze mas de nove velas. Subia-se para o morrote onde estava a Matriz, por escadarias imponentes. O médico lembrava sua longínqua infância e da rampa que alteava sobre arrimos de pedra, bem mais graciosa e fácil de galgar que aqueles degraus sem-número. A Matriz, de feia que era, nem parecia igreja de Minas.

O Egon conheceria o Clube ainda em outras noites de que destacava mais uma. A de esplendor político em que a cidade oferecera baile ao presidente Washington Luís Pereira de Sousa. Nesse tempo já estava sendo começada a campanha para a sucessão, as conversas dos políticos já tinham transpirado para os jornais e destes para a boataria de rua. Já se sabia que o presidente tinha no bolso do colete o nome dum pupilo e que o nosso Antônio Carlos seria bigodeado. Minas estava em gravidez adiantada da Aliança Liberal e superfetada da Revolução de Outubro. Aquele encontro do Barbado com o presidente de Minas foi o último processado antes da ocupação do Estado por aumento de seus contingentes federais. A raposa mineira ainda quis dar à soarê aspetos de cordialidade e cortesia desmentidos pelo ar de enfado, distância e reserva da cara fechada do urso paulista. Antônio Carlos viera esperar o presidente no Desterro. Na estação formara-se o cortejo que devia subir a rua Schimmelfeld atulhada duma multidão silenciosa e hostil. Os dois, de carro aberto. O Andrada apontava o companheiro e fazia gestos de bater palmas olhando seu povo — a pedir que o aplaudissem. A multidão, como se tivesse sido ensinada, respondia com vivas a ele, Antônio Carlos, e vivas a Minas. O nosso Braço-Forte à medida que o automóvel avançava e que redobravam os vivas ao presidente de Minas (que recebeu naquela tarde do Desterro uma das maiores ovações de sua vida de político) — o Braço-Forte ia ficando safado da vida e mostrando na cara, no topete, no cavanhaque, na expressão carregada que estava safado da vida. Mau político e homem malcriado, não sabia disfarçar ou não queria disfarçar. No baile foi a mesma coisa. Um Andrada radioso e o homenzarrão emburrado como meninão contrariado. Ali não houve vivas mas um halo de sorrisos, simpatia, de respeito enternecido pelo presidente de Minas — que valiam como repúdio à maneira como o outro estava tratando Minas. Ar muito amarrado, ele recebia de todos uma reverência cerimoniosa e distante como se um por um dos presentes estivesse de língua passada. Era claro como se cada disesse: É isto, dr. Washington, com desculpa do mau jeito mas nós tamo mesmo aqui é por causa do dr. Antônio Carlos. Por isto é que cumprimentemo vossuncê. Se num fosse ele, qualquer um de nós o que fazia era levar o senhor até à ponte do Paraibuna e adeus adeus — desculpe qualquer má palavra.

O Egon, que era uma sorte de especialista em Antônio Carlos, não perdeu de vista o Andrada naquele dia em que ele, recebendo Washington Luís no Desterro, superou-se e deu ao presidente da República a última oportunidade de que ele, rombudo, não soube aproveitar para impedir o que não convinha a nenhum dos dois e quem sabe, nem ao Brasil: o 1930 que não foi uma etapa e sim um terrível prelúdio... O Egon via as evoluções do Antônio Carlos em torno do Barbado — uma libélula circunvoejando uma alcachofra. Ele multiplicava-se como cada língua de fogo sutil e graciosa da sarça em chamas que consumiu a truculência e as demasias de Hércules. Parecia são Jorge armado de prat'e aço lanceando as goelas do Dragão; imponderável Ariel, puro elance, contra a força bruta do Calibã; era que nem o Davi visando com calhau rápido de sua funda a fronte curta de Golias; um Dominguín diante do touro; Perseu combatendo o Monstro Marinho que prendia Andrômeda. Foi tudo como seria até ao fim — a luta de Maquiavel contra Joe Louis e o espetáculo de que já falamos da gilete descascando um abacaxi. Pois descascou. Individualmente ganhou. Só que não levou...

Quase coincidente à chegada do Egon ao Desterro, em 10 de maio de 1928, no dia 12, cai doente, no Quartel do Campinho, Rio, soldado da Guarnição Federal que faleceria a 16 no Hospital Central do Exército. É oficialmente o primeiro caso da epidemia de febre amarela que lavraria na capital da República, naquele ano de 1928. Já tínhamos dura experiência desse flagelo, desde o surto inaugural de 1849-1850. Os subsequentes vieram até 1908 — quando viu-se o último caso no Rio de Janeiro e declarou-se extinta a febre amarela no Brasil. Só que ela estava erradicada do Rio de Janeiro, mas continuou a ser mantida em escassos focos de zonas de menor densidade populacional, sobretudo, no Norte do país. Esses focos endêmicos estavam sendo sempre trabalhados pela Comissão Rockefeller. Deles é que teria vindo e por via do recrutamento militar o primeiro caso do rompimento epidêmico de 1928. Foi uma surpresa nesse país de desmemoriados e dorminhocos sobre os louros. Entretanto, qualquer epidemiologista e piretologista sabe que *não há moléstia infecciosa extinta em lugar algum*. Elas parecem assim quando são levadas à latência pelas medidas sanitárias que mantêm seu controle. Basta afrouxar o pé do pedal e todas elas explodem na sua força cataclísmica. Em 1928 o combate à febre amarela revestia-se de dificuldades maiores, numa cidade então de 1,6 milhão de habitantes, que as do Rio provinciano dos tempos da gloriosa campanha de Oswaldo. (A reflexão sobre o que aconteceu em 1928 jamais deixaria de ser pesadelo para o Egon — que trouxe até aos anos 70 o pânico de ver o *causus* estourar novamente no Rio de Janeiro, cidade que — diz ele — cresceu criando uma por uma as circunstâncias especiais que geram o aumento do índice mosquito; e com as selvas de pedra, os obstáculos e impossibilidades de tratar um foco segundo o sistema de Finlay, Oswaldo Cruz e Clementino Fraga. É o caso de se dizer, pensando nisto: Ai! de ti, Rio de Janeiro, que podes reproduzir os quadros hediondos da Peste de Heródoto, da Morte Negra medieval dos *Contos* de Boccaccio, dos horrores de Londres evocados por Defoe e mais os da gripe de 1918. O médico de hoje, como o experiente Egon, pode vaticinar — Ai! de ti, Rio de Janeiro.)

A "moléstia reinante" vexaria a cidade de 12 de maio a 3 de novembro — quando é notificado o último caso. O derradeiro óbito é de 27 de outubro. A revisão estatística do que aconteceu em 1928 mostra uma epidemia de caráter gravíssimo, com uma letalidade global de cinquenta e cinco por cento. O máximo do surto observou-se em junho. As cifras de causalidades caem a partir de julho até seu desaparecimento em novembro. Essa vitória espetacular num recorde de velocidade deve-se ao homem extraordinário que os bons fados tinham colocado na direção de nossa Saúde Pública: mestre Clementino Rocha Fraga. Seu modo de ação foi simples, decidido, rápido e enérgico. Atacava os focos fazendo os clássicos expurgos nas casas onde se registravam casos. Esses focos foram, em ordem decrescente de importância numérica, o do Hospital Central do Exército com suas circunvizinhanças; o do bairro do Catumbi; o de São Cristóvão; e o da Vila Militar. As medidas sanitárias de Fraga entaiparam a fera nesses fojos onde ela acabaria *defumada*. Os casos eram isolados hospitalarmente ou domiciliarmente dentro de todas as regras do isolamento. Os expurgos para eliminação do transmissor alado eram feitos tanto no foco como numa zona dita de vigilância e que estava situada dentro dum círculo cujo raio era de duzentos a duzentos e cinquenta metros da casa onde se tivesse dado um caso. A erradicação dos insetos era feita com pulverização duma mistura de salicilato de metila, 0,1/ tetracloreto de carbono, 3,5/ e querosene, noventa e sete gramas. Faziam-se aspersões de quinze a vinte e cinco centímetros cúbicos por metro cúbico do aposento. O menos e o mais eram regulados pela perfeição ou não do calafeto. Os comunicantes e os habitantes da *zona de vigilância* ficavam sujeitos à fiscalização clínica. O serviço dos mata-mosquitos foi aumentado e toda a cidade, a partir dos grandes focos, foi passada ao pente-fino. Os casos isolados no Hospital de São Sebastião estiveram sob a superintendência de Sinval Lins, que resumia seu tratamento à medicação sintomática, à insulina, cálcio, soro glicosado e cardiotônicos. Esse médico dividiu clinicamente os que observou em dois grupos — o da forma frusta ou renal e o da forma hepatorrenal com as variantes benigna, grave, maligna ou hipertóxica.

Logo que apareceram os primeiros casos no Rio e, depois, com seu aumento em junho, houve certo temor no Desterro. O dr. João Nogueira Pedroso Lucas convocou seus subordinados para uma reunião no Centro de Saúde. Compareceram os drs. Egon, Audiovisto Munhoz, Dimas Alvim e sua mulher e colega Jarina Alvim. Concordou-se que o chefe fosse ao Rio de Janeiro para acompanhar o que estava se fazendo nos terrenos sanitários e clínicos. Por proposta do dr. Egon, foi pedida a vinda ao Desterro de um sanitarista que desse orientação ao trabalho nos primeiros dias — fase de *démarrage*. O dr. Pedroso Lucas demorou-se umas duas semanas no Rio, tendo acompanhado pessoalmente o trabalho das brigadas de mata-mosquitos e o das turmas de expurgo e fiscalização. Esteve com Clementino Fraga, frequentou o serviço de Sinval Lins ao São Sebastião e voltou do Rio mais afiado que uma navalha. De Belo Horizonte, veio como conselheiro certo sanitarista cujo nome escapou — homem muito vermelho, olhos muito verdes, alto, magro, grande gogó, cheio de palavras sibilinas e de silêncios carregados de intenção. Concordou com tudo que se fazia, vinha ao Centro diariamente tomar o seu café, à noite matava seu cinematógrafo. Ficou nisso uns vinte dias e depois de elaborar a lista do material necessário para os calafetos, os expurgos, isolamentos domiciliares — retirou-se para Belo Horizonte. Assim se prepararam os sanitaristas do Desterro e o Egon ficou à espera do monstro que lhe competia combater como epidemiologista do Centro de Saúde. Não ficou só nisto. Ele tratou de se aconselhar com três colegas veteranos sobre os aspectos da terrível infecção. Fez verdadeiras entrevistas, tomando notas, com os drs. Roque Apolinário Cacilhas do Prado, Martinho da Frota e Josué Cesário Camareiro da Silva. Do último obteve mais ainda: o presente do volume do *Estudo clínico sobre as febres do Rio de Janeiro*, do incomparável Torres Homem. Ali muito aprendeu com o melhor observador da pirexia entre nós. O Onésime Cresylol descobrira no Desinfectório um velho fumigador colocado numa carreta de quatro rodas — dotado de pulverizador e bomba aspirante-calcante que ele consertou e pôs em funcionamento. Além disso foi ele quem ensinou aos médicos do Centro e à brigada improvisada de mata-mosquitos, a detectar os focos de larvas e destruí-los. Quando a febre amarela chegou ao Desterro já encontrou gente apta para combatê-la. Repetiu-se o que Fraga estava fazendo no Rio e a epidemia reduziu-se a umas dezenas de suspeitos e a poucos verdadeiramente doentes. Destes, quase todos foram casos benignos da chamada por Sinval Lins a forma frusta ou renal. Só um se apresentou com aspecto grave, maligno, hipertóxico. O Egon pôde assim observar coisa que poucos médicos de sua geração terão podido ver: uma forma clássica de vômito negro. Nesse paciente ele assistiu ao que Torres Homem cansara de ver e que descrevia tão magistralmente: as siderações, os aspectos congestivos, as dores do tronco e dos membros, a cefalalgia tirana, as diarreias, a anuria, a icterícia de açafrão, as hemorragias, o vômito negro, o coma, a morte... Teve a vantagem, graças à epidemia e ao seu espírito de observação, de estender sua mão, mergulhá-la no tempo, senti-la segura por Torres Homem e de entrar na cadeia da Escola Clínica do mestre incomparável. E mais: a prerrogativa de prestar um pequeno serviço à sua terra de nascimento.

O grande herói da epidemia de 1928 foi Clementino Rocha Fraga. Foi ele quem segurou o boi pelo chifre e fê-lo morder o pó. Tinha força, preparo, energia, resistência de caráter e inteligência superior para comandar e conduzir à vitória campanha como a que empreendeu de maio a novembro. Venceu todos os obstáculos: os humanos, os que vêm dos administrados e entre estes dos médicos que têm gosto de criar casos e o prazer da resistência passiva, da sabotagem; os materiais, advindos da cidade aumentada e complicada que era o Rio de Washington Luís — tão diferente do Rio de Rodrigues Alves. Mas venceu e seu nome coloca-se entre aqueles dos grandes benfeitores e beneméritos nacionais. Com a queda da nossa Primeira República, Clementino conheceu o pagamento na moeda com que o Brasil é pródigo com seus maiores filhos: ostracismo e o exílio dentro de suas próprias fronteiras. Foi preciso que passasse o tempo para que justiça fosse feita. Só em 1933 os colegas tomaram coragem e realizou-se na Academia Nacional de Medicina, ainda no Silogeu, a merecida sessão de glorificação presidida por Miguel Couto.

> Aquele morreu amando.
>
> [...]
>
> Aquele morreu? Quem sabe
> o que foi feito do amante
> alçado em coche de chamas
> ou carruagem de cinzas
> no ato pleno de amar?
>
> CARLOS DRUMMOND DE ANDRADE, "Morto vivendo"

Cada dia que passava o Egon sentia mais agudamente a verdade de certas opiniões do seu chefe Ari Ferreira, com relação ao médico e à atividade hospitalar.

— O hospital é indispensável ao médico. Médico sem vivência nas enfermarias não é médico. A clínica de consultório é cheia de limitações ao arbítrio do profissional em pedir exames, repeti-los, fazer o máximo indispensável para evitar sua inexorável tendência ao erro e servir os pobres-coitados compulsoriamente postos sob sua responsabilidade. Além de melhorar e esmerar-se na prática, o médico, dentro do hospital e da enfermaria, vive ensinando e aprendendo e mais do que isto — exercendo uma função moral. É por natureza de ofício o amigo dos sem-amigos, família dos sem-família. Vincula-se e compromissa-se com a coletividade de que faz parte. Serve-a servindo justamente os menos protegidos, os mais indigentes, os mais explorados. Tem de dedicar-se completamente para ressarcir um pouco de sua própria culpa — a de ser também um chupim do pobre na sua doença e sua morte. Até esta serve para aprimorar e dar status profissional ao médico — integrando-o num gênero da mais torva exploração de classe.

O Ari não lhe dissera tudo isto de uma vez. O Egon reconstruía como um todo o que lhe viera em pequenos conselhos, em fragmentos de conversa, em comentários durante a visita do chefe seguida por ele — tomando nota de tudo, gravando tudo de modo indelével. E agora concorria mais para firmá-lo nas opiniões que se fizera, o que mandava lhe dizer o Coutinho Cavalcanti nas suas longas cartas. Ele escrevia das suas noites sem companhia de Engenheiro Schmidt, nos confins do Oeste Paulista, contava os princípios de seu exercício de médico-operador-e-parteiro de roça. De como mais e mais se aprimorava vendo doentes particulares e indo diariamente para as tardes da Santa Casa de Rio Preto onde tivera a sorte de fazer amizade com tantos colegas. Descrevia-os, dava seus nomes e o Egon, sem saber que um dia iria conhecê-los pessoalmente, já tinha de cor suas graças: Gilberto Silva, Justino de Carvalho, Ernani Domingues, Cenobelino de Barros Serra, Rui Sabatto. Outros. E o Cavalcanti também encarecia o que estava sendo para ele a convivência com estes novos companheiros nas enfermarias do hospital do interior. Ao contrário do habitual, nesse, de Rio Preto, a visita aos internados era à tarde. O sistema adotado, o de conversa coletiva sobre cada caso, os clínicos e cirurgiões locais misturados aos que apareciam vindos de Schmidt como ele, de Mirassol como o Elyeser e o Sicard, de Vila Neves, Monte Aprazível, Nova Granada, Potirendaba, Inácio Uchôa, Cedral... O Egon admirava essas enfermarias democraticamente abertas e ponto de aprendizado dos médicos de região inteira. Não, ele não podia esperar mais, tinha de fazer alguma coisa para entrar também na Santa Casa do Desterro. Tinha pressa em meter a nuca no jugo da servidão hospitalar. Mal sabia ele que não perderia por esperar. Dando um grande salto para o futuro, suas notas escritas dos anos 70 deixavam consignadas suas longas conversas nesse desacontecido porvir com seu primo Pedro Nava — em que os dois faziam as contas das manhãs em que não tinham vivido — mas em que suas vidas tinham sido literalmente dadas aos outros — os pobres, miseráveis, indigentes — que a sociedade passa na sua moenda, tirando-lhes o caldo e depois, numa ficção de CARIDADE, manda morrer nos seus hospitais. O Egon gostava então de dizer que, contando por baixo (com anos de trezentos dias e manhãs só de três horas de labuta) — trabalhara vinte e oito anos, 8,4 mil manhãs, vinte e cinco mil horas que ele poderia ter dado a si mas em que penara pelo e para o próximo — rigorosamente de graça! —

300

sujeitando-se a hálitos pestíferos, a peidos nauseabundos dos rabos incontrolados, a todos os fedores da desorganização e da morte, a todos os contatos com sangues, sânies, puses, vômitos, derrames, corrimentos, diarreias, vômicas putrefatas (levara certa vez, uma, de gangrena de pulmão, em cheio, na nuca e federa dois dias lavados e relavados). E os contágios, os riscos... E não se arrependia das manhãs em que se dera assim integralmente ao próximo desconhecido — ele que poderia usar seu tempo em atividades para que a natureza o dotara — como descrever o mundo com palavras escolhidas e imaculadas, pintá-lo nas suas cores, ou desenhá-lo nas suas formas de gente, de bicho, de flor — "dos ares, das águas e dos lugares...". Representar até o ar que se manifesta conformando nuvens de poeira, trombas-d'água, cúmulos e nimbos e cirros e estratos... Não! — lhe dissera o destino que ele mesmo se dera — deixa disso, Gonzinho, vai para sentir de perto a morte e o desmancho. Mete as mãos na aguadilha, na gosma, no pegajoso, mole e podre. Larga dessas frescuras das flores e dos aromas dos matos — teus perfumes serão o bodum, o xexéu, a creolina, o formol...

Essa servidão é que ele, no Desterro, tinha pressa de assumir. Como fazer? Parentes? não podia contar com esses imprestáveis para uma recomendação, uma apresentação, um empenho. O modo como o tinham desrecebido impedia qualquer pedido de favor. Ia ser de cara. E numa manhã bateu-se para a Santa Casa. Oferecer seus serviços ao chanceler do hospital que nessa época era o próprio Sabatino Trancoso que ele vira presidindo a Sociedade de Medicina e Cirurgia e a quem já conhecia de cumprimento. Além do mais sabia que esse mandão fora, em épocas, amigo do boticário seu pai. Na Santa Casa ele mofou sua boa hora perto da chancelaria-gabinete do Trancoso. Estava já impaciente e na de mandar tudo à merda e pé na estrada — quando o homúnculo apareceu. Não o fez entrar para o escritório e conversou com ele de pé no corredor. O mesmo ar frio e impenetrável que o Egon já observara. Este disse ao que ia e que seu desejo era trabalhar num serviço de cirurgia da Santa Casa. Pedia sua boa vontade. O homem ouvia enterrando a cabeça no pescoço, quase sumindo dentro dos colarinhos — o que o fazia mais baixo ainda. Para fingir interesse pelo postulante fez-lhe várias perguntas. Em que ano se formara? Reprovações no curso? Ano repetido? Com quem estagiara? Quanto tempo? Quando chegara? Já fora visitar o senhor bispo? Quando o Egon contou que fora reprovado uma vez por puro azar, que repetira um ano por doença, o pescoço do Trancoso crescera de dois dedos brotando dos colarinhos — como o de tartaruga saindo do casco. Ao — não, ainda não fora visitar o bispo — foram mais dois dedos de acréscimo e o ar mais impenetrável ainda.

— Tomo nota do seu nome, meu caro doutor, e vou levá-lo à consideração da Mesa e da Comissão de Sindicância. Desses organismos depende tudo; de mim, nada, nada.

Quando o Egon viu sua pretensão deixando de ser cogitação de gente mas se despersonalizando e chegando às culminâncias obscuras e mágicas das decisões de ti, oh! Mesa! de vós, oh! Comissão de Sindicância! perdeu um pouco a tramontana. Que diabo! tudo se dificultava. Tratou de saber quais eram as figuras que compunham essas abstrações. Teve a lista dos nomes dada pelo Percival Aquino d'Aviz e verificou que Mesa e Comissão tinham o mesmo presidente — que aliás também o era da Sociedade dos Soldados de Santo Inácio — nem mais nem menos que o próprio, o mesmíssimo Lisuarte Taveira. Resolveu procurá-lo também. Este era homem diferente do Trancoso. Menos trancado. Muito inteligente e muito culto, escapava da regra geral dos "bons" do Desterro. Era conversador e aprazia-lhe deixar-se ir numa boa palestra, sobretudo se encontrava interlocutor inteligente — qualidade que ele, possuindo, sabia distinguir e valorizar nos outros. Era de pouca vista, usava óculos de vidro grosso que aumentavam o tamanho e com isto a doçura de seu olhar — a que dava expressão de franqueza. Moreno. Bigodes negros ao deus-dará e despencando à gaulesa nos dois lados da boca. Vestia-se sempre de preto, tinha voz agradável, algodoada, grave e muito mansa. Recebeu bem e cortesmente o Egon e logo conduziu a prosa para o que os americanos chamam "as amenidades" e que servem de aperitivo ao busílis do assunto.

— Muito prazer, dr. Egon, já o conhecia de nome e desde outro dia, na rua Schimmelfeld, de vista, quando m'o apontaram. Já sei que tomou parte no Movimento Modernista Mineiro. Acompanhei com muito interesse não só o que vinha publicado na *Estética* como o aparecido depois, na *Revista* de Belo Horizonte. Não! longe disso, não sou modernista mas acompanho a renovação de nossas escolas literárias. Não, não, não! Nenhum empenho estético. Antes a preocupação religiosa. E estou sempre atento a qualquer revolução para ver onde ela conduz no plano espiritual e sob o ponto de vista católico, apostólico, romano. De

Minas passaram a São Paulo e o Lisuarte falou sobre Mário de Andrade com simpatia, com muita reserva sobre Oswald. Zina Aita e Anita Malfatti levaram para a pintura moderna. Aos quinze minutos certos dessa prosa solta, o Lisuarte reassumiu-se.

— Mas um homem ocupado como o senhor, dr. Egon, não veio aqui para ouvir minhas opiniões estéticas ou filosóficas. Quem? sou eu. Vamos ao que serve e em que posso? servir meu estimável conterrâneo.

O Egon entrou novamente nas suas pretensões e repetiu ao da "Mesa" e da "Sindicância", o que já expusera ao chanceler.

— Muito justo seu desejo, dr. Egon. Só que não depende de mim em particular e sim da Mesa e da Sindicância. E o senhor compreende que não posso nem levar seu nome — porque esse gesto seria uma espécie de insinuação minha e o senhor adivinha...

O Egon adivinhou, ia sair mas o Lisuarte ainda o prendeu para um café durante o qual entre cada gole fazia uma pergunta. Em que ano se formara? Reprovações no curso? Ano repetido? Com quem estagiara? Quanto tempo? Quando chegara? JÁ FORA VISITAR O SENHOR BISPO? Dois zeros, saiu pensando o Egon. Um do Trancoso e agora outro do Lisuarte. A coisa não estava indo direito. Seria preciso um pistolão. Procuraria o Roque Apolinário Cacilhas do Prado. Fora também amigo de seu pai. Era parente longe. Tinha serviço na Santa Casa. Quem sabe? ele convidá-lo-ia para assistente. Foi bater às portas do seu Serviço de Clínica Médica da Santa Casa. Estava decidido. Se o primo Roque Apolinário o convidasse para trabalhar com ele — adeus! suas ideias cirúrgicas e viva! a medicina interna. Tinha sido tangido dessa maneira — paciência! Chegou cedo ao hospital e caminhou de informação em informação até ao pavilhão-enfermaria do dr. Cacilhas do Prado — como lhe corrigiram na portaria quando ele o nomeara pelos prenomes. Já o encontrou trabalhando, indo de cama em cama. Fazia umas perguntas, palpava, percutia, auscultava, receitava e tocava pra diante sem explicação do caso ao Egon. Levaram nessa visita muda mais de hora e no fim da ala o Apolinário dissera ao moço médico — Agora um café e depois vou mostrar a enfermaria a você. O Egon estivera admirando a extraordinária figura que era a do parente. Moço, rosado, pele a ser invejada pelas mulheres mais exigentes — ele ostentava um perfil admirável, completado por bigodeira branca de guias galhardamente atiradas para os lados na forma de guidons de bicicleta. Cabeleira da mesma prata, uma cabeleira de poeta, basta, seca, luzidia, lisa, leve, fofa. Ele compunha um vulto de médico de rara majestade cuja maior força estava nos olhos mais verdes e límpidos que a esmeralda do chuveiro do seu fura-bolos direito. Desempenado, alto, voz agradável, ele realizava o tipo perfeito do prático de grande sucesso. Era convincente e dispunha de enorme clínica. Quando exagerava, disfarçava ou distorcia a verdade — a boca lhe descaía um pouco e seus olhos ficavam mais agudos — como se estivesse esperando uma palavra do interlocutor — pronto para bebê-la.

Pois foram fazer juntos o tour do pavilhão dentro da técnica que o Egon cansaria de ver durante seus longos anos de médico. Era a enumeração e a designação do óbvio. Aqui é a cozinha. Claro: os fogões e panelas comprovavam sobejamente que aquilo não era o gabinete do chefe. Aqui os sanitários: banheiros, latrinas e bidês diziam que sim. Aqui minha sala de exames. Vestiário dos médicos. Laboratório de rotina para pequenas análises. Rouparia. Sala de curativos. Arsenal. Salinha das irmãs de caridade. Aqui uma pequena biblioteca. O Egon aproximou-se e viu a livraria ali descarregada pelos médicos para desafogar a casa: revistas desemparelhadas, livros de que o mais recente era o venerável Bouchut nos seus *Nouveaux éléments de pathologie générale*, de 1882 — tão gabado pelo Lisboa como dos grandes clássicos daquela disciplina. Cruzaram com outros colegas e o Egon estranhou que o relacionamento deles com o dr. Cacilhas do Prado não tivesse o cunho assistente-chefe. Parecia mais um igual-pra-igual. Já estavam prontos para sair quando o moço bateu a brasa no mais velho. O desejo de entrar para a Santa Casa, que médico sem hospital não era médico, e tal e coisa, que por isso vinha pedir sua interferência junto aos donos da bola. O parente logo fez sumir a expressão de riso que tinha na fisionomia, entreabriu a boca e deixou pender as bochechas. Guardou um instante de silêncio e gravemente começou seu interrogatório.

— Bom. Já sei que você está formado há menos de ano e que chegou ao Desterro em maio. Agora diga-me uma coisa — reprovações no curso? Ano repetido?

Era uma chapa e o Egon logo recitou como quem responde litania que tomara bomba inexplicável em Química, que repetira seu segundo ano por doença, que estagiara em enfermarias praticamente desde seu primeiro ano de curso e que, caro parente! NÃO FORA VISITAR NEM PRETENDIA VISITAR O SENHOR BISPO! A esta, o primo Apolinário começara a rir, o riso virou gargalhada e quando a dita esmoreceu — ele estava diante do moço olhando-o com atenção, afeto e uma ponta de tristeza. Deu-lhe o diminutivo carinhoso.

— Gonzinho, tou te compreendendo e te vendo como se você fosse de vidro. Você é igualzinho a seu pai. Independência, petulância, arrogância e essa espinha de não dobrar. Tenho a vaga impressão que seu lugar não é no Desterro. Aqui é visita ao bispo ou eu te devoro. Mas você conte sempre com meus pobres préstimos e com minha amizade de amigo, de parente, de compadre de seus pais. Agora: ajudar você, vai ser impossível porque é impossível espremer e achatar um homem de sua altura pra passar porta estreita e baixa. Só cortando a cabeça e... capando como o primo Antonico ameaçava fazer em vocês e nos meus meninos. Você apareça lá em casa. Mas faça ainda uma tentativa. Volte ao Trancoso. Ele tem um fundo de bondade escondido. Fale de novo com ele e olhe: diga que voltou para insistir a meu conselho. Vamos seguindo a pé por esta Silva Paranhos abaixo...

Separaram-se na esquina de Santíssima Trindade. O Egon antes do almoço ainda tinha tempo para um desabafo e um cafezinho com o primo Antonico. Lá chegando, encontrou-o na maior excitação, gritando a plenos pulmões pela Marieta pelas criadas, vizinhos, passantes, a torto e a direito e logo para ele.

— Já soube? da novidade, Gonzinho! O Trancoso!

— O quê?

— Morto no Rio, de repente, dentro do próprio carro, em Botafogo, a caminho da casa da irmã. Ontem depois do almoço. Chega embalsamado e enterra amanhã às cinco da tarde. Síncope, fulminado! Coitado do Trancoso! Aquilo era um santo! Estamos perdidos essa cidade sem ele que desgraça! Nossa Senhora! Que Deus nos acuda!

O Egon lamuriou um pouco com o primo, correu a almoçar e desceu em seguida uma Schimmelfeld consternada. Grupos se faziam e se desmanchavam, ninguém andava, todos corriam uns para os outros, gesticulavam falavam dois três ao mesmo tempo e no murmúrio geral indistinto da rua só se distinguiam as palavras Trancoso desgraça calamidade horror Trancoso cataclismo Trancoso fim de tudo. Os interlocutores de um instante se largavam iam a outros falavam se afastavam se reagrupavam iam e vinham subiam desciam como bandos de formigas tontas de que se cortou a correição com uma chaleirada dágua ferven-

305

do. Todos procuravam se convencer de sua desgraça e dor inconsolável. A cidade sucumbida parecia estar testemunhando e padecendo duma cheia, dum terremoto, duma erupção vulcânica, da certeza duma peste, uma guerra, invasão, bombardeio aéreo. Morrera o pai do povo Tranco-so! Chegando ao Centro de Saúde, o dr. João Nogueira Pedroso Lucas declarou que ia mandar fechar as portas e considerar o dia como de ponto facultativo para seus funcionários confraternizarem com a mágoa da população. Informou ao Egon que todo o corpo clínico devia seguir em charola com a Sociedade de Medicina e Cirurgia para a estação do Registro onde esperariam o cortejo que vinha do Rio com o corpo do Trancoso. Esse encontro dar-se-ia pelas cinco ou seis da tarde. Ele e o Egon iam num carro que ele tomara. Talvez levassem o Audiovisto se ele conseguisse se controlar, coitado! Porque o Audiovisto lanceado de dor gemia e arrancava o resto dos cabelos no gabinete. O Dimas e a senhora iam na conversível deles.

— E vamos logo com isto, Egon! Mudar pra roupa escura e dentro de meia hora, outra vez aqui para batermos pro Registro.

Em ponto, trinta minutos depois se encontravam e se mandavam para a estação distante umas duas horas. Lá já toparam multidão do Desterro. Representantes docentes e discentes de todas as instituições de ensino, o beatério de todas as irmandades, fazendeiros sem-número, banqueiros, bancários, políticos, uma padraria acesa, o comando da Região Militar, toda a Sociedade de Medicina e Cirurgia, inteira a dos Soldados de Santo Inácio de Loiola, as redações do *Diário Comercial* e de *O Fanal*, os "homens bons" do município compungidos, curiosos da rua Schimmelfeld que tinham vindo ver e felicidade suprema para o Egon — entre estes curiosos — o Luisinho, o Percival e o Falcão que já deixara os companheiros de farda e viera confraternizar com os amigos. Toda a gente do Desterro se abordava, se cumprimentava, se dava condolências e nas conversas discutia-se muito como se daria o Encontro, como cada um procederia no Encontro, quanto tempo duraria a cerimônia do Encontro, que o Ezequiel Fortes seria o orador oficial da solenidade do Encontro. Repetia-se muito a palavra ENCONTRO que ao significado de um grande filho da terra sendo recebido fora dela pela população, jun-tava conotações religiosas, beirando as da Procissão do Encontro — quando Maria (símbolo do Desterro) deparava com seu Divino Filho (representação do Trancoso) gemendo sob a Cruz (figuração da Morte) mas já a caminho da Glória. O ENCONTRO. Mas a espera ia fazendo reentrar no natural os que tinham vindo do Desterro; conversava-se já sobre negócios, política local e até mesmo alguns mais corajosos tinham entrado numa espécie de bar para encherem os vácuos da espera com uma cervejinha bem gelada. O Registro era a única cidade de Minas onde não havia uma praça da Matriz. Esta ficava no meio de sua rua principal e nas suas vizinhanças é que se tinham aboletado os desterranos. Essa rua lembrava a sucessão de vértebras de um esqueleto de peixe de que as espinhas figuravam as ruas transversais. A estação e a ponte sobre o rio faziam de cabeça enquanto o cemitério, no outro extremo, era o rabo. Afinal apontou deste lado uma ambulância fechada adiantando-se lentamente, seguida duns seis carros que traziam o acompanhamento. O cortejo parou diante da multidão apinhada e deu-se o ENCONTRO. De dentro da ambulância desceu o Subtílio Trancoso que entendeu-se com os "homens bons", que logo o cercaram explicando sua presença ali. Era para o ENCONTRO e para o corpo do velho Trancoso reintegrar sua cidade nos braços dos concidadãos. O Subtílio em lágrimas aquiesceu de cabeça e logo o luxuoso caixão foi descido da ambulância e carregado para a essa armada dentro da igreja. O vigário paramentado deu sua absolvição. Resmungados os latins e feitas as aspersões, o Ezequiel Fortes (conduzido pelo próprio pároco) galgou os degraus do púlpito. Era a primeira vez que ele falava de tal tribuna e seu pescoço alongava-se mais na satisfação que lhe dava semelhante elevação. O Ezequiel começou em voz baixa sua introdução. Fez sua costumeira chapa de elogio do Desterro, falando nos santos patriarcas de suas famílias, dos varões de virtudes plenos que alimentavam o espírito cívico e a piedade no coração dos desterranos, das mães, irmãs, esposas que os amparavam e animavam — todas seguindo o exemplo das Mulheres Fortes das Escrituras. Em seguida a louvação do Registro, cidade irmã da outra, *xigófapas* só separadas depois pelo escalpelo chapoprevostiano do progresso e da política (arrojada imagem que não arrancou palmas pois estavam num templo mas provocou vivos movimentos de cabeça — que sim! que sim! enquanto todos se entreolhavam entendidos e cheios de admiração). Mas de repente a voz do Ezequiel de baixa e sussurrada e lenta como se ele estivesse prestes a perder os sentidos — ergueu-se viva, altiva qual clarim canto de galo. Ele tinha esse costume, para criar um suspense nos auditórios: começava como se estivesse morto de desânimo e de repente uma furiosa força interior fazia-o literalmente gritar e esbravejar. É. Sua voz ergueu-se rápida, sonora e clara para perguntar o que estavam? fazendo ali.

— Sim! O que estamos? fazendo aqui. Elogiando? a virtude dum morto. Premiando? a bondade dum morto. Ressaltando? as qualidades dum morto. Oh! não! não! e NÃO! Que ali não havia morto! Homens que nem o Trancoso não morrem — vivem sempre na irradiação de suas qualidades. Qualidades que são elevações, elevações que são ascensões, ascensões que são voos — busca da eternidade, eternidade que é perenidade, perenidade que é vida. Os Trancoso não morrem, repito. Vivem sempre nos nossos corações. Levai-o agora... Não sua chama que nos aquece mas só a forma em que ela habitou. *Levade-lo...* Não esqueçais o exemplo sublime deste que curava os pobres, vestia os esfarrapados, alimentava os famintos e iluminava as noites da nossa cidade. Tenho dito.

Pois levaram-no. Em silêncio todos retomaram seus lugares nos carros, o Subtílio dramaticamente ao lado do caixão do morto dentro da ambulância. Jazia ali um dos grandes proprietários do Desterro: dono de sua clínica interna, detentor de ações sem-número das fábricas de tecidos, senhor da indústria de laticínios e derivados, praticamente o majoritário da companhia de iluminação. Levaram-no até à porta de seus jardins no Cruzeiro de Cima. Só um pequeno grupo entrou para levar o caixão e só os parentes. Conduziram-no à essa. Amigos subalternos acenderam os tocheiros e ficaram velando enquanto a família ia se reconfortar com algum alimento pois estava assentado que o velório e a abertura de caixão seriam à noite, nove horas. Quando o Egon voltou às dez para acompanhar o seu chefe João Nogueira Pedroso Lucas — *la veillée funèbre battait son plein.* As pessoas de negro indo e vindo, as conversas baixinho nas salas da frente, aumentando de diapasão para os adentros, franca e alta na sala de jantar. Sobre a mesa garrafas de vinho do Porto substituídas assim que esvaziadas, bandejas e bandejas sempre renovadas de salgadinhos encomendados ao restaurante Papa-Goiabas. Na sala, os parentes e dignitários da cidade se revezando cada dez, quinze minutos num genuflexório colocado aos pés do ataúde. Cada quarto de hora uma das senhoras da família vinha em ponta de pés, beijava a testa do morto e baixava-lhe a pálpebra esquerda que lentamente, molemente ia se reabrindo até arregalar um bogalho matreiro de peixe assado. Novamente fechada, novamente se abrindo devagarinho. Para acabar com aquela teimosia do morto o Subtílio mandou buscar colódio, pincelou com ele as pestanas do defunto, segurou até que tudo secasse e soltou. Dessa vez os olhos ficaram fechados e o Trancoso um morto como os outros. O Egon assistiu à operação e depois foi andando casa adentro e examinando tudo numa curiosidade. Era uma residência belle époque e no escritório onde sentavam figuras gravíssimas havia aparelhos que interessaram profundamente o jovem médico — lembrando sua infância. Visores para as figurinhas espalhadas que vinham como brindes nos cigarros Veado e diascópios movidos à manivela passando fotografias em vidro. Ninguém falava alto ali. Impressionava a figura morena do Lisuarte Taveira. Ele conversava baixo com um padre de óculos pretos — em linguagem escolhida de homem de religião. Durante a conversa o jovem médico reparou que ele não usava certas maneiras de dizer como — hóstia, rezar a missa, São Tomás. Como grande iniciado empregava termos mais adequados — partícula, celebrar, Santo Tomás de Aquino. Ele estava, ao que o Egon percebeu, concertando as cerimônias religiosas para o dia seguinte, as missas de corpo presente, a encomendação, o enterro. Quando o reverendo foi puxar o rosário na sala ele abriu um livrão enorme tipo missal, corte de folhas vermelho, cheio de fitinhas marcas multicores — e engolfou-se. Cerca de uma hora toda a casa recendia a incenso, cera, flores murchando, empadinhas pastéis croquetes esfriados e a restos de vinho nos cálices. O Egon se esgueirou, disfarçou, saiu por varanda lateral, tomou o jardim e desceu direto para o Dia e Noite. Tinha combinado cear com o Luisinho. Acordou tarde na outra manhã e depois do almoço bateu-se para a casa do Trancoso: ia velar mais um pouco e acompanhar o enterro. Quando chegou eram umas três da tarde e custosamente se rompia a multidão comprimida nas varandas e cômodos de antes da câmara-ardente. Aí o ambiente era impressionante. Toda a sala cerrada e escura pulsava à luz avermelhada dos seis tocheiros e dos lustres — tão envolvido em crepe que mal deixava coar um pouco dos raios das lâmpadas elétricas. Perto da cabeceira da essa um grupo de cadeiras onde sentavam-se filhos e esposa do Trancoso. Esta, d. Cachucha (uma Taveira e irmã do Lisuarte) estava admirável. Era uma matrona sólida de formas, das mulheres ditas de tipo búfalo, pescoço atarracado, ombros largos, tórax volumoso e mameludo, cadeiras enxutas, pernas secas mas de panturrilhas válidas. Parecia um campeão. Tinha um buço forte que ela, para disfarçar, oxigenava e aquela espuma dourada sobre o lábio dava a impressão que acabara de chupar manga e de que se descuidara de limpar a boca. Tinha a fisionomia dramática e velazquiana da família e mostrava uma resignação exemplar. Não chorava. Rezava seu rosário sem parar e só se interrompia para encorajar com seu exemplo a mágoa dos que vinham dar os pêsames. A todos ela dizia transfigurada: Deus o deu, Deus o levou; louvado seja o santo Nome de Deus. E retomava suas preces, ora sentada, ora de pé — levantando o lenço que cobria a face do morto — ora no genuflexório. Confortava todos, mostrava-se exemplar e talvez estivesse tendo ali um dos seus momentos mais plenos e gratificantes — representava com todo talento histriônico, para a sociedade do Desterro, o seu grande número de "A Mulher Forte das Escrituras". O Egon, fascinado, acompanhava sua mímica, seu gesto e sentia dentro de si mesmo um ímpeto esquisito que acabou descobrindo e pondo a nu — tinha vontade de aplaudir a pantomima de d. Cachucha. Quando chegou a hora das despedidas ela não desmereceu. Foi a derradeira. Sem lágrimas mas face decomposta, beijou e beijou e beijou a testa do defunto e murmurou longamente junto de seu ouvido as palavras de adeus. Foi quando o colódio ressecado estalou e o Trancoso lentamente reabriu o olho esquerdo. Logo o lenço da viúva caiu-lhe sobre a cara, a esposa deu dois passos para trás, os amigos oficiosos fecharam o caixão. Dentro dum silêncio mortal ecoaram as palavras finais.

— Vai! Parte, meu bem! para a mansão dos justos.

Numa alucinação, ao peso dos passos que saíam com a carga funerária — o Egon sem querer, enquadrou a frase nos compassos do *Black Bottom* e repetindo-a, cantava mentalmente.

Quando transpuseram o portão os seis carregadores já se preparavam para inserir o caixão no opulento coche funerário cheio de panejamentos franjados a ouro, cavalos emplumados de negro e recobertos de mantas da mesma cor — quando o Subtílio, que era quem parecia conduzir a pompa fúnebre, interrompeu.

— Não! Não precisa coche: vai nos braços do povo, dos desterranos amigos até à Matriz. Depois, sim: no coche, para o cemitério.

Ele próprio deu o exemplo e segurou a primeira alça esquerda — a que de direito pertence ao diádoco. E naquele momento como que ele apossou-se de todas as situações profissionais e prerrogativas do irmão mais velho. Aquilo foi tão patente para todos e tão solene como o pregão heráldico de "O rei morreu! Viva o rei!". O cortejo foi descendo Silva Paranhos e subiu a escadaria da Matriz sempre carregado — os principais do establishment se disputando as alças. Depois da encomendação decidiu-se que a urna seguiria ainda a braços até defronte do casarão em que moravam as irmãs octogenárias e nonagenárias do Trancoso. E foi diante da fachada de portadas cerradas, em cujas gretas se lobrigavam os vultos das velhas, que finalmente o ataúde passou para o coche. Este seguiu a passo no ritmo da multidão que acompanhava a pé. Cobertas de negro, destacavam-se no cortejo três figuras impressionantes. Primeiro a do Ezequiel. Luto da cabeçaospés. Óculos defumados. Face biscornuta. Calvário vergado e ombros descaídos — todo ele era a imagem de profunda dor cívica religiosa municipal e diocesana. Seu sentimento dava a impressão de ser tão dorido que o Egon julgou-se na obrigação de aproximar-se dele e de tentar desanojá-lo. Foi recebido sem gesto senão cumprimento de cabeça lá muito do seco. Calado estava, calado ficou. Mesmo o médico teve a impressão dum apressar de passos e duma vibração nas bochechas verdes igual à que dá no couro das ancas dos cavalos quando espantam moscas insistentes. Logo deixou-se ficando para atrás enquanto o primo torto seguia dentro dum círculo alargado como um oh! se abrindo mais e mais — assim ondas que saem da superfície da água em que calhau caiu. Donde o Egon seguia, podia ver umenorme coroa rica em si e do símbolo das saudades perpétuas sempre-vivas e podia ler as letras douradas das vastas fitas negras — *Imorredoura saudade de tua Esposa desolada*. Também tinha ritmo do *Black bottom* e o moço retomou mentalmente o canto sincopado que começara ao início do enterro.

> Vai — par — te — meu — bem
> Pa — raa — mansão — dos — jus — tos.
> I — mooor — edoura — sau — dadede
> Tues — posa — des — olá! — dáaaa...

Marcava seus passos pela música que obsidiava, meneava por ela sua cabeça e olhava outros vultos de dó. Dois impressionavam-no fundamente. Demais. Emparelhou ao professor Eulálio Manso Conchais que também não perdia nada e perguntou quem eram.

— O mais alto e de pixaim grisalho é um pândego de Barbacena onde deixou fama como delegado de polícia violento e arbitrário. Veio para o Desterro advogar depois de processo que sofrera pelo esbordoamento dum surdo-mudo que aparecera vagando na cidade e que ele achou de responsabilizar por furto ocorrido na Santa Rita de Ibitipoca. Os grunhidos do pobre-diabo ele os tomava como despistamento e dobrava as pranchadas de refle no lombo, as cargas de borracha e as porradas de cassetete na sola dos pés. O desgraçado não resistiu e bateu a bota no dia em que chegavam os pais para procurá-lo e não se sabe por que artes do demônio foram dar com seu cadáver na horinha em que iam escamoteá-lo num enterro indigente. Eram fazendeiros influentes de Campolide e pergunta daqui pergunta dali acabaram descobrindo tudo. Moveram processo, a imprensa de Belo Horizonte tomara conta do caso e o homem que se chama Pânfilo Temente foi processado, condenado, demitido. Andara sumido até ser indultado pelo presidente do estado e logo depois apareceu na nossa comarca e empregou-se na Santa Casa. Fez-se muito do bispo, dos padres do Ateneu, do Prisco, do Trancoso, do Subtílio, do Lisuarte, do seu tio Pareto e hoje é um dos homens influentes da Inácio de Loiola e...

— Não me diga! professor.

— Pois é justamente o que lhe digo, meu doutor. Além do mais é também um dos grandes acionistas da Companhia Desterrana de Luz e Gás. Ele e o outro artista que está lhe chamando a atenção. O de junto do Ezequiel e do próprio Panfilo, aquele cor de terra, também de cabelo ruim mas com nome de inglês. É Mazegrave — que traduzido daria *confusão* e *sepultura* — que aliás lhe são adequados. É intrigante e triste. Futrica nas sacristias e é dum catolicismo austero e colérico de padre espanhol. Também dá as letras na Inácio de Loiola e também é grande acionista da Companhia. Tem com outros *homens bons* da cidade, casa de agiotagem a que deram o nome de Banco Charitas...

— Estou bobo, professor.

— Pois são os dois únicos, fora da parentela, admitidos no grupo e que sem uma gota de sangue fundador possuem ações dos iluminadores do povo...

Riram baixinho dentro dos lenços e subiram, dos últimos, as escadas do cemitério. O enterro foi rápido — que já anoitecia e o Ezequiel que viera preparado, foi bigodeado no segundo discurso que faria em homenagem ao gigante morto. Saíra da necrópole safado da vida pois escrevera noite toda e frases que haviam de fazer efeito. E perdê-las...

Mas logo um lampejo de consolo: lembrara o primo Eugênio Romariz que estava nas últimas. Dito. Aproveitaria a oração fúnebre. E ela ia no caso como uma luva. Era noite fechada quando o Egon juntou-se ao Luisinho e ao Percival para voltarem para o centro indo em direção à Estação da Central e dali à de Schimmelfeld. O Luisinho aceso com o enterro propunha uma passada no bar do Riri Carozzo. E argumentava explicava por que precisamente no Riri.

— No Riri tomamos o aperitivo, jantamos e continuamos o resto da noite para desanuviar do funeral. Releitz... E o Riri está em ponto de bala, com uma dor de corno assanhada pela sua Valtesse.

— E quem diabo? é essa Valtesse que nos aparece agora ao apagar das luzes.

— Uma francesa da Glória, buchecheira emérita, de repente bancando de grande cocote — Valtesse d'Azincourt. O Riri mantinha ela de sociedade com o Crimson Faced — aquele bife do banco, cada um mais satisfeito, pensando que corneava o outro. Ela largou os dois por causa do trapezista desse circo que andou no largo do Riachuelo... O Riri tinha ficado... E quando dá nele a cachorra, fecha o bar pro público pra comer e beber o estoque só com os amigos. Ele é que me convidou. Garanto que nós vamos topar lá com a turma toda.

Pois o Percival e o Egon aceitaram o alvitre do Luisinho e subiram os três uma Schimmelfeld que começava a se animar. Chegados ao bar, encontraram-no hermeticamente fechado. Mas entraram pelo portãozinho do lado, numa passagem estreita toda escura e foram bater numa porta. O próprio Riri veio abri-la — no princípio uma greta e depois escancarando. Sucumbido, mandou que todos entrassem. O Egon mirou-o bem. Era um judeu italiano servido por bela face e cabeça calva que lhe davam antes, um ar de homem de ciência, de pesquisador, dum astrônomo, dum compositor — que o dum dono de bar. Era míope, usava pincenê e tinha um portentoso nariz fino e recurvo que nem foice. Olhos mais verdes ainda, das escleróticas avermelhadas pelo álcool ingurgitado e pelas lágrimas da dor de corno. Ele conduziu os amigos até à sala da frente que toda fechada, uma só lâmpada acesa, estava muito *cozy*, cheia de brilhos surdos das garrafas dispostas nas prateleiras e dos metais das torneiras do chope. Realmente o Luisinho não errara na previsão e ele, o Egon e o Percival já encontraram lá abancados o Antônio Falcão de Valadares, o Joel Martinho da Frota, o Luís Cesário

Camareiro da Silva, o Lazarus Levy e o próprio Cornélio Hansen — já entrevisto no Papa-Goiabas em companhia do Ludovico Pareto e do Mister J. K. K. MacCrimson Faced, o poderoso diretor do Bank of York & South Brazil. Lazarus Levy era um primo do Riri, joalheiro no Rio de Janeiro. Esse era muito louro, cara de picareta e vivia enxugando as mãos que um suor teimoso tornava a ensopar. Os três chegados, que estavam sóbrios, notaram que os amigos que encontraram abancados já iam altos no embalo da mistura descoberta recém de champanha e uísque. Para se porem à altura, serviram-se largamente e em vinte minutos estavam todos conversando no mesmo pé. Foi quando bateram novamente à portinha da passagem, o Riri foi abrir e logo voltou trazendo consigo a Marimacho Homem Campelo que abancou-se sorridente, desabotoando o jaquetão e afrouxando o colarinho duro. O Riri trouxe-lhe uma taça e empurrou-lhe as bebidas.

A conversa continuou animada, alegre, ruidosa e assim foi indo até à hora da boia. Foi quando o dono da casa disse que tinha dispensado o pessoal de cozinha e que ele próprio iria improvisar um jantar frio. Oferecia de saída uma salada de alface tenra, faiscada com picles e pedaços de Edam holandês legítimo tudo generosamente untado de mostarda. Mas para isso tinham de parar com aquela misturada de champanha e uísque e passar para um Vouvray especial que ele tinha encomendado para seu uso e da Valtesse. Deu um suspiro e continuou a exposição da ementa. Passariam então para outro queijo ou outros queijos mais fortes — ele propunha uma travessa com Brie, Camembert bem maduro e um Roquefort especial — um Rigal que posto no prato começava a andar e as moscas a caírem dos fios. Ficassem tranquilos que ele se fornecera de pão fresquíssimo. Para acompanhar ele não tinha nada melhor senão um Medoc tinto, duro como pedra. A dor de corno do Riri não devia ter tamanho — em largo, alto e profundo — como está no soneto — testemunha aquela generosidade de queijos e vinhos com que ele ia brindar os amigos — até beber o botequim inteiro e passar-se para outros amores. O Luisinho contava que já ajudara o dono da casa em três rupturas de *béguins* e que tinha colaborado três vezes em liquidar o estoque da casa. Depois ele ia ao Rio, refornia suas caves de vinho, queijos e especiarias, fornecia-se de outra puta e esperava nova capela de chifres para liquidar o bar com amigos escolhidos. O indigitado, com ar de supliciado, preparava tudo numa mesa ao lado e à hora H os amigos só tiveram de mudar de lugar.

— Vamos, gente! Calma que o mundo não vai acabar. Vamos ao nosso jantar e para terminar vai ser um dedalzinho desse Marc da Borgonha. Aí cada um é livre para tomar seus caminhos da noite — cerveja ou volta ao uísque. Que falta a Valtesse tá me fazendo... Vamos comer e beber, porra!

O Riri deu um soco na mesa e aquele bumbo marcou o início de um dos melhores jantares que o Egon já tivera e teria na sua vida. Lamentou por dentro a ausência do Nava, do Cisalpino, do Sá Pires, do Cavalcanti, do Isador. Ergueu-lhes brindes tocando no copo do Luisinho, riram muito e dentro naquele bem-estar das libações e das ingestões das vitualhas o médico lembrou-se do defunto, àquela hora na grande treva — ficando maduro como o Camembert do Riri, pronto, ao ponto, para a vermes servir de mantimento. A essa ideia, aconchegou-se bem na cadeira, olhou seu copo contraluz, de boca cheia e foi ainda mastigando que começou a falar no Trancoso, coitado!

— Essa vida é mesmo uma boa merda! Basta estar nela pra morrer. Olhem o pobre do Trancoso. Assim, de repente. Vai passear no Rio e bumba! volta de pés pra frente. Mas sim, senhores! Que enterro. Assim valia a pena... Cidade inteira. Também não faziam mais que a obrigação. Aquilo era um cidadão benemérito, um justo, um santo varão.

O Egon falava no entusiasmo dos vinhos e dos queijos. Sim. Dos queijos também — que são o único alimento sólido que tem a difusibilidade dos álcoois e que é capaz de se expandir no sangue capitosamente. O Egon falava pois, naquela euforia da *bonne chère* — que facilita reconciliações e faz esquecer ou pelo menos amortecer agravos. Ele superava a maneira desdenhosa com que o homem o recebera na chancelaria da Santa Casa e influenciado pelo enterro, pelos latins da encomendação, pela opinião pública dirigida, pelo hábito da louvação desterrana, pelos mandamentos da Igreja ou pelo menos do senhor bispo, pelos mandamentos da Lei de Deus ou pelo menos do Deus de que se fazia ideia — o beatério da terra — só lembrava os encômios e elogios de que a cidade estava cheia desde que correra a primeira notícia da morte daquele homem dito o probo, o virtuoso, pietista, veracioso, justo e de tudo isto — reluzente espelho. O Trancoso. Serviu-se dum naco de Roquefort, mastigou até só ter na boca uma espécie de leite urticante que engoliuzinho gostoso como quem mama. Lavou depois as mucosas tornadas suscetíveis com um copo inteiro do tinto. Respirou, achou mesmo o Trancoso uma espécie de bem-aventurado e interpelou o Luisinho e a Marimacho que se cutucavam dentro duma espécie de riso contido e fungado — da causa daquela hilaridade. O primeiro é que respondeu chamando os filhos do Desterro ali presentes *à la rescousse*.

— Nego! pra responder transfiro sua pergunta ao Percival, ao xará Cesário, ao Antônio e ao Joel. Pessoal, o Egon tá querendo saber porquié que eu e a Marimacho tamos com vontade de rir dele estar santificando o Trancoso.

— Deixa pra lá, Luisinho! o homem tá morto — cortou o misericordioso Percival.

— Não, gente! Vam'esclarecer o Egon. Num é possível deixar amigo fazendo coro com a tapeação da cidade — tranchou o límpido Antônio.

— Isso! Isso! — reforçaram o Riri e o Lazarus estourando.

Houve um silêncio de expectativa, cada um olhando pro outro e esperando a abertura dos debates. Finalmente o Joel fez uma cara muito séria e abriu as cartas na mesa.

— Egonzinho, bem. Admira que você, daqui, nunca tenha ouvido nada de sua família que deixasse você arquinformado sobre o lixo que levamos hoje ao cemitério. Você já leu? Molière. Pois o Tartufo era pinto, criança de colo — comparado ao Trancoso. Vou fazer a você só o resumo da ópera... Há bem uns trinta anos ele passou pelas armas, no consultório, irmã aqui da nossa Marimacho. Instalou a mulher pros lados de Sobragipe e a amigação correu na moita anos e anos. Mas tudo acaba e quando ela fartou daqueles amores furtivos ele, para aproveitar sua cumplicidade e experiência, resolveu instalá-la no Rio. Tudo muito bem-feito. Ela abriu um randevu em Gomes Freire defronte duma oficina de veículos onde o Trancoso fazia revisar e guardar seu automóvel quando ia à capital. Essa oficina fora montada pelo irmão do chofer do Trancoso e tudo à custa do santarrão. Assim estava engatilhado o esquema de pândega, com três cumplicidades regiamente pagas: a da mana Chica da Marimacho — a do motorista e a do garagista. O Trancoso ia cada semana, cada dez dias ao Rio, arranjar dinheiro nos ministérios para nossas instituições culturais e de caridade. Fazia ação de presença e corria para a *novidade* com que cada vez era brindado pela Chica. Ora, o Trancoso era bom clínico e tomava suas cautelas. Sabia-se hipertenso e enchia-se de trinitrina desde a véspera desses festivais de cama. Ia em jejum. E todo mundo estava avisado do que tinha de fazer no caso dele sentir-se mal ou morrer. Vesti-lo, encostar o automóvel, levá-lo para dentro dele e tocar pra casa da irmã, em Botafogo. Era nesse caminho que ele devia *morrer*. E foi justo o que aconteceu. Outro dia ele estourou de morte macaca em cima duma mulata do balacobaco. Deu certo e ele foi posto na casa da mana e chamada a Assistência. Tudo devia ficar ignorado mas não ficou. A Morte desata as línguas mais amarradas e o motorista do Trancoso não resistiu. Já no velório se balbuciava alguma coisa e na volta do cemitério o troço foi badalado. Destrancaram o nosso Trancoso...

O Egon declarou-se bobo com o caso. Aquele santo... Uma gargalhada geral foi o parcesepultis do carolão e a Marimacho declarou que seguia no noturno daquela madrugada para saber todos os pormenores com a mana.

— Depois ponh'ocês a par.

— É por essas e outras que meu pai sempre diz que depois dos setenta duas coisas são sempre fatais ao velho: vento pelas costas e mulher pela frente — concluiu o Frota repetindo sentença do velho Martinho.

— E no fim os ruins somos nós — pontofinalou o Riri.

Depois da fase de bem-estar a conversa desceu da gritaria e das gargalhadas para o meio-tom das confidências, da puxada da angústia e da russificação. Não era só o Riri que sofria. Cada tinha sua queixa e dela lembrado (aguçadas as sensações ao paroxismo pelo vinho), gemia e chorava nesse vale de lágrimas. O Luisinho estimulado pelo caso do Trancoso contava o de há dois anos, sucedido no velório doutro santo. No melhor da festa a viúva que se rasgava e cobria de cinzas — viu aparecer a outra, a da mão esquerda do morto e inda mais com o acompanhamento de cinco filhos. O Egon dentro dum vapor denso, pegajoso da gordura dos queijos, sanguinolento da cor dos tintos, arrastara-se até a uma vitrola de corda que havia no bar do Riri e ouvia sem parar de repetir o *Black bottom* que lhe enfiava de oiças adentro a imprecação da d. Cachucha Trancoso e o dístico da coroa de viúva. E remoía aquela sujeira que seu espírito tomava como sacrílega e que ele queria recalcar para suas profundas como tinha recalcado outrora conhecimento diabólico que horrorizara sua infância. Cozinheira bruxa de sua casa, uma negra chamada Justina, tinha lhe dito que cobra, no princípio, andava com quatro patas feito lagartixa, camaleão, jacaré. Depois do caso do Paraíso e da Tentação é que fora condenada a se arrastar no pó e suas pernas tinham sido chupadas de corpo adentro. Mas reapareciam quando se mergulhava o bicho maldito em óleo santo de crisma e extremunção. Mas isso era pecado grande. Trazia poder para quem tinha coragem de praticá-lo. Muito. Mas poder só nesse mundo porque alma, essa, já pertencia ao Demônio. Cruz! canhoto!... Havia um silêncio em que todos degustavam seus mastigos ou sua bebida. Dentro dele a *rêverie* do Egon — já tão impregnado de Desterro que virava contra si mesmo (pelo pecado de reconhecê-las) as porcarias do morto. Só de considerá-las, e de nelas acreditar — vinha-lhe um sabor de culpa e a língua se lhe crescia dentro da boca como a dos sacrílegos e a dos blasfemos. Pois foi numa dessas pausas de silêncio que sucedem quando passam os anjos (ou os demônios) que começou a interrupção dos piados emitidos pelo Hansen. O Egon reparou melhor nele. Era figura que o tinha impressionado, naquele dia em que a vira tomando seu uísque com o Luisinho Pareto e o J. K. K. MacCrimson Faced no Papa-Goiabas. Guardara memória do seu ar, dos seus movimentos elegantes e fáceis de atleta em forma — os cabelos muito lisos dum castanho luminoso, os olhos escuros e ridentes, o riso triunfal dos dentes brancos, o perfil de pele-vermelha e o corado pernambucano — aquela cor especial de manga-rosa de pele morena feito a que tiveram no tempo Gilberto Freyre, Luís Jardim, Cícero Dias e principalmente o irmão deste, Manuel dos Santos Dias. Nem esquecera suas roupas das cores audaciosas que os anos 20 tinham posto em moda e estava bestificado! com a *loque* que tinha diante dele. Realmente, o Hansen trazia uma gravata enrolada como corda suja, camisa imunda, o terno amarrotado e daquele sebento especial de quem não o tira há uns três dias — nem para dormir, nem para banhar-se. As meias lhe sanfonavam nos tornozelos. Sapatos com todas as poeiras da cidade. E dele saía como um bafo — a morrinha, especial de suor secado e ressuado, a inhaca do corpo azedo e um hálito de álcool e de boca mal lavada. Agora começara! a produzir aqueles pios, aqueles soluços ritmados, aspirados violentamente pelos movimentos convulsos do diafragma e que faziam um estrídulo de sufoco nas cordas vocais contraídas. Agoniado, ele fabricava aqueles ruídos, ia amarelando e suando frio cada vez mais até, de repente, esvaziar o estômago duma vez, num vômito parabólico que foi até ao outro lado da salinha do Riri. Esse não se alterou. Foi ao fundo do seu negócio e voltou de lá munido dum saco de serragem com que soterrou o caminho do vômito. Deixou embeber bem e depois vassourou tudo para o canto. O Hansen aliviado, minguara na sua cadeira — dormindo e babando. O Egon perguntou o que diabo tinha havido com aquele homem alinhado para reduzi-lo assim, àquela última lona. O Riri sabia toda a estória.

— Aborrecimentos com a mulher. Imaginem vocês que ela saiu de casa há cinco dias e sumiu com o sacana do Osbundo Tabosa e...

— Tabosa? Hem? Luisinho — será? parente daquele que nós vimos no bordel da Malvina...

— Isso, nego. Irmão e um dos diretores do banco onde trabalha o Hansen...

— ...ele quis achar ruim — continuou o Riri — chegou a armar-se para tirar um desforço mas fora intimado pelo próprio delegado regional que lhe confiscara a garrucha e o mantivera bem suas doze horas detido. Ele saiu da delegacia desmoralizado pela desfeita e pela dor de corno. Contivera-se, fora para casa e lá tinha recebido no dia seguinte o aviso de sua transferência para a agência que o banco abrira em Mato Grosso, em Cuiabá, no caralho. Isto trasantesdonte. Ele viera manhãzinha pro bar e não tinha saído ainda daquela mesa e de encostar-se como podia para dormir. Acordava e voltava a beber. Tá nisso...

— Coitado! Mas que sujeito sujo esse tal de Osbundo. Perseguir o pobre: além de corno, aperreado... Também um filho da puta destes não pode mais pôr a cara na rua Schimmelfeld...

— Não pode? Como? não pode? A família dele é uma das donas dum sem-número de empresas, fazendas e bancos do município. Quem não pode mais ficar na cidade é o Hansen. Nem seu banco consentiria ver um dos seus diretores ameaçado por um funcionário graduado, é verdade, mas subalterno à diretoria. O Hansen tinha de aguentar a chifralhada e ir de mansinho pra cucuia porque senão era ra-re-ri-ro-rua! e ia-se-lh'o emprego. O Osbundo vai ficar no choco uns dois meses, e quando passar o rabicho, começar a sentir falta dos sacramentos, volta. Despachava a madama pro Rio, bem aquinhoada de casinha na Tijuca. Fora assim que ele fizera com a do Pimenta, o Hemetério Pimenta, da Coletoria.

— E que tal? a mulher do Hansen.

— Menino...!

Calaram-se porque o Hansen dava sinais de estar acordando. Abriu um olho, encarou os amigos, recolocou-se na realidade e começou a chorar. Mas logo envergonhado levantou-se e sumiu na direção do toalete. Demorou mas voltou desemporcalhado do grosso, cara lavada, cabelos molhados e penteados, gravata ajeitada e roupa desempoeirada à tapa. Bochechara. Mesmo limpara as unhas. Começava a assumir. Todos com a maior paciência lhe fizeram lugar à mesa. O Riri estava mais que paternal — maternal, com o irmão em Menelau. Segundo o programa que ele traçara, todos tinham provado seu Marc, uns um, outros, dois cálices e se dado por entendidos. O *patron* recolocava o néctar num armário à chave e agora esvaziava as mesas dos restos de aperitivo, dos queijos, dos vinhos e fazia ambiente para a segunda parte das libações.

— E agora? filhos. Álcool ou a cervejinha? tinindo de gelada. E você, Hansen. Mineral?

Todos, inclusive o Hansen, foram pela cerveja. O Riri tirou duma prateleira fechada sua bateria de "pedras" especiais, das legítimas, trazidas da Baviera por suas mãos. Serviam nas grandes ocasiões. Eram dum cinza duro, cor de lioz, e tinham gravadas em azul timbre ilustre: um leão rompente e embaixo escrito — LÖWENBRÜ MÜENCHEN. Todos serviram-se e esperaram num silêncio beatífico o Riri (que não tinha conchas) descobrir uma compoteira para nela arrumar o que reclamara o Hansen — mistura jucunda — partes iguais de cerveja loura e cerveja preta. Os canecões tinham aljofrado durante a pausa e seu contorno perdera a dureza do grés para aparentar doçura de pelica azulada. O Hansen foi o primeiro a servir-se e tomou a primeira compoteirada duma vez — *à la russe*. E sem transição cantou.

> *The cats on the roofs,*
> *The cats on the tiles,*
> *Some with syphilis,*
> *Some with piles,*
> *With all their ace-holes*
> *Writhed in smiles,*
> *They revel in the joys*
> *Of copulation…!*

A música era lenta, majestosa e tinha cadências de hino luterano. O Hansen pediu que fizessem coro quando ele repetisse os últimos versos. Escandiu bem para que todos pegassem sílaba por sílaba: in — zi — jóis — óf — co — piu — lei — chon. Pronunciou assim mesmo, como ele achava que devesse ser nossa maneira canhestra porque o seu inglês era soberbo. Cumprimentei-o pela prenda e foi quando ele me informou que o pai era do Pará, casado com senhora pernambucana, filha de britânico e nacional. Sendo assim sua pronúncia vinha do berço e fora aperfeiçoada na Inglaterra, em Oxford, onde fizera dois anos do Magdalen College. De lá é que ele trouxera também seu repertório de canções de sacanagem.

— Não me diga! Povo tão pudibundo cantando destas indecências...

— É? Pois cantei apenas o princípio da conversa. Vamos passar à continuação e você verá.

Parecia que a bebedeira se lhe evaporara por completo. Ingeriu mais uma compoteira da sua mistura e vocalizou novamente.

> *The donkey in the common,*
> *Is a miserable bloke,*
> *For he very seldom*
> *Gets any poke...*
> *But when he does,*
> *He lets it soak,*
> *And revels in the joys*
> *Of copulation...*

O coro emendou com brio —

— In — zi — jóis — óf — co — piu — leeeeei — chon!

O Hansen antes da terceira copla foi a duas compoteiras espumantes e ostentava voz pastosa de bebedeira remontante quando passou à terceira parte.

> *The big white elephant,*
> *So it seems —*
> *Has very seldom*
> *Any wet-dreams...*
> *But when he does,*

It comes in streams,
And he revels in the joys
Of copulation...!

Novamente o coro secundou com dignidade espalhando as notas que desceram Schimmelfeld e foram levadas pelo Paraibuna — àquela hora elevado à dignidade das águas ilustres do Cherwell-Thames.

— IN — ZI — JÓIS — ÓF — CO — PIU — LEEEEEI — CHON!

Depois as coisas ficaram confusas, à altura da madrugada: mas todos se salvaram e foram para suas casas. No dia seguinte o Egon tomou o pulso do Desterro. A cidade sabia de como o Trancoso morrera de morte macaca. Sabia e fingia que não sabia. O mito do Justo era mais forte que o gosto humano de desmoralizar, sujar e empestar o que pode. Só que a coisa era sussurrada baixinho, em encontro de dois. Se chegava terceiro, logo o assunto sofria uma distorção de cento e oitenta graus e celebravam-se as virtudes do defunto. E a missa de sétimo dia, rezada pelo senhor bispo, tendo todos os padres do Ateneu Mercantil de concelebrantes — foi um triunfo da fé contra a impiedade dos caluniadores. Corria uma lista atendida de maneira pingue para a ereção da estátua corpinteiro do Trancoso em praça pública. Quando a embaixada passou pelo Centro de Saúde, o Egon assinou galhardamente 50$000.

O Egon tinha suas horas de Desterro muito bem distribuídas. Levantava geralmente cedo e de oito às onze, onze e meia, trabalhava nos ambulatórios do Centro de Saúde. Dava uma mãozinha ao Dimas Alvim na clínica interna e atendia seus casos de verminose, de tuberculose, de lepra, de doenças infecciosas crônicas ou agudas. Ia almoçar, sempre muito paparicado pela Sá-Menina. Voltava ao trabalho, passando um instante pelo Clube. Descia lentamente a rua Schimmelfeld, parando e dando um dedo de prosa nos grupos de senhores e rapazes de que ia se tornando costume. Passava hora e pouco novamente no Centro, despachando seu expediente e recebendo partes que vinham intimadas por infrações de Polícia Sanitária. Invariavelmente às três e meia estava no consultório que tinha alugado nos altos da casa comercial dos manos Medeiros. Entrava pela escada íngreme que dava na porta numerada 808 da rua Schimmelfeld. Atendia seus telefonemas (seu aparelho era o 462), fazia a venereologia dos parentes e amigos bombardeados por Vênus e cuidava duns escassos casos de varizes e de pipiatria. Tinha se anunciado assim. Clínica mesmo para valer, neres. Ganhava para o supérfluo. Se não havia cliente metia a cara nos livros escolhendo como assunto os relatos dos casos que lhe apareciam no consultório e no Centro de Saúde. Recordava a propedêutica de cada um, sua patologia, sua clínica e o mais profundamente possível, a terapêutica de cada. Tinha a impressão de estar cumprindo bem seu dever de médico. O diabo era a falta de hospital para frequentar... Pelo fim do dia saía para encontrar ora um, ora outro, ora todos da que ele chamava sua roda da tardinha. Subiam e desciam Schimmelfeld conversando sobre a cidade, sua gente, sua pré-história, sua história, sua crônica, seus médicos, sua medicina. Esses amigos eram todos mais velhos que o Egon, amizades herdadas do pai. O único conhecimento recente era o do professor Eulálio Manso Conchais — o mestre da Escola Normal e fino humanista. Os outros eram os drs. Josué Cesário Camareiro da Silva e Martinho da Frota. Quando o sereno começava e esses amigos se recolhiam, o Egon ia ao Papa-Goiabas ou ao Riri Carozzo onde topava o bando de sua idade — os dois Luíses, o Antônio Falcão de Valadares, o Percival Aquino d'Aviz, o Silvio d'Aquino, o Tristão de Aguirre, o Joel Martinho da Frota, o Oscar Videla e recentemente, o Lazarus Levy. Saudosos amigos. Uns perdidos de vista, outros permanecendo afeição fiel da vida inteira, a maioria desaparecida no grande sono... Saudade. Mas alguns deles não são apenas de referência. Nas suas notas, apontamentos, diários — o Egon dedicou-lhes palavras demoradas. Mereceriam livros... sua educação desterrana tinha sido feita por eles e mais pelo primo Antonico a quem o moço médico visitava pelo menos uma vez por semana.

O professor Conchais era dum moreno carregado que se disfarçava pela quase ausência de cabelos e pelo afinamento que a idade traz aos fios que vão perdendo a teima. Tinha, além disso, olhos gateados de sarará — que o arianizavam. Sua fisionomia era muito mansa. Andava sempre de roupas claras, ternos de brim ou casimiras dum cinza azulado. Colarinhos impecáveis jogando em brancura com as gravatas de fustão que eram de seu hábito. Tinha a voz agradável e a conversa saborosa. Abundava em anexins, apólogos e citações latinas cheias da maior oportunidade. Tinha grande cultura literária e trazia seu Rabelais — assim dizer — de cor. O Egon era fascinado por sua palestra e gostava de provocá-lo sobre os santarrões do Desterro. Ele fingia que não percebia a verrumação do moço e era por deleite próprio que contava as coisas escabrosas que apurara por conta própria ou de que recebera o relato por tradição, como um legado de família. E tinha sempre um nome da História e da Fábula para dar aos desterranos e desterranas cuja concupiscência, licenciosidade, furor de flancos, cornos, incontinência e hipocrisia — mereciam seu látego. Assim sua malícia cobria-se do manto da erudição. O Egon achava-o cheio de analogias com mestre Aurélio Pires que fora seu lente de farmacologia e arte de formular em Belo Horizonte. Confundia os dois num tipo só, cheio em doses iguais de suavidade e ironia, doçura e latim. Foi ao Conchais que o jovem médico ficou devendo um conhecimento melhor da literatura trovadoresca e cancioneira portuguesa — pouco menos superficial que o que trouxera do Colégio Pedro II. E seu prazer era extremo quando a ele e ao Conchais unia-se, para peripatetizar, em Schimmelfeld, o dr. Josué Cesário Camareiro da Silva. Os dois velhotes eram mais ou menos da mesma idade e tinham vivido um Rio de Janeiro do fim do XIX e inícios do século XX. La belle époque. E era uma capital federal prodigiosa que os dois evocavam quando falavam da mocidade. Eles recriavam um mundo machadiano... Nestas horas o Egon interessava-se ainda mais pelo Cesário e sua lembrança dos mestres de medicina de seu tempo. Dele aprendeu muito sobre Torres Homem, conhecimento que já lhe viera inculcado pelo seu primo Nava — que descobrira esse Hipócrates brasileiro na palavra de Abílio de Castro. Pois o Egon pegou a mesma mania e ainda velho, guardava os volumes que lhe dera do dr. Cesário — da obra desse maior clínico patrício de todos os tempos. A roda ficava completa quando descia a Schimmelfeld o dr. Martinho da Frota. Esse era, sem dúvida, o que mais atraía o moço médico. Guardaria de sua figura lembrança imorredoura. Ele era a respeitabilidade em pessoa. Impressionava pelo físico seco que tinha alguma coisa de britânico no seu compassado, nos modos medidos, na fleuma, na distinção impecável de verdadeiro gentil-homem. Nada disso impedia a exteriorização de seu humor, de sua graça, da palestra pitoresca — temperada aqui e ali da sua ponta de sarcasmo e ceticismo — que lhe vinham de uma longa vida, da sua enorme experiência de médico. Tinha-se a impressão de que ele olhava a humanidade nas suas ânsias, nas suas tentativas, nos seus ódios frequentes e raros instantes de armistício, como a um bando de clientes que mereciam dele, antes de mais nada, a piedade; quando possível, o conselho; — quase todos a camisa de força. Era duma tolerância exemplar e esse sentimento terá sido um dos frutos sazonados ao calor da sua prática. Para lidar com os homens tinha a sabedoria dada pela vida e a sapiência tirada dos livros. Ao Egon, médico moço, impressionou desde os primeiros contatos ouvir do velho Martinho não só as verdades eternas que fornece o exercício médico e que se armazenam como experiência, como a citação daquela que é colhida pelos mestres e obtida através da leitura — a que fica como experiência coletiva e *corpus* da doutrina hipocrática. Moravam na sua conversa os nomes dos autores clássicos. E o doutor calouro teve ocasião de apreciar tudo isto visitando Martinho da Frota como colega mais novo e frequentando seu consultório como doente. Porque logo o elegera no Desterro como ao clínico certo — para cuidar da gravidade do seu estado. Recém-formado, ainda cheirando aos bancos da faculdade, ele sofria nessa época daquilo que os livros franceses chamam *"la maladie de l'étudiant en médecine"*. Realmente, não podia ler o relato de uma hipertensão arterial sem começar a sentir os pródromos dum icto cerebral, os arrochos da angina e as aflições da crise vascular generalizada. Não abria livro sobre doenças do aparelho respiratório sem se julgar corroído de espeluncas. Os pulmões de superfície reduzida em escala geométrica pela progressão do enfisema. E em vez de deixar o cigarro — fumava de sufocar, de tanto medo de perder o ar... Também os tumores. Era tomar conhecimento de sua patologia e de imediato sentir-se queimar no fogo de artifício das metástases. Ora, assim padecente, sua presença era frequentíssima no consultório do velho Martinho. Este o ouvia com paciência exemplar, consignava o que devia no canhoto de seu receituário picotado, tomava a pressão máxima, média, mínima, o índice oscilométrico com seu aparelho de Pachon, auscultava, palpava e mandava o paciente neurótico em paz com a fórmula do bromureto de potássio ou de sódio em solução na água de tília, na de melissa, com xarope de groselha ou de cascas de laranjas amargas. E acrescentava que ele estava repetindo as moléstias do seu pai — que também quando chegara ao Desterro, formado de pouco em farmácia, andara às voltas com os padecimentos imaginários. O Egon pôde assim conhecer Martinho — um no consultório, indulgente, paternal, tranquilizador e cheio de segurança; outro, na Sociedade de Medicina e Cirurgia pleno de experiência, conhecimento, opiniões avisadas; outro, na rua, onde saía para espairecer subindo e descendo a rua Schimmelfeld. Era nessa hora o colega mais velho, recheado de casos, da memória dos acontecimentos, de comentários sobre os homens e a vida — que sabiam um pouco aos do Abbé Coignard. Eram impregnados de doce ironia e mansa descrença.

> Amanhã serão graças
> de museu.
>
> Hoje são instrumentos de lavoura,
> base veludosa do Império:
> "anjinho",
> gargalheira,
> vira-mundo.
>
> Cana, café, boi
> emergem ovantes dos suplícios.
> O ferro modela espigas
> maiores.
>
> Brota das lágrimas e gritos
> o abençoado feijão
> da mesa baronal comendadora.
>
> CARLOS DRUMMOND DE ANDRADE, "Agritortura"

Aos seus amigos de idade mais ou menos a mesma e aos mais velhos, como os drs. Cesário, Martinho, o professor Manso e o primo Antonico — o Egon ficou devendo profundo conhecimento do Desterro. Viu que aquilo tinha sido em tempos, cidade como as outras de Minas, que de repente se desportugalizara e passara a viver como se tivesse sido ocupada por duas forças: a espanhola, duma beatagem inquisitorial, feroz e obtusa — que esmagara sua velha e doce religião; a de cristãos-novos dum mercantilismo ávido, insaciável e impiedoso que amarrara sua antiga industriosidade e amor ao trabalho. As qualidades mineiras e brasileiras da coletividade continuavam a existir mas eram obscurecidas como os dias claros podem sê-lo pelos braseiros e pelas fumaças negras dum auto de fé armado em cada esquina de burgo medieval. A pirâmide oligárquica tinha no topo uma aristocracia de fazendeiros, industriais, banqueiros e comerciantes cheios de alianças e casamentos entre si. Eles eram os possuidores, os proprietários, os donos, os senhores de tudo na cidade — inclusive de suas forças morais — o pensamento, a opinião, o jornal, o púlpito. Eram os titulares dos cargos públicos preenchidos nas eleições a bico de pena ou, se dividiam esse poder com elementos de outras camadas — consentiam na sua meia existência, movendo-os como títeres ou absorvendo-os por matrimônios tramados nas sacristias e que davam vez às incasáveis. Eles eram cegamente apoiados pelo senhor bispo, pela padraria da cidade, pelas irmãs de caridade, pelos freires, pelas irmandades, pelos colégios religiosos, pelos vigários dos distritos — que introduziam Deus Nosso Senhor na jogada e em seu Nome mantinham o rebanho em estado de incuriosidade, admiração e devoção pelos emires. Por sua vez a casta senhorial era fidelíssima ao clero que lhe era fiel — era praticante, comungante, catecismante e sua piedade mostrava-se ostensivamente em instituições platônicas de assistência e educação. Abaixo do establishment e concordantes obrigatórios com ele, vinham os dependentes dos cumes da classe média — os das profissões liberais que aspiravam à subida, dos empregados nos bancos, indústria, comércio e lavoura. Depois e com todas as gradações — as camadas manuais mantidas no respeito, na gratidão e mesmo num sentimento de culpa e inferioridade pelas instituições de benemerência e caridade, pela religião ministrada em gota a gota contínuo por via endovenosa — quando era por bem. Agora, se era por mal, havia o delegado, a polícia e todo o aparato de força do estado. O banho duma boa surra de borracha nunca fez mal a ninguém. E que fizesse...

Quando o Egon andou pelo Desterro estas coisas funcionavam com a precisão dum patequifilipe. Iam começar a se desarranjar depois da Revolução de 30. E, como todas as coisas trazem em si sua própria contradição, já naquela época se falava em matéria que seria nefasta. E o curioso é que a ideia era do próprio establishment: a criação de institutos de ensino superior e sua reunião posterior numa universidade que fosse o orgulho da Zona da Mata. Digamos, invadindo um pouco o futuro, que estes fatos aconteceram e que os homens do Desterro autores dessas obras meritórias, — se se julgassem dentro do seu próprio ponto de vista, podiam limpar as mãos à parede. Porque iam introduzir com o ensino superior na cidade *le loup dans la bergerie* — na forma de dois demônios piores que Astarote, Belzebute, Asmodeu, Mamon e Belial. São o ESTUDANTE e o PROFESSOR. Ai! de ti, Desterro! porque o espírito de pergunta, indagação, dúvida, exame, pesquisa e conhecimento entrou em tuas portas e estabeleceu-se dentro de teus muros... Mas deixemos de misturar porvir e passado e fiquemos só com este — naquele Desterro ordenado e pacífico do fim dos vinte.

Uma coisa de que o Egon conversava com o professor Manso Conchais era a da criação muito desterrana de mitos antípodas de cento e oitenta graus à posição da verdade. Esse era exatamente um dos motivos de diversão do mestre da Normal e que depois virou também pilhéria do Egon. O Desterro por sua história, sua crônica, imprensa, opiniões, conversas e conceitos dava aos seus endeusados qualidade ou qualidades que os tornariam menos estimáveis se eles passassem pelo crivo duma crítica descompromissada e independente. Assim, por exemplo, se um *quidam* fizesse sua fortuna à custa de fornecer à cidade o gás necessário aos seus fogões e à sua iluminação — não se lhe criticava a política financeira, nem sua avidez no preço, nem os oiros que lhe atulhavam as canastras. Não. Ele era santificado e ungido como o benemérito que arrostando tudo e todos os tropeços se arrasara para dar à sua cidade a Luz e o Fogo. Era o Iluminador, o Refulgente. Os que se enriqueciam vendendo alimentos eram os merecedentes que matavam a fome do pobre. Nutridores ou Alimentadores do povo. Os que abriam bancos, empresas, companhias que lhes canalizavam o pataco eram os cidadãos prestantes que só faziam aquilo para empregar os moços pobres. Os Doadores. Os Esmoleres. Os que acumulavam via das lavouras de algodão, das fiações e fábricas de tecidos, não tinham outro interesse senão fazer o pano para vestir o nu. Eram os Agasalhadores, os que se desfaziam do próprio manto (quando velho e roto) para cobrir seus irmãos em Cristo, os desprotegidos. Havia ainda os Hospitalizadores, os Amortalhadores, os Enterradores — com interesse em casas de saúde e funerárias. Tudo. A eles toda a honra que merecem os que se sacrificam para praticar as Obras de Misericórdia. A história do Desterro só cuidava deste aspecto. Jamais dissera uma palavra em louvor do escravo, do negro, do homem do campo, do caixeiro, do bancário, do operário, do trabalhador — dos que tinham penado na sua condição de rebanho humano para tirar de sua desvivência e morte o ouro dos grandes. A estes Homens Bons toda a honra. Como bons e também filhos d'algo — fidalgos que representavam a tradição do Desterro, que descendiam de outros vultos ínclitos que haviam praticado largamente o bem e de cuja bondade se falava até hoje. Eram donos de cativos, eram. Mas adorados pelos seus negros. Eram outro mito — o mito do Bom Senhor. O Conchais ria e terminava.

— Veja só, Egon, o tamanho dessa patranha. O Bom Senhor! Bom senhor só poderia ser o que nunca tivesse tido escravos — o que lhe aliena de saída a qualidade de senhor. O homem nasceu com aparelhos admiráveis para se prover e para o prazer. Tem órgãos dos sentidos. Tem os genitais. Mas não foi dotado de roldanas, nem de polias, nem de engates e cremalheiras. Logo, não foi feito pra trabalhar. Trabalha, depois do "paraíso perdido". Trabalha para si — para comer, gozar, amar. Para os outros — só trabalha numa condição: a do obrigado, oprimido, coagido. A essência do senhor eram a palmatória, o "bacalhau", o vira-mundo, o "anjinho", o tronco. Sem isso não haveria escravos nem donos de gente. Os barões do Império — bons senhores são uma extraordinária invenção. Extraordinária e cínica...

— Tem razão, professor Conchais, tem razão... E essa teoria é a defendida pelos bons da cidade... Agora a gente ruim tem outra opinião e a minha opinião é a dessa camada que não presta. A dos insubmissos. A sua, a do dr. Martinho, a do dr. Cesário, a do primo Antonico, a dos meus íntimos, dos amigos que fiz aqui — o Luisinho, o Percival e mais o Falcão de Valadares, o Tristão de Aguirre, Joel Martinho, Sílvio d'Aquino, outros, gente em que encontrei sinceridade e calor humano... mas que não vale no conceito da cidade ocupada cujas regras são diferentes do natural, do normal, do espontâneo, do que todos fazem: nós sabendo que usando um direito, eles com a impressão de estarem afanando e filando a vida... Tudo errado...

— Tudo errado, Egon. E até amanhã...

O Egon viu o velho mestre se afastar devagar em direção da sua casa modesta de letrado mal pago. Ficou ali parado no escuro. Viu acender-se uma janela. Abrirem-se suas bandeiras. A figura do Conchais aparecer já em mangas de camisa, debruçar um instante, pitar, depois atirar longe seu cigarro, fechar novamente o escritório. A luz continuava acesa. A leitura ia entrar de madrugada adentro. O moço veio subindo Santíssima Trindade, virou em Silva Paranhos e desceu em direção a sua pensão na rua do Santo Pretor. Na esquina de Schimmelfeld hesitou um instante. Resistiu à tentação e foi devagar para sua casa. Parou na esquina da rua do Rei e olhou com melancolia a fachada do tio torto Pareto. Pensou em Mário de Andrade e receitou baixinho aqueles versos das *aristocracias cautelosas*, dos *barões lampiões*, dos *condes Joões* e dos *duques zurros que vivem dentro dos muros sem pulos*... Seguiu meio desforrado para sua rua, entrou em casa, subiu em pontas de pés. Trancou-se no quarto. Como o Conchais, abriu a janela para acabar seu cigarrinho. Acendeu outro na bagana, ficou tragando, olhando a escuridão e quando acabou aquele deleitável Sans-Atout oval, atirou-o longe, acompanhou sua parábola em brasa até sua fagulhagem no telhado vizinho. Considerou bem as coisas e deu uma formidável banana em direção à noite fechada. Trancou sua janela, apagou a luz de cima, acendeu a da mesa, sentou, preparou o papel, começou uma de suas costumeiras e longas cartas ao amigo Cavalcanti. Abriu com sua fórmula consagrada. "Meu querido doutor, um abraço...". Desabafou. Foi para cama, mas sono não vinha. Ficou deitado de costas, travesseiro alto, pensando no escuro, suando um suor ruim e aflito. E começou seu cinema imaginário e de associações desvairadas. Sombras passavam de galochas, sem se configurar. Pedaços de caras, orelhas, meios de corpo, pés de pato, munhecas de samambaia. Pros diabos! *Vade retro*. De repente lembrou o primo e amigo que estava em Juiz de Fora, Pedro Nava. Recebera a carta dele que falava da cidade, dividindo-a em duas: a da direita de quem descia a rua Halfeld — bem-pensante, ultramontana, dos homens do poder e do dinheiro e a da esquerda — contrincante, irreligiosa — dos intelectuais e da gente de nada que vive de pada e água. Pensando bem ele bem que podia aplicar essa ideia ao Desterro que era cortada em duas partes pela rua Schimmelfeld. O lado direito era o da encosta que terminava no cabeço chamado o Cruzeiro de Cima. O da esquerda, e até o Cruzeiro de Baixo, cujo nome pitoresco desaparecera, sendo substituído pelo dum benemérito da cidade — Saudosino Rodovalho Pedreira, simplificado para apenas Saudosino Rodovalho. O primeiro era o mais alto da cidade, sua zona mais fresca, de ares bons e ventos favoráveis. Quando da constituição da vila e depois da cidade, ficou sendo o lado dos palacetes e das chácaras dos homens de quantidade. Já o lado esquerdo, mais baixo, era a região pantanosa, cheia de lodaçais tremedais que à custa de aterros foi ficando habitável e onde concentrou a população braçal da cidade, a negrada, o proletariado, o puteiro e depois gente da classe média, das profissões liberais e os primeiros intelectuais — era o dos homens de qualidade. Tal como se fossem dois Desterros e como se a rua Schimmelfeld fosse um largo oceano. Uma invisível muralha tártara, uma cortina de ferro imaginária, um muro-da-vergonha convencional limitava os bairros mais altos da cidade — era um cinturão fortalecido pelas ameias da Lei de Deus e pelos torreões dos Mandamentos da Santa Madre Igreja. Ali vivia uma sociedade bramânica na sua maneira de considerar as classes e as castas e seu jeito de pensar fazia do Cruzeiro de Cima e adjacências, mais um estado de espírito que um conglomerado de bairros e ruas. E Egon teve uma profunda impressão com a revelação do grupo social que o habitava e conversando com o professor Conchais comparara tudo aquilo a *The Lost World* de Conan Doyle e dizia que tinha medo de ver um dia surgirem vindos dali revoadas de pterodáctilos e manadas de estegossauros. Estavam nessa tarde, o Conchais e o companheiro, subindo a rua da Santíssima Trindade. O professor sorria ouvindo-o falar do Cruzeiro de Cima mas de repente fê-lo parar, justo na esquina de Silva Paranhos e de olho brejeiro começou a falar.

— O amigo exagera um pouco. A fauna é diferente, mais simpática, até bonita. De cretáceo talvez tenha a mentalidade. Já por fora é outra coisa. Olhe ali...

O médico virou-se para o alto da encosta. Uma alegre cavalgada vinha descendo. Negros, baios, brancos e alazões montados pelo fino do fino da cidade. Eram o dr. João Prisco Filho, o Aristônio Masculiflório Sobrinho, o Isaltino Zebrão, o Pânfilo Temente — todos de sobrecasaca garance, casquetes de veludo negro, calças bufantes creme, botas de verniz preto. Passavam bem montados, num trote à inglesa que lhes fazia valer mais as vestes, a destreza no bem montar, os físicos senhoris — deles e dos cavalos. De amazonas pretas, sentadas de lado no silhão e apertadas na roupa bem-feita três senhoras e duas lindas moças. De cartola e véu branco esvoaçando. No meio delas, vestido como os cavaleiros da frente, vinha muito atento e muito amável o Audiovisto Munhoz. Um pouco mais para atrás, trajando também à caçadora mas de sobrecasacas azuis, o Tabosa Filho e seus rebentos — o Osbundo e o Radagázio Neto. Quando eles passaram e enquanto passavam o professor Conchais se mantivera desbarretado. Ia levar novamente o chapéu à cabeça quando suspendeu o gesto e cortejou com o Egon sua prima Fidélia Pareto que passava chispada na sua barata vermelha.

— Então? doutorzinho. Que tal? Não disse? que simpáticos e até bonitos. O primeiro que apareceu vestido assim aqui no Desterro foi o Prisco. Roupas trazidas da Europa e que ele se fizera para acompanhar uma caça à raposa do príncipe de Polignac que lhe mandara o botão. O próprio príncipe Bertrand Melchior Le Puy de Polignac. É o auge do chique... Ele foi logo imitado pelos parentes e amigos, variando alguns nas cores das sobrecasacas. Os Tabosas têm-n'as de azul, os Fortes de pardo-escuro. O seu colega Audiovisto está também de vermelho em cortesia ao Prisco — que é quem lhe mandou o botão...

— Mas... que botão?

— Também costume estrangeiro. De quem é convidado para a caçada de um nobre francês, diz-se que dele foi contemplado com o botão — o *bouton de vénerie* que dá direito a quem o recebe de adotar as equipagens do que o ofereceu para acompanhá-lo à caça. É um botão simbólico e uma frase feita. Mas aqui no Desterro foi adotado mesmo o sistema de se mandar junto com o convite um botão de verdade. Os do Prisco são de prata e ostentam um P cercado de estrelas. Os dos Tabosa são de vermeil com um cifrão ladeado de meias-luas. Já os bombeados dos Fortes são lisos mas de ouro puro. E você viu? a satisfação do seu colega Audiovisto de poder ostentar o botão do Prisco.

— Se vi... Estourando de orgulho.

— Mas quem estava linda, de baratinha, era sua prima Fidélia. Vamos esperar um pouco nesta esquina porque tem mais. A essa hora a elite sai para espanejar e mostrar os carros de luxo...

O Conchais não tinha acabado quando passou o Damasco Guarabiroba com a mulher, numa charrete. Ele gostava de dirigir seus cavalos e de exibir sua alemã — uma valquíria muito clara, cabelos muito vermelhos, boas carnes e dentes incisivos muito afastados na frente — o que em Minas é considerado sinal de mulher dadeira. Logo depois, de carro aberto e em direção contrária, o Demetério Sulfúrico com a senhora. Ambos fitando sua frente, sem olhar para os lados, sem cumprimentar ninguém. E já voltava dos lados do Desinfetório a barata descoberta da prima que tornou a saudar — levantando alto o braço direito, rindo muito enquanto só mantinha o volante com a mão esquerda. Jeito e gênero muito moderno, muito cinema — que lembraram ao Egon os de uma estrela de filme americano. Do mesmo lado voltava também o carrossel do Prisco. O Egon aproveitou para contar ao professor Conchais o caso escabroso com a mulher do Hansen, a bebedeira no boteco do Riri e o exílio do pobre coitado.

— O cúmulo, além de corno, aperreado. E este sacana agora se pavoneando na Silva Paranhos de sobrecasaca azul. Dá vontade de jogar em cima um bom patusco...

— Patusco? — estranhou o professor.

— Sim, um patusco, um pombo-sem-asa, um embrulho de merda... na cara desse adulterioso...

— Adultério, adultério, o dela sim. Agora ele, adulterioso, não! Isso não existe no Cruzeiro de Cima. E se há é esquecido quando os réus passam pelos sacramentos. Voltam logo à graça... E eu vi o Tabosinha comungando domingo passado, missa das dez, na Matriz. E com um'unção comovente. Já está no estado que se chama de "graça edificante"...

O Egon deitado via passar e repassar estas e outras figuras dos altos do Desterro. Estava mesmo completamente sem sono e conjecturava como seria aquele mundo fechado ao resto da cidade e fechado também duns para os outros, só se abrindo quando havia casamentos de família. Porque fora disto, mesmo primos, só se viam nos bancos, nas empresas, nas companhias. O mulherio nas costuras de caridade e nas missas. Só. No mais, moita. Viviam vida misteriosa cuidando de política, juros, fazendas, cavalos, caçadas e cachorrada de raça, tiro aos pombos, lucros, dividendos, ações, esgrima — a sabre e a florete. Praticavam a religião, tinham o esnobismo da religião e havia os que se deixavam envolver de tal maneira pelo ambiente farisaico e tartufo que acabavam... sinceramente crentes. Era outro gênero humano. O médico lembrou vagamente Vieira... Como era mesmo? Buscou no fundo da memória e trouxe: "Há fidalguia que é substância, porque alguns não têm mais substância que a sua fidalguia que é quantidade". Quantidade, pensava o médico: quantidade — QUANTIDADE. E as outras fidalguias entre aspas? de que falava o padre subversivo. As do pensamento, das ações, da qualidade gente, da qualidade — QUALIDADE. Essa estava, positivamente estava, nos lados da cidade considerados o brejo, o atoleiro, o lameiro das margens do rio que de ano em ano dava razão aos do Cruzeiro de Cima levantando seu dorso — inundando tudo e alagando casas fábricas tarecos da canalha. Mas nunca subia até os altos da virtude onde havia, como não havia? o Egon sabia pelos seus amigos que sim, que havia cadáveres nos armários. Mas defunto assim — mesmo trancado a sete chaves, empesta. Se empesta... qué vê? Basta olhar, atento, o cabeço e o brejal, o alto e o atoleiro, o cocuruto e o tremedal.

Cada vez mais agoniado, sono fugido, o Egon revolvia-se naquele mundo decalado no tempo. Mergulhava no seu passado e trazia-o para o presente — aderido à sua sensibilidade como a água ao corpo do nadador depois que sai do mergulho e ganha as margens. E ele via...

> Pense à mon cas, trompant maint homme et femme:
> Tout suis à Dieu: fors que le corps et l'âme.
>
> PIERRE GRINGOIRE, "Moralité, Hypocrisie"

... via o debochado sair correndo do bordel para não perder a primeira missa, reconciliar-se rapidamente e comungar. Via o moço fazendeiro passando na vara as empregadas nas barbas da mulher; a câmara-ardente do santarrão perturbada pela entrada da concubina que ninguém suspeitava existir e mais da penca dos filhos adulterinos; via o pasmo da família do homem exemplar falecido depois de ungido e sacramentado, encontrando entre seus guardados um magnífico catrefas de borracha — provido dos correames de ajustar a peça no corpo; a sogra cheia de ferocidade internando nora adúltera num convento, revivendo, no Desterro do século xx, o Recolhimento das Órfãs e Desvalidas do Rio de Janeiro — incendiado nos nossos 1700. Via a sarabanda de todos os coitos possíveis, dos muros pulados, dos incestos, das perversões, dos estupros, dos pecados capitais, dos filhos naturais — em suma de tudo que existe em qualquer lugar do mundo e em qualquer lugar do mundo pode ser que seja pecado. Só que no Desterro nada disto contava ou alterava a virtude dos "homens bons" enquanto, se cometidos pela gentinha — recebiam os nomes que tinham e mais o enxoframento e as maldições da margem direita de Schimmelfeld. E o boicote.

Lento foi o sono a chegar e quando veio durou incompleto e o Egon, quando se deu conta do sol, só teve noção de que dormira ao lembrar de que entre as imagens incongruentes do acorda-não-acorda em que passara a noite, uma se destacava entre todas — a de Ronairsa com seus olhos de azul mutável e seu todo de rosa. É. Se tinha sonhado é porque passara ao menos por cochilo. Levantou-se de má vontade, não se sentiu gratificado com o banho nem com o café-nosso-de-cada-dia, vestiu-se e bateu para o trabalho. Desceu Santo Pretor mas quando ia tomando à direita, na esquina de Silva Paranhos, hesitou, parou. Estava sem disposição de passar frente à casa da tia, de encontrá-la na janela, ser obrigado a uma palavra de cortesia. Também a primeira parte de Schimmelfeld regurgitava de conhecidos e seria coagido a dar um dedinho de prosa a cada grupo. Assim resolveu seguir em frente para atravessar a parte mais humilde de sua rua, e ganhar Schimmelfeld, na sua parte baixa, passando por Precursório Ramos.

Durante todo o trajeto ia remoendo pensamentos de decepção, cólera e frustração contra seus parentes e o establishment local. Tinha razão o primo Roque Apolinário Cacilhas do Prado nas considerações e observações que tecera na conversa dos dois sobre ele, Egon e suas dificuldades (digamos impossibilidades) no Desterro. Parecia-lhe ter falhado na cidade. Sem dúvida fora rejeitado pelos tios. O Nariganga só lhe mostrara antipatia. As primas mais velhas e os maridos eram inabordáveis e tinham respondido suas tentativas de aproximação com uma cerimônia de superfície de esmalte ou de ágata — sem poros para a água de sua cordialidade. Sobrava a Fidélia, sempre amável apesar de também distante. E o tio Pareto e o Ezequiel eram trunfos na fortaleza das instituições locais. A uma palavra que quisessem dar — a ponte levadiça desceria e logo as portas da Santa Casa da cidade abrir-se-iam para ele. Mas não. Nenhum oferecimento. Só encontrara agasalho de parente na casa do primo Antonico. Não! A atitude dos tios, do Ezequiel e daquele bocó do Balbino era destas coisas que só com uma boa banana... Também, por ele, estavam soltos no pasto... Quanto aos do establishment, o jovem médico sentia-se sem jeito diante deles como pessoa que, de olho num microscópio ou num binóculo, não consegue pôr a imagem visada em foco. E o Desterro parecia-lhe cercado de muralhas mais intomáveis que escabelicastros. Quando virou em Schimmelfeld estava disposto a dar o fora na cidade que o repelia. Voltaria para Belo Horizonte, já que a ideia do Rio e da beira-mar pareciam coisas hipotéticas e cada vez mais longínquas. Quando entrou no Centro de Saúde foi direto ao gabinete do chefe. Deu os bons-dias e sem preâmbulos entrou no assunto.

— Dr. Pedroso Lucas, queria lhe pedir um favor...

— Diga.

— É que tenho urgência de ir a Belo Horizonte, coisa de quatro ou cinco dias e precisava sua autorização...

— O qué quiá?

— Nada não, dr. Lucas, negócios de família. Recebi um telegrama...

— Então vá. Eu mesmo substituo você no ambulatório, no mais. Quanto ao ponto, isto é com o chefe do posto e o chefe do posto é você... Eu sou só o diretor do Distrito Sanitário da Mata — respondeu o Lucas com uma de suas gargalhadas dentes brancos gengivas sadias.

— Muito obrigado. Então sigo hoje mesmo à tarde, pelo rápido e vou para casa cuidar de minha arrumação. Mais uma vez obrigado! dr. Lucas e até a semana que vem.

Em Belo Horizonte as coisas correram como se tivessem sido dispostas por Providência favorável. Falara ao José Olinda e ao Fábio, almoçara no Palácio da Liberdade, fizera seu pedido ao próprio presidente. Fora franco. Abriu o livro de suas queixas contra a cidade, o Ezequiel, o Balbino, o Nariganga. Queria, se possível, voltar para trabalhar em Belo Horizonte. Só tinha medo dalguma dificuldade por parte do Garrido Cadaval, do Argus... O Andrada riu muito das histórias do médico e foi logo anuindo.

— Perfeitamente... Quanto ao Cadaval e ao Terra, você fique tranquilo. Aqui o nosso Dudé fica autorizado a telefonar hoje mesmo para o Raul d'Almeida Magalhães dizendo que eu quero sua remoção para o Centro de Saúde da capital. E o mais depressa possível.

Realmente o Olinda já à noite dava a boa notícia. O Raul não tugira nem mugira. Dissera que ia mexer as pedras do tabuleiro da Saúde para dar com os costados do médico em Belo Horizonte, o mais tardar em fins de maio, princípios de junho. No dia seguinte o Egon tratou de fazer-lhe sua visita de cortesia. Foi admiravelmente bem recebido. O homem reiterou o que lhe dissera o Olinda e até tinha acrescentado frase sibilina cujo sentido o Egon penetrou lembrando as grosserias do Pareto e o destempero do dia de sua primeira visita.

— Você vá sossegado, Egon. Parece que o presidente já obteve de sua estadia no Desterro o efeito moral que queria... Ele me falou... Ele me falou... Nos primeiros dias de junho sua transferência será fato consumado. Digo mais: consumadíssimo porque são ordens do Palácio e *ce que Dieu veult*...

O médico podia voltar desde logo para o Desterro. Mas resolvera se dar mais um dia em Belo Horizonte para visitar seu mestre, o professor Santarém e rever sua filha Ronairsa. Fora. Antes não tivesse ido. Ele que era um tarimbado na vida grossa dos estudantes de Belo Horizonte, que desde moço fora audacioso e chegador em matéria amorosa, toda a vida sentira-se tolhido diante da linda moça. Jamais ousara atitude senão a de amigo, nunca sussurrara insinuação que fosse do que nutria por ela. Era alguma coisa de tão delicada e pura, de tão aérea e luminosa que ele tinha medo de corrompê-la só de fazê-la subir do coração à boca. Esse sentimento no princípio revelação de relâmpago fora se corporificando e virando dentro dele em paixão muda e inexpungível. Entrara em seu corpo, tomara conta de todo ele, pele músculos vísceras sentidos inteligência. E na medida em que esse amor profundo e enraizado o envultava — ao seu lado cresciam a timidez e um pudor que ele não conseguia vencer. Ficava inventando modas de tê-la sempre consigo no pensamento vendo-a revendo-a como a um retrato. Inventava esquemas, desenhos e figurações num diálogo que no fundo era consigo mesmo — que nem conversa de ventríloquo — amor esquisito, espécie de narcisismo. Mas quando Narciso olhava a água límpida e parada não se via e só via a ela — perdendo traços de criatura humana e virando numa flor sobrenatural de luz e letras que ele fendia, esvaziava pouco a pouco, escondendo sinal por sinal do centro miolo — para só deixar expandida e prodigiosa a rosa de fogo que o consumia. Era como mágica que ele fizesse despojando a amada do seu nome, da sua essência para só deixar no seu lugar as pétalas solares duma rosa de ouro.

RONAIRSA

RONAISA

RONASA

N

ROSA

Ronairsa assumia para o Egon dimensões mais que humanas e ele só a via dentro do halo e incógnito proustianos. Os que o narrador usava para envolver os Guermantes, Odette, Gilberte — mistério prodigioso que fazia como se Ronairsa não tivesse compromisso com o tempo, como se vivesse livre dele num presente alargado e inconsútil, não decepável no seu nascimento seu passado ou nas dimensões de seu futuro sua morte. Futuro e passado — este sem marca inaugural e aquele sem os perigos desconhecidos dos aléns dos fins. Ela era a incorruptível, a incontingente, a libertada dos acasos, livre do *fatum*. E era insuscetível de gosto ou desgosto. Ela simplesmente ERA. Tal como espécie de eternidade, ou ideia divina. Assim o moço despetalava na sua caminhada para a casa do antigo mestre. Chegou, bateu, ela desabrochou à sua frente. O dia luminoso tornou-se ofuscante. Alumbramento. E a visita decorreu como tantas que ele já fizera àquela casa. Conversa com o mestre, com d. Lídia, com os irmãos e a irmã. Um lanche absolutamente o mesmo dos seus tempos de estudante. Levantando da mesa foram os últimos a se dirigirem pelo corredor à sala e a moça num gesto espontâneo e simples tomou o braço do médico. E onde ela pousou sua mão durante uns poucos segundos ficou alguma coisa de imperecível como tatuagem — invisível para todos e que o Egon sentiria sempre como se tivesse sido feita dindagora com ferro em brasa. Sentaram na sala e aquilo funcionou para todos como uma visita que se passa. Menos para o Egon que, em órbita, via movimentos de círculos cosmogônicos astros girando em torno dos sóis e tudo se deslocando vertiginosamente para as constelações mais distantes. Ele tinha ido visitar seu mestre. Antes não fosse pois a uma frase do velho Santarém, solta ao acaso (acaso?) foi que o Egon ficou informado de que Ronairsa estava noiva pela segunda vez. Ele sentiu o desabamento em que caía galáxias abaixo e só a rosa esplendeu e soltou as quatro letras pétalas que faziam o nome que vinha do da serva de Cleópatra, do da ninfa das fontes, da jovem, da cheia de frescor, do ponto abissal que se opõe ao zênite. Ficou na sua alma uma rosa. Rosa eterna roseternamente.

Chegado ao Desterro o Egon pôs o dr. João Nogueira Pedroso Lucas a par de suas conversas de Belo Horizonte e da decisão do presidente.

— Agora é só esperar, dr. Lucas, e ficar preparado para dar o fora. E o senhor acredite que uma de minhas boas lembranças do Desterro será sempre a de nossa convivência...

Começou então para o moço uma fase tão descuidada e cheia de disponibilidade — que lhe lembrava os tempos do Colégio Pedro II. Todos os dias eram como sábados domingos antigos adolescentes. Maneirou no trabalho e foi passando para o Dimas Alvim a parte que lhe tocava no ambulatório. Ia à repartição só à tarde e assim tinha as manhãs livres para dormir. A noite lhe pertencia e aos seus companheiros habituais: o Luisinho Bracarense, o Percival d'Aviz, Antônio Falcão de Valadares, Teobaldo Miranda Santos, Lazarus Levy, Sílvio d'Aquino e a Marimacho Homem Campelo que se lhes agregara. E em grupo retomaram os hábitos de gandaia que tinham sido os do Egon como estudante. Nas noites dos dias ímpares iam à Valparaíso, nas dos pares, à Malvina Lícia. Esta já sabia — passava o cadeado no portão e ninguém mais lhe entrava no bordel, arrendado como barca ou bonde especiais. Aos domingos, Matriz, missa das dez, para ver passar o bailado das moças em grupos buquês de flores. Quem às vezes aderia, apesar de casado, era o jovem médico Joel da Frota sempre escoltado pelo seu primo, também doutor, chamado Sacanagildo Goiaba.

O Joel da Frota era um homem dos seus trinta e poucos àquela época mas cujo ar espigado e seco combinados a uma agilidade e elegância incomuns, faziam parecer um garotão de vinte e lá vai fumaça. Era alto, bem proporcionado, rosto de traços regulares e bonitos mas tão agudos e finos que lhe tinham valido a alcunha de "Cara de Alfinete". Como de linhas, era atraente de cores: pele muito rosada, olhos, cabelos e bigodinho dum castanho tão vivo e incandescente como se tivessem sido tintos a *henné*. Ria sempre, mostrando a fileira de dentes bem implantados — inteiros, muito brancos e sadios. Só tinha destoantes as mãos enormes, largas e ossudas que pareciam mais as dum trabalhador de campo que as adequadas a seu mister delicado de lidar com criancinhas — pediatra que era. Mas se elas chamavam atenção pelo tamanho, com o hábito, a desproporção desaparecia porque eram ágeis, francas e expressivas na sua mímica. O Joel era um excelente médico, surdamente marginalizado pelo establishment por sua originalidade no pensar, sua engenhosidade, seus paradoxos, gosto literário, musical, artístico e pior do que isto — por ter casado com moça americana, filha dum pastor protestante e professor do Instituto O'Grady. Era o reverendo Tree e sua filha respondia pelo nome florido e vegetal de Rose Tree — Rose Tree da Frota pelo casamento.

Dos encontros do Egon com o Joel da Frota resultou uma excelente amizade que depois de algum tempo de convivência de rua, passou a ser também de dentro, desde o dia em que o segundo ofereceu um grande jantar em sua casa para aquele grupo que se formara. Essa festança foi o início das sessões de palestra semanais na residência do Joel, à rua da Santíssima Trindade. Sua morada era uma simpática construção assobradada, três janelas de frente e com a fachada ostentando pintura que imitava tijolos coloridos em branco, ocre, laranja e vermelho. Ficava vizinha à idêntica e um pouco maior do seu pai — o respeitado clínico dr. Martinho da Frota. A essas reuniões do moço pediatra compareciam o Egon e seus amigos às sextas-feiras. Ora todos, ora uns poucos, mas invariavelmente o Egon e o Luisinho. Começavam depois do jantar, pelas nove, nove e meia e iam até de madrugada com animada conversa, com mistura de música clássica e popular na vitrola de dar corda com manivela e muita cerveja respaldada a conhaque. Esses encontros não eram bem-vistos pela sociedade local que estranhava a dona da casa tomar parte "em semelhantes rega-bofes". A má vontade desterrana pelo Joel (aliás paga por ele na mesma moeda), o Egon a compreendeu melhor quando o visitou pela primeira vez. Sua sala de visitas era forrada com papel dum roxo escuro de equimose, dotada de sofá e cadeiras pretas de espaldar muito alto e tinha como móvel principal enorme arca polida e negra como o resto da mobília — toda tauxiada de pregos com enorme cabeça dourada — o que fora a origem do se dizer na cidade que ele tinha um caixão de defunto ornamentando sua sala de visitas. Alguns diziam que o dito não estava vazio e que continha o respectivo cadáver mumificado e convidado imóvel das partidas sacrílegas que ali se davam às sextas-feiras. Nesse dia o Egon, depois do jantar, seguia devagar para a casa do amigo e sempre parava um pouco para ver a arquitetura do Colégio Turris Eburnea — educandário religioso para moças e meninas. Não que o prédio fosse bonito. Era até duma arquitetura que queria ser gótica e que não era coisa alguma com seus dois pavilhões laterais, sua torre de igreja no da direita e entre os dois, uma espécie de dianteiras de catedral mambembe. Mas sua fachada sempre trancada e escura, tinha uma sugestão de mistério que preparava o Egon para a câmara-ardente que ele ia encontrar no Joel. Ele seguia para a casa hospitaleira como a do primo Antonico — as únicas que se tinham aberto francamente para ele no Desterro. Lá já encontrava o Luisinho. Se eram só eles, ficavam no gabinete do Joel e se a sessão era plenária a palestra ia decorrer na famosa sala de visitas. O que nela havia de realmente fabuloso eram quadros de Ismael Nery ornando suas paredes. Todos a óleo e de grande tamanho. Entre vários nus femininos, duma fase em que o pintor estava sendo muito influenciado pelos cubistas, figuravam como telas mais importantes um *Dante e Beatriz* destacando dum fundo fuliginoso suas faces e mãos cor de cera e o famoso *Homem azul* que mais tarde pertenceu ao Egon. Foi dado por ele a pessoa de sua família que o negociou por oito mil contos para um terceiro que o vendeu em São Paulo por cento e cinquenta. Esses preços são antigos. Atualmente a obra deve valer aí por perto do seu milhão de cruzeiros. E sua curiosidade é o fato de recobrir outra pintura do Ismael que aparece aqui e ali (numa sombra indecisa que mostra uma coxa gloriosa e seios nascentes que podem ser também os peitorais dum Baco ou dum Antínoo) dentro da camada superficial do nu masculino, feito só a negro, branco e sobretudo do azul donde veio o nome do quadro. Foi nessa sala que o Egon conheceu os primeiros Nerys e teve notícia desse pintor que seria mais tarde seu cliente, de seu temperamento orgulhoso e difícil, de seu gênio para a dança tão alto quanto para a pintura.

— Você não imagina, Egon, o dançarino fabuloso que o Ismael seria se quisesse. Um segundo Nijínski. Mas briga quando se fala nisso. Eu sou um dos poucos que viu sua dança. Eu e o Murilo — bradava entusiasmado o Joel.

— Quem? Murilo...

— Outro que você precisa conhecer urgentemente: Murilo Mendes, aliás Murilo Monteiro Mendes, um poeta fundamental. Ele é de Juiz de Fora...

Assim o Egon conheceu de nome Ismael e Adalgisa Nery, Murilo Mendes e Moacyr Deabreu. Todos amigos do Joel e por intermédio de quem ele próprio tomaria contato pessoal alguns anos mais tarde. De todo esse grupinho os mais fiéis à casa do Joel eram o próprio Egon, o Luisinho, o Falcão e o Percival. Justamente os amigos que o destino reservaria para continuarem seus sentimentos fraternais no Rio de Janeiro onde por via diversa todos acabariam dando com os costados.

O Antônio Falcão de Valadares era militar, nesse tempo sediado na região do Desterro. Primeiro-tenente. Era um rapaz de boa altura, espadaúdo, cabelos dum castanho quase louro contrastando com sobrancelhas e olhos muito pretos figura muito risonha quando à paisana — o que mudava quando aparecia fardado, amarrando a cara, descendo o cenho, avançando o queixo e cerrando a boca que ficava — já foi contado — igual ao desenho de um V maiúsculo. Era originário de velhos troncos mineiros da zona do Paracatu do Príncipe — muito ligados aos Martins Ferreira. Apesar de militar tinha apreço pelos civis entre os quais escolheu seus melhores amigos que eram o Luisinho, o Percival, Vitorino Freire e seu cunhado Alberto Araújo. Para entrar um pouco pelo futuro, repetimos que ele tomou parte ativa nas conspirações dos Tenentes, fez a Revolução de 30 e exerceu interventoria no Norte do país. Não se deixou tentar pela política e depois de uma administração feliz, voltou para o Sul e continuou sua carreira até ao generalato. Nunca mudou seu gênio, toda vida foi afável, tolerante e alegre. Tinha e usava sua ponta de humor — que temperou certa cena a que assisti entre ele e um seu colega de farda. Este era partidário de considerar sua classe como casta, argumentava neste sentido e terminava sua exposição dizendo-se militar cem por cento, sem mistura de casaca e civil. É que era bisneto de brigadeiro dos inícios do Brasil independente, neto de marechal veterano da Guerra do Paraguai, filho de general exemplarmente fiel a Floriano e ferido heroicamente, ainda nos tempos de cadete, no Combate da Armação. Tinha a quem sair e por isso é que se honrava em ser *todo* ele militar.

— Quanto a isto de militar cem por cento — retrucou-lhe o Falcão — ponho minhas objeções e vou demonstrar que você o é apenas pela metade...

— E por quê? vamos, diga por quê?

— Porque sua bisavó, sua avó e a senhora sua mãe, ao que posso supor, eram civis... Sim, senhor. As mulheres pertencem à classe civil ou pelo menos pertenciam até pouco tempo...

Assim como para o Falcão de Valadares quero repetir também alguma coisa sobre o Percival de Aquino. Não é repetir batendo na mesma tecla é antes subindo a nota musical de mais uma oitava, é ênfase dada a quem merece, é como um grifo que chama atenção e dá mais peso à frase escrita. Percival. Que nome bem escolhido, nome paladino, o dado a este gentil-homem do Desterro — como Bayard, sem medo e sem mácula. Já descrevemos seu aspecto físico mas devemos voltar às qualidades morais que o completavam como a um ser absolutamente excepcional. Todas elas tendiam no sentido de fazer dele o melhor filho, o melhor pai, o melhor esposo, o melhor irmão e sobretudo o melhor amigo que se possa imaginar. Felizes aqueles que, como o Egon, contaram com sua fraternidade pela vida afora, da mocidade à velhice. Sua amizade era e é fiel, sem reservas, atuante e sempre se demonstrando pela mais atenta prestimosidade. Era e é dotado de uma agudez excepcional para desvendar as dificuldades dos amigos e socorrê-los antes da queixa e da confidência — com dinheiro, companhia, visita, conselho, consolo. Podem depor sobre isto todos os que conviveram com ele no Desterro, depois em Juiz de Fora e finalmente no Rio de Janeiro. E ao lado das qualidades afetivas os outros predicados como sua discrição de túmulo, sua bravura moral só igualada por sua bravura física. E com tudo isto o homem mais simples do mundo. De família era um desterrano de duzentos anos, descendente por linha materna dos mesmos Fortes do Alferes Zoroastro Fortes.

Seria injustiça se não insistíssemos um pouco na personalidade do Luisinho Bracarense. Já ficaram descritos seu físico, família, idade, seus curingas do vocabulário — os choobs, os rrrr-releitz, os tuc-tó. Seu jeito carinhoso de tratar todo mundo por nego ou nega. Já falamos sobre seus parentescos com a gente do Desterro e sobre sua alucinada bravura. Mas ainda resta muita coisa para contar de sua legenda, seu fabulário, do folclore que ficou aderido a sua pessoa de homem dos mais interessantes que o Egon tinha conhecido. Tanto que ele ficou imortalizado por seus dois maiores cronistas: Rachel de Queiroz[*] e Francisco Martins de Almeida.[**] A primeira considera-o como "o derradeiro romântico" — e realmente ele foi na sua geração o elo dessa corrente que vinha de Byron, Musset, dos boêmios de Coimbra e das Arcadas de São Paulo. Ele era Álvares de Azevedo e era Afonso Henriques de Lima Barreto. A escritora que já o conheceu homem maduro, guardou lembrança inapagável de sua personalidade fabulosa, do seu "rosto gasto", de sua voz cheia de doçura — "surda, rouca, jamais gritada". Já Martins de Almeida chama-o "amigado com a vida" e também "Príncipe da Renascença". Todos têm razão porque ele era múltiplo, era um espelho poliédrico, era trezentos, 350. Menino-e-moço o Luisinho tinha sido aluno do O'Grady onde foi companheiro de Cesarino Rangel, de José Martinho da Rocha, dos seus primos Joel Martinho da Frota e Sacanagildo

---

[*] Rachel de Queiroz, "O último boêmio", I e II. *O Cruzeiro*, n. de 22 e 29 abr. 1966.
[**] Francisco Martins de Almeida, *Amigado com a vida*, inédito, conhecido só dos que receberam do autor suas cópias xerografadas.

Goiaba. Foi sua época de aprendizado dos primeiros anos ginasiais e de intensa vida esportiva como tenista insigne e o extraordinário craque do futebol que tanta impressão deixou em Rodrigo Melo Franco de Andrade — por sua tenacidade no campo, sua elegância, agilidade, combatividade e invenção prodigiosa no jogo. Essa época durou pouco, como seria passageira sua fase família de dançarino de tango nos bailes da sociedade. Foi a ocasião de sua paixão devastadora por desterrana bela, dum namoro quase noivado subitamente interrompido pela morte da amada. O Luisinho escorregou nessa ocasião, começou a experimentar o álcool e viu que era bom. Iniciou sua vida bordelenga e achou ainda melhor. Foi quando conheceu a Zenith, putalta e graciosa que fê-lo esquecer a noiva. Esquecer não se pode dizer — mas fazê-la recuar para os confins da memória de onde às vezes ela surgia inteira, chamada pelo espírito de vinho. Tinham acabado para ele os bailes da fazenda de Aribert Duarte e sido abertos os caminhos das pistas dos cabarés. E ele deu-se então, completamente, ao trabalho de gozar a vida, de explorá-la em todos seus segredos, de vivê-la integralmente, sem deixar nada — como quem passa cana na engenhoca, bebe o caldo, torna a passar o bagaço para sorver até a última gota. Essa ocupação com sua existência, esse *full time* de viver — impediram que ele procurasse seguir mais estudos, uma carreira, ter uma ocupação. Cadê tempo? para isto se a vida continuava lá fora. Emprego? Rrrr-releitz... Ambição? Tuc-tó... Dinheiro? Chooobs... Donzelas e moças de família passaram a ser-lhe tão distantes como Sírius. Adorava-as por serem mulheres. Agora, para o amor, putas. Isto sim. Tinha por estas, além do amor, o respeito que mostrava por todas do sexo. Conforme ele deixava entender, via em cada uma um pouco de d. Loló, sua mãe, de Laurinda, sua irmã. E isso inundava-o duma compaixão que era vaga mais alta, sobrepujando as ondas do seu amor. E era o amante perfeito — ia desde a ternura simples e menineira às últimas violências do *amour vache*. Era namorado e apache. O álcool não lhe abrandava nem amortecia o tesão — antes o estimulava e ele era, como o declarava a Chica do Padre — "um filho da puta na cama".

No capítulo bebida, desprezava os vinhos e só admitia, como Prudente de Moraes, neto, a cerveja e os álcoois fortes. Gostava de intercalá-los e sempre respaldava (o termo era dele) cada quatro chopes duplos com um conhaque, uma pingota ou uma dose bem carabinada de Steinhäger. E nunca ficava de porre como é entendida a palavra — no sentido de cair, provocar, brigar, babar, vomitar e boquirrotar inconveniências. Não. O álcool aprumava mais seu andar e o riste do pescoço galináceo, tornava seu ânimo conciliador e amigo de confraternizar, mantinha sua linha e aumentava (se possível) a polícia de sua língua. Nele mentia o *in vino veritas* pois não o fazia soltar uma inconveniência, uma indiscrição, dizer palavra que fosse, além do que queria. *Confraternizar* era verbo muito dele. Era estabelecer contato com todos. Confraternizava nos bondes, nos ônibus, nas barcas, nos pontos de espera, nos bares. Quando simpatizava com um cara qualquer que estivesse em mesa vizinha ele o olhava firme com o seu olho são, não o tirava mais do irmão da opa e quando este notava a coisa e parecia querer estranhar, o Luisinho abria-se no melhor sorriso, levantava seu copo em saúde, era invariavelmente correspondido e aí ia abraçar o novo conhecido como só ele sabia abraçar. Abraços a um tempo carinhosos e duma veemência de quebrar óculos e caneta-tinteiro no bolso do abraçado. E ele logo atraía.

— Então? nego, quê cocê tá fazendo aí sozinho. Passa pra nossa mesa. Vam'conversar. Beber sem companheiro é sinal de decadência. Rrrr-releitz...

Essa tendência a confraternizar não excluía suas cóleras. Mas quase sempre elas se desencadeavam quando estava abstêmio. O Egon lembrava uma delas, já no Rio, quando ele perdeu sua mãe. Ela tinha sido sua cliente, ele a desenganara e indicara operação com muito pouca chance de salvá-la. Para isto a velhinha foi internada no Hospital Gaffré-Guinle, onde uma crise hipertensiva seguida de hemorragia cerebral com inundação ventricular deram cabo dela sem ser preciso a colaboração dos cirurgiões. O Luisinho e a irmã chamaram logo o médico para as providências, para o atestado. O Egon lembrava que tinha chegado ao hospital já bem escuro, tardinha e que fora achá-los no necrotério. A defunta estava sobre mesa de mármore, coberta por lençol e longe dela, sentados num banco, agarrados um ao outro, o Luisinho e a mana. O amigo esperou um pouco e vendo-os sempre calados, foi à portaria buscar a folha para escrever a notificação. Quando voltava, atravessando o pátio, é que ouviu a gritaria que vinha do velório. Imaginou a Laurinda numa crise de nervos e apertou o passo. Nada disto: o que encontrou foi o Luisinho lívido de raiva, correndo atrás de uma irmã de caridade e sovando-a com vela de metro já toda partida em roletes aguentados pelo pavio e que faziam na padecente o som abafado de atingir-lhe o lombo por sobre tantas dobras e folhas e panos de hábito. Bestificado, ele segurou o Luisinho enquanto a freira, touca de lado, fugia como lebre acossada pela matilha.

— O que é? isto, Luisinho... Ocê tá doido...

— Nego, não pude mais. Essa sacana dessa freira deve tá'ssociada ao papa-defunto e já me encheu os colhões para escolher caixão assim e assado e mais aquilo e tocheiros de primeira melhor com vela de metro que de sessenta centímetros. Isso buzinado na hora que a gente quer ficar sozinho com quem gosta. Foi quando não pude mais e esfreguei-lhe as costelas com o tal círio de metro... Grande filha duma puta...

Pelo contado vê-se que o Luisinho estava mudado para o Rio. É. Tinha vindo com a mãe e a irmã aí pelos fins dos anos 20, mais certo princípio dos 30. Ido morar numa das clássicas pensões instaladas nos casarões imperiais da Tijuca. A deles ficava em Conde de Bonfim 159. Ali viveram Luisinho, Laurinda e d. Loló até a morte desta ocorrida a 17 de novembro de 1938. Foi quando mano e mana mudaram para a Ilha do Governador. Mas voltemos ao Luisinho, como ele era no Desterro, e às suas qualidades. Era o amigo exemplar. E punha a serviço de quem gostava tudo que podia e tudo que sabia. Não há nenhum dos que o sobreviveram que não tenha em casa vestígio das suas habilidades. Porque o Luisinho era um *bricoleur* com lampejos de gênio — que o levavam até perto da invenção à Thomas Edison. Não chegou até lá. Ficou em pequenos maquinismos, alavancas especiais, pregos inarrancáveis, gavetas invioláveis mas deixou incompleto o seu grande projeto do aparelho automático para abotoar botinas: abandonou o dito quando a moda acabou com estes calçados e homens e mulheres passaram a só usar sapatos.

Curiosa era a atração que exerciam sobre o Luisinho os homens de letras, os artistas. E a viceversação disto no interesse na curiosidade inevitável que sentiam por ele todos os intelectuais. Cito ao acaso Rachel de Queiroz, Rodrigo Melo Franco de Andrade, Murilo Mendes, Ismael Nery, Francisco Martins de Almeida, Moacyr Deabreu — que eram fascinados pelo imprevisto da qualidade da sua inteligência — feita duma percepção psicológica que o fazia pegar qualquer balda de qualquer um à primeira vista, duma delicadeza de sentimentos que fazia dele uma espécie de cavaleiro andante dos amigos e de todas as mulheres, dum descuido absoluto por toda espécie de interesse pessoal, sua total irresponsabilidade, seu descompromisso e completa disponibilidade. Estava para tudo e para todos a qualquer hora e para o que desse e viesse. Era dum incalculável bom humor e um perfeito afastador de tristezas. Era o tipo acabado do antifossa, como se diria em linguagem de hoje. E deixou um anedotário, uma série de casos, de saídas imprevistas que o transformaram, ainda em vida, de pessoa em personagem. Suas estórias, suas palavras curinga, seu "Vá tomá banho, nego" dito em tom carinhoso aos amigos quando estavam em situações inverossímeis ou exemplares e seu VÁTOMÁBANHO gritado para os que o desagradavam, que era equivalente a um puta-que-o-pariu e estava a um centímetro da bofetada, da rasteira, do pontapé no saco e do bolo de "pernas e braços na calçada". As primeiras, suas estórias, não serão retomadas aqui porque as melhores já foram contadas por Rachel de Queiroz e Francisco Martins de Almeida. Apenas mencionaremos a do leão que fugiu do Circo Queirolo e que entrou madrugada alta num botequim onde o Luisinho bebia confraternizado com noctâmbulos: todos sumiram menos o nosso herói que desconcertou a besta tratando-a como a um gato — pssst... pssst bichaninho gato bichaninho gato pssst... pssst... bichinho... bichinho... bich'gatinho — e dando para ser lambida sua mão cheia das gorduras e do cheiro das mortadelas. Ao lado desse clássico, figuram o caso do ônibus quando ele confraternizou com motorista e trocador, porrou-os, acarretou a demissão dos dois e sua reintegração pela mão do próprio MacCrimson, da Light & Power procurado pelo Luisinho e conversa vai conversa vem — confraternizaram os dois. O do português e do relógio. Os da sua fase de loucuras milionárias quando se associou a um comércio de aves ovos carvoaria que ele levou naturalmente à insolvência e à falência. Seu caso com o Cyro Moabreu em Santa Teresa. O do despacho feito ao meio-dia dum dia útil, ao pé da estátua de Tiradentes, frente à antiga Câmara dos Deputados. Sua participação no Congresso de Escritores, de São Paulo, 1945, para onde foi arrastado por Francisco Martins de Almeida e onde ele lançou seus cajus ao éter ou à cachaça — que confeccionava estufando a polpa da fruta com agulha de injeção e seringa carregada dum ou doutro daqueles inebriantes. Serve-se bem gelado. Mais: o caso de como ele conheceu e tornou-se amigo de outro russo, outro personagem de Dostoiévski, outro inocente, outro anjo chamado Aldo Borgatti e de como os dois confraternizando, perderam e resgataram, na Lapa, certos livros de manuscritos preciosos do Mosteiro de São Bento — confiados ao segundo, para restauração, por Rodrigo Melo Franco de Andrade.

> Meu amigo Pedro Nava
> regressou de Juiz de Fora.
> Parabéns a Pedro Nava,
> parabéns a Juiz de Fora.
> CARLOS DRUMMOND DE ANDRADE, "Parabéns"

Aquela manhã o Egon foi acordado com telefonema do Pedroso Lucas: queria dar a notícia de que o último *Minas Gerais* recebido trazia o expediente de sua remoção do Centro de Saúde do Desterro para a sede da Secretaria, em Belo Horizonte. Enfim... O Egon despertado de todo, resolveu logo meter mãos à obra, começar as despedidas e as providências para a viagem. Já banhado, barbeado, de terno e gravata é que sentou-se à mesa da sala de jantar, em cuja cabeceira a Sá-Menina tricotava. Depois de forrar-se de café com leite, pão alemão com manteiga — é que o médico pôs a senhoria a par do que se passava.

— Ora essa! dr. Jos'Egon... na mamparra, preparando tudo sem prevenir... pegando a gente de supetão, hem? Logo agora qu'eu estava tecendo os pauzinhos dum casamentão pro senhor...

— Uai! com quem? Sá-Menina...

— Uma das primas... linda e ouruda... mas num adianta o senhor nem saber... agor'étard'Inêsemorta...

No Centro de Saúde os colegas mostraram também grande surpresa. O Pedroso Lucas, desde o primeiro momento na confidência, ria muito, mostrando seus dentes perfeitos.

— Pois vá se arrumando, *seu* Egon, que assim que chegar a correspondência a seu respeito, preparo logo o memorando...

Já ao fim da tarde o médico dava por encerrado seu primeiro consultório — Schimmelfeld número 808. Vendera todo o mobiliário ao Dimas que andava ampliando sua clínica. Quase dado, tuta e meia, reservando-se só giratória que teria o destino de acompanhá-lo vida toda. À tardinha, quando ia para casa, passara na telefônica e determinara a retirada do seu aparelho (que era o 462). À noite, antes do cinema, cientificou os amigos da panelinha do que acontecia. Combinaram despedida para noite-que-vem com grande ceia no Riri Carozzo. Depois fosse o que Deus quisesse... Na manhã seguinte seus livros já estavam encaixotados e despachados para Belo Horizonte. Todo seu tempo agora era para as despedidas. Assim, começou a correr coxia. Fora à casa dos amigos mais velhos — drs. Cesário, Martinho, Cacilhas e mestre Conchais; à dos companheiros de trabalho — Pedroso Lucas, Dimas, Jarina, Audiovisto; à do excelente seu Onésime Cresylol. Tarde inteira com o primo Antonico. Ficaram faltando os outros parentes. Os mais próximos, paradoxalmente os mais distantes.

A ceia no Riri fora pagodeira magna. O Riri sobrexceleu, surpassou-se naquilo em que era imbatível: o vinho certo com o queijo certo, em gradações que iam dos brancos com os fracos, mantinham um momento seu altiplano e depois desciam dos tintos mais duros, aos brandos, aos rosês, cada um vestido pelo queijo adequado. Depois a passagem (já desacompanhada de queijo de qualquer sorte) para os destilados. Foi à sua altura que o Luisinho entrou em estado nirvânico de paz absoluta, serenidade, amor pelo próximo, confraternização incondicional, erotismo enternecido. Seu vocabulário reduzia-se na razão inversa do seu sentimento amorável que abrangia elisabetebarretianamente tudo que existe no mundo e ai! quanto! em largo, alto e profundo sualmalcançava... Ele estava mais escarlate que um coquelicô, o olho e os óculos embaçados, não falava, era como se suspirasse, sua rouquidão baixara aos registros do veludo, das claras de ovo para suspiro batidas com muito açúcar, aos oleosos mais densos. Mal sussurrava e se o fazia era em frase de duas, três palavras ponto final ou ponto de exclamação. Ele estava ao lado do Egon e seu pensamento imenso mal saía, na sua distocia, da distância que vai do imaginado à palavra que é seu símbolo. Aos poucos o médico percebeu que ele queria se referir aos genitais femininos, para o conjunto dos quais alvitrava comparações. E não dizia que eles se pareciam com, que fossem como, que lembrassem taliti-qual isso ou aquilo. Tudo fora substituído pela palavra negócio. E ele segredava que boceta era negócio mesmo de concha, nego! negócio de tinhorão, nego! de begônia, de orquídea, de antúrio...! Alguma associação passou nos visgos de sua ideação porque virou-se de repente e imantou-se para o lado da Marimacho Campelo.

— Xavê o seu, nega...

— O meu quê?

— Seu antúrio, seu antúrio, seu grelão, nega...

— Quando ocê quisé, filhinho... Mas só p'r'olhá. Usá mesmo não qui eu, graças a Deus, até hoje tenho passado ao largo de pica.

A despedida dos tais parentes mais próximos ficara para o dia do embarque. O Egon reservara-os para a última hora, já malas no carro, passagem rápida, entrar, sair, até um dia, não posso demorar que tenho o automóvel à porta e daqui a trinta minutos é hora do trem. Fora assim mesmo. Despedira-se num átimo da Fidélia, da tia.

— Pois já vou indo. Lembranças à Carminda — minha prima churrigueresca...

— Xu o quê? Gonzinho — estranhara a tia.

— Churrigueresca, tia, ultrabarroca...

— Você sempre com suas bobagens...

Um instante o Egon parou querendo explicar aquela expressão, dizer do excesso do ornato rompendo a linha funcional do módulo e sugerindo como que diluição da forma — sua pulverização em claros, sombras, volumes que se desgastam, que levam o ultrabarroco churrigueresco a um paroxismo análogo ao que sucede no gótico flamboaiante — fachada da Catedral de Zacatecas, fachadas e frontões de São Francisco de São João d'El-Rei. Saint-Michel e Chartres. Reims, Amiens, Ely, Westminster. Mas não adiantava querer empurrar essas coisas cabeça adentro da tia Felisberta.

— Bobagem não, tia. Churrigueresca e ultrabarroca querem dizer que sua filha é uma das coisas mais lindas que já vi.

— Juízo, Gonzinho... Vam'falá com seu tio que tá trancado no escritório há mais de hora com uma constituinte... Aproveito para tomar alturas da cara dela.

Foram. O Nariganga entrabriu a porta, fez uma fenda avara e por ali é que passou sua munheca de samambaia para ser apertada pela do sobrinho torto. E o Egon nunca mais enxergaria aquele desagradável afim que rabujaria ainda seus bons nove anos. Morreu a 27 de dezembro de 1938. O médico saiu correndo e bateu para a estação. Ninguém para o bota-fora pois ele odiava as despedidas de plataforma, os protestos de amizade, os escreva, dê notícias... Por isso não tinha precisado o dia do seu embarque e raspava-se incógnito naquela tarde de 7 de junho de

1929, data em que horas mais tarde desembarcaria em Belo Horizonte. Milagrosamente o rápido não vinha com atraso e pontualmente, às duas e quarenta, saiu à pequena velocidade — que tinha de parar na estaçãozinha suburbana de Saudosino Rodovalho. Depois, já a toda velocidade, deu ao Egon a visão da Alódia, Balbino e meninos na escadaria da casa que o Pareto lhes dava para morar — na sua fazenda da Creosotagem de Cima. Aquela volta para Belo Horizonte enchia-o de pensamentos vagos e contraditórios que viravam em coisa duma tristeza enjoativa, espécie de náusea — que o enchia de angústia e depressão. Estava satisfeito de voltar para Belo Horizonte, estava... Mas ao mesmo tempo sentia que aquilo o afastava da Beira-Mar e que sua mudança para o Rio ia se tornando cada vez mais hipotética e longínqua. Sebo! E se ficasse? em Belo Horizonte. Se decidisse? esse passo. Vamos ver... Em Barbacena, trem parado e chiando um assovio de vapor que não cessava — o ruído contínuo ia virando num aflitivo cirro de agonizante. Para fugir dele, resolveu ir se dar o consolo duma cerveja no vagão-restaurante. Foi atravessando carro depois de carro, cheios de gente de cara esvaziada pelo tédio da viagem e mal abriu a portinha do que para onde ia — deu um berro, logo correspondido por outro. Ambos eram cheios de surpresa e de que alegria!

— Nava!

— Zegão!

— O que cocê vai fazer? no Belorizonte.

— Fui removido do Desterro, volto para a sede sanitária!

— Puta merda! esta é de arrebimb'o malho! Eu também venho transferido do Juiz de Fora para o Centro de Saúde de lá... Tamo juntos outra vez.

— Que maravilha! Vamos comemorar...

Começaram a comemorar quando o trem largou da Barbacena, começou a subir encostas, a descer valados, ora se precipitando nos declives, ora paraparando se arrastando nas ladeiras. Tudo isto dentro dum dia que acabava gloriosamente flamejando como bandeira solo verde e céu laranja que eram as cores que predominavam no bojo da hora que passava. Os dois primos não estavam como se olhassem um pôr de sol no horizonte, ao longe. Era como se eles e o trem de ferro estivessem passando por dentro do próprio ocaso, como se mergulhassem e se consumissem num mar metal em fusão. A noite se aproximava e a luminosidade prodigiosa desaparecia aos poucos sem diminuir sua intensidade. Esta ardia sempre idêntica só que por trás de cortinas de gaze preta que iam caindo de uma em uma. Só quando a noite se completou é que os moços tiraram os olhos da janela e se olharam com agrado. Ambos consideraram que tinham engordado um pouquinho. Riam à toa e ajudados pela cerveja passaram a uma conversa íntima e vagarosa. O Egon contava a Pedro Nava, em termos de lucros e perdas, sua estadia no Desterro. Lucrara com as amizades que lá fizera. Lá isso, lucrara. Os drs. Cesário, Martinho, Cacilhas, seu chefe Lucas, seu auxiliar Cresylol tinham valido a pena. E que dizer dos íntimos, do Luisinho, do Percival, do Falcão de Valadares, do casal Frota — o Joel e sua bionda americana — Rose Tree da Frota. Isso pra não falar do primo Antonico.

— Você não faz ideia, Nava, do pitoresco e do inesperado das saídas, das tiradas do primo Antonico. Que grande figura. Só essa gente justifica o Desterro.

O Egon falava agora de outras vantagens que lhe dera sua cidade. Ganhara experiência vendo o que muitos médicos de sua idade não tinham visto ainda ou não veriam nunca. Uma epidemia de febre amarela. Medira-se com ela, ajudara a erradicá-la da cidade. Chefiara colegas pela primeira vez e sentira as asperezas desse abacaxi e a dureza das espículas da sua coroa. Começara a aprender consigo mesmo e ia aperfeiçoando cada dia a *profissionalidade* — isto é, a maneira de como se colocar sempre, de proceder com o doente, de falar, até o modo de vestir-se que logo indiquem a presença *dum homem da arte*, do médico. Não só na máscara, no exterior, como na essência e na responsabilidade. Esse atributo não é fácil de obter porque depende do apuro e do afinamento de várias virtudes do coração, da inteligência, da sensibilidade. O Egon tinha razão e veria sua teoria comprovada muitos anos depois, quando viajou e pôde apreciar a modelagem por que passam os médicos nos países onde existe uma verdadeira Medicina — bastante diferente do que seja uma medicina cafajeste. França, Inglaterra, Estados Unidos — entre os países que conhecera — onde os médicos-brancos, moldados por sistemas e escolas, são maioria separada da minoria dos médicos-marrons. Ele achava que o médico tinha a obrigação do decoro diante do doente e de ser para este a coisa vedada, incógnita e tabu — dentro daquele halo de que se cercava — por exemplo, Laennec.

— Assim que desencaixotar meus livros em Belo Horizonte, Nava, vou passar a você a biografia desse monstro de trabalho, sofrimento, estudo e contenção de atitudes... Que homem fantástico! Que médico! Que espécie de santo!

E o Egon continuava a enumerar as vantagens que obtivera de sua estadia na terra de nascimento. Vira abundantemente no seu ambulatório e escassamente, no seu consultório de principiante, não só os doentes de cujo contato o médico aproveita de cada um o pouco do peso, dos miligramas que se acumulando no decorrer de sua vida vão constituir esta coisa sem preço que é a experiência — só avaliável como quantidade medindo-se-lhe as unidades ponderais no seu termo de arrobas. Nesses doentes tivera contato essencialmente com uns poucos remediados e multidão de gente pobre, gente do povo de que retirara outra espécie de conhecimento que fora o de um grupo social — o da chamada indignamente *classe baixa* e dentro das quais vivem latentes as maiores qualidades da nossa gente.

— Classe baixa nem nada! São sempre infinitamente superiores aos chupins que exploram e sugam o sangue dessorado dessa pobreza de todas as cores — parecendo branca, amarela da opilação e da cruza, parda clara, parda escura, cabocla, mulata, puri, cafuza, preta. Aliás os mais clarificados são da mesma cor dos seus mandões — só que estes vivem cheios de orgulho e titica de galinha como diziam os nossos amigos Isador e Cavalcanti...

— Tou achando que você tá vindo do Desterro meio maximalista...

— Se estou, isto também foi tirado de minha vivência profissional. O médico é empurrado por sua formação em duas direções. Se é burro e saca de sua anatomia e fisiologia uma falsa ideia dessa hierarquia biológica da mão melhor que o pé, do cérebro melhor que o coração, deste melhor que o estômago e o resto — irá obrigatoriamente ser um conservador da pior espécie. Se é um pouquinho melhor e com os diabos! — creio que estamos nesse grupo, tira do povo, desse povo "vasto hospital" do mestre Miguel Pereira — sua lição. E esta lição vai condicionar o oposicionista, o insubmisso, o revolucionário, o anarquista, o dinamiteiro.

— Falei só por falar... Acho que você tem carradas de razão... Também sou contra o filhodaputismo da nossa sociedade...

Mas o Egon euforizado pela cervejamiga não deixava o primo falar. Queria fazê-lo continuando a contar de sua prática com a massa. Lembrava ao Nava autor que eles tinham descoberto no princípio dos 20 por indicação de Aníbal Machado — Marcel Proust. Lembrava a impressão do narrador sobre os Guermantes — raça extraordinária, de hábitos desconhecidos, vida misteriosa, cercada por uma espécie de incognoscível que era intangível, imponderável e invisível mas que a separava como casca de ovo que fosse impenetrável como o aço, mais intransponível que a matéria em estado absoluto, sem poros e sem as distâncias intermoleculares ou interatômicas que permitem reduzir o cometa de Halley ao volume dum copo d'água. Ia-se perdendo, perguntav'onde estávamos? Ah! sim na impressão do narrador maravilhando-se com os Guermantes. Mas ele olhava essa classe alta, da sua mediania, de baixo para cima. Fiz o contrário, olhando da minha posição média, os que estão mais para baixo na escala social — essa pobre gente sem nome, desindividualizada, que só pode ser entendida tomada em termos coletivos e compactos. Dizia que no contato com os coitados do seu ambulatório pressentira, mais adivinhara que propriamente pudera comprovar a formidável maçonaria de classe que existia na patuleia. Sentira as ameias raciais e de solidariedade na miséria que encouraçam e tornam inexpugnáveis a vida do pobre com suas opiniões, religião de classe comandada pelos feiticeiros; sua medicina de classe dirigida por seus curandeiros. Para ter uma ideia exata da força da rafameia basta olhá-la em termos de nossa arte popular, de nossa música popular. Tudo nelas são bandeira e clarim revolucionários.

— Num sei quando é que essa cagada vai estourar, Pedrinho... Só sei que não quero estar presente na hora da cobrança à vista. Quecocê acha?

— Eu? Você já esqueceu? que nós nunc'estamos em desacordo... Uai... tou contigo, filho...

Àquela hora o trem passava vagarosamente numas ribas. Eles olharam para fora. Só a noite do mato grosso das Minas. A noite e um estrondo dáguas caindo e fluindo no escurão, se compondo com sinfonia dos ruídos do trem de ferro fazendo fuco-fuco feito na canção da Maria Rosa do Cisalpino — seus chiados de vapor e aqui ali silvapitos cortando a noite. Só a noite.

— Isso tá com jeito de já ser o *Propeba*... Tamos perto... Mais um pouquinho, é o Barreiro e depois, Belorizonte...

Foi durante longa paragem no dito Barreiro que o Egon acabou de fazer seu relatório. Falava agora dos colegas do Desterro. Duas variedades. A dos médicos independentes indo mais ou menos na sua luta de franco-atiradores e os ligados prosperamente ao establishment. Estes viviam no seu mundo mais incomunicável que o dos cegos, o dos surdo-mudos — ou o mundo mudo túnel dos esquizofrênicos. Ele, Egon, deixava o Desterro porque não conseguira penetrar nos seus hospitais. Os donos da bola tinham evasivado e ele acabara desistindo. E vinha embora porque sem hospital não se faz o médico — segundo referia sempre mestre Ari Ferreira. Mas o jogo porco de que fora vítima em sua própria terra era o jogo geral de todos os médicos, de todos os lugares. O jogo de fechar, deter, criar obstáculos para que o colega, o próximo, o concorrente — não melhore, não se instrua, não tenha vez, nem chance, nem oportunidade... Ah! os colegas do Desterro... Iguais aos de todo o mundo, aos da Europa, da China, do resto do Brasil. Mas mesmo com toda sua estupidez, sua burrice solene, sua inveja, suas línguas de víbora — havia que amá-los pelo lado positivo de suas vidas.

— Cá por mim não tenho rancor dos obstáculos do Desterro. Eles são, no seu lado negativo, mais uma lição que aprendi na minha cidade. Ao menos, em Belo Horizonte, tenho certeza de que o Ari vai tornar a me ajudar a abrir as portas da Santa Casa. E aqui o juro, Navão, e você pode escrever. Se algum dia eu for chefe de serviço — ele estará sempre escancarado para todo e qualquer que queira aprender comigo e dos meus doentes.

— Isso, Zegão, farei também.

(Eles realmente fariam isso um dia e comeriam o pão cheio de cinza que essa liberalidade custa aos médicos e mestres de boa vontade.)

— Mas falando e falando, Pedrinho, não perguntei se você gostou de sua estadia em Juiz de Fora. Então?

— Uai! Gostei. Minha terra, num é? Lá naquele quadrado feito por Santo Antônio, Imperador dum lado, São Sebastião do outro e Direita pela frente, meu umbigo ficou enterrado ao pé duma jabuticabeira e meu primeiro dente de leite que soltou, foi jogado nos telhados da "casa-velha" do velho Halfeld...

Mas o trem, vagarzinho, começou a bater sinos de chegada no caminho cheio de estrelas do Calafate. Mais uma curva, rentearam o Arrudas e pararam solavancando na estação. O mesmo carregador para as malas dos dois.

— Agora, Navícula, vou tomar um táxi e você outro. Vou ficar no Hotel Globo...

— Agora, Zegão, você vai primeiro tomar onde as galinhas tomam e depois o mesmo táxi que eu, porque você vai ficar é comigo, casa de minha mãe — sua prima Diva, seu idiota...

Tomaram o automóvel que era o do veterano Matafeio. Emocionados, respirando o ar perfumado e doce de Belo Horizonte, atravessaram a praça da Estação toda incrustada de lembranças. Numa adivinhação o motorista entrou por Guaicurus movimentada como uma feira. Depois foram São Paulo e Afonso Pena, passando pelo Bar do Ponto, pelo Automóvel Clube todo iluminado, pelo Palácio da Justiça todo escuro e fechado. Finalmente, Padre Rolim 778. Os dois primos amigos estavam virando mais uma página de suas vidas. Eram as onze horas da noite daquele dia 7 de junho de 1929. Desceram com as malas. Ficaram batendo longamente na porta da casa apagada. Finalmente a voz materna perguntou de dentro.

— Quem é?

Capítulo 11

Belorizonte Belo

TÃO DIFERENTE HOJE, tão desumanizada, tão violentamente progressista — tão outra na sua população que não sei se ainda possa dar a essa zona de Belo Horizonte seu antigo e doce nome de bairro dos Funcionários. Nome quieto, cheio de pachorra burocrática, do perfume dos jardins, das árvores, das sombras, da humanidade dos muros de adobe — pesados, cor de pó de café — em cujas frestas os escorpiões faziam seus ninhos. Nome de coisas íntimas, de horas lerdas e das voltas sentimentais de Ceará e Pernambuco — namorados apinhados nos bondes para surpreenderem um instante só, segundo que fosse, do vulto das amadas das estelas furtivas entreabertas janelas. Tudo tão Mariana, tão ribeirão do Carmo, tão Ouro Preto... A primitiva Boa Viagem ainda se erguia como último adeus do Curral dentro da maré montante da cidade americana que começava. O velho vento do Cercado — livre de arranha-céus obstáculos — ainda passava dedos macios na cabeleira do dr. Lourenço, nas barbas de mestre Aurélio, nos bigodes do Raimundo Felicíssimo... Hoje, para fazer nascer da lembrança as velhas casas, as varandas, suas escadas, seus telhados; a recordação das ruas vazias em que o sol sertanejo fazia fulgurar a poeira de ferrugem; dos vultos raros dos funcionários à hora do crepúsculo e das beatas nas madrugadas de missa — é preciso um esforço, um afinco, um trabalho que nem o de quem está parindo. Mas acaba vindo e as gentes de outros tempos ainda veem os vultos da Chichica, de d. Milota e do dr. Nélson — em Santa Rita Durão; do dr. Pimentel e do desembargador Rafael na rua Paraíba; de Pedro Nava e José Egon Barros da Cunha — moços, moços! descendo Padre Rolim ou subindo Padre Rolim.

Esse logradouro corta o bairro e a cidade na direção lestoeste, desaguando, lado oriente, na avenida do Contorno e lado ocidente, na avenida Mantiqueira. Essa posição lhe dá sol dia inteiro e ela fica cor de ouro branco pela manhã, de ouro fino à luz zênite, de ouro vermelho à tarde e de ouro preto à noite. Se tem lua — então, fica de prata. Sua luminosidade contrasta com o tom acobreado e crepuscular da avenida Bernardo Monteiro ainda cheia dos velhos fícus de outrora. São estes e a terra da alameda central do logradouro — que dão ao lugar seus coloridos especiais. Duas cores só — o verde e o marrom — mas ambos com todas as nuanças graduadas pelas estações, pelas noites claras ou de breu, pelos dias limpos ou de chuva, pela hora do nascente, do meio-dia, do poente. Pois foi quase à esquina de Padre Rolim e Bernardo Monteiro que aqueles moços foram morar, chegando um do Desterro e outro da Juiz de Fora. Era onde ficava a habitação da prima de um e mãe do outro. Número 778 — casa da funcionária dos Telégrafos d. Diva Jaguaribe Nava. No coração do velho bairro, em cima dos alicerces soterrados das vivendas da paróquia de Nossa Senhora da Boa Viagem do Curral-d'El-Rey. Alegre era a construção na fachada caiada de amarelo-claro com suas três janelas abertas pintadas de branco e de verde-escuro por onde entravam o dia, os ruídos da rua e o pregão das mulheres de Piteiras, Gorduras, do Onça, de mais longe ainda — do Jatobá, do João Grosso, até de Santa Quitéria, até de Sabará e Vila Nova de Lima, com seus jacás de galinha, suas cestas de ovos enrolados em palha, suas ervas de preceito, suas mandiocas, mang'e milho verde. Alegres seus portões — o de madeira, da direita, por onde entravam as negras e mulatas para seus negócios e o de serralheria, da esquerda, por onde passavam a gente da casa e as amigas das irmãs do Nava na Escola Normal e no Conservatório de Música. Moças em flor. Chegavam isoladas, às duas, em ramo ou corimbo. Eram as primas Pinto Coelho — Nair, Abigail (Bigue), Carmem, Judith — no princípio sós e depois, a primeira e a última arrastando os noivos — Luís (Lulu) Xavier e José Maria dos Mares Guia. Eram as Passos bem nomeadas, cujas graças lembravam nomes de fruta do mato, de sabonete, extrato fino, bala-de-licor: Gercy, Hercy, Dercy, Nercy, Percy, Lercy; as Coelho Júnior: Ambrosina (Zinah), Elza, Áurea, Ilza, Amarilis, Leda e Neuza — das quais a segunda era escultora e todas cantavam. Eram irmãs do Diderot Coelho Júnior meu amigo íntimo só de cumprimento e em cujos olhos profundos o destino já se refletia gigantescamente. *Ay! d'elle, coitado...* Vinham também mais velhas, amigas da dona da casa, mas tão alegres que pareciam outras meninas. Eram Odete Melo e as diamantinenses Dulce Pimenta, Lavínia Alves Pereira e Estela Mourão Prado (Tetela). E a casa cascateava de tanto canto e tanto riso, do piano de Flora Paz, das vozes cantoras e da vitrola portátil com os discos mais lindos de Estefânia Macedo e o "Fox-trot de las Campanas". Quando todas iam simbora as irmãs Ana e Maria Luísa ainda tinham o que fazer, copiando em Braille romances e poesias para os ceguinhos do Instituto São Rafael. Faziam-no com estiletes rombudos sobre tábuas com furinhos em negativo, nuns papéis esquisitos — grossos como folhas de mata-borrão.

A casa dava a impressão de sempre cheia e não seria das visitas. Toda a família sentia isso e ela só parecia esvaziar, até que diminuir o número de cômodos, seu tamanho — murchar — quando d. Diva saía para seu trabalho ou para fazer suas visitas. Nisto ela era muito exclusiva e praticamente só frequentava a irmã Risoleta, sua *tia* Joaninha e o que lá restava de parentes depois da morte do Júlio Pinto e da ida da Marianinha para o convento; suas amigas d. Alice Neves, d. Julina do seu Lafayette, d. Rosalina do seu Avelino Fernandes. E bastava porque suas visitas eram longas e ela as saboreava com sua fabulosa capacidade de gostar e ser amiga. Ela era a vitalidade e o movimento em pessoa — fazia todos os seus negócios, ia ela mesma pagar suas contas na padaria do seu Menin, as do açougue, do armazém do Viana & Irmão, da Eletricidade, em cada loja onde devia suas prestações e na Telefônica — porque essa novidade entrara pela primeira vez em sua casa para alterar — como em toda parte — modo de vida, relacionamento com o próximo — toda uma cultura baseada no ir e vir, no recado, no bilhetinho, na carta, no quem-quer-vai-e-quem-não-quer manda. Suas idas a esses deveres e ao seu trabalho eram feitas com a alegria e o proveito afetivo que ela tirava de cada coisa e de todos. Para tudo ela era a competência personificada — tratava nossas doenças como se fosse ser anfíbio de médico-enfermeira, tricotava, fazia crochê, frivolité, bordado e costurava como se fosse profissional em cada dessas prendas. Cozinhava como um maître — das virtuosidades do forno e fogão, ao trivial fino, ao trivial nosso de cada dia — que sempre sabia ao que o paladar possa figurar de mais requintado. Porque é nesse trivial que se conhece o dedo dos e das cucas. Assim sempre foram iguarias em sua casa o feijão-mulatinho mineiro, o angu, o arroz, os picadinhos de carnes com chuchu, com abobra; a couve cortada rente ou simplesmente rasgada, os assados, os bifes, a almôndega, o croquete. Frango e galinha, só do seu galinheiro: comprava, deixava um mês inteiro a milho e resto de comida e só mandava matar quando o bicho estava completamente limpo das porcarias de fora. Fazia qualquer doce mas primava nos costumeiros. Inútil, ninguém fazia melado igual ao seu. Nem doce de abóbora em calda, pasta ou seco igual ao seu. Nem de batata-doce, batata-roxa, idem, idem, ibidem. E vidrado! Os de coco e as cocadas. E principalmente os de mamão verde que eram como se fossem água-marinha — quer ralados, quer finolaminados. E jamais imitava ou plagiava. Receita de salgado ou doce que ela quisesse fazer era lida, criticada e apurada. Nenhuma era repetida, todas eram recriadas.

— Quê isso? Só uma xícara de farinha de trigo? Muito pouco. Tem de ser xícara e duas colheres de chá. Senão fica mole demais. E não precisa tanto fermento assim. Forno, forno... não é assim que se diz. Tem de explicar tudo tintim por tintim. Nesse caso é forno brando, muito brando mesmo e demorado...

E seus ovos? O que ela fazia com essa joia da natureza! Fazia omelete bem batida, cortava aos pedaços e esses fragmentos esponjosos é que iam se misturar à farinha — porque farofa de ovo com o dito apenas mexido fica é uma reverenda porcaria. E essa coisa banal, que parece banal, mas dificílima que são os ovos estalados. Os dela eram torrados na borda, clara cozida no contorno, meio crua em caminho do centro e neste a gema real ouro vermelho como um sol descambante coberto como de fina bruma por película da clara aderente posta ao ponto com colheradas de banha de porco derramadas sobre o astro. E o tempero exato. O alho socado com sal segundo a receita ancestral. E a cebola certa no lugar certo. Assim também a malagueta e a pimenta-do-reino. E todas as outras tafularias de tempero, as especiarias da Índia nos casos em que se tornam indispensáveis, compulsórias — sem o que um prato figura tal *un conte sans amour*. É o preceito de Anatole avessado e que ele proclamava ser *chose insipide*...

Pensam que acabou? Era da cozinha à sala e aí a d. Diva fazia renascer as graças da sinhá Pequena da rua Direita, na Juiz de Fora. Tocava velhas cavatinas ao bandolim. Suas pontinhas de clássico ao piano mas principalmente tango argentino e todo o nosso Nazareth. Velhas músicas do repertório romântico das serenatas mineiras à lua cheia. E cantava. Gostava que fosse em coro — polifonia em torno ao seu Rud. Ibach Sohn. Ah! Onde? andarão as músicas de antanho...

Menina ainda, tempos do Bom Jesus d. Diva tinha tido de viajar para o Rio de Janeiro consultar o dr. Moura Brasil. Ele fora categórico. Depois dos colírios dera a higiene a seguir.

— Quarto escuro durante dois meses. E parar os estudos para não forçar a vista. De ler, nem jornal...

— Até quando? doutor.

— Até sempre.

— Mas doutor...

Assim ela tivera de interromper o colégio da d. Onofrina Hungria e só tinha estudado o seu primário. Mas sua observação da vida, sua inteligência tinham feito o resto. Depois de grande, lera pouco. Mas tinha feito isto como ninguém e os livros que tinham passado por suas mãos eram devorados, ruminados, relidos, extrarrelidos. Ela falava e citava sempre o *Quo Vadis?*, *Paulo e Virgínia*, os *Últimos dias de Pompeia*, *Aves de arribação* do cunhado Antônio Salles, a *Imitação de Cristo*, os versos do seu Belmiro, as poesias de Casimiro, Fagundes Varela, Luís Guimarães, Cardoso de Oliveira, Raimundo Correa, Júlio Salusse, do primo Brant Horta, de Mendes Martins, Francisco Otaviano, Gonçalves Crespo, Bilac — "Ora (direis) ouvir estrelas!" — e Maciel Monteiro. Este, raros outros, ela tinha de cor e recitava alto, com certo ritmo grandioso e antiquado pedindo os acompanhamentos ao piano, tempos de Dalila ("Formosa, qual pincel em tela fina"). Lera pouco, a d. Diva, mas aproveitara o que tinha lido como muito erudito não se vale de biblioteca inteira. Falava um pouco alto, num admirável dialeto mineiro, melhor, no subdialeto de Juiz de Fora que, com o de Diamantina, são as favelas mais requintadas de toda Minas. Tinha uma vasta sabedoria que externava citando com a-propósito infalível dezenas de anexins, ditos, rifões, provérbios, brocardos e frases feitas.

O Egon que acabara por ficar morando com os primos em Padre Rolim passava horas, fingindo que lia um jornal para ouvi-la conversar com visita, amiga, vizinha que entrava. Deleitava-se com seus termos da língua minas mais vernácula: tafularia, gangento, briquitar, tretar-relar, imbericicar, a-la-gordaça, botá-corpo, eta! ferro que matou cigano... Subia ao sétimo céu sobretudo quando escutava a prima discutindo fazendas com a d. Estela Mourão Prado e enumerando tudo que é pano que já não se tece mais: pongi, nanzuque, molmol, luizine, zefir, merinó, belbutina, cassa, cassa de salpico, cassa de risco. Qual o que era melhor e prestava-se mais para vestido de senhora, de mocinha, camisolinha de pagão, de criança, corpinho, saia branca, calça de moça. O que mais encantava o Egon era ouvir a prima contar seus casos de menina, da escravidão, da velha Juiz de Fora, os de assombração que herdara da mãe e do pai, do avô visconde com seus piqueniques de aniversário, todo cercado de netos, no Jardim Botânico. De sua chácara no Rocha. E mais do homem que matara a mulher a tesouradas, das cheias do Paraibuna, do outro avô Luís da Cunha e de sua brabeza.

— Esse não vi mas conheço de fama...

— Prima Diva, narrando como você narra, com o chiste e o drama que tira de tudo e tanto à sua moda, você devia escrever esses casos...

— Quem sou eu? Gonzinho. Não sei escrever direito nem minhas cartas quanto mais meus casos... Nem são meus... Ouvi de minha mãe, meu pai, tia Regina... Deles é que são essa lenga-lenga que eu só faço passar pra diante...

— Pois fique sabendo, prima, que guardo ela toda, até tomo notas... Quem sabe? um dia escrevo tudo que você me contou... Faço a crônica da família...

— Vê lá, primo... Nem pensar... Vai mexer em caixa de marim-bondo-mangangá...

O Egon insistia, fazia repetir, pedia detalhes, guardava tudo e quando era coisa de data — tomava nota num papelzinho e jogava dentro duma pasta velha. E realmente considerava que a prima era uma vocação literária sem oportunidade de ter se realizado. Ele admirava sobretudo a polícia de sua linguagem e as perífrases, os contornos descritos para evitar o inconveniente de certas palavras, os duplos sentidos, os assuntos tabus. Realmente, além de língua limpa, d. Diva obrigava a todos em casa e mais às visitas a muita tenência. Mal o assunto parecia querer resvalar e ela logo punha ponto final.

— Cuidado, gente, olha que tem moça solteira na sala...

Mas o que realmente bestificava o Egon na personalidade de sua prima não era sua inteligência, sua capacidade de trabalho, seu tino em fazer de dois vinténs um tostão, sua argúcia levando a que ela mostrasse o angu pronto e quente a quem se lhe chegava oferecendo espigas de milho no pé, seu espírito de sacrifício pela família — dos filhos aos primos mais remotos, sua espantosa prestimosidade, sua larga bondade e nenhuma concessão ou permissividade de comportamento consigo mesma — sim, ela poder aliar e conciliar tudo isto com a mais vasta tolerância. Tolerância filha da piedade infalível que ela sentia pelos errados, pelos diferentes, pelos humildes. Tinha pena deles. Pena das putas, pena dos ladrões, dos vigaristas, dos malandros, dos assassinos. Sim, até dos assassinos — como no caso de uma sua criada, vistosa mulata chamada Pardina de Jesus que embeiçada por certo João Crioulo, dera-lhe o que para dar-se fez a natureza. Emprenhou, escondeu a pança, apertou-se, espartilhou-se, pariu em sua casa e sufocou o filho. O infanticídio clássico. Teve de ser presa, ser submetida a exame pericial e o recém-nascido a autópsia. Passaram-se meses e a pobre coitada presa numa delegacia. D. Diva ia visitá-la e encontrava-a sempre em lágrimas, morria de pena e um dia perdeu a paciência e foi até o delegado e disse-lhe redondamente que era melhor que ele largasse mão de tanta patacoada e soltasse sua empregada que estava mais que arrependida. E o extraordinário é que o delegado, que não era um bruto e também tinha lá suas ideias, concordou.

— Tá muito bem, d. Diva. A senhora tenha a paciência de deixar passar o movimento do dia na delegacia e venha cá por volta das seis da tarde que eu lhe entrego sua mucama. E vou rasgar o processo...

Pois a criminosa foi solta, a papelada da culpa destruída. Esse bom delegado chamava-se...

Parva domus, magna quies.

Essa divisa não se sabe bem de quem, o dr. Davi Rabelo tinha em placa de esmalte pregada numa estante do seu escritório. Lá o Egon, ainda estudante e consultando seu mestre, a tinha lido e admirado seu sentido. Agora, cheio de costume com a casa da prima Diva, aconselhara que ela tomasse a frase para definir seu lar. Explicara o símbolo, Artur Resende em punho — casa pequena, grande tranquilidade. A prima rira respondendo que quando pudesse mandaria fazer tabuleta igual à do médico amigo da casa. Ou ia bordar suas letras na tira de feltro que forrava as teclas do piano. Realmente a Padre Rolim 778 inspirava esse sentimento de paz que sempre se entranha nas paredes, nos tetos, nas portas, nas janelas, nos móveis das residências onde as famílias têm destes períodos felizes de nenhum aborrecimento, saúde presente e morte distante. O Egon além de perguntador era curioso, reparador e o período que passou ali com os parentes (que contagiaram-no de quietude e alegria) ficou na sua lembrança indestrinçável dos detalhes da moradia. Da sala acolhedora com o piano, os dunquerques, o grupo amarelo arnuvô com seus estofados verdes cujo veludo lavrado se gastava e amarelava do uso e da esfregação da limpeza. Da de jantar com o *buffet-crédence*, as cadeiras austríacas pretas em roda duma mesa mais que centenária, daquelas redondas com um círculo de madeira elevado e giratório onde se põem os pratos: cada que quer servir-se, roda a parte superior do móvel até ter o desejado à sua frente. Uma cadeira de balanço. O telefone de parede. Uma porta altíssima, arco em cima e dotada de batentes de vaivém de madeira clara e vidro fosco: dava pros lá-dentro de casa. Anos e anos ele reencontraria dois desses móveis na casa dos parentes. A mesa, com a prima Leda Gontijo, a cadeira de balanço, com o primo Paulo Nava, na Serra — era aquela para onde tinha sido arrastada a vó deste, em Juiz de Fora, quando o ataque apoplético cortara-a pelo meio. Uma sala de almoço, atrás, onde o moço gostava de fumar seu cigarrinho de depois de comer, namoriscando vizinha que aparecia no terreiro dela com longa vara para derrubar os mamões de vez dum mamoeiro solitário. Ele comparava interligava frutos e seios e procurava imagens. Gostava também de ver o galinheiro quieto ao sol, os cacarejos preguiçosos do bem-estar das galinhas, as corridas do galo cobrindo todas uma em uma e refletia na torpeza biológica da ave que deixara de voar, desistira do azul, demitira-se dos altos ares, atrofiara as asas e voltara a um pra-lá-pra-cá de pernas feito as de gente. Mereciam mesmo virar canja, ensopado, terem seus ovos (sua descendência) estalados ou postos em omelete. Fumava e ia para o escritório do lado ou para o quarto grande ao fundo, as duas peças que ele passara a partilhar com seu primo Pedro Nava. Havia mais dois quartos, o banheiro reformado de novo, cozinha, varanda de trás e no fim do terreno os mais quartos independentes e instalações que a prima construíra para alugar a estudantes. Lá ele conheceu os que se sucediam e entre eles um futuro grande neurocirurgião: Renato Moretzsohn Barbosa. E os fundos dos outros vizinhos com o patético dos varais e das roupas desfraldadas. Calças de mulher, corpinhos que o vento estufava, fazendo coxas passageiras, maminhas transitórias. Outro lugar da casa que ficaria para sempre na sua lembrança era a varanda comprida da frente (para cujas colunas a prima Diva já puxara o caule do seu sempiterno pé de estefanotes) e que se lhe gravara duma noite em que ele ficara em casa sozinho com as almas. Era Carnaval e ele não podia sair pois convalescia de um dos seus frequentes ataques de amigdalite aguda. Este terminara em abscesso aberto por desagradável otorrino — um ser muito distante, muito cerimonioso, muito casmurro, decerto puto da vida com aquele osso que lhe desabara em cima, enchendo de nada o tempo de sua rendosa clínica numerosa. Tirara sua forra abrindo o foco periamigdaliano com ferocidade e a frio, enterrando nele pinça rombuda que abriu dentro e que empurrada pelo próprio paciente na defesa instintiva rasgou tudo e fez jorrar o pus. E ainda resmungou entremostrando sorrisinho de mofa.

— Obrigado. Era o que eu queria…

Ganhou nada do colega, evidente — mas sua estupidez deu-lhe inimigo para sempre. Vai-te embora, bruto!

Todos tinham saído. Ele não. Ainda estava bastante doente para carnaval mas não tanto que não pudesse arrastar uma cadeira para a varanda e ali passar um pouco de sua noite sentindo o vento refrescante e ouvindo distantes zabumbas de zé-pereira, agudos de clarim. Na rua o deserto era total e o silêncio tão grande que deixava passar em Padre Rolim aqueles ruídos ao longe — que vinham do Centro, pulavam por cima do parque, das ruas e dos quarteirões para serem captados naquela varanda. Por dentro da noite esses sons chegavam sem arestas — como se as tivessem perdido atravessando cortinas de veludo inumeráveis. Deles e do escuro — descia aos poucos sobre o médico um sentimento de solidão tão absoluta que concorreu para transfigurar psicodelicamente a noite valorizada, a rua dum oco de túnel, as casas fantasmais, à frente, tudo apagado e, de luz — só a vermelha dum poste coada através da árvore que deitou raízes na sua lembrança além das que espalhava pastadeiramente no chão da rua. Ficava rente à fachada — em a qual roçavam folhas e pontas de galho. Seu tronco ainda novo é agora marco desse lugar, hoje que a casa foi demolida, seu local ocupado por construção acachapada e modernizante que conserva o número 778: é a sede da Editora Casa de Minas. A árvore lá está, o galho que ia para as janelas foi decepado, a casca ficou rugosa e negra e toda ela é cacunda e inclinada como velha coisa, as raízes sem número trançadas como enorme feixe varicoso, chupando daquele chão de ferro do bairro dos Funcionários a seiva devolvida em verde de folhas e ares puros da clorofila balão de oxigênio. O moço médico olhava aquela paisagem noturna tornada irreal e de que lembraria, cada vez futura em que avistasse uma gravura de Oswaldo Goeldi — aquelas gravuras duras de madeira, duras sim, entretanto cheias de um finito e duma solidão como da morte, da tumba. Foi o que ele ficou longamente sentindo e a beber como se sua sensação fosse um vinho raro para ser degustado de gole em golinho. E ele renova sua impressão passada sempre que vai a Belo Horizonte visitar os lugares onde foi Troia, a casa dos primos e ver a baliza vegetal que marca seu lugar e traz de roldão as lembranças daquela noite de nada. Só d'estrelas, do céu de veludo e de vagos ruídos dum Carnaval remoto...

Pois era justamente dessa varanda ou das janelas da sala que o Egon gostava de ficar apreciando de dia, o movimento da rua e a passagem dos vizinhos. Deles, seu Peçanha — o respeitável secretário da Escola Normal, era sempre visto, pela manhã, pela tarde, a todas as horas do dia, indo e vindo do estabelecimento de ensino situado a uns quarteirões da sua casa. Essa ficava na esquina de Bernardo Monteiro e Padre Rolim, encostada à do seu filho casado, Franklin Peçanha, que morava em frente à nossa. A de seu pai era construção baixa e ampla, cheia de janelas para os dois logradouros e com entrada lateral pelo primeiro. Sua caiação, de um amarelo estridente, combinava com os cabelos radiosamente louros das filhas Maria e Rachel — sempre preparadas e postadas numa das janelas onde esplendiam como girassóis. Entre as duas, mal se distinguia a terceira, Beatriz, modesta violeta entre aquelas flores exuberantes. O seu Peçanha dava a impressão de não parar em casa nem na Normal — era verdadeira lançadeira entre essas extremidades do seu itinerário. Só se o compreendia nesse ir e vir, alto, muito magro, cor macilenta, pele fina, translúcida como as opalinas, olhos pequenos, azulados, encovados dentro de órbitas a cujos contornos ósseos a pele parecia aderida; cílios, sobrancelhas, cabelos e bigodinho não grisalhos mas cinzentos mesmo, um nariz imenso — fino de ponta como bico d'ave e que fazia linha de ouro com a direção das abas do seu chapéu-coco muito puxado para a frente. Usava sempre gravata, colete, sapatos e calças negras — tudo complementado pelo fraque da mesma noite, colado a suas costas mas de abas farfalhantes. Quando havia ventania, tinha-se a impressão que o seu Peçanha, de tão leve, ia ser levantado por ela — coisa imponderável, dentro da nuvem de poeira e de folhas secas. Ele andava sempre depressinha, braços um pouco afastados do corpo, com um ar de travessura e de matreirice como o de quem vai dar um flagrante ou fazer uma surpresa. Mais ágil que no vento, ele o era na dança. A d. Diva, seus filhos e o Egon testemunhavam tê-lo visto em flagrante de baile em casa da sinhá Rosalina do comendador Avelino. Ele estava ponderoso e grave, conversando com o dono da casa, o Olinto Ribeiro, seu filho Waldemar, o Pedro Paulo Pereira e o Benjaminzinho Miranda Lima. Eis senão quando começaram a tocar a "Saudade de Ouro Preto" e suas notas (como as dum clarim tocando fogo numa soldadesca) deram logo com o seu Peçanha na sala e dirigindo-se ao ramalhete de moças, num canto, onde colheu a mais linda flor para com ela rodopiar ao compasso ternário da valsa. Ele a dançava largamente — ora bóston, ora vienense, ora varsoviana, levantando e abaixando seu braço e o da dama ao ritmo da música, como se usava nas velhas eras desse excelente funcionário, nas noites de gala do Palácio dos Governadores, em tempos da Vila Rica. À esquerda do 778 só havia uma casa na direção de Bernardo Monteiro, exatamente na esquina e fronteira à do seu Peçanha — que vimos sucessivamente ocupada primeiro pelo seu Oduvaldo; depois pela d. Natalina do seu Raul Guimarães, que era de Sabará e prima do José Figueiredo Silva — companheiro do Pedro Nava e do Egon na antiga Diretoria de Higiene do Estado. Finalmente morou ali o Ismael Faria, cujo riso contagioso e alegria epidêmica — faziam dele o vizinho mais simpático daquele canto do bairro. Ele era farmacêutico e andava à época pelo seu quinto ano de medicina. Formar-se-ia na turma de 1930, com Guilherme Soares, Rodolfo Herbster, Edmundo Haas, Domingos Justino Ribeiro, Alysson de Abreu e João Guimarães Rosa. Em frente à casa do Ismael, sempre esquina de Bernardo Monteiro, ficava o bangalô da d. Belinha

Cadaval e seus filhos — gente do Maranhão. Já para o lado direito do 778 havia moradias até à esquina de Rio Grande do Norte, sucessivamente ocupadas por famílias de arribação que não esquentavam lugar. Em pouco tempo o Egon passou a conhecer toda essa vizinhança de cumprimento e boas palavras trocadas durante seus itinerários. Mais longe da casa onde ele estava residindo com os parentes, ele ainda conhecia o seu Menin da padaria da esquina de Bernardo Monteiro — diagonal à que faziam as fachadas do Colégio Arnaldo. E ainda em Bernardo Monteiro mas em direção oposta, ficava o portão do César Burnier. O seu Menin nunca sairia da cachola do Egon a ela ligado pela gratificante lembrança de certos cachorros-quentes imaginados pela prima Diva. Ela gostava de comprar linguiças escolhidas de carne de porco e toucinho que eram confiadas ao dono da padaria para inseri-las em pães que ficavam prontos com a primeira fornada das onze da noite. Chegavam quentes, dourados, cheirando a campo ensolarado e a trigais maduros, bons de começar a roer pelos bicos, progredir vagarinho naquela massa crustilhante por fora, na casca torrada e macia por dentro, no miolo mais tenro e oloroso que flor carnuda como a da magnólia — progredir cuidadosamente até dar numa das pontas da linguiça que logo vinha com seu gosto eloquente e o ardido de sua pimenta — complementar o sabor mais brando do pão que a envolvia. Essa moda da d. Diva pegou no bairro e seu Menin já não tinha mãos a medir com as encomendas. Outro que ficaria na lembrança do Egon, e para sempre, era o referido César Burnier. Ainda vinha a ser seu parente longe pois filho da que ele se acostumara a chamar de prima Nhanhã — que era a esposa do engenheiro Clorindo Burnier Pessoa de Melo, de Juiz de Fora. O César fora apresentado ao Egon pelo Nava e tinham ficado muito companheiros durante a vida de estudantes pois os dois gostavam da palestra e da poesia do primeiro.

Os itinerários do Egon eram obrigatórios. Ele se acostumara a fazê-los a pé. Pela manhã, para ir à Santa Casa, continuava Padre Rolim até à esquina de Ceará, onde dobrava à esquerda e batia dois quarteirões e meio até aos pórticos do hospital. Quando não tomava esse caminho, descia Bernardo Monteiro e caía direto na praça Quinze. Ao seu fundo, dominava a massa do nosocômio. Quando depois do almoço, saía para o Centro de Saúde — sua era a direção poente da Padre Rolim. Desembocava em Mantiqueira, atravessava suas larguras, descia a rampa de Carandaí. Se tinha pressa, pegava Guajajaras até João Pinheiro. Se estava em ânimo de flanar, seguia Afonso Pena, dobrava em Álvares Cabral, transpunha Afonso Arinos e subia João Pinheiro até sua repartição. Findo o expediente, era por Goiás que chegava ao quarteirão por excelência de Bahia e logo ao Bar do Ponto e Afonso Pena até à praça Sete onde dava volta na esquina de Rio de Janeiro e chegava ao consultório. Manhã, quando decidia ir à Santa Casa por Ceará, só esse propósito já era bastante para a criação das resultantes físicas da angústia antecipada do que ele ia passar. É que tinha de despir seu presente, anular sua experiência e reassumir estado de espírito infantil — porque os dois quarteirões desta rua (de Padre Rolim à praça Quinze) tinham sido descobertos nos seus onze, doze anos — numa manhã de escapula cidade afora. Isto lhe era minuciosamente devolvido pela recriação do tempo passado — tão cedo ele fazia pião e entrava em Ceará. Ah! ofegava do peito, palpitava do coração, suava frio de testa e mãos — fios dágua escorrendo pelas costas na mesma angústia desmoronamento fragor e rugir de chamas que Stevenson pôs no Doutor Jekyl à hora em que ele virava no Mister Hyde. Um pânico inglês também tomava o Egon na transformação em que ele dava seu último passo de adulto em Padre Rolim e já punha pés pueris na esquina de Ceará. E ele marchava na claridade que despencava em catadupas do sol de assombro, retomava a impressão desértica que lhe sugeriam os baldios e os muros mortos daquela ponta de rua. Tinha a impressão de estar num areal, numa estepe, num pampa infindável onde o dia jamais teria fim com aquele sol estacado ao gesto mágico dum Josué. O céu era outro descampado imenso, imóvel da parada do astro e da falta dos ventos — duro e mineral — calota de turquesa inexorável. E ele tremia no claro dia — tiritava e tremia à ambiência de horror sem causa aparente que se lhe transfundiria depois na alma — idêntico! — à leitura de *O escaravelho de ouro* — a novela cheia da lógica geométrica e treslida, do vácuo de insólito e despenho e da precisão incisiva e onírica nela postos por Edgar Allan Poe. E as duas coisas misturar-se-iam na sua alma. Lendo ou relendo o conto do escritor americano, ele tinha-se outra vez o menino espavorido no dia hiante da rua Ceará. Descendo esse logradouro ele era atirado de chofre na prodigiosa ficção. Aquilo era inevitável mas — graças a Deus! — só durava distância de dois quarteirões. Ao fim destes, as palmeiras-imperiais da frente da Santa Casa logo varriam todas as fantasmagorias do azul do céu logo posto em movimento. O dia prosseguia no tempo e os sons recomeçavam suas escalas. Apareciam nuvens de passarinhos. E sua infância derretia novamente, ele se reassumia, enquanto o trom da velha concha morria morria morriainho moído moinho inho... inho...

O caminho por Bernardo Monteiro era repousante como banho de imersão nas sombras verdes aquários de seus fícus gigantescos. Tal impressão líquida é tão grande que se estranhava quando ave esvoaçava entre galhos raios de sol — entre molezas de algas. Não vê? se esperava é peixes deslizando... Nas mãos de mil dedos dos fícus o tempo não passa e Belo Horizonte permanece segura naqueles enovelados de galhos. Encantada ali. A luz do dia coleia desvia ziguezagueia até o solo que ela mosqueia — o solo pardo. Talitiqual os pelos amarelos fazem ao couro roupagem real dos tigres. Essa via era a opção do Egon quando ele tinha de ir à Faculdade de Medicina, ao Hospital São Vicente. Ambos, hoje, só lembrança porque inexplicavelmente demolidos como se houvesse o propósito de exorcismar aqueles lugares das sombras favoráveis de Cícero Ferreira, Aurélio Pires, Marques Lisboa, Carleto Pinheiro Chagas que habitavam as paredes derrubadas da primitiva faculdade; as de Davi Rabelo, Zoroastro e Melo Teixeira — as do antigo São Vicente. E onde acolher-se-ão? as de Borges da Costa, Luís Adelmo Lodi e Mário Penna — quando a picareta inimiga da memória médica da capital de Minas fizer ruir os muros do Instituto de Radium. Verdade, verdade, nada disto — tampouco Pronto-Socorro, Hospital Carlos Chagas, Faculdade de Ciências Médicas, Hospital da Previdência, o Maria Guimarães, o Dispensário Central de Lepra, as dependências do Ministério da Agricultura que ocupam mais de uma quarta parte do que seria o parque Municipal (de cuja área os governadores do estado e os prefeitos de Belo Horizonte dispuseram ao seu belprazer como se se tratasse dos terreiros de suas casas) — nada, nada devia ter sido ali construído. Mas foram... Então deixá-los ficar... Não arrumar mais como foi feito na outra quarta parte (a da margem direita do Arrudas) onde Assis Chateaubriand e Francisco Sales limitam os quarteirões formados por Andradas, Conselheiro Rocha, Itambé, Aquiles Lobo e Geraldo Teixeira da Costa — que tudo devia ser parque nos tempos de Belo Horizonte mas que hoje ajudam a compor a paisagem urbana do "Triste Horizonte" de Drummond e de todos que curtem a cidade que foi tão amorável... É só não continuar a desfigurar e deixar ficar o que já não tem remédio.

Os caminhos do Egon para o Centro de Saúde davam-lhe todo o parque para rentear desde a zona de Mantiqueira onde fora a Limpeza Pública e tinham antes os Esportes Higiênicos — clube que florescera nos anos 10 e que ficava naquela avenida mais ou menos onde hoje, o Pronto-Socorro. O médico gravou de tal maneira aquela paisagem urbana que mesmo tudo mudado como está, ele recoloca nos seus devidos lugares e com a alma antiga o que vinha ao seu encontro quando ele ia de casa para o Centro de Saúde e descia deste para o consultório. Essa ressurreição se processa sempre que ele volta a Belo Horizonte e põe suas solas sobre trecho de Mantiqueira cujas calçadas conservam a mesma pavimentação de há mais de meio século. São uns ladrilhos toscamente feitos a cimento. Têm no centro um octógono prolongado para cima e para os lados por quatro retângulos que se continuam com os do outro ladrilho vizinho. Nos quatro cantos de cada, as quatro bricas alongadas que somadas às que existem nos outros, compõem uma estrela de quatro pontas. Todo o centro do octógono é cheio de depressões que quando chove e seca — deixam desenhos brilhantes de poças dágua dispostas geometricamente no chão. Cada, um centímetro quadrado de espelho cortado regularmente com a ponta dum diamante de que ficasse um pouco — dissolvido naquele líquido. Até hoje quando o Egon põe seus velhos passos nestes ladrilhos vai chamando mentalmente os antigos moradores das casas quase todas mortas e de que algumas milagrosamente estão de pé balizando e dando distâncias exatas e lugares certos para o das recordações — que de chofre se erguem, como em filme de terremoto rodado às avessas. E o médico só passa hoje, ali, de alma antiga e com desejo de saudar pessoas e casas com o bom dia! de antanho. Bom dia! Grupo Escolar D. Pedro ii. Bom dia! Gás Pobre, Distribuidora, casa do dr. Orozimbo, casa do maestro Flores, do dr. Balena. Bom dia! Fórum — que pena! a reforma que aviltou tua cúpula. E saudar assim o Automóvel Clube, a outra Delegacia Fiscal — os dois que faziam os pórticos de Álvares Cabral. E praça Afonso Arinos, a casa do senador no 19, as casinhas pequenas que vizinhavam com ela, subindo uma João Pinheiro cheirosa das suas magnólias ainda. Por Goiás, as casas do Bié Prata, de d. Alice Neves, o quarteirão mais importante de Bahia. E Bar do Ponto e o túnel dos fícus derrubados por artes dum mouro fazedor de deserto. Velha Matriz de São José com o céu por trás. Ah! que belo horizonte — cada vez empurrado para mais longe, mais longe e hoje só visível como antigamente, pelos que viajam até as distâncias suburbanas de Laguna, Ressaca, Serrano... Ah! Esses nomes até que são bonitos, mas não são nomes do Belorizonte do Egon, de Carlos Drummond, do Emílio, do Almeida, do Nava, do Cavalcanti, do Chico Pires... Ah! é outra cidade. Saudade...

A intenção inicial do Egon quando viera transferido do Desterro para Belo Horizonte era morar em hotel. Seu encontro com o Nava no trem levara-o a aceitar a hospedagem que lhe oferecia o primo em Padre Rolim. Sempre dizia que tinha de ficar sozinho, sempre instado pelos parentes a mais uns dias, quando deu conta de si, estava mesmo era instalado na casa da prima Diva, atraído pela convivência do primo e grande amigo, das suas manas Isa e Nete e pela dona da casa que fora logo tomando conta de suas coisas, pregando-lhe os botões, costurando-lhe as injúrias da roupa branca, das meias e paparicando aquele filho mais que lhe entrara em casa. Quando foi dos abscessos periamigdalianos que o afligiram no princípio de 30, a d. Diva se desdobrara — espoando-lhe as comidas, reduzindo-as a sopas e *purés* deglutíveis pela garganta sensibilíssima, preparando-lhe as compressas de água fria e os gargarejos quase a ferver, medicando-o a tempo e a hora. Aquela bondade tocara o Egon e ele um dia, brincando, chamara-a ao jeito de tratá-la dos sobrinhos dela, filhos da Risoleta. Chamavam-na de mãe — simplesmente, deixando o "mamãe" para os filhos.

— Prima Diva, acho que dagora em diante vou começar a tratar você do jeito dos filhos da prima Zoleta. Vou chamar também de mãe. Só que para ficar diferente deles vou conservar o prima. Mãe-prima fica ótimo...

A d. Diva aprovou, riu muito e mãe-prima ficou sendo.

— Pois então já estreio hoje dando minhas ordens. O sapato que você mandou jogar fora não vai pro lixo não. Vai é botar meia-sola e rosto novo que fica como se tivesse chegado da loja.

D. Diva era a economia em pessoa e fazia durar um sapato o tempo de vida de três a quatro pares nas mãos... digo, nos pés de outros. Em vão as filhas faziam-lhe ver que aquele negócio de rosto novo, meia-sola, salto novo, sola inteira — acabavam por fazer o primitivo calçado virar noutro, ao jeito das facas quebra lâmina-muda lâmina, quebra cabo-muda cabo, quebra lâmina...

— No terceiro concerto já não é mais a mesma faca...

Pois a d. Diva não entregava os pontos. Em torno dela tudo tinha de fiar fino naquela sua ideia de aproveitar o máximo de cada coisa. *Elle se coupait ses liards en quatre*. Não por sovinaria mas por economia.

— Pois o sapato vai para o remendão e tem mais. Essa noite vamos todos ver *tia* Joaninha que a Marocas mandou dizer que não está bem e o seu Egon vai conosco conhecer essa parenta que é mais dele do que nossa porque era prima-irmã do primo Elisiário.

Pois à noite bateram-se todos para a Floresta. A *tia* Joaninha era prima da mãe de d. Diva. Morara sempre à Floresta, com a família do coronel Júlio César Pinto Coelho. Com o falecimento deste em 1916, sua filha Mariana Carolina (Marianinha) que professava, como o pai, um ateísmo desenfreado e proclamava-se anticlerical convicta, aos poucos fora fraquejando, indo à missa vez que outra, depois todos os domingos. Começara a receber visitas de filhas de Maria da Floresta, das dominicanas do Santa Maria, da Mrs. Dobson irlandesa católica e agregada ao colégio dessas irmãs e finalmente a Anita Monteiro Machado dobrara-lhe as últimas resistências e fizera-a filha de Maria aí por volta de 1918 ou 19. Começara, a partir de então, vida cada vez mais devota, a princípio com missas diárias, depois com comunhões diárias. Abandonara completamente suas atividades culinárias, suas virtuosidades musicais e agora não saía mais das irmandades, e era assídua em visitas às dominicanas, às irmãs da Santa Casa, às do Sagrado Coração, às do Orfanato Santo Antônio. E punha no beatério o mesmo entusiasmo que pusera outrora na negação de Deus. Empreendera demorada viagem para consultar seu parente o padre Carlos Carmelo de Vasconcelos Mota e em 1921 estourou a bomba. Viajou secretamente para a Bahia, sem acompanhantes e sem se despedir de ninguém. Deixou uma carta à sua prima Diva em que anunciava que, desiludida de tudo, ia professar no Bom Pastor, passar o resto de sua vida em penitência pelos pecados dos seus — que eram a cruz que tomava sobre os ombros. Deixava a *tia* Joaninha com casa para morar e boa pensão garantida pela Ordem do Bom Pastor. As irmãs dessa ordem a tanto tinham se comprometido — mas não cumpriram o trato. Primeiro mudaram a velha Pinto Coelho da casa que lhe ficara para moradia, para outra menor. Depois cortaram a mesada e forneciam-lhe apenas marmitas de comida contada que eram entregues cada vez em menos e pior — como esmola dada de má vontade. Toda a fortuna milionária do velho Júlio Pinto passara para a ordem e a tia Joaninha ficara a neném. Safava-se mal e mal com uns restos de economias que tinha, o aluguel dum chalé que possuía. A Melila Elisa, sua sobrinha, fora obrigada a empregar-se e era funcionária da Estrada de Ferro Oeste de Minas. Moravam as quatro juntas, tia Joaninha, a Melila, a Marocas e sua irmã Nina. Era tudo o que restava da casa cheia do coronel Júlio Pinto...

D. Joana Carolina Pinto Coelho Júnior (como ela se assinava) era filha de Modesto José Pinto Coelho da Cunha e de d. Joana Carolina (Pereira da Silva) Pinto Coelho. Devia ter nascido pelos anos 50 do século XIX e ia neste 1929, à ocasião da visita que lhe faziam os primos, pelos seus setenta e lá vai beirada. Era solteira, pessoa muito inteligente, mãos de fada para coser, bordar, fazer flores com veludos e sedas velhas, ramos de folhas e retratos com cabelos de defunta; grande doceira para peças secas ou em calda. Memória de anjo, sabia toda a crônica familiar, era linhagista reputada. Tinha o título de normalista — uma das primeiras dessa qualidade em Minas. Exerceu o magistério, tendo tido um colégio em Juiz de Fora. Sua mãe depois de viúva e ela tinham ido para Belo Horizonte, onde moraram sempre com o coronel Júlio Pinto e sua filha Marianinha — respectivamente sobrinho de uma das Joanas Carolinas e primo muito próximo da outra. Primo carnal, como se diz, por serem filhos de dois irmãos casados com duas irmãs. Morta sua mãe a 11 de fevereiro de 1909 e o Júlio Pinto a 6 de março de 1916 — a *tia* Joaninha, muito apegada à Marianinha, continuou parte daquele resto da família do seu tio Luís da Cunha, apesar de ter outros irmãos que eram de nome Modesto, Carlos, Modestina, Elisabeth (siá Beta). O Nava, no bonde da Floresta ia explicando ao Egon essa lenga-lenga de parentes para ele se situar bem quando conhecesse aquela velha prima-irmã do farmacêutico Elisiário — seu pai.

— É sua prima em segundo grau, mais perto do que minha que é em terceiro. Mas você não deixe de chamá-la de *tia* Joaninha — senão ela implica... E olhe que é velha brava e que gosta de dizer a cada um as suas verdades... Todo cuidado é pouco... Mas no fundo boa pessoa, muito parenteira e sempre pronta a servir sobrinhos, primos, agregados como é o caso atual da Marocas e da Nina. Só que não é desta época. Ela age e vive como se estivesse em Santa Bárbara do Mato Dentro, tempos de sua avó ou no Ribeirão do Carmo da bisavó. Minha avó d. Lourença, minha bisavó *d.* Maria *Corda* — diz ela. As duas são nossas antepassadas do tempo da Colônia. A última é *Córdula* mas não há meio da língua dela dizer assim: é sempre *Corda.*

— Que nome horrendo! Córdula! Faz parelha com Úrsula, Tareja, Urraca, Memoranda...

— No princípio também achei. Até quis saber o significado e a origem. Perguntei ao mestre Aurélio. Ele deu busca nos seus dicionários mas encontrou nada. Depois disse que pelo rumo devia significar cordata, a que concorda, a que aceita. Seria talvez uma invocação da Virgem da Anunciação — quando conformando-se à ordem do Senhor trazida pelo Anjo... *Ecce ancilla...* Assim fica bonito. Se é que é assim — porque o nosso professor disse que era apenas hipótese dele, sem fundamento em texto...

Ao entrarem em casa da prima, o Nava que há muito lá não ia, ficou espantado com o aspecto gasto, usado, desbotado de tudo que ele outrora conhecera escarolado, polido e reluzente na casa do Júlio Pinto. As poltronas no fio, os quadros com os retratos a óleo caminhando para uma cor uniforme, um pardo dado pelo bolor e pela poeira. Passando na sala de jantar, reparou no aparador vazio sem a famosa prataria dos tempos da abastança. Foram encontrar a velha prima deitada, cabelos separados no meio, postos em dois amarrados, um de cada lado. Testa lisa e nua. E ela estava, assim, o retrato da sua avó d. Lourença, cujo daguerre pendia à sua cabeceira. Depois dos cumprimentos ela quis logo saber quem era o Egon. D. Diva respondeu.

— Filho do seu primo primeiro Elisiário, *tia* Joaninha...

— Ah! Já sei, o do Desterro, o que casou com nortista... Hum!... Como isso deu que falar, gente... Também, era o segundo Pinto Coelho que casava fora de Minas. Depois o costume pegou. A primeirona tinha sido a Inhazinha, depois suas filhas, uma neta. Olha a Iaiá, a Jandira, a Alódia, ocê, *sá d. Diva* — tudo misturando com cabeça-chata e dando gente sem tipo da nossa família... Tudo morenão... Tudo cara esparramada...

Como de costume a velha parenta disse o que queria e ninguém contestou. Mas falava sem sua antiga voz autoritária, interrompendo-se muito da falta de folgo. Estava cor dos marfins antigos e os seus olhos, dum azul duro de conta, pareciam cobertos da mesma fina poeira que pousara sobre os móveis, os quadros e que lhes impusera tons de cinza. Deu notícias de todos os outros parentes, deteve-se mais sobre o primo

375

Juquita e tornou-se interminável quando falou da Marianinha de quem ela retirara esse nome e só chamava a nossa irmã Maria do Santo Tabernáculo. Depois queixou-se do Bom Pastor de Belo Horizonte, do nada que lhe davam, da qualidade da comida que lhe forneciam.

— Basta dizer que estou comendo da mesma panela das penitentes... Tem ano que não sei o que é um ovo... Pra vocês acabarem de crer...

— Por que que a senhora não manda contar tudo isto à Marianinha?

— Adianta? A Tabernáculo mandava no convento antes de entrar, montada na cobreira do Júlio que deu depois pra irmandade. Agora que ela não tem mais nada, é soldado raso sem voz ativa. Mas deixa pra lá qu'estou purpouco... Tem importância não...

Desse dia em diante a d. Diva passou a visitar a prima quase todos os dias e se faltava a esse dever que se dera era dia sim, outro não. O Pedro Nava ia com a mãe ou só, revezando-se à cabeceira da doente com outro primo médico, o Oswaldo Pinto Coelho, que era sobrinho, filho do mano Modesto. Quando as coisas começaram a ficar pretas, a doente a cair em sonolência e sua úlcera crônica do pé a dar uma supurina de mau caráter o Nava quis chamar o Ari Ferreira. Mas predominou a ideia dos que preferiam o professor Tubarone. Esse fez-se esperar uns dois dias e apareceu no dia 29 de julho. Examinou sumariamente a doente já em coma e aproveitou para ministrar uma lição, mostrar sua erudição.

— Não partilho da opinião dos meus queridos discípulos. Não acho o caso tão grave assim. É preciso principalmente tratar essa supuração do pé. Vou dar para isto o Electrargol que é prata e mais moderno que o nitrato de prata que Trousseau preconizava aos seus diabéticos. Dois coelhos duma cajadada... Um pouco do arrenal, que era caro a Siredey; um tantinho de sesquicarbonato de amoníaco, como está no método de Hodges, e o cloreto de sódio, base da terapêutica de Nasse — mas na forma atualizada do soro salino hipertônico na veia. Que acham vocês?

— O dr. Ari Ferreira está dando insulina com muito bons resultados nestes casos e se o professor consentir... — começou o Nava.

— De maneira nenhuma. Sobretudo nada de insulina ou não me responsabilizo por coisa alguma. Façam o que lhes diz seu professor e garanto que a doente em dias estará sentada.

O Egon ficou com aquele nome de Trousseau tão repisado pelo Tubarone e foi a esse autor assim que chegou em casa. Encontrou todo o processo de tratamento do Tubarone no *Traité de thérapeutique et de matière médicale* daquele autor e Pidoux — na edição venerável de Asselin, de 1877. Boas múmias... — pensou. O tratamento do Tubarone instituído, a doente já nas primeiras horas começou a inchar, a apresentar abalos musculares e a respirar num Cheyne-Stokes de livro, destes de mostrar em aula. Ficou assim até à madrugada de 31 de julho para 1º de agosto em que aquele ritmo respiratório desapareceu de repente. A Melila quis aproveitar a melhora para ajeitar a cama e aproximou-se. Sua tia já era com Deus. Seu enterro foi no dia 1º de agosto de 1929. Tudo quanto era parente de Belo Horizonte, Sabará e Santa Bárbara apareceu para o velório e o funeral. O féretro saiu às quatro horas e a encomendação foi feita na igreja de Nossa Senhora das Dores, na Floresta, que dava um lado para a rua Silva Jardim e para a casa do Carlos Drummond. O Nava considerou isto e lembrou-se da tarde que passara com o amigo no galinheiro dele. Era um fim de dia como aquele. Tudo meio nevoento — que agosto estava entrando e o tempo da fumaça. No Bonfim, a *tia* Joaninha foi levada para a cova, o Nava e o Egon fazendo questão de segurar as alças do caixão. Revezavam-se com outros primos, com o Nelo, porque a sepultura era longe — quadra 13, carneiro 61. A cova estava aberta à espera de mais carne de Pinto Coelho pra comer. Já se saciara com outras cujos restos estavam ali espalhados no monte da terra que corroera de ferrugem os baús de ossos que derramavam seus conteúdos. O corpo da *tia* Joaninha, amortalhado no hábito do Bom Pastor, ia sumir ali e virar ossos iguais aos que se viam de mistura com a terra vermelha. Eram os de sua mãe, a primeira Joana Carolina, de sua irmã siá Beta, do sobrinho Durval e os do primo Napoleão Bonaparte Mentzerg. A d. Diva, seu filho mais velho e o Egon não arredaram pé até ao fim, fiscalizando que não ficasse de fora nenhum dos restos ali jogados. Já todos tinham ido embora e ela fez questão de serem da sua bolsa as notas de 10$000 dadas uma a cada dos quatro coveiros. Quando tomaram o bonde Bonfim para voltarem para a cidade, ainda havia riscos de vermelhão no horizonte. Mas as lâmpadas da iluminação pública já estavam acesas. Chegaram a Padre Rolim noite fechada. O jantar foi triste. As meninas e os moços calados apesar dum Chianti que o Egon tinha ido buscar no botequim da esquina de Álvares Cabral com a praça.

— Para levantar o moral, mãe-prima.

Esta, durante a refeição, fora a única a falar. Lembrando o que lhe ocorria da morta. Sua beleza em moça. Seus tempos de Juiz de Fora com o colégio, a pimenta-malagueta passada na ponta dos dedos de quem roía unha, o cocô de galinha no cabo dos lápis e canetas dos que tinham o hábito de levá-lo à boca. Sua lendária severidade com os deslizes da carne. O espírito gregário e parenteiro da defunta em cuja casa havia sempre visita de primo.

— Pois é, ela foi o último elo que prendia porção de parentes uns nos outros. Acabada sua casa vocês vão ver. Cada um pro seu lado e os primos sumindo. Um eu faço questão de cultivar — o primo Juquita. Pra mim ele e a prima Rosinha são mesma coisa que irmãos.

O primeiro serviço dado ao Egon na Secretaria de Saúde, em Belo Horizonte, não foi bem tarefa de médico mas de veterinário. O dr. Aires Alarcão Garrido de Cadaval recebera-o amavelmente, rindo como sempre — *y siempre con su aire milonguero guapo, y compadron*. Depois de fazê-lo sentar, do clássico cafezinho — desfechou-lhe a tacapada na cabeça.

— Pois é, meu caro doutor — estou muito satisfeito com sua volta para a sede. Ontem mesmo estive conversando com o Argus e combinando onde vamos lotá-lo. Um lugarzinho que é verdadeiro privilégio... Trabalho leve, só pela manhã, o resto do dia folgado... Quando falo o resto do dia devia dizer é o resto da manhã, já que seu trabalho vai só de cinco às sete horas. Pode frequentar seu hospital, descansar de dia, noite livre...

— Não diga, dr. Garrido! Que pechincha é esta?

— O Matadouro. Fiscalizar o abate, examinar as vísceras, ver as condições de sanidade dos bois abatidos...

— Não esquecendo das senhoras vacas — soltou o médico, para mostrar que não estava entrando naquele carrinho de deboche do seu vistoso chefe. Este, não dando o braço a torcer, fez-se muito sério. Continuou.

— Sim, de todas as reses e afastar severamente toda carne suspeita, fazendo-a inutilizar imediatamente com querosene, pelo seu guarda sanitário...

— Que estou certo será o meu velho cambono Anacleto Severo...

— Acertou em cheio, meu bom doutor. Amanhã às cinco menos um quarto ele passará na sua porta com viatura posta à sua disposição... só para o serviço — ou seja, entre cinco e sete.

— Pois acredite o caro chefe que estou encantado com as novas funções. Será uma boa ocasião de recordar um pouco da minha anatomia patológica *in anima vaccae*... Vou fazer o meu possível — mas o meu possível mesmo!, para responder, à altura, tanta gentileza sua e do meu, do nosso — querido amigo o dr. Argus Terra. Os meus respeitos, dr. Garrido de Cadaval — terminou o jovem médico levantando-se.

— Os meus pa-pa-pa-parabéns, dr. Egon.

Como sempre, o médico desceu para desabafar com seu velho amigo Cisalpino. Em Cláudio Manuel, encontrou-o de saída para o Instituto Raul Soares. Então iriam juntos até lá.

— Ótimo, Cisalpininho. Vou com você. Boa ocasião para topar o Galba, o Sílvio Cunha. E como vão? suas relações com o Lopes Rodrigues.

— No momento bem. Estamos em fase de alta na nossa convivência "maníaco-depressiva". E você como vai ficar? na Saúde.

— Adivinha, Cisalpino. Te dou um doce.

E o Egon desabafou numa torrente de injúrias ao Bicho Cadavalargus. No Matadouro. Em horário que me esculhamba a noite de véspera e o dia seguinte. Estou sem saber como sair dessa enrascada.

— Se eu fosse você ia logo ao Olinda, ao Fabinho...

— Não. Não serve. Não posso ficar eternamente de choro no colo do presidente. Isto não fica assim. Ainda não sei bem de que maneira, mas prometi e vou dar o troco dessa sacanagem àqueles putos. Alguma saída hei de achar.

No outro dia, madrugada, estava uma das piores furrecas da Secretaria à porta de Padre Rolim 778. O Egon já banhado, vestido e café tomado, esperava à varanda, fumando um cigarrinho. O motorista, seu velho conhecido, saudou risonhamente. O seu Anacleto foi sério e respeitoso. Bateram-se para as bandas do Quartel, desceram Álvares Maciel, depois a atual Ponta Porã até perderem-se nuns poeirões sem calçamento das margens do Arrudas — onde ficava o velho Matadouro. Mas qual Matadouro, nem meio Matadouro. Eram uns currais sórdidos de onde eram tocadas as reses mugindo — a ferrão e porretada na direção de uma passagem cercada onde os bichos tinham de entrar em fila de um. No fim estavam encarapitados em tábuas laterais uns latagões descalços, descamisados e calças arregaçadas armados de malho de quebrar pedras. Os bichos iam desfilando até seu alcance. À primeira porrada pra trás dos chifres, trocavam as pernas, à segunda arriavam e eram arrastados pelos espostejadores até um sistema de traves em que eram içados pelas patas posteriores e um bando armado de facalhões e machetes ia logo sangrando, esfolando, abrindo, eviscerando e espostejando num átimo. Os bois não estavam mortos, ainda arquejavam de flanco e já o ferro afiado lhes descia daltabaixo, abria rendengues, fazendo rolar tripas, fígados, rins, corações e bofes. O Egon notou um grupo de escaveirados sentados por perto a quem eram servidos copázios de sangue fresco logo bebidos sofregamente como vida. Eram tuberculosos, opilados, papudos e anêmicos de todas as anemias fazendo sua medicação primitiva e dracular. Saltavam chifres e tampos de crânio e miolos de marfim iam se juntar às vísceras no chão do lungarrudas. Uma lama de sangue escorria para dentro do ribeirão, logo mais vermelha e engrossada por afluentes de sangue vivo. Entre mugidos, coágulos, gritos dos magarefes, o Egon — sem paletó, a que o seu Anacleto passara um avental de pano grosso e outro de borracha feito o dos radiologistas, chapéu na cabeça, luvas de Chaput, ia dando cortes ao acaso em vísceras e músculos. Bofes tuberculosos identificara em três abatidos.

— Querosene na carne destes, seu Anacleto...

O guarda com lata de tampa furada inutilizava as postas.

— Mas, doutor, isto é um crime, esta carne está boa, tem nada...

— Quem é o senhor? Trabalha aqui?

— Não senhor, seu doutor, sou açougueiro do bairro e também conheço muito bem doença de bicho... Não é de hoje que frequento o Matadouro...

— E aqueles outros? seu Anacleto.

— Também são carniceiros, doutor, e vêm aqui para...

O Egon compreendeu perfeitamente que ali havia marosca para passar carne deteriorada ou dormida mais barato àqueles fregueses. Que devia correr gorjeta naquilo tudo. Teve no primeiro ímpeto a ideia de correr com os estranhos de dentro do que se chamava matadouro. Mas logo ideia luminosa passou-lhe pela cabeça e ele viu como poderia se safar daquele trabalho de merda que lhe tinham dado. Foi depois às postas de carne, abrindo-lhes longos lanhos com seu facalhão. Já nem se dava ao trabalho de dar explicações e fazia ouvidos de mercador aos protestos dos carniceiros e às observações dos empregados da matança.

— Fora com esse quarto, seu Anacleto. Pra beira do rio e querosene em cima a valer. Pra encharcar...

380

— Mas, doutor...

— Mais esta carcaça toda, seu Anacleto. Querosene.

Afinal pelas sete e meia o serviço estava acabado. O médico meio tonto da hecatombe, do cheiro do sangue, da bosta de boi, da carne crua foi a um barracão tirar o avental de borracha, o de brim, as luvas. Vendo que uma espécie de capataz daquela porcariada ia pendurar nuns pregos da parede suas luvas e coberturas de trabalho chamou-o às falas.

— Não, senhor! Roupa suja com tudo isto e luvas e protetor de borracha muito bem lavados e secos para amanhã. Tudo limpo.

— Mas, doutor! tem muda não. Os que vinham aqui olhavam de longe e nem vestiam avental. O guarda é que fazia o serviço, isto mesmo à distância deixava marcados o que nós devíamos inutilizar com querosene. Hoje o senhor gastou duas latas e só temos de reserva mais uma. São três por mês e...

— Pois o senhor requisite mais querosene e mais aventais agora e entregue a requisição ao seu Anacleto. Até amanhã... O senhor pegue os papéis, seu Anacleto. Tou lhe esperando no carro.

Dez minutos depois seu Anacleto aparecia com a mão carregada de papagaios. Tocaram outra vez para Padre Rolim.

— Até amanhã. E essas requisições para o Almoxarifado hoje mesmo, seu Anacleto. Quero esse material no carro amanhã. E essa draga um pouco mais cedo, esperando na minha porta e não eu, na varanda de casa, esperando pelo automóvel.

Chegando em casa o moço foi a outro banho, outra roupa, que queria ficar livre da morrinha do Matadouro. Almoçou com ar de quem tinha descoberto a pólvora e a prima Diva vendo-lhe o semblante satisfeito ainda brincou.

— Você tá com cara de quem viu passarinho verde, menino. Aconteceu alguma de boa no novo trabalho.

— Sim, senhora, mãe-prima. Descobri o meio certo de me livrar daquela porcariada e de dar uma rasteira no Cadaval e no Argus — das de não esquecer e que eles vão guardar na cachola o resto da vida. Grandes bestas...

— Olha, Gonzinho, cuidado! Com chefe não se brinca...

— Deixe por minha conta.

Depois do almoço o médico trancou-se no escritório e pôs-se a rascunhar uma produção laboriosa, tal o número de chamadas laterais, de hesitações na escrita, correções no texto e idas ao dicionário. Como de seu jeito ele só começava outro período depois de ter corrigido e dado a forma menos ruim e menos obscura possível ao anterior. Assim tudo que ele fazia era lento e de composição arrastada. Como ele próprio dizia, às vezes, uma frase levava semana para parecer-lhe compreensível e sua escrita era demorada como um parto distócico. Ele sempre declarava que não daria nunca para jornalista. Levou uma semana naquele esboçar, em ler o que escrevera, ao Nava, receber dele sugestões, riscar, substituir, cortar aqui, emendar acolá, acrescentar mais adiante. Toda madrugada ia para o Matadouro assistir o massacre. Voltava, limpava-se e ia trabalhar. A prima Diva nunca deixava de brincar.

— O Gonzinho tá escrevendo um romance do tamanho do *Quo Vadis...*

— Maior e melhor, mãe-prima. Quando estiver pronto, mostro...

Mostrou, depois de ter levado a coisa para ser passada a limpo e tirados três originais cada um com duas cópias na filial da Escola Remington de Belo Horizonte. Estava pois com nove exemplares do calhamaço de oito páginas — espécie de relatório sobre o que ele observara no Matadouro. À noite leu alto para os primos. Era uma exposição que ele pedia licença para apresentar na qualidade de crítica construtiva, visando a proteção da saúde do povo de Belo Horizonte e denunciando tudo o que vira no lugar de sacrifício das reses. Descrevia a imundície e o rudimentar do cercado onde se dava a matança, o cheiro nauseabundo, as revoadas de urubus que limpavam restos de carcaça, a lama de sangue escorrendo para o Arrudas, os animais ainda vivos e sendo já espostejados, os compradores de carne doente ou de sobras de véspera, que iam vendê-las como material recente, o escândalo dos açougueiros intervindo na matança, seu mais que provável conluio com os encarregados do abate das reses. Para este ponto ele esclarecia que requeria abertura de inquérito administrativo que pudesse apurar a veracidade ou engano de suas suspeitas. Mais, que pedia seu afastamento provisório do Matadouro Municipal até a tomada de medidas consentâneas. O seu ofício era dirigido ao excelentíssimo senhor dr. Raul d'Almeida Magalhães, DD. secretário de Saúde do Estado de Minas Gerais e terminava bombasticamente pelo clássico — Queira vossa excelência receber as expressões de meu maior respeito, superior admiração e distinta consideração.

— E agora, Navinha, preste atenção ao que vem depois de minha assinatura, no rodapé da última página e seguido de minha rubrica JEBC. *In cauda venenum* — como diria nosso mestre Aurélio. Tá qui o gancho do escorpião: com cópias para sua excelência o senhor presidente do estado, para o presidente da Sociedade de Medicina e Cirurgia de Belo Horizonte, o presidente da Sociedade Protetora dos Animais (sucursal de Minas Gerais), o presidente do Centro Acadêmico Cícero Ferreira (da Faculdade de Medicina da Universidade de Minas Gerais), para o dr. Rodrigo Melo Franco de Andrade, redator de *O Jornal* do Rio de Janeiro, para a redação de *O Estado de Minas* de Belo Horizonte — aos cuidados do dr. Afonso Arinos de Melo Franco. O exemplar para o Secretário Raul d'Almeida Magalhães vou entregar amanhã, à alimária do Cadaval. E para rimar: que tal?

— Está ótimo. Sua jogada é perigosa mas é a única possível. Ou as bestas do Cadaval e do Argus metem o rabo entre as pernas e o papel não chega nem ao Raul e você ganha a parada ou eles rebifam, dão seguimento ao caso e desta vez o Argus manda você pra Teófilo Ottoni. Mas a jogada vale a pena e se você vencer eles jamais pensarão em aporrinhar outra vez. Arrisque, Gonzinho...

Foi ainda a mesma opinião que emitiram o Chico Pires e o Cisalpino, consultados. No dia seguinte o Egon bateu-se para o gabinete do dr. Cadaval. Encontrou-o resplandecente de júbilo, vestido de claro, manicurado de fresco e exalando cheiro recente de barbearia, massagem e brilhantina. Muito satisfeito mesmo. Contou ao Egon que fora eleito membro honorário da Sociedade de Medicina e Cirurgia de Juiz de Fora e que breve seguiria para lá para o banquete que lhe ofereciam, a sessão solene e a entrega do diploma.

— O quê? Dr. Cadaval, que ótimo, hem? Meus parabéns, meus dobrados parabéns... E o senhor sabe? que não é título fácil de obter. É preciso muito valor mesmo e muita virtude. É uma espécie de canonização em vida... Há tempos foi negado a um médico, filho da terra, só porque num escrito ele ousara criticar certo figurão da política local. O caso até tomou aspecto desagradável porque o cientista Lobo Leite Cecê — solidário com o colega leviano — recusou-se à honra que agora lhe estão conferindo. Depois tudo esqueceu... Mas olha, dr. Cadaval — que já é distinção a que lhe fazem... Sim, senhor!... Mais uma vez, meus cumprimentos!

— Obrigado. Mas o que manda? o meu jovem colega. Vamos sentar. Às suas ordens — sou todo ouvidos...

— Nada demais ou que preocupe o caro chefe. São as irregularidades e deslizes que encontrei no Matadouro e de que dou ciência ao secretário, naturalmente por seu intermédio e deixando a decisão ao senhor mesmo sobre se deve fazer o papel subir ou se toma em pessoa as providências que peço. É por esse motivo que ouso insistir em que o senhor leia tudo com cuidado. Até minha assinatura e o que vem no rodapé só com minha rubrica.

O Cadaval olhou interrogativamente o moço, ao fim de sua frase sibilina, mas já este se levantava, despedia, pedia desculpas de tomar tempo e dava o fora. Na porta de vaivém atropelou-se com o Argus que entrava. Deu boas-tardes calorosas e contou ao que viera.

— Tinha até vontade que o senhor também tomasse conhecimento do relatório que eu trouxe para nosso chefe. Sobre o Matadouro. Até falo no nosso Anacleto. Pois muito prazer, dr. Argus. Até à vista...

O Egon foi para casa e começou a arder numa expectativa ansiosa. Um dia. Dois dias, três... e nada. Virava na cabeça todas as hipóteses. Chamava o primo para raciocinar com ele. A conclusão era sempre a mesma e os dois acordavam na perspectiva única.

— Se o Cadaval e o Argus não forem os cagões que eu estou pensando e se enfrentam o escândalo — estou fodido — dizia o Egon.

— E mal pago — rematava o Nava.

Mas ao quarto dia, à hora do almoço, estalaram palmas na porta da rua. O Egon correu, deu de cara com o próprio seu Anacleto — todo dourado na reverberação do dia de ouro.

— Boa tarde, dr. Egon. Tenho um recado. O dr. Cadaval mandou pedir para o senhor passar agora às duas da tarde no gabinete dele. E disse que é favor passar na hora certa. Até logo, doutor...

O Egon teve de conter-se para não ir imediatamente para a Secretaria. E precisou de uma energia sobre-humana para deixar-se atrasar um pouco e só entrar no gabinete do chefe às duas e um quarto. Fê-lo afetando um ar de *nonchalance* e deu com o Cadaval em pé, andando de lá pra cá e com um Argus — o mesmo ar concentrado com que o tinha visto antes, olho vivo e atento, o indicador direito atravessado debaixo das ventas como se estivesse sustentando um naso despencante.

— Boa tarde, dr. Cadaval. Às suas ordens. Olá! dr. Argus, o senhor por aqui? prazer em vê-lo...

O Cadaval impaciente e sôfrego foi logo entrando no assunto. Pegou o Argus por um braço e o Egon pelo outro e adiantou-se com eles para o grupo de couro. Foi logo perguntando.

— Dr. Egon, o senhor já distribuiu? as cópias que mencionou no relatório que me entregou para fazer chegar às mãos do Secretário.

— Não senhor, dr. Cadaval. E só o faria diante de hipóteses absolutamente impossíveis, isto é, primeiro o senhor não fazer subir meu ofício ao dr. Raul, segundo, o dr. Raul não tomar nenhuma providência diante da gravidade dos fatos que denunciei. Esperando, ainda não entreguei...

Os dois chefes do Egon (assim lhe pareceu) tiveram uma leve mudança de atitude, leve posto que perceptível — no sentido do alívio e da descontração. O Cadaval apertou um botão elétrico. Surgiu um servente a quem foi ordenado o café. Foi depois de saboreá-lo que largaram mão de falar no dia lindo, da temperatura adorável e voltaram ao assunto da conversa,

— Foi ótimo não ter distribuído, dr. Egon. Assim evita muita amolação para o nosso dr. Raul que já vive abarbado de problemas — coitado. Um inferno a situação política e os consequentes atrasos nas verbas federais da Profilaxia Rural. O que fizermos para poupá-lo será sempre pouco. E mais esse caso do Matadouro... Se a imprensa se apossa desse pratinho e mais os jornais da oposição e a folha do Carvalho Brito, estamos perdidos... Foi mesmo muito bom o senhor ter guardado as cópias do seu ofício, muito bom... Estive conversando com o Argus e agora nós dois queremos sua anuência. Que tal? suprimirmos seu relatório e nós mesmos tomarmos as providências que cabem? Hem?

— Sei não, dr. Cadaval... Olhe que estão vendendo carne doente e meio podre ao povo de Belo Horizonte e me aborreci muito verificando isto...

— Então o senhor não está satisfeito com a tarefa que lhe dei — não é?

— Não estou não, senhor. Aquilo é trabalho de veterinário. Eu sou médico e há um veterinário na Secretaria, nomeado para fazer o que me deram como tarefa e que está à disposição do gabinete do dr. Argus. O Borges, o Teobaldo Demóstenes de Miranda Borges.

— Eu tinha acabado de conversar com o Argus a este respeito. E vamos acertar o cochilo que houve trocando o senhor com o Teobaldo que estava no Centro de Saúde fazendo o Serviço de Polícia Sanitária. O Argus faz questão de corrigir esse equívoco e hoje mesmo vou proceder às duas transferências. Amanhã o senhor já estará de memorandum em punho. Está satisfeito?

— Muito satisfeito e grato, dr. Cadaval.

— Pois agradeça aí ao Argus que foi quem teve a ideia de fazê-lo delegado de Polícia Sanitária da capital.

— Resta agora o caso do Matadouro. Não será melhor esquecer-mos seu ofício e esperar agora as propostas de reforma partidas do pró-prio Teobaldo? Fica melhor para ele, é mais delicado de nossa parte. E evitamos aborrecer nosso chefe de todos, o dr. Raul d'Almeida Maga-lhães. Basta o que ele já tem como sarna pra se coçar... Ora graças a Deus! Entre mortos e feridos salvaram-se todos. Outro cafezinho?

O Egon saiu triunfante do gabinete do Bicho Cadavalargus. Pisou leve a praça, desceu João Pinheiro, o pedacinho de Álvares Cabral e pegou Afonso Pena na esquina do Automóvel Clube. Atravessou-a na altura da casa do maestro Flores e dali, sempre a pé, até Padre Rolim. Ia devagar pensando na facilidade com que o Cadaval e o Argus tinham caído na esparrela que ele lhes aprontara. Sentia-se assim meio ao jeito de envergonhado e achando que praticara uma vaga chantagem. Mas que diabo! tinha de se defender e se os dois tinham sido vítimas do con-to é que das duas uma — ou tinham culpas em cartório ou queriam proteger subordinados amigos, gente da sua rede policial, atolada na marotagem até o pescoço. Todos sabiam de sua amizade com os Melo Franco. E as duas cópias mandadas a dois jornalistas da família eram bem capazes de sair na imprensa da capital de Minas e na do Rio. Além do mais, dois finórios como o Cadaval e o Argus deviam perceber que os tempos estavam mudando, que todos aqueles antigos e desprezados *futuristas* inclusive ele, Egon, eram amigos do Chico Campos, do Mário Matos, do Gudesteu Pires, do José Oswaldo e de vários outros que esta-vam se adiantando na raia e chegando à primeira linha política. Mais ainda: os nomes de Mílton Campos, Abgar Renault, Carlos Drummond, Gustavo Capanema, Emílio Moura e Gabriel Passos — todos *futuristas*, todos amigos também do Egon — estavam aparecendo nas conversas do Automóvel Clube e do Bar do Ponto como os de futuros deputados esta-duais, quiçá secretários de governo. E aquela súcia do Egon, do Nava e do Chico Pires era para ser melhor tratada — acochados como eram do

Olinda e do Fabinho, com acesso fácil ao presidente. Os dois sacanas deviam ter pensado nisto — monologava o jovem médico se absolvendo do *vigarismo* em que se julgara incurso. Concluía com alívio que durante muito tempo Cadavalargus ficaria de casco quebrado e sem poder escoucear. E... ora porra! Fodam-se todos que eu preciso é de cuidar de minha vida. E tenho de ir ao Ari o mais breve possível...

Dois dias depois o *Minas Gerais* publicava a permuta do dr. José Egon Barros da Cunha, do Matadouro da Capital para o Centro de Saúde e a do veterinário Teobaldo Demóstenes de Miranda Borges viceversando, deste para aquele. Logo o Egon tratou de ir apanhar seu memorandum, fê-lo, desceu correndo João Pinheiro e vinte minutos depois estava entregando o papelucho nas próprias mãos do doravante seu chefe, o dr. Argus Terra. Encontrou-o outro homem: mudado, mais acessível, cordato, flexível, maniável, complacente — *souple comme un gant*...

— Estava à sua espera, dr. Egon. Já tinha separado os regulamentos para sua leitura. Enquanto o senhor se enfronha na legislação, irei fazendo seu trabalho e o senhor assistindo. Muito fácil, porque sua mesa fica neste gabinete. É aquela perto da janela, ao lado da do Cirne, que é a do canto. Ficaremos os três aqui, recebendo as partes. O senhor logo vai ver o meu sistema. É preciso não ter contemplação nenhuma e multar o mais possível — que é disto que vive nosso estado. Multar é patriotismo... O nosso Cirne ocupa-se das notificações compulsórias das doenças infecciosas... Mas é benevolente demais: a uma porção de casos ele faz vista grossa, sem punir os colegas que têm obrigação de dar parte à autoridade de tudo quanto é doença dita de notificação compulsória que por negligência e por agrado aos clientes eles vão deixando passar. Na hora em que um ou dois forem suspensos do exercício por seus três meses a coisa muda de figura. Mas o Cirne é bom demais. O senhor conhece?

— Como não? dr. Argus. Fui seu aluno de obstetrícia e tenho a honra de ser seu amigo ao lado da de ter sido seu discípulo. É um colega de primeira categoria.

— É... só que como eu disse complacente demais...

— Nunca se é bom em demasia, dr. Argus. O melhor dos homens ainda é um oceano de iniquidade comparado ao ideal de perfeição com que sonhamos...

— Já estou vendo de que escola é o senhor... Um dia verá que está errado... Os homens precisam ser tratados com vara de ferrão... Em suma, vamos ficar os três nesta sala e o senhor tome conta de sua mesa. Já está equipada e sua papelada, seus talões de multa, tudo nas gavetas. Vamos ficar apertados, vamos. Pudera. Não seguiram meu alvitre de derrubar essa porcaria de casa velha e construírem no seu lugar um Centro de Saúde modelo... É tudo tão difícil...

— Pois já venho já, dr. Argus, tomar conta de minha mesa. Vou primeiro dar uma voltinha para conhecer a casa, dar um abraço nos colegas e com licença da palavra — verter.

Saindo do gabinete que ia ser o seu (em condomínio com o Cirne e o Argus) o Egon deu na peça larga que servia de entrada da dependência sanitária instalada na antiga casa de David Moretzsohn Campista. Ele percebeu pela disposição dos cômodos que ia trabalhar no que fora a sala de visitas, que agora estava no hall do prédio e que logo adiante, o cômodo amplo cheio de funcionários e máquinas de escrever teria sido o refeitório do político de carreira rápida, curta, brilhante e logo decepada pelo velho e tradicional horror que Minas tem (mais apurado que no resto do Brasil) pelos estadistas inteligentes. Seu xodó é mesmo, como dizia Cesário Alvim — pelos "bacuraus de voo curto". As outras peças eram os corredores, quartos, sanitários, cozinha e despensa. Isto no andar que abria janelas para João Pinheiro. Estas tinham como correspondentes, por baixo, "óculos" ou respiradouros gradeados dando para o porão. Como o terreno da casa fosse em declive até os limites das traseiras dos lotes de Sergipe, o então Centro de Saúde tinha por trás dois andares, tal o pé-direito do porão habitável onde estavam instalados os ambulatórios médicos. Era um belo tipo de prédio da belle époque, fachada cheia dos rococós considerados horríveis até os anos 50 e que depois vêm sendo reabilitados na riqueza e na própria gratuidade de seus ornatos estilo *tênia* que os arquitetos de então andaram a buscar nas sinuosidades luxuosas e por assim dizer quase barrocas dos cartazes e pinturas de Alfons Mucha. Às suas belas linhas, a casa de David Campista juntava a amplitude de cômodos, as larguezas, os espaços tão característicos da construção mineira. E mais: toda a sala de visitas, o vestíbulo e a sala de jantar eram pintados a óleo em tonalidades verdes muito claras, com divisões formando os painéis da autoria do dono da casa que ao gosto político juntava o da pintura. Eram composições ao jeito clássico — aves e flores nos aposentos de recepção e naturezas-mortas com frutos, cenas campestres e panóplias venatórias na sala de jantar. Tudo isto devia ter sido resguardado como uma das construções mais lindas da Belo Horizonte do princípio do século. Mas não: a picareta do progresso e da desmemória veio e pôs tudo abaixo. Hoje lá está com o número 161 — ampla, funcional, bem planejada e muito feia a sede da Associação Médica de Minas Gerais. Provisoriamente — já que de poucos andares e aquele terreno está a calhar para um prédio de vinte pisos, depois para um de quarenta e assim por diante em partidas dobradas — até não ficar mais nada senão o fechado e obliterado "triste horizonte" de Drummond nos planos, valados e alturas onde um dia existiu, amorável, uma cidade que respondia pela graça de Belo Horizonte... Foi um prazer para o jovem médico encontrar os colegas com quem ia trabalhar no Centro de Saúde. Por um destes acasos favoráveis, em se tratando de médicos, os que estavam ali eram só homens bem-educados, reservados, conviventes, cavalheiros e bons profissionais, cada qual na sua especialidade. Essa última qualidade — o preparo e o amor ao estudo — é que faz os doutores mais cheios de coleguismo e comportamento confraternal. O duro que dão em cima dos livros, o trabalho que dá o bem saber — fazem-nos valorizar essas qualidades nos outros e o tempo passado debruçados nos livros e nos doentes não tem intervalos de folga para a mexida, a fofoca, o dizquedisse, a intrigalhada, a perfídia, a calúnia. A certeza do próprio valor cria os tolerantes com o valor alheio. E eram assim os colegas que o Egon encontrou no Centro de Saúde. Foi vê-los de consultório em consultório e abraçá-los que todos eram velhos conhecidos de seus tempos de estudante. Eram o Casimiro Laborne Tavares, o primeiro médico que recebera o grau na primeira turma da faculdade da terra, em 1917; seu querido amigo Rivadávia Versiani Murta de Gusmão, também da mesma turma, um monstro de memória que se prestava a curiosa experiência: mandava ler para ele um texto do Testut ou do Testut & Jacob, ia ouvindo de olhos fechados, de repente dizia para! que já tinha tomado pé e continuava o período onde o outro estacara — sem omissão de palavra ou erro de vírgula, ponto e vírgula, ponto final. Anatomia daquele jeito só ele e o Lodi! Havia dois colegas formados no Rio mas ambos de Minas — eram o Gentil Sales e o Joaquim Martins Vieira que tinha lecionado otorrino para o quinto ano do Egon. Este subira para o gabinete ainda sorridente dos encontros e dos abraços quando neste encontrou o melhor: o do seu mestre de obstetrícia e amigo da rodinha do Galba e do Iago — Otto

Pires Cirne. Esse excelente pernambucano radicado em Minas era uma das fortes cabeças da Congregação da Faculdade onde entrara, depois de movimentado concurso. Era excelente didata, muito fino de espírito, cheio de um *humour* britânico. Um *pince sans rire*. Fazia no Centro de Saúde o ambulatório de obstetrícia e, como foi dito antes, o controle das notificações das doenças infectocontagiosas. Quando o Egon entrou no gabinete que iam partilhar daquele dia em diante, foi uma alegria de encontro e a retomada da velha conversa e de amizade bem plantada desde o curso.

— Professor! que prazer essa vizinhança de nossas mesas que é promessa de convivência...

— Pra mim também, mestre Egon, poder entre parte e outra trocar uns dedinhos de prosa com essa mocidade. Então? Como foi você de Desterro? Quais são? seus planos para aqui. Vai continuar? com o Ari.

— Se ele me quiser, professor.

— Ora! deixe-se de papeatas. Quem é que não quer? Um assistente do seu tope. Vamos, diga lá.

— No Desterro não me quiseram, professor. A Santa Casa de lá parece fechada a arame farpado. Mais fácil investir Verdun...

Riram mais no gosto de se encontrarem e o Egon olhava com simpatia o mestre muito magro, louro como uma espiga, vermelho como um lacre. O Cirne era magro, alto, fisionomia muito séria, iluminada de vez que quando por um sorriso — nunca por gargalhadas — melhor que fosse o caso que lhe contassem. O Egon não cabia em si de contente de estar ali, despachando com e como o seu antigo professor. Sentia uma elevação. Na sua mesa, muito sério, o Argus fiscalizava-os de rabo de olho — um tanto agastado com aquelas manifestações de boa vontade dum com o outro. O Egon adivinhou-lhe os pensamentos de Luís XI frustrado. Naquele Centro de Saúde ele só encontrara amigos... exceção feita do Argus. Mas o moço ia pensando que uma andorinha só... andorinha não! imaginem... que um corvo só não faz inverno.

Ao fim de dois dias de assistir aos destampatórios do Argus com os infratores de disposições sanitárias e de vê-lo acachapar com multas Deus e todo mundo, o Egon foi a ele e disse que já estava apto a começar a exercer suas funções. Vira o seu modo de agir. Já tinha de cor e salteado o regulamento draconiano das infrações e das multas. Arriscou até uma pilhéria.

— É uma pena o estado não poder multar o estado, dr. Argus...

— Por quê? doutor Egon.

— Porque eu tinha uma vontade doida de desabar no Matadouro, interditar aquela porcaria e estourar o crânio do responsável com multas dobráveis de vinte e quatro em vinte e quatro horas.

Muito carrancudo, o Argus não deu resposta e engolfou-se na papelada do inquérito que estava estudando dum desvio de material num dos distritos sanitários.

Uma das primeiras coisas que o Egon fez depois de instalado no seu novo gabinete foi aquilo que ele chamava "sua integração no todo universal". Consistia em corresponder a casa em que estava com os pontos cardeais, sua vizinhança, sua posição na paisagem. A antiga residência de David Campista dava para o poente — recebendo assim sol pela frente durante as tardes. Entre um despacho de papel, o estudo dos relatórios diários dos guardas sanitários — só ou com o esclarecimento desses subordinados e a recepção das partes intimadas ou que apareciam espontaneamente, o jovem médico tinha tempo para uma prosa com o Cirne e com todos os outros médicos do Centro de Saúde que acorriam à sala do chefe à hora cordial do cafezinho; ou para uma chegada a sua janela que despejava num João Pinheiro em que a passagem de pedestre ou outro subindo ou descendo era quase um acontecimento. Ele estudava para cima o casarão para onde viria o Arquivo Público Mineiro, as fachadas da casa do dr. Joaquim de Paula e para baixo os verdes da praça Afonso Arinos. Dessa janela o Egon tinha uma visada muito boa para os antigos prédios da Câmara Estadual e da fachada principal e da esquerda de quem entrava — da Faculdade de Direito de Belo Horizonte. É a mesma localização do prédio da atual — só que este ocupa maior superfície. Mas antigo e novo — virados para a velha praça onde o bebedouro tinha desaparecido, o arruamento virado ajardinamento, em cujo centro fora inaugurado o monumento de granito tendo dum lado o medalhão com a face serena do autor de *Pelo sertão* e do outro, o baixo-relevo dum buriti. Alegoria ao "Buriti perdido".

O Egon primeiro lia as partes dos guardas. Nelas punha — sempre se apoiando no Regulamento, a decisão cabível ou senão a que lhe parecia mais justa e benevolente. Mandava arquivar as relativas a exigências descabidas ou que lhe pareciam idiotas ou demasiado policialescas e só multava, e sempre no mínimo, os duplamente reincidentes, isto é, os que tinham tido reiteração de exigência e depois intimação de comparecimento em dia e hora marcados. Recebia-os imediatamente, explicava o motivo da ordenação higiênica, tentava convencê-los e com esse sistema só não era obedecido por muito poucos. Quando recebia as partes fazia-as sentar, conversava com elas reservadamente e em tom de confessionário, punha-se de pé para recebê-las ou despedi-las e invariavelmente dava-lhes a mão a apertar. Tudo isto merecia a maior reprovação do dr. Argus.

— Dr. Egon! O senhor põe esta gente a perder... Parte chamada à repartição tem de mofar na sala de espera pelo menos duas horas... Além do sabão, da multa, deve ter o prejuízo do trabalho perdido... Queda e coice. E o senhor manda sentar a seu lado! Dá um tempão a cada um! Desculpa tudo! Assim a autoridade não se impõe...

— Mas, dr. Argus, eu sou pago com o dinheiro do povo e tenho de receber com decência os que me procuram ou que eu intimo... O dinheiro é deles e eles como contribuintes é que são os nossos verdadeiros patrões.

— Ora, dr. Egon! E o senhor a me dar de *contribuinte* em cima... Sou capaz de jurar e apostar que o senhor aprendeu esta de *americano* com o maluco do Baeta Viana. Saiba o senhor que nós não estamos nos Estados Unidos mas no Brasil e graças a Deus em Minas. Quem lhe paga é o estado, o dinheiro é do estado e sua obrigação é a de servi-lo aumentando sua renda — multando o mais possível!

— Peço desculpas, dr. Argus. Mas estou dentro do Regulamento e trato de atendê-lo. Mas quero estar de bem com o meu próprio regulamento...

— Que próprio regulamento é esse?

— O da minha consciência e o da minha tolerância.

O Argus furibundo recolhia-se a um silêncio chocado e ia despachar sua papelada com redobrada fúria para compensar com sua severidade a frouxidão daqueles dois bananas que trabalhavam na sua sala. Eram o Egon e o Cirne — farinhas do mesmo saco e vinhos da mesma pipa — agindo tão identicamente que o Argus tinha a impressão de que havia combinação entre eles. Já se queixara muito em particular, via oficiosa, com o dr. Aires Alarcão Garrido de Cadaval, que lhe aconselhara a não passar recibo. Maneirar e mineirar — completara rindo muito com o trocadilho besta que achara e que o pusera encantado.

— Paciência e caldo de galinha, Argus... O Cirne é médico da família do Gudesteu, é professor da faculdade... O outro é bafejado pelo presidente... Um dia a casa cai. É esperar a ocasião... e então — *Tioflotoni* neles...

E o Argus seguia essa política. O Garrido não deixava de ter razão. E pensava nisto com redobrada cautela depois que surpreendera correspondência do Palácio para o Egon. É que a senhora do presidente era assediada por pedidos de lugar em hospital ou ambulatório pela pobreza da cidade e sempre apelava ora para o Cisalpino, ora para o Nava, ora para o Egon — amigos de seus filhos — para auxiliá-la nessas caridades. Fazia-o sempre em cartões atenciosos que o Egon, de propósito, deixava em sua mesa, em cima da pasta, presos sob o pé do cinzeiro — certo de que o Argus devia dar batidas e ler tudo que lhe caísse sob os olhos — antes ou depois do expediente. Era o que acontecia e era o que lhe dava "imunidades" perante os dois compadres xifopagados no *Bicho Cadavalargus*. Mas da parte do Argus era duro aguentar aquelas. Sua ira não conheceu limites no dia em que o Egon recebera a Olímpia Vasques como a uma senhora.

— Faz favor de sentar, *d.* Olímpia — em que posso? servi-la.

— En todo, Egonsito. Mira que hay una multa para mi como se mi casa fuera un hotel. Aquelo no es el Maletta. No es sino un bordel. Y figurese usted las bromas con que me han venido. Que las toajitas de lecho también deben ser presentadas con cinta comprobante de esterilización. Usted que conoce mi casa intimamente digamelo — es justo esto?

— Não, d. Olímpia. A senhora tem razão. Pra que? toalhinha esterilizada. Só se fosse possível autoclavar primeiro suas hóspedes — no todo ou em parte. Vou mandar anular a intimação. A senhora não será mais incomodada...

— Muchas gracias, Egonsito. Y que la Macarena lo tenga en su protención. Y que hace? usted que no se le ha visto mas.

Aquele gralhar dum castelhano suspeito em sons agudos, os risos, o modo íntimo da caftina e do Egon tinham posto o Argus tão fora de si que ele naquele dia retirou-se mais cedo para ir despachar e desabafar com o Cadaval. Dessa vez o Cirne não sorriu apenas. Quando se pilhou só com o Egon, acompanhou a gargalhada deste com outra bem sonora e redobrada. E à hora da saída desceram juntos para verem se ainda apanhavam o Galba, o Iago e o Sá Pires no Trianon.

Pelos anos 20 foram asfaltadas, a partir de Goiás, as primeiras ruas de Belo Horizonte a ganharem tal pavimentação. A concorrência da prefeitura favoreceu a Empresa de Engenheiros Empreiteiros cujo escritório ficava à rua da Bahia, em prédio que ainda existe no lado ímpar e altos da Confeitaria Fioravanti. Seus diretores eram Temístocles de Freitas e Otávio Costa Rodrigues. O primeiro um homenzarrão alto, pletórico, dentes magníficos, risada todo-poderosa e simpatia irresistível. Andaria ali pelos seus cinquenta anos e era duma plenitude magnífica: só que sua corpulência de atleta começava a se arredondar na da obesidade. E era parecidíssimo com Balzac. O segundo, mais baixo, vermelhão como o companheiro, tinha o crânio revestido duma cabeleira densa, dura e de neve a contrastar com as sobrancelhas cerradas e dum negrume de azeviche. Cara fechada aos primeiros contatos. Mas quando tomava costume com as pessoas, ficava tão aberto como o seu companheiro Temístocles. E como ele, era um conversador admirável, além de melômano do maior bom gosto. Apesar das cãs não teria mais de sessenta — se é que os tivesse. Eles logo de início admitiram na sua companhia como outro diretor, o Nelo Selmi Dei — tio do Nava e primo do Egon. De acordo com as boas regras brasileiras, apesar do parentesco deles ser de pura afinidade — contratou os dois como médicos da Empresa de Engenheiros Empreiteiros. Os dois moços atendiam dia sim dia não os numerosos acidentados do trabalho operário. O Egon adquiriu o hábito de passar diariamente no escritório, quando descia do Centro de Saúde, para o cafezinho e atraído pela boa prosa dos dois diretores rapidamente tornados seus amigos. Aquele emprego fora-lhe um maná e metia-lhe bolso adentro mais 800$000 por mês — o que naquela época, somado ao ordenado de médico do estado, dava ao moço as possibilidades de esperar que lhe chegasse clínica, com toda tranquilidade. Para bem se desempenhar destas funções o Egon e o Nava tinham aberto consultório e retomado seus serviços na Santa Casa — estabelecendo com esta contrato em nome da companhia. A vida do Egon corria-lhe assim trabalhosa, mas lucrativa e seu único espinho eram os nhenhenhéns, as picuinhas, as observações e os casos que lhe criava na repartição o sacana do Argus. Mas tudo coisa tão miudinha que não dava para atrapalhar sua vida. Apenas enchia-lhe o saco e ele se prometia vagamente tomar quando pudesse a sua forra. Pois não é? que esta ocasião se apresentou e um puro contratempo não interrompeu? o que o médico tinha prometido fazer — para comer bem fria a sua desforra. Vale a pena contar esse fato e para isto dar um pulo enorme até os anos 70. Nessa década concorreram à mesma vaga de membro honorário da Academia Nacional de Medicina Argus Terra e Tristão Sarcófago, companheiro do Egon nos bancos da Faculdade de Medicina de Belo Horizonte. Este, que era membro titular da agremiação, daria seu voto ao candidato dos tempos escolares. Pois um resfriado-monstro pregou-o na cama. Resultado do pleito — empate dos candidatos. Se ele não estivesse doente o Sarcófago ganharia de um com o seu voto e o Argus provavelmente jamais se candidataria ao título que desta vez conquistou, favorecido por escrutínio de desempate, que levou em conta sua idade quase nonagenária. Nunca resfriado fez tanto mal ao Egon. Na hora em que ele ia saborear a ambrosia de uma vingança esperando meio século, a taça se lhe quebrava nas mãos! Como no apólogo chinês, ele teve de voltar para a ponte onde, debruçado, se espera ver passar rolando nas águas o cadáver do inimigo. Pois um belo dia, viu... ah! viu.

Voltando à época em que estávamos — nunca outra foi tão fácil para o Egon e pensando nessa fase de sua vida sempre ele retoma a paisagem que mais incisivamente lhe ficou desses tempos descuidados. A paisagem física recuada no tempo e que nada é capaz de fazer ressurgir senão a memória onipotente. Ele saía do Centro de Saúde na tarde dourada Belo Horizonte. Já em Afonso Arinos os fícus de frente à casa do senador Virgílio funcionavam como a esmeralda de Nero esverdeando as outras cores do arco-íris latentes na brancura do dia ainda poderoso. Parava um instante. Se resolvia seguir por Goiás até Bahia entrava dentro das irisações duma concha cor de pérola rosada e de rosa pele de mocinha. Se descia mais um pouco para tomar Afonso Pena, já começava um cinza espoado dentro do azulado das sombras e as cores da avenida eram um verde especial de árvores onde se envolviam, leves como fumaça, gazes de cambiantes pompadour. Na esquina da Delegacia Fiscal, ao pé dum dos dois braços da escadaria ou no seu alto, um soldado do Doze estava de sentinela no próprio federal. Cada dia era um — que parecia sempre o mesmo ao Egon e que farejando nele um funcionário graduado (como outros que desciam João Pinheiro e Álvares Cabral àquela hora) — à sua passagem, deixava sua posição de descansar e perfilava-se juntando ao corpo seu fuzil. O Egon gostava daquela cortesia, dava civilmente seu boa-tarde ao moço e ia batendo em direção do Bar do Ponto. Ei! Fulano. Ei! Beltrano. Ei! Sicrano. E seguia para o consultório. Já encontrava as torres de São José contornadas de vermeil e o obelisco da praça Sete como que tendo seu granito em ponto de brasa e virado num bloco de pórfiro. Era quando ele torcia à esquerda e todo envolto pelo crepúsculo — entrava (como já foi dito antes) no seu consultório, logo ali, depois da esquina, na rua Rio de Janeiro número 615.

Era um cômodo amplo e bem mobiliado situado nos baixos da residência dum colega: o José de Miranda. O Miranda era um homem de seus quarenta anos, talvez menos, que fora interno de Miguel Couto por quem nutria não admiração e amizade, mas religião e idolatria — uma e outra postas em paroxismos de fanatismo. Ele tinha um tom especial de voz para dizer mais alto que o resto da frase — O PROFESSOR MIGUEL COUTO — e mencionar caso ou opinião que queria salientar do grande mestre. E ai! de quem se referisse a Couto apenas com respeito e acatamento dizendo, por exemplo, que ele era um grande clínico, um bom professor. O Miranda logo protestava como se alguém estivesse insultando ou menosprezando seu ídolo.

— O quê? o quê? O PROFESSOR MIGUEL COUTO um grande clínico? um bom professor? Ora esta! Dobre esta língua... O PROFESSOR MIGUEL COUTO é o maior clínico que o Brasil já teve, tem e duvido que nasça outro igual. E é o maior professor que já houve na Praia. E que há. E que jamais terá quem possa substituí-lo!

O Miranda clinicara no interior, fizera-o com felicidade, angariara boa clientela, enchera seu pé-de-meia e viera exercer no Belo Horizonte. Alugara aquela casa, cujo andar superior era até grande demais para sua família e abrira seu consultório no térreo do prédio, cujas outras salas sublocava a escritórios comerciais — entre os quais as dependências ocupadas por Ageu Pio Sobrinho e José Baeta Viana, que tinham constituído firma farmacêutica para a exploração de sal de bismuto sintetizado por eles — o iodureto de bismutila — pouco tóxico, absorvível em solução oleosa, praticamente sem contraindicações e um espirilicida de ação poderosa. Seu valor antissifilítico foi comprovado nas enfermarias de Aleixo, Balena e Libânio e os estudantes dos primeiros anos 20 lembram das empolas ainda não comercializadas de que foram os primeiros experimentadores na capital de Minas. Sua potencialidade era enorme. Ministrava-se a solução oleosa que suspendia fino pó cor de tijolo, por via muscular, em injeções de três em três dias ou, se necessário, mais apertado, de dois em dois. Um cancro duro fechava na terceira e as vergonhosas manifestações cutâneas do secundarismo eram lavadas na quarta ou quinta. Uma maravilha de produto. Apareceu lançado comercialmente com o nome de Bismoiodan — e foi um fracasso. Ninguém queria remédio com aquele nome e os próprios médicos que tinham usado o sal nas enfermarias esqueciam o nome esdrúxulo e feioso. Seria pelas associações daquele oio — aboio boi-central? O fato é que a coisa parecia destinada à ruína quando o nosso Miranda (que tornara-se tão fanático do Baeta quanto do Couto — apesar de Baeta não suportar Couto) resolveu arriscar e deu suporte financeiro para um relançamento do produto. Ele reapareceu com o nome de Iodobisman e foi um sucesso farmacêutico no Brasil inteiro e o alto negócio que deu à razão Baeta-Pio-Miranda os maiores lucros e a cada um a fortuna. Abri esse parêntese para mostrar a importância desse *name-appeal* em indústria farmacêutica. O *Bismoiodan* não dera nada. A simples inversão dos dois complexos da palavra para *Iodobisman* fizera um verdadeiro milagre. Foi injetado às toneladas, caiu no gosto de médicos e doentes e logo em que época! naquela do "em medicina é preciso sempre pensar sifiliticamente"...

Com o sucesso do produto o Miranda desinteressou-se da clínica e cedera ao Egon o seu bem instalado consultório de Rio de Janeiro 615. Esse prédio foi demolido depois e o lugar que ele ocupava — está encantado em alguma parte do que o cobriu — o enorme bloco do Banco Real que enche o ângulo formado por grande parte da avenida Afonso Pena e Rio de Janeiro. Pois foi nesse consultório, onde exercia a clínica às segundas, quartas e sextas, de quatro, quatro e meia às seis e meia, sete da noite — é que José Egon Barros da Cunha começou na vida dura de quem quer fazer clientela. Ia e cumpria religiosamente o horário — tivesse ou não clientes. Esses foram primeiro os operários da Empresa de Engenheiros Empreiteiros e seus dependentes. Logo se lhe agregaram amigos do Bar do Ponto para tomarem suas injeções, queixarem-se de pequenos males ou dos maiores que Vênus dá. Inculcados pelos empregados da companhia e pelos ossos, começaram a surgir os primeiros clientes pagantes. Eram raros. Mas um ia trazendo outro e a bola de neve começou a se fazer. O consultório era amplo, iluminado por duas janelas gradeadas que davam no jardim do Miranda, boa secretária, giratória, cadeira de braços para os doentes, poltronas para os acompanhantes, mesa de exames, mesinha auxiliar para os instrumentos que sempre o Egon usou ao seu lado. Aparelho de pressão de coluna de mercúrio, estetoscópio, martelo de Dejerine, fita métrica, pesos de várias escalas, estiletes rombudos para examinar a sensibilidade, lanterna elétrica, tubos de ensaio para água fria e água quente, diapasão, dinamômetro. Outra mesinha para o esterilizador a álcool. Uma terceira para o aparelho de Forlanini-Kuss do pneumotórax artificial que ele encomendara na Casa Moreno, ali na rua da Bahia 1044. Armarinho com algodão, antissépticos, pinça de língua, abridor de boca. Estante de livros onde os seus tratados logo se misturaram aos do Miranda. Na parede uns quadros pertencentes a este (um *Cristo*, o do médico de avental amparando uma doente e rechaçando o Esqueleto da Morte) e um telefone dos antigos. Era dos de manivela. Jamais o moço poderia esquecê-lo pois pelo seu receptor ouviu pela primeira vez a voz que o concitou para os momentos mais espantosos da sua mocidade. Logo se verá que alumbramento foi esse. Tudo começou por meia dúzia de palavras naquele telefone. Seu número era 275…

Desde o primeiro doente que viu em clínica privada, o jovem médico passou a registrá-los num grande caderno. Quando deixou Belo Horizonte ele destruiu esse princípio de arquivo, como teria o destino de destruir outros a cada rodada de sua vida. Lembrar-se-ia para sempre, particularmente de quatro doentes. Primeiro caso, o duma moça do interior de cuja tuberculose ele tratara. Deu-lhe sanocrisina, colabou-lhe o pulmão durante meses, fê-la comer como um ogre. Deus a curou. Deu-lhe alta, autorizou-a a voltar para o interior, contanto que voltasse para revisão de seis em seis meses. Acreditam? que ela fez isto anos e anos, indo vê-lo no interior de São Paulo e depois no Rio — tal a confiança que o médico lhe inspirou. Fez isso uns dez anos. De repente sumiu. O Egon escreveu perguntando. O marido respondeu contando sua morte de parto. Quinto parto. Segundo: o de um português parecido com Antônio Nobre, muito pálido, muito branco, sempre metido num grosso gabão bom para as nevascas da serra da Estrela. Andava com ele em Belo Horizonte fizesse frio ou calor, sol ou chuva. Ele entrava no consultório aos ais! Um dia o Egon perguntou-lhe onde? doía. Nas costas? Nos peitos?

— Lugare nenhum não xinhoire dotoire. Estou assim a gemere para agradaire a bossa excelência...

O moço pasmava da imagem estranha que os doentes se fazem dum médico. Agradar com gemidos! Um dos seus motoristas perguntou-lhe um dia se ele nunca tinha matado um doente, matado só pelo prazer de matar. O rapaz caiu das nuvens. Que bruxos? que demônios? pensam os leigos ignorantes que são os curões. Matar pelo prazer... Agora — pensaria ele vida afora — matar sem querer, a questão seria de difícil responder. Quantos vão? desta para melhor por sua incúria, sua ignorância — até sem que os médicos o percebam. É o que se dizia o Egon nos anos maduros, sondando bem a fundo sua consciência. E que o que se julgasse livre dessa ideia lhe atirasse a primeira pedra. Pois o pobre português assim a gemere foi-se também a emagrescere a tossire apesar do pneumotórax, da sanocrisina, da codeína, do óleo de fígado de bacalhau. Lá está no Cemitério do Bonfim. Foi o primeiro atestado de óbito do Egon. E como lhe pesou a compaixão que até hoje sente pelo pobre do lusíada, coitado... Terceiro caso, o do primo Jucapitão nos primeiros passos da sua hipertensão. Como ele o tivesse conhecido menino e moleque, o Egon foi com ele parenteiro, interessado mas sem risos e nenhuma ponta de familiaridade. Depois da anamnese deitou-o na mesa de exame — ele já um pouco pálido. Quando passou-lhe a braçadeira do aparelho de tensão ele virou os olhos e caiu numa lipotimia clássica. Suores, palidez, desmaio. Quando voltou a si o doutor perguntou por que? diabos ele tinha tido aquele chilique.

— Porque quando você começou a apertar no braço fiquei com medo do golpe...

— Que golpe? Juca.

— Não posso explicar. Do golpe. Dum golpe...

O último caso que o marcou foi o dum "choque pleural". Ele estava só no consultório. Era a terceira ou quarta aplicação do moço. Quando ia fazer-lhe a clássica picada de estovaína antecedente à passagem da agulha mais grossa do *pneu*, picada que levava sempre um pouco fundo até cerca da pleura — ele não quis.

— Doutor, não precisa essa injeção não. Isso não dói nada. E que doesse um pouco — não sou maricas... Pode fazer a insuflação direto...

Pois o médico concordou por concordar. Introduziu a agulha e começou. Teria sido? a falta do amortecimento pleural. O fato é que o rapaz de repente apagou, ficou cianótico e a respiração foi parando. O primeiro impulso do médico foi o de abrir a porta e pedir socorro. Chamar pelo Miranda, pelo Baeta, pelo Ageu. Mas logo viu que não podia perder tempo e que em vez de socorro ele ia criar uma balbúrdia que podia ser fatal ao doente. Correu ao armário. Abridor de boca, pinça de língua, trações ritmadas com a mão esquerda enquanto a direita apertava e afrouxava aquele tórax esfriando. Não havia respiração; só uma espécie de estrídulo à entrada e saída do ar às compressão descompressão compressão descompressão com... Nada! Só... mas num tísico! Sua hesitação foi curta e num desespero foi ao boca a boca. Aspirava aquele bafo morrente e mortal, soprava o seu hausto cheio de moço são. Seis, sete vezes — enquanto apertava os peitos parados. Sentia na sua boca aquela língua fria, a dureza da pinça, o gosto do sangue ruim. Olhava querendo chorar. Nada. Recomeçava invocando os santos. Olhava. Abocava de novo com medo de perder os sentidos. Afinal sentiu como um soprinho que já era do paciente, suas costelas mexendo, sua cor passando do arroxado ao pálido, do pálido à normalização e aquela respiração cansada e superficial ritmando e ficando mais funda mais funda agora praticamente normal. Uns olhos cansados dentro da cara úmida não largavam os seus e o que ele estava fazendo, não o largavam os olhos — como mãos sôfregas atracadas numa tábua de salvação. O médico tirou a pinça da língua cheia de sangue. Cambaleando atirou-a à pia, lavou-se, bochechou longamente com água e sabão mastigado. Depois com álcool puro. Já o doente queria levantar. Foi empurrado — ficasse deitado. Mal se tendo nas pernas o Egon arrastou uma cadeira, sentou perto, segurou o pulso e ficou sentindo aquela vida batendo batendo — que o tranquilizava e cujas vibrações eram como que isócronas às do seu coração que ele sentia percutindo como malhos nas têmporas. Saiu de repente do seu fatigado estupor. Uma voz normal se dirigia a ele.

— O senhor já está melhor? doutor. Eu não estou sentindo mais nada. Só esta língua e os peitos doendo muito... Já posso sentar.

Sentou. Estava bem. Saíram juntos do consultório noite fechada. O Egon foi levá-lo de táxi ao Calafate. Voltou para casa esfalfado satisfeito e orgulhoso. Era sua primeira enrascada e ele se saíra "fazendo o necessário" — como está no Aforismo i da Seção 1 do Pai da Medicina. Chegando em casa olhou-se longamente no espelho do banheiro. Tinha olheiras até o meio da cara como se tivesse cometido um excesso, saído de uma orgia. Ardia-lhe a boca queimada. Teve a impressão dum vinco feito pela contração das sobrancelhas que não queria desmanchar. Passou o dedo. Ele persistia. Era uma dobrinha muito leve. Indicação do lugar de ruga por vir. Já era um sinal, marca, rastro duma passagem, dum acontecimento. Respirou fundo olhando a si mesmo e olhos nos olhos, sem pilhéria nem dramaticidade pensou baixinho se encarando: TU ÉS MÉDICO. Batismo. Crismou quatro dias depois, no consultório, retomando no doente a insuflação interrompida pelo acidente. E ele não se acovardara. Mas seu armário agora estava enriquecido da bateria das empolas de esparteína, cafeína, óleo canforado e daquela coisa novidade revolucionária naqueles tempos: lobelina. Quem se lembra? hoje, desses remédios. Ele dera mais um passo na *profissionalidade*. Já se falou atrás sobre essa palavra. É um americanismo que diz tudo. Distingue o profissional dos de fora, dos leigos e mais — o verdadeiro profissional, que o é na alma, do profissional sub — que só tem disto o título e a casca. Por dentro está oco porque ainda não foi ocupado pela noção de sua própria profissão e das mudanças que ela imprime até no físico do indivíduo. Este se acomoda criando mais um sentido que capta o que se deve aprender da parte mímica do exercício médico, do seu lado ator, artista. Seu comportamento. Já se disse como esse gênero é impressionante nos médicos dos países onde existe uma verdadeira medicina. Tomo por exemplo — os médicos franceses, médicos americanos. Para dar uma ideia do que se quer dizer serão citados alguns médicos brasileiros, só dos falecidos, em que essa profissionalidade ia da cabeça aos pés. Quais são os velhíssimos de hoje que não se lembram? de Miguel Couto, Miguel Pereira, Pedro de Almeida Magalhães, João Marinho... E de Aloysio de Castro, Raul David de Sanson, Augusto Brandão Filho, Augusto Paulino entre os menos velhos. Onde está? a fôrma que modelava profissionais iguais a estes... Será que quebrou? Partiu-se?

Quando havia carência de doentes o Egon tratava de fazer o que todo profissional novo deve fazer em tempo de espera. Lia. Seus companheiros dessas tardes eram três saudosos amigos — mãos cheias com o que tinham para dar: pão, pão de espírito. Eram Martinet com seus monumentais *Diagnostic clinique* — que lhe forneceu os elementos para a criação do *seu método* — e a *Énergétique clinique* que lhe deu os de aglutinação do organismo num todo único e a ideia da *abrangência* e inter-relação de cada parte do mesmo; Cardarelli com as suas prodigiosas *Lezioni Scelte* ensinando a ter como elemento principal da clínica, acima das virtuosidades dos processos auxiliares do diagnóstico, a OBSERVAÇÃO — esse ramo da semiologia ainda numa espécie de limbo porque até hoje ainda não teve o seu Claude Bernard a dar-lhe as leis encontradas para a EXPERIMENTAÇÃO; e Gaston Lyon no ilustríssimo tratado a que deu o nome de *Traité élémentaire de clinique thérapeutique*. Elementar... Chamar de elementar um cartapácio de 1383 páginas atochadas de letra miúda e sabedoria cerrada. Quando não lhe chegavam doentes, o Egon fechava a porta, evitava o bonde da sala do Iodobisman e povoava seu consultório desses mestres. Lia-os qualquer e ao acaso da página aberta — como os católicos nos seus embaraços fazem à *Imitação de Cristo* porque sabem que lá vão achar a resposta para a angústia que os punge no momento. Pois os três tratadistas sempre davam uma resposta, a resposta para a incerteza, a dúvida, a hesitação de cada instante e faziam-no segurar — como à Fortuna por seu cabelo fio único — a oportunidade, a ocasião passageira — *occasio praeceps* — do aforismo fundamental. Até hoje ficou-lhe o gosto de folhear às vezes suas páginas caducas (caducas?). Elas lhe restituem sempre um jovem médico cheio de entusiasmo cuja convivência é útil ao velho cético que o substituiu. Trazem a volta de uma vaga crença e de ondas de passado em perfumes e coisas mortas. Sim, coisas mortas (como outro dia contava ao Nava): encontrara dentro do Gaston Lyon o fecho de uma carteira de Liberty oval marcando os ensinamentos sobre a terapêutica do tétano. Lembrara logo da doente vista há mais de meio século, do lugar de sua cama na enfermaria, de sua figura esquálida e incerta quando começou a curar e sentou a primeira vez na cama, amparada pelo Ari e por ele. E tinha relido fulgurado, o que convém fazer em cada fase do tétano e vira que ainda estava certo o que os ajudara a salvar uma vida humana. As letras de fogo diziam:

> À la première, l'antisepsie de la plaie, ou mieux l'exerese du foyer où le poison s'élabore; à la seconde, la sérothérapie préventive qui neutralise le poison virulent; à la troisième, le traitement palliatif par les antispasmodiques: chloral, bromure, etc., et la sérothérapie curative bien que l'éfficacité de cette dernière soit très inconstante, à tel point qu'elle a été nié pendant longtemps.

À hora de sua saída do consultório geralmente lhe apareciam o João Gomes Teixeira e o César Damasceno — ambos no gênero de sua disponibilidade total. Juntos saíam por Afonso Pena, andando devagar, vendo as vitrines, as moças — o Egon pisando amorosamente os dois quarteirões que o separavam do Bar do Ponto. Pagava um café rápido para os amigos e cada um tomava seu caminho de casa para o jantar. Podem ser um pouco datadas essas recordações. Elas vêm do segundo semestre de 1929 e justamente os fatos que se desenrolavam no país estavam imprimindo às ruas de Belo Horizonte modificações especiais que não se notam bem no momento que está — mas que tornam-se evidentes e explicadas à sucessão dos presentes e às perspectivas tomadas dos momentos que vêm, que vêm, que vieram e já passaram como automóveis nas estradas obscuras e tendo seus refletores virados para trás. Então se compreende o acontecido, vê-se claramente vista a verdade que se suspeitara e o contorno inteiro dos fatos duvidados num dia — que depois se percebe que *eram verdade* e que sua presença invisível é que trouxera as transformações que mal apontavam — entretanto presentes no tempo e no espaço de Belo Horizonte de Minas do Brasil. E justamente o Teixeira, o Damasceno e o amigo médico tomavam o pulso da cidade por pequenos sinais — quase imperceptíveis. Era político demais chegando e saindo, era o Palácio da Liberdade ou a Secretaria de Segurança tudo aceso e iluminado noitinteira era um tom mais acalorado das conversas nas ruas, nos clubes, nos cafés. Era muito oficial do Exército nos logradouros, contingentes e contingentes da força federal aumentando os efetivos do Doze, eram tenentes, capitães, majores em traje de campanha e parabélum à cintura subindo e descendo desafiadoramente Bahia e quando os quartéis da União já não eram suficientes para conter tanta praça chegando aos poucos cada dia — eles começaram a acampar em torno aos pavilhões da caserna do 12º Regimento de Infantaria. É que estava sendo efetivada a intervenção branca em Minas Gerais e chegara a hora em que o Andrada teria de esgrimir como ninguém. A nossa Polícia Militar tornara-se de repente invisível. Raro era o dia sem um pequeno comício na praça Sete, nas bases do *Pirulito* como era chamado o Obelisco Comemorativo do Centenário da Independência — subitamente transformado em altar ao autonomismo mineiro. Pois os três amigos cheiravam no ar certo bafo de pólvora. E era. Mas suas hipóteses vinham desmentidas pelo tom de cordura adotado pelo presidente do Estado. E de repente, no mineiro desconfiado e bairrista — aquele amor pela Paraíba do Norte e pelo Rio Grande do Sul... Mas ainda é cedo para entrar nesse assunto e só lá para fins de 29 e princípios de 30 é que íamos ver que muita coisa pensada tinha mesmo acontecido e acontecido gravemente, como é grave, por exemplo, dedo premindo devagar um gatilho. Quando se ouve o disparo o gesto já está longe. Mas aconteceu e sucedeu... E nós captávamos vagamente que estavam sobrevindo a cada minuto coisas, gestos, palavras extremamente consequentes... Mas, como foi dito — ainda era cedo para entrar nesse período de narrativa. Por enquanto fiquemos simplesmente nessa coisa sem importância que é a saída de um jovem médico deixando seu consultório depois dum dia de pouco ou nenhum trabalho. Fechava o seu livro, se os amigos estavam na sala de espera ou no escritório do Iodobisman, saíam juntos. Se não vinham, o Egon saía só... E nesses dias em vez de ir na direção do Bar do Ponto, seguia Afonso Pena em direção oposta, jamais pelas calçadas e sempre debaixo da sombra maior dos fícus... *Descia*... Ele resolvera levar em Belo Horizonte vida muito diferente da que tivera como estudante e da que continuara a levar naquele desamparo em que se sentira no Desterro. Tornara-se raro no clube, vasqueiro nos cafés, bissexto nos bares, inexistente nos cabarés e sua vida era manhãs nas enfermarias, dias no Centro de Saúde, tardes no consultório, noites em casa ou num cinema honesto, Amém.

A cantar pastorais em pleno coito.

JOÃO CARLOS TEIXEIRA GOMES, "Abril"

Mais ne jugez point avec légèreté celles que vous appelez des malheureuses, et qui devraient être sacrées, puisqu'elles sont malheureuses. La fille méprisée et perdue, c'est l'argile docile au doigt du potier divin: c'est la victime expiatoire et l'autel del'holocauste. Les prostituées sont plus près de Dieu que les femmes honnêtes: elles ont perdu la superbe et dépouillé l'orgueil. Elles ne se glorifient pas du néant dont la matrone s'honore. [...] Elles sont comme nous des coupables, mais la honte coule sur leur crime comme un baume, la souffrance les purifie comme un charbon ardent.

ANATOLE FRANCE, Palavras de Choulette em *Le lys rouge*

Nós somos as testemunhas de Deus.
(Palavras ouvidas por JOSÉ EGON BARROS DA CUNHA
a um grande pecador)

O Luisinho, do Desterro, julgava nossas irmãs, as decaídas, assim mesmo como seu malungo Choulette — fossem elas altas e grandiosas cortesãs ou míseras e mesquinhas batedoras noturnas das longas calçadas dentro dos escuros de mais visgo. Elas assim — de alto coturno ou baixo mister — acumulavam-se em Belo Horizonte nas casas mais baratas mais caras que compunham os quarteirões que Oiapoque e Guaicurus formavam com suas transversais de entre as praças da estação e do mercado. Hoje, este é um dos pontos mais movimentados da cidade, ocupado pelas larguras onde ficam vizinhas dependências da Secretaria de Agricultura e a estação rodoviária. Outrora, quem chegava noitantemente ao bico onde se encontravam as avenidas Paraná, Afonso Pena e Comércio dava num mundo de trevas mal rompido aqui e ali por distantes postes de iluminação cuja fraca luz só servia para dar tonalidades azul-negras e verde-escuras à arborização e ao ar — se entranhando, fazendo corpo com ela — tudo de uma densidade tão pesada, tão táctil, tão sensível, tão profunda que tinha-se a impressão — quem a fendia — de ter penetrado num aquário cortado aqui e ali por passantes silenciosos — deslizando como grandes peixes que fugissem. Realmente fugiam e se escondiam. Eram vultos de tabeliães, magistrados, viúvos de respeito, protonotários, coronéis da briosa, senadores estaduais, solteirões virtuosos, proprietários, banqueiros piranhas, comendadores lambaris, onzenários piaus, vigários bagres — cujos óculos luziam como pires — olhos glaucos de íctios nadando, aparecendo um instante num raio de luz casual e logo sumindo na tinta noturna. Seus cardumes embitesgavam para Oiapoque e Guaicurus onde a iluminação maior levava-os a carregar para os olhos os chapéus desabados ou arvorar óculos escuros, esconder os bigodes e as nucas dentro do cartucho dos cachenês empurrados por mãos previdentes até as orelhas narizes. Andavam sem barulho como se estivessem transpondo o solo duma nave a pontas de pés. Estavam *descendo*. Se se cruzavam, mesmo se se adivinhassem íntimos não se viam nem se conheciam. *Ni vu, ni connu* — envolvidos na cumplicidade tácita — cada um ignorando o momento de vida perigosa que iam vivendo, iam viver, talvez morrer da morte alta dos foguetes que sobem sobem de repente estouram. Eram homens de entre cinquenta e setenta que se roçavam ali — hipertensos, cardiorrenais, esclerosos, superglicêmicos, uremiantes — que se roçavam ali — entre lobo e cão levando resto de força que lhes deixara a natureza — não como benefício mas como a maldição de sentir mais agudamente poderem realizar dificilmente dentro da "incapacidade instrumental" montante, da impossibilidade do que com que e que, para chegarem dificilmente — chegavam roçando a morte. *Qui vult capere, capiat.* Entre eles passavam leves e rápidos uns raros moços, só que estes vestidos de hipocrisia. Aliás todos. Aproveitavam a hora em que naqueles tempos Belo Horizonte jantava e suas ruas se esvaziavam na noite que começava. Sumiam os olhos indiscretos da tradicional família mineira, enquanto aqueles escravos fugidos corriam desfrutando um instante de liberdade. E o dr. José Egon Barros da Cunha quando sumia nos escuros da praça do mercado fazia-o com as lépidas passadas do estudante Zegão — que ele queria matar dentro de si mas que tantas vezes renascia e revivia naquelas ruas de que conhecia todos os segredos. Doctor Jekyll and Mr. Hyde. O gênero de cada casa, as especialidades de suas moradoras, sua dose de sábia experiência no amor laborioso dos velhos, no ardor pecaminoso e porco que tinham para a sofreguidão dos moços. E de todos a vigilante consciência de muito se olhando não se envergonharem. O que era preciso é não haver escândalo. O resto que se lixasse. E os cardumes que vinham do golfo da praça do mercado diluíam-se naquelas ruas adjacentes que os chupavam como as ventosas de tentáculos de gigantesco polvo onde ficava a seiva que desalestava os jovens, gratificando-os e desvivia os *dirty old men* que voltavam trôpegos para a convalescença e o preparo catuaba da recaída hebdomadária.

Talvez aquela fosse a hora mais curiosa daqueles quarteirões. A cidade provinciana, rigorista, comprimida e complexada se relaxava de repente e recebia as mensagens mais corruptas das capitais do mundo gastas por todas as sensações. As embaixadoras de velhas civilizações exaustas afinavam os homens novos e provectos das Gerais. A Poupée de Marny trouxera de seus parises aqueles finos rebenques para cães e era nua como as deusas antigas, os pés rosados munidos de esporas de prata — que cavalgava galopes cansados sobre tapetes fofos. E seu bridão era uma liga de seda verde passada na boca do animal estimulado pelos *tztztzbi* muxoxados por sua língua seus beiços para o pulo do último obstáculo e do corcovo sobre a cama: cavaleira desmontada e o cavalo agora montando mal que mal para um chouto triste de jumento exausto. E quando terminavam como podiam o *steeplechase* e se estatalavam a montaria e o monteiro, ela nunca deixava de mostrar no longo espelho baixo o monstro de duas cabeças e oito patas, grifando a situação com a canalhice enternecida do seu — *Mais regarde donc, m'amour, dans quelle gentille position nous sommes...* E havia sorrisos pálidos florindo dentro de dispneias. A nacional Mimi Selvagem era mais severa e aos silvos meio simbólicos do *fouet* da francesa substituía as talatadas de sua tala de barbatana de baleia-brandida para valer e levantando vergões que davam repentes de brio a qualquer carne bamb'e lassa criada na escola de mestre Sacher-Masoch. A italiana Pieretta d'Azzuri trazia das suburras romanas toda uma parafernália auxiliar — pulseirinhas de couro delicadas como um cintinho de boneca ou microgarrotes revestidos de seda — tudo para passar pela base da natureza impedindo o retorno do sangue, e a fazê-las tam monstruosas que a dureza artificial ainda durava depois das penetrações penosas e da precisa retirada do laço — agora! bem, agora! agurinhaaaah — na hora justa transbordante do se vir. E a triste tromba zorô saía por si mesma toda úmida da chuvinha rala que guspira pracima e que lhe recaíra sobre a outra calva.

Naquele tempo não havia ambiente em Belo Horizonte tampouco no mundo para a exposição pública, a venda, a compra e a leitura como de material sério e educativo de um livro tal a obra-prima de Legman,[*] que me foi comunicada por Odylo Costa, filho. Entretanto ele não escreveu nada de novo — senão que coligiu práticas milenárias e universais exercidas miudamente e negadas por todos de pés juntos ou admitidas só exequíveis como as imundícies bíblicas do homem ou da mulher. O psicólogo erótico americano avalia em 14 288 400 as posições e modalidades em que pode haver o encontro da boca, dos lábios e da língua com os melindres ou a pássara cega. Entretanto a certas virtuosidades citadas como as *Pattes d'araigné*, o *Fire Drill*, *Les Affaires sont les affaires*, *The Oyster Supper*, *L'Éternelle idole*, *The Naughty Boy*, *The Catapult* e *The Metronome* — talvez a sabedoria mineira da Geralda Jacaré e da Dorcelice pudes-

---

[*] G. Legman, *Ora-genitalism: Oral Technics in Genital Excitation*. Nova York: Causeway Books (95 Madison Avenue), 1969.

sem juntar a sua modesta contribuição de dois outros voos. É claro que elas encontravam parceiros e mesmo eram disputadas por eles. A Dorcelice era uma puri de Montes Claros estabelecida como dona de um bordel barato nos baixos de Curitiba. Pois ela era a precursora e quiçá a verdadeira inventora das carícias itinerantes e andeiras de lábios moles, duras dentadas e logo língua balsâmica — que assustam, surpreendem e desencadeiam reflexos inesperados: o que os erotólogos americanos descreveram depois como o *Around the World* — viagem que a mineira conduzia como ninguém. E sua variante frente a frente em que o número sem sinônimos e traduzido em todas as línguas no seu ipsisverbismo comportava dois modismos: o curto, ou corriqueiro e o longo que terminava no curto mas que tinha um comprido caminho a percorrer em que o par simultaneamente se mordicava os pés, calcanhares, se punia os joelhos, coxas e parava para se empenharem, apenas um pouco mais alto. Se *Around the World* tinha bilhete de ida e volta, o passeio mineiro era retilíneo e só comportava a ida por face única da lua. E nos ires e vires desse passeio a mesma peça dos sentidos era sucessiva e variável: adquiria a superfície larga e os coleios de uma pétala folha de rosa ou a decisão, o resoluto, a penetrabilidade duma cabeça de víbora. Assim falava Dorcelice... A outra autora citada — Geralda Jacaré — não dispensava a participação duma espécie de negro mastino goelas em fogo — que nem o "Cão dos Baskerville". Ela viciara a alimária com o sabor adocicado da glicerina e desta enchia partes cavitárias do seu corpo e untava as superfícies mais agudamente sensíveis. E como ao da glicerina, ela Geralda, preferisse o gosto do licor de cacau, era com ele que açucarava o ceguinho renitente e transformava em favos o que em carqueja lhe nascia em rod'ao tronco. E os três cães no princípio rosnavam baixinho, auliam depois e acabavam uivando à lua à morte à podridão dos campos de batalha. Assim latia a negra cadela que ia calando aos poucos para terminar com o chorinho que Blaise Cendrars pôs na goela dos aligatores — *"un vagissement assez semblable à celui d'un enfant nouveau-né* […]". Pobre Geralda causticada pela perversão como por brasa ardente, a brasardente da epígrafe que a purificava e curava como fazem os bálsamos... Mas... que diabo de palavra foi esta, usada? Perversão, perversão — *ça c'est un trop gros mot*. Pode-se falar em perversão sexual? Há mesmo a possibilidade de existir? uma perversão sexual. Certo que não, se considerarmos que o erotismo é uma pesquisa permanente, lenta, gradual, paciente, dolorida e sempre insatisfeita — que pertence a todos os sentidos e a cada milímetro quadrado do corpo. Só? Digamos a cada milímetro cúbico do soma do homem e da mulher — sobretudo quando em flor. Nessa vastidão *científica* não há nada ilegítimo e qualquer coisa é permitida e a palavra perversão tem de ser substituída pela de indagação amorosa. E nesse terreno a moralidade de cada um tem de ser posta para lá dos limites galaxiais da própria imaginação, da própria curiosidade auto, homo, heterotópica. Da curiosidade pelas bestas barranqueiras e pelos troncos suaves das bananeiras. Tudo que é pensável pode ser possível: dinheiro haja, seu barão...

As duas casas ficavam em Guaicurus, entre São Paulo e Rio de Janeiro, parece que lado par, pelo menos o lado que dava fundos para as direções do Arrudas. Eram de parede-meia, fachadas dum róseo e dum branco angelicais. Afinal a dona dum lado passou sua parte à do outro e de dois alcouces de terceira fizera-se um bordel de segunda classe. Chegara mesmo a seus tempos de primeira quando lá morara a nunca esquecida Odete Monedero, que ali mesmo se matara com vinte bonecos de cocaína dissolvidos numa garrafa de Veuve Clicquot. Todos os velhos belorizontinos de hoje que vêm dos princípios dos anos 20 lembram sua câmara-ardente ali armada, depois das formalidades de polícia, necrotério e autópsia, do seu jacente cor dos mármores sem manchas como os de Paros e Carrara, seu enterro de chefe de Estado, os cabarés fechados como num dó nacional, do luto de uma zona inteira a meio pau. Depois da fase de glória em que abrigara esta grande hetaira, a instituição caíra definitivamente para segunda classe — isto é, a de pensão onde o michê era de vinte. Era conhecida como a "Casa das Três Meninas" não em homenagem a Schubert ou porque ali habitassem só três mas porque, das componentes do staff, uma trinca se destacava que valia ela só por zona inteira. Eram uma lusíada chamada Olinda, uma cabocla que respondia por Maria do Pipiripau e uma mulata açafroada e aça conhecida como Indaiá, por ser natural de Dores. Essa, além do mais, era vesga, o que logo se verá tinha importância em Belo Horizonte. Seu corpo exímio era capaz das posições mais inconcebíveis e na transa sua coluna vertebral era como a das suçuaranas. Ela se arcobotava, se retorcia, pinchava e peneirava de rebentar enxergão. Sua cama tinha o reforço de pés centrais. E entretanto ela era leve, leve, ágil e precisa. E gritava de amotinar o quarteirão. Uma espécie de sucção natural da musculatura da sua pelve segurava em movimentos involuntários como se fossem arrocho de nó canino. E finalmente ela ia morrendo da periferia para o centro que era o último a deixar de pulsar, o garrote afrouxando aos poucos vagar, vagaral, vagaralhamente. Sua armadilha desatracava e soltava o obelisco preso reduzido molezas de minhoca. E brilhante do suor ela luzia do âmbar polido da pele que tinha a cor dos seus cabelos que não se desarrumavam. Sim, seu penteado era como esculpido. Ela dividia a cabeça, do rodamoinho à testa, fontes, nuca — em gomos como os duma laranja seleta. Fazia assim triângulos dum cabelo bostinha de rola, dourado que começava a trançar de cima para baixo. Quando ficavam prontos ela os rebatia para o alto onde as tranças inumeráveis eram amarradas. Aí suas pontas eram riçadas e dissolviam-se qual chama perenemente reacesa finas roscas sumindo, do mesmo jeito da pulverulência dourada que se enrodilhava no pixaim mais curto que nascia na fímbria onde o couro cabeludo virava pele lisa da cara fontes cerviz. E chegou a hora de retomar a vesgueira da Indaiá. Era o que lhe trazia freguesia porque na Belo Horizonte daquele tempo ligava-se muito certas propriedades e autonomias das musculaturas pudendas e defeito do olho. Se é zara é que é de jogo bruto. E o estrabismo funcionava como indicador e farol. Multiplicavam-se os exemplos: tinha havido também uma certa Alzira Caolha que era um verdadeiro quebra-nozes.

A cabocla do Pipiripau era duma seriedade hierática e tinha, além disso, alguma coisa de conotação patriótica. Sua mania era o verde e muito da sisuda, não havia meios de receber os clientes em pelo. Sempre naquela camisinha curta que quando ela se punha de pé deixava ver as franjinhas do chamisco. Não tinha defeito pra esconder mas lá isso nua, de jeito nenhum... Apesar das nádegas venusinas, do ventre reteso e dos seios admiráveis que as alças amarelas da roupa do ofício deixavam ver ora um, ora outro. E as aréolas soberbas como rosas negras. E ela entregava-se com ar severo e concentrado que lhe punha no rosto mímica expectante, que lembrava o meio sorriso da Gioconda ou máscara de teatro chinês. E de repente dentro daquela veste que a luz do sol encerra — ela explodia, literalmente explodia, envolta em verde e amarelo e nas promessas divinas da esp'rança... E era toda, ela própria, um corpo de feriado nacional. E a artilharia salvava...

Mas Olinda era a mais linda flor lusa luzindo. Era toda em branco e negro como as bandeiras do Atlético. Branca da pele duma palidez lisa de pelica só que sem nenhum fosco — antes polida como os velhos marfins. Negra, dos cabelos tanto mais escuros e lustrosos quanto mais íntimos. Tão decididos, firmes e certos na sua direção que pareciam fios de aço fino pré-moldados. Escorridos na cabeça e caindo-lhe sobre a testa, escondendo os olhos, tapando faces e orelhas como as cerdas luxuosas dum poodle e deles roubando aquele negromineral profundo, tão intenso que vira na cor da barba do Barbazul. Olinda era meio teúda, semimanteúda pelo Conselheiro, nessa época ainda bem verde e não o velhote triste e nostálgico que apareceria mais tarde num conto profético de João Alphonsus.* Por ele e um pouco pela incontinência verbal que é sintomática do aparecimento freudiano do "protesto viril", pelo seu gabo é que se sabiam melhor certas preferências da amante, detalhes do seu corpo e peculiaridades do seu comportamento — os quais armavam de telescópios os olhos e aumentavam a argúcia com que ele a detalhava e a possuía com todos os sentidos magnificados por um desejo — meu Deus! — daqueles desejos do amor enorme-norme. Assim sabia-se que era prazer sutil arquipluriextragentil examinar-lhe as zonas em que os cabeludos do corpo se encontram com os glabros cutâneos com que confinam — desenhando nesses limites os mesmos contornos onde se fabricam mais as densidades da onda morrendo sobre areia clara. A vag'acaba, estaca, para, recua, retrocede e nisto vai crescendo em esverdeado leve, logo mais profundo ganhando profundamente em cor que — progressiva — se azulina escurece sob camadas, camadas sob camadas e mais camadas. Assim sua pele branca no liso se sombreava dum cinza, dum azul que se dissolvia sumia p'r'acabar fazendo corpo com o escurum dos muitos fios da cabeça e das borboletas negras e aves toutinegras que faziam manchas e riscos adejos de sable em campo de prata branca. O Conselheiro começava na testa, na ponta do *bico de viúva* que era como seta apontando para baixo. Acompanhava os relevos laterais empurrando vagarinho os cabelos para cima, estudando sua linha, a mudança de direção do seu implante, a descida aos dois lados da face, diante das conchas das orelhas, afinando afinando sumindo numa sombra extraordinariamente doce.

---

* João Alphonsus, "A noite do Conselheiro". In: _____. *Eis a noite!* São Paulo: Livraria Martins Editora, 1943 (data no colofão).

Por trás a pele se esticava sobre a mastoide como pelica dum tambor orlada duma linha de nascida de cabelos tão regular que parecia mais uma intenção, coisa deliberada, que propriamente desenho dos acasos naturais. Arrepiando a nuca a contrapelo, aparecia a pele mais fina — a que pedia a flor da ponta dos dedos antes do toque dos lábios e da gustação da língua. Sabia a longínquo salino e esta sugestão marinha era perfeita doutra sugestão — agu'aromal — floresta da ilha do couro cabeludo. Era um cheiro natural oleoso e raro de sândalo que se casava à cor e à movimentação daqueles cabelos fortes e sedosos desordenados e negros. Nenhum perfume artificial maculava ou falsificava o aroma animal da cabeça de Olinda. E o Conselheiro virava-a, virava-se para contornar o modelo com a atenção do escultor que vai fazer um busto e busca mil de miles posições em roda para reproduzir o modelo em cada instante das épuras capazes dele partirem. Sob a testa curta as sobrancelhas de nanquim conhecidas fio por fio atraentes sobretudo — os menos densos se juntados na raiz nasal com os análogos do outro lado e que abriam, os dois, envergadura de ave planando. Encorpavam-se principalmente logo depois do centro, onde havia os que vinham de baixo das arcadas orbitárias e que subiam afinavam e abriam suas asas prodigiosas. E sombreavam as pálpebras de azul e roxo, os olhos sempre numa expressão de descoberta, surpresa e desapontamento de criança maltratada pela vida. O Conselheiro descia à boca pequena, virginal — surpreendente pelo que sabia fazer. Mandava abrir como num exame clínico. Era forrada internamente pela cortina de púrpura das bochechas, continha dentes: os perfeitos, os obturados a ouro, os chumbados a amálgama de mercúrio e prata. A ogiva palatina. E escondia a miraculosa língua. Mostrava os lábios um pouco amuados. E o prodigioso era o de que tudo isto era capaz quando se coordenava depois dos beijos na boca, nos olhos, corpo afora até chegar à felação preparatória. No lábio de cima de cada lado apenas sombreado um pouco mais visível do buço. O resto da pele das faces e do queixo era puro pêssego, pele de pêssego.

— Vir'um pouco de costas, minha Linda...

— Pra quê? meu bem...

— Nada não, amor, só pra ver sua pele nas costas.

E olhava cada centímetro quadrado detalhando policialmente. Depois, no conjunto: nas saliências, nas depressões, nos evasados. Ela ficava de costas na sua passividade paciência costumeiras até que o amante acompanhasse um por um fios duma penugem apenas visível que se juntava em ângulo sobre as vértebras e escorria como fio de tisna que se engrossasse ao de leve — recebendo os afluentes que acorriam para mergulharem todos juntos no misterioso rego. Aos seus lados duas metades de lua se molgando um pouco outra na outra e continuando a descer numa reta que súbito projetava-se sumia como os rios subterrâneos. Esse encontro nas nádegas não era riscado como num desenho de nanquim mas como se fosse um *fusain* trabalhado pacientemente a esfuminho que destruísse todos os contornos violentos e só desse àquele vale sombra, indecisão e mistério. Tudo isto era ainda capricho devido à convergência duma penugem mais fina e sedosa e volátil — picumã que a fuligem soma a teias de aranha muito raras e muito tênues.

— Agora de costas, Lindinha, barriga pra cima... Não, assim, não. Mãos na nuca para descobrir bem os sovacos e levantar os peitinhos...

Olinda com a cedência costumeira e seu impudor puríssimo e não calculado tomava cada posição imposta pelo amante. Pouco se lhe davam janelas portas abertas gente no corredor. O Conselheiro zeloso de si mesmo é que corria os ferrolhos para ter paz absoluta no seu prazer solitário de *voyeur* experiente. Sempre aquele branco e negro, aquela pele aqueles pelos. Curiosos, os axelhos. Raros, lisos e pouco densos — em contraste às outras zonas de mais *roupagem* natural. Pareciam estames e estilos escuros da grande flor branca e escavada. Iam para duas direções assumindo a forma de chamas de velas antagônicas — ponta para o braço, ponta para o lado de cada seio pequenino e de mamilos tão pouco salientes que era preciso sempre trazê-los à tona com prolongadas sucções. O Conselheiro devorava com os olhos. Acamava colando-os com beijos úmidos os axelhos delicados, dali a pouco secos, se desprendendo logo da pele e em instantes se erguendo como patinhas vivas de insetos microscópicos. Sem querer, o Conselheiro começava por ali a sua órbita, mas descia pelo prumo risco do centro até à flor do umbigo oloroso. Provava do seu entre acre e acerbo. Demorava um pouco e novamente seguia risca de menos em menos tênue até à prodigiosa sarça. Esta parecia vir de trás — vinha de trás, adivinhava-se que a linha esfumada de que se falou tinha se dividido em duas, tornara a se juntar, ganhara forças e levantava-se literalmente na forma duma caranguejeira, dum polvo milhão milhões de tentáculos, um tufo, uma fogueira que ardia sem clarão e que fosse só negrume de carvão, uma explosão levantando o cogumelo da rosa negra de Hiroshima... Tinha essa forma, tinha. Mas só que tudo parecia figuração bordada a relevo com novelos e novelos de seda metálica pretume de fios de ferro sobre um cetim que ondulava — mar todo branco. Todo branco... E aquele desenho espesso descia lado a lado para sumir na raiz das coxas, um pouco baixo na raiz das coxas. Esperava-se então ver novamente a pele brancalabastro. Mas ainda não, porque fina penugem subia que encontrava o trançado grosso de cima. Entretanto a pele glabra vencia de cada lado, atirando duas digitações simétricas e muito claras — irrompendo para dentro da pororoca das duas zonas de cabelo e pelo e penugem. A geografia deste par de pontas se adiantando tão lisos e polidos como pedaços iguais de concha — era a figuração do inexplicável para o Conselheiro que perdia o ar — da curiosidade daqueles claros-escuros: por que? aqui o claro, por que? mais lá tão escuro, tão clarescuro, mas agora tão claro, tão claro, tão branco, tão puro tão marca de lugar onde cabe a boca à direita, depois à esquerda. À direita...

— Olinda!

— O quê?

— Por que? cocê chama Olinda. Por quê? Tu num é pernambucana nem nada. Você mesmo me disse que era portuguesa...

— Portuguesa mesmo, bem. Meu pai era Danilo. Com as letras do nome dele fez o nome duma irmã que eu tinha chamada Oldina — coitadinha! Pra mim deu Olinda.

— Ondé? que tá seu pai... esse prinspe Danilo.

— Ah! brinca não, bem... Morreu. Desastre de caminhão. Escapou ninguém.

— E você tem mais família?

— Tenho.

— Onde?

— Ah! bem... Chega de preguntare. Deita.

— Não que ainda não cheguei aos pezinhos. Mas antes levant'um instantinho. Ficali naquele canto, na frente do armário. Não, da porta de espelho não! da porta escura.

Humilde, santa e canina ela ia e o repentino camafeu relumbrava. Tomava as atitudes que ele queria. Olhava para o alto. Agora para baixo. Dava os braços para ele passar a mão. Os antebraços.

— Puxa! Olinda. Como você é cabeluda... Devia mandar água oxigenada nesse capinzal ou então raspar...

— Não posso, bem. Quase todos gostam. Até que em Salvador eu tinha ap'lido de p'luda. Aqui é que virei Linda, Lindinha. Tudo serve.

Em pé, levantando os cabelos com as duas mãos seu contorno de corpo era uma sucessão ora de linhas de desenho e ora de lindes de estatuária. Sua silhueta era esculpida aqui por limites duros e nítidos ali pelos que a continuavam mas borrando o contorno, esbatendo-o por indetalhável penugem. Torso liso de estátua marmórea, joelhos duros, maléolos, pulsos, mãos — pegando-se partes nas outras por segmentos intermediários desenhados os contornos amolecidos por sombras geradas nos próprios locais e vindas duma pilosidade fazendo tatuagem tão tênue que dava a impressão de — se soprada — ir embora de sobre a pele. Assim, em pé, ela girava sobre si mesma ao capricho das ordens do amante que ele aos poucos arriava no chão. Ela já sabia que aquilo era para ela vir se chegando, sentar na cama e pôr os pés sobre as coxas do macho donde ele levantava um depois o outro, examinando-os dedo por dedo como a pétalas duma flor. Mesmo que ele ria mei'ofegante, envergava separando um por um dos pododáctilos, brincando de malmequer, bem-me-quer. Eram uns pés delicados, precisos, cambrês numa arcada de arquitetura mais invejável que a dada por Ingres às solas do seu Édipo. O Conselheiro que nunca tinha atentado nisto, descobria-se de repente fetichista dos pés e manipulava os de Olinda principalmente movendo para cima e para baixo o antepé que ela possuía ágil e hipermóvel. E um dorso só correspondido pelo côncavo perfeito do arco longitudinal. Ela gostava de se mostrar em conjunto e se oferecer em detalhe a cabeça alta e bem-posta sobre o pescoço cujo elance dava-lhe a cada movimento, ar mais vigilante e atento ao que ele sustentava: sua cabeça divina. E implantava-se sobre um tronco ousado, peitos altos e salientes, talvez um pouco longo para a altura das pernas de brevilínea redonda e musculada mas sem gorduras supérfluas. Suas proporções e índices corpóreos construíam movimentos de uma inevitável elegância e cada gesto seu parecia um momento de balé. Ela era sucessiva e ia saindo de si mesma quando trocava seus passos decisivos e ovantes. Era saudável, tanto vegetal como animalesca, lembrava um lírio subindo rompente e floral ao mesmo tempo que um trote de potranca — potranca, não: de cavalinho, de potrinho — bando de potrinhos de Teruz nascendo uns dos outros como figuras sucessivas e se completantes dum filme feliz. Não tinha um movimento desafortunado. Nem fisicamente, na simples dinâmica, nem quando esta se empenhava e começava a tomar parte na sucessão dos atos eróticos. Ela não tinha nenhuma imoralidade pela razão muito simples de ser um bichinho inteiramente amoral e instintivo. E toda a explicação de sua passividade obediência submissão ao Conselheiro (ou a outro freguês de acaso) era a intenção de levá-lo até a ponto de arreitamento em que ele ficasse inteiramente nas suas mãos. Ela podia então — sem indignar o macho — investir-se no papel *ativo* que gostava de assumir no coito. Nessa hora ela tornava-se absolutamente senhora de tudo. Independente, cuidava só de si como se aquilo fosse cena bilaquiana dos amores de aranha e amores de abelha. Ela era todo um contraste entre o ar pudibundo, a palavra medida habituais e o modo como de repente consentia e fazia tudo para excitar. Sim fazia tudo — mesmo da própria boca — que seus amantes olhavam como a um outro órgão genital. Sua sucção e a virtuosidade de sua língua eram eruditas e oportunas. E no instante preciso ela atirava-se sobre o homem deitado de costas, sujigava-o (mãos nos ombros como na vitória de uma luta romana) e *possuía-o* à turca: como quem monta numa sela turca. E naquele momento, apesar de desligar-se da participação do companheiro e de entregar-se a uma espécie de masturbação sobre a haste em que se empalava até ao Douglas é que ela tornava-se mais excitante. Ficava toda visível nas contrações da musculatura do ventre, na paisagem movente dos seios que pareciam autônomos e principalmente no espetáculo tenso e terrível de sua fisionomia. As sobrancelhas espessas subiam num ângulo agudo de testacima como para tocarem o seu bico de viúva. Os olhos não piscavam mais, entreabertos e pálpebras imóveis viam-se seus globos desviados para a direita e para o nadir — olhando um certo ponto, sempre o mesmo mágico ponto embaixo dos pés da cama — como se esperasse ansiosamente que dali fossem surgir uma explosão, a erupção de um repuxo de rosas e de raios, o estouro duma manada de centauros, uma daquelas revoadas de anjos centrifugados por Gustave Doré. Uma palidez maior a cobria e metade do lábio superior direito entrava em contração que lhe dava generosidade de curva barroca, o de baixo acompanhava e os dois deixavam aparecer os dentes de fera onde a luz fazia nascer estrelas inesperadas dum pivô incrustado noiro. Depois era como se lhe parasse o coração sumisse a respiração e envolvida na mortalha dum suor gelado caía mal tendo força para entregar os lábios ao pobre amante vencido e sesvaindosse. Parava um instante (ou milênios) e depois ressurgia dentre os mortos se enxugando e enxugando como verônica caridosa o que tinha de enxugar por obrigação de ofício e dever de carinho caridade. Ainda nua em pelo tomava seu ar de inocência e pucelagem. E não permitia sequer alusão ao minuto que lá caíra, defunto. Mas a hora melhor para o Conselheiro era a do repouso do depois. Olinda levantava primeiro e nua, natural e casta ia proceder a suas abluções na bacia de louça do toalete e ao semicúpio no clássico bidé portátil. E o bom era vê-la enxugar-se e nessa oportunidade redetalhar redecorar seu miraculoso corpo. E o Conselheiro debruçava-se sobre esses insondáveis em curvas, movimentos, graça, agilidade, pele e fâneros. Compreendia os cabelos da cabeça como um casco protetor, toda a roupagem pilosa dos braços e pernas como agasalho natural, as sobrancelhas, pestanas e pelos nasais como guardas defendendo cavidades delicadas contra poeiras e agressões do exterior. Estendia esse papel aos pelegos em forma de borboleta, morcego, pássara, folhas simétricas, catleias, fusos, losangos: eram paliçadas em torno aos genitais e mandando ainda um pouco de suas reservas de lasca afora para fazer anel custódio já fininho, depois mais grosso, espesso, fornido ou arame farpado em torno ao sedal. Isso o Conselheiro compreendia. Mas mistério para ele, mistério insondável como a ideia da gravitação e a concepção do infinito é de como a natureza tivera intuição ornamental tamanha — no verdadeiro ato gratuito que fora pilosear o prodígio dos sovacos já de si tão resguardados gruta funda. Por que? o capricho daqueles cabelos, cabelhos de axila — axelhos — existindo ali, de cada lado, como duas chamas se pegando pelos pés, dois lepidópteros de asas ora negras, ora castanhas, ora vermelhas, ora de ouro puro saindo em direções impostas pela nascida dos fios opostos, dos grupos de fios contrários: um, alerão braquial e um, alerão peitoral. E o porquê do potencial de erotismo que é contido por sua vista, sua seda, seu gosto de mar, seu cheiro de ventos de terra — um dos mais excitantes e deleitáveis dos odores naturais de todo o corpo humano. O cheiro do corpo humano... E isso é lá assunto de que se trate? É preciso uma explicação às almas delicadas que procuram disfarçar seu próprio cheiro encobrindo-o dos perfumes mais baratos, mais caros — cujos fixadores são feitos com essências tiradas dos genitais da cobra ou das glândulas imundas da pança do almiscareiro. E sabeis? que as flores são nem mais nem menos os órgãos sexuais das plantas femininas, masculinas e hermafroditas. As notas mandadas pelo Egon a Pedro Nava e donde ele tirou essa narrativa, estão cheias de reflexões do primeiro sobre o assunto. Ele conta que cheiro é presença. Deus, a Mãe de Deus, seus anjos e seus santos são precedidos na sua aparição por perfume delicioso. Os endemoninhados sentem a possessão do seu dono torto pelo bafo de enxofre e peidão que a precede. A infância, a adolescência, a mocidade, a saúde e a beleza sempre cheiram bem. A aca, o bodum, a catinga, o xexéu, a inhaca, o chulé e o fartum são os fedores corrompidos da maturidade, da velhice, do desgaste, da doença, dos pré-cadáveres. O cheiro do corpo normal é parte do halo sexual das criaturas. O corpo humano na sua superfície e cavidades acessíveis é tão profundo e complexo como a alma que dizem que o habita como sopro de vida ou divino. Ambos são difíceis de explorar; mas o primeiro tem de sê-lo com todos os sentidos: tato, vista, gosto, ouvido, olfato. Os cheiros do macho ou da fêmea são viceversamente afrodisíacos. Nesse caso o dos pés deve ter o mesmo papel do dos genitais. Compreenda-se nessa afirmativa do Egon o cheiro normal, não o corrompido pela idade, doença e pela prisão nas sapatrancas e nas botinas em que aparece — como as infecções que são favorecidas nas cavidades fechadas. É de duvidar que fedessem os pés que calçaram as sandálias gregas e as calígulas romanas. Estavam meio nus e expostos aos ares como os pés dos deuses pagãos de pouca roupa. O olor dum pé normal deve ser afrodisíaco porque a natureza o torna mais forte e perceptível com a puberdade e persistente durante a atividade da vida sexual. Alteram-se, azedam e se vão desengraçando com a menopausa e a andropausa. Seu papel deve ser dos mais importantes na vida sexual já que ele se projeta se irradia com a mesma energia com que se expandem os sovacos e os órgãos genitais na turgência do desejo, mais seus anexos secreções dobras que os protegem (ou embelezam?). Poderia? o Conselheiro amante fetichista de pés — que lhes conhecia a forma pela vista, que os escutava no estalar das juntas e na batida firme no chão, que sabia das saliências e depressões pelo tato — poderia o Conselheiro exilar desta festa o sentido mais agudo e que mais auxilia a erotização? É preciso dizer essas coisas às almas hipócritas e antinaturais que se proclamam delicadas quando são apenas estúpidas. Pois aprendei, almas inglesas, mais uma que é de estabelecer dúvidas terríveis na consciência do bem e do mal. Sabei que estudos recentes de embriogenia comparada ensinam que as glândulas de Bartholin que se escondem nas plicaturas da vulva são restos milenares de seios onde mamavam os homínidos filhos de nossas avós pré-quaternárias que ainda estavam pra lá das macacas e que tinham duas fileiras de seios como hoje as ostentam as cadelas. Isso perturba muito mas explica e justifica tanta coisa...

Quando o Conselheiro saiu do quarto da Olinda deu de cara, em cheio, com o dr. José Egon Barros da Cunha que se despedia duma mulata na porta fronteira do corredor. Apesar de companheiros do clube, de serem o que comumente se chama amigos, não se cumprimentaram. O primeiro tomou um ar vago por trás da muralha dos óculos negros, carregou mais o chapelão desabado sobre o nariz, ajeitou o cachenê por cima do queixo e saiu na frente, passos apressados. O segundo fez de distraído, de preocupado com as horas, ficou a olhá-las, seguindo o corréu com o rabo de olho, deu tempo ao tempo e pirou minutos depois. (Mas vira claramente vista a Olinda nua e tranquila e ali mesmo prometeu-se firmemente cornear o nosso Conselheiro.) Tomou Guaicurus que se iluminava e abria suas janelas para o turno da noite que descia. Seguiu em direção à praça do Mercado precedido, ladeado, seguido dos outros farsantes da procissão diária de entre lobo-e-cão. Os que ainda esta noite dariam opiniões ponderosas nos salões do Automóvel e do Jockey Club, no dia seguinte dariam suas aulas, assinariam seus pareceres, seus récipes, seus acórdãos; diriam suas missas, ouviriam em confissão, absolveriam; fariam seus partos, suas intervenções cirúrgicas, suas percussões; chancelariam, assinariam e dariam fé tabelioamente; desenhariam plantas de pontes e traçados de estradas; abençoariam os filhos, os netinhos e segurariam o braço gordo ou seco das cônjuges. Também os moços bem-comportados fariam mímica de honra e honestidade com aquelas mesmas mãos que alguns recheiravam assustados conferindo se a lavação tinha mesmo limpado das impurezas de todos os cheiros. E segurariam, exemplares, varas de andores de procissão ou do pálio do senhor bispo. E meteriam aqueles dedos nas pias de água benta e se persignariam... Depois do jantar, em casa, o Egon comentava isso com o Nava.

— Nesta hora eu me pergunto *onde andaram e que fizeram? aquelas munhecas...*

A pergunta tatuou-se dentro da cabeça do segundo naquela noite de 1929. Exatamente nove anos depois, completar-se-ia a gravidez de "O defunto" e o primo do Egon escreveria na noite lancinante da Urca o poema que o habitara desde a infância.

— Meus amigos! olhem as mãos!
Onde andaram, que fizeram,
em que sexos se demoraram
seus sabidos quirodáctilos?
Foram nelas esboçados
todos os gestos malditos:
até furtos fracassados
e interrompidos assassinatos.
[...]

Gestos malditos? ou simples gestos de pobre humano se segurando na vida roída pelos sessenta ratos de cada minuto...

> Personne ne fait de prodiges... moi pas plus qu'un autre. Je réfléchis, je déduis, je conclus, mais je ne devine pas. Il n'y a que les imbéciles qui devinent.
>
> MAURICE LEBLANC, *Arsène Lupin contre Herlock Sholmès*, "La lampe juive"

Não. Não é vergonha nenhuma não, tomar para epígrafe uma boa frase de escritor popular. E vai ser contada debaixo da que encima esse subcapítulo, anedota que concorda com esta afirmação. É a que corria na Santa Casa carioca — atribuída a Miguel Couto. O Egon a ouvira de Aloysio de Castro, nos saudosos tempos em que fora seu assistente, na Quarta. Fato que teria ocorrido no princípio do século, logo depois de 1901 e do investimento do grande mestre na cadeira de clínica propedêutica. Um *encrencoma* tinha dado entrada na enfermaria. Doente avaro de sintomas: uma dor epigástrica invencível, um emagrecimento progressivo, uma febrinha irregular, anemia crescente e mais nada. Todos debruçados sobre o quebra-cabeça, chefe e assistentes, professor e alunos, diariamente empenhando os cinco sentidos sobre aquela barriga enigmática. E o homem a piorar, a piorar até chegar à caquexia, à anemia grave, aos edemas discrásicos, à antevéspera da morte, à "fácies hipocrática". E nada de diagnóstico. As vísceras abdominais mudas e sem responder com seus sinais maiores ou seus sintomas decisivos. Todos, do grande Couto ao último interno, apenas com diagnósticos sintomáticos. Laboratório? naqueles tempos: incipiente e pobre. Raios X? Neres. Laparotomia exploradora? Qual era? o pintado para ousar tanto. Quem ia contar a história era a autópsia. Todos tinham hipóteses, Couto, dúvidas. Só um destes turistas de enfermaria, destes médicos ou estudantes que vão ao hospital para dar seu passeio, tomar seu café, pitar seu cigarrinho, palestrar à hora da rubiácea, só um — e no caso um estudante repetente — que nunca interrogara, palpara ou percutira o paciente, tinha dado sua sentença desde o primeiro momento em que o vira de relance.

— Professor! isto é um tumor maligno da retrocavidade dos epíploons — não lhe parece? E não é muito volumoso. Não será o volume que faz estes distúrbios gerais e sim sua malignidade. Pra mim tá claro...

O polido Couto fazia um sinal de cabeça, um jeito de ombros, de mãos, um meio sorriso e ia sem responder. E o moço a dar-lhe todos os dias com o seu tumor. Pois o doente morreu. Sala de autópsia à cunha. Abertura do tórax. Nada. Abdômen explorado e lá estava o filho duma égua dum tumor da retrocavidade dos epíploons — nada volumoso — mas extenso em superfície, difuso, profundo, tão pastoso que não se deixava localizar. O autor do diagnóstico, triunfante, acercou-se do mestre para receber as palmas da vitória.

— Viu? professor. Eu não disse? Ah! Tive certeza desde o primeiro instante que assisti o senhor examinar.

Dizem que Couto demorou a responder. Fixou muito tempo os olhos mansos, cercados das famosas olheiras, na cara do imbecil que tinha adivinhado e fez apenas uma pergunta, antes de virar as costas e sair.

— Meu filho! me dig'uma coisa: por que? você não faz cada dia seu palpite no jogo do bicho.

Verdade ou invenção, acho o caso exemplar. Contém lição que deve sempre ser lembrada para escarmento dos vaidosos, dos infalíveis. Pode-se acertar um diagnóstico por tolice, como errá-lo ou não fazê-lo por querer ficar dentro da regra do jogo e da técnica. Isso era de ontem, sem recursos auxiliares suficientes, como ainda é de hoje, com as máquinas de diagnóstico mais sofisticadas e os mais finos recursos do laboratório e da anatomia patológica. O erro é permanente e chega para todos. Não há doutor sem seu cadáver no armário. Ou seus muitos cadáveres nos armários...

A necessidade de uma interpretação exata dos sinais e sintomas colhidos, seu cotejo, sua inter-relação são a chave dum diagnóstico. Este era justamente o assunto que naquela manhã o Ari Ferreira, o Nava e o Egon discutiam em torno dum leito da Segunda Enfermaria de Clínica Médica de Mulheres da Santa Casa de Belo Horizonte. Sim, porque os dois primos tinham voltado a trabalhar onde o faziam como estudantes e agora, como assistentes. Tudo tinha acontecido facilmente — como que disposto por uma providência favorável. Uns dias depois da chegada a Belo Horizonte eles tinham ido sondar o terreno. Saíram de casa um pouco tarde, calculando chegar à Segunda, hora do café, quando o grosso do trabalho já estava feito. Era a hora em que o Ari descia para o Pavilhão Koch e lá eles conversariam melhor. Tinham vindo por Bernardo Monteiro e dado logo com a vista no velho hospital que tanto amavam. Tinha sido festa na portaria com a irmã Madalena, outra à entrada da enfermaria com a irmã Salésia e a Conceição. Quando eles chegaram em torno à mesa do chefe, onde estava a bandeja, caíram nos braços do Laborne, do Ari e do Paulo Sousa Lima, agora assistente efetivo, em substituição ao Oswaldo Melo Campos, transferido para os galarins de Catedrático de Clínica Médica.

— É verdade, o Oswaldo. E onde é o serviço dele?

— Continua usando o material de nossa enfermaria. Nem foi dela desligado. Está agora no anfiteatro novo, dando aula, curso notável. Vocês querem? ir até lá. Ele começou há uns quinze minutos. Ainda pegam quase tudo...

— Fica para outro dia, Paulo, mas nós viemos aqui hoje para dar uma conversinha com o Ari. Foi propositalmente que chegamos agora. Sabíamos que era hora dele descer para o Pavilhão e se é que ele vai pra lá, vamos com ele...

— Só acabar o café e vamos pralá.

Os primos saborearam seu cafezinho, acenderam seus cigarros, conversaram mais um pouco com o Laborne e o Paulo, este chamou para perto um moço de pouca altura, riso muito aberto, dentes oferecidos e muito brancos, olhos rasgados, cabeçudo. Apresentou.

— Esse é o meu interno, Mário Pires...

— Muito prazer...

— Não é? o parente do mestre Aurélio, o filho do Zoroastro Pires.

Era. E esse fato acabou de reintegrar os dois primos no ambiente onde tinham vivido quatro anos como estudantes. Reassumiram o cheiro da enfermaria e tinham a impressão de que as doentes eram as mesmas que eles tinham deixado ali, prostradas nas caminhas metálicas pintadas de verde, em fins de 27. Havia outros internos, fazendo o que eles tinham feito tanto tempo. Um manejava o Potain, outro tirava a pressão demorada com o laborioso Pachon, um terceiro metia seu trocater num globo abdominal e logo a parábola dourada do líquido ascítico foi projetar-se no balde branco colocado no lugar certo. Um quarto estava por trás de uma doente sentada na cama, costas descobertas — onde ele corria os dedos ponto por ponto, explorando o frêmito toracovocal.

— Diga trinta e três, minha filha. Não, assim não, um pouco mais alto e bem devagar. Preste atenção, assim — TRINTAI-TRÊS-TRINTAI-TRÊS — vamos. Assim mesmo, isso, assim mesmo, vá dizendo.

— Parece até que estamos em tempos do Laennec — disse o Nava.

— Só que ele não mandava dizer trinta e três — retrucou o Ari.

— Evidente, tinha de ser *trente-et-trois* — soltou d'alto o Egon.

— Oh! sua besta! Será que você não sabe que era Ker...

O Ari quase tapou a boca do Nava. Queria gozar a besteira do Egon. Mas esse logo se reabilitou, dizendo francamente que se não era *trente-et-trois* ele entregava os pontos. Não sabia.

— Trinta e três foi a solução luso-brasileira — disse o Ari. — Esse número bem escandido com seus RR e TT, faz vibrar bem a parede torácica durante a fala. Mas Laennec tinha escolhido para isso o nome rascante duma cidade de sua geografia sentimental. Mandava dizer *Kerrr-loua-nec*, Kerlouanec, com vários RR e o estacato bem nítido do C final, cidade do Finisterra onde, por sinal, acabou sua vida...

— O primo não acertou porque ainda não abriu um volumezinho que lhe emprestei, tem uns dias, sobre a vida desse homem fantástico. É um gênio: ausculta, processo anatomoclínico... Foi o criador da clínica moderna. Não vejo outro.

Mas entravam no Pavilhão Koch e o Ari seguido pelos seus antigos internos foi direto ao seu pequeno gabinete. Um cheiro de creolina reambientava os dois rapazes que logo se explicaram. O Egon com a palavra.

— Mestre Ari, vamos ficar em Belo Horizonte e daríamos tudo para voltar ao trabalho em sua companhia... se você ainda nos quiser...

— Ora esta! Não quero saber de outra coisa. Parece que eu tinha adivinhado essa "volta à casa paterna". Tinha uma espécie de pressentimento. Só que vocês agora não vão "ficar comigo", como disseram. Vão ficar como assistentes e sendo assim, vamos ficar é juntos, os três. Amanhã mesmo falo ao Marcelo e tenho certeza que é tiro e queda. Quando entrarem, faremos uma redistribuição de leitos na enfermaria. Aqui, no Pavilhão é metade para um, metade para o outro. No mais, tudo como dantes...

— ...no velho quartel de Abrantes — completaram os primos.

Agradeceram muito, combinados que começariam o trabalho logo no dia seguinte. Para eles foi como se um segmento luxado dos seus membros tivesse sido reencaixado no devido lugar da articulação. Nem parecia que tinham passado o ano e tanto no Desterro e em Juiz de Fora. Cada coisa que eles olhavam era uma espécie de restituição: o jardim interno com seus canteiros altos, suas aleias vermelhas de minério de ferro, a grama cabelinho, as flores de todo o ano e no centro, erguendo-se dentro do colorido dos verdes variados e das flores azuis, amarelas, róseas, vermelhas e rosicler — a velha Caixa d'Água recortava-se tão nítida, tão negra, tão precisa que parecia uma incisão cruel de gravura em madeira. E ela parecia maior, na sua estrutura — a única que não deixava sua forma esbater-se dentro da luz poderosa da manhã que antes a definia mais, e mais salientava seus contornos metálicos. Alongando a vista por sobre o jardim viam-se, do outro lado, as janelas da enfermaria do Werneck e seu vulto indo e vindo no meio da coorte dos seus acólitos. Em julho os moços puderam marcar duas datas memoráveis de suas vidas. A 4, a nomeação para assistentes voluntários da Segunda Cadeira de Clínica Médica da Faculdade de Medicina da Universidade de Minas Gerais. A 14, dia da tomada da Bastilha, para assistentes efetivos da Segunda Enfermaria de Clínica Médica de Mulheres da Santa Casa de Misericórdia de Belo Horizonte. Tinham subido o degrau mais difícil, o primeiro da carreira magistral. Tudo trabalho do Ari Ferreira. Como o Samuel aparecesse pouco na sua enfermaria e o Marcelo só viesse para dar suas aulas, a parte administrativa do serviço era resolvida de comum acordo entre os assistentes efetivos. Assim não houve nenhuma dificuldade no remanejamento dos leitos e os dois novos tiveram sob sua responsabilidade cinco camas, fora as que lhes cabiam metade a metade no Pavilhão Koch. Competia-lhes perante a Santa Casa a exclusiva assistência das doentes. Já perante a faculdade, essa somava-se a deveres para com o professor e para com os alunos. Tinham de preparar com o maior cuidado as observações e reunir todos os exames subsidiários para cada doente motivo das aulas do catedrático. Isso dava muito trabalho porque nenhum deixava de ter a vaidade de querer apresentar sempre casos completamente esmiuçados e com o diagnóstico já feito. Quando estavam nestas condições, sua lista era apresentada ao professor que olhava o cardápio, escolhia com antecedência e semana seguinte era a preleção para os alunos, em aula de anfiteatro. Preleção que no fundo era uma aula de patologia interna. Porque aulas propriamente de clínica médica eram as que davam os assistentes, de surpresa, recebendo as doentes à vista dos estudantes, examinando-as pela primeira vez aos seus olhos, dizendo por que faziam isto ou aquilo, assim ou assado, que o diagnóstico provável era este, que a doença pedia para confirmação tais e tais provas subsidiárias, interpretá-las sob a fiscalização nem sempre benévola dos jovens principiantes, apontar as entidades que podiam se confundir com a que estava em mira, dar os princípios de como proceder a um diagnóstico diferencial. Depois o tratamento e o porquê de cada remédio. Mostrar como se acompanha um caso, como se o reexamina cada dia para armar a "atalaia da Vida contra as emboscadas da Morte" — querendo falar como falava o velho Curvo Semedo. Como se julga uma evolução favoravelmente ou prevendo um desfecho sombrio. Errar, confessar que errou, que todos erram, estudar as causas do erro com os próprios alunos, fazer uma sincera autocrítica, bater nos peitos e sussurrar seu mea-culpa — por pressa, desatenção, ideia preconcebida, ignorância. O Egon adotara esse sistema e parece que isso agradava, porque à hora de sua visita já tinha seu pequeno séquito fiel de três, quatro, cinco estudantes a acompanhá-lo e já a tomá-lo como conselheiro. Ele levava extremamente a sério o ensinar a bem examinar — como aprendera do Ari — e sobretudo dava ênfase à observação — à arte de vasculhar o doente com todos os sentidos levados ao pleno do alerta. O ímpeto de "virar a natureza pelo avesso" como dizia Couto, de Austregésilo. Sua vida de professor, que foi longa, teve começo em junho, julho de 1929 na Segunda Enfermaria da Santa Casa de Belo Horizonte.

Além das verdades, procurava transmitir a seus primeiros discípulos as dúvidas que já o assaltavam. Em pouco tempo de estudo e exercício já assistira mutações, modas ascendentes, modas em declínio. Já sabia que a verdade de hoje pode ser o erro de amanhã. Que quase sempre é assim. Que toda a arte médica estando em constante reformulação e reforma, tudo que é atual e moderno é duvidoso e esconde uma mentira ou um engano que os tempos vão tornar aparentes. Que a medicina é, assim, instável — a construção duma cidade sobre solo em terremoto permanente. Que disso nascem a insegurança íntima do médico e uma espécie de angústia ruim que o habita — e altera sua alma. Quando ele leu aquela história de Villiers de l'Isle-Adam — num de seus "contos cruéis" — "Le Secret de l'Église", ficou com aquilo por dentro e descobriu que a medicina também tem seus segredos, seu segredo. O conto do escritor francês é a história dum padre jogador que, tendo perdido todo seu dinheiro e todas suas posses, queria continuar a jogar. Apostou os vasos, os cibórios, candelabros, ostensórios da sua paróquia, suas alfaias — e perdeu. Quando se viu a neném arriscou contra tudo o que perdera, o "segredo da Igreja" — que ele, sacrílego, revelaria ali. Os parceiros aceitaram e mais uma vez o reverendo perdeu. A muito custo e muita instância, ameaçado e apertado, teve de pagar, ou seja, revelar o segredo maior, o extra, suprassegredo da sua religião. Lívido ele o soltou. *Le secret de l'Église c'est qu'il n'y a pas de Purgatoire.* Os parceiros riram no princípio mas quando a ideia da irremissibilidade e de condenação imediata e sem apelo contida na frase os penetrou, ficaram mais sem sangue que o sacerdote indigno. E o Egon pensava no desamparo que seria o da humanidade no dia em que ela soubesse do nosso segredo e que alguém tivesse bastante coragem para dizer também — O SEGREDO DA MEDICINA É QUE TODAS AS DOENÇAS SÃO INCURÁVEIS. A cura, a cicatriz já pode ser outra doença. Uma válvula cardíaca inflama, cura, cicatriza e se retrai e é nessa cura paradoxal que vai se entaipar a morte paciente esperando os efeitos a longo prazo da insuficiência e da estenose. Um simples resfriado deixa seu rastrinho de nada. Mas deixa. Indelével... O cirurgião que tira um pedaço do corpo e com ele a doença, deixa atrás de si uma falta que, em sã consciência, devia impedi-lo de usar a expressão "alta curado". Um amputado das pernas, das duas pernas, escapa, cicatriza. Tem a dita alta curado. Mas já não é um homem. É uma variedade d'homem — é um mutilado. O Egon infiltrava com seus ensinamentos, essas pastilhas de veneno. Mas dava também o antídoto. Ensinava, honestamente, que as doenças não têm cura mas que todas têm tratamento. Este é outro segredo do médico. Auxiliar o equilíbrio somático acompanhando a natureza na sua reconstrução provisória. Nunca remando contra a maré. Sabendo desde o princípio que toda a medicina é o ato gratuito de saber diagnosticar. Depois medicar pouco e na hora, não ser ativista terapêutico. Entender o doente. Conversar com o doente. Saber ouvi-lo com paciência. Amparar com o remédio sintomático. Consolar com a presença, a palavra oportuna, a bendita mentira, o santo perjúrio. Ser bom e simples. Guardar e repetir a cada instante a melhor coisa que ensinou Miguel Couto em frase um pouco rebuscada: *"Se toda a medicina não está na bondade, menos vale dela separada"*.*

A manhã de ouro daquela segunda-feira parecia dominical. Tudo tão maio, tão claro, tão refulgente, tão levelevitando-se que parecia que as coisas tinham passado por transmutações cores se desmaterializando e aparecendo aqui só luz, mais adiante cada folha fin'esmalte, cada tronco moldado em cinza, mais leve que a cinza que parece que vai voar. A rua resplandecia. O pátio central da Santa Casa era festa de flores líquidas como pingos coloridos sobre a água verde da grama. Ao centro, nem a caixa-d'água era mais de ferro feio pesando sobre estruturas metálicas de sustentação. Seu bojo negro pulverizado de ouro, arredondava e dir-se-ia aeróstato a desprender-se das ferragens trançadas mais retesas que as amarras dum balão cativo que vai deixar de ser cativo, vai soltar-se voar consumir-se no ouro e no azul dos altos onde correm os balões de prata das nuvens cúmulos. O sol era como se tivesse entrado nas próprias sombras da Segunda Enfermaria, nos cantos,

---

* Nesse subcapítulo noto que foi citado várias vezes o grande Couto. Talvez seja a necessidade de lembrar um nome de nossa medicina que não deve ser olvidado. Não posso nunca esquecer da pergunta que ouvi, há bem seus muitos anos, de interno meu — sextanista — que diante de minha insistência em citar aquele médico perguntou-me — "Mas dr. Nava, afinal quem era esse Miguel Couto em quem o senhor tanto fala?" isso se passou com um doutorando de 1949 — apenas quinze anos depois da morte desse que, a seu tempo, era o maior médico brasileiro — a própria encarnação da clínica médica brasileira... Preste-se ao menos atenção ao fato de existirem no Rio — uma rua e um hospital com o nome ilustríssimo. (Nota de Pedro Nava)

debaixo das camas e no escuro de todos os dentros só podia existir claridade. Ela se insinuava, para levar o dia glorioso, pelas frinchas mais estreitas, pelos pertuitos mais finos. Que nem um levantar de sol, o professor Samuel transpôs a porta acompanhado da figura mitológica dum adolescente cuja cabeça coruscava como os olhos — aquela dum broscarrê feito de fios de fogo, estes dum verde longínquo, gonçalvino, marítimo e alencarino. Logo o chefe do serviço tomou lugar à sua mesa, fez sentar o moço à sua direita e ele mesmo serviu-lhe o café da bandeja reluzente que a Conceição fizera baixar entre eles. E mandou que ela virasse som e fosse ela própria um toque de reunir.

— D. Conceição, faça o favor de chamar todos os assistentes, os internos, veja se o professor Oswaldo já acabou sua aula. Para virem falar comigo. Logo que possam, se possível, imediatamente, já, agora... A irmã Salésia também.

Nem cinco minutos eram passados que rodeavam-no todos os que trabalhavam na Segunda. A cada que chegava o professor recebia com o melhor sorriso, trocava umas palavras. Quando viu todos reunidos, fez uma espécie de pausa, virou-se um pouco para o moço que o acompanhara e este logo se pôs de pé. O chefe dirigiu-se primeiro a ele. Não pediu propriamente licença para apresentar os presentes mas sua mímica exprimia a proeminência emprestada ao visitante.

— Meu querido Evandro, quero apresentar a você o professor Oswaldo de Melo Campos, nosso novo catedrático, o professor Marcelo dos Santos Libânio e mais todos meus colaboradores no Serviço da Segunda Cadeira: assistentes Ari Ferreira, Eliseu Laborne e Vale, Paulo Sousa Lima, assistentes voluntários Pedro da Silva Nava e José Egon Barros da Cunha. E essa *mocidade* que os acompanha são os nossos laboriosos internos. E aqui a alma da enfermaria, nossa virtuosa irmã Salésia. Meus senhores, irmã, tenho a honra de apresentá-los ao professor Evandro Serafim Lobo Chagas, filho e seguidor da tradição gloriosa do *Cláudio Bernardo* brasileiro — o nosso grande cientista Carlos Ribeiro Justiniano das Chagas.

O mestre quisera dar solenidade à apresentação mas, infelizmente, o que foi acima e que ele soltou sem se interromper, fora tumultuado pelo Oswaldo e pelo Ari que não esperaram o fecho de ouro para caírem nos braços do visitante. O primeiro já o conhecia de Manguinhos, dos tempos que lá estagiaram com Chagas e o velho Lutz. O segundo, de toda vida, pois eram parentes — sua mãe prima chegada do individualizador da *Tripanossomíase americana*. Foi só depois das efusões do Oswaldo, do Ari e do Evandro que os outros, em ordem, como os nomeara o chefe, desfilaram diante do moço — cada um para o seu muito prazer em conhecê-lo. O Egon deixara-se ficar para o fim, estudando a figura e os modos do apresentado. Admirava-se do Samuel ter dado o título de professor àquele garotão com cara de estudante. Depois é que viu que estava tudo muito certo pois Evandro Chagas já era, desde 1928 — professor contratado de Clínica de Doenças Infecciosas e Tropicais da Escola de Medicina e Cirurgia do Instituto Hahnemanniano do Rio de Janeiro. Nascido a 10 de agosto de 1905, pusera os pés no tablado onde assentam as cátedras, com a idade de vinte e dois para vinte e três anos. Era um recorde na história do ensino da medicina no Brasil!

O Egon olhava com curiosidade aquele quase adolescente de rosto magro e longo, terminando num queixo oval, cuja doçura de linha diminuía a dureza de certa angulosidade de suas bossas frontais, muito descobertas pela inserção alta dos cabelos que lhe faziam testa ampla, larga, franca — uma destas testas eloquentes, no caso, tanto quanto o era a força do olhar que saía debaixo dela. Um olhar a um tempo manso e doloroso, uma expressão que mesmo num moço já mostrava a passagem das tempestades da vida. Adivinhava-se que algum drama houvera ali desempenhado seu papel de amadurecedor à força dos pobres humanos... Seu nariz era fino, bem-feito, como a boca bem talhada. Entre os dois um bigode inexplicável, não mais largo que a largura que ia duma narina à outra, bigode cheio, espesso, eriçado, tufudo — um bigode à Charles Chaplin e que mais tarde seria imitado por Adolf Hitler. Tinha um pescoço atlético metido num colarinho um seu tanto folgado. Gravata-borboleta misturando várias cores e gritando de estar junto ao terno dum cinza cor de chumbo, também de corte amplo. Usava uns sapatões esportivos, sola dupla, salto muito sólido. Tudo que se podia imaginar do mais normal e corriqueiro, em pessoa bem-vestida mas sem pretensão. Só aquele broscarrê, o bigode e a gravata davam na vista e pareciam um quid de originalidade, uma espécie de marca pessoal, uma assinatura de peculiaridade que o Egon compreenderia mais tarde quando tivesse conhecido e praticado a gente de Manguinhos — que timbrava em se apresentar sempre em sociedade com um toque que os diferençasse a eles, cientistas puros, da malta inope e superficial dos médicos — esses clínicos ignaros, cirurgiões broncos e parteiros ineptos. Do mesmo modo eles se vestiam para o trabalho com aventais cheios de manchas propositais de corantes, rasgados aqui e ali, gastos pela força dos álcalis e ácidos — ao jeito que a mocidade de hoje descora de modo desigual suas calças de brim e tré azuis tratados à água sanitária. Era uma espécie de gênero da casa, importado da rue de l'Ulm e do Instituto Pasteur de Paris, onde certo desleixo era justamente a nota elegante dos Roux e dos Calmette.

Reparando nestas coisas que compreenderia depois, o Egon sentia pelo Evandro uma curiosidade e uma simpatia que anunciavam a amizade que nasceria imediata e sincera da primeira convivência. Foi o que aconteceu depois, no Rio de Janeiro, onde trabalhariam em tarefa empolgante e comum. Mas... não adiantemos. Fiquemos na Segunda Enfermaria da Santa Casa de Belo Horizonte nestes tempos de 1929 quase 30 quando por ali foi ter o Evandro, vindo do Rio e de passagem para Lassance onde ia fazer certas verificações e colher material para os trabalhos do pai. Mas já o professor Libânio retomava a palavra, agora junto ao leito de uma mitral que ia ser examinada pelo filho do seu grande amigo Chagas. Depois da apresentação oficial ele fazia uma espécie de exposição do *curriculum vitae* daquele jovem colega já tão cheio de títulos como qualquer pesquisador envelhecido no metiê.

— Imaginem os senhores que aqui o nosso Evandro começou a frequentar Manguinhos pelos seus sete a dez anos. Ia lá em companhia do pai e passava o dia no biotério vendo os *bichos*. E quem lhe dava assim, tintas de lições de coisas, eram homens como Lutz, Gaspar Viana, Artur Neiva, Eurico Vilela, Miguel Osório...

O nosso Libânio prosseguia mostrando Evandro no Colégio Resende da rua Bambina, onde tinha se preparado para tirar os preparatórios pelo sistema dos exames parcelados. Fizera os doze em 1918, 1919, 1920 e com quinze para dezesseis anos ingressara na Faculdade da Praia. Primeiranista em 1921, tem seu contato inaugural com a medicina e seus problemas práticos, acompanhando o pai, como secretário, nesse ano, aos Estados Unidos, onde o mesmo ia para buscar o que seria útil adaptar no Brasil em matéria de organização sanitária e profilaxia rural. Como é de maior alcance, ainda como primeiranista, aquele prodigioso moço ingressa como interno no Serviço de Clínica Médica de mestre Eurico Vilela, no Hospital de São Francisco de Assis. Em 1924, com dezenove anos, vemo-lo no vale do rio São Francisco, em estudos da epidemiologia da malária e investigando, nas zonas percorridas, a existência ou não da doença de Chagas. Em 1925, com vinte anos acompanha o pai à França e Alemanha, frequenta os serviços de Boclair, Donzelot, Vaquez no primeiro país e de Muehlens, Hegler, Munk e Hiss (júnior) no segundo — interessando-se pelo que lhe foi facultado ver de radiologia, cardiologia clínica e patologia das infecções. Tem contato com o grande mundo médico de Berlim e Hamburgo lendo as conferências do pai que ele, Evandro, passara para a língua deles que falava perfeitamente e que Chagas pai não dominava. Forma-se aos vinte e um anos, em 1926, e logo é nomeado assistente do Hospital de Doenças Infecciosas e Tropicais do Instituto Oswaldo Cruz e vai ser um dos comandantes da campanha antimalárica da Baixada Fluminense que visava amparar os operários da Estrada de Rodagem Rio-Petrópolis. Resultado: consegue entre 1926 e 1927 proteger noventa por cento desses trabalhadores, mercê da quininização sistemática e da luta antilarvária. Ainda em 1926 realiza viagens ao vale do rio das Velhas para estudar a *Tripanossomíase americana*, é nomeado assistente de clínica médica propedêutica do professor Rocha Vaz, estreia-se no magistério fazendo quatro conferências no Hospital São Francisco e, homem que queria viver depressa — casa-se. Em 1927, publica seu primeiro trabalho escrito a este seguindo-se mais sete até a época da viagem que está sendo narrada a Lassance — via Belo Horizonte. Dois deles tinham sido publicados no estrangeiro — um na França, outro nos Estados Unidos. O 1928 trar-lhe-ia mais três empregos contratados no Instituto Oswaldo Cruz: adjunto de assistente, radiologista e técnico. Em 1929, o de assistente efetivo da cadeira de Clínica de Doenças Tropicais e Infecciosas a cargo de seu ilustre pai. Tudo isto o nosso chefe o declarou com vênias ao moço imóvel e impassível que víamos ao lado da paciente cardíaca em que a presente narração o tinha deixado. Foi então que ele tomou a palavra. Agradeceu a recepção dos colegas e principalmente "a do sábio que tínhamos como chefe" e disse que queria nos mostrar um aparelho de sua criação. Mostrou. Era um estetoscópio modificado no sentido de captar os sons da ausculta não só por via auditiva como através da vibração óssea que eles acarretavam. O aparelho era ajustado à cabeça e tinha, adaptando-se à região frontal, uma placa de metal suscetível a qualquer ruído que fosse ter a uma espécie de caixa acústica de que a dita placa servia de fundo. Desse recipiente saía um receptor do tamanho e da embocadura dos estetoscópios obstétricos e os tubos de borracha que iam ter aos dois auriculares do instrumento. Todos, em ordem hierárquica experimentamos o engenho. Realmente, a transmissão óssea ligada à estetacusia — ampliava e de muito os ruídos patológicos surpreendidos. O próprio Evandro chamou-nos a atenção para o único inconveniente do aparelho. Obrigava o observador a atitudes mais que penosas já que ele é que tinha de adaptar sua cabeça às posições que a doença vai cominar ao paciente. Terminou rindo de leve e dizendo que o objeto de sua invenção só podia ser usado por gente magra e moça. Riu mais, calou e ficou um instante imóvel como se quisesse dar o exemplo, com sua figura de atleta jovem. Esse episódio recordado aqui mostra o valor que, nestas eras desaparelhadas da medicina, se dava à semiologia auscultatória clássica. O Egon entusiasmou-se tanto que na mesma tarde adquiriu um daqueles estetoscópios na Casa Moreno. Sua simpatia pelo Evandro era enorme. Mal sabia ele que mais tarde reencontrá-lo-ia no Rio, que tornar-se-iam amigos, trabalhariam juntos e que essa amizade só seria interrompida pela Indesejada das Gentes no dia em que ela feriu, no ar, aquele Ariel da medicina brasileira. Ele caiu e despedaçou-se. O que nele havia de nome despencou aos poucos. Primeiro caiu pesadamente o Lobo. Depois numa chuva amarela vieram vibrando as pétalas aladas das Chagas — já que esse nome pode significar ferida aberta, incisão, mas ser também o da flor dourada da capuchinha.* Mais devagar o nimo Evandro desceu oscilando ao capricho dos ventos, sacudido com o papel de seda multicor das pandorgas a que subitamente rompeu-se o fio. Só um nome ficou no ar porque esse nome é hierarquia, principado, trono, dominação, guarda, custódio, mensageiro anunciático, espírito imaterial, luz puraluz sóluz: SERAFIM. Mas tudo isto eram coisas ainda por vir, futuros desacontecidos e estamos nos 29 caminhando para os anos 30.

Pouco depois da passagem de Evandro Chagas na Enfermaria, outras chagas o Serviço daria ao Egon, sangrando e doendo e durando — não na carne — mas na alma. Foi no Pavilhão Koch. Àquele dia o jovem médico entrara no mesmo à hora costumeira. Logo ouvira o aviso da irmã Salésia.

---

* Chagueira grande, mastruço-do-peru, flor-de-pavão, flor-do-paraíso, em francês *capucine* (*Tropaeolum majus*, L.).

— Dr. Egon, tem doente nova do seu lado.

— Pode levar para a sala de exames, irmã. Fica pra depois da visita às veteranas.

Acabada a rotina das pacientes antigas, o doutor fora direto ao cômodo que servia para o primeiro contato médico com as tuberculosas entradas recém. Ninguém. Saiu a indagar.

— Então? irmã. Cadê? a nova *goiaba bichada.*

— Tá dando um histérico, doutor. Cobriu a cabeça, enrolou-se toda e diz que pelo senhor não quer ser examinada. Só levando à força. E quer alta a todo o transe...

— E ela está mal? irmã. Tem? alguma urgência.

— Nada de mais. Só pele e ossos e aquela febre...

— Então, hoje vou fazer só o pedido de raio X e a senhora vê se amansa essa fera p'r'eu ver amanhã. E pode dar a codeína com louro-cereja e as pílulas de criogenina. Por seguro, não passar de sessenta centigramos...

Só que no dia seguinte fora a mesma coisa. A doente intratável metera a cabeça numa verdadeira trouxa de roupa de cama lençol colcha — aquilo só podia ser arrancado à força e ela defendia-se contra quem queria descobri-la a unhadas e com energia inesperada naquele pobre esqueleto a arder e coberto só de pelancas. Desse dia para o seguinte escarrara sangue a noite inteira. A radiografia era a pior possível. Aquele animal selvagem tinha de ser examinado de qualquer jeito. O Egon logo que chegara ao serviço dera suas ordens.

— A senhora faz favor, irmã, de requisitar da farmácia um vidro de intrato de valeriana de Dausse e mandar dar à nossa fúria uma colherinha de café de meia em meia hora. Nágua com açúcar. São oito e quinze. Eu vou vê-la depois de dez e meia e pode ser que com cinco doses ela amoleça um pouco. E ponhela direto na salinha de exames.

Às quinze para as onze o Egon desceu descuidado as escadas perto da enfermaria do Werneck. Tomou pelo caminho habitual por baixo do passadiço, passou diante da porta da enfermaria do Otaviano. Atravessou a horta das irmãs, parou um instante para falar com sua antiga vítima, o sacristão dos seus tempos de interno, agora acumulando suas funções com as de hortelão.

— Ei! Laurinho... tá bom?

— Graças a Deus, doutor. E o senhor?

— Tocando pra diante.

A manhã tinia de tão dourada como se a luz sacudisse guizos no ar. O moço doutor parou um instante para olhar o céu, o verde das hortaliças, o vermelho rico daquela terra só de ferro e o arfar duma mangueira gigantesca que ficava perto do necrotério. Entrou no Pavilhão rindo e dando bom-dia às tísicas que Deus lhe dera. O cheiro de fora — de água, planta, vento e rega — foi substituído pelo penetrante da creolina das escarradeiras. Foi direto à salinha de exames. Na mesa, a doente dormia. Sua cabeça molhada de suor, pesando no travesseiro, mostrava restos rarefeitos dum cabelo que devia ter sido louro e que agora era só dum amarelo sujo e embaçado. Sua pele parecia pergaminho esticado sobre o rosto, as narinas afiladas e dava a impressão de ser curta para recobrir os dentes intactos que luziam brancos e duma espécie de transparência de opalina. Toda sua caveira se adivinhava nas saliências dos rebordos orbitários, dos zigomas, na depressão das têmporas, nos lábios finos, entretanto pendentes para o lado que ela inclinava a cara e amarelos como a língua que se via. Sua palidez era a um tempo esverdeada e cor de cinza... As narinas batiam. Fácies hipocrática... *labra pendente*, morte iminente — pensou o médico ao mesmo tempo que o invadia um mal-estar, uma opressão no peito, uma emoção igual à que sentira quando calouro de enfermaria — e fazia-o tremer um pouco. Isto e mais uma sensação insuportável de já visto como as auras mentais que se tem de repente. Adiantou-se fez seu primeiro gesto de exame: e tocou numa testa molhada dum intervalo de defervescência, espantou da cariciosidade que lhe ia na mão que ele sentia tremendo e tão gelada como as extremidades pés e quiros daquele quase cadáver que tinha à sua frente. Foi quando a doente abriu os olhos que ele sentiu-se vacilar. Como ele os conhecia e reconhecia — largos, negros, veludosos, intactos na sua beleza — os olhos que ele não via desde a rua Niquelina.

— Biluca...

— Ah! Gonzinho, eu num queria que tu me visse assim. Por isso é que eu num queria ser examinada...

— Agor'eu já vi, meu bem! Cê tá linda como sempre. Agora deix'eu texaminar. Vou chamar a Conceição pra tirar sua blusa...

Chamou. A servente veio e tirou a blusa. Cobriu o pobre esqueleto do peito onde um par de muxibas anunciava onde tinham sido os seios que como no verso do poeta — outrora! — podiam ter servido de molde para taça de Menelau.

— Faz favor? Conceição. Fic'aí que eu posso precisar de você...

Baixou os ouvidos sobre as regiões de baixo da clavícula. Em ambos os pontos ele sentiu como vento dum furacão ao longe — o sopro cavernoso.

— Agora deita de lad'um pouco, minha filha, primeiro, lado direito, depois esquerdo, pr'eu escutar tuas costas.

O minha filha dito com extrema doçura não atritou os ouvidos suspicazes da Conceição porque esse *minha filha* era o tratamento dos médicos com todas as doentes. Automático. Só que o Egon o dizia com uma doçura de coração amante paterno. Repetindo por gosto.

— Tosse um pouco, minha filha. Diz trintaitrês, minha filha. Alto, minha filha. Mais alto, minha filha. Agora baixinho, minha filha. Mais baixinho, minha filha, como se você estivesse me dizendo um segredo ... só pra mim — minha filha...

Quando a irmã Salésia entrou, a doente estava com os olhos cheios de lágrimas e o médico enxugava os seus num lenço e assoava com estrondo.

— Qué? isso, gente! a doente e o médico chorando. Que que houve? por aqui...

— Nada não, irmã. É qu'eu estou num destes resfriados daqueles, pondo água sem parar pelos olhos e pelo nariz. E a nossa doentinha tá fazendo manha... Logo ela, que daqui a uns quinze dias vai tá de pé. Não é? minha filha...

— Pneumotórax? doutor.

— Nem precisa, irmã.

— Posso começar? a sanocrisina.

— Também não, irmã. Também num precisa. Só um pouco de cálcio, as gotas de codeína e prela não tossir de noite, morfina. Até pode dar de doze em doze horas. O sangue foi da tosse. E muita comida pra dentro, tá escutando? MINHA FILHA...

A irmã entendeu. Mandou levar a doente para a enfermaria. Acompanhou, para tirá-la, com a Conceição, da maca pra cama. O Egon saiu ouvindo indignado a irmã Salésia mandar a Conceição pedir à irmã Madalena que telefonasse para o padre José. Saiu depressa para poder deixar na travessia do pátio seus olhos chorarem livremente. A manhã estava dum dourado de matar... No dia seguinte, quando o Egon chegou para sua visita encontrou uma cama vazia e o colchão dobrado arejando. Para não dar na vista, só quando acabou é que interpelou a irmã.

— Então? Irmã, nossa doentinha...

— Morreu de madrugada, dr. Egon. Já foi pra faculdade.

— Até amanhã, irmã.

— Até amanhã, dr. Egon. Louvado seja Nosso Senhor Jesus Cristo.

— Para sempre seja louvado tão bom Senhor.

O médico voou para a faculdade. Berrou no corredor pelo Joaquim.

— Joaquim! onde está? o cadáver duma mulher loura que veio esta noite do Pavilhão Koch... Muito acabada mas ainda meio moça...

— Ih! doutor... já foi. Veio aqui de manhã um bando de putas pra reclamar o corpo e o dr. Lodi mandou entregar. Justo na hora que eu ia começar a tosar a cabeleira.

— Putas? Joaquim. De que pensão?

— Parece que do Curral das Vacas...

O Egon precipitou-se. Queria ir buscar o Nava, o Sá Pires, o Cisalpino. Mandaria uma coroa. Velaria. Faria vesti-la de Noiva, de Virgem. Acompanharia o enterro com os amigos. Descendo Mantiqueira, foi acalmando. Subiu de fato Cláudio Manuel até ao Chico Pires. Mas o psiquiatra sossegou o clínico.

— Deixa disso, Egon. Não faz besteira não. Olh'os jornais... Deixa. Deixa tudo ao coração das putas que sempre é muito grande. Juro que ela vai ter enterro com caixão de primeira e o puteiro inteiro pra acompanhar. A rua Niquelina é passado e o passado, como Lázaro, não deve ser ressuscitado. Pode feder...

— Ah! Chico... mas que dói, dói...

Já foram contadas as modificações por que estava passando Belo Horizonte nesse 1929. Sempre muita gente nas ruas, mais grupos conversando, comícios quase diários ao pé do *Pirulito*, discussões acaloradas, aumento dos efetivos federais, uma como que evaporação da Polícia Militar do Estado, a maré montante dos boatos. Tudo isto acentuar-se-ia a partir da data histórica de 30 de julho. Nesse dia chegam a Belo Horizonte, para tomarem parte na reunião da Tarasca, Júlio Bueno Brandão,

Alfredo Sá, Artur Bernardes, Afonso Pena Júnior, Alaor Prata, José Bonifácio e Adiel Diniz Filho. Com esses nomes a Comissão Executiva do PRM estava ao completo para decidir. Uma multidão, praticamente Belo Horizonte inteira, lotava a praça da Estação e os logradouros vizinhos. À sua frente e esperando o comboio, o presidente Antônio Carlos com todo seu secretariado e tudo quanto é político mineiro, gaúcho e paraibano que enchia nessa época os hotéis da capital de Minas. Improvisou-se manifestação-monstro que teve como orador, por parte do povo, a figura intemerata de Magalhães Drummond. Respondeu em nome dos políticos da cúpula partidária montanhesa — Fernando de Melo Viana. Na mesma tarde soube-se da decisão da Executiva reunida no Palácio da Liberdade: fora homologada a atitude de Antônio Carlos rompendo com o Catete e decidida a encampação da candidatura Vargas. Dessa data em diante começam a chegar, para confabulações, políticos dos outros estados — entre os quais mais se fizeram notar Oswaldo Aranha e João Neves da Fontoura, como delegados da Aliança Liberal. Depois Pires Rebelo, João Simplício, Assis Brasil, Batista Luzardo. Cada um motivo de curiosidade, de manifestações populares — com sua participação — na praça Sete, no *rostrum* do Grande Hotel, nos tamboretes comiciais do Bar do Ponto. Chega também do Rio Mário Brant — que solidário a Minas, tinha se demitido da diretoria do Banco do Brasil. Para esperá-lo, o povo na estação. Discursos de Noraldino Lima e de elementos da classe estudantil. Delírio popular. Virgílio de Melo Franco e Francisco Campos não paravam: Rio-Belo Horizonte, Belo Horizonte-Rio para encontros e tecendo a rede da conspiração. O último, além de conspirar, divertia-se, como de hábito à custa do próximo. Ficou famosa certa peça que ele pregou em João Neves, convocado para um encontro ultrassecreto com o famigerado Horácio de Matos. Finalidade da conversa: a conflagração, em momento oportuno, dos sertões da Bahia com a criação de um ou dois novos Canudos. Dizem que a entrevista se deu com as cautelas clássicas das conspirações de romance, num porão do Calafate, iluminado a lamparinas de querosene, com senha e contrassenha à entrada. Um amigo de Campos fora buscar João Neves no hotel. Trocaram duas vezes de veículo — para maior cautela — e o político gaúcho afinal deu de cara com o famoso senhor das caatingas. Segredaram longamente, traçaram planos, combinaram datas, adotaram cifra especial de comunicação e quando João Neves ia se retirar — caem subitamente a capa que embuçava, os óculos pretos e as barbas postiças do pseudo-Horácio de Matos — para dar lugar à cara em gargalhadas do nosso Chico Campos. Dizem que João Neves encordoou e teve ímpetos de voltar para o Rio Grande, deixando de lado toda e qualquer conversa com esses diabos de mineiros que ninguém sabia quando pilheriavam ou falavam direito. Gente mais sem seriedade — barbaridade!

Paralela a esses conciliábulos políticos começou a ser uma inflação de entusiasmo como que promovida — pela Polícia Militar do Estado. Iniciou-se no desfile da Independência, no Sete de Setembro, em que as forças federais desfilaram dentro do silêncio de uma multidão carrancuda e hostil enquanto as da polícia passavam dentro duma apoteose de flores atiradas pela Mulher Mineira e dos vivas frenéticos dum populacho que interrompia a ordem militar dos pelotões — invadindo suas filas para abraçar e confraternizar com as praças do estado. Diante do Palácio foi um delírio de hinos, cânticos, clarins, tropel de cavalos, vivas a Antônio Carlos, Getúlio Vargas, João Pessoa; a Minas, ao Rio Grande e à "pequenina e heroica Paraíba". Os oficiais da Polícia eram aplaudidos na rua. Mas já entrava outubro que assistiria a fatos extremamente consequentes para nossa história. No dia 20 desse mês a Tarasca indica, respectivamente, para presidente e vice-presidente do estado, o velho Olegário Dias Maciel e Pedro Marques de Almeida. Foi uma espécie de *journée des dupes*. Para os que pensavam que eleito, o velho Olegário não tomaria posse dentro das confusões de uma revolução no seu provável fastígio, ou que tomaria posse mas que velho e gagasto seria governado ao talante destes ou daqueles grupos — que já se constituíam para a espécie de curatela que queriam impingir no político de Patos.

A facção que era ligada a Pedro Marques, contava nada mais nada menos que com o funeral do venerando mineiro e com o último a dirigi-lo, consternado e já de posse da sucessão. Ledo engano. Pedro Marques morreria primeiro que Olegário e os agudos estadistas que o tinham indicado — podiam limpar as mãos à parede: estavam longe de imaginar que seu conclave elegera o Sisto V da política mineira — e que enquanto foi vivo, na ronha, na mamparra e na teimosia empacada só fez o que muito bem entendia. O velho era mole não... Conta-se em Minas uma história que mostra bem sua psicologia, sua manha. Não sei se ela é verdadeira ou inventada. Mas se inventada — é quase verdade de tão verossímil. Que ele tinha sido procurado por um destes bandidos do sertão que sem rodeios vinha lhe fazer a proposta de tocaiar e dar cabo de um dos seus adversários políticos. Olegário ouviu calado os planos do matador e quando este já se julgava aceito pela espécie de sorriso entremostrado na fenda dos olhos míopes do interlocutor — caiu das nuvens ao escutar sua resposta.

— Não aceito nada disso não, porque seu plano é mesmo dum cabra safado e muito burro. Você devia matar primeiro e por sua conta. Depois é que vinh'aqui pra pedir escundrijo e se apadrinhar comigo. Do jeito qu'ocê falou eu vou ter de mandar buscar a autoridade pra te meter no xilindró.

Pois chamou o delegado e entregou o meliante que foi comer cadeia primeiro pra sumir depois. Ser tapado assim no meio dos infernos... Mas voltando à indicação. Ela foi solenizada com imponente comício no *Pirulito*, em torno do qual uma multidão ululante ouviu o verbo inflamado de Gudesteu Pires, Pedro Aleixo, Bilac Pinto, Adolfo Viana, João Leal e outros, mais outros, muitos outros... Mas o pior desse dia 20 foi o de Melo Viana. Vendo burladas suas pretensões de ser o sucessor do Andrada — rompe ostensivamente com a situação mineira e retira-se da reunião da Tarasca acompanhado dos seus correligionários. Isto daria pano pra mangas — essa passagem dum dos maiores chefes montanheses, assim de armas e bagagens para a Concentração Conservadora e para as hostes do nosso Brito.

Foi justamente nesse período de vibração patriótica e meio idiota de Minas e do Brasil, parte da população dum lado, parte do outro, em que a ambição, o desinteresse pelo povo, a teimosia boçal dumas dezenas de políticos lutando por suas ricas pessoas, ia desencadear a tolice de 30 e uma desordem arremedando a verdadeira REVOLUÇÃO que ainda dos nuncas chegou a nossa terra — que coube ao Egon viver um período incomparável de sua vida no sentido de convivência cheia de finura, de sentimentos livres de qualquer vulgaridade, de aprendizado anti-provinciano, de romance sentimental e de relações com um homem verdadeiramente superior. Tudo isto lhe veio da intimidade que logrou do senador Adiel Diniz Filho e sua família. Em fins de 1929 a existência começou a tornar-se penosa para os políticos mineiros residentes no Rio por força de seus mandatos ou funções. Tinham sempre o sobressalto da guerra de nervos dos trotes telefônicos, o vexame da espionagem policial ostensiva em suas casas, as pessoas de suas famílias e eles próprios constantemente seguidos por tiralhada insolente e rente. A situação insustentável e a ameaça de prisão faziam com que os chefes mineiros cuja presença na capital não era indispensável se recolhessem ao aconchego materno de suas montanhas. Assim vieram parar em Belo Horizonte, entre outros, Afonso Pena Júnior e Adiel Diniz Filho com suas respectivas famílias. O último, como o primeiro, eram conterrâneos, nascidos em Santo Antônio do Ribeirão de Santa Bárbara. Adiel era um natalino, pois viera ao mundo a 25 de dezembro de 1879. Além dessa predestinação de data, a repetição do nome do pai representava outra invocação favorável pois, etimologicamente, *adi* quer dizer "meu ornamento" e *El* é "Deus". Era realmente, pelo espírito, pelo caráter e pela bondade — um eleito, um ser ornado pelas qualidades que elevam o homem de sua condição de simples mamífero e lhe permitem, como aos heróis antigos — a entrada nas raças divinas. Ele contava, na ocasião em que está sendo lembrado, quarenta e nove para os cinquenta anos que completaria umas semanas depois. Pertencia a uma família de juristas, professores, intelectuais e chefes políticos da zona do ouro e era homem de formação tipicamente mineira. Seus estudos primários tinham sido feitos na Vila Rica. Para as humanidades o pai mandara-o inicialmente ao Caraça, onde ele foi contemporâneo de Artur Bernardes, Raul Soares, Afonso Pena Júnior e de outras futuras personalidades do cenário público mineiro. Terminaria seu curso de ciências e letras em Barbacena — onde conviveria com Antônio Carlos, seu mano José Bonifácio, com Afonso Arinos, Afrânio de Melo Franco e Rodrigo Bretas de Andrade. Com a transferência da capital para Belo Horizonte, sua família vem para esta cidade, onde seu pai seria diretor da Faculdade de Direito, de que ele, Adiel, viria também a ser professor. Poeta simbolista, foi amigo do príncipe Alphonsus e teve brilhante atividade literária na mocidade e nos intervalos que lhe permitiam sua participação na política e na coisa pública. Ele deixaria considerável espólio em nossas letras, onde se destacam estudos de exegese crítica que decidiriam de maneira irrefutável dois assuntos — até então sempre polêmicos na cultura brasileira. Adiel foi quem provou que o livro famoso *Da destreza no rapiar* não era da autoria do padre Antoneido das Conchas e que, fora de qualquer dúvida, *As mensagens de Santiago* tinham sido escritas por outro Antoneido — Antoneido Tomaga de Gonzas. Esse intelectual de imenso valor que, no futuro, pertenceria às Academias Mineira e Brasileira de Letras, a quem o Egon já estava unido por via da gratidão devida por velhos favores que lhe fizera o político durante sua vida de estudante — fascinou-o literalmente ao se lhe oferecer a oportunidade de conviver mais de perto com ele. Essa aproximação se deu quando o senador Adiel veio para Belo Horizonte com a família — farto de ser espionado e fila-do pelos agentes do Barbado. Antônio Carlos hospedou-o numa residên-cia do governo — a casa do Horto Florestal — e encarregou seu filho Fábio de visitá-lo com frequência a ver se nada faltava e se tudo corria bem. Como o senador estivesse acompanhado de sua esposa d. Marieta Salvaterra Diniz, de suas filhas Amabel e Carmosina, além dos filhos Heliodoro e Gil — o Fábio convocara seus amigos Egon, Cisalpino e Isa-dor para ajudá-lo a organizar programas para a senhora, as moças e os rapazes, enquanto o senador Adiel conspirava e ia ajudando a preparar o movimento que já parecia inevitável e que estouraria em outubro de 1930. Foi assim que José Egon Barros da Cunha começou a frequentar o Horto, tornou-se amigo dos Diniz e ficou conhecendo de perto alguns componentes desta família. O senador foi dos homens mais inteligentes com quem seria dado ao Egon relacionar-se. Não era apenas um *político* comum como a maioria dos nossos homens públicos. Tinha a marca também do estadista na sua visão em profundo e na sua aguda previsão histórica dos acontecimentos. E tinha algo mais que faltava geralmente aos *chosards* seus copartidários do PRM: profissão, trabalho. Foi grande jurista e advogado com prósperas bancas em todos os lugares onde se instalou — como Belo Horizonte e depois o Rio. E a inteligência que lhe assinalamos acima excedia a simples acepção dessa qualidade: Adiel era um *intelectual* na grande acepção do termo, um humanista, um filósofo e um letrado cuja cultura foi uma das mais largas e abrangentes dentre os de sua geração ou de qualquer tempo da história da inteligência bra-sileira. Era um tanto cético, possuía espírito mordaz e sabia exercer essa mordacidade no momento oportuno — tal como mostrou nas polêmi-cas em que se envolveu, em correspondências políticas mandadas sob pseudônimo para a *Folha de Minas* mas onde se sentia a ponta de sua pena lanhando e fazendo sangrar, nos conceitos às vezes um tanto fran-cos com que fisgava seus contemporâneos — principalmente os politicastros das alterosas. Nenhuma dessas qualidades de espírito foi útil à sua vida política. Apesar de ter sido em tempos o grão-mestre do PRM, deputado, senador, secretário de Estado e ministro — o que é uma carreira de aspecto brilhante — ele foi sempre uma espécie de marginal dentro do seu próprio partido e nunca logrou ser o que deveria ter sido numa terra onde realmente se valorizasse a intelligentsia: presidente — do seu estado e da República. Ele foi uma das incontáveis vítimas da preferência que não é só de Minas mas dos Brasis, pelos que outro marginalizado — José Cesário de Faria Alvim, chamaria "os bacuraus de voo curto". Ora, o nosso Adiel era justo o antônimo dessas carcaças raspando a poeira e seu lugar era nos grandes ares rasgados pela asa poderosa e régia dos aquilinos. Adiel era moreno, cabelos e bigodes muito negros, expressão concentrada e severa (tinha *cara de porteira fechada*, como ele próprio dizia, brincando) mas que alguma coisa desmentia. Reparando bem, era a cor dos olhos — um âmbar puxando para o esverdeado — que não condizia com a seriedade de sua fisionomia mas combinava, completava e tornava-se inseparável da mesma, quando esta se abria em sorrisos, mais, no riso e completamente, na gargalhada franca e como que luminosa com que o senador pontuava seus inumeráveis casos pitorescos ou de humor negro — trazidos da meninice do Caraça, em Ouro Preto, Barbacena. De Belo Horizonte, da faculdade, da Tarasca. Sobretudo da política de Santa Bárbara — com anedotas sobre a própria família, sobre o Pena, os Mota, os Pinto Coelho da Cunha — sempre empenhados naquele entredevorar municipal. Costumava temperar o que dizia com a citação, a propósito, dos autores que ele parecia ter de cor: Shakespeare e o dr. Johnson, Rabelais e Montaigne e mais os clássicos gregos, os latinos, o suprassumo de cada cultura e da inteligência de cada povo. O Egon ficaria bestificado com o que ele conhecia de medicina histórica e de como ele (para usar expressão muito do seu agrado) "nadava de braçada" na obra de Hipócrates. Mesmo que deixara escapar o seu entusiasmo.

— Dr. Adiel, igual ao senhor só conheci meu mestre do Pedro II, o velho João Ribeiro. O senhor pode discutir matemática com os matemáticos, filologia com os filólogos, filosofia com os filósofos e até medicina com os médicos. O que estou ouvindo de sua boca sobre Hipócrates me deixa de queixo caído. Vou tomar vergonha e ler sua obra — já que estou acabando de ver provar que toda a medicina moderna tem sua origem nas suas sentenças e aforismos... Qual é? mesmo a tradução que o senhor disse que tem...

— A bilíngue grego-francês de Littré, Émile Littré, lexicógrafo, polígrafo, médico e helenista daqueles que só a França sabe fabricar. É edição da Baillière e você vá preparando os dentes porque são dez volumes...

— Garanto que sou capaz de atravessá-los de cabo a rabo numa leitura de seis a sete meses...

— Sete meses? Põe leitura de toda a vida, menino — se é que você aceita minha opinião de velho carimbamba...

A mulher do senador Adiel chamara-se de solteira Marieta Salvaterra. Era filha do dr. João Salvaterra, médico baiano, o segundo profissional a fixar-se em Belo Horizonte, onde exerceu larga clínica e foi professor de medicina legal da Faculdade de Direito. Em sua cidade de adoção pertenceu ao Conselho Deliberativo Municipal e foi elemento atuante na fundação da Santa Casa e da Sociedade de Medicina, Cirurgia e Farmácia. À época desta sua volta a Belo Horizonte e instalação no Horto Florestal, d. Marieta era uma senhora ainda bastante moça, muito clara, cabelos pretos, olhos expressivos e rasgados. Fina e elegante, cheia de espírito e alegria, parecia mais a irmã que a mãe do grupo de filhos que viera com os pais para a capital de Minas. Esses eram dois rapazes e duas moças. Dos primeiros, o Heliodoro teria seus quinze para dezesseis e Gil ano a menos. Já foi dito o nome de suas irmãs — Amabel e Carmosina — resta dar o retrato de cada uma. Carmosina, a mais nova, era clara de pele, olhos muito verdes, cabelos dum castanho apanhado e maduro, naturalmente crespos. Respirava alegria, era tão alegre e tão viva que não parava de rir, de falar, juntando as duas coisas, falando ao mesmo tempo que ria pela rosa boca, pelos lindos dentes, pelos olhos, por cada uma das expressões sucessivas do rosto — na história que contava, nas respostas que dava. Se sentava, demorava pouco sentada. Logo tinha de levantar, ir de interlocutor a outro que a chamava — rápida, simultânea, ubíqua — feito uma abelha, que nem faísca — não como as imagens de um filme de poses sequentes mas como a impressão, na mesma chapa fotográfica, duma vertical ou dum ponto que corressem deixando suas imagens gravadas em separado no espaço e até no tempo percorridos. Ela era a graça em flor. E assim em movimento permanente, Carmosina era *trezentas, trezentas e cinquenta* — mariandradinamente ao mesmo tempo. Ai! tempo aquele...

Em colorido sua irmã era seu contrário. Tinha os cabelos dum negro absoluto outro lado da lua noite escura fim das profundidades abismos marinhos. Morena clara. E os olhos mais prodigiosos. Olhos a lhe fazerem desaparecer o resto da face, enormes pupilas enormes; pretas, se vistas de longe e perto — desbotando para o âmbar, dia claro ou para o esverdeado, se era noite fechada. E não era só cor o seu mistério. Era o seu infindo de corredores que entravam e atraíam como as espirais para lá dela, para atrás, para os horizontes mais distantes adivinhados nos aléns de sua presença. E com que agudeza Amabel usava seu poder de ver, analisar, separar, criticar, escolher e decidir. Eles serviam na composição pictórica do seu rosto, mas, principalmente eram os aparelhos de precisão adequados à sua penetração psicológica e ao serviço da inteligência meditativa e poderosa que do pai — refletia-se nela como num espelho e com força tal que nenhum dos seus irmãos tinha repetido ao modo como ela a replicava. Sua conversa era como a do senador. Nem palavra de menos nem de mais. Eram justas e as necessárias para dar do seu pensamento o que ela achava que devia ou podia dar. Não havia quem a pegasse sem ramo verde. O Egon que gostava de praticá-la, saía-se (a seu próprio ver) sempre mal e em posição de vencido. Não que discutissem e tivessem pontos de vista diferentes. O que havia de antagônico neles dois era a maneira como chegavam muitas vezes a um mesmo resultado e até aos acordos. Onde ele punha impulsividade, ela usava reflexão. Seus julgamentos imediatos e passionais encontravam do outro lado as decisões dependentes de análises elaboradas posto que rápidas. Uma frase inteira e toda atropelada que lhe saísse da boca era posta xeque-mate com uma palavra de Amabel. O que as duas irmãs tinham em comum era a graça frágil com que a natureza miniaturista se esmera fazendo suas obras-primas mais delicadas: os cristais microscópicos, as hexagonias das moléculas da água congelando, os musgos, as avencas, as libélulas, as mariposas, as joaninhas, as menores borboletas; a graça, a graça frágil com que a arte — seguindo a natureza — realizou as figurinhas de Tanagra, a delicadeza e o galbo das linhas pré-rafaelitas, as estilizações de Aubrey Vincent Beardsley.

Aquela obrigação do Fábio — a de velar pelo bem-estar dos Diniz — acabou virando tarefa de toda sua roda. E como era deleitável! a convivência com aquela gente agradável, simples, educada, inteligente e sensível. De manhã e durante o dia tinham programas como ir a Sabará, correr igreja por igreja, mostrar o Aleijadinho e o barroco — tudo tão redescoberto há pouco tempo — àquelas mineiras há tanto fora de Minas. Inventavam-se excursões. Inesquecível a sensacional que fizeram à serra do Cipó, na manhã toda algodoada pela corrubiana. Fábio dirigindo a cem por hora, vestido de culotes e botas como se fosse montar e arvorando um capacete de aviador como se dirigisse não a sua Erskine verde mas aerostoplano interplanetário. O Egon e o Cisalpino de terno e gravata como se estivessem não no campo, mas participando da cerimônia dum casamento. As únicas pessoas trajadas adequadamente para o passeio eram d. Marieta, Amabel, Carmosina, a Dedé* — sobrinha de d. Julieta Andrada, seu futuro marido Oswaldo Horta Sampaio e Clarisse Giffoni, já quase noiva do Fábio. De lembrar, como se fosse hoje, a paisagem vista de sobre as montanhas — o chão de ferro das minas ondulado em altos e baixos feito terra pobre e seca perto da gente mas mar azul e agitado à medida que a lonjura e a perspectiva adoçavam os contrafortes, destruíam sua dureza e lhes conferiam a moleza das vagas do oceano. Havia um azul prodigioso, extrazul, que se esbatia ao longe noutro mais feérico que era o do céu e terra sencontrandosse. Voavam todos noutro planeta, paravam para descer leitos de riachões secos cheios de pedras calcinadas levantando-se em formas certas e geométricas de cristais apagados ou erigindo-se arredondadas como os monumentos fálicos duma ilha de Delos, perdida nos descampados onde ficava uma fazenda do coronel Jorge Davis cujo solo maninho ele dizia servir para coisa nenhuma.

— Aquilo não dá nem cabra...

— Mas então passaram-lhe uma pinoia, coronel!

— Não é pinoia não, filhinho. Vai lá. Só a vista vale dinheiro moendo...

E valia. Ali tudo valia. Sustenia, persistia em cada um a impressão de navegar num mundo de azul de maricéu só interrompido cem metros à roda como se as pegadas mortais e os pneus dos carros carregassem com eles a desolação e o deserto que transpostos por olhos mágicos construíam-se em paisagens de ilhas habitadas pelas divindades fodazes das mitologias amáveis — corfus, cefalônias, zantes, milos,

---

* Maria Haydée Ferraz.

naxos, samos só que mais numerosas; ilhazinhas sem fim banhando-se em jônicos, egeus, mares cretenses só que mais vastos — toda Minas se alastrando aos olhos deslumbrados e deixando para andar no seu dorso precioso só a nesga de terra ruim ressecada num cerrado fantasmal que corria como pedaço de deserto virado em barco tapete mágico. Quando não era Cipó ou Sabará ou Caeté ou Morro Velho, o programa mais frequente era Lagoa Santa, nesse período começando a ser centro de excursionismo devido ao esforço de Marques Lisboa que conseguira despertar nos moços de Belo Horizonte o gosto pela natação pelo remo pelo velejar. Não faltava onda nem vento e aquele aguão marca zona que deve ter sido das mais remotamente habitadas das Américas. As recentes descobertas de pinturas rupestres na serra do Cipó abonam essa hipótese. E nunca houve quem tentasse escavar as margens ou drenovasculhar o fundo da "prodigiosa lagoa" divulgada nas suas virtudes médicas por estudioso de que se perdeu o nome, em livro publicado na oficina de imprimissão de Miguel Manuel da Costa, Lisboa, no ano de 1749. Depois disso por lá andou o dr. Lund — Peter Wilhelm Lund, que estudou o pleistocênico do quaternário brasileiro. Está enterrado no cemitério de Lagoa Santa. Dizem desse dinamarquês que ele é o pai de filha muito fraquinha, coitada! — a paleontologia brasileira — que não cresce devido à insensibilidade dos nossos homens públicos. Pois a "prodigiosa lagoa" ia ser zona elegante da capital mineira mas foi ofuscada quando Kubitschek pôs em moda a Pampulha. Antes dessa represa as águas naturais eram o lugar preferido para os passeios. Uma destas excursões ficou na lembrança. Para lá bateu-se cedo o grupo de moças e rapazes mencionado antes. Ficara resolvido que cada marmanjo levaria um prato para o piquenique. Coube ao Egon fornecer um pernil que ele mandou preparar no Estrela. Levou-o preciosamente envolto em papel prateado — pronto para brilhar como a melhor iguaria do almoço campestre. Foi um tremendo fracasso. Por fora, uma beleza: lustroso da gordura e dum belo pardo tostado pelos fornos do Simeão. A própria d. Marieta fez questão de trinchá-lo e foi tirando com maestria fatias primeiro mais escuras, depois dum corado brando e todo íntimo, quando, súbito, esbarrou numa espécie de cavitação cheia duma matéria espessa e puriforme — como se ela estivesse cortando não obra-prima de culinária mas uma das peças da anatomia patológica do Carleto. Parecia um abscesso, era decerto um abscesso resultante de epizootia, duma imundície de peste qualquer. Teve de ser jogado fora. O almoço salvou-se graças às contribuições do Sá Pires, do Cisalpino, do Oswaldo Sampaio, e principalmente graças ao Fábio para quem o Lisboa, mordomo presidencial, tinha reservado do que havia de melhor da ucharia e da frasqueira do Palácio da Liberdade. Há pequenas coisas que parecem não ter importância. Mas essa perna de porco teve e muita, para o Egon. Ele ficou profundamente vexado e sua vergonha veio aumentar as arrobas do complexo de inferioridade que ele sentia diante da moça Amabel e das gargalhadas dela — que faziam chorar e tornarem-se mais lindos seus olhos preciosos.

Estava um dia cinza — não de chuva mas daquela névoa surda dentro da qual se sente o sol diluído, tão característica do chamado, em Minas, o "tempo da fumaça". O astro nasce e morre como disco vermelho que só no pino brilha uns instantes. No mais é aquela alegoria japonesa amortecendo as distâncias, suprimindo as durezas e suavizando os horizontes de prata embaçada. O grupo, depois do seu *Déjeuner sur l'herbe*, foi andando devagar para as construções ainda mais que rústicas do Iate Clube. Lá encontrou o Fernando Conde de passagem e vindo verificar o estado das embarcações. Generoso, ele pôs à disposição dos visitantes os barcos necessários a um passeio pela lagoa. Numa lancha com motor e cobertura saíram d. Marieta, Fábio, Clarisse, Cisalpino, Sá Pires e os rapazes Diniz — Heliodoro e Gil. Mais dois botes. Num o Oswaldo remava para a Dedé e no outro o Egon para Amabel. E remavam docemente conversando pouco com a boca e mais com os olhos. A embarcação maior foi em direção do "lagrimal da lagoa" onde atracou numa espécie de flutuante com toldo de lona, ali ancorado. Lá se via o fundo e as águas nascentes saindo das pedras na sua pureza absoluta. Tomando o sol que baixava como reparo percebia-se que o Oswaldo metera sua proa para o sul e o Egon virara para sudoeste a ver se descobria o vazadouro por onde aquelas águas descem para encontrar o rio das Velhas. Várias vezes durante o passeio a dois (*"l'occasion, l'herbe tendre"*), o jovem médico teve a tentação de parar de remar, de vogar apenas e abrir sualma seu coração. Parava de clapotear na água, seus sentimentos iam chegar a sua boca, sua língua, se exteriorizar nas palavras mais lindas — meu Deus! — tudo só delicadeza mas sentia uma paralisia e um medo que o arrolhavam sob a forma de uma extrassístole daquelas — as que parecem um tropicão dentro do peito. Tinha pura e simplesmente horror de parecer ridículo e ficava rodando dentro de sua cabeça tudo que se eriçava entre ele e a amada bela Amabel. A gargalhada diante do pernil estragado... Como ela riria no mesmo cascatear, se ele ousasse... Realmente, se a simpatia os unia, tudo que faz a opinião do mundo era antagonismo patente, a separá-los. Socialmente, ninguém mais alto que a moça na sua situação de filha de um futuro presidente do estado e da República (naquele tempo, a posição do Diniz dentro da política mineira fazia considerar essas ascensões como favas contadas) e ele, Egon, mediquinho leguelhé à mercê de ser desterrado para Teófilo Otoni a um coice da besta Cadavalargus; ela era financeiramente um grande partido enquanto que ele — pobrete alegrete — labutava em dois empreguinhos e dava escassas consultas a 20$000 no porão da casa do colega Miranda; intelectualmente, ele pondo de lado a modéstia, julgava-se da mesma força da eleita mas como caráter... Sim, caráter — no sentido de *característica* — ele tornava a perder: onde ela era segurança ele era só timidez, complexo de inferioridade que tentava disfarçar atacando a golpes de petulância, insolência, alfinetadas, chalaças e chiste (o engraçado, para os psicanalistas é um agressivo). Até fisicamente eram disparatados. Linda, ela tinha a graça ligeira das coisas pequeninas que a natureza cria como a mostrar que todas as perfeições lhe são possíveis. E ele? Não era? alto demais, desengonçado demais, traços grossos mal-acabados, feioso e além de tudo mais — suspeitando-se da maior antipatia... Assim ele remava engolindo suas palavras. Faz mal não, esper'outrocasião, amanhã tomo coragem, digo tudo. Amabel parara de fazer as observações que soltava de quando em quando. Mudara até de ar e fisionomia. Assumira o aspecto de quem parou de esperar alguma coisa que entrevira e não se manifestava. Deixara a mão direita pender e riscar a superfície enquanto olhav'o fundo das águas translúcidas e acompanhava o lampejamento a cada instante dos peixes que desciam e subiam como pássaros dentro da trança das ervas subaquáticas. Com o cair da tarde a cor do dia, que parecia dum esbranquiçado uniforme, ia mudando para o cinza e a face líquida parecia feita dum azougue. Súbito eles perceberam vulto maior nadando em direção ao barco. No princípio parecera um peixe grande, um espadarte, mas chegando perto via-se que era o Heliodoro empurrando as águas com seu crául perfeito. Virava torso e face para um lado, para outro, respirava rente à superfície, seus braços batiam circularmente em movimentos isócronos e uma esteira de espuma nascia de seus destros pés. Ao sol poente ele chegou perto, gritou, mudou de rumo, tomou a direção do "olho da Lagoa", para subir no flutuante. À medida que ele afastava — seu vulto lembrava o dum tritão de bronze se destacando e fendendo chapa prateada. A ocasião perdida revoltava o Egon. Devia ter falado, aberto seu coração. Mas aquela mordaça da timidez... Mas aquele medo do ridículo... Rápido, ele remava de raiva e quando iam chegando perto da ponte tosca de atracação, deu-lhe o repente de voltar e gritar bem alto o que sentia. Prendeu um remo acima da superfície das águas e nelas bateu com o do outro lado — já o barco girava quando chegou-lhe aos ouvidos o protesto de todo o bando apinhado na margem.

— Chega, voltem, o dia tá morrendo... Vamossimbora...

Voltaram chispados para Belo Horizonte. O Egon lembrava que fizera o percurso no mesmo carro que Amabel, seu irmão Gil, o Cisalpino, d. Marieta. As duas atrás com o Gil. Ele e o Cisalpino comprimidos no banco do motorista. A noite caíra e a matagem contorcida e sem crescimento do cerrado fazia mancha negra destacando-se ao longe num céu fumacento e embaçado contra o qual a luz dum minguante espoado fazia distinguir a linha anfractuosa, sofrida, escura e coagida dum horizonte que tinha alguma coisa da imobilidade de um lutador derrubado. Silêncio em todos, nada mais. Depois o menino cortou ele pelo meio com sua observação.

— Que horizonte perigoso! Dá medo. Não sei por quê — mas é assim quieu imagino a África...

O Egon olhou a fímbria ao longe, pralém da Taprobana... África... E pensou que era um Cipião de merda. Tinha medo e logo de quê? Duns belos olhos...

Ah! a estadia dos Diniz em Belo Horizonte marcou para aqueles moços da roda do Fábio um período de dias e noites exemplares. Principalmente pela camaradagem com moças — coisa inusitada em Belo Horizonte. Tirada do seu ambiente do Rio, posta naqueles longes do Horto, enquanto o senador conspirava o dia inteiro, sua família ficava numa disponibilidade total, sem ter o que fazer senão divertir-se com o que os novos amigos improvisavam. Sabará, Alto da Serra, Vila Nova de Lima, Caeté, Lagoa Santa. Crepúsculos suntuosos e luas cheias duma magnificência absurda — vistos de todos os altos ângulos adequados perspectivas favoráveis da cidade. Mas havia outras diversões noturnas. Cinema ou então Horto Florestal e palestra até desoras.

No tocante ao cinema caberia ao grupo assistir à revolução causada pela chegada a Minas do falado, com a *Broadway Melody*. Foi passado no Cinema Avenida, primeiro numa matinê especial, a 10 de janeiro de 1930, depois para o grande público, na mesma sala, a partir do dia seguinte. O Egon apreciador chapliniano do cinema como arte pantomímica e conhecendo as histórias das tentativas anteriores de juntar imagem e som — sempre seguidas de fracasso, desde a combinação com o fonógrafo até às tentativas pioneiras de Henri Joly, em 1905, fazendo o registro fotográfico do som sobre a película — lá entrou no cinema de má vontade. Ao fim de quinze minutos de projeção era um convertido. Assistira ao filme entre o Sá Pires e Amabel, os três não contendo seu entusiasmo. Realmente estavam testemunhando coisa que teria as maiores consequências no mundo artístico e social — com a espantosa mobilidade das cenas, as dublagens sonoridade-e-gesto, a onda invasora do jazz, a criação de novos gêneros e estilos cinematográficos. A sensibilidade de uma geração estava marcada e torná-la-ia eternamente *moderna* no sentido de aceitação e boa vontade com as reformulações que culminariam até no sentido social com a música e sua repercussão no comportamento dos moços dos anos 60 aos que correm hoje. Logo depois viria outra revelação do falado com o *Deus Branco*. As notas deixadas pelo Egon referentes a esse período e postas em ordem por Pedro Nava mostram que ele assistiu ao seu espetáculo de lançamento, sempre no Avenida e sempre com os mesmos companheiros. Deste filme, parece que estrelado por Monte Blue, veio o gosto de uma geração inteira pelas ilhas do Sul, pelas polinésias e pelas músicas de guitarra havaiana. Nenhum dos moços daquele tempo pode ouvir as plangências daqueles sons doces e acerbos como as caldas frutas de suaves espinhos penetrantes como dardos — sem respirar fundo e sem ser transportado magicamente ao mundo dos 20, dos 30. Quem não se puser a lembrar ao gemido vibrante do uquelele é porque esqueceu de si mesmo, da melhor parte de si mesmo... Quatro moças mágicas ficaram morando no bojo dos uqueleles e eternamente sempre durando — primeiro no coração dum moço depois no do cansado velho que tomou seu lugar. Nenhuma delas envelheceu, nem mesmo as duas que morreram (morreram, nada não! como a Virgem Santíssima, elas entraram foi em dormição). E o velho amanhece ao som de uma voz distante prometendo...

If you like a uquelele-lady,
Uquelele-lady will like a'you...
If you ling' 'a uquelele-lady,
Uquelele-lady will ling' 'a'you...

Ninguém mais sabe fazer nascer os sons dessa música senão o Egon. E para ouvi-la ele tem de passar só, na noite de Belo Horizonte, batendo o compasso pelos passos nas calçadas de Ceará, Bahia e na de Afonso Pena as esquinas ubi kinavenida fuit. E as idades renascem...

Quando não havia idas ao cinema ou correrias de automóvel ficavam todos no Horto com luas sobre folhas molhadas da chuva que se fora, no negrume das varandas iluminado pela queda das estrelas, pela subida dos pirilampos, vitrola portátil e os discos mais *lingerers* do jazz derramando na noite mineira as notas imperiosas dos saxofones, as suplicantes das flautas, o gemido inacabável dos uqueleles, o compasso das baterias e a surdina das vozes até cerca de onze horas, onze e meia que era quando chegava o senador Diniz. Entrava sempre exausto das conspiratas, inquiria logo do que estávamos servidos e aderia àquele uísque coadjuvante. Foi nessa época que aprendi com ele o melhor modo de bebê-lo. Primeiro um *heavy stroke* tomado de uma vez e depois então os *long drinks* sucedentes — para levantar de súbito os corações e depois mantê-lo nas alturas atingidas. E eram suas histórias sem fim de Santa Bárbara. A da velha cercada de amigas em torno do leito do marido agonizante e — ao qual ela já se referia nos tempos imperfeitos.

— Ele era mesm'uma flor. Tão delicado. Todo dia quando chegava da rua tinha de dizer uma doçura pra mim. Sempre sobre minha pele. E tinh'um elogio d'que eu gostava tanto... Era quando ele me cheirava o cangote e dizia — Sá'rminda sua pele parece mesm'uma rosa... não! era rosa, não, era... Xentes! e eu não lembro...

Ela prosseguia fazendo força pra lembrar, cumera mesmo? sei que era coisa tão delicada, tão de veludo, assim de seda, de flor de camélia. Ou seria magnólia? não — num era magnólia. Afinal na aflição de não lembrar ela a sacudir o braço do quase morto desmergulhá-lo do quase coma, chacoalhando com violência e gritando.

— Inhô Terêncio! Inhô Terêncio. Cumé mesmo? qu'ocê dizia que era minha pele quand'ocê cheirava meu cangote.

— Hum? hum? Que cangote?

— O meu, homem. Comé cocê dizia que ela parecia, quando mordicava minha orelha e cheirava meu cangote.

— O quê?

— Meu cangote, minha pele. Cum que quiela parecia?

— Cum cetim, um cetim, um cetim... um che... tim... um...

Foi assim até aspirar já fraquinho o último chiiii e expirar afinal o derradeiro tchiiiiin.

— Comadre! Depressa, põe a vela benta na mão dele...

— A vela, a vela, cende a vela... Aí mesmo na lamparina do oratório.

— Segur'essa vela direito, uai! pra num derramá esse despropósito de cera pra todo lado.

Assim, na conversa do senador Diniz, escorria toda a Minas na sua história, no seu folclore, nos seus defuntos, seus fantasmas, seus valentões, seus amores, suas canções das noites de viola e pândega no Guinda e no Tejuco, sua música sacra das manhãs de São José d'El-Rey, das tardes de São João, das noites de Vila Rica — sem pândega mas com a mesma cachaça que servia na alegria e na tristeza ao jeito que refresca no verão e esquenta na friagem hibernal; sua crônica política dos dois reinados e da primeira república; as manhas, as ronhas, os empacamentos, as teimosias, a habilidade de contornar, a arte de falar não dizendo, de fingir de cego pra não perder nada de dentro dos óculos pretos, de surdo para ouvir tudim com a mão em concha na orelh'e pedindo pra ripitir. Todos os casos de morro, despenhadeiro e rola-moça, de cerrado, mata, capoeira, chapadão e várzea, de lagoa e barranca de rio. De lua cheia e noite taciturna. De tesconjuro e mandinga. De anjo, santo, Sôjuscristo, caxias, zorelha gorda, minhocão, saci, caboco d'água, mula sem cabeça, de criança alumiando de noite na sua camisolinha branca de Menino-Deus, de rapaz tão gentil de quadris e serrindo todo lindro e chamando os viajantes no rastro queimado que seus pés descalços deixavam na erva rasteira que danava a feder a enxofre. Estourava e desaparecia... E ai! de quem entrava com ele na moita pro pecado nefando — estourava tamém... Toda Minas... Seus ouros, seus diamantes, seus cristais, suas pedras falsas, seus homízios, seus assassinatos, sua fodeção e que de sangue empapado, ressecado, e viradoutravez poeira seca das estradas que se cruzavam e descruzavam no dorso do Caminho Novo... Minas de Alphonsus e das suas palavras mais imaculadas, meu Deus! — responsório, antifonário, círios, celagem, giolhos, kiriale — de Alphonsus e suas Virgens Constâncias, Ismálias e aquela que do mais alto céu foi o ciliciado altair que entre luares floresce... Agora imagine-se tudo isto contado pelo senador d. Diniz, aquele seu olhar longínquo posto à meia bruma, seu vozeirão grave que emparelhava com música de órgão, seu jeitão de representar as coisas e de onomatopaicá-las com ourarminhos de Sarah Bernhardt e bronzessurdinas de Sacha Guitry... Representava de tudo, imitava todos: fazia velho Bias, seu Júlio Bueno, Costa Senna, Coronel Mundim, cônego João Pio, Tarasca de um por um, dr. Bernardes, Delfim, Silviano Brandão, João Pinheiro, Pinheiro Machado, Machado de Assis, Assis Brasil, Brasil Filho, Filho da Puta e Puta que o pariu. Sabia de cor e salteado todo o secretariado do tempo do presidente Antenor e enucleava (como hábil cirurgião a quisto difícil) a balda dum por um. O Egon bebia seus ensinamentos e justamente a propósito dum dos secretários em questão aprendeu técnica especializada que ser-lhe-ia utilíssima no lidar com os chatos. Fugir dos argumentantes conversa tênis de bola pra cá bola pra lá. Tolerar e dirigir os monologantes que tornam-se inofensivos desde que se lhes dê corda, se lhos coloque pés nos trilhos por onde querem disparar. Era como o Diniz fazia com o dr. Rosário Abrunhoso d'Aguiar Correres que fora secretário de *Terras Devolutas e Campos de Alecrim Dourado* ao tempo em que ele, Diniz, o fora dos *Negócios Secretos e Ensino Público*. O homem gostava de falar sem ser interrompido e entrava de assunto adentro (segundo comparação do próprio Diniz) — que nem serra circular em tronco de madeira de lei. Era só dar deixa que rendesse como jacarandá, pau-ferro, jequitibá, baraúna. Por exemplo, a eterna dualidade de opiniões entre os partidários do jaraguá e os do gordura, entre os do manga-larga e do campolina. E isso rendia em Minas. Se rendia... Quando ele pressentia o colega vindo com conversa de nhenhenhém destas que pedem atenção, reflexão para responder e toma-lá dá-cá, o nosso senador respondia a uma a duas e de repente fazia-se de lembrado.

— Ara! Olhesta minha cabeça! Pois seu Correres não é que ia esquecendo de contar a você que o Antenor tá querendo convencer o Bernardes que é preciso ir fazendo a substituição campo por campo do jaraguá pelo gordura... Que o gordura é mais nutritivo, mais gostoso, vai ele! O quê? Ocê num sabia? Isto é assunto da tua secretaria, homem! Uai...

Tava dada a tora de pau grosso e logo o galocha punha a serra e cortar tábua. Os dentes circulares pegavam força, a mecânica funcionava e o ar cantava longamente até à cissiparização dois meios troncos.

— Inheeeeennnnnnnnnnnhõõõõõooonnnnnnnnnnnheeeeeeeeeeee-EEEEENHEC. Depois mais e mais até tábua e mais tábua.

— Inheeeeennnnnnnnnnnhõõõõõooonnnnnnnnnnnheeeeeeeeeeee-EEEEENHEC.

E se o Correres com seu ar triste empoeirado e foveiro acabava de serramoer o tronco do jaraguá e do gordura logo o nosso Diniz lhe chegava à serra insaciável mais madeira pau-ferro prele chorar com o antagonismo Minas dividida entre campolina e manga-larga e dava outra tora de pau grosso e logo o homem começava a desmanivar outravez outravez oooooouutrããããaaaa... E eram tábuas e tábuas. E enquanto ia seguia e ia o serramadeira, o interlocutor repousava calado e *tão longe de mim distante, onde irá, onde irá teu pensamento... Dó-dó-lá lá-lá-sol-lá-fá...*

Foram dias, semanas, meses desse descanso de espírito fora do qual e da angra daquele horto, o temporal ia engrossando para estourar no dia 3 de outubro de 1930. A vida daquela rodinha seria mais ou menos a mesma até o drama. Mas muita água mesmo inda tinha de passar por baixo da ponte...

A gente pensa que a vida sem variações é chavão que não muda e que uma rotina adquirida de existência é espécie de enche-linguiça. Engano. Não só os dias que se sucedem não repetem nuvem que seja, nem vento, nem mesmo cada anoitecer, tampouco nossos amigos e, em casa, nossa gente. É imperceptível mas é assim e nós também variamos em obediência ao destino, ao fadário, à deidade, a de cada um — a *naturam sui corporis* e ao inflexível "recado genético" — onde se inscrevem, em caracteres que ainda não tiveram seu Champollion, o nosso dia de adolescer, madurar, pensar que estabilizou, ir caindo tão de leve! de repente as brancas, as calvas, as bocas banguelando, a broxura sorrateira — tão paciente quanto moléstia velhice morte todas pacientes, todas seguras da sua hora. E lá vamos, instáveis no instável, móveis dentro do movente. Mas dando-nos ao luxo do tédio pela vida, que parece igual, a no seu dia a dia sempre diferente, sempre diferente, no sobe desce engrossafina estridente ou surdina *Bolero* de Ravel. Mas dentro da *eternidade* dos seus anos 20 o Egon achava seus dias invariáveis. E como não? Manhã, Santa Casa Ari Ferreira pneumotórax diz trintaitrês minha filha Padre Rolim almoço da prima Diva o Nava. Centro de Saúde, as partes para receber, os esporros do Argus, a palestra do Rivadávia, do Cirne. Tardinha e descida para o consultório, ora via Bahia e escritório dos Engenheiros Empreiteiros, ora via Afonso Pena e o boa-tarde aos seus amigos de guarda na Delegacia Fiscal. Ele agora já reconhecia os sentinelas. Eram dois, se alternavam e ambos faziam a posição de sentido quando ele passava, salvando também, seus dedos na beirada do chapéu. Até lhes dera nomes. O mulato mais escuro ficava sempre embaixo, na calçada e tanto fazia posição de sentido para os senhores funcionários, como dizia lérias, baixinho, às crioulas e morenas que passavam. Era o *Sem-vergonhista*. O outro, geralmente deixava-se ficar sobre as escadarias, olhar entre alerta ao que se desenrolava na rua e atento às cambiantes do céu, ao arfar das árvores, ao rolar das nuvens, à pequena borboleta que pulsasse no ar da tarde. Era o *Sonhador*. Uma passada rápida pelo clube cafezinho consultório. E não é? que a clínica começava a pingar. Os doentes mandavam outros. Gente nada chique — clientela modesta de internista jovem, interessado em tuberculose, coração, rins. Depois dedinhos de prosa no Bar do Ponto, casa e seus tratados. Tocante ao reverso — só aos sábados ou nas tais tardes em que o Demônio urgia. (Mesmo que conseguira chifrar o Conselheiro, comer sua Olinda e sentir daí para sempre o veneno de ter sido também sujigado e possuído "à turca" pelo fabuloso íncubo. Jamais esqueceria sua boca lábio superior fino arco-de-cupido, o inferior polpudo como fruta madura. Nem esqueceria a inocência da nudez prodigiosa de seu corpo adolescente — sempre adolescente, que andava dando a impressão de que cada passo era como o impulso derradeiro da sua própria alegoria alçando voo poderoso para as claridades sempre mais fluidas dos altos íris heptacolores, deixando embaixo as imagens de destruição, morte, matéria densa mundo pardacento. Sem querer procurava as asas d'Olinda — que deviam ser iguais às desfraldadas no *Love Triumphant* de George Frederic Watts — gravura que invocá-lo-ia vida inteira — desde o 1924 em que a vira primeira vez no frontispício de sua edição Deat & Sons dos *Shakespeare's Sonnets*.)

Com a chegada dos Diniz é que dera de novo para cinema, disparadas pelas estradas circunvizinhas a Belo Horizonte, palestras com o senador, longas prosas com Amabel sempre a pasmá-lo pelo juízo certo e certeiro das pessoas e fatos. Ele às vezes queria argumentar, discordar mas lá vinha a lógica inflexível da inteligência da moça a pulverizar o que ele pretendia controverter e a pô-lo no seu lugar. E sempre o ar manso, os lindos olhos... E assim corria a vida dentro duma cidade que mudara sua índole pacífica e em que se viam magotes indo diariamente ao Palácio da Liberdade vivar o presidente Antônio Carlos e pedir armas para marchar contra o *Braço-Forte*. Assim chegou o dia 5 de fevereiro de 1930. E nesse dia...

Nesse dia o Egon tinha entrado mais cedo em casa. O sol poente batia em cheio na rua Padre Rolim enchendo-a duma cor tão igual, tão ouro vermelho, tão diáfana — que os objetos desprendiam-se da realidade e refletiam todas suas cores influenciadas pela dum cobre muito polido em que se estivessem repetindo as casas, as árvores, as pessoas, os automóveis — ao jeito do que fazem numa larga tacha esfregada a cinza, areia, sal grosso e limão-galego até adquirir aquele brilho de astro e aquele sem-fundo de espelho. Efeito da cor, palmas batidas na porta da rua estalaram tarolas retesas percutidas por vaquetas precisas. Foi ver. Eram o Fábio e o Cisalpino. Fê-los entrar direto pelo escritório, para seu quarto — pensando que seria para combinarem ida noturna ao cinema, às estradas, ao Horto. Nada disso: era coisa mais grandiosa, irem a Diamantina, ainda hoje, num trem especial que saía com o Gudesteu, o Pedro Aleixo, eles dois — logo depois de outro que largava com Melo Viana e comitiva para os Montes Claros.

— Ora que pena! Não posso ir com vocês porque estou de cobres curtos, princípio de mês, pagamento ainda não saiu... Logo Diamantina que eu sou seco para conhecer... Mas vocês levem o Nava, o Sá Pires que é de lá...

— O Nava não pode ir porque foi mandado pelo dr. Argus a Congonhas para ver um surto de febre tifoide que estourou por lá. Embarca amanhã cedo pelo rápido. O Sá Pires também não porque está substituindo o tio Aurélio na cátedra e além do mais o Gudesteu vetou a presença do mano na nossa comitiva. Tem de ser você. Isto de dinheiro não tem importância. Eu e Cisalpino adiantamos e depois você nos paga... Na volta.

E pareceu ao Egon que passava pela mente do interlocutor pensamento alegre pois seus olhos fuzilaram.

— A questão é o Argus...

— O Argus já está por minha conta — disse o Fábio. — Telefonei a ele dizendo que papai queria que você fosse.

— Se é assim, eis aqui o servo do Senhor e faça-se nele segundo a sua vontade. Pego vocês na estação... A que horas sai o trem?

— O do Melo Viana às nove e trinta, o nosso às onze da noite.

— Ficho. E vocês então me passem aí uns cento e cinquenta a duzentos...

— Logo mais, na estação. Olha, às dez e meia vem um carro pegar você.

— Combinado.

Realmente às dez e quinze apareceu na rua Padre Rolim o mordomo do Palácio, "o amigo Lisboa" como era chamado pela corriola do Fábio. O Egon já estava de mala à porta e esta foi imediatamente metida na parte posterior do carro, por cima duns caixotes que ocupavam todo o espaço disponível.

— O senhor vai ter paciência, doutor, e sentar aqui ao meu lado. Esses caixotes são uma surpresa que eu preparei para o Fabinho e os senhores. De tudo um pouco: queijos, pão fresco, torradas, atum, patê, uns frangos recheados, ovos duros, um tantinho de caviar, sardinhas portuguesas, vinho branco, tinto. A cerveja é que está ocupando muito lugar porque as garrafas estão no gelo e na serragem. Por isto que passei mais cedo pra pôr tudo no trem antes da comitiva do Melo Viana chegar...

— Engraçado, hein? Lisboa amigo. Essa partida de caravanas da Aliança Liberal e da Concentração quase na mesma hora... — Pois é... E eles mal sabem do que escaparam...

— Do quê?

— Aqui entre nós, o coronel Urbano estava com tudo pronto para descarrilhar o trem deles nuns descampados de entre Joaquim Felício e Bocaiuva. Ia ser uma beleza. Socorro nenhum naquele deserto. Mas o presidente soube, mandou chamar o Urbano e proibiu tudo. Uma pena... Sempre entre nós: o presidente tá muito mole. Queria ver uma destas nos tempos do dr. Antenor... Aquilo é que é homem, dr. Egon, aquilo é que é homem...

— Sei não, seu Lisboa. O estado tá assim de tropa federal e era intervenção certa. Acho que o presidente tá agindo com muita habilidade...

— Mas e a nossa "santa" Polícia de Minas? Tinha intervenção nenhuma... Já chega de tanto desaforo do Catete. Por muito menos fizemos o 42...

Na estação o Lisboa e uns secretas que ele chamou levaram a bagagem. Os comestíveis, puseram numa cabine vazia. Mais uns quinze minutos chegavam o Fábio e o Cisalpino. Logo depois o Pedro Aleixo e o Gudesteu de Sá Pires. Ficamos todos de palestra dentro do trem, esperando que a composição da frente em que seguia Melo Viana para Montes Claros desatravancasse a linha. Mas qual nada! A manifestação dos oposicionistas ia de discurso em discurso e só lá pelas onze horas da noite a locomotiva se pôs em movimento entre apitos, foguetórios e vivas. Nossa condução deu tempo a que se distanciasse a outra e fomos assim até Corinto, onde eles embericicaram para o ramal de Montes Claros e nós viramos para o de Diamantina. O Gudesteu e o Pedro Aleixo recolheram cedo. Agora, o Egon, o Cisalpino e o Fábio fizeram honra à matalotagem preparada pelo excelente Lisboa e sua alegria dentro do trem iluminado fazia-os brindar às estações quase apagadas onde o trem passava à pequena velocidade: Vespasiano, Capim Branco, Sete Lagoas, Araçaí, Cordisburgo. Em Curvelo a comedoria foi dada por terminada e todos se deitaram. A manhã já ia alta quando foram acordados em Conselheiro Mata, pelo próprio Gudesteu.

— Vocês tratem de vestir não só porque estamos a chegar, como porque tive aviso, em Monjolos, que vamos ser recebidos com manifestação de desagrado, vaias e apedrejamento do trem no Guinda. Temos de enfrentar a canalha de peito aberto. Eu estou armado com um 38 cano longo e carga dupla que trouxe na pasta mas só tenho os seis tiros do tambor.

O Fábio declarou-se também munido duma Colt de repetição: sempre seriam mais uns balázios. Depois de prontos foram encontrar o Gudesteu no vagão-salão. Estavam com ele o chefe do trem, o Pedro Aleixo e três guarda-freios que forneceram aos desarmados uma barra de ferro — cada conservando a sua na mão. O Egon olhou em roda. Como ele, os membros da comitiva mantinham sua compostura — só que neles, também, todo o sangue descera da face ao coração mais rápido. A composição seguia em marcha lenta pelas alturas arenosas das proximidades do Guinda. Fazia um dia soberbo. Longe, longe, nos limiares do consciente passou-lhe pela cabeça a figura de Bilac que menino, ele vira uma tarde na Garnier e sentiu que o poeta falava sem voz seu nunca morrer assim, num dia assim, de sol assim... Instintivamente ele tomou da mão do Cisalpino: sentiu-a seu tanto fria, entretanto decidida

458

e segurando fortemente a clava que lhe coubera. Também apertou a sua e ouviu o chefe do trem como se ele estivesse léguas distante.

— Agora vêm mais duas curvas e depois uma reta. No fim é o Guinda...

Venceram as duas curvas, entraram lentos na reta. A uma distância de seus cem, cento e nada de metros uma estaçãozinha apinhada, preta de gente excedendo as plataformas e entupindo a linha. Novamente o chefe do trem.

— Tou com vontade de mandar o maquinista dar toda a força e passar por cima desta cambada toda...

— De maneira nenhuma. O senhor vai mandar o trem seguir muito devagar, parar e morrer por morrer, tanto vale aqui dentro do carro como na escadinha da plataforma. Vamos todos para lá — comandou o Gudesteu que de repente ficou apoplético de raiva.

— Vamos, vamos! — que todos berraram eletrizados.

Amontoados uns sobre os outros Gudesteu à frente, enchiam literalmente a escadinha e a pequena varanda posterior do vagão. Na iminência da ação ninguém sentia medo ou pensava coisa alguma — como durante um desastre — quando cessa todo raciocínio e a ideia fixa é a defesa a todo o transe. Da estação vinha como de manada ao longe um urro dentro de cuja uniformidade compacta não se distinguiam as palavras. O trem mais e mais devagar fez com que a massa humana se deslocasse para o outro lado dos trilhos como se nos fosse atacar por duas frentes. De repente o concerto de berros começou a se fender em palavras que se destacavam pouco nítidas até que chegou aos ouvidos dos membros da caravana um viva! Houve um princípio de alívio e todos prestaram atenção ao vozeirar da multidão. Os vivas sucediam-se e depois o nome do vivado também se destacou.

— Viva o Doutor Gudesteu Pires! Viva! Gudesteu, Gudesteu, Gudesteu, Gudes — meu! GU — DES — MEU!

— E para o dr. Pedro Aleixo? Nada?

— Tudo!

— Então? cuméquié cuméquié cuméquié?

— Viva o dr. Pedro Aleixo! Viva! Aleix'Aleix'Aleeeeeixo...

Graças a Deus era uma manifestação de apreço. Foi o tempo de todos entrarem no carro, esconderem as barras de ferro e recolherem às maletas os dois berrantes. A multidão uivava de entusiasmo. Eram vivas

459

de todo lado ao presidente Antônio Carlos, ao *Gudes teu e meu*, ao Fábio, ao Aleixo e no fim ao Egon e ao Cisalpino reconhecidos de dentro da multidão por antigo paciente do Instituto Raul Soares. Era um alcoólatra veterano chamado Aristarco Parreiras Duvas que anualmente fazia sua cura de desintoxicação naquele hospício de Belo Horizonte. Ele dava raros vivas entremeados de rugidos e de morras a Washington Luís, Viana do Castelo, Melo Viana, Carvalho de Brito. Quebrara o jejum de mais dum ano (que durava desde sua última cura), embriagara-se conscienciosamente e estava medonho. Trazia trincado nos queixos um charuto vulcânico e sobraçava uns vinte foguetes sob o braço esquerdo. Ao seu pavio ele levava o charuto, dava um morra! a um porra qualquer e soltava o míssil à queima-roupa na direção dos seus vivados. Foi preciso contê-lo, dar-lhe quantidade de cachaça de derrubar para amainar aquele entusiasmo furioso. Fomos praticamente carregados em triunfo até dentro do trem invadido também pela multidão e começou ali uma apoteose que duraria vários dias de comícios, recepções, serestas, jantares, "judeus", cervejares e champanhares no Distrito Diamantino. A locomotiva, como a da canção da rua Niquelina, fazia fuco-fuco com vontade de chegar. Íamos dentro duma paisagem faiscante e vária como a de Rugendas na *Caravane de marchands allant à Tijuca.** Nossos corações se dilatavam sãos e salvos ao contato daqueles mineiros festivos e diferentes que nos abriam os braços. Finalmente numa gritaria, num chispoucar de foguetes, num estrondo de bombas e no bamboleio duma canção que ali nascia num ritmo espontâneo para dizer GU — DES — TEU / GU — DES — MEU / GU — DES — NOSSO — SU — SU! pusemos nossas solas na terra ilustríssima dos Contratadores. Estávamos na Diamantina... A estação da Central ficava num alto donde se dominava encolhida embaixo sob o jogo plástico prodigioso de seus telhados, a velha cidade. Dava a impressão de uma rainha idosa e friorenta encolhida sob os veludos, quinas, dobras, bolores, poeiras, pátinas musgosas do seu manto de telhas pardacentas. Embaixo destes resplandeciam como roupagens bordadas de pedras preciosas as vidraças das janelas, o branco duro da cal, as outras cores claras — azul-claro, rosa-claro, amarelo-claro, verde-claro, tudo claro claro claro nos panos de paredes, nos diamantes

---

* Tejuco ou Tijuco.

brutos do pé de moleque que ladeava as vastas pedras centrais das "capistranas" que eram como a face aparente da lapidação titânica de penhascos brilhantes enterrados. No meio da multidão tomada dum entusiasmo mais forte que os elementos um velho alto e ossudo a gritar romperrasgando os magotes que o impediam.

— Cadê o Fabinho, o Fabinho, cadê ele e seus amigos. Fabiiiinho!

— Tou aqui, sou eu, sou o Fábio. E o senhor quêquiquer?

— Sou o velho Castanheiro — Agapito Castanheiro, pai do Casta-nheirinho, do Zé Castanheiro que telegrafou dizendo pra hospedar ocês laincasa. Quantos são?

— Somos três. Eu, o José Egon Barros da Cunha e o Cisalpino Les-sa Machado dos Guaicuí que é parente do seu patrício Aurélio Pires.

— Nem precisava dizer. Bastava soltar o nome que eu desfiava a família dele todinha, do barão pra baixo e do barão pra cima. Pois vamos largando essa gente toda por aqui, descer na frente, tomar banho e pegar o almoço que tá tinindo. Tem um leitãozinho nonato que está chiando no forno. Macio como queijo mole por dentro e pelinha tão torrada que estala só de se mostrar um palito pra furar. Num pricisa nem fincar, nem encostar.

— Mas nossa bagagem...

— Deixa pra lá que acaba aparecendo laincasa. Vai sendo levada no préstito e em cada casa de hospedagem o dono separa o seu.

Fascinados pelo velho Castanheiro, descemos com ele à frente do roldão que vinha como água rebentada que rola despenhadeir'abaixo. Ele nos fez parar diante duma venda, entrar para esquentar o corpo ainda penetrado das friagens dos mil metros de altura e lá vai beirada do Rodeador, Conselheiro Mata, do Guinda. Obrigou-nos a experimen-tar marteletes de pinga com caroço de lima que dava ao destilado tons de um azul-celeste, depois com a mamica-de-vaca que tinge de topázio e empresta reflexos de ouro fulvo, finalmente uma esverdeada e feia de "ervas amargas" que lixa o estômago e abre um apetite leonino. Abriu.

— Agora chega. Vamo simbora pro banho e depois dele é que quero mostrar minha pinga de tempero especial. Criação cá do degas — depois de muito ano de experiência...

— Mas temos de avisar o Gudesteu onde estamos, combinar com ele...

— Têm nada de combinar. Tá tudo organizado. Agor'ocês tão debaixo de minhas ordens. Pra casa e pro banho...

A casa do velho Pinheiro era um sobradão solene, diante duma igreja que repicava por repicar ao talante do sineiro e segundo a sua dose da bebida. O térreo, em outros tempos, devia ser comércio — não tinha janelas e só quatro portas de frente trancadas. Pois foi para esse cômodo dianteiro que fomos conduzidos e lá vimos três camas arrumadas e sentindo a capim cheiroso, vetiver e malva fresca. Os primeiros eram cheiro dos gavetões onde as ervinhas são postas secas para tornarem as roupas mais leves e livres da bicharia. A malva era mesmo de folhas novas colocadas por cortesia debaixo dos travesseirões e travesseirinhos. E — acreditem ou não, nossas bagagens meticulosamente separadas de acordo com os nomes ou as iniciais colados no couro. As que não estavam trancadas à chave tinham sido abertas para arejar e sobre seu conteúdo espalhavam-se folhas de malva como também sobre três lençóis de americano grosso dobrados sobre uma cadeira. Via-se que passara por ali a gentileza da mão feminina das Castanheiras.

— Agora ocês tirem a roupa, cada qual pegue seu lençol naquela cadeira e podem ir à vontade para o fundo da casa. Pelados mesmo que o mulherio tá todo em cima e na cozinha.

Quando chegamos trajes de Adão no quarto das bacias e dos baldes o velho Castanheiro já lá estava nu, à nossa espera. Aquilo era uma delicadeza dele de tomar seu banho conosco pra nos pôr à vontade. Numa beirada de janela luziam vários sabonetes Araxá novos em folha. Fomos aos baldes e às cuias e logo nos lavamos e relavamos prontos para Diamantina e o almoço. Como tinha prometido, o velho Castanheiro ia nos fazer degustar da sua pinga. Era uma aguardente de cabeça onde ele deixava a macerar raízes, folhas, bagas e favas de sua fórmula secreta durante meses. Depois filtrava e punha dentro de cada litro uma pimenta-de-cheiro, arrolhava bem e deixava descansar mais uma estação. Provamos. Era dinamite: dinamite engafarrada e queimava dum fogo bom primeiro o estômago, depois subia para os peitos e mandava uma flor acesa descendo — que esquentava a suã, o períneo e as partes. O próprio Castanheiro fez as recomendações.

— Um cálice só. Não deve repetir. Beber bem devagar. Golinho na boca deixar engrossar com saliva, espalhar e engolir. Depois mesa, sem espera nenhuma. Então? Que tal? Não senhor, dr. Egon, mais devagar... Temos tempo, dia inteiro à nossa frente que o comício é depois da janta. Pegamos o Gudesteu e o Pedr'Aleixo na casa do Chico Mota. Ainda vai dar para fazer bezerro.

A essa expressão especial, logo lhe foi perguntado.

— O senhor foi do Caraça? seu Castanheiro.

— Graças a Deus. Caraça e depois seminário de Diamantina. Fui colega do Aurélio e do Chico Sá. Ainda sou capaz de sustentar conversa de minuto e meio em latim. Não esqueço os reverendos meus mestres nem da sua férula. *Liliis tenaci vimine jungor...* E os lises eram nossas mãos latejando... Às vezes saía sangue pisado por debaixo das unhas... Tava certo porque educar é bater. Agora, hoje... Pois vamos subir para o almoço.

Enquanto subiam o Egon ia considerando que positivamente Diamantina era uma Minas Gerais diferente. Nunca que ele vira tanta espontaneidade, alegria, hospitalidade, coração aberto em nenhum lugar no seu estado, como neste. Contagiado ele riu para o Castanheiro que ria. Ria para ele, pro Fábio, pro Cisalpino que riam todos entre si uns pros outros.

— O senhor é fabuloso, seu Castanheiro. Fabuloso como esta Diamantina.

Vingadas as escadas, foram todos apresentados à família. A senhora e as moças tinham mais naturalidade que as de Belo Horizonte. Conversavam encarando os rapazes, respondiam com graça, tomavam a iniciativa de recomeçar a palestra sempre que um assunto ia caindo, dado por concluído. Sairiam conosco à noite para os comícios e desmentiam as teorias do velho Castanheiro de que educar era bater. Aquelas ali tinham jeito de nunca terem apanhado. Logo se viu que tudo era garganta do velho quando sentados à mesa. Havia mais pinga e cerveja mas foram postos os pontos nos ii quando a dona da casa deu-nos suas instruções.

— Tem feijão, arroz, farofa, couve, porquinho nonato, lombo de gomo e angu. De bebida, só cerveja e pinga. Para o Castanheiro água pura, que ele está proibido pelo médico. Não pode abusar. E os senhores procedam com tenência porque vão beber muito, hoje, no jantar do primo Horta e num "judeu" marcado pra depois do comício e da serenata.

Todos olharam o velho Castanheiro que não tugia nem mugia. Fora-se-lhe a prosa, as ameaças de bolo e ele se fazia completamente de andré enquanto a patroa determinava seu racionamento. Ele próprio numa concordância serviu-se dum vasto copo dágua, mal a mulher acabara de dar sua sentença. Mortos de sede e das pingas ingurgitadas os moços, as moças e a dona da casa encheram seus copos de cerveja. Como em Diamantina não se conhecesse ainda geladeira nem mesmo gelo, a bebida tomada à temperatura ambiente era mais espumosa. Seu sabor também era menos encoberto e a bebida sem esfriar pareceu ao Egon, ao Cisalpino e ao Fábio — mais jucunda, dum amargo mais engenhoso e dum cheiro mais vivo. Tomaram regalados seus primeiros copos. E mais quando para ajudar o porquinho nonato que desmanchava na boca que nem creme enquanto sua pele, por dentro, duma moleza de manteiga oferecia por fora a consistência dum torrado que rangia na boca, como crepita o pão bem tostado. Cada um sentia a vibração nos próprios queixos e escutava os dos vizinhos de boca cheia britando. Engolia, preparava no garfo o módulo do feijão-farofa'rosinho, engolia devagar, lavava depois com um gole de cerveja — aaaah! e continuava. O rabinho foi comido pelo Cisalpino, ossos e tudo e o crânio passado ao velho Castanheiro como a peça mais nobre e senhorial da mesa. Ele chupou um olho, depois o outro. Tomou duma faca pela lâmina, bateu com o cabo e rebentou a calota.

— Siá Zulmira: bebid'eu sei que num posso. Mas a pimentinha a senhora não vai me negar.

— Malaguet'ou do reino?

— Do reino.

O calvário nonato na mão parecia um ovo quente de furo pronto pra chupar o conteúdo. O dono da casa, reassumido um instante, tafulhou o orifício do pó ardido e escorropichou a iguaria dos miolos. Um pouco de pó escuro e duma espécie de mingau branco grudaram-se-lhe escorrendo nos bigodes que ele lambeu como um jaguar e limpou depois cuidadosamente com a beirada da toalha. Recaiu na atitude contrita e encheu outro copo d'água.

— Superior! Pois siá Zulmira, podemos passar agora ao lombo de gomo, à couve…

O lombo de gomo estava realmente um prodígio. Era como tora de madeira preciosa, dum marrom-claro do cerne de ulmo, escurecido onde os lanhos da faca tinham aberto as divisões que limitam os ditos *gomos*. Invadiu a sala com seu perfume. O grupo que já parecia farto com o leitãozinho estimulou-se a esse cheiro como matilha de caça à fanfarra do halali. As moças serviram a todos mais cerveja e encheram resolutamente os próprios copos e o da siá Zulmira. O lombo abria ao corte trinchante mostrando a carne quase branca e mais olorosa. Foi devorado com a farofa e a couve clássicas depois de regado com um molho ferrugento temperado com a pimenta especial dita "de macaco" — a que melhor se coaduna com todas as carnes que passam pelo forno de barro da cozinha mineira. Essa especiaria lembra pimenta-do-reino mas com o ardido ativado por cheiro parecido com o do estragão. Aquele almoço feliz foi respaldado por doce de coco dourado e queijo curado cor de marfim. Café pelando em canecas de ágata.

— Agora é descer. Quem quiser que faça seu bezerro. Pra quem não, vamos conhecer a igreja de Nossa Senhora do Carmo...

Descemos dispostos a uma volta pela cidade. Mas o velho Castanheiro antes de sair foi remexer num armário do corredor do nosso quarto e de trás duns amarrados de jornal sacou um garrafão de que se serviu amplamente. Era sua cachaça particular para contrabalançar os copos dágua tomados em obediência à siá Zulmira. Mandou-se uma talagada respeitável. Não nos ofereceu. Arrolhou cuidadosamente, fechou a chave e à saída deu-nos uma explicação sibilina.

— Aqui nesta casa galinha cacareja mas quem canta mesmo é o galo. E além do mais, de bitáculas apagadas não se navega...

Foi nessa altura dos acontecimentos que o Egon chamou às falas o Fábio e o Cisalpino sobre o empréstimo que lhe tinham prometido em Belo Horizonte. Eles deviam ter-se mancomunado para a farsa e o primeiro tomou a palavra. Cara seríssima, sobrancelhas severamente contraídas.

— Egon, você não pode duvidar da confiança que temos em você nem da amizade fraternal que lhe dedicamos. Mas estamos entendidos, o Cisalpino e eu. Para seu bem resolvemos não lhe emprestar nem um derréis. Você com dinheiro no bolso abre logo a alma ao Diabo e temos medo de comprometer nossa caravana política, a Aliança Liberal e até o bom nome do papai — com seus eventuais desmandos. Assim você terá de nós a companhia compulsória, um maço de cigarros e aí pelos seus dez tostões por dia trocadinhos para o caso que queira dar qualquer esmolinha pelamor de Deus. Será uma espécie de curatela. E só. Inútil qualquer insistência de sua parte.

O Egon a princípio divertiu-se pensando numa brincadeira. Depois apelou, pediu, implorou, cobriu os amigos de injúrias mas os dois ficaram inflexíveis. Era não, não e não. E queriam ver se ele teria a santa coragem de dar facadas no Gudesteu e no Pedro Aleixo... Bufando de raiva, o médico ludibriado assumiu a canga e — puto da vida — saiu com os amigos e o velho Castanheiro. Começaram a percorrer as igrejas e a cidade. Retomariam esse programa nos dias subsequentes. Nesse, viram o Carmo e nos outros veriam Santo Antônio, São Francisco de Assis, Nossa Senhora do Rosário dos Pretos, a Igreja dos Mulatos, a do Senhor do Bonfim dos Militares. Admiraram a Santa Margarida de Cortona em roca, os cemitérios de gavetas, os ossuários em forma de enormes terrinas, cheios de ossos e que a cada Finados as famílias vinham visitar, desempoeirar e pôr dentro deles umas flores frescas. Mais. O Cristo das Sete Palavras na sua Cruz, mas ainda vivo. O Senhor Morto. As alfaias, as pratarias. Um galo das trevas incisado em madeira passada a tinha negra com vivos prateados e o torneado das treze bocas das velas. O Egon achava o barroco das igrejas menos rico que outros que já conhecera em Minas. Assim mais sóbrio, mais enxuto, menos funerário, mais de acordo com aquela cidade tocada a álcool e alegria. Os amigos dedicavam grande parte do seu dia a longos passeios, penetrando-se da alma das ruas, da beleza do pé de moleque que ladeava as lajes enormes das capistranas fazendo o luxo daquelas passadeiras ora cinzentas, ora cor de ouro — ruas afora Diamantina acima, Diamantina abaixo. Seus casarões enormes repetindo os de Évora. Mas o que encantava o Egon era um indefinível no céu e nos ares — os quais lhe davam uma como que impressão de mar próximo. Parecia-lhe que o fundo desta ou daquela rua ia desembocar em praias imensidões de areia como são as da metrópole em São Pedro da Aldeia, pra lá das rias do Aveiro, Nazaré, Cezimbra e a Vieira. E essa impressão é que teriam sentido todo tempo os naturais da Diamantina conferindo-lhe aquele cunho de ser uma das cidades das mais portuguesas e marítimas de Minas — já que Mariana, Ouro Preto, Sabará, São João e São José d'El-Rei mantêm mais nítido um caráter que lhes foi dado pelas épocas filipinas: são burgos mais espanhóis que lusíadas. O mesmo se pode dizer do povo. Nenhum com a espontaneidade e a alegria do diamantinense — como o Brasil aprenderia a valorizar muito mais tarde com a saudade que lhe deixaram os anos felizes da era arejada e leve em que o governou Nonô Kubitschek. A ideia de mar, o complexo de mar que nasce da sugestão dum céu especial que parece que bateu numa superfície líquida cujo azul ascendeu, foi devolvido — para dar mais profundo ao azul primitivo de que se oriundou e ourinundou. E tinge de azul a alma do povo que guardou a reminiscência do mar que lhe chegou com os navegadores brancos e com os navegantes negros que vieram inda mais penosa e duramente nas escunas do tráfico d'África. Dos contratadores afastados e sofrendo o degredo paradoxal para Portugal — Felisberto e João Fernandes d'além-mar gemendo... Chica da Silva querendo uma galera ancorada naquela barranca de grupiaras e como era a *que-manda*, pôde e teve sua embarcação fantástica de bojo dourado e bujarronas, latinas, gatas, traquetes, gáveas brancas, trabalhadas em filigranas de pura prata. E as canções de beber? como a do "Peixe vivo" e a do *Zum-zuuum/ láaaa no meio do mar...* E logo na primeira manhã os amigos tinham ouvido do velho Castanheiro a advertência de que de bitáculas apagadas não se navega — expressão marinheira que traduzida em miúdos queria dizer que de bucho sem seu lastro de pinga ninguém vive.* E as chamadas "marujadas" do Tijuco não são elas? versão da Nau Catarineta de Portugal. Ah! foi aquela alegria náutica de Diamantina que envultou o Egon, o Cisalpino e o Fabinho enquanto lhes foi possível manter o bom humor na cidade amorável e bendita. Só que dias negros estavam chegando mas... não vamos adiantar coisa nenhuma: o futuro a seu tempo. É. O desacontecido ainda não chegara e só a Deus pertencia...

Assim os três moços passavam os dias fazendo seus passeios turísticos que terminavam oficialmente diante da Casa do Contrato, homenagem do Egon que tornara-se positivamente fascinado pela figura da Chica da Silva. Criouleiro... Este resolvera se fazer de submisso e ao terceiro dia de Diamantina, cumpridos dois de abstinência, o Cisalpino e o Fábio passaram-lhe o empréstimo que permitia ao doutor ir fazer de nababo nas duas cavalhadas: a de cima e a de baixo com suas casas cheias de quartinhos nichos recendendo a manjericão e alfazema — que são os cheiros do amor venal tijucano. Sempre, depois da sua passeata à hora do sol a pino os três compadres voltavam com o velho Castanheiro para casa, faziam um curto bezerro, passavam-se a um segundo banho e iam cumprir a parte cívica do programa. Falavam geralmente nos comícios o Gudesteu e o Aleixo. Mas oferecendo-se ocasião — o Fábio, o Egon e o Cisalpino também faziam (de cima de cadeiras, tamboretes, coretos ou sacadas) a sua dose de oratória — com o invariável elogio do Andrada, de Vargas, de Pessoa e as invectivas mais acerbas ao Barbado, ao Braço-Forte, ao Cabeça de Pedra que era como era conhecido em Minas

* Ver anexo n. II.

o presidente da República. No dia da estreia tribunícia do Cisalpino, ele quando galgava a elevação donde ia falar, ouviu de dois assistentes frases de elogio caloroso. Dois velhotes se confidenciando.

— Esse aí vai falar melhor que os outros. É duma família de oradores, consanguíneo do Aureliano Lessa, do Chico Sá e do Aurélio Pires — todos oradores natos e grandes latinistas...

— Então vamos ter discurso fino e cheio de citações latinas...

— Ora... juro que ele não dá por menos...

Aquilo impressionou o Cisalpino que enquanto ia falando, procurava nos socavões da memória uma frase latina que o justificasse dentro do juízo prévio e lisonjeiro em que era tido por questão de família. Só que nada lhe ocorria. Não lhe vinha à cabeça nem mesmo o nosso libertascueseratamenzinho. Literalmente em branca nuvem até que sem querer e falando do aumento ameaçador dos efetivos federais em Minas ele soltou um ovinho mofino de latim.

— ...estamos pois, meus senhores, IPSO FACTO sob uma verdadeira intervenção intolerável à autonomia de Minas...

A esse primeiro vagido acorreram fáceis, mais frases e mais citações da língua mãe e o Cisalpino a soltá-las uma depois da outra como aquela sequência dos miles de vagões dos trens de minério descendo a Mantiqueira.

— ...é como convém dizer, senhoras e senhores, nesse país aviltado: *Quousque tandem abutere, Catilina, patientia nostra? E tu? oh! Washington Luís... Cur percutis me... Corruptio optimi pessima* oh! Brito! oh! Viana.

Uma trovoada de palmas e de vivas recebeu as últimas palavras do Cisalpino que foi arrancado da tribuna para ser carregado em triunfo enquanto ele, inteiramente fora de si, continuava a soltar mais latim num verdadeiro estouro de comporta.

— *Dixi. Dominus tecum. In medio stat virtus. Maxime. Vice-versa. Urbi et orbi. Sponte sua. Sit anathema. Sero venisti. Pari passu. Libertas quae sera tamen. Ite, missa est... Domine, salvum fac Antonium Carolum!...*

Nesse dia o nosso Cisalpino esteve mais alto que o fluente Gudesteu, que o ático Pedro Aleixo. Meteu tudo no chinelo. Desde o segundo dia de Diamantina ninguém jantava mais. Cada qual reservava-se para o "judeu" tarde da noite na casa dum ou de outro — judeu esticado ora por baile ora por serenata onde se desfiava toda a ternura da alma de Minas e mais particularmente da Diamantina. As violas, os violões e as harmôni-

468

cas casavam-se aos coros cantando o "Quisera", "Alice", o "Tim-tim", "Flor do céu", o "Alecrim dourado", o "Quebra-quebra gabiroba", "Tua sombra", "Elvira escuta" e a "Saudade de Ouro Preto". De quando em quando a repetição do "Zum-zum" e do "Peixe-vivo". Pensam que acabou? Núncaras... O baile ou a serenata eram seguidos de cervejadas e champanhadas que mantinham os comiciarcas rindo e bebendo até o sol raiar, fazendo chispar e faiscar as micas e o cascalho diamantino das serras das cercanias. Os membros da comitiva do Gudesteu não queriam outra vida senão a continuação daquele Carnaval quando um dia foram reunidos por chamado urgente, em casa do Chico Mota. Esse é que deu-lhes ciência dum vago dizquedisse notícia vinda no ar de que a comitiva do Melo Viana tinha sido massacrada em Montes Claros e que a capangada do Dolabela Portela estava descendo sobre Diamantina com a decisão de revidar e não deixar nenhum aliancista vivo.

— Que tem coisa por aí, tem — concluiu o informante. — Olha que não chega trem, nem correio, nem telegrama em Diamantina desde o dia seguinte à chegada de vocês. E mais, tanto Correio como Telégrafo fechados para todo mundo, exceto para d. Ordália Neto que esta, sim, fala diariamente com o marido pelo telégrafo da Estrada de Ferro. E outra ainda. Todos os trens deixaram a cidade e só ficaram aqui uma máquina e um tênder carcomidos de ferrugem, de que estavam consertando a caldeira...

— Ora pois! Melhor para nós — declarou o Cisalpino — que assim ficamos ilhados na Diamantina, nessa vidinha de cocanha e pagode! E noivando porque saibam vocês que o Egon e eu pedimos em casamento as duas filhas do seu Heliogabalo Caracala Caldeira Brant Pontes Paes Leme de Oliveira Horta no baile de ontem. E fomos aceitos... *Nunc est bibendum...* meus caros amigos.

— Mestre Cisalpino, admira que você queira brincar num momento destes — disse o Gudesteu — a notícia que nos deu o Chico Mota é gravíssima e nós temos de pirar de Diamantina amanhã mesmo no mais tardar. E separados. Eu sigo com o Aleixo e o Fábio. E você vai com o Egon por outro caminho. Vamos cuidar disto desde já. Eu vou sair um instantinho com o Mota, os outros, cada qual para onde está hospedado, arrumar as malas sem dar na vista e vamos nos reunir aqui mesmo dentro de uma hora. Toda pressa e pontualidade são poucas. Entendido? dr. Egon. Entendido? "seu" Cisalpino.

Hora depois, como combinados, reunimo-nos outra vez em "conselho de guerra". O Gudesteu, automaticamente, assumira a direção das operações e deu as últimas instruções.

— Meus amigos, vamo-nos separar desde agora e até Belo Horizonte. Eu sigo só com o Fábio porque o Aleixo foi para a fazenda dum amigo prometendo reaparecer são e salvo na rua da Bahia dentro duns oito dias. O Fábio já vai dormir comigo na casa do Chico Mota e sairemos assim que possível. Vocês dois cuidem de si. Falar nisto, quanto têm no bolso?

O Cisalpino e o Egon puseram tripas à mostra. Tinham de seu, os dois juntos, cerca de duzentas e cinquenta pilas. O Gudesteu achou pouco para a aventura que esperava os dois compadres e passou-lhes mais setecentos e cinquenta bagarotes.

— Bom, assim vocês já estão fornecidos. Com um conto de réis podem viajar como entenderem até Belo Horizonte. Demorem aqui o menos possível. Sumam sem deixar rastro. Até mais ver.

— O senhor tem ideia? dr. Gudesteu, para onde se meteu? o Aleixo.

— Não sei, não quero saber e se soubesse não dizia do mesmo jeito que não quero saber como e a que horas vocês vão se escafeder da Diamantina.

— Ainda nos vemos? ou o senhor desaparece? com o Fábio amanhã cedinho.

— Também não sei, não quero saber e tenho raiva de quem souber. Vocês sejam felizes, boca calada e raspem-se. Até breve. Vamos! Fábio.

No dia seguinte, depois de uma noite de descantes na Cavalhada, o Egon e o Cisalpino foram acordados por um Castanheiro cochichando que disse que tinha feito vir do Mendanha compadre seu para nos facilitar a ida para Belo Horizonte. Tomássemos primeiro o café e depois conversaríamos com o homem. Tudo isto foi sussurrado com olhares para as portas e só aí notamos que o nosso anfitrião estava cum cachenê que lhe enrolava o pescoço, fazia outra volta tapando a boca, e mais outro os ouvidos, passando pelo alto da sinagoga.

— Qué isso? seu Castanheiro. Resfriado? Dor de ouvido?

— Nada não, doutores. É que estamos em época de muito segredo e convém a gente disfarçar um pouco.

O seu Castanheiro revivendo a velha tradição mineira do tempo das conjuras já estava embuçado. Quando acabamos o café ele fez entrar seu compadre do Mendanha. O homem entrou, mal cabendo na porta. Era um mulatão fechado de poucas palavras que sem maneirar foi direto ao assunto.

— Vou levar os senhores para Belo Horizonte no meu automóvel. No princípio quando o compadre falou eu não queria não. Depois resolvi quando ele disse cocês eram colegas e amigos do Nonô. Tenhum amor pereno pel'aquele malandro. Foi meu pai quicriou o pai dele, o falecido João César, que Deus haja. Vamo logo pôr as bagages docês no carro, vamos dar uma volta pros senhores verem meu Torpedo Lorrenditrixe e depois combinamos nossa viagem. É um carro de 1912, comprado no Curvelo da mão do meu compadre Antônio Salvo e que eu num trocava por carro nenhum dessas bostas dos forde de hoje, com perdão da má palavra.

Quando transportávamos nossas malas para o veículo é que compreendi a linguagem. O carro era coisa venerável: li nos niquelados da tromba: *Torpédo Lorraine-Dietrich* — 1912. Entramos para experimentar.

— Até já, seu Castanheiro, vamos dar aqui a voltinha com o amigo... cumé mesmo que o senhor se chama?

— Podem me tratar de Negrão do Mendanha que é como todo mundo me conhece daqui da Diamantina até às vizinhanças da Bahia.

— Pois muito que bem, seu Negrão. Vamos experimentar seu carrão. Pelo jeito é coisa boa.

Saímos e o homem calou-se. O Egon ia a seu lado e o Cisalpino espalhava-se num banco de trás. Rodaram bastante e o homão calado, só abrindo de quando em quando um canto de boca avaro para dizer onde estávamos passando. Foi nisso até durante umas duas horas.

— O senhor não acha? melhor voltarmos para o almoço. Já estamos longe e seu automóvel é mesmo resistente. Olhe, que pr'aguentar os solavancos desses caminhos de boiada é preciso mesmo...

— Nós agora, seus doutores, desculpem! Mas só vamos mesmo parar é no Curvelo e já noit'escura. Lá pousamos e de madrugada batemos pra Belorizonte. Recomendação deixada pelo dr. Gudesteu. E a estas horas ele já está longe. Embarcou com o dr. Fabinho, os dois vestidos de foguista e as cara toda buzuntada de carvão. Eles convenceram um maquinista a modos de levá eles na única máquina que tinha na Diamantina. O homem só aceitou com a promessa de ser nomeado pra

Secretaria das Finanças. Na certa vai ser demitido da Estrada. Porque trem pra sair da Diamantina só com ordes do dr. Oscar Neto.

O Egon olhou o Cisalpino com um ar de desânimo e de pasmo que ele entendeu perfeitamente porque logo respondeu com poucas palavras.

— ...e mal pagos.

Mas já o Negrão do Mendanha dava uma boa notícia.

— Vamos parar agora naquela sombrinha para verter e tirar da mala do carro a nossa matutagem. Lá tem uma biquinha com um'aguinha superior. E eu trouxe também duas garrafas da *Nuvens Azuis* das legítimas, ainda do tempo do Redelvim.

Pararam com efeito na sombrinha onde cantava um fio dágua sobre um cascalho de pedras brancas. Desanimados. E foi só quando as *Nuvens Azuis* fizeram seu efeito que eles se atiraram ao lombo com farofa de que viera munido aquele benemérito do Mendanha. Tudo lhes pareceu fácil e foi cantando o "Peixe vivo" que eles entraram no Curvelo pelas suas onze horas da noite. Estavam derreados e com suas boas quinze horas de solavancos naquelas estradas — se é que se podia dar o nome de estrada àqueles caminhos feitos pelos burros, pelas boiadas e pelos próprios automóveis com seu peso e seus pneus. Ficaram num hotel barato, quase uma pousada e deram nome trocado. O Cisalpino disse chamar-se Francisco de Sá Pires e o Egon, Pedro da Silva Nava. Conhecendo como eles conheciam os amigos e os nomes dos pais dos amigos, mais lugar de nascimento e fastos de ambos, em caso algum cairiam em contradição.

Seguindo a papelada mandada pelo Egon ao Nava, anos e anos mais tarde, pode-se reconstituir o itinerário desta fuga de Diamantina, dentro de um estado de pernas para o ar e praticamente sob a bagunça duma semi-Intervenção Federal. O caminho tomou na Diamantina pelo Guinda e pela Gouvêa. Entraram no Curvelo pela Paraúna desse município (não confundir com a Paraúna de Conceição), passaram Ipiranga e tinham pernoitado na sede. Sumiram madrugada escura, passaram em Lagoa, almoçaram num comércio do Jequitibá, bateram em Sete Lagoas. Passaram para Capim Bravo, depois Pedro Leopoldo e Vespasiano. Começaram a tranquilizar quando se apanharam na Venda Nova e na Pampulha. Veio Cachoeirinha e eles viram longe, dentro da noite imensa, aquele clarão avermelhado projetado ao alto pelas luzes do Belo Horizonte. Às onze e meia da noite estavam na praça da Estrada de Ferro.

— Pronto, doutores. Os senhores tão em casa. Apeiam aqui e eu bato de volta já e já. Dormir no mato.

O Negrão do Mendanha desceu. O Cisalpino e o Egon foram com ele comer no Botequim da Estação. Baldearam as bagagens para dois táxis e passaram a ver o que deviam ao estradeiro e motorista prodigioso que só em caminho poeirento de carro de boi e pata de burro tinha dado com eles na capital, depois duma inacreditável viagem de cerca de quarenta horas — varando os baixos do norte e do centro de Minas por cinco municípios. Tinham respirado aquele poeirão de ferro do seu solo e agora estavam ali se despedindo daquele homenzarrão que ia de novo sumir na noite. Não quis aceitar senão o dinheiro gasto com gasolina.

— Não, senhores. Só a gasulina. Os senhores estavam na Diamantina servindo Minas. Eu também quero contribuir. Porque vamos ter guerra pior que a de 42 ou eu não quero ser mais chamado de Negrão do Mendanha. Té a vista, doutores e tem nada de agradecer não.

Os dois amigos viram o carro-fantasma sumir, deram até amanhã e cada um tomou o seu que estava esperando e já com o relógio marcando. Um para Cláudio Manuel e o outro para Padre Rolim. Dormir bem essa noite e inteirar-se de Minas dia seguinte.

Os poucos belorizontinos ainda vivos por aí que conheceram sua cidade naquele longínquo fevereiro de 1930 em que está a presente narrativa, lembram-se dela como de um burgo submerso da Atlântida, coisa que não existe mais senão na sua imaginação, nas velhas crônicas e nas fotografias amareladas pelo tempo — é a sua *Belorizôntida* mergulhada no mar do tempo e tão incerta como o reino de Tule que ninguém sabe com certeza se era na Islândia, numa das ínsulas do grupo das Shetland ou também debaixo das ondas... Como esse reino fantástico ("*última Thule*"), a Belorizôntida transformou-se num país ou ilha de fábula. Sabem onde ela acabava? Mais ou menos numa linha que apenas excedia os limites da avenida do Contorno salvo em promontórios como a Serra, a Fazenda da Cidade, o Calafate, o Carlos Prates, confins do Pipiripau, Bonfim. E tinha apenas 108 849 habitantes.* Mas quando o Egon saiu de sua casa para procurar o Teixeirão e saber das

---

* Estatística de 1929, citada por Octávio Pena, *Notas cronológicas de Belo Horizonte* (Belo Horizonte: Edição do autor, 1950).

novidades, essa população parecia multiplicada nas ruas entupidas de gente e de boatos. Tudo se explicou quando o médico ouviu de seu amigo o relato dos últimos acontecimentos. No dia em que a Caravana do Gudesteu seguira para Diamantina, a 5 de fevereiro, saíra, como se viu outra, chefiada por Carvalho Brito e Melo Viana, indo a Montes Claros a fim de fazer propaganda da Concentração Conservadora e da candidatura Prestes. Até hoje não se sabe exato o que se passou quando de sua chegada a 6, nesta cidade do norte de Minas. O fato é que aí desembarcaram. Foi recebida por correligionários e formou-se um cortejo que foi percorrendo as ruas. Em frente à casa do dr. João José Alves a passeata foi dissolvida à bala, tendo sido feridos levemente Melo Viana, gravemente Moacir Dolabela Portela e mortalmente o advogado Rafael Fleury da Rocha. Criaram-se duas versões. A da Aliança Liberal que dizia que o dr. João Alves estava em atitude respeitosa vendo passar a manifestação quando desta massa humana foi atirada sobre ele uma cabeça de negro. Com a explosão ele teria sentido tal emoção que fora presa duma hemoptise. Entrando assim, banhado de sangue, teve de ser amparado por d. Tiburtina, e homens seus, que estavam em sua casa ou fora dela, julgando o chefe ferido, tinham aberto fogo sobre os concentristas. Já a versão destes é de que houvera pura e simplesmente um atrás-do-toco, uma espera, tocaia, emboscada ou qualquer outro nome que se lhe queira dar. Como sempre, as versões de um lado desfaziam as do outro e apesar dos inquéritos, até hoje o caso de Montes Claros é um mistério. Cada um, de acordo com suas simpatias, pode adotar a versão que quiser. Ou as duas, para ser eclético. O fato é que houve tiroteio, feridos, morte. Apesar do governo de Minas ter mandado abrir inquérito por autoridades insuspeitas — drs. João Pinheiro da Silva Filho, Rogério Machado e tenente-coronel João Procópio Duarte — o Ministério da Justiça fez seguir para Montes Claros, a fim de acompanhar a perquirição, por parte do governo federal, o dr. Luís Galloti *acompanhado de uma Companhia de Guerra do 10º Regimento*. Esse flagrante acinte foi considerado, e era, uma violação à autonomia de Minas Gerais e insuportável ato de intervenção que enfureceu toda a população do estado. Ninguém mais saía da rua. Os cafés regurgitavam. Eram frequentes as discussões entre concentristas e aliancistas e não raro o pau comia. Mais se exacerbariam os ânimos com as eleições feitas sob evidente coação e fraude (aliás nunca deixadas de praticar na nossa história política) e que a 1º de março de 1930 deram a vitória à candidatura do Catete. As repartições federais cometiam os maiores desmandos, os Correios e Telégrafos funcionavam praticamente para a Concentração Conservadora e toda correspondência das figuras de proa da política estadual era violada e retardada. As forças federais tomavam atitude acintosa, como em cidade ocupada, soldados do Doze sempre aos magotes pelas ruas e os oficiais passeando aos dois e três em trajes de campanha, casquetes de pano, cantil e parabélum à cinta. A Polícia do Estado desaparecida como por encanto. O dia 3 de abril de 1930 seria um dia histórico.* Nessa data realizou-se um comício no *Pirulito* da praça Sete, reunião de protesto contra a orientação seguida, em seus trabalhos, pelas juntas apuradoras nas eleições que se julgavam fraudadas. Uma multidão ululante enchia aquele logradouro, excitava-se mais com os próprios gritos até que um último orador teve a ideia desinfeliz de propor um desfile de desagrado diante da mansão de Carvalho Brito. Os magotes subiram Espírito Santo até à esquina de Tupis onde ficava a residência desse político e lá pararam aos morras, fora, entra, invade e já começavam a querer arrombar o portão quando de dentro da casa às escuras, partiram vários tiros. O povo dispersou-se em pânico, reconcentrou-se no Bar do Ponto, dali subiu até ao Palácio da Liberdade para dar conhecimento de tudo ao presidente. Este recebeu a multidão cercado das pessoas que estavam, àquela hora, na sede do governo. Lá tinham jantado o Teixeirão e o Egon que foram testemunhas de tudo que se passou. O Andrada esteve como nunca. Ele sabia que qualquer ação contra o Brito seria a intervenção efetivada em Minas e o Palácio da Liberdade com novos moradores. Aos oradores inflamados que se sucederam pedindo cabeças, ele foi desgastando com a promessa das providências que tomaria e dando o mote a que oradores do seu secretariado e de pessoas que o cercavam fossem fazendo discursos de mais em mais calmos. O tempo passava e com ele o agudo da fúria popular. O presidente acabou dizendo que iria encarregar de executar suas ordens ao oficial da Força Pública Alcides Campos do Amaral, ali pre-

* Paulo Krüger Corrêa Mourão dá a data de 5 de abril de 1930 no seu livro *História de Belo Horizonte de 1897 a 1930* (Belo Horizonte: [s.n.], 1970).

sente. Este saiu apressado acompanhado de perto pelo Fábio Andrada... portadores das ordens necessárias para a garantia de Carvalho Brito, sua família e do isolamento de sua casa por elementos da Polícia Civil. Mas o efeito das palavras do Andrada tiveram o condão de amainar e fazer dispersar o povo que, conhecendo a nenhuma doçura e a rapidez de ação daquele oficial, imaginou que no mínimo fosse ser incendiada a casa do chefe da Concentração Conservadora. Cada um foi dormir esperando contemplar as ruínas no dia seguinte e ver as figuras que fariam em suas forcas os inimigos de Minas. Só que Antônio Carlos não mordera a isca daquela provocação...

A 11 de maio de 1930 eram eleitos respectivamente presidente e vice-presidente do estado de Minas Gerais Olegário Dias Maciel e Pedro Marques de Almeida. Essa eleição de um velho e dum doente teve o condão de serenar os ânimos mineiros que cada dia vinham sendo exacerbados por mais um ato de hostilidade da presidência da República. Hostilidade sim e não contra a política mineira ou contra Antônio Carlos mas atos que se traduziam por má vontade e prejuízos tais, que passando por cima dos ombros dos políticos, batiam em cheio nos melindres de cada um, ferindo todo o povo no seu brio bairrista. Qualquer homem menos rombudo que Washington Luís teria se aproveitado desta oportunidade para negociar com o velho Olegário e talvez fornecer ao situacionismo provinciano e ao próprio PRM a oportunidade de sair-se com honra duma encrenca que os ultrapassava e onde eles longe de conduzirem, eram os conduzidos. No fundo o que se queria era um impasse, uma destas situações políticas em que o recuo de dois implica a escolha dum tertius. O próprio Egon lembrava-se duma frase dita meses antes por seu amigo José Bonifácio Olinda de Andrada e que sanciona como verdadeira a hipótese aventada acima. Dizia esse José Bonifácio mocíssimo a seguinte frase siccíssima.

— Caso haja retirada das candidaturas Prestes e Getúlio, papai é o "tipo antropológico" do tertius.

Seria, lá isso seria... dentro das regras do jogo, dentro daquela sacanetagem habitual do café com leite e eticetra e tal. Seria, seria... mas não foi. Os políticos convencionais estavam lidando não com outro político mas com um caceteiro. Seus floretes de parada esgrimiam contra a porra de madeira três-folhas manobrada pelo Braço-Forte. Por outro lado havia um bando de possessos iluminados que era absolutamente sincero e que entrara no jogo — para valer. Eram João Pessoa na Paraíba; Virgílio Alvim de Melo Franco, Odilon Braga, Francisco Campos, Djalma e Carleto Pinheiro Chagas em Minas; Oswaldo Aranha, Batista Luzardo, Flores da Cunha e João Neves no Rio Grande do Sul. E estes eram complicados pelos "tenentes" insubmissos de 22 e 24 e que logo passariam a encarnar a velha Questão Militar que vinha de longe, do Império e dos tempos da Casa de Bragança. Estava-se pois a dizer que, se o Barbado quisesse, estava na hora de aproveitar aquela trégua casual e espontânea que lembrava estes momentos de durante os furacões em que por um instante cessa o vento e passa o chuveiro. É a hora de aproveitar, atravessar a rua e abrigar-se na casa defronte... Mas nada disto. O nosso colérico presidente da República, o homem que nada dobrava, comandara do Catete os esbulhos praticados a 21 de maio contra um terço da representação mineira e o total da paraibana — eleitas para a legislatura entrante. Aquilo foi fogo na pólvora e já nesse dia a cólera do povo de Belo Horizonte explodiu num comício da praça Sete em que falaram querendo armas e a deposição do governo federal Jarbas Vidal Gomes, Aníbal Vaz de Melo, Ananias Campos e muitos outros entre os quais se destacava o jornalista carioca Eustáquio Alves — o famoso "Faquir de *A Noite*" — de famosíssima reportagem desse saudoso vespertino. Minas pegou fogo e dessa vez definitivamente...

Abramos um parêntese para contar que esse comício sentiu a falta da voz de vários oradores useiros e vezeiros porque eles estavam exatamente à hora do meeting, no Automóvel Club, nessa data também histórica para a literatura brasileira e o modernismo — oferecendo a Carlos Drummond de Andrade um jantar por motivo da publicação de seu livro inaugural — *Alguma poesia*. Estiveram presentes a esse banquete a flor da intelligentsia mineira.* O poeta foi saudado por Mílton Cam-

---

* O autor escreve estas linhas tendo entre seus elementos de consulta uma fotografia desse banquete que mostra como eram há cinquenta anos Carlos Drummond de Andrade, Mílton Campos, José Maria de Alkmim, Abílio Machado, Abgar Renault, Alberto Campos, Francisco Negrão de Lima, Antônio Pinto de Moraes, Paulo Machado, Julius Starace, Guilhermino César, Francisco Lopes Martins, Bolivar Tinoco Mineiro, Joaquim Nunes Coutinho Cavalcanti (de passagem por Belo Horizonte), Alfeu Felicíssimo, Hugo Gouthier, Evágrio Rodrigues, Gumercindo Vale, Cyro dos Anjos, Gabriel de Rezende Passos, Domingos Mon-

pos num discurso antropofágico em que ele aconselhava como manducáveis pernis de deputados e suãs de senadores. Foi uma grande noite de que há poucas testemunhas vivas...

Se nossa narrativa tivesse de se ocupar de outros fastos de Belo Horizonte nessa atribulada época seria um nunca-acabar. Mas todos eram abafados dentro da paixão política e passaram, como coisas irrelevantes desse ano 30, acontecimentos da maior importância como a inauguração da comunicação telefônica entre o Rio e a capital de Minas, o Conselho Universitário outorgando o título de doutor honoris causa ao presidente Antônio Carlos, a inauguração do edifício da Secretaria de Segurança que novo em folha receberia seu batismo de fogo logo depois, as conferências de Eduardo Claparède — da Universidade de Genebra e vindo a convite, a Belo Horizonte. Tanta coisa mais... Tudo isto sumia, desvanecia ao clarão de outras explosões que também sumiram à chama dada pelo fogo posto no que seria o estopim da Revolução de 30. A 26 de julho deste ano caía, num café de Recife, o corpo de João Pessoa, assassinado por João Dantas. Esse crime não teve motivação política de espécie alguma e foi antes o epílogo de uma história de velhos ódios serôdios de clãs provincianos. Mas foi um pretexto fabuloso que, aproveitado politicamente pela imprensa, pelos partidários da revolução e por esta força cega e terrível que é a opinião pública — teve o condão de preparar psicologicamente o país para a única solução que lhe parecia viável: a guerra civil e a deposição do situacionismo. A conspiração ganhou forças e "os deuses tinham sede". Os tempos estavam próximos...

A 7 de setembro tomava posse o novo governo de Minas tendo o velho Olegário como presidente e Pedro Marques como vice. Os secretários foram Cristiano Monteiro Machado (Interior e Segurança), José Carneiro de Resende (Finanças), Levindo Eduardo Coelho (Educação e Saúde) e Alaor Prata Soares (Agricultura). A prefeitura de Belo Horizonte coube a Luís Gonçalves Pena. O presidente Antônio Carlos, depois de seu grande governo, recolheu-se à sua casa da rua Espírito Santo, em Juiz de Fora.

---

sã, De Cavalcanti Freitas, Isador Coutinho, José Egon Barros da Cunha, Dario de Almeida Magalhães, José Alphonsus de Guimaraens, Newton Prates, Juarez Felicíssimo, José Guimarães Alves, Álvaro Felicíssimo de Paula Xavier e outros.

Enquanto esses acontecimentos se desenrolavam em Minas e no resto do Brasil o Egon tornara-se aos poucos fanático da Aliança Liberal e partidário intransigente da candidatura de Vargas. Depois da morte de João Pessoa, atribuída por todo o mundo a mais um dos muitos desmandos que vinha praticando o governo federal — ele desejava a tomada do poder pelas armas e por revolução que mudasse a face política e social do Brasil. Era dos mais fiéis aos comícios da praça Sete, à recepção de políticos da Paraíba e do Rio Grande que chegavam e saíam constantemente de Belo Horizonte. Esteve várias vezes com a patuleia que ia ao Palácio da Liberdade pedir armas ao presidente Antônio Carlos. Não se descuidava, apesar destes motivos, de suas obrigações na Segunda Enfermaria e no Pavilhão Koch da Santa Casa, de seus deveres no Centro de Saúde e no seu consultório. Nesse ponto de vista sua vida era duma uniformidade e duma rotina exemplares. Era dos primeiros a chegar nas enfermarias e o último a sair, cumpria zelosamente suas obrigações no serviço público, e era duma regularidade inexorável na ida ao seu consultório onde atendia os pacientes da Empresa de Engenheiros Empreiteiros e os de sua clínica incipiente mas promissora. Ultimamente andava desgostoso e indignado com a espécie de ponto morto em que tinha caído a política com a posse do velho Olegário e com a convicção que lhe invadira a alma de que a revolução gorara. Não era só ele que pensava assim mas a generalidade dos que se interessavam pela campanha a favor de Vargas. Parecia-lhes que mais nada dar-se-ia e que o assomado presidente da República passaria sua faixa ao pupilo Júlio Prestes. Tudo isto se ancoraria na sua mente quando os efetivos federais que estavam em Belo Horizonte afrontando a autonomia do estado começaram a deixar Minas e a voltar para as unidades de onde tinham vindo a fim de engrossar a guarnição do 12º Regimento de Infantaria, sediado em Belo Horizonte. A retirada dos oficiais e praças que eram motivo de irritação dos mineiros, passou a ser motivo de seu desânimo à hora de sua saída. Isto era sinal de que a nova situação estava conluiada com a federal e de que tudo ficaria como dantes no velho quartel de Abrantes... Era o cúmulo! pensava o médico remoendo suas cóleras contra Olegário Maciel a quem os bairristas mineiros atribuíam como que uma defecção. Esses pensamentos amargos cresciam à medida que setembro se adiantava. Só que na segunda quinzena deste mês ele, que conhecia como ninguém a sua Belo Horizonte, começou a exultar e a estranhar a quantidade de gaúchos com que se esbarrava nas ruas e que enchiam os cafés de Belo Horizonte. Eram facilmente identificáveis pelo seu sotaque característico. Chegou a conhecer um deles, apresentado pelo Teixeirão. Chamava-se Baltazar de Acuña-Vilegas Ribera y Ribera e tinha uma presença impressionante. Era um pai-d'égua de metro e noventa de altura, corpulento, todo em músculos, muito pálido, olhos cinzentos coruscando num fundo de órbitas cavadas e tornadas mais obscuras pelas olheiras. Sempre escanhoado — a barba dava um azulado precioso ao seu queixo quadrado. Costeletas memoráveis, sempre muito bem-posto no seu colarinho em pé, no plastrom, no colete claro e lavrado, no jaquetão com debrum. Calças listradas, sapatos espelhantes de verniz preto. Estava sempre de polainas, andava pesadamente e arrastava um pouco a perna esquerda, cujo joelho angulava-se para fora como se aquilo fosse necessário para torná-la da mesma altura da direita. Vivia manicurado e suas manoplas pareciam ainda maiores pelo brilho das unhas sempre envernizadas. Bengalório. Era anunciado de longe pela onda de perfume que o envolvia duma atmosfera de patchuli. Usava chapéu-coco — sempre tão descido sobre o lado direito que essa pacholice lhe acabanava a orelha desse lado. Tornou-se logo íntimo do Egon. Apesar deste ter-lhe dado no princípio o "sr. Ribera", ele logo se instalara na sua privança, tratando-o por tu e suprimindo de estalo o "doutor". O médico jamais esqueceria certa conversa tida com ele e assistida pelo Teixeirão e pelo Chico Martins. Ele discorrera longamente sobre suas façanhas nas lutas de seu estado e lamentava que tudo por Minas estivesse em vias de pacificação e resolvendo-se em sangue de barata. Depois de tudo o que o Barbado nos fizera sofrer e dos sapos que ele pusera goela abaixo da mineirada. Uma vergonha...

— Assistir a isto, quando vim para cá mandado por meu primo e quase tocaio o deputado Baltazar Apolinário Acuña-Vilegas Ribera y Ribera para comandar um batalhão de voluntários... Mas nada disto, tudo em paz e Júlio Prestes é quem leva a melhor.

Essa conversa deu-se em frente ao Trianon, cerca das onze da noite de 2 de outubro faltando só uns sessenta minutos (se tanto) para entrar-se na primeira das longas horas do dia 3 de outubro de 1930. Sua apóstrofe foi ouvida num silêncio embaraçado. Além do mais ele tinha razão: a todos os ouvintes era meter o rabo entre as pernas e encartar aquelas verdades. Foi num silêncio que ele baixou uma das manoplas no ombro do Egon que vergou e interpelou-o cara a cara.

— Tu já peleaste? Egon.

— Ainda não — respondeu humildemente o moço.

— Pois eu queria ver como é que tu, com toda tua prática de médico e habituado às sangueiras das operações, como é que tu? ficarias assistindo um *degolamento de volta*. Juro que ficarias branco como teu avental e que arriarias no chão...

E deu detalhes sobre como se procedia à curiosa intervenção. Era metendo faca longa de ponta afiadíssima abaixo da orelha direita, atrás da parte alta do ramo montante do maxilar inferior, atravessando todo o pescoço e saindo exato no mesmo local à esquerda. Bueno. Então se forçava para a frente e o paciente era degolado de dentro para fora e de trás para adiante: dê volta...

— Queria que tu visses o melado esguichando e a ferida. A parte de cima sobe até a boca e a de baixo desce até o peito. O bom, quando o filho da puta é de cabeleira grande, é pendurá-lo por ela num galho que isto facilita muito a *volta*. Melhor do que isto só lancear de a cavalo quem corre. Tu vens a galope atrás do fujão... Quando o alcanças com a lança o cabra fica leve, facilmente tu o levantas, o suspendes no ar e jogas para atrás...

Era também inesgotável quando referia traços de honra de sua família de primos incontáveis em que encostando num era como desafiar a todos.

— E olhem que não somos poucos. Para dar uma ideia do número dos que podemos contar uns com os outros basta dizer que só em Baltazar primos-irmãos somos oitenta e cinco...

Para adiantar um pouco no tempo, digamos que quando a revolução veio mesmo o nosso *d. Baltassar* sumira no crepúsculo da ausência. Reapareceu depois de render-se o Doze, lenço vermelho no pescoço e contando da missão secreta em que estivera; na Barbacena para dar cobertura ao presidente Antônio Carlos. Só que o Chico Martins soubera que ele passara o tempo de beligerância no choco e peleando de cama com a Zulmira. Era uma mulata famosa, teúda e manteúda por dois professores da faculdade, cada um pensando que era o gigolô e o outro o coronel. Os dois eram os coronéis e o gigi esse nosso gauchastro. Naqueles 30 esse tipo foi comuníssimo em Belo Horizonte e no Rio. Enchiam os cafés atroando os ares com seus gabos, bazófias e eram no fundo umas lebres. E pior, uma falsificação do gaúcho de verdade, cavalheiresco, bravo e pelejador de qualidade autêntica — à moda do civil Oswaldo Aranha tomando de assalto um quartel de Porto Alegre, à moda dum Flores, dum Luzardo — todos de comportamento heroico durante a Revolução de Outubro e pela vida afora. *D. Baltassar* era na realidade um antigaúcho como houve também antimineiros e antiparaibanos na mesma época. Tempo de guerra, mentira como terra — e parte desta mentira são os fanfarrões que se *encapotam* na hora do perigo... Mas voltemos à véspera daquele mais longo dia do ano de 1930. O Egon tomou seu bonde acompanhado do Teixeirão. Para conversar mais tomaram um Ceará via rua da Bahia e durante todo o trajeto o moço médico estranharia a perguntação do amigo. Onde estaria? e a que horas? no dia seguinte para o caso dele, Teixeirão, mandar um recado, se precisasse. O médico executou-se, deu todo o serviço, como empregaria suas horas e onde, no dia seguinte.

— De manhã, Santa Casa. De dia, Centro de Saúde. Tardinha, consultório até ali suas seis, seis e meia. Por quê? Teixeira. Alguma coisa?

— Não, nada não, perguntei por perguntar. Então passo no seu consultório para sairmos juntos...

— Combinado e até amanhã.

E o Egon desceu na esquina do Arnaldo para pegar logo embaixo sua rua Padre Rolim.

Amanhecera radiosamente límpido, em Belo Horizonte, aquele 3 de outubro de 1930 — dia de santa Teresinha do Menino Jesus. O Egon levantara cedo, fizera suas obrigações na Santa Casa e no Pavilhão Koch. Almoçara em casa com o Nava, a prima Diva e depois saíra vagarzinho passando atrás do Grupo Pedro ii, renteando o parque até em frente ao Palácio da Justiça. Atravessara a avenida e subira até seu Centro de Saúde. Já lá encontrara o Argus e o Cirne. Dera seu bom-dia, sentara em sua mesa e chamara a si o expediente do dia. Nada mais que umas quatro ou cinco infrações que ele despachara mandando intimar as partes para comparecerem ao Centro de Saúde. Tudo tão todo o dia... Deu sua palestrinha com o Cirne que também acabara o seu trabalho e regalaram-se com o cafezinho e a prosa do grupo de colegas que viera para o bondinho daquela hora. Depois cada qual voltou a sua sala ou seu consultório e ele e o Cirne abriram o livro com que enchiam o resto do horário obrigatório. Um sol de silêncio envolvia as coisas numa espessura de calda em ponto quase de bala. Azul e ouro... Um eterno era a impressão da parada do tempo como se as horas se demorassem não querendo prosseguir. A única coisa diferente notada pelo Egon era que o Argus não tirava dele os olhos como se ele, Egon, estivesse sendo chocado como ovos de jacaré. Passou a atentar naquela do Argus e viu que este só olhava para ele de vez em quando mas sempre demoradamente. E com uma expressão especial de quem achara a solução dum problema, de quem se regalava com ideia secreta. O homem estava mesmo estranhíssimo. Uma coisa certamente ia-lhe no pensamento, um segredo que ele devia estar aflito para transmitir — e entretanto interdito de fazê-lo. Coisa boa para ele porque sua face luzia de júbilo. Repente premiu longamente a campainha elétrica e o servente consequente brotou da porta. E logo ele, Argus, fechou a cara e ordenou meio gritado.

— Vá lá no consultório do dr. Gentil e me traga um mapa de Belo Horizonte que está pregado na parede, acima da mesa dele. Já!

Momentos depois o homem voltou com o tal plano urbano. O Argus abriu o dito em sua mesa e engolfou-se num estudo profundo. Às vezes falava só de beiço como beata que está rezando. Sílabas formavam-se na sua boca orbiculada. Parava com o mapa e olhava longamente o Egon. E quanto mais olhava mais um júbilo se espelhava na sua cara. Afinal o Egon não se conteve.

— O senhor tá parecendo satisfeito hoje, dr. Argus. Alguma coisa boa?

— Nada não, dr. Egon. Umas ideias de serviço que estou remoendo cá comigo mesmo.

À hora da saída o médico desceu e tomou Afonso Pena na esquina da Delegacia Fiscal. O soldado de sentinela era o que ele chamava "O Sonhador" e que mal o viu, perfilou-se e encostou o fuzil no corpo. O Egon tocou no chapéu e deu, sorridente, suas boas-tardes ao rapaz. As ruas desertas e ele foi num passo de quem não tem pressa para o consultório. Vestiu o avental, pegou no seu sempiterno Gaston Lyon mas nem teve tempo de sentar-se porque o Teixeirão apareceu na porta, ocupando-a toda com o corpanzil.

— Muito trabalho para hoje? seu doutor.

— Parece que não. Vamos esperar uma meia hora: se não aparecer ninguém e se o telefone não bater é sinal que a clientela não quer nada comigo. Senta, Teixeira, daqui a pouco saímos.

— Não, Egon. Vamos logo agora. Tá uma tarde linda... Você hoje não vai mesmo ter ninguém... Vamos ver a rua...

— Vá lá.

Saíram para uma Afonso Pena de todo dia. Pararam um pouco na calçada defronte de São José. Viram passar um Calafate com pingentes no estribo. O Egon consultou o amigo.

— Uma ideia, Teixeirãozinho. Há muito tempo não vemos um crepúsculo. Que tal? irmos apreciar o de hoje nos cafundós do Prado Mineiro, na Caixa-d'água... Pegamos o próximo Calafate e...

— Você está doido? que ideia estapafúrdia é essa, Egon — quase gritou o Teixeira — Você sabe? que... Não, nada não. Vamos andando para o Bar do Ponto.

Quando iam ultrapassando os Correios deram com o Nelo e o José Nava e pararam todos para conversar. O Egon, de repente, pôs tento na inquietação do Teixeira. Ele olhava para todos os lados e estava a cada instante a puxar o relógio e a olhar as horas. E — coisa esquisita! com um olhar que lembrava o do Argus.

— Quéquiá? Teixeira. Esperando? alguém.

— Nada...

— Então fica quieto! homem: larga esse relógio...

Começaram uma conversinha mole, beleza da tarde, olh'aquelali, olha com'é boa. Passava carro ou outro, gente se recolhendo. Cinco e vinte verificou pela multésima vez o Teixeira que já não podia disfarçar. Alguma coisa o inquietava que ele talvez não pudesse confidenciar aos amigos.

— Afinal, Teixeira, quéquiá? com você. Puxa! que homem mais desinquieto! parece até que está com bicho-carpinteiro.

Eles estavam na esquina de Tupis. O Teixeira fixou de repente um carro que virou Espírito Santo raspando e rangecantando numa derrapagem, que segurou-se nas travas como animal que vai investir, investiu chegando mais para perto meio-fio freou noutro rangido parou abriu suas quatro portas despejando seis homens armados de revólver 38 cano longo. Na frente deles o Hugo Gouthier de Oliveira Gondim, ele próprio, a comandar.

— Isto deve ser perseguição a algum malfeitor. Vam'ver essa tromba armada que entrou de Correio adentro. Deve ser criminoso escondido por lá...

Mais gente acorria e começava a se aglomerar. Na porta da repartição foram parados por um dos homens do carro de revólver em punho.

— Afastem-se! Aqui ninguém entra! — e reparando no Teixeirão — só o senhor, doutor, o senhor pode passar.

— Precisa não, Alcino. Já sei do que se trata. Vou correndo pra Secretaria — disse o grangazá. E virando-se para os amigos: — Estourou a Revolução! Eu estava esperando essa operação chefiada pelo Hugo e isto quer dizer que o comandante do Doze já está preso. Era a primeira parte da missão desse choque. Vocês até logo. Você, Egon, apareça de noite na Secretaria. Até logo.

O Nelo foi o primeiro a falar. Queria ir para casa avisar, ver se estava tudo em ordem por lá.

— Você nos leva a Padre Rolim e espera um instante pra levar a prima Diva e as meninas para a Serra. Porque se o Doze atirar, nossa casa fica na trajetória que corta a Secretaria de Segurança. Se passar mais alto que o alvo acerta é em nossas paredes.

Correram para o carro do Nelo, apertaram-se e puseram-se a caminho da casa do Nava. Quando chegaram em frente à Delegacia Fiscal o Egon teve tempo de vislumbrar o "Sonhador"que olhava para o ar sem saber do que se passava. Havia de estar acompanhando o voo do derradeiro pássaro passando no alto — suas asas irisadas das últimas luzes do crepúsculo ou talvez franjas de nuvem se esgarçando. Sonhando... Os do carro se adiantando, estavam em meio do desembocar de Álvares Cabral quando viram que um pelotão de bombeiros virava a esquina de Goiás e descia obliquamente para a esquina de Afonso Pena. Numa curiosidade o Nelo diminuiu a velocidade e todos olharam aquela tropa. Foi tudo tão rápido que eles mal tiveram noção do que viam. Ouviram uma descarga nutrida e viram o "Sonhador" rolando escada abaixo varado de balas. Veio até ao rés da rua, ao chão, pesado no chão, pesado como um bonecão que se desengonça e os bombeiros passaram por cima do seu corpo escadacima. Tomando o prédio federal. Pronto como um raio, o Nelo acelerou, deu uma virada, passou para dentro dos fícus, chispou para Padre Rolim por cima dos trilhos dos bondes. O Egon caíra sucumbido no assento do carro, a garganta presa de ter assistido àquele assassinato de um pobre moço que olhava para o ar e caía sem saber que caía, nem por quê, para passarem sobre seu pobre corpo perfurado, abrindo caminho de uns poucos para o poder. Naquele instante o médico teve a adivinhação fulgurante de que tudo aquilo ia ser inútil para seus autores. Autores de quê? Simplesmente duma quebra de convenções cujo primeiro resultado era aquele corpo de moço caindo... E foi rigorosamente cumprida a antevisão que ainda mal formulada atravessara como raio o pensamento do jovem doutor. Ele tão partidário daquilo! e agora, vendo a realidade desencadeada, já se perguntando — que revolução? Haverá? mesmo, sucederá? uma revolução...

Em Padre Rolim a d. Diva relutou um pouco mas acabou cedendo. Em minutos arrumaram malas, trancaram a casa e foram todos para a rua Caraça 72. Menos o Egon. Esse desligou-se do grupo e correu a sobreavisar o hospital. Quando chegou e deu a notícia, a irmã Madalena não queria acreditar. Foi preciso do moço ser firme, fazer-se crer e telefonar para Júlio Soares. Não sabia de nada.

— Vinte minutos e estou aí, Egon. Diga à irmã Madalena que avise os assistentes de cirurgia. Você se entenda com os internos do São Lucas e da Santa Casa e que fique tudo a postos. Fiquem todos. Mesmo os que não estão de plantão. Que não saiam do hospital.

O médico transmitiu as ordens do diretor da Santa Casa e ficou na portaria esperando que chegassem os já chamados. Pontualmente o Júlio chegou, informou-se de tudo, chamou a irmã superiora, deu instruções, enquanto a irmã Madalena ia convocando os médicos do hospital de modo imperativo e sem dizer por quê. Alguns estavam na rua, outros já sabiam, a maioria estava jantando quando recebeu a notícia-bomba. Vinham já. Quando chegaram uns três ou quatro, entrou também um chefe de serviço. Era Borges da Costa. Estava com sua farda de coronel da nossa Missão Médica na Primeira Grande Guerra e danado da vida.

— Imaginem vocês que logo que eu soube do carnaval na rua, fardei-me e fui me apresentar para seguir com a primeira tropa, mas o Cristiano agradeceu muito e disse que no momento ainda não precisavam de meus serviços. Vai ver que está me achando velho... Pois vim para a nossa Santa Casa e vou ficar à frente de minha enfermaria para o que der e vier. Já avisei ao Levy, ao Blair, ao Pedro Jardim Horta e ao Guilherme. Todos estão vindo por aí.

Passada a primeira surpresa, esgotados os primeiros comentários e não se ouvindo nenhum barulho de tiros — antes havendo um silêncio de azeite descido com a noite sobre Belo Horizonte, o Júlio Soares resolveu mandar o Egon para o "que é que há". Ir à Secretaria de Segurança e fazer chegar ao Cristiano, por intermédio do Teixeirão, que a Santa Casa estava a postos e às ordens. Chegando à Secretaria, o médico encontrou aquilo num verdadeiro *open-door* e entrando quem queria até ao gabinete do chefe civil da revolução em Minas. O Egon subiu e deu numa sala cheia de povo cercando, ao centro, vasta mesa onde se deliberava. À cabeceira, Cristiano Monteiro Machado presidia. Já estava uniformizado: calça cáqui, camisa cáqui, lenço vermelho no pescoço e sobre a mesa seu chapelão de caubói amolgado na copa por quatro mossas. Ele estava admirável e encarnava com mestria o papel que ia representar naquele drama nacional. Nascido em 1894, esse sabarense era, na época em que se desenrolavam os fatos relatados, um moço de trinta e seis anos. Era pessoa de meia altura, de boa constituição, espigado e de cabeça alta. Vestia-se decorosamente mas sem os apuros do Aníbal ou do Paulo. Quase sempre usava com seus ternos um suéter de mangas compridas. Lá estava ele, o suéter, excedendo os punhos da camisa de campanha que adotara e de dentro dessas lãs saíam suas mãos largas e muito brancas, cheias de veias salientes. Quando ele viu o Egon, sorriu e estendeu em sua direção a mão que foi apertada por cima da cabeça de alguns dos componentes do seu Conselho. O moço aproveitou logo para dizer ao que vinha.

— Dr. Cristiano, o Júlio Soares mandou-me aqui para dizer que a Santa Casa está a postos, seus cirurgiões convocados e inteiramente às suas ordens.

— Obrigado, dr. Barros. Tenha a bondade de dizer ao dr. Júlio que agradeço e aceito porque quando o Doze começar a atirar é certo muitos feridos entre a população civil. A Santa Casa se encarregando deles estará nos prestando serviço inestimável. Diga isto, espere um pouco para contar também o que estamos decidindo.

O moço médico estava bestificado com o que via. Discutiam-se os planos de reação da cidade ao Doze, no resto do estado às guarnições de Três Corações e Juiz de Fora, sede da Região Militar e de onde se esperava vir a ofensiva do governo. A batalha decisiva devia ser travada na garganta de João Aires que seria o Verdun, o Itararé do Caminho Novo. Essas notícias o Cristiano dava aos que se sentavam e às vezes era interrompido por um palpite, uma opinião partida dos que enchiam seu gabinete. A todos ele prestava atenção, dava resposta, tomava uma nota.

Ao seu redor os lugares na mesa eram ocupados por Francisco Campos, Odilon Braga, Mário Brant, outros políticos, oficiais superiores da Força Pública, oficiais do Exército — "tenentes" — que estavam ocultos em Minas disfarçados de profissões civis. Um oficial de Marinha, Otávio Machado, irmão de Cristiano. O Egon admirou particularmente a figura de Otto Feio — polainas, culotes cáqui, paletó civil, parabélum, lenço vermelho, capa espanhola e chapéu Gellot — o que fazia dele um misto de *smart* e batalhador. Cada um dava sua opinião, às vezes todos ao mesmo tempo, havia sugestões válidas, frases inteligentes e palpites infelizes como o que foi pronunciado ali por um político — evidentemente acoelhado.

— Devemos mandar esses moços que estão se alistando voluntários aqui na cidade, para Barbacena, como carne de canhão [sic] e levarmos a capital para Diamantina com os melhores contingentes da Força Pública para defesa do governo de Minas...

A essa enormidade o Cristiano sorriu com o máximo de doçura que ele sabia pôr no olhar e pediu a opinião de Francisco Campos.

— Acho a ideia absurda. Temos de nos defender aqui mesmo, se for o caso, de rua em rua e de casa em casa... — disse antecipando-se a Winston Churchill.

Alguns da assistência queriam saber onde estava o dr. Bernardes, se o dr. Bernardes estava de acordo com a revolução. Cristiano tirou duma pasta o telegrama famoso e leu-o alto: "Antenor consultado declarou — está bem!". Vinha assinado Zíngaro. Era o telegrama em que Bernardes concordava com o deflagrar da revolução. Antenor era ele, Bernardes, e Zíngaro o codinome de Gudesteu de Sá Pires.

No meio daquela confusão o Teixeirão apareceu de repente e por ele o Egon teve as demais explicações que queria. O boletim espalhado na cidade pondo o presidente da República fora da lei trazia a data de 5 de setembro porque esta seria a primeira marcada para a revolução. Mas o velho Olegário empacara dizendo que não e não, que o movimento tinha que estourar com ele empossado e com secretariado constituído. O comandante da Guarnição Federal e vários oficiais do Exército, presos. Membros da Concentração Conservadora apanhados na cidade, trancafiados. Ele, Teixeira, pessoalmente era por sua execução um a um. Mas o Cristiano, com aquela delicadeza dos Machados... O contato telefônico fora mantido entre a Secretaria e o quartel do Doze. A guarnição, galvanizada pelo tenente Clorindo Valadares, estava disposta a não se entregar e a resistir até ao último cartucho. De vez em quando uma ligação telefônica e cada lado fazendo finca-pé no seu ponto de vista. Estava entre os da tropa legalista o coronel da Força Pública Bragança que se fora pôr ao lado dum filho oficial do Doze e companheiro do tenente Valadares. Fora despachado para parlamentar com o Clorindo, oficial do Exército revoltoso, o tenente Campos Cristo que ia levando a última palavra do comando da Revolução. Esperariam uma decisão até às cinco da madrugada de 4 de outubro. A essa hora as metralhadoras da Polícia varreriam as fachadas dos blocos do quartel. Esperariam dois minutos e se não houvesse bandeira branca, voltariam à carga e iriam até ao assalto final.

Enquanto o Teixeirão lhe sussurrava estas novidades o Egon não perdia de vista o chefe civil da Revolução, atentando em cada gesto seu naquela oportunidade histórica. Cristiano estava imponente de calma e de frieza. Não se departia um instante da norma que se traçara — do retrato que queria deixar — e falava a todos com a maior cordura e sempre sorrindo — com aquele sorriso que era um capital de simpatia. Perguntava e respondia na voz de sempre, bem modulada e escandindo as palavras, valorizando e modulando as vogais, não perdendo uma consoante e fazendo rolar os seus RR como de hábito. Era uma voz a um tempo veludosa, contida e imperiosa. O Egon agora detalhava sua cabeça redonda e bem-feita, a calvície familiar e precoce, as orelhas nítidas e bem desenhadas, certa protusão da testa, certo adiantar do queixo a que o nariz agudo e traçado como uma incisão de medalha do Bargello davam alguma coisa de cesário e muito de napoleônico. Lembrava também um retrato feérico do Quattrocento, um Pisanello, um Masaccio, um Andrea Orcagna, um Gentile de Fabriana ou perfil florentino da Loggia dei Lanzi. Para falar não abria demais a boca e todo seu movimento era de diminuí-la ou alargá-la conforme o que estivesse dizendo de modo que as palavras saíam-lhe sempre no tom meio surdo das frases ditas através de dentes quase cerrados. Um pouco pálido, olhos cheios de mansuetude — mas dum azul duro e mineral. Óculos de aro grosso a que o obrigava a miopia. Informado e cheio dessas novidades, dessas impressões o Egon deixou a Secretaria de Segurança pelas onze horas e seguiu a pé para a Santa Casa. Vivalma.

Olha a negra, olha a negra.

a negra fugindo

com a trouxa de roupa,

olha a bala na negra,

olha a negra no chão

e o cadáver com os seios enormes, expostos, inúteis.

[...]

Um novo, claro Brasil

surge, indeciso, da pólvora.

Meu Deus, tomai conta de nós.

[...]

CARLOS DRUMMOND DE ANDRADE, "Outubro 1930"

O Egon era esperado numa ansiedade. Deu logo todo o seu serviço e tudo que soubera na Secretaria. O Júlio foi o primeiro a falar.

— Cinco horas da manhã. Então o melhor é dormirmos na Santa Casa. Você também, Egon, mande arrumar cama num lugar vago qualquer.

— Fico naquela sala da Maternidade que ninguém usa, aquela oposta à sala de partos e em que morreu o Ozéas. Lá tem uns leitos. Vou pedir à irmã Rosnata que mande arrumar um, de roupas. Mas primeiro vou dar um pulo no Pedro Sousa para comer um bife, que não jantei...

— Certo...

O moço doutor saiu vagarosamente, virou na esquina inacabada da Maternidade e bateu-se para quarteirões abaixo onde ficava o boteco do Pedro Sousa no bico de Maranhão e avenida Brasil. Estava impressionado com o silêncio das ruas vazias, só os postes de iluminação como fantásticas colunas negras — tendo no alto uma lâmpada acesa com o seu cacho pendurado de insetos, moscas, besouros, girando em silêncio em torno ao foco de atração. Nunca o Egon tivera tamanha sensação de solidão e de impotência. Ele sabia que dentro de algumas horas começariam a morrer seus semelhantes naquele bairro e nos outros de Belo Horizonte que iam ser varridos pela corola concêntrica dos projetis cuspidos pelas metralhadoras. Ele sabia pertinentemente dessa matança e não podia fazer nada. Esperaria na Santa Casa feridos para ajudar a pensá-los, ver morrer e devolver alguns para a vida cotidiana. Ele nada podia para impedir. Não havia força possível para parar. Não era mais hora de parar porque o que estava se passando na cidade já começara meses antes e era uma resultante de bestas desencadeadas de há muito. E outros muitos não sabiam. Havia os que iam morrer sem saber que estavam destinados a morrer. Nem que estavam morrendo, nem por quê — como a negra terrível da epígrafe... Todas as casas fechadas e luzes lá dentro, aqui e ali como se fossem as luzes casuais das madrugadas. Tinham medo de acender tudo. Havia uma retração encolhida dentro do silêncio. Chegou ao Pedro Sousa. Fechado. Mas ele sabia onde bater para abrir: exato na janela do quarto do botequineiro amigo. Tinha três anos que não entrava ali. Bateu forte. A fenda entreaberta...

— Uai! doutor. O senhor? Há que séculos... E sozinho, sem o bando... Cadê? o Cavalcanti, o Chico, o Nava, o Isador... Já vou abrir...

Abancado, pediu qualquer coisa para comer.

— Então, doutor, quéquiá? de novo.

— Será... que você não sabe nada? Pedro Sousa... Você não sabe? que estourou a revolução.

O botequineiro não sabia. Ou por outra ouvira dizer mas não se interessara, não tinha nada co'aquilo.

— Tudo isto está pra cima de mim, doutor. Tira um, põe outro, morre um mundo de gente por causa desta besteira e eu não fico nem mais rico nem mais pobre... Por outra, mais pobre sempre vou ficando.

Aquele homem estava dizendo na sua linguagem simples o que o Egon não conseguia configurar nas suas sutilezas de intelectual. Era isso mesmo. Nada ia mudar. É do que ele desconfiava naquele momento em que se sentia pendurado entre dois mundos: um que ia acabar cedinho naquela manhã e outro que começaria aos primeiros tiros. E eram dois mundos de pessoas que pensavam que eram o Brasil e que não entendiam nada nem de Brasil, nem de política, nem de coisa nenhuma. Nem adiantava aprofundar com o Pedro Sousa, cujo instinto de homem do povo dizia que estava tudo errado e que aquela quebra de categorias, aquele rompimento de contratos, aquela supressão de convenções de nada — ia abrir uma era de sobe e desce no fim da qual talvez viesse uma revolução, uma revolução com R maiúsculo. A REVOLUÇÃO. Ele mesmo não entendia bem por que seu pensamento chegara àquela quina quando o que ele queria era comer um bom bife, dormir e acordar para fazer suas obrigações de médico doutor.

— Tudo isto é conversa fiada, Pedro Sousa. O que eu quero saber é do que que você tem para me dar...

— Tem uma carne-seca pronta, de primeira. É só esquentar e preparar uma farofinha.

— Isso, nego. E a nossa cervejinha bem gelada. Digo nossa porque você não vai fazer a desfeita de me deixar comer sozinho, nem beber sozinho...

— Isso nem por sombra, seu doutor.

O Egon levantou-se levando a garrafa atrás do Pedro Sousa, para a cozinha do botequim e ali, enquanto o homem fazia suas virtuosidades de fogão, foi-lhe dando o noticiário de todos. Os que iam casar, como o Fábio e o Chico. O Nava e ele removidos e de novo em Belo Horizonte. O Isador e o Cavalcanti em São Paulo, nos cafundós de São Paulo, Alta Araraquarense.

— E sua patroa? Pedro Sousa, os meninos.

— Mandei tudo pra Sabará até passar essa merda dessa desorde.

Ele Egon e o botequineiro tomaram cada um a sua botelha. Depois o médico despediu.

— Até amanhã, Pedro Sousa. Uma e um quarto. Daqui a três horas e quarenta e cinco minutos a cidade estará em polvorosa...

— Até amanhã, doutor. Vá cum Deus!

Chegando à Santa Casa o Egon encontrou tudo acomodado. A irmã superiora no corredor disse que o dr. Júlio estava dormindo no gabinete de cima, perto da capela. E sua cama está arrumada naquele cômodo grande da Maternidade que o senhor mesmo escolheu.

— Até amanhã, irmã. Ou melhor até já.

— Louvado seja Nosso Senhor Jesus Cristo, doutor.

— Para sempre seja louvado tão bom Senhor, irmã.

O Egon adiantou-se pelo corredor obscuro. Sentia seus saltos batendo alto no piso. Parou um instante na transversal que cortava e dava um lado para a enfermaria do Borges e outro para a do Werneck. Lembrou-se de sua primeira visita por ali quando fora nomeado interno. Virando para a enfermaria de cirurgia de mulheres, lembrou das duas figuras que desde então se lhe tinham colado ao corpo como os fantasmas invisíveis da Doença e da Morte, com suas roupagens amarela uma, e negra a outra. Adiantou-se vagarinho pela enfermaria, teve a impressão de uma volta no tempo tão iguais tão mesmíssimas eram as figuras deitadas, ou curvadas, ou sentadas, umas mal dormindo, outras gemendo e chorando naquele vale de lágrimas... De febre também, de cheiro ruim de suor e agonia.

Adiantou-se na sua sensação de ontem querendo viver, demorar esse passado que ia ter uma marca, um marco, uma tabuleta, um letreiro dizendo que alguma coisa acabara no tempo, que outra ia começar no tempo. O que tinha acabado, que acabava ali eram os *whirling twenties*, seus dez anos de mocidade que se tinham esticado até àquele trinta. Ia entrar em anos convulsos de outra época e neles e com eles, na sua maturidade de homem. Sentiu um peso nas costas e ali, àquela precisa hora, é que deve ter começado a curvar-se. Atravessou a enfermaria do Werneck, passou na área dos arquivos, entrou no bojo mais escuro da Maternidade, virou à esquerda e deu na sala que escolhera para dormir. Custou a achar os comutadores. Afinal a iluminação elétrica aumentou mais o cômodo. Sua cama pronta. Abriu uma janela e olhou para fora como se dali fosse ver os soldados cercando o Doze e os soldados do Doze, de dentro de suas trincheiras esperando. Todos esperando uma ordem. Nenhum dormia e a muitos bateriam os queixos esperando a hora — hora injusta pois todos tinham só de dezoito a vinte e dois, vinte e três anos. Da noite perfumada vinham só a reverberação das luzes da cidade, o negror da noite e um silêncio enorme. Olhou um pouco para a direita e através de espaços transponíveis e desocupados de edificações altas, para atrás dos escuros do parque fixou-se nas luzes do viaduto de Santa Teresa. Viu seus arcos e no seu alto a sombra do poeta recolhendo para sua casa na Floresta. Seus olhos se prenderam ali uns instantes, como se a ação de guerra a começar no clarear do dia fosse se desenrolar ali. Olhou as horas: duas e meia. Tinha de deitar para estar pronto para o trabalho dia seguinte. Despiu-se, foi apagar as luzes e deitou numa cama que achou dura e hostil. Um cheiro de hospital nos lençóis, no travesseiro. Fumou um cigarro, atirou a bagana para janela aberta e seguiu a parábola de sua brasa. Só lhe era possível saber que tinha dormido uns instantes pela noção de que tinha sonhado. Acordava suando, virava nos travesseiros, descobria o corpo num calor e tornava a cobri-lo tremendo de frio. Lá fora nada. Ouvia, nada. Via uma nesga de céu indiferente onde tremeluziam estrelas. Quando despertou outra vez viu que os astros empalideciam e como que a presença dum cinza luminoso invadindo o céu. Devia ter dormido outra vez para reacordar numa meia claridade. Olhou o relógio na mesinha auxiliar que lhe servia de criado-mudo. Faltavam dez para as cinco. Correu à janela. A mesma paisagem e o mesmo silêncio. O tempo de levantar-se atravessar todo o hospital em direção ao banheiro dos internos. Lavou-se abundantemente, refrescou o corpo e a cabeça como se aquela água fosse uma Primavera. Voltou a completar sua toalete. Pôs o gorro, o avental. Cinco e vinte. Sentiu que ali, vestido, pronto para o trabalho doloroso que ia ter nesse dia, tinha o corpo todo tremendo. O relógio que parecia luminoso marcava as cinco e vinte e cinco. Sem ar correu para a janela e viu que o dia pompeava em glória sobre a paisagem de que o ímã, para os seus olhos, eram os arcos do viaduto. Vinte e oito. Começou a acompanhar agora a rodinha dos segundos que girou uma vez, duas vezes, três vezes, eram cinco e trinta e um, depois trinta e dois. Será? que não vai haver nada e que se deu a rendição... Esquecia que os relógios não andam todos acertados uns pelos outros. Olhou novamente o céu na ânsia de quem espera o desmesurado. Exatamente nas suas cinco e trinta e seis minutos ouviu como se alguma coisa se rasgasse no ar, um pano enorme se esgarçando e de que cada fio estourasse como um tiro. Um depois do outro. Aquilo durou cerca de um minuto. Parou num outro silêncio imenso. Agora o Egon sabia que durante dois minutos seria a última trégua e a espera de um pano branco. Cento e vinte segundos coração batendo alto no peito, no alto perto do pescoço e malhando as têmporas. O ponteiro dos segundos parecia com pressa, vivo que nem um bichinho venenoso — correndo em redor de si mesmo. O moço olhou avidamente para o céu unido e logo o sentiu vibrar a uma salva furiosa de metralhadoras que pareciam máquinas de costura gigantescas disparadas no dia Belo Horizonte. Repente tudo aumentou, como que dobrou em outro acorde com o Doze respondendo e trocando fogo com os atacantes. As mãos incrustadas no parapeito o médico olhava fascinado a rua onde começava um vozeirar indistinto. Vibrava cada vez mais alto o canto das metralhadoras. Súbito um ruído de rasga-rasga aconteceu numa das palmeiras de frente da Santa Casa. O médico compreendeu que era a primeira bala perdida que ultrapassara o alvo das secretarias e que viera traspassar a copa farfalhante sobre sua cabeça, sobre os tetos. Também, que outro mundo se inaugurava e a passos rápidos dirigiu-se para a entrada do hospital. Lá encontrou os outros colegas. Cada qual em silêncio, às vezes se entreolhando, um pouco pálidos e esperando que começassem a chegar os resultados daquela fúria de metralhadoras sacudindo e ponteando o céu de Minas Gerais...

Rio de Janeiro, Glória, 5 de junho de 1978 — 19 de outubro de 1980

Anexos

Anexo I

Residências no Rio

QUANDO DEIXEI O OESTE PAULISTA, vim para o Rio, aonde cheguei a 10 de março de 1933. Fui morar com meus tios Maria e Heitor Modesto, que estavam instalados à rua Santa Clara 188 A, um pouco acima da esquina de Tonelero. Era uma linda moradia de estilo normando de que ocupávamos o primeiro andar e um sótão habitável onde meu tio tinha instalado seu escritório e biblioteca. Esse sótão era de telha-vã, muito fresco — delicioso para dormir naquele fim de verão. Eu o fazia à cearense, em rede pendurada nas tesouras do madeirame que sustentava a armação do telhado. O térreo desta casa era numerado como 188 B e residência doutra família, composta de senhora viúva e duas filhas. Uma delas, a mais velha, chamava-se Sílvia. Era morena, um pouco cheia de corpo, fisionomia aberta e amável, pródiga de bons-dias e boas-tardes. Trabalhava numa repartição e lembro do tio dizendo que era "funcionária conhecida pelo zelo e competência". Reatei o tempo e o período que começou para mim, suspendia um pouco Juiz de Fora, Belo Horizonte, os cafezais da Alta Araraquarense e o Rio reapareceu com o prestígio, as sugestões de Visconde de Figueiredo, Aristides Lobo, campo de São Cristóvão, Itapagipe, Pedro Ivo, Major Ávila. Reintegrei-me na vida carioca pelo sol de Copacabana, pelas areias do Posto Quatro. Todas as casas do bairro eram de antiga construção portuguesa ou bangalôs de dois andares, crescendo de requinte à medida que as transversais se aproximavam da praia e apresentando-se numa concentração de opulência nas ruas Sá Ferreira, Sousa Lima e Barcelos. Só dois arranha-céus: o Edifício Olinda, no Posto Seis e o do extremo oposto, numerado como 290, ao Leme. Ainda havia tatuís, conchas na praia. Minhas manhãs eu as passava torrando ao sol, deitado nas areias secas, cujo contato é doce como carícia preguiçosa. Quando ficava todo árido de tanto calor ia mergulhar e retomar nas ondas altas minhas braçadas de Icaraí. Depois andava a pé na areia molhada, rente ao mar, para sentir novamente a sensação do chão fugindo ao recolher da vaga — que experimentara, menino, quando fora com tia Alice visitar sua amiga solteirona: uma de que já contei a história e que fora ludibriada por noivo parecido com George Walsh. Ia até o Posto Seis. Como estavam crescidas as amendoeiras plantadas pelos Muniz Freire! para se abrigarem à sua sombra. Olhava a casa deles, lembrando os tempos da doença de Ennes de Sousa e sua convalescença em Copacabana. Mas não via aparecer a morena Araci. A praia me abria o apetite e o almoço sempre cuidado dos tios Modesto era longa e silenciosamente saboreado. O casal conversava pouco à mesa — hora de comer, comer. Eu também calava, dedicava-me com alma à excelente cozinha onde a carne de porco, o tutu, o tropeiro e o angu eram feitos à mineira, mais especificamente com baldas de Cataguases — que era a terra de tio Heitor; os peixes e pratos do mar, à cearense, avivados com pimenta e banhando no leite de coco; já a feijoada dominical era carioca — como a descrevi, falando dos ajantarados do velho Maneco Modesto, em Delgado de Carvalho. Depois eu ia para a cidade, traçar com os amigos planos de minha permanência no Rio. Logo, por intermédio de Afonso Arinos e Rodrigo, obtive de Virgílio de Melo Franco carta decisiva para Pedro Ernesto, pedindo meu aproveitamento nos quadros da Assistência Pública Municipal — então em vias de passar pela grande Reforma que foi uma das marcas da benemérita administração daquele insigne governador da cidade. Como eu preferisse a saúde pública, para seguir os passos de meu pai — guardei a carta como trunfo, para usá-la, depois de procurar Washington Pires, então titular do recém-criado Ministério da Educação e Saúde. Eu tinha sido seu discípulo de neurologia e com Joaquim

Nunes Coutinho Cavalcanti e Francisco de Sá Pires éramos dos alunos que frequentavam sua casa para longas conversas noturnas. Ele era pitoresco, grande contador de estórias sempre extraordinárias, de fatos tão bem urdidos que pareciam arranjo de ficção. Sua participação como voluntário da Legião Estrangeira, na Primeira Grande Guerra. Seus contatos com o Deuxième Bureau, ida à Rússia e o conhecimento de Kérenski. De como evitara um atentado contra o rei Jorge, arrebatando bomba das mãos dum anarquista e atirando-a ao Tâmisa. Sua consequente medalha, KBE e tratamento de Sir. Éramos recebidos no seu gabinete e palestrávamos até altas da noite. Eu logo confundi aquela cordialidade com amizade e esperava tudo do professor de Belo Horizonte. Fui procurá-lo. Seu gabinete era na Gaiola de Ouro, então sede do ministério recém. Anunciei-me e a rapidez com que fui recebido pareceu-me de bom augúrio. Entrei. Ele fez sinal que eu esperasse, apontou-me um grupo defronte de sua mesa e continuou a escrever e a assinar vasta papelada. Eu olhava bestificado o Washington que tinha à minha frente — mais claro de pele, com plaqueados vermelhos do corado, os cabelos negros e reluzentes de brilhantina, nobremente grisalhando nas têmporas. Usava uma camisa extraordinária, aos riscos multicores repetidos pelo colarinho que espelhava de goma como o peitilho duro que estufava e dava impressão dum papo de pomba-trocal dentro do qual sumira o pescoço curto. Suas famosas sobrancelhas pareciam escovas metálicas e fulguravam também. Menos que as mãos que jamegavam rapidamente num brilho de corrida de brilhantes. Era a cintilação das dez unhas envernizadas. Lembrava um gaúcho daqueles tempos, um noivo pronto para o altar. Jamais pude esquecê-lo naquela sua glória que apagava a de Salomão. E foi sua figura trescalando olores recendendo loção de violetas, acesa por dentro duma satisfação imensa que eu tive presente e deixei nos versos do meu "O defunto" quando anelei como coisas extrassupremas as vestes que o cingiam, togavam, transfiguravam.

> E quero ir de casimira:
> de jaquetão com debrum,
> calça listrada, plastron
> e os mais altos colarinhos.
> Deem-me um terno de ministro
> ou roupa nova de noivo...

De vez em quando o ministro me fiscalizava mirada rápida como a querer surpreender qualquer coisa na minha fisionomia. Era evidente. Procurava a fresta às vezes se abrindo para nossa alma ser devassada. Resolvi escancará-la, facilitar a prospecção, fazendo cara da maior admiração e enlevo não só por sua pessoa como pela outra, feita de substância especial, a do MINISTRO. Do mesmo modo como eu o tinha adivinhado ele captou a aparência de meu entusiasmo, deve ter gostado, porque resolveu prolongar a situação — recebendo e despachando em sussurro uns três postulantes — mostrando-se com um, paternal; com o segundo, esquivo, com o último, breve, ríspido. Eu arregalava os olhos e fazia quase imperceptíveis sinais de sim com a cabeça — como na hora das grandes performances dos atores. Não nos perdíamos de vista e seguíamo-nos com rabos de olho e nossos respectivos pensamentos.

— Que quererá comigo? esse Nava. Pedido na certa. Não é pra me ver que ele aparece. Interesse dele. É despedir logo sem prometer nada senão essa sarna não me deixa o gabinete daqui pra diante. Mas primeiro deix'ele me ver de ministro, despachando e recebendo. Mandarentrar mais uns, p'r'ele admirar.

— Por que cargas-dágua? esse guedelhudo me mandou entrar primeiro e agora está fazendo os outros passarem na minha frente. Será? Para se mostrar de ministro. Dito e feito. Olha com'ele tá gostando dessa admiração que mostrei na cara. Ele faz a mímica do sim, do não, do vamos-ver e olha pra surpreender minha reação.

Aquilo continuou, entraram mais dois, ele prosseguindo na pantomima mas eu, afinal enfastiado, olhei a janela, um pedaço de céu azul e uma nuvem muito branca, uma só — que lá se ia soprada que nem fiapo de algodão. Afinal entrou o café e ele fez-me aproximar. Em dez palavras disse o que queria. Respondeu retomando a mímica do não, que era impossível, que se pudesse, mas as vagas mal chegavam para os gaúchos com o viático do Getúlio, para os amigos do Olegário, com o dito do Palácio da Liberdade. É não, Nava, não! mas creia que lamento muito. Quer um conselho? do seu professor. Volte para Monte Aprazível e faça-se mesmo por lá. Era a velha coisa do mineiro lobo do mineiro (como eu comprovaria mais tarde outras duas vezes). Funcionando aquela *serência* que eu inventei no meu *Beira-mar* e que é o sentimento inevitável do vizinho. Saí e corri ao escritório do Adauto Cardoso — para com ele invectivar e gozar o ministro. O amigo riu muito e instou para que eu não perdesse mais tempo e que tratasse de ir depressa, amanhã mesmo, levar a carta do Virgílio ao Pedro Ernesto.

Fui no dia seguinte ao velho Palácio da Prefeitura. Peitei um contínuo, não mofei muito, fui recebido por Pedro Ernesto Batista. Jamais esqueci esse nosso primeiro encontro. Era um homem mediano de altura, moreno, cabelos abertos ao meio e acamados à custa de brilhantina. Com o penteado e as costeletas, lembrava o Perry Bennett de *Os mistérios de Nova York*. Vestia casimira clara, gravata primorosa, falava grave, tom simpático. Leu com atenção toda a longa carta do Virgílio. Encarou-me sorrindo e sem hesitação certificou que eu seria nomeado médico auxiliar e que a Reforma sairia dentro de mês, mês e meio. E quando eu ia abrindo a boca ele estendeu a mão me interrompendo. Não me agradeça não, jovem colega. Agradeço eu. Sim senhor, eu, porque graças a você vou ter a oportunidade de prestar um serviço ao Virgílio — que é homem de pedir raramente. Agradeço a você — muito obrigado. Riu mais, levantou-se, levou-me até à porta com a mão passada no meu ombro. Duas audiências... Uma, com velho conhecido; outra, com pessoa que nunca tinha visto. A primeira serviu-me para encerrar uma amizade, a segunda, para começar a seguir dedicadamente um dos melhores homens que já encontrei. *A seguir*. Foi o que eu fiz pelo resto de sua vida. Segui-o, visitando-o na prisão, no quartel de Frei Caneca, no Hospital da Penitência, deste hospital a sua casa no dia do livramento, no seu novo consultório e depois no caminho derradeiro que levamos mais de três horas para percorrer — do necrotério da Casa de Saúde Doutor Eiras ao Cemitério de São João Batista. Mas tudo isto eram coisas por vir.

Fui nomeado. Comecei a trabalhar no Rio. Veio 1934, os tios foram para as águas e mudei-me para a Tijuca. Sempre na eterna procura de meus velhos caminhos. Morei apenas uns meses no bairro de minha infância e adolescência. Fui para uma pensão no gênero da de d. Adelaide, à rua Haddock Lobo, também num prédio apalacetado do lado ímpar, entre *a casa do pavão* que continua de pé e a rua do Matoso. Não lembro bem o número. Mas andando na sua calçada, conferindo perspectivas, contando os passos, avaliando as distâncias das velhas casas que sobraram, coloco-me no lugar onde deve ter existido meu prédio. É onde está o 171 — Edifício Solimões. Retomei meus hábitos de cinema de bairro e os favorecidos pela vegetação luxuriante do nosso jardim, sua escuridão e pelo fato dos quartos de baixo terem entrada independente e serem habitados por moços solteiros. Recebíamos a quem bem entendíamos. Jamais reclamação. Ou éramos muito empelicados ou o andar de cima fazia vista grossa. Dessa pensão mudei para outra, em Conde de Bonfim. Esta era num casarão amarelo, porão habitável e mais dois andares, casa de hóspedes requintada, com restaurante *à la carte* e pequeno bar. Moradia de altas patentes e altos funcionários. Lá tinha penates um dos criadores de nossa polícia técnica, o famoso Epitácio Timbaúba. Lembro dele, de seus olhos argutos, muito arregalados e muito negros, seu vozeirão, sua simpática comunicabilidade. Nesse prédio residira em velhos tempos o ilustre clínico Barbosa Romeu cujas festas enchiam-se dos estudantes de medicina, alunos do dono da casa. Em tempos mais recentes tinha sido a moradia do meu amigo Francisco Peixoto Filho (Chicão). A casa fora alugada pelo pai deputado e só mesmo naquele despotismo de construção é que podia se acomodar a família mineira numerosa e mais a passarada do velho político. O local está completamente modificado. Mas o prédio, que era o número 177, com a largura dos jardins da frente, devia estar na zona ocupada hoje pelo arranha-céu número 183. Digo isto pelas proporções da área da pensão e pela do edifício que tomou o seu lugar, por desnível do terreno que da rua ganha planos em elevação para o fundo da nova construção como era em rampa na chácara anterior.

Todo o período que morei em Haddock Lobo e Conde de Bonfim, ou seja, parte de 1934 e de 1935, noite ou outra ia aos cinemas do bairro mas mais frequentemente à casa de meu amigo e colega Alcides Estillac Leal, em São Francisco Xavier, número 456, pertíssimo da entrada do boulevard Vinte e Oito de Setembro. Era o velho prédio em que residira seu pai, o marechal, e lá, nos adiantes do porão habitável que serviam de escritório ao colega, mergulhávamos nos livros de patologia, clínica e metabologia — preparando-nos para a livre-docência de clínica médica, sempre protelada pelo Estillac que cada dia mais preparado queria ficar ainda melhor para o ano vindouro. Afinal ele desistiu do concurso e do exercício da clínica para cuidar só de laboratório. Entretanto não deixou de ser clínico e é um dos melhores internistas que conheço até hoje. Esse saber e essa aptidão são outras faces de Alcides Estillac Leal

— um dos homens mais perfeitos com quem tenho convivido, amigo seguro e médico na grande, na integral validade do termo. Estou passando assim rapidamente nestas residências e pouco falando dos meus "encontros" humanos desse período porque terei de retomá-los em detalhe. Então cuidarei mais longamente do Estillac — figura para várias páginas e não para poucas linhas.

Aos domingos almoçava com os Modesto. Em fins de 1935, chamado por eles, deixei minha vida de pensão e passei-me para sua casa. Fiz questão de contribuir com o meu terço ou não aceitaria o convite. Depois de muita luta eles concordaram. Assim me vi na rua Paul Redfern, onde eles moravam à esquina de Prudente de Morais. A casa, muito modificada, existe até hoje e é a numerada pelo último logradouro como o 1836 — onde está atualmente o Restaurante Sereia. De suas sacadas, depois da intentona de 35, fui testemunha de fato relevante. Uma prisão histórica quase à esquina ao lado, no lado ímpar de Paul Redfern. Nessa esquina existia um baldio hoje ocupado pelo número 37 ou talvez por este e mais o 35. Pois foi o 33, talvez o 35 ou prédio anterior que existisse no lugar é que foi invadido por uma matula de policiais chegados à toda, numas três limusines. De dentro da casa atiravam pelas janelas livros, papéis, pacotes de impressos, arquivos de aço, tudo empilhado a trouxe-mouxe num caminhão da caravana. Finalmente saíram de cambulhada e apanhando murros na cabeça, na cara, pontapés nas partes, na barriga e na bunda — um homem grosso, vermelho, muito louro e já sangrando, uma senhora magra, pele clara e cabelos castanhos ou pintados de *henné*. Aos empurrões e às porradas, foram metidos cada um num carro com os tiras que continuavam a enchê-lo ali, na rua, à cara de uma multidão atônita, de pessoas penduradas em todas as janelas. Fazia um dia azul, um sol admirável, seriam suas três da tarde mais ou menos. Durante este esporro cheio de violência e de gritaria notei que uma moça loura, silhueta fina, mais para alta, vinha andando dos lados do canal. Sentindo a barulhada, parou no meio do quarteirão, inteirou-se, fez meia-volta e foi seguindo na direção do Leblon andando, no princípio, com naturalidade, depois mais depressa e finalmente pondo-se a correr até virar a primeira esquina. Os carros saíram chispados, a rua esvaziou-se, aquietou, calou e eu, ainda indignado, saí para meu banho de mar à tarde. No dia seguinte corri aos jornais para saber quem teria sido preso. Nada. A censura imperava. Só meses depois, lendo notícias então consentidas vi que tinha sido testemunha da prisão de Harry Berger, de sua mulher e que percebera, chegando à casa e escapando por pouco da prisão àquela hora — Olga Benário Prestes. Essa foi presa tempos depois e nossas autoridades e nosso governo entregaram-na aos seus colegas da Gestapo e do Reich. Essa mulher de brasileiro e mãe de brasileira, dizem, foi executada a machado na Alemanha. Seu sangue caiu sobre os que a entregaram e que morreram também tragicamente, agoniadamente. De malamorte. De um posso dizer que se não foi à câmara de gás, a câmara de gás veio até a ele.

Mas estávamos muito apertados em Paul Redfern e os Modesto e eu decidimos procurar casa maior. Alugamos uma, recém-construída na Urca, propriedade de meu colega de Assistência o dr. Cassiano Gomes. Era uma bela residência, estilo normando, como a de Santa Clara e logo o sótão teve o telhado forrado, o chão carpetado e virou numa excelente sala de estar que servia de nosso escritório, livraria e sala de jogo do tio para o pôquer de depois dos ajantarados dominicais. Era o número 53 da rua Gomes Pereira. Nunca esquecerei dessa casa onde moramos meses de 1935, 1936, 1937, parte de 1938. Ali, sozinho, acabei de preparar-me para a livre-docência de clínica médica na Faculdade da Praia. Tinha-me licenciado da Assistência para estudar melhor e adotei sistema de vida diferente e o horário de que gosto no momento dos meus grandes esforços intelectuais. Levantava às onze, almoçava e começava a ler à uma da tarde. Ia até dezoito horas. Parava, conversava um pouco, jantava, banzava e às vinte e uma estava abancado a minha escrivaninha. À meia-noite parecia que ia cair de sono. Levantava um pouco, andava, fumava, ia à janela contemplar a vista prodigiosa do mar, da fímbria de Botafogo e do Corcovado, à minha frente; via lampejar aqui e ali a onda, retomava os livros. À uma da madrugada, por estranho fenômeno constitucional estava novo em folha e dava uma virada até as quatro da manhã. Aí arriava mesmo no leito e era um sono só até onze dia alto. Recomeçava. Assim fiz nos dois últimos meses de cavação, até ao concurso, em novembro de 1936. Foi nesse sótão que mais tarde, a 23 de julho de 1938, dum jato, rejeitei de mim "O defunto".

Quando terminou o contrato com a casa de Gomes Pereira, separei-me novamente dos tios e fui morar em Laranjeiras, no 575, vizinho de casa de Gastão Cruls, pensão de d. Carmelita Gonçalves Maciel. Guardo excelente lembrança desse tempo, dessa senhora, uma das pessoas mais bem-educadas com que já me encontrei. Morei com sua família, fins de 1938 e início do 39. Foi quando minha mãe mudou-se de Belo Horizonte para o Rio e alugamos o apartamento 302 da rua Laranjeiras número 382. Aí fiquei quatro anos, até 1943. A 29 de junho desse ano, casei e foi a Glória.

Anexo II

"Peixe vivo"

QUANDO O EGON FOI AO TIJUCO com Gudesteu de Sá Pires, com Fábio Andrada, Pedro Aleixo e Cisalpino Lessa Machado dos Guaicuí, em caravana política, é que tomou conhecimento das prodigiosas serestas de Diamantina e das *chansons à boire* ali correntes durante as cachaçadas, cervejadas, vinhadas e champanhadas em que se compraz o espírito boêmio, alegre e meio cigano desse povo único em Minas que é o natural do antigo Distrito Diamantino. A viagem desses correligionários políticos e amigos aconteceu em janeiro de 1930. Impressionaram particularmente ao Egon dois desses cânticos de mesa: o "Peixe vivo" e o "Zum-zum". A letra do primeiro é a seguinte:

> *Como pode o peixe vivo,*
> *viver fora d'água fria...*
> *Como poderei viver,* } bis
> *Sem a tua companhia...*

Os pastores dest'aldeia,
já me fazem zombaria,
por me verem assim tão triste
sem a tua companhia... } bis

Seguindo o ritmo da música, o quarto verso das duas quadras é cantado da seguinte maneira: "Sem a tua, sem a tua, sem a tua companhia".

A letra do "Zum-zum" é a que se segue:

Zum, zum...
Lá no meio do mar...
É o vento que nos atrasa,
o mar que nos atrapalha,
para no porto chegar.
Zum, zum...
Lá no meio do mar...

O Egon ficou fascinado por estas duas músicas (são cantigas diferentes) e trouxe-as para Belo Horizonte, introduzindo ligeira modificação ao cantar de ambas — ou seja, intercalando cada quadra do "Peixe vivo" com os versos do "Zum-zum". O efeito é estupendo e prolonga arrastadamente a canção de mesa, dando-lhe a lentidão indispensável aos vagares requeridos pelas libações.

Provavelmente por intermédio do Cisalpino e do Sá Pires essas canções chegaram ao conhecimento de sua numerosa parentela no Rio de Janeiro. Eram irmãos e primos extremamente unidos nos seus laços familiares que tinham resolvido se congregar numa sociedade cultural, literária, dançante e musicante — extremamente fechada e que reunia-se aos sábados em casa de uns e de outros, principalmente na residência do que exercia a presidência — sempre rotativa. Pois essa agremiação recebeu o nome de Clube do Peixe Vivo e era composta pelas sras. Noemi Lessa Prates, Webe Ferreira de Sá, Elza Ferreira de Sá, Elza Queiroga, Glória Barbosa, Orminda Lessa de Sá, outras e pelos srs. Carlos Sá, Hildebrando Acioly, Mílton Prates, Gustavo Lessa, Newton Prates, Agostinho de Sá, Pompeu de Sá, Olavo e Gudesteu de Sá Pires. Como convidados lá passaram Rodrigo Melo Franco de Andrade, Joaquim Costa Ribeiro, Manuel Ferreira, José Egon Barros da Cunha. Por sugestão de

Rodrigo Melo Franco de Andrade — logo entusiasta dos coretos — seus amigos Manuel Bandeira, Vinicius de Moraes, Carlos Sá e Pedro Nava produziram novas quadrinhas para serem cantadas. Foram os seguintes acréscimos feitos pelos quatro citados.

De Manuel Bandeira:

Vi uma estrela tão alta
Vi uma estrela tão fria
Estrela por que me deixas
Sem a tua companhia?

Sonho contigo de noite
Sonho contigo de dia
Foi no que deu esta vida
Sem a tua companhia.

Água fria fica quente
Água quente fica fria
Mas eu fico sempre frio
Sem a tua companhia.

Nunca mais vou no meu bote
Pescar peixe na baía
Não quero saber de pesca
Sem a tua companhia.

De Vinicius de Moraes:

A minha alma chorou tanto
Que de pranto está vazia
Desde que aqui fiquei
Sem a tua companhia.

Não há pranto sem saudade
Nem amor sem alegria
É por isso que eu reclamo
Essa tua companhia.

De Vinicius de Moraes e Pedro Nava:

A princesa Manjalona
Fez uma feitiçaria
Por roubar-me o doce encanto
Dessa tua companhia.

De Carlos Sá:

Vivo alegre na tristeza
Vivo triste na alegria
No desejo e na saudade
Dessa tua companhia.

De Pedro Nava:

Don Diniz, o rei poeta
Derrotou a Mouraria
Para merecer um pouco
Desta tua companhia.

Eu maldigo no oceano
Essa grande calmaria
Que me rouba tanto tempo
Dessa tua companhia.

Nas areias de Loanda
Dirceu chora noite e dia
Desde que sentiu perdida
Tua meiga companhia.

É interessante lembrar que Manuel Bandeira tomou quadrinha de sua autoria como ponto de partida dum poema feito sem rasuras e cujo original pertence a Pedro Nava. É o intitulado "A estrela" que está incluído na sua *Obra completa*, da Aguilar ("Lira dos cinquent'Anos"). A título de curiosidade é dada aqui outra quadrinha feita por Bandeira para ser cantada com a música do "Peixe vivo" mas que só circulou entre ele, o Nava, Egon, Cisalpino, Rodrigo e Vinicius. É da maior poesia.

Eu que vivia fodendo,
eu que fodendo vivia,
agora vivo fodido
sem a tua companhia.

O "Peixe vivo" depois generalizar-se-ia como uma espécie de hino de Juscelino Kubitschek de Oliveira e o Brasil inteiro aprendeu a cantá-lo *desde que se viu privado/ desde que se viu privado/ dess'amena/ dessa doce/ dessa grata companhia...* Mas isto já é outra história.

Índice onomástico

Abreu, Alysson de, 367
Abreu, Casimiro de, 361
Abreu, dr. Duarte de, 34, 100
Abreu e Melo, Lourença Maria, 374, 375
Abreu Fialho, Tito, 117
Acioly, Hildebrando, 507
Açu *ver* Duarte, Salatiel Firmino
Adelaide, d. *ver* Moss, Adelaide
Adiel *ver* Diniz Filho, senador Adiel
Ageu *ver* Pio Sobrinho, Ageu
Aguirre, Tristão de, 323, 329
Aita, Zina, 303
Albanesius, Guidus Antonius, 78
Albano, Maria Augusta (prima), 86
Alcântara Cavalcanti, Balbino, 157, 160, 191, 224, 228, 229, 232, 233, 237, 276, 277, 280, 281, 282, 286, 335, 336, 351
Alda (criada de tia Felisberta), 194, 195, 232
Alecrim, Epaminondas, 225, 226

Aleixo, Pedro, 439, 456, 458, 459, 465, 468, 506
Alencar, José de, 35
Alice, tia *ver* Sales, Alice
Alkmim, José Maria de, 477
Almada, compadre *ver* Horta, dr. Antônio Luís de Almada
Almeida Magalhães, Dario, 478
Almeida Magalhães, Pedro de, 401
Almeida *ver* Martins de Almeida, Francisco
Almeida, Antônio Joaquim de, 133
Almeida, Antônio Tavares de, 80
Almeida, Francisco Martins de, 343, 346, 347
Almeida, Lúcia de, 133
Almeida, Lúcia Machado de, 197
Almeida, Manuel Antônio de, 35
Alódia (filha de Colatino Pareto), 191, 224, 227, 228, 230, 233, 276, 282, 283, 351, 375

Alphonsus *ver* Guimaraens, Alphonsus de

Alves Pereira, Lavínia, 359

Alves, dr. João José, 474

Alves, Eustáquio, 477

Alvim, Cesário, 388

Alvim, dr. Dimas, 220, 223, 250, 251, 252, 253, 254, 257, 259, 260, 263, 297, 306, 322, 338, 348, 349

Alvim, dra. Jarina, 221, 223, 250, 251, 263, 297, 349

Alzira Caolha (meretriz), 410

Amabel (filha do senador Diniz), 441, 443, 444, 445, 447, 448, 449, 450, 456

Amado, Gilberto, 80

Anacleto, seu *ver* Severo, Anacleto

Anatole *ver* France, Anatole

Andrada, Antonieta, 73, 209, 210

Andrada, Antônio Carlos Ribeiro de, 70, 71, 73, 183, 190, 192, 225, 238, 291, 294, 295, 437, 438, 440, 441, 456, 460, 476, 478, 479, 481

Andrada, d. Julieta, 70, 71, 195, 445

Andrada, Fábio (Bonifácio Olinda de), 70, 71, 74, 238, 336, 441, 444, 445, 447, 449, 456, 457, 458, 460, 461, 463, 464, 465, 467, 469, 470, 476, 492, 506

Andrada, José Bonifácio Lafaiete de, 191

Andrada, José Bonifácio Olinda de, 336, 476

Andrada, Luisinha, 70

Andrada, Martim Francisco, 119

Andrade, Alderico, 117

Andrade, Carlos Drummond de, 35, 60, 299, 326, 348, 370, 372, 377, 386, 389, 477, 490

Andrade, Elói de, 70

Andrade, Mário de, 50, 81, 88, 303, 330

Andrade, Nuno de, 64

Andrade, Oswald de, 58, 151, 303

Andrade, Rodrigo Bretas de, 440

Andrade, Rodrigo Melo Franco de, 12, 51, 52, 56, 94, 120, 346, 348, 507, 508

Andral, 77

Anjos, Cyro dos, 477

Antenor, presidente, 453, 457, 488

Antonico, primo *ver* Cunha Horta, Antônio Alves da

Antonil, André João, 201

Antônio Carlos *ver* Andrada, Antônio Carlos Ribeiro de

Antônio *ver* Falcão de Valadares, Antônio

Apolinário *ver* Cacilhas do Prado, Roque Apolinário

Aquino d'Aviz, Percival, 268

Aquino de Aviz, Percival, 268, 270, 284, 293, 302, 306, 313, 316, 323, 329, 339, 341, 342, 352

Aquino, Sílvio d', 268, 329, 339

Araci *ver* Muniz Freire, Araci

Arago, Jacques, 51, 60

Aranha, Oswaldo, 437, 477, 482

Araújo, Alberto, 342

Araújo, Manuel, 201

Argus *ver* Terra, dr. Argus

Ari *ver* Ferreira, dr. Ari

Arinos, Afonso *ver* Melo Franco, Afonso Arinos

Aroeira, dr. Bernardo, 191

Arruda, Diogo d', 102

Arruda, Maria Pamplona, 63

Arruda, Peregrino, 63

Asnazário *ver* Ventura, Asnazário

Assis Barbosa, Francisco de, 86

Assis Brasil, Vítor, 437, 453

Assis, Machado de *ver* Machado de Assis, Joaquim

Ataíde e Melo, Pedro Maria Xavier, 88

Athayde (pintor), 229

Audiovisto *ver* Munhoz, Audiovisto

Auenbrugger, Leopold, 121, 122

Aurélio, tio *ver* Pires, dr. Aurélio

Austregésilo *ver* Rodrigues Lima, Antônio Austregésilo

Avelino, comendador *ver* Fernandes, comendador Avelino

Azevedo Melo, d. Maria do Céu Vasconcelos de, 194

Azevedo, Aluísio, 35

Azevedo, Álvares de, 61, 343

Azevedo, Artur, 35
Azevedo, Moreira de, 35, 51

Badaró, Eduardo, 76
Baeta Neves, dr. Lourenço, 357
Baeta Viana, José, 392, 396
Balbino *ver* Alcântara Cavalcanti, Balbino
Balena, dr. Alfredo, 22, 371, 396
Baltassar, d. *ver* Ribera y Ribera, Baltazar de Acuña Vilegas
Balzac, Honoré de, 14, 132, 213, 288, 394
Bandeira, Manuel, 39, 60, 63, 120, 242, 508, 509
Bandeira, Maurício, 117
Barbado *ver* Pereira de Sousa, Washington Luís
Barbosa Romeu, dr., 502
Barbosa, Glória, 507
Barbosa, Matias, 201
Barbosa, Renato Moretzsohn, 365
Barbosa, Rui, 224
Barreto Filho, Melo, 35
Barreto, João Paulo *ver* João do Rio
Barros da Cunha, José Egon, 9-10, 13-4, 16, 112, 114, 131-6, 141-68, 170-85, 187-98, 200, 203-13, 216-54, 257-61, 263-4, 266-78, 280-1, 283-7, 289-306, 308-11, 313, 315-9, 322-9, 331-43, 345, 348-56, 358, 362-4, 366-75, 377-89, 397, 406, 419, 428, 434, 441, 461, 478, 507
Barros Serra, Cenobelino de, 300
Basiliensem, Gulielmum Copum, 78
Batista, Pedro Ernesto, 501
Beardsley, Aubrey Vincent, 444
Beethoven, Ludwig von, 191
Bejgler, Berel, 117
Belchior, Maria Ennes, 285
Belli, conde, 191
Belmiro, seu, 361
Bennett, Perry, 501
Berardinelli, Waldemar, 118
Berger, Harry, 504
Bergson, Henri, 188, 190

Bermejo, Bartolomé, 277
Bernard, Claude, 77, 402
Bernardes, Artur, 183, 437, 440
Bernhardt, Sarah, 453
Bernini, Gian Lorenzo, 102
Bertichem, 51
Bias Fortes, José Francisco, 228
Bicalho, Cincinato Duque, 196
Bilac, Olavo, 361, 458
Biluca (meretriz), 434
Blair *ver* Ferreira, dr. Blair
Blank, Freddy, 63
Blank, Joanita, 63
Boamorte, dr. Eutanásio, 198, 217
Bocage, José Maria Barbosa du, 202
Bocage, Josué Pardal Tabosa du, 202
Bocarro Xavier, Anacleto Tiburtino, 235
Bolena, Ana, 86
Borgatti, Aldo, 347
Borges, dr. *ver* Costa, dr. Eduardo Borges Ribeiro da
Borget, 51
Bosch, Hieronymus, 91, 103
Botticelli, Sandro, 101, 278
Bouchut, E., 304
Bracarense, d. Laurinda Menezes, 241, 344, 346
Bracarense, Luís, 238, 246, 248, 249, 268, 270, 271, 282, 293, 339, 343, 346
Bracarense, Paulo, 268, 270
Braço-Forte *ver* Pereira de Sousa, Washington Luís
Braga, Belmiro, 278
Braga, Mário, 58
Braga, Odilon, 477, 488
Branca (Branquinha), d., 202, 207, 211
Brandão Filho, Augusto, 115, 259, 401
Brandão, Silviano, 453
Brant Horta, Francisco, 361
Brant, Mário, 437, 488
Brant, Tatiana, 191
Brasil Filho, José Cardoso de Moura, 453
Brasil Gérson, 35
Brentius, Andreas, 78

Bretonneau, Pierre, 77
Brito *ver* Carvalho Brito, Manuel Thomaz
Brueghel, o velho, Pedro (Pieter), 100
Bueno Basílio, Henrique, 76, 80, 120
Bueno Brandão, Júlio, 436
Bulcão, dr. Clarindo Albernaz, 184, 211
Burnier, César, 368
Buvelot, Abraham Louis, 51
Byron, lorde, 343

Cabeça de Pedra *ver* Pereira de Sousa, Washington Luís
Cachucha, d. *ver* Trancoso, d. Cachucha
Cacilhas do Prado, Roque Apolinário, 252, 298, 303, 304, 335, 480
Cadaval, d. Belinha, 367, 368
Cadaval, dr. Aires Alarcão Garrido de, 141, 142, 143, 144, 145, 150, 151, 175, 177, 178, 181, 336, 378, 379, 381, 383, 384, 385, 386, 392, 393
Calazãs, 76, 134
Calmon, Pedro, 61
Camareiro da Silva, dr. Josué Cesário, 252, 255, 263, 264, 265, 266, 267, 298, 323, 324, 329
Camareiro da Silva, Luís Cesário, 268, 293, 313
Camareiro da Silva, Romualdo Leonel, 251
Camões, Luís de, 37, 50, 78
Campelo, Marimacho Homem, 268, 269, 270, 314, 339
Campista, David Moretzsohn, 388, 391
Campos Cristo, tenente, 489
Campos do Amaral, Alcides, 475
Campos, Alberto, 477
Campos, Ananias, 477
Campos, Chico *ver* Campos, dr. Francisco Luís da Silva
Campos, dr. Francisco Luís da Silva, 386, 438
Campos, Mílton, 120, 386, 477, 478
Cançado Filho, Joquim Lopes, 89
Capanema, Gustavo, 23, 386

Cardarelli, Antonio, 402
Cardoso, Adauto Lúcio, 60
Carlito *ver* Chaplin, Charles
Carminda (filha de Colatino Pareto), 191, 195, 224, 229, 230, 238, 276, 277, 278, 281, 286, 287, 288, 350
Carmosina (filha do senador Diniz), 441, 443, 445
Carozzo, Riri, 282, 313, 314, 315, 316, 317, 318, 319, 320, 323, 333, 349
Carvalho Brito, Manuel Thomaz, 385, 439, 474, 475
Carvalho, Justino de, 300
Castanheiro, Agapito, 461
Castanheiro, Zé, 461
Castellane, Boni de, 229
Castro Gomes, Joaquim Álvares de, 232
Castro Monteiro, Nélson de, 117
Castro, Abílio de, 77, 324
Castro, Almir de, 61
Castro, Aloysio de, 401, 420
Castro, Francisco de, 77
Catita (criada de d. Diva), 65
Cavalcanti, Balbino Alcântara, 229, 232
Cavalcanti, Joaquim Nunes Coutinho, 58, 120, 477
Celica (filha do primo Antonico), 284
Cendrars, Blaise, 48, 408
Cervantes, Miguel de, 78
César, Guilhermino, 111, 477
César, João, 471
Cesário, dr. *ver* Camareiro da Silva, dr. Josué Cesário
Cesário, Luís *ver* Camareiro da Silva, Luís Cesário
Cézanne, Paul, 101
Chacel, Beatriz Magalhães de, 63
Chagall, Marc, 93, 209, 256
Chagas Filho, Carlos (Carlinhos), 61, 87
Chagas, Anah, 61
Chagas, Carlos, 143, 428
Chagas, d. Íris Lobo, 61
Chagas, dr. Carlos Ribeiro Justiniano, 428
Chagas, Evandro Serafim Lobo, 61, 63, 428, 429, 430, 431, 432

Chalfen, Regina, 117
Chamberlayne, 112
Champollion, Louis, 454
Chaplin, Charles, 76, 88, 93, 190, 429
Charcot, Jean, 104, 124
Charlus, 48
Chaves Neto, Silvino, 117
Chica (prostituta), 269, 271
Chica do Aracati, d. *ver* Pamplona, Francisca Rodrigues
Chica do Padre (prostituta), 248, 272, 344
Chichica *ver* Oliveira, d. Francisca
Chico *ver* Sá Pires, Francisco de
Chopin, Frédéric, 117
Churchill, Winston, 72, 131, 488
Cilínia (filha do primo Antonico), 285
Cirne, dr. Otto Pires, 387, 388, 390, 391, 392, 393, 455, 482
Cisalpino *ver* Machado, Cisalpino Lessa
Claparède, Eduardo, 478
Clarisse *ver* Giffoni, Clarisse
Clemente, José, 61
Coaraci, Vivaldo, 35
Coelho Júnior, Amarílis, 359
Coelho Júnior, Ambrosina (Zinah), 359
Coelho Júnior, Áurea, 359
Coelho Júnior, Diderot, 359
Coelho Júnior, Elza, 359
Coelho Júnior, Ilza, 359
Coelho Júnior, Leda, 359
Coelho Júnior, Neuza, 359
Coelho Neto, 278
Coelho, dr. Levi, 150
Coelho, Levindo Eduardo, 478
Coignard, Abbé, 326
Colatino *ver* Pareto, dr. Colatino
Conceição (servente da Santa Casa), 145, 146, 422, 428, 434, 435
Conchais, professor Eulálio Manso, 234, 235, 311, 323, 324, 328, 329, 330, 331, 332, 333, 349
Conchas, padre Antoneido das, 440, 441
Conde, Fernando, 447
Cooper, Astley, 77

Cordis, Olavo Pereira de, 117
Cornarius, Janus, 78
Correa, Raimundo, 361
Correia, Tomé, 201
Correres, dr. Rosário Abrunhoso d'Aguiar, 453, 454
Costa Filho, Odylo, 88, 407
Costa Filho, Ozéas Antônio de, 490
Costa Ribeiro, Joaquim, 507
Costa Rodrigues, Otávio, 394
Costa Senna, 453
Costa, dr. Antônio Rosa Luís da, 209
Costa, dr. Eduardo Borges Ribeiro da, 22, 145, 147, 370, 385, 486, 492
Costa, Lúcio, 94
Costa, Luís Edmundo Pereira da, 35
Costa, Severino, 70
Costallat, Benjamim, 278
Cotinha, prima *ver* Belchior, Maria Ennes
Coutinho, Isador, 315, 353, 441, 478, 491, 492
Couto, dr. Miguel, 115, 129, 299, 396, 420, 427
Crespo, Gonçalves, 361
Cresylol, Onésime, 223, 248, 250, 298, 349, 352
Creuzol, seu, 191
Crimson Faced *ver* MacCrimson Faced, Mr. J. K. K.
Cristiano *ver* Machado, Cristiano Monteiro
Cristo *ver* Jesus Cristo
Cruls, Gastão, 35, 52, 58, 79, 80, 85, 120, 210, 504
Cruz, dr. Dilermando, 100, 212
Cruz, Oswaldo, 37, 62, 143, 296, 431
Cunha Horta, Antônio Alves da, 283, 284, 285, 286, 288, 305, 323, 326, 329, 335, 340, 349, 352
Cunha, Carlos da, 374
Cunha, Luís da, 362, 374
Cunha, Regina Virgilina, 82, 362
Cunha, Sílvio, 379
Curvo Semedo, 425
Czeni, 51

Da Vinci, Leonardo, 87
Dalí, Salvador, 59, 103
Damasceno, César, 403
Dantas, João, 478
Daremberg, 78
Daumier, Honoré, 103, 169
Davis, coronel Jorge, 445
Deabreu, Moacyr, 58, 341, 346
Dedé *ver* Ferraz, Maria Haydée
Defoe, Daniel, 296
Delfim *ver* Moreira, Delfim
Deodoro, marechal, 189
Deolinda (criada de inhá Luísa), 65
Derham, Sibley, 60
Descartes, René, 78
Desmons, Iluchar, 51, 76
Dias, Cícero, 75, 318
Dias, Manuel dos Santos, 318
Dickson, 51
Dieulafoy, Georges, 77
Dilermando, dr. *ver* Cruz, dr. Dilermando
Dimas, dr. *ver* Alvim, dr. Dimas
Diniz Filho, senador Adiel, 437, 439, 440, 441, 442, 443
Diniz, Marieta Salvaterra, 441, 443, 445, 447, 449
Diva, d. (mãe) *ver* Nava, Diva Mariana Jaguaribe
Djuif, Érico Rosano, 186
Dobson, Mrs., 373
Dodsworth, Henrique de Toledo, 67
Domingues, Ernani, 300
Dominguín, Luis Miguel, 295
Donzinha, d. *ver* Prisco, d. Donzim
Dorcelice (cafetina), 407, 408
Doré, Gustave, 416
Dositeu, monsenhor Gogominho, 255
Dostoiévski, Fiódor, 347
Doyle, Conan, 79, 331
Doyle, Plínio, 36
Drummond *ver* Andrade, Carlos Drummond de
Drummond, Magalhães, 437
Duarte, Aribert, 344
Duarte, dr. *ver* Abreu, dr. Duarte de

Duarte, Salatiel Firmino, 76
Duarte, tenente-coronel João Procópio, 474
Dudé *ver* Andrada, José Bonifácio Olinda de
Dürer, Albert, 56, 222
Durval (filho de Carlos Pinto Coelho da Cunha), 377
Dutra, Osório, 236

Edmundo, Luís *ver* Costa, Luís Edmundo Pereira da
Egon *ver* Barros da Cunha, José Egon
Einstein, Albert, 153
El Greco, 69, 277
Elisiário *ver* Pinto Coelho da Cunha, João Elisiário
Elsner, Joseph, 117
Elyeser, dr., 300
Emílio *ver* Moura, Emílio
Emmenelaus, Johanes, 77
Ender, Thomas, 66
Ennes de Sousa, Eugênia, 34, 41
Esganadino, dr. Prócoro Chupitaz, 252, 256, 257
Estillac Leal, Alcides, 502
Evandro *ver* Chagas, Evandro Serafim Lobo
Ezequiel *ver* Fortes, Ezequiel

Fábio/Fabinho *ver* Andrada, Fábio (Bonifácio Olinda de)
Fabriana, Gentile de, 489
Facó, Américo, 58, 80
Falcão de Valadares, Antônio, 268, 269, 270, 293, 313, 323, 329, 341, 342, 352
Faria (porteiro do Colégio Pedro II), 76
Faria Alvim, José Cesário de, 442
Faria, Ismael, 367
Faure, José, 117
Fedi, Pio, 102
Feijó, Ana Cândida Pamplona Nava (avó), 86, 88
Feio, Otto, 488

Felicíssimo, Alfeu, 477
Felicíssimo, Juarez, 478
Felicíssimo, Raimundo, 357
Felisberta, tia, 188, 192, 193, 194, 195, 207, 218, 224, 226, 227, 232, 233, 236, 237, 273, 276, 283, 286, 287, 288, 290, 350
Felisberto (contratador), 467
Fernandes, comendador Avelino, 359, 367
Fernandes, João, 467
Fernando Antônio (bisavô de PN) *ver* Nava, Fernando Antônio
Ferraz, Maria Haydée, 70, 445, 447
Ferreira Bastos, Benjamim, 117
Ferreira de Sá, Elza, 507
Ferreira de Sá, Webe, 507
Ferreira, Arthur, 101
Ferreira, Baltazar, 130
Ferreira, Cícero, 150, 370, 383
Ferreira, dr. Ari, 145, 146, 147, 148, 149, 300, 355, 376, 390, 422, 423
Ferreira, dr. Blair, 486
Ferreira, Manuel, 507
Fidélia/Fidelinha (filha de Colatino Pareto), 191, 195, 207, 224, 226, 227, 230, 231, 290, 332, 335, 350
Figueira, Juvenal, 268, 270
Figueiredo Silva, Augusto Barros de, 117, 120
Figueiredo Silva, José, 120, 367
Figueiredo, Paulo, 214
Finlay, 296
Fisquet, 51
Flores da Cunha, João Antônio, 477
Flores, maestro, 371, 386
Floriano *ver* Peixoto, Floriano
Fonseca Filho, Juca (Juquinha), 153
Fonseca, Hermes da, 65
Fonseca, Mário Gonçalves, 117
Fortes, coronel Geminiano, 206, 207, 277, 287
Fortes, Ezequiel, 191, 224, 231, 232, 233, 236, 237, 238, 276, 277, 279, 280, 281, 283, 286, 287, 288, 306, 307, 311, 312, 335, 336

Fortes, Hilarião, 207
Fortes, Zoroastro, 186, 202, 207, 343
Fraga, Clementino Rocha, 123, 296, 298
France, Anatole, 78, 361, 404
Freire, Vitorino, 342
Freitas, Cavalcanti, 478
Freitas, Cipriano de, 77
Freitas, Temístocles de, 394
Freyre, Gilberto, 52, 75, 80, 114, 318
Frota, dr. Joel Martinho da, 252, 268, 269, 271, 313, 323, 329, 343
Frota, Rose Tree, 339, 352

Galba *ver* Veloso, Galba Moss
Galeno de Pérgamo, 121, 122
Gallé, Émile, 64
Galliffet, marquês de, 254
Galloti, dr. Luís, 474
Gama, Carmem, 133
Gama, Geraldo, 133
Garneray, 51
Geminiano, coronel *ver* Fortes, coronel Geminiano
Gentil, dr., 483
Geralda Jacaré (meretriz), 407, 408
Getúlio *ver* Vargas, Getúlio
Giambologna, 102
Gibão, Cordália (ou Córdula), 187
Gibão, Expedita, 187
Gibão, Macária, 187
Gibão, Macário, 187, 234, 235
Gibão, Umbelina de Jesus, 187
Giffoni, Cidinha, 70
Giffoni, Clarisse, 70, 445, 447
Gil (filho do senador Diniz), 441, 443, 447, 449
Giudice, Manlio, 80
Godofredo Filho, 134
Goeldi, Oswaldo, 94, 103, 366
Goiaba, dr. Sacanagildo, 339, 343
Gomes Matias, Herculano, 35
Gomes, dr. Cassiano, 504
Gomes, Jarbas Vidal, 477
Gonçalves Maciel, d. Carmelita, 504
Gonçalves Pena, Luís, 478

Gontijo, Leda, 364
Gonzaga, dr. Amarílio, 216, 252, 257, 258, 259, 262, 264
Gonzinho *ver* Barros da Cunha, José Egon
Goujon, Jean, 102
Gould, Anna, 229
Gouthier, Hugo *ver* Oliveira Gondim, Hugo Gouthier
Goya, Francisco de, 69, 103, 222, 277
Gracinha (prima) *ver* Jaguaribe, Maria de Alencar
Graham, Mary, 51
Graves, Robert James, 77
Green, Julien, 81
Groz, Antoine-Jean, 93
Guarabiroba, Damasco, 332
Gudesteu *ver* Sá Pires, Gudesteu
Guérin, Léon, 63
Guilhermina, d. *ver* Rosa, Guilhermina
Guilhobel, almirante Renato, 98
Guimaraens Filho, Alphonsus, 56, 100
Guimaraens, Alphonsus de, 440, 453
Guimaraens, João Alphonsus de, 81, 93, 120, 141, 159, 180, 411
Guimaraens, José Alphonsus de, 478
Guimarães Alves, José, 478
Guimarães Rosa, João, 64, 367
Guimarães, dr. Modesto, 77
Guimarães, Luís, 361
Guimarães, Raul, 367
Guimarães, René, 157
Guitry, Sacha, 453

Haas, Charles, 254
Haas, Edmundo, 367
Halfeld, d. Doroteia Augusta Filipina, 67
Halfeld, Henrique Guilherme Fernando, 64, 67, 355
Halfeld, Velho *ver* Halfeld, Henrique Guilherme Fernando
Hamburger, Jean, 87
Hansen, Cornélio, 216, 314, 318, 319, 320, 321, 333
Haritoff, os, 89

Heliodoro (filho do senador Diniz), 441, 443, 447, 448
Henderson, 51
Henriquinho, 52
Herbster, Rodolfo, 367
Hipócrates de Cós, 78, 110, 121, 122, 324, 442
Histeriano, dr. Ooforato, 252, 255, 256, 258, 264
Hitler, Adolf, 429
Hodges, 376
Holbein, Hans, 222
Honbrook, 51
Horta, dr. Antônio Luís de Almada, 210
Horta, José Alves da Cunha, 399
Horta, Juca, 42
Horta, Pedro Jardim, 486
Hortênsia, tia *ver* Jaguaribe, Hortênsia Natalina
Hugo *ver* Oliveira Gondim, Hugo Gouthier
Hugo, Victor, 78
Hungria, d. Onofrina, 361

Iago *ver* Pimentel, Iago
Iaiá *ver* Jaguaribe, Hortênsia Natalina
Indaiá (meretriz), 182, 409, 410
Ingres, Jean-Auguste Dominique, 415
Inhá Luísa (avó de PN) *ver* Jaguaribe, Maria Luísa da Cunha Pinto
Iracema (prostituta), 247, 248
Isa *ver* Nava, Maria Luísa (irmã)
Isador *ver* Coutinho, Isador
Ishiara, Shintaro, 68
Israel *ver* Pinheiro da Silva, Israel

Jaccoud, François-Sigismond, 77
Jaguaribe Selmi Dei, Heloísa, 91
Jaguaribe Selmi Dei, Leda, 91
Jaguaribe Selmi Dei, Maria Luísa, 91
Jaguaribe, Clóvis de Resende, 212
Jaguaribe, Domingos José Nogueira, 88
Jaguaribe, Hortênsia Natalina, 91, 375
Jaguaribe, Joaquim José Nogueira (avô), 65, 91, 498
Jaguaribe, Maria de Alencar, 65

Jaguaribe, Maria Luísa da Cunha Pinto (avó), 62, 82, 84, 87
Jaguaribe, os, 91
Jaguaribe, Risoleta Regina, 91, 285, 359, 372
Jandira (mãe de tia Felisberta), 288
Jaqueta, Brás, 89
Jardim, Luís, 34, 318
Jayme *ver* Ovalle, Jayme
Jesus Cristo, 15, 19, 20, 87, 88, 189, 203, 230, 277, 436, 466, 492
Jesus, Pardina de (criada de d. Diva), 363
Joaninha (prima), 285
Joaninha, tia *ver* Pinto Coelho Jr., Joana Carolina
João Alphonsus *ver* Guimaraens, João Alphonsus de
João Crioulo, 363
João do Rio, 35
Joaquim (servente da faculdade), 436
Joaquina, d., 288
Joe Louis, 295
Joel, dr. *ver* Frota, dr. Joel Martinho da
Johnson, dr., 442
Joly, Henri, 450
Jucapitão *ver* Horta, José Alves da Cunha
Julieta, d. *ver* Andrada, Julieta
Julina, d. *ver* Rosa, Julina
Júlio Maria, padre, 280
Juquita *ver* Pinto Coelho, José Luís
Justina (cozinheira da casa do Egon), 317

King Hao, 101
Klee, Paul, 101
Kokoschka, Oskar, 102
Kubitschek, Juscelino, 65, 86, 245, 446, 466, 471, 510

La Fontaine, Jean de, 78, 130
La Rochefoucauld, duque de, 130
Laborne e Vale, Eliseu, 428
Laclètte, René, 126
Laennec, René, 121, 122, 352, 423

Laet, Carlos de, 76
Lafayette, seu *ver* Pereira, Lafayette Rodrigues
Lalique, René, 86
Lara Resende, Otto, 39, 167
Laubry, 87
Lazarus *ver* Levy, Lazarus
Leal, João, 439
Legman, G., 407
Lenoch, 58
Leonardo *ver* Da Vinci, Leonardo
Leonicenus, Nicolaus, 78
Lessa de Sá, Orminda, 507
Lessa Prates, Noemi, 507
Lessa, Aureliano, 468
Lessa, Gustavo, 507
Levi, dr. *ver* Coelho, dr. Levi
Levy, Lazarus, 314, 316, 323, 339
Libânio, dr. Samuel, 176, 424, 428, 429
Libânio, Marcelo dos Santos, 22, 146, 396, 424, 428, 430
Lichtwitz, André, 58
Lídia, d. (mãe de Ronairsa), 338
Lièvre, Jacques-André, 58
Lima Barreto, Afonso Henriques de, 35, 343
Lima, Augusto de, 228
Lima, Hermeto, 35
Lima, João Cláudio de, 153
Lima, Noraldino, 437
Lins, Álvaro, 58
Lins, Sinval, 297, 298
Lisboa (mordomo presidencial), 447, 457, 458
Lisboa, Antônio Francisco, 229, 230
Lisboa, dr. *ver* Marques Lisboa, dr. Henrique
Lisboa, Fernando, 92
Lisuarte *ver* Taveira, Lisuarte Catão
Littré, Émile, 78, 443
Lobo, Fernando, 63
Lodi, dr. Anselmo, 147, 389, 436
Lodi, Luís Adelmo, 370
Loló, d. *ver* Bracarense, d. Laurinda Menezes
Lopes Alves, Artur Carlos, 117

Lopes Alves, Celenia, 117
Lopes Martins, Francisco, 477
Lopes Rodrigues, 379
Lopes, Júlia, 278
Lopes, Tito Enéas Leme, 61, 77
Lourença, d. ver Abreu e Melo, Lourença Maria
Lourenço, dr. ver Baeta Neves, dr. Lourenço
Lucas, dr. ver Pedroso Lucas, dr. João Nogueira
Luccock, 51
Lucherini, 58
Ludovico (filho de Sá-Menina), 197, 314
Luís Carlos, Lasinha, 129
Luís xi, rei da França, 72
Luísa, inhá (avó de pn) ver Jaguaribe, Maria Luísa da Cunha Pinto
Lund, Peter Wilhelm, 446
Lusitano, Amato, 110
Lutz, dr. Adolfo, 428, 430
Luzardo, João Batista, 437, 477, 482
Lyon, Gaston, 402, 483

Mac-Cord Bastos, Maria Eugênia, 117
MacCrimson Faced, Mr. J. K. K., 216, 313, 314, 318
Macedo, Estefânia, 359
Macedo, Joaquim Manuel de, 35
Macedo, Oyama de, 42, 117
Macedo, Rachel de, 42
Macedo, Roque de, 186
Machado de Assis, Joaquim, 7, 39, 51, 453
Machado, Abílio, 70, 477
Machado, Aníbal, 280, 354
Machado, Anita Monteiro, 373
Machado, Cisalpino Lessa, 178, 179, 180, 181, 182, 270, 315, 354, 379, 383, 393, 436, 441, 445, 447, 449, 456, 458, 460, 461, 463, 464, 465, 467, 468, 469, 470, 471, 472, 473, 506, 507, 509
Machado, Cristiano Monteiro, 226, 478, 486, 487, 488, 489
Machado, d. Rute Lobo, 61

Machado, dr. Rogério, 474
Machado, Lucas Monteiro, 122, 123
Machado, Otávio, 488
Machado, Paulo, 477
Machiavelli, Niccolò ver Maquiavel
Maciel, Olegário Dias, 438, 476
Madalena, irmã, 147, 422, 486
Mãe-Dindinha (avó de d. Diva) ver Pereira da Silva, Maria Carolina
Magalhães, dr. Raul d'Almeida, 141, 181, 336, 382, 383, 386
Magalhães, Fernando, 64
Major ver Jaguaribe, Joaquim José Nogueira (avô)
Malfatti, Anita, 303
Malraux, André, 29, 120, 131, 187, 247
Malvina Lícia (dona de bordel), 218, 239, 241, 242, 243, 246, 247, 248, 266, 271, 339
Manhães, Maria, 117
Manso Conchais, professor ver Conchais, professor Eulálio Manso
Maquiavel, 72, 295
Marcelo ver Libânio, Marcelo dos Santos
Marcelo, dr. Elvézio Pirfo di, 258
Mares Guias, José Maria dos, 359
Maria Celeste, d., 276
Maria Córdula, d., 375
Maria do Pipiripau (meretriz), 409
Maria José (amiga do Egon), 293
Maria Rosa (prostituta), 354
Mariana Carolina (bisavó de pn) ver Pereira da Silva, Mariana Carolina
Mariana Carolina (Marianinha, filha de Júlio César Pinto Coelho), 373
Mariazinha (criada de Sá-Menina), 185, 197, 198, 200, 249
Maricas, prima, 42
Marieta (esposa do primo Antonico), 286, 287, 288, 305
Marieta (filha do dr. Cesário), 264
Marieta, d. (esposa do senador Diniz) ver Diniz, Marieta Salvaterra
Marimacho Homem Campelo, 268, 269, 270, 271, 272, 314, 316, 317, 339, 349

Marimacho ver Campelo, Marimacho Homem
Marinho, João, 401
Mariquinhas, d. (mãe de Íris Chagas), 62, 63
Marny, Poupée de, 406
Marocas (prima), 373, 374
Marout, tia ver Arruda, Maria Pamplona
Marques de Almeida, Pedro, 438, 476
Marques Lisboa, dr. Henrique, 22, 304, 370, 446
Marques Rebelo, 35
Martin, 51
Martinet, 401
Martinho da Frota Júnior, dr., 271
Martinho da Frota, dr. Joel, 252, 256, 298, 323, 324, 325, 340
Martinho da Rocha, José, 343
Martins Barbosa, Júlio, 117
Martins de Almeida, Francisco, 372
Martins de Almeida, José, 117
Martins Vieira, Joaquim, 389
Martius, Carl Friedrich von, 51
Masaccio, Tommasi, 489
Mascarenhas, d. Luís de Almeida Soares Portugal Alarcão Eça Melo Silva e, 46
Mascarenhas, Emília, 248
Mascarenhas, Romeu, 212
Masculiflório Sobrinho, Aristônio, 331
Masculiflório, Aristônio, 186, 256
Matafeio (motorista de praça), 356
Matildinha, comadre, 210
Matisse, Henri, 33
Matos, Mário, 386
Mazegrave, 312
Meldensis, Joannis Vassei, 78
Melila Elisa (filha de tio Carlinhos), 374
Melo Campos, professor Oswaldo, 428
Melo Campos, professor Oswaldo de, 422, 428
Melo Franco, Afonso Arinos, 86, 369, 371, 383, 391, 395, 440, 498
Melo Franco, Afrânio de, 440

Melo Franco, Virgílio Alvim de, 120, 477
Melo Leitão, Aloíso de, 117
Melo Teixeira, dr. João, 370
Melo Viana, Fernando de, 437
Melo, Odete, 359
Mendes Martins, 361
Mendes, Murilo, 341, 346
Menezes, dr. Eduardo de, 287
Menin, seu, 359, 368
Mentzerg, Napoleão Bonaparte, 377
Mestre Aurélio ver Pires, dr. Aurélio
Mestre Vitalino, 87
Michellere, 51
Miguel Pereira, Lúcia, 80
Miliquinha, d. (avó de Rachel de Queiroz), 86
Milliez, 87
Milota, d., 358
Mimi Selvagem (meretriz), 407
Mineiro, Bolívar Tinoco, 477
Miranda Barros, Luís Cláudio Borges de, 90
Miranda Borges, Teobaldo Demóstenes, 385, 387
Miranda Lima, Benjaminzinho, 367
Miranda Santos, Teobaldo, 339
Miranda, dr. José de, 396
Moabreu, Cyro, 347
Modestina, tia ver Pinto Coelho da Cunha, Modestina
Modesto, Heitor, 497, 498
Modesto, Heitor d'Almeida, 101
Modesto, Maneco, 498
Modesto, Maria, 497, 498
Molière, 78, 316
Monedero, Odete, 409
Monet, Claude, 100, 101, 102
Monsã, Domingos, 477, 478
Montaigne, 78, 442
Monte Blue, 450
Monteiro, Maciel, 361
Moraes, Vinicius de, 86, 131, 134, 508, 509
Morais Neto, Prudente de, 86, 120, 344
Moreira, Delfim, 453

Moreira, dr. João Afonso, 150
Moreira, Juliano, 61
Moreno, Ruiz, 58
Moretzsohn Barbosa, Carmem, 230, 231
Morgagni, Giambattista, 121, 122
Moss, Adelaide, 501
Mota, Chico, 462, 469, 470
Moura Brasil, dr. José Cardoso de, 361
Moura, Arnaldo, 117
Moura, Emílio, 22, 58, 120, 372, 386
Mourão Prado, Estela, 359, 362
Mourão, Paulo Krüger Corrêa, 475
Mucha, Alfons, 278, 388
Munch, Edvard, 103
Mundim, coronel, 453
Munhoz, Audiovisto, 221, 223, 234, 254, 290, 297, 306, 331, 332, 349
Muniz Freire, Araci, 498
Murnau *ver* Plumpe, Friedrich Wilhelm
Murta de Gusmão, Rivadávia Versiani, 389, 455
Musset, Alfred de, 343

Naninda (filha do primo Antonico), 285
Nanoca, d. *ver* Feijó, Ana Cândida Pamplona Nava (avó)
Nariganga *ver* Pareto, dr. Colatino
Nasse, 376
Natalina, d., 367
Nava Ribeiro, José Hipólito, 85, 89, 90, 91, 92, 93, 94
Nava Ribeiro, Maria Luísa, 89
Nava, Diva Mariana Jaguaribe (Mãe), 34, 42, 46, 64, 65, 67, 82, 88, 148, 149, 176, 185, 356, 358, 359, 361, 362, 363, 367, 372, 373, 375, 376, 377, 486, 505
Nava, Fernando Antônio, 89
Nava, Francisco, 89
Nava, José (irmão), 89, 484
Nava, José Pedro da Silva (Pai), 34, 42, 54, 64, 77, 84, 88, 89, 193, 271, 317, 362, 471, 498
Nava, Maria Beatriz, 89
Nava, Maria Luísa (irmã), 372

Nava, Paulo (irmão), 364
Nava, Pedro da Silva (avô), 64, 88, 89, 428, 472
Nazareth, Ernesto, 361
Negrão de Lima, Francisco, 477
Negrão do Mendanha, 471, 472, 473
Neiva, Artur, 430
Nelo (primo), 65, 161, 377, 394, 484, 485
Nélson, dr., 358
Neneca, d. (esposa de Pedro Sales), 133
Nery, Adalgisa, 341
Nery, Ismael, 340, 346
Neto, dr. Oscar, 472
Neves, d. Alice, 359, 371
Neves, João, 437, 438, 477
Nhanhã, d., 368
Niemeyer, Oscar, 77, 245
Nieta (esposa de PN), 62, 65, 69, 71, 72
Nijínski, Váslav, 341
Nina (prima), 374
Nonô *ver* Kubitschek, Juscelino
Noronha Santos, 35
Nunes Ferreira, dr., 76
Nuquim, Judeu, 187

Oduvaldo, seu, 367
Oiticica (professor do Colégio Pedro II), 76
Olinda (meretriz), 409, 414, 419, 455
Olinto, Décio, 73, 74
Oliveira e Castro, Maria Madalena Leite de Sousa, 88
Oliveira Gondim, Hugo Gouthier, 477, 484, 485
Oliveira Horta, Heliogabalo Caracala Caldeira Brant Pontes Paes Leme de, 469
Oliveira Leite, Maximiano de, 230
Oliveira Neto, Luís Camilo de, 60
Oliveira, Cardoso de, 361
Oliveira, Carlos Alberto Bastos de, 117
Oliveira, d. Francisca, 358
Oliveira, João Ribeiro de, 196
Olympio, José, 46
Ooforato, dr. *ver* Histeriano, dr. Ooforato

Oragos, Trones d', 217
Orcagna, Andrea, 489
Ordália Neto, d., 469
Orozimbo, dr., 371
Orsini, Olinto, 144
Osbundo *ver* Tabosa, Osbundo
Osório, general, 35
Osório, Miguel, 80, 430
Oswaldo, professor *ver* Melo Campos, professor Oswaldo
Otaviano, Francisco, 361
Ousley, 51
Ovalle, Jayme, 39, 51
Ozéas *ver* Costa Filho, Ozéas Antônio de

Pais, Garcia Rodrigues, 187, 201
Palácio, Maria de Barros, 88
Paletta, Constantino Luís, 133
Pamplona, Ana Cândida *ver* Feijó, Ana Cândida Pamplona Nava (avó)
Pamplona, Cândido José, 12, 56
Pamplona, Francisca Rodrigues, 88
Paré, Ambroise, 121
Pareto, dr. Colatino, 188, 189, 190, 191, 192, 193, 194, 195, 210, 224, 225, 226, 227, 232, 239, 276, 279, 286, 291, 292, 312, 335, 336, 350
Pareto, Ludovino, 216
Pareto, tio *ver* Pareto, dr. Colatino
Parreiras Duvas, Aristarco, 460
Pascal, Blaise, 78
Pascoal, coronel Oscar, 70
Passos, Alexandre, 35
Passos, Dercy, 359
Passos, Gabriel de Rezende, 477
Passos, Gercy, 359
Passos, Hercy, 359
Passos, Lercy, 359
Passos, Nercy, 359
Passos, Percy, 359
Pasteur, Louis de, 87, 122
Paula, dr. Joaquim de, 391
Paulino, Augusto, 401
Peçanha, Beatriz, 366
Peçanha, Franklin, 366

Peçanha, Maria, 366
Peçanha, Rachel, 366
Pedreira Prisco Filho, dr. João, 237
Pedreira Prisco, dr. João, 186, 190, 234, 250, 251
Pedreira, Saudosino Rodovalho, 186, 212, 234, 235, 330, 351
Pedro Ernesto *ver* Batista, Pedro Ernesto
Pedroso Lucas, dr. João Nogueira, 183, 220, 221, 250, 252, 257, 262, 290, 297, 306, 308, 335, 336, 338, 348, 349
Peixoto Filho, Francisco, 502
Peixoto, Floriano, 65, 189, 342
Pelizaro, Bianca, 117
Pena Júnior, Afonso, 60, 437, 440
Pena, Afonso, 39, 228, 356, 369, 386, 395, 397, 403, 404, 405, 451, 455, 483, 484, 485
Pena, Eunice, 70
Pena, Maria do Carmo, 70
Pena, Octávio, 473
Penido, Antônio, 71
Penido, Margot Menezes, 87
Penido, padre Maurilo, 255
Penna, Cornélio, 60
Penna, Mário, 370
Percival *ver* Aquino de Aviz, Percival
Pereira da Silva, Maria Carolina, 82
Pereira da Silva, Mariana Carolina, 64, 285
Pereira de Sousa, Washington Luís, 294, 295, 298, 441, 456, 460, 467, 468, 476, 477, 480
Pereira Passos, Francisco, 52
Pereira, Lafayette Rodrigues, 359
Pereira, mestre Miguel, 353
Pereira, Pedro Paulo, 367
Pereira, Simão, 201
Perereca, padre, 51
Peres, Fernando, 134
Pertence, Andrade, 77
Pessoa de Melo, Clorindo Burnier, 368
Pessoa, Epitácio, 224
Pessoa, João, 438, 477, 478, 479

Picasso, Pablo, 39
Pieretta d'Azzuri, 407
Pimenta, Dulce, 359
Pimenta, Hemetério, 319
Pimentel, Francisco Mendes, 108
Pimentel, Iago, 389, 394
Pinheiro Chagas, Carleto, 370, 477
Pinheiro Chagas, Djalma, 477
Pinheiro da Silva, Israel, 151, 153, 154, 155, 156, 157, 158, 159, 166, 174, 179
Pinheiro Lima, Marta, 153
Pinheiro Machado, Francisco, 62, 453
Pinheiro, Helena, 153
Pinheiro, João, 153, 170, 369, 371, 386, 387, 388, 391, 396, 453
Pinheiro, José, 153
Pinheiro, Paulo, 153
Pinheiro, Virgínia, 153
Pinto Coelho da Cunha, Elisabeth (siá Beta), 374, 377
Pinto Coelho da Cunha, João Elisiário, 251, 252, 263, 284, 373, 374, 375
Pinto Coelho da Cunha, Modestina, 82, 374
Pinto Coelho da Cunha, Modesto, 374, 376
Pinto Coelho Jr., Joana Carolina, 82, 275, 359, 373, 374, 375, 377
Pinto Coelho, Abigail, 358
Pinto Coelho, Carmem, 358
Pinto Coelho, coronel Júlio César, 275, 373
Pinto Coelho, d. Joana Carolina Pereira da Silva, 374, 377
Pinto Coelho, José Luís, 164, 183, 285, 376, 378
Pinto Coelho, Judith, 358
Pinto Coelho, Nair, 358
Pinto Coelho, Oswaldo, 376
Pinto de Moraes, Antônio, 477
Pinto, Américo Cortez, 88
Pinto, Bilac, 439
Pinto, Edmundo da Luz, 65
Pinto, Júlio, 359, 374, 375
Pio Sobrinho, Ageu, 396, 400
Pio, cônego João, 453

Pires de Arruda, d. Inácia, 230
Pires Rebelo, 437
Pires, Chico ver Sá Pires, Francisco de
Pires, dr. Aurélio, 58, 324, 357, 370, 375, 383, 423, 456, 461, 468
Pires, Gudesteu ver Sá Pires, Gudesteu
Pires, Mário, 423
Pires, Washington, 498
Pires, Zoroastro, 423
Pisanello, 489
Pitanguy, dr., 145
Pizarro, monsenhor, 35, 51
Plumpe, Friedrich Wilhelm, 240
Poccit, Hilário Catão, 186, 187
Poe, Edgar Allan, 112, 200, 369
Portela, Moacir Dolabela, 474
Portinari, Candido, 57, 101
Potain, Pierre-Carl-Édouard, 124, 423
Prado Júnior, Antônio, 52
Prata, Alaor, 437, 478
Prata, Bié, 371
Prates, Mílton, 507
Prates, Newton, 478, 507
Prestes, Júlio, 479, 480
Prestes, Olga Benário, 504
Primo Antonico ver Cunha Horta, Antônio Alves da
Prisco, d. Donzim, 290, 291
Proudhon, Pierre-Joseph, 113, 281
Proust, Marcel, 11, 33, 82, 184, 188, 210, 354

Queirós, Eça de, 219
Queiroz, Rachel de, 86, 343, 346, 347
Querubina, d. ver Sá-Menina
Quintino ver Vale, Quintino do

Rabelais, François, 78, 178, 323, 442
Rabelo, dr. Davi, 363, 370
Rabelo, Rômulo, 117
Radagázio ver Tabosa, Radagázio
Rafael (pintor), 277
Rafael, desembargador, 358
Ramalho, Silidar, 252
Ramos, Precursório, 186, 234, 242, 267, 284, 335

Rangel, Cesarino, 343
Rattae, Iseu Ruffo, 186
Ravel, Maurice, 455
Regina, tia ver Cunha, Regina Virgilina
Renan, Ernest, 78
Renault, Abgar, 386, 477
Resende, Belarmino, 191
Resende, Luís, 117
Rezende, José Carneiro de, 478
Rezende, Sidnei, 117
Ribeiro, Antônio Hipólito, 89
Ribeiro, Domingos Justino, 367
Ribeiro, João, 196, 442
Ribeiro, Olinto, 367
Ribeiro, Waldemar, 367
Ribera y Ribera, Baltazar de Acuña Vilegas, 480, 481, 482
Ribeyrolles, 51, 61
Rimbaud, Arthur, 81
Riri ver Carozzo, Riri
Risoleta, tia ver Jaguaribe, Risoleta Regina
Rivadávia ver Murta de Gusmão, Rivadávia Versiani
Rivera, Diego, 66
Rocha Vaz, professor, 431
Rocha, Orlando Lacerda, 73
Rocha, Rafael Fleury da, 474
Rodrigues Alves, conselheiro, 65, 89, 298
Rodrigues Lima, Antônio Austregésilo, 129, 425
Rodrigues, Augusto, 91
Rodrigues, Evágrio, 477
Romariz, Eugênio, 186, 191, 196, 313
Ronairsa, 293, 334, 337, 338
Röntgen, Wilhelm Conrad, 122
Rosa, dr. ver Costa, dr. Antônio Rosa Luís da
Rosa, Guilhermina, 209
Rosa, Julina, 359
Rosalina, d., 359, 367
Roscheim, Otto, 176
Rosnata, irmã, 490
Rousseau, Jean-Jacques, 77, 78

Rubens, Pieter Paul, 285
Rugendas, Johann Moritz, 47, 51, 57, 59, 66, 76, 460
Ruth (amiga de Egon), 293

Sá e Silva, Juvenal de, 148
Sá Pereira, Urvald de, 117
Sá Pires, Francisco de, 58, 238, 372, 383, 386, 436, 472, 499
Sá Pires, Gudesteu, 386, 393, 439, 456, 458, 459, 461, 462, 465, 467, 468, 469, 470, 471, 474, 488, 506, 507
Sá Pires, Olavo, 507
Sá, Agostinho de, 507
Sá, Alfredo, 437
Sá, Carlos, 507, 508, 509
Sá, Pompeu de, 507
Sabatto, Rui, 300
Saint-Hilaire, Auguste de, 202
Saint-Simon, 78, 82
Saldanha da Gama, José Santos de, 210
Sales, Alice, 12, 57, 498
Sales, Antônio, 81, 84
Sales, Gentil, 389
Sales, Pedro, 133
Sales, tio ver Sales, Antônio
Salésia, irmã, 145, 147, 422, 428, 432, 435
Salusse, Júlio, 361
Salvaterra, dr. João, 443
Salvaterra, Marieta ver Diniz, Marieta Salvaterra
Salvo, Antônio, 471
Sá-Menina (dona de pensão), 185
Sampaio, Gustavo, 60, 63
Sampaio, Oswaldo Horta, 70, 445
Samuel ver Libânio, dr. Samuel
Sanson, Raul David de, 401
Santarém, professor, 337, 338
Sarcófago, Tristão, 395
Sayão, Bidu, 35
Schimmelfeld, Henrique, 186, 202, 234
Schubert, Franz, 409
Schutz, 51
Sena, Múcio de, 118
Serpa, Ivan, 90, 91

Seurat, Georges, 101
Severo, Anacleto, 150, 154, 157, 158, 160, 163, 168, 173, 177, 179, 181, 378, 379, 380, 381, 384
Sèze, Stanislas de, 87, 122, 125
Shakespeare, William, 82, 242, 442, 455
Siá Beta ver Pinto Coelho da Cunha, Elizabeth
Siá Zulmira (esposa de Agapito Castanheiro), 464, 465
Sicard, dr., 300
Signac, Paul, 101
Silva Couto, Joaquim Clemente da, 42
Silva Filho, João Pinheiro, 474
Silva Teles, Gilberto da, 117
Silva, Chica da, 467
Silva, d. Raimunda Antônia da, 89
Silva, Gilberto, 300
Silvério, Joaquim, 202
Sílvia (vizinha), 497
Simeão (padeiro), 446
Simplício, João, 437
Sinhá Pequena ver Nava, Diva Mariana Jaguaribe (Mãe)
Siredey, 376
Sisson, Sébastien-Auguste, 88
Soares, Guilherme, 367
Soares, Júlio, 22, 486, 487, 490
Soares, Órris, 80
Soares, Raul, 440
Sousa Lima, Paulo, 422
Sousa, capitão José de, 201
Sousa, Ennes de, 498
Sousa, Pedro, 490, 491, 492
Spix, Johann Baptist von, 51
Starace, Julius, 477
Stendhal, 14, 78
Steuerman, Marcel, 117
Stevenson, Robert Louis, 369
Sudermann, Hermann, 240

Tabosa Filho (Tabosinha), 331, 333
Tabosa Neto, Radagázio, 242
Tabosa, Osbundo, 319, 331
Tabosa, Radagázio, 243, 248, 249, 266, 331

Tacques, Pedro, 186, 187
Tamandaré, almirante, 35
Tãozinho ver Tranquilo, Agatão
Tarquínio, Otávio, 80
Taunay, visconde de, 51
Tavares de Lacerda, dr. Abel, 285
Tavares, Casimiro Laborne, 389
Taveira, Lisuarte Catão, 255, 265, 266, 302, 303, 309, 312
Taylor, João, 40
Teixeira de Carvalho, Ênio, 117
Teixeira Leite, Eugênio (Eugeninho), 194
Teixeira, João Gomes, 22, 183, 403, 473, 475, 480, 482, 483, 485, 487, 488, 489
Teixeira, Manuel Assunção, 88
Teixeirão ver Teixeira, João Gomes
Temente, Pânfilo, 312, 331
Terra, dr. Argus, 141, 142, 143, 144, 145, 149, 150, 151, 153, 169, 173, 175, 176, 177, 178, 179, 181, 182, 183, 220, 221, 336, 378, 379, 381, 383, 384, 385, 386, 387, 388, 390, 391, 392, 393, 395, 455, 456, 457, 482, 483, 484
Theo Filho, 278
Tiburtina, d., 474
Ticiano, 278
Timbaúba, Epitácio, 502
Tiradentes, 201
Tissot, James, 254
Torres Homem, dr. João Vicente, 67
Torres Homem, dr. Joaquim Vicente, 67
Tostes, João de Resende, 212
Totó ver Cavalcanti, Balbino Alcântara
Trancoso, d. Cachucha, 291, 309, 310, 317
Trancoso, dr. Sabatino Rufo, 252
Trancoso, dr. Subtílio, 233, 252, 259, 260, 261, 262, 307, 308, 309, 310, 312
Tranquilo, Agatão, 16, 154, 157, 158, 159, 160, 161, 162, 163, 164, 165, 166, 167, 168, 169, 171, 173, 174, 180
Trousseau, Armand, 77, 124, 376, 377

Tubarone, professor, 376, 377

Uccelli, Uccello dei, 184
Urbano, coronel, 457

Valadares, Chico, 70
Valadares, tenente Clorindo, 489
Vale, Amado, 250
Vale, Gumercindo, 477
Vale, Quintino do, 76
Valparaíso (dona de bordel), 218, 234, 248, 271, 272, 282, 339
Valtesse (prostituta), 313, 314, 315
Van Gogh, Vincent, 94
Van Ittersum, baronesa, 63
Vaquez, Henri, 87, 431
Varela, Fagundes, 361
Vargas, Getúlio, 35, 67, 72, 438, 476, 500
Vasconcelos Mota, Carlos Carmelo, 373
Vasqueanes, governador, 46
Vasques, Olímpia, 393
Vaz de Melo, Aníbal, 477
Velázquez, Diego, 222, 277
Veloso, Galba Moss, 379, 389, 394
Ventura, Asnazário, 198, 199, 200, 249
Vermeer, Johannes, 63, 72
Vesálio, André, 121, 122
Viana de Abreu, Nélson, 117
Viana de Lima, Evandro, 117
Viana, Adolfo, 439
Viana, Gaspar, 430
Videla, Oscar, 267, 268, 323
Vieira Fazenda, José, 35

Vieira, Antônio, padre, 333
Viennot, 88
Vilaça, dr. Hemetério, 264, 265
Vilaça, dr. Jonas, 265
Vilela, Eurico, 430
Villiers de l'Isle-Adam, 426
Vinet, Henri Nicolas, 51
Vinicius *ver* Moraes, Vinicius de
Voltaire, 78

Walsh, George, 498
Wanda (esposa do Percival), 293
Washington Luís *ver* Pereira de Sousa, Washington Luís
Watts, George Frederic, 455
Werneck de Almeida, Francisco Furquim, 258
Werneck, Hugo, 141, 258
Whitman, Walt, 82
Wilde, Oscar, 82
Woillez, 77

Xavier, Álvaro Felicíssimo de Paula, 478
Xavier, Luís, 359

Zebrão, Isaltino, 252, 331
Zegão *ver* Barros da Cunha, José Egon
Zenith (prostituta), 239, 241, 243, 244, 246, 271, 344
Zoroastro *ver* Pires, Zoroastro
Zulmira (meretriz), 481
Zurbarán, Francisco de, 277

ESTA OBRA FOI COMPOSTA POR OSMANE GARCIA FILHO EM SWIFT E
IMPRESSA PELA GEOGRÁFICA EM OFSETE SOBRE PAPEL PÓLEN SOFT
DA SUZANO PAPEL E CELULOSE PARA A EDITORA SCHWARCZ
EM FEVEREIRO DE 2014